諸公袞袞登臺省
廣文先生官獨冷
甲第紛紛厭粱肉
廣文先生飯不足
先生有道出

제12권 두보형상시기시역해 1

두보전집

정본완 역

정본완역 **두보전집**

제12권 두보형상시기시역해 1

초판 1쇄 발행 2025년 10월 20일

역해자 강민호 · 김성곤 · 김준연 · 박홍준 · 이석형 · 이영주 · 이창숙 · 임도현

펴낸곳 서울대학교출판문화원
주소 08826 서울 관악구 관악로 1
도서주문 02-889-4424, 02-880-7995
홈페이지 www.snupress.com
페이스북 @snupress1947
인스타그램 @snupress
이메일 snubook@snu.ac.kr
출판등록 제15-3호

ISBN 978-89-521-3936-8 94820
978-89-521-1189-0 (세트)

제12권

두보형상시기시역해 1

두보전집

정본완역

강민호

김성곤

김준연

박홍준

이석형

이영주

이창숙

임도현

서울대학교출판문화원

An Annotated Translations of Du Fu's Poems from His Jingxiang Period 1

Translated and Annotated by Minho Kang, Seongkon Kim,
Joonyoun Kim, Hongjun Park, Seokhyoung Lee,
Yeongju Lee, Changsook Lee, and Dohyun Lim

Seoul National University Press

머리말

이 책은 한국두시학회 두시독회의 열두 번째 역해서이다. 그동안 본 모임에서는 두보의 시를 창작 시기별로 일정한 분량을 묶어 《두보 초기시 역해 1》, 《두보 초기시 역해 2》, 《두보 위관시기시 역해》, 《두보 진주동곡시기시 역해》, 《두보 성도시기시 역해》, 《두보 재주낭주시기시 역해》, 《두보 2차성도시기시 역해》, 《두보 기주시기시 역해 1》, 《두보 기주시기시 역해 2》, 《두보 기주시기시 역해 3》, 《두보 기주시기시 역해 4》를 번역 출간해왔다. 본 서는 그 뒤를 이어 《두보 형상시기시 역해 1》이라는 이름을 붙였다.

두보는 대력(大曆) 3년(768) 초봄에 드디어 기주를 떠나 삼협을 나왔다. 장강을 따라 내려와 형주(荊州)인 강릉(江陵)에 머물다가 공안(公安)을 거쳐 세모에 악주(岳州)에 이르렀다. 대력 4년 정월에 악주를 떠나 상수(湘水)를 따라 담주(潭州), 형주(衡州)에 갔다가 여름에 담주로 돌아왔다. 대력 5년에 장개(臧玠)의 난이 일어나자 다시 형주(衡州)로 들어갔다. 이어서 침주(郴州)에 가서 외숙인 최위(崔偉)에게 의지하려 했지만 뇌양(耒陽)에서 홍수로 뱃길이 막혀 담주로 되돌아왔다. 이해 가을에 뱃길을 이용하여 북쪽으로 돌아가려 했으나 뜻을 이루지 못하고 배 안에서 생을 마쳤다. 이처럼 두보는 생애의 마지막 3년 동안 형주(荊州)와 상수 일대를 배를 타고 떠돌았다. 그래서 이 시기를 '형상(荊湘)시기'라고 부른다. 두보의 시에 대한 열정은 만년의 이 고달픈 시기에도 식지 않았다. 기주시기에 극도의 완숙과 변화를 보인 두보의 시는 이 형상시기에 이르러 마지막 찬란한 불꽃을 태운다.

《두보 형상시기시 역해 1》은 형상시기의 전반부인 대력 3년 봄에서 대력 4년 여름에 해당하는 시기의 88제 93수의 시를 수록하였다. 여기에는 만년에 병든 몸으로 배를 타고 정처 없이 떠돌면서 본 경물과 겪은 일, 감회 등을 읊은 다채로운 시가 있다. 편폭이 길고 난해하며 계년이 쉽지 않은 시도 많으며, 인구에 회자되는 〈악양루에 오르다(登岳陽樓)〉도 이때에 지은 것이다.

이 시기의 시에는 배를 타고 표박(漂泊)하며 지은 기행시가 많다. 그 첫 시작은 〈대력 3년 봄 백제성에서 배를 띄워 구당협을 나왔다. 기주에 오래 머물다가 장차 강릉으로 가려고 뱃길을 떠돌며 모두 40운의 시를 짓다(大曆三年春白帝城放船出瞿唐峽久居夔府將適江陵漂泊有詩凡四十韻)〉이다. 오랫동안 고대하던 출협(出峽)이지만 시인의 심정은 "배에 올랐으나 외려 즐겁지 않고, 뱃줄을 풀며 홀로 길게 한숨을 쉬네(入舟翻不樂, 解纜獨長吁.)"에서 볼 수 있듯 즐겁지는 않다. 막막하고 고달픈 여정이 기다리고 있기 때문이다. 이후 두보는 한곳에 오래 머물지 못하고 계속 떠도는데 주요한 장소에 이르거나 출발할 때마다 시를 남기고 있다. 〈송자현 강가 정자에 배를 정박하다(泊松滋江亭)〉, 〈새벽녘 공안을 떠나다(曉發公安)〉, 〈유랑포에서 출발하다(發劉郎浦)〉, 〈악양성 아래 정박하다(泊岳陽城下)〉, 〈남악에 들르려고 동정호에 들어가다(過南嶽入洞庭湖)〉, 〈청초호에 묵다(宿靑草湖)〉, 〈백사역에서 묵다(宿白沙驛)〉, 〈상부인 사당(湘夫人祠)〉, 〈착석포에 묵다(宿鑿石浦)〉, 〈나루터 입구를 지나다(過津口)〉, 〈공령안에 머물다(次空靈岸)〉, 〈화석 수자리에서 묵다(宿花石戍)〉, 〈만주에서 묵다(次晩洲)〉, 〈담주에서 출발하다(發潭州)〉, 〈백마담에서 출발하다(發白馬潭)〉, 〈교구에 들어가다(入喬口)〉, 〈쌍풍포(雙楓浦)〉, 〈남악을 바라보다(望嶽)〉, 〈악록산사와 도림사 두 절의 노래(嶽麓山道林二寺行)〉 등이 그것이다. 마치 자신의 여정을 기록으로 남기려는 듯한 느낌을 준다. 이러한 시들에는 그 장소의 특징과 경물만이 아니라 시인의 감회도 잘 담겨 있다.

두보는 형상 지역을 떠돌 때에도 옛일을 추억하며 친구를 그리워하거나 시국을 탄식하며 자신의 복잡한 감회를 서술한 시를 많이 지었다. 〈옛일을 추억하는 노래(憶昔行)〉에서 예전에 화개군을 찾아갔던 일을 추억하면서 장차 소상강에 배를 띄워 형양에 있는 동연사를 찾아가려는 뜻을 피력하였고, 〈병 많은 몸으로 더위에 시달리며 삼가 이 상서를 그리워하다(多病執熱奉懷李尙書)〉에서 무더운 여름날에 자신을 도와줄 친구를 그리워하고 있다. 시원한 바람이 부는 가을이면 시인의 감정은 더욱 복잡해졌다. 장편배율인 〈가을날 형남에서 생각을 적은 30운의 시(秋日荊南述懷三十韻)〉, 〈가을날 형남에서 임기가 차서 고별하는 석수현의 설 명부를 보내면서 설 상서에게 받들어 부쳐 덕을 찬양하고 감회를 서술하매 발분하여 지은 30운(秋日荊南送石首薛明府辭滿告別奉寄薛尙書頌德敍懷斐然之作三十韻)〉 등에서 두보 자신의 과거의 이력과 촉, 기주, 강릉 등지에서 떠도는 신세를 두루 서술하고 아울러 당시 조정의 폐단을 지적하면서 조금이라도 연분이 있는 사람을 통해 정치를 혁신하여 태평을 이루기를 바라고 있다. 두보의 몸은 강호에 있어도 마음은 늘 조정에 있는 것을 여실히 볼 수 있다. 〈세모의 노래(歲晏行)〉에서는 당시 백성들의 곤궁한 삶의 모습과 전법(錢法)이 크게 붕괴된 사회 상황에 대하여 사실적으로 묘사하고 이에 대한 감개를 써냈다. 그 외에 〈시름을 풀다(遣悶)〉, 〈근심을 풀다(解憂)〉, 〈영회 2수(詠懷二首)〉 등에도 자신과 시국에 대한 복잡다단한 시름과 감회가 담겨 있다.

이 시기에도 다양한 형태의 기증시, 교유시, 영물시 등을 지었다. 〈가다가 고성 객점에서 묵고 강에 배를 띄우며 짓고는 졸렬함을 헤아리지 않고 강릉막부의 여러 공들에게 받들어 바치다(行次古城店泛江作不揆鄙拙奉呈江陵幕府諸公)〉, 〈물가에서 묵으며 마음을 달래고 여러 공들에게 받들어 바치다(水宿遣興奉呈羣公)〉 등에 어려운 처지에 도움을 청하는 절박한 상황이 표현되어 있다. 이런 와중에 연회에 참석하거나 다소 유희적인 교유시를 짓기도 하였다. 〈늦봄 이 상서와 이 중승을 모시고 정감의 호수 정자에 들러서 배를 띄우다 '과' 자 운을 얻다(暮春陪李尙書李中丞過鄭監湖亭泛舟得過字韻)〉, 〈강릉절도사 양성군왕의 새 누각이 낙성되자 왕께서 시어 엄 판관에게 칠자구를 지으라고 청하셨기에 함께 짓다(江陵節度使陽城郡王新樓成王請嚴侍御判官賦七字句同作)〉, 〈관정에서 저녁에 앉아 안 소부에게 우스개로 편지하다(官亭夕坐戲簡顔十少府)〉, 〈배를 묶고 바람에 시달리며 장난스레 네 운을 지어 정범 판관에게 받들어 편지하다(纜船苦風戲題四韻奉簡鄭十三判官)〉 등이 그것이다. 어려운 상황에서도 유머를 잃지 않는 두보의 면모가 보인다. 그 외에 〈돌아가는 기러기(歸雁)〉, 〈강변의 별과 달 2수(江邊星月二首)〉, 〈입 벌린 송골매의 노래(呀鶻行)〉 등의 영물시도 자신의 심경을 기탁한 수작이다.

본 두시독회 모임은 1994년부터 현재까지 약 30년 동안 두보 시에 대한 완정한 번역을 추구한다는 목표하에 지속되어 왔다. 매주 한 번씩 화상으로 모여 두보 시의 원문은 물론 다양한 주석에 대한 번역을 모두 검토하고 치열하게 토론하며 정리하고 있다. 앞으로 2년 정도의 시간을 더 들이면 두보 시 전체의 완역을 기대할 수 있을 것이다. 본 연구 번역은 고전시가 전공자뿐만 아니라 두보 시를 정확하게 이해하고자 하는 일반 독자들에게도 큰 도움이 될 것이라 믿는다.

서울대학교출판문화원은 한국두시학회의 성과물인 두시 역해서를 연속해서 출간해주고 있다. 이 책을 꼼꼼히 교정하고 정성껏 편집해서 출간해주는 서울대학교출판문화원에 깊은 감사의 마음을 전한다.

2025년 10월
역해자 일동

차 례

머리말 v

일러두기 xix

1. 大曆三年春白帝城放船出瞿唐峽久居夔府將適江陵漂泊有詩凡四十韻 ······ 1
대력 3년 봄 백제성에서 배를 띄워 구당협을 나왔다. 기주에 오래 머물다가 장차 강릉으로 가려고 뱃길을 떠돌며 모두 40운의 시를 짓다

2. 行次古城店泛江作不揆鄙拙奉呈江陵幕府諸公 ······ 40
가다가 고성 객점에서 묵고 강에 배를 띄우며 짓고는 졸렬함을 헤아리지 않고 강릉막부의 여러 공들에게 받들어 바치다

3. 泊松滋江亭 ······ 48
송자현 강가 정자에 배를 정박하다

4. 乘雨入行軍六弟宅 ······ 53
비를 맞으며 행군사마 아우의 집으로 들어가다

5. 上巳日徐司錄林園宴集 ······ 58
상사일에 서사록의 숲속 정원에 연회하며 모이다

6. 宴胡侍御書堂 ······ 63
호 시어의 서재에서 연회를 열다

7. 書堂飮旣夜復邀李尙書下馬月下賦絶句 ······ 67
서재에서 술을 마시고 나서, 밤에 다시 이 상서를 불러 말에서 내리게 하고, 달 아래에서 절구를 짓다

8. 奉送蘇州李二十五長史丈之任 ………………………………… 71
소주장사 이공이 임지로 가는 것을 받들어 전송하다

9. 暮春江陵送馬大卿公恩命追赴闕下 ………………………… 79
늦봄 강릉에서 황제의 명을 받아 대궐로 가는 마공을 전송하다

10. 和江陵宋大少府暮春雨後同諸公及舍弟宴書齋 ……………… 88
강릉 송대 소부가 늦봄 비 온 뒤 여러 공 및 내 아우와 서재에서 연 잔치 시에 화답하다

11. 暮春陪李尚書李中丞過鄭監湖亭泛舟得過字韻 ……………… 94
늦봄 이 상서와 이 중승을 모시고 정감의 호수 정자에 들러서 배를 띄우다 '과' 자 운을 얻다

12. 宇文晁崔彧重泛鄭監前湖 ……………………………………… 98
우문조, 최욱이 비서감 정심의 앞 호수에 거듭 배를 띄우다

13. 歸雁 ………………………………………………………………… 104
돌아가는 기러기

14. 短歌行贈王郎司直 …………………………………………… 110
단가행 — 왕랑 사직에게 주다

15. 憶昔行 ……………………………………………………………… 119
옛일을 추억하는 노래

16. 惜別行送向卿進奉端午御衣之上都 ………………………… 128
석별의 노래 — 단오 어의를 바치러 상도로 가는 상경을 보내다

17. 夏日楊長寧宅送崔侍御常正字入京得深字韻 ………………… 135
여름날 장녕현령 양 씨의 집에서 최 시어와 상 정자가 입경하는 것을 전송하다 —'심' 자 운을 얻다

18. 夏夜李尚書筵送宇文石首赴縣聯句 ………………………… 141
여름날 밤 이 상서가 연회를 베풀어 우문석수가 현에 부임하는 것을 전송하며 지은 연구

19. 多病執熱奉懷李尚書 ………………………………………… 147
병 많은 몸으로 더위에 시달리며 삼가 이 상서를 그리워하다

20. 水宿遣興奉呈羣公 ········· 152
물가에서 묵으며 마음을 달래고 여러 공들에게 받들어 바치다

21. 遣悶 ········· 176
시름을 풀다

22. 江邊星月二首 ········· 188
강변의 별과 달 2수

23. 舟月對驛近寺 ········· 195
배에서 달빛 아래 역을 마주하는데 절이 가까이 있다

24. 舟中 ········· 199
배 안에서

25. 江陵節度使陽城郡王新樓成王請嚴侍御判官賦七字句同作 ······ 202
강릉절도사 양성군왕의 새 누각이 낙성되자 왕께서 시어 엄 판관에게 칠자구를 지으라고 청하셨기에 함께 짓다

26. 又作此奉衛王 ········· 209
또 이 시를 지어 위왕에게 바치다

27. 秋日荊南述懷三十韻 ········· 217
가을날 형남에서 생각을 적은 30운의 시

28. 秋日荊南送石首薛明府辭滿告別奉寄薛尚書頌德敍懷斐然之作三十韻 ········· 251
가을날 형남에서 임기가 차서 고별하는 석수현의 설 명부를 보내면서 설 상서에게 받들어 부쳐 덕을 찬양하고 감회를 서술하매 발분하여 지은 30운

29. 暮歸 ········· 290
저물어 돌아오다

30. 哭李尚書之芳 ········· 295
상서 이지방을 곡하다

31. 重題 ········· 308
거듭 짓다

32. 哭李常侍嶧二首 ······ 312
이역 상시를 곡하다 2수

33. 舟出江陵南浦奉寄鄭少尹審 ······ 321
배가 강릉의 남쪽 포구를 나가자 강릉소윤 정심에게 받들어 부치다

34. 移居公安山館 ······ 332
공안의 산속 객관으로 거처를 옮겨 가다

35. 醉歌行贈公安顔十少府請顧八題壁 ······ 338
〈취가행〉을 공안 안 소부에게 주고 고계사에게 벽에 쓰도록 청하다

36. 送顧八分文學適洪吉州 ······ 344
홍주 길주로 가는 팔분의 대가 고문학을 전송하다

37. 官亭夕坐戲簡顔十少府 ······ 364
관정에서 저녁에 앉아 안 소부에게 우스개로 편지하다

38. 移居公安敬贈衛大郎鈞 ······ 370
공안으로 이주하여 위균에게 삼가 드리다

39. 公安送韋二少府匡贊 ······ 380
공안에서 소부 위광찬을 전송하다

40. 公安縣懷古 ······ 385
공안현에서 옛일을 떠올리다

41. 呀鶻行 ······ 390
입 벌린 송골매의 노래

42. 宴王使君宅題二首 ······ 395
왕 사군의 집에서 연회하면서 짓다 2수

43. 送覃二判官 ······ 406
담 판관을 보내다

44. 公安送李二十九弟晉肅入蜀余下沔鄂 ······ 411
공안에서 아우 이진숙이 촉으로 들어가는 것을 전송하고 나는 면주 악주로 내려가다

45. 留別公安太易沙門 ······ 417
공안의 태역 스님과 이별하다

46. 久客 ······ 423
오랜 나그네

47. 冬深 ······ 429
겨울이 깊다

48. 曉發公安 ······ 437
새벽녘 공안을 떠나다

49. 發劉郞浦 ······ 442
유랑포에서 출발하다

50. 別董頲 ······ 446
동정과 이별하다

51. 夜聞觱篥 ······ 453
밤에 피리 소리를 듣다

52. 衡州送李大夫七丈赴廣州 ······ 458
광주로 부임하는 이 대부 어르신을 형주에서 전송하다

53. 歲晏行 ······ 466
세모의 노래

54. 泊岳陽城下 ······ 476
악양성 아래 정박하다

55. 纜船苦風戲題四韻奉簡鄭十三判官 ······ 480
배를 묶고 바람에 시달리며 장난스레 네 운을 지어 정범 판관에게 받들어 편지하다

56. 登岳陽樓 ······ 486
악양루에 오르다

57. 陪裴使君登岳陽樓 ······ 491
배 사군을 모시고 악양루에 오르다

58. 南征 ··· 500
남정

59. 歸夢 ··· 504
돌아가는 꿈

60. 過南嶽入洞庭湖 ··· 509
남악에 들르려고 동정호에 들어가다

61. 宿青草湖 ··· 519
청초호에 묵다

62. 宿白沙驛 ··· 523
백사역에서 묵다

63. 湘夫人祠 ··· 530
상부인 사당

64. 祠南夕望 ··· 536
사당 남쪽에서 저물녘 바라보다

65. 上水遣懷 ··· 540
물을 거슬러 가며 시름을 풀다

66. 遣遇 ··· 563
시름을 풀다

67. 解憂 ··· 569
근심을 풀다

68. 宿鑿石浦 ··· 576
착석포에 묵다

69. 早行 ··· 584
아침 일찍 길을 떠나다

70. 過津口 ··· 590
나루터 입구를 지나다

71. 次空靈岸 596
공령안에 머물다

72. 宿花石戍 606
화석 수자리에서 묵다

73. 早發 614
아침 일찍 출발하다

74. 次晩洲 624
만주에서 묵다

75. 淸明二首 632
청명 2수

76. 發潭州 650
담주에서 출발하다

77. 發白馬潭 656
백마담에서 출발하다

78. 野望 663
들에서 바라보다

79. 入喬口 667
교구에 들어가다

80. 銅官渚守風 674
동관저에서 바람 잦아들기를 기다리다

81. 北風 678
북풍

82. 雙楓浦 686
쌍풍포

83. 詠懷二首 694
영회 2수

84. 杜員外兄垂示詩因作此寄上 ……………………………… 726
두 원외 형이 시를 보내준 것으로 인하여 이 시를 지어 부쳐 올리다

85. 酬郭十五判官受 ……………………………………………… 729
판관 곽수에게 수답하다

86. 望嶽 ……………………………………………………………… 734
남악을 바라보다

87. 嶽麓山道林二寺行 …………………………………………… 746
악록산사와 도림사 두 절의 노래

88. 奉送韋中丞之晉赴湖南 ……………………………………… 761
중승 위지진이 호남으로 가는 것을 받들어 전송하다

시구 찾아보기 768
Abstract 783

일러두기

1. 이 책은 한국두시학회 두시독회의 열두 번째 역해서로서 두보가 형주와 상수 일대를 떠돌던 시기 중 대력 3년 봄에서 대력 4년 여름까지 지은 것이다. 시의 배열 순서는 《두시상주》를 따랐다.

2. 이 책은 《두시상주杜詩詳註》(청淸 구조오仇兆鰲 주注, 북경北京: 중화서국中華書局, 1989)를 저본으로 하고, 각종 주석서를 참고하였다.
   1) 주요 주석서는 다음과 같다.

《구가집주두시九家集注杜詩》	(송宋 곽지달郭知達)
《두공부초당시전杜工部草堂詩箋》	(송宋 채몽필蔡夢弼)
《보주두시補注杜詩》	(송宋 황희黃希, 황학黃鶴)
《분문집주두공부시分門集註杜工部詩》	(송宋)
《두억杜臆》	(명明 왕사석王嗣奭)
《두시해杜詩解》	(청淸 김성탄金聖歎)
《두시설杜詩說》	(청淸 황생黃生)
《두시상주杜詩詳註》	(청淸 구조오仇兆鰲)
《독두심해讀杜心解》	(청淸 포기룡浦起龍)
《두시경전杜詩鏡銓》	(청淸 양륜楊倫)
《두시전주杜詩錢注》	(청淸 전겸익錢謙益)
《두공부시집집주杜工部詩集輯注》	(청淸 주학령朱鶴齡)
《독두시설讀杜詩說》	(청淸 시홍보施鴻保)
《두시언해杜詩諺解》	(조선朝鮮)
《두율계몽杜律啟蒙》	(청淸 변련보邊連寶)
《두보전집교주杜甫全集校注》	(근인 소척비蕭滌非)

   2) 그 외의 주석서들은 해당 부분에서 밝혔다.

3. 주석서를 인용하면 다음과 같은 원칙을 따랐다.
   1) 주석서 편찬자 자신의 주注를 인용할 경우에는 편찬자의 이름을 따로 밝히지 않았다. 단, 편찬자가 인용한 주를 재인용할 경우에는 그 주석자의 이름이나 서명을 밝혔다.

2) 《구가집주두시》를 인용한 경우 왕수王洙 주注는 이름을 따로 밝히지 않았다.
3) 《보주두시》를 인용한 경우 황희 주는 이름을 밝혔으나 황학 주는 이름을 따로 밝히지 않았다.
4) 《두시언해》를 인용한 경우 현토懸吐는 생략하였다.
5) 《두억》은 현전하는 판본이 완전하지 않아 필요한 경우 다른 주석서에 인용된 것을 재인용하였다.

4. 이 책은 다음과 같은 체재와 방식으로 편찬하였다.
1) 원문은 《두시상주》를 따랐다. 판본에 따른 원문의 차이에 대해서는 《두시상주》에서 지적한 것을 위주로 하여 주석에서 밝혔다.
2) 시의 역문은 원시原詩의 뜻을 그대로 살리기 위해 직역을 위주로 하였다. 단 직역으로는 의미 전달이 모호하다고 여겨질 경우 해당 주석에서 보충하여 자세히 풀어 설명함으로써 의미 전달이 명료하게 되도록 하였다. 그리고 《두시상주》의 분단分段에 따라 단락을 나누어 번역하였다.
3) 이전 주석서의 주석을 번역할 때에 원칙적으로 직역을 하여 원문을 해독하고자 하는 독자의 편의를 도모하였다.
4) 설명 부분에서는 작품의 대체적인 내용과 저작 시기를 밝히고, 제목에 대한 주석을 더하였다. 관련된 이전 주석은 아래에 따로 번역하여 수록함으로써 독자들이 참고할 수 있도록 하였다.
5) 시의 주석은 구 단위로 번호를 붙였다.
6) 2구 이상에 대한 설명은 [ ] 표시를 하여 구별하였다.
7) 한 단락이나 연작시의 매 수에 대한 종합적인 설명과 주석은 # 표시를 하였다.
8) 작품 전체와 관련된 주석이 있을 경우 ## 표시를 하여 해당 시 끝에 수록하였다.
9) 연호를 표시할 때 '…년'으로 통일하였다.

5. 각 시의 끝에 초고 집필자의 이름을 밝혔다.

1. 大曆三年春白帝城放船出瞿唐峽久居夔府將適江陵漂泊有詩凡四十韻

대력 3년 봄 백제성에서 배를 띄워 구당협을 나왔다. 기주에 오래 머물다가 장차 강릉으로 가려고 뱃길을 떠돌며 모두 40운의 시를 짓다

老向巴人裏[1] 今辭楚塞隅[2] 入舟翻不樂[3] 解纜獨長吁[4]
窄轉深啼狖[5] 虛隨亂浴鳧[6] 石苔凌几杖[7] 空翠撲肌膚[8]
疊壁排霜劍[9] 奔泉濺水珠[10] 杳冥藤上下[11] 濃淡樹榮枯[12]
神女峰娟妙[13] 昭君宅有無[14] 曲留明怨惜[15] 夢盡失歡娛[16]
擺闔盤渦沸[17] 欹斜激浪輸[18] 風雷纏地脈[19] 冰雪曜天衢[20]
鹿角眞走險[21] 狼頭如跋胡[22] 惡灘寧變色[23] 高臥負微軀[24]
書史全傾撓[25] 裝囊半壓濡[26] 生涯臨臬兀[27] 死地脫斯須[28]
不有平川決[29] 焉知衆壑趨[30] 乾坤霾漲海[31] 雨露洗春蕪[32]
鷗鳥牽絲颺[33] 驪龍濯錦紆[34] 落霞沈綠綺[35] 殘月壞金樞[36]
泥笋苞初荻[37] 沙茸出小蒲[38] 雁兒爭水馬[39] 燕子逐檣烏[40]
絶島容煙霧[41] 環洲納曉晡[42] 前聞辯陶牧[43] 轉盼拂宜都[44]
縣郭南畿好[45] 津亭北望孤[46] 勞心依憩息[47] 朗詠劃昭蘇[48]
意遣樂還笑[49] 衰迷賢與愚[50] 飄蕭將素髮[51] 汩沒聽洪鑪[52]
丘壑曾忘返[53] 文章敢自誣[54] 此生遭聖代[55] 誰分哭窮途[56]
臥疾淹爲客[57] 蒙恩早厠儒[58] 廷爭酬造化[59] 樸直乞江湖[60]
灩澦險相迫[61] 滄浪深可逾[62] 浮名尋已已[63] 嬾計卻區區[64]

喜近天皇寺[65] 先披古畫圖[66] 應經帝子渚[67] 同泣舜蒼梧[68]
朝士兼戎服[69] 君王按湛盧[70] 旄頭初俶擾[71] 鶉首麗泥塗[72]
甲卒身雖貴[73] 書生道固殊[74] 出塵皆野鶴[75] 歷塊匪轅駒[76]
伊呂終難降[77] 韓彭不易呼[78] 五雲高太甲[79] 六月曠摶扶[80]
迴首黎元病[81] 爭權將帥誅[82] 山林託疲苶[83] 未必免崎嶇[84]

노상 파인들 속에 있다가
이제사 초 땅 변새의 모퉁이와 이별이구나.
배에 올랐으나 외려 즐겁지 않고
뱃줄을 풀며 홀로 길게 한숨을 쉬네.

좁은 곳을 돌아가니 원숭이 울음소리 깊고
빈 곳으로 물결을 따라가니 목욕하는 오리들 어지럽네.
바위 이끼는 안석과 지팡이에 닿을 듯
허공의 푸른 기운이 살갗을 때리네.
첩첩 절벽은 서릿발 검처럼 늘어서고
쏟아지는 폭포는 구슬 같은 물방울을 흩뿌리네.
어둑어둑 등나무 넝쿨은 위아래로 뻗어 있고
짙고 얕은 나무들 무성하거나 시들었네.
신녀의 봉우리는 아름답고 기묘한데
왕소군의 집은 있는 듯 없는 듯.
노래는 남아 원한과 아쉬움이 선명하고
꿈은 다하여 기쁨과 즐거움 사라졌어라.

끓어오르는 소용돌이에 배는 요동치고
흘러가는 격랑에 삐딱하게 기울어지니,
바람과 우레는 지맥을 휘감고
얼음과 눈이 천공에서 빛나네.
녹각탄에 이르니 정말 험지를 내달리는 듯
낭두탄에 이르니 나아갈 수도 물러날 수도 없는 듯.
험악한 여울에 어찌 안색이 바뀌지 않으랴
물결에 높이 누웠다가 미천한 몸을 저버릴까 함이라.
책은 모두 어지럽게 흩어졌고
행낭은 반이나 흠뻑 젖었다네.
생애가 위태롭게 흔들리더니
사지를 순식간에 벗어났다네.

터져 흐르는 널따란 강이 없다면
뭇 골짜기가 내달리는 것을 어찌 알랴.
천지는 넘실거리는 바다에 어둑하고
우로는 짙푸른 봄풀을 씻네.
갈매기는 실을 끄는 듯 날아오르고
흑룡은 비단을 빠는 듯 구불거리네.
지는 노을은 푸른 비단에 가라앉고
쇠잔한 달은 금추에 무너지네.
진흙 묻은 싹은 어린 갈대가 총생한 것이요
모래 속 싹은 작은 부들이 나온 것이라.
기러기는 소금쟁이를 다투고
제비는 돛대 위 까마귀를 쫓네.

외딴 섬은 연기와 안개에 안겨 있고
둥근 모래섬은 아침과 저녁을 맞이하네.
이전에 들었던 도목을 분별하겠으니
눈 깜짝할 새 의도를 지났음이라.
현의 외성은 아름다운 강릉 지역이려니
포구 정자에서 북쪽을 외롭게 바라본다네.

노심초사 애태우던 마음 이곳에 기대어 쉬고
낭랑히 시를 읊으니 홀연 생기가 회복되네.
마음은 즐기고 웃으며 풀어내고
노쇠한 몸은 어진 자, 어리석은 자를 가리지 않는다네.
성긴 백발을 머리에 이고
매몰됨을 천지의 조화에 맡길 뿐이네.
고향 땅으로 돌아갈 것을 어찌 잊었으랴
문장을 어찌 감히 속이랴.
이 삶 성스러운 조대를 만났으니
어찌 막다른 길의 통곡을 생각이나 했으랴.
병들어 누워 오랫동안 나그네로 떠돌지만
황제의 은혜를 입어 일찌감치 유관儒官에 들었지.
조정에서 간쟁諫爭하여 천지의 조화에 보답하였지만
졸박하고 우직하여 강호를 청하였다네.
염예퇴 험한 뱃길이 내게 닥쳐왔었거니와
창랑수 깊어도 건널 수 있다네.
헛된 이름은 금세 사라지고 마는 법
생활에 서툴지만 외려 자족한다네.

천황사에 다가감을 기뻐하느니
먼저 옛 그림을 보리라.
요임금의 딸들의 물가를 지나리니
순임금의 창오에서 함께 울어보리라.

조정의 관원이 군복을 겸하여 입고
군왕은 담로 검을 어루만지시네.
오랑캐 모두 별이 처음 요동을 치기 시작하고
장안의 순수 별이 진흙 길에 붙어 있구나.
군졸이야 신분이 비록 귀해졌어도
서생은 그 길이 본디부터 다르다네.
홍진을 벗어나니 모두 들판의 학이요
번개처럼 질주하니 수레 끄는 망아지가 아니라네.

이윤과 여상은 종내 태어나기 어려우니
한신과 팽월은 부르기가 쉽지 않다네.
오색구름에 태갑이 높고
유월 회오리바람이 드넓게 불어가네.
고개를 돌리니 백성들은 병들고
권력을 다투느라 장수들은 서로를 죽이는구나.
산림에서 피곤한 몸을 의탁하겠지만
기구한 인생길을 면하겠다 장담키 어렵다네.

이 시는 대력 3년 봄 오랫동안 기주에 머물다가 삼협을 나서게 되면서 느끼는 깊은 감회를 적은 것이다. 기주를 떠나 귀주歸州,

협주峽州를 거쳐 형주荊州에 이르는 뱃길의 여정을 따라가며 작품을 써내려 가는데, 험한 뱃길에 대한 묘사가 핍진하고 생동감이 넘친다. 생사를 오가는 듯한 험한 물살을 헤치며 마침내 넓은 강으로 나오지만 기쁨도 잠시 여전히 소란한 세상에 대한 염려로 마음은 우울하기만 하다. 원주原注의 "뱃길이 송자현에 들었다(路入松滋縣)"라는 기록에 근거하면 이릉夷陵 의도宜都를 지나 송자현에 이를 즈음에 지은 것으로 보인다. 황학은 이릉에서 지은 것으로 보았다. 제목에서는 40운이라 했으나 실제로는 42개의 운을 썼다.

《보주두시》 시에서 배가 지나가는 곳을 말하였는데, 의도에 이르러 그쳤으니 이 시는 이릉에서 지은 것이다.(詩言舟行所經之地, 至宜都而止, 則此詩作於夷陵也.)
《두시상주》 시는 본래 42운인데 40이라고 말한 것은 성수를 들어서 말한 것일 뿐이다.(詩本四十二韻, 曰四十者, 擧成數言耳.)

주 석

1 老(노) – 늙. 오랫동안. '늙어서'로 풀이하기도 한다. 巴人(파인) – 파巴 땅에 사는 사람들. 파는 지금 사천성 동부 일대에 있었던 옛 나라의 이름이다. 두보가 살았던 기주는 파국에 속한 곳이었다.

《두시상주》에 인용된 두수가杜修可 설 기주는 중파이다.(夔爲中巴.)

2 楚塞隅(초새우) – 초 땅 변새의 모퉁이. 여기서는 기주를 가리킨다.

[老向 2구]

《두시조차공선후해집교》 '파인'이라고 하였는데, 유장이 삼파로 나누고, 기주를 중파 지역으로 삼았기 때문에 한 말이다. '초새'는 백제성이 변새임을 가리켜 말한 것이다.(巴人, 則劉璋分三巴, 以夔爲中

巴地也. 楚塞, 指言白帝城爲塞.)

3 翻(번) – 도리어. 오히려.

4 解纜(해람) – 뱃줄을 풀다. 출항하다. 吁(우) – 탄식하다.

[入舟 2구]

《두시조차공선후해집교》 배에 올랐으나 즐겁지 않고 뱃줄을 풀고서 길게 한숨 쉰다고 한 것은 이리저리 정처 없이 떠도는 슬픔이 있기 때문이다.(入舟而不樂, 解纜而長吁, 則有萍梗流離之傷矣.)

#《두시상주》: 기주에서 배를 출발하는 것부터 쓰기 시작했다. 공이 오랫동안 협곡을 나가려고 했음에도 배에 오른 후에 여전히 즐거워하지 않고 길게 탄식한 것은 자신과 세상에 대한 감회가 있어서이다. 마지막 두 단락을 음미하면 알 수 있다.(從夔州放船敍起. 公久欲出峽, 及登舟後, 仍不樂而長吁者, 感懷在於身世. 玩末二段可見.)

5 窄轉(착전) – 좁은 곳을 돌아가다. 좁은 협곡을 구불구불 돌아가는 것을 말한다. 狖(유) – 긴꼬리원숭이. 이 구절은 배가 구불구불 지나는 좁은 협곡 깊은 곳에서 원숭이 울음소리가 들린다는 말이다.

6 虛隨(허수) – 빈 곳으로 물결을 따라가다. 두보의 배가 협곡의 비어 있는 듯 트인 곳으로 물결 따라 흘러간다는 말이다. 이와 달리 '허虛'를 '허주虛舟'로 보고 두보의 배가 마치 빈 배처럼 가볍게 물결을 따라가는 것으로 풀이하기도 한다. 浴鳧(욕부) – 목욕하는 오리들. '浴'을 '落'으로 쓴 판본도 있다. 이 구절의 '허虛'를 '공연히', '부질없이'라는 뜻으로 풀고 '수隨'의 대상을 목욕하는 오리들로 보아 두보의 배가 "공연히 어지럽게 목욕하는 오리들을 따라간다"로 풀이하기도 한다.

[窄轉 2구]

《두시경전》 처음 협곡 안의 좁은 곳을 지나는 것이다.(初行峽中窄處.)

《두시조차공선후해집교》 위 구는 배가 협곡의 좁은 곳을 돌아가는데, 그 사이로 우는 원숭이가 더욱 깊은 곳에 있다는 것이다. 다음 구절은 배가 물에 떠서 목욕하고 있는 오리들을 공연스레 따라간다는 것이다. 어지러이 목욕한다고 했으니 오리가 한두 마리가 아니다.(上句則舟轉於峽中之窄處, 其間啼狖逾在深處矣. 次句則舟虛隨泛浴之鳧, 謂之亂浴, 則非一二鳧耳.)

7 石苔(석태) – 바위 이끼. 凌几杖(능궤장) – 안석과 지팡이까지 침범하다. 이 구절은 배가 협곡 기슭을 스칠 듯 가깝게 지나간다는 말이다.

8 空翠(공취) – 푸르스름한 습한 기운. 허공에 드리운 푸른 넝쿨로 보기도 한다.

《두시상주》 '공취'는 산중의 음습하고 차가운 기운으로 병자들은 그것이 살갗에 닿는 것을 두려워한다.(空翠, 山中陰寒之氣, 病人畏其侵膚.)

《보주두시》 사師 씨 주 '공취'는 허공에 드리운 푸른 넝쿨이다. 배가 지나니 사람의 살갗을 스치므로 '푸른 넝쿨이 살갗을 친다'고 한 것이다.(空翠者垂空翠蔓也. 舟過戛人肌膚, 故云空翠撲肌膚.)

9 疊壁(첩벽) – 중첩된 절벽. 霜劍(상검) – 밝게 빛나는 예리한 검.

10 奔泉(분천) – 급히 흘러내리는 폭포.

11 杳冥(묘명) – 어둑하다. 藤上下(등상하) – 등나무 줄기가 위아래로 뻗어 있다.

12 樹榮枯(수영고) – 나무가 무성하거나 시들다.

[石苔 6구]

《두시경전》 이것은 깊은 협곡을 지나는 배에서 바라본 봄 경치이다.(是深峽舟中春景.)

13 神女峰(신녀봉) – 신녀봉. 무산의 봉우리 중 하나로 무산 신녀의 전설

이 전해지는 곳이다. 娟妙(연묘) – 빼어나게 아름답다. 수려하다.

육유陸游《입촉기入蜀記》 무산 응진관에 들러 묘용진인사를 참배하였다. '진인'은 바로 세상에서 말하는 무산 신녀이다. 사당은 무산을 정면에서 마주하고 있는데 무산의 봉우리들은 솟구쳐 높은 하늘에 들었고 산자락은 곧장 장강 안으로 꽂혀 있다. 신녀봉이 가장 아름답다.(過巫山凝眞觀, 謁妙用眞人祠, 眞人卽世所謂巫山神女也. 祠正對巫山, 峰巒上入霄漢, 山脚直揷江中, 神女峰最爲纖麗.)

14 昭君宅(소군택) – 왕소군王昭君의 옛집. 有無(유무) – 있는 듯 없는 듯 하다.

《두시상주》에 인용된 《환우기寰宇記》 귀주 파동에 왕소군의 집이 있다.(歸州巴東, 有王昭君宅.)

15 曲留(곡류) – 노래가 남아 있다. 왕소군의 한을 노래한 옛 노래가 전해진다는 말이다. 怨惜(원석) – 원망과 아쉬움. '惜'을 '別'로 쓴 판본도 있다.

《두시경전》 악부에 〈소군원〉이 있다.(樂府有昭君怨.)

16 夢盡(몽진) – 꿈이 다하다. 꿈에서 깨어나다. 무산 신녀와의 황홀한 꿈을 꾸던 초왕이 꿈에서 깨어났다는 뜻이다.

《두시상주》에 인용된 송옥宋玉 〈신녀부서神女賦序〉 잠들어 신녀를 꿈꾸었는데 잠 깨어 보니 생각이 나지 않네. 멍하니 즐겁지 않거니와 슬피 뜻을 잃었네.(寐而夢之, 寤不自識. 罔兮不樂, 悵爾失志.)

[神女 4구]

《두시조차공선후해집교》 신녀봉은 무산 12봉 중의 하나이다. '빼어나게 아름답다'고 말한 것은 신녀 때문에 절로 그토록 아름답게 된 것이다. 집이 있는 듯 없는 듯 하다는 것은 아마도 세월이 오래되어 어디에 있는지 알지 못하기 때문이다. '곡'은 왕소군과 관련된 노래이다. 악부에 있는 〈소군원〉, 석숭石崇이 지은 〈명군사〉가 이것이다.

꿈은 초양왕이 신녀를 꿈꾼 것이다. '원석'은 '원별'로 된 판본이 있는데 잘못이다. '원석' 두 글자라야 비로소 '환오'에 대가 된다. 〈신녀부〉에 이르기를 "잠들어 신녀를 꿈꾸었는데 잠 깨어 보니 생각나지 않네. 멍하니 즐겁지 않거니와 슬피 뜻을 잃었네"라고 한 것은 '환오'를 잃어버린 것을 말한 것이다.(神女峰, 巫山十二峰中之一. 言娟妙, 則以神女之故, 自娟妙矣. 宅有無, 蓋年歲久遠, 不知何在也. 曲, 則昭君曲是也. 樂府有昭君怨, 石季倫所賦明君辭是也. 夢, 則楚襄王夢神女是也. 怨惜, 一作怨別, 非是, 蓋怨惜兩字方對歡娛. 神女賦曰, 寐而夢之, 寤不自識. 罔兮不樂, 悵而失志. 則失歡娛之謂也.)

#《두시상주》: 이 단락은 배를 띄워 바라본 아름다운 경치를 말하였다. 협곡이 좁아 배는 굽어 돌아가는데 시시로 깊은 곳에서 원숭이의 울음소리가 들린다. 빈 배가 물결을 따라 흘러가니 매번 목욕하던 오리들이 놀라 어지러운 모습이 보인다. 이 두 구절은 산과 물을 아울러 말한 것이다. 바위 이끼는 안석과 지팡이에 닿을 듯하고 산중의 음습한 기운은 곧장 살갗을 때린다. 이 두 구절은 배가 강기슭 곁으로 지나감을 말한 것이다. 험한 절벽은 검처럼 늘어서고 날리는 폭포는 구슬을 뿌린다. 등나무는 위아래에서 늘어지고 나무들은 싱싱한 것과 시든 것이 섞여 있다. 이것들은 배 안에서 가까이 바라본 것들이다. 신녀봉은 구름과 비 속에 꿈결처럼 아득하고 왕소군의 고택은 비파의 노래로 한을 남기고 있다. 이것은 배에서 멀리 바라본 것들이다. 《두억》에서는 "신녀봉은 눈에 보이므로 '아름답고 기묘하다'라고 했고, 왕소군 고택은 지나지 않았으니 '있는 듯 없는 듯 하다'고 한 것이다. 한은 많고 기쁨은 적으니, 두 여인을 빌려 스스로를 슬퍼한 것이다"라고 하였다.(此言放船佳景. 峽窄船轉, 時聞猿狖啼深. 虛舟隨水, 每見浴鳧驚亂, 二句山水並言. 石苔若凌几杖, 空翠直撲肌膚, 二句舟行傍岸. 峭壁排劍, 飛泉濺珠, 藤垂上下, 樹間榮枯, 此舟中近見者. 神女之峰, 雲雨夢杳, 昭君之宅, 琵琶留恨, 此舟中遠望者. 杜臆, 神女峰在目, 故

云娟妙. 昭君宅未經, 故云有無. 多恨少歡, 借二女以自慨也.)

17 擺闔(파합) – 배가 요동치며 나아가는 모습. 닫혔다 열렸다 하는 소용돌이의 모습을 묘사한 것으로 보기도 한다. 盤渦(반와) – 소용돌이.

18 攲斜(기사) – 삐딱하게 기울다. 격랑이 흘러가는 모습을 묘사한 것으로 보기도 한다. 激浪輸(격랑수) – 거센 물결이 흘러가다. 이 구절은 흘러가는 격랑에 배가 삐딱하게 기울었다는 말이다.

《두시상주》 '수'는 '송'의 뜻이다.(輸, 送也.)

《두시조차공선후해집교》 '수' 자는 〈남도부〉에서 "강물은 화살처럼 달리고 바람처럼 빠르며, 길게 흘러 멀리 간다"라고 한 문장의 '수' 자와 같은 뜻이다.(輸字, 則如南都賦云, 川瀆則箭馳風疾, 長輸遠逝也.)

[擺闔 2구]

《두시상주》 '파합'과 '기사'는 배가 요동치며 나아가는 모습이다.(擺闔攲斜, 舟行簸蕩之象.)

19 風雷(풍뢰) – 바람과 우레. 여기서는 소용돌이가 일으키는 요란한 소리를 뜻한다. 纏地脈(전지맥) – 지맥을 휘감다.

20 冰雪(빙설) – 얼음과 눈. 여기서는 공중으로 날리는 물보라의 흰빛을 뜻한다. 曜(요) – 빛나다. 天衢(천구) – 광활한 허공.

[擺闔 4구]

《두시경전》 소용돌이가 들끓는 것이 마치 바람과 우레처럼 요란하고, 격랑이 흘러가는 것이 얼음과 눈처럼 하얗다. 두 구절이 역시 나누어 잇고 있다.(盤渦之沸, 轟若風雷. 激浪之輸, 白如冰雪. 二句亦屬分承.)

21 鹿角(녹각) – 녹각탄鹿角灘. 삼협에 있는 험한 여울 중의 하나. 走險(주험) – 험한 곳을 달리다. '走'를 '趨'로 쓴 판본도 있다.

《두시상주》에 인용된 《좌전左傳》 (소국이 대국을 섬김에 있어서 대국이) 덕을 베풀어주면 (소국은) 사람이 되고, 덕을 베풀지 않으면 사슴이 되는 격이다. 빠르게 험한 곳을 내달려야 하니 급한 상황에서 무엇을 선택할 수 있겠는가.(德, 則其人也. 不德, 則其鹿也. 鋌而走險, 急何能擇.)

22 狼頭(낭두) – 낭두탄狼頭灘. 삼협에 있는 험한 여울 중의 하나. 跋胡(발호) – '이리가 늘어진 턱살을 밟고 꼬리에 걸려 넘어진다'는 뜻의 '발호체미跋胡疐尾'의 준말로 진퇴양난의 어려움에 빠진 것을 가리킨다.

《두시상주》에 인용된 《수경주水經注》 장강의 물이 또 동쪽으로 낭두탄에 이르면 그 물결이 모두 세차고 급하게 흘러서 물고기와 자라가 헤엄치지 못한다. 그 노래에 이르기를 "낭두탄의 하얀 물결 굳세게 견뎌야 하니, 순식간에 빠지면 달리 기약이 없다네"라고 하였다.(江水又東流狼頭灘, 其水並峻激奔暴, 魚鼈所不能游. 其歌曰, 灘頭白浡堅相持, 倏忽淪沒別無期.)

《시경·빈풍豳風·낭발狼跋》 이리가 그 늘어진 턱살을 밟고 그 꼬리에 걸려 넘어지네.(狼跋其胡, 載疐其尾.)

《두시상주》에 인용된 《시경·빈풍·낭발》 "狼跋其胡"에 대한 주희朱熹 주 '발'은 밟는다는 뜻이다. '호'는 턱 아래 늘어진 살이다.(跋, 躐也. 胡, 頷下懸肉.)

[鹿角 2구] 녹각탄과 낭두탄의 여울을 지나며 그 지명과 관련된 전고를 활용하여 험로를 항해하는 어려움을 적은 것이다.

《두시상주》에 인용된 《일통지一統志》 녹각, 낭두, 호수의 세 여울은 이릉주에 있는데 최고로 험하다.(鹿角狼頭虎鬚三灘, 在夷陵州, 最險.)

《두시조차공선후해집교》 '녹각'과 '낭두'는 공이 본래 주하여 이르기를 "두 개의 여울 이름이다"라고 하였다.(鹿角狼頭, 公本注, 二灘名.)

23 寧變色(영변색) – 어찌 얼굴색이 변하지 않겠는가. '어찌 얼굴색이 변하리요'로 풀기도 한다.

24 高臥(고와) – 고상하게 눕다. 負微軀(부미구) – 미천한 몸을 저버리다. 죽게 된다는 말이다.

[惡灘 2구] 이 두 구절은 협곡의 험한 여울물에 배가 전복되어 죽게 될까 두려워한다는 뜻이다. 이와 달리 그런 험한 물살 속에서도 의연한 자세를 잃지 않음을 말하는 것으로 보기도 한다.

《두시조차공선후해집교》 지금 험한 여울을 만났으니 어찌 얼굴색이 바뀌며 근심하고 두려워하지 않을 수 있겠는가? 높게 누워 있게 되면 예측할 수 없는 일이 생겨 미천한 몸을 저버리게 될 것이다. 또 고상하게 눕는 데 방해가 되니 이에 미천한 몸을 버리게 된다고 말한 것도 같은데 명철한 식자를 기다린다.(今遇惡灘, 寧不變色而憂懼乎. 高臥, 則事有不測, 爲負微軀矣. 又似言於高臥有妨, 斯乃微軀之負也. 以俟明識.)

《두시경전》 '부' 자는 의당 '자부'의 뜻으로 해석해야 한다. 곧 (고적高適이 《송시사호충류경판관지영외送柴司戶充劉卿判官之嶺外》에서 말한) 충성과 신의로 파도를 건넌다는 뜻이다. 옛 주석은 틀렸다.(負字當作自負解, 卽忠信涉波濤意. 舊注非.)

25 書史(서사) – 서적. 傾撓(경요) – 기울어져 어지럽다. 엉망이 되다.

26 裝囊(장낭) – 행낭. 壓濡(압유) – 눌리어 젖다.

27 臬兀(얼올) – 불안하게 흔들리는 모습. '얼올鶂鳺'과 같다.

《두시상주》에 인용된 《광운廣韻》 '얼올鶂鳺'은 편치 않은 것으로 '얼올臬兀'과 통하여 쓴다.(鶂鳺, 不安也. 通作臬兀.)

28 斯須(사수) – 찰나. 순식간.

#《두시상주》: 이 단락은 배를 타고 험한 곳을 지남을 말하였다. 소용돌이가 끓어오르는데 바람과 우레처럼 요란하다. 세찬 물결이 흘러가는데 얼음과 눈처럼 희다. 녹각탄과 낭두탄을 지나는데 어찌 얼굴색을

바꾸지 않으랴. 창졸간에 물에 빠져 이 쇠잔한 목숨을 잃을까 실로 두렵다. 기울어져 전복될 뻔했으므로 사지에서 벗어나 살게 되었음을 요행으로 여긴 것이다.(此言放船經險. 盤渦之沸, 轟若風雷. 激浪所輸, 白如冰雪. 過鹿角狼頭, 寧免變色, 誠恐猝罹水患, 負此殘軀也. 傾壓幾危, 故以死地得生爲幸.)

29 平川(평천) – 평평한 내. 협곡을 나온 뒤 넓게 흐르는 장강을 두고 한 말이다. 決(결) – 터지다. '快'로 된 판본도 있다.

30 衆壑趨(중학추) – 뭇 골짜기가 달려가다. 뭇 골짜기의 물이 달려가다.

[不有 2구]

《두시경전》 '결' 자와 '추' 자가 협곡을 나서는 기세를 다 써내었다. (決字趨字, 寫盡出峽之勢.)

31 霾(매) – 어둑하다. 혼탁하다. 漲海(창해) – 물결이 넘실대는 바다. 혹은 남해南海의 옛 명칭. 이 구절은 장강이 바다처럼 넓다는 말이다.

《두시경전》 장강의 물이 아득히 넓음을 말한다.(謂江水渺瀰.)

32 春蕪(춘무) – 짙푸른 봄풀.

《두시경전》 봄 강의 아름다움을 말한다.(謂春江明媚.)

33 牽絲颺(견사양) – 하얀 실을 끌듯이 날다.

《두시조차공선후해집교》 갈매기가 실을 끌며 난다는 것은 깃털이 실과 같다는 것이다. '실을 끈다'라고 말한 것은 실은 끌어당겨지는 이치가 있어서이니, 그래서 실처럼 가는 버들가지 역시 '끈다'라고 말하는 것이다.(鷗鳥牽絲颺, 羽如絲也. 謂之牽絲, 則絲有牽之理, 故柳絲亦曰牽也.)

《두시경전》에 인용된 주학령 주 '견사양'은 갈매기의 깃털이 실처럼 하얗다는 말이다.(牽絲颺, 言鷗羽如絲之白也.)

34 驪龍(여룡) – 검은 용. 紆(우) – 굽어지다. 구불거리다.

《두시상주》에 인용된 《열자列子》 천금의 구슬은 반드시 검은 용의 턱 밑에 있다.(千金之珠, 必在驪龍頷下.)

《두시상주》에 인용된 심회원沈懷遠 《남월지南越志》 서린 용의 몸길이는 4장이며 청흑색이고 비단 무늬 같은 붉은 띠를 두르고 있다.(蟠龍身長四丈, 青黑色, 赤帶如錦文.)

35 綠綺(녹기) – 푸른 비단. 여기서는 푸른 물결을 비유한다.

36 殘月(잔월) – 지는 달. 金樞(금추) – 전설 속의 달이 가라앉는 곳.

《두시상주》 목화의 〈해부〉에 "달은 금추의 굴혈에서 고삐를 잡는다"라고 하였다. 그 주에 "금추는 서쪽에 있는 달이 가라앉는 곳이다"라고 하였다.(木華海賦, 大明攄轡於金樞之穴. 注, 金樞, 西方月沒處.)

《두시경전》 달이 곧 서쪽으로 져서 빛이 없어질 것임을 말한다.(謂月將西沒而無光也.)

[鷗鳥 4구]

《독두심해》 실을 끌고 비단을 빠는 것은 맑은 햇살이 요동함을 말한 것이고, 노을이 가라앉고 달이 무너지는 것은 먼 경색이 흐릿함을 말한 것이다.(牽絲濯錦, 謂晴光搖漾, 霞沈月壞, 謂遠色模糊.)

37 泥筍(이순) – 흙이 묻은 갈대 싹. 苞(포) – 총생하다. '두르다'의 뜻으로 보기도 한다.

《두시언해》 '포'는 총생하다의 뜻이다.(苞, 叢生.)

38 茸(용) – 부들의 싹. 혹은 부들의 꽃.

《두시상주》 '용'은 싹이 처음 나온 것이다. 주학령의 주에서는 부들의 꽃이라고 보았는데 틀린 것 같다.(茸, 乃芽之初出者, 朱注以爲蒲花, 恐非是.)

《두공부시집집주》 사영운의 〈어남산왕북산경호중첨조於南山往北山經湖中瞻眺〉 시에서 "어린 대나무는 푸른 껍질을 둘렀고, 새 부들은 자색 꽃을 머금었다"라고 했다. ('용'은) 부들의 꽃이다.(謝靈運詩,

初篁苞綠籜, 新蒲含紫茸. 謂蒲花也.)

39 雁兒(안아) – 기러기. 水馬(수마) – 소금쟁이. 잠자리의 유충으로 보기도 한다.

《두시상주》 기러기가 '수마'를 다투어 먹는다고 했는데, 아마도 (수마는) 새우 종류인 듯하다. 소식의 〈이충〉 시에 "그대 수마를 보지 못했는가. 한 걸음씩 흐르는 물을 거슬러 올라가는 것을. 장강은 동으로 하루에 천 리를 흘러가는데, 이 벌레는 팔딱팔딱 뛰어 항상 그곳에 있다"라고 했다. 혹자는 〈강부〉의 암말을 인용하기도 하고 혹자는 경주용 빠른 배 '수차'를 인용하고 혹자는 《본초》에 나오는 '해마'를 인용하기도 하는데 모두 잘못이다. 주전이 말하기를 "송나라 파장경의 아내 이 씨의 〈파가부巴家富〉 시에 '연못 안에 수마가 벌여있고, 뜰아래에는 달팽이가 벌여 있다'라고 했다. '수마'와 달팽이가 대를 이루었으니 수면에서 사는 사족충(소금쟁이)인 듯하다"라고 하였다. 방이지의 《물리소지》에서 "수마는 잠자리로 변할 수 있다"라고 하였으니 (수마)는 물벌레(수별충)일 뿐이니 네발 달린 소금쟁이는 아니다. 일명 하배충이라고 하는데, 잠자리가 물에 들어가 알을 낳아 변한 것이므로 다시 변하여 잠자리가 된다.(雁兒爭食水馬, 蓋蝦蟲之類. 子瞻二蟲詩云, 君不見水馬兒, 步步逆流水. 大江東流日千里, 此蟲趯趯長在此. 或引江賦之牸馬, 或引競渡之水車. 或引本草之海馬, 俱非. 周篆曰, 宋巴長卿妻李氏詩, 池中羅水馬, 庭下列蝸牛. 水馬對蝸牛, 疑卽水面四足蟲. 方以智物理小識云, 水馬能化蜻蜓. 則水鼈蟲耳, 非四足之水秀才也. 一名蝦扒蟲, 蜻蜓入水生子所化, 故復變爲蜻蜓.)

40 檣烏(장오) – 돛대에 새겨 만든 까마귀.

《두시상주》에 인용된 조차공 주 '장오'는 돛대 위에 까마귀 형상을 깎아 만든 것으로 바람을 점치는 것이다.(檣烏, 船檣上刻爲烏形, 以占風者.)

41 絶島(절도) – 외딴 섬. 이 구는 외딴 섬이 연무를 포용한다는 뜻으로 풀이하기도 한다.

42 環洲(환주) – 둥근 모래섬. 曉晡(효포) – 조석朝夕.

《두시상주》에 인용된 《두억》 '납효포'는 이른바 해와 달이 그 가운데 출입한다는 것인데, 여기서 세 글자로 개괄하였으니 간요하고 기묘하다.(納曉晡, 卽所謂日月出入其中. 此用三字括之, 簡妙.)

43 辯(변) – 판별하다. 분별하다. 陶牧(도목) – 고을 이름. 춘추시대 도주공陶朱公 범려范蠡의 무덤이 있다고 전해지는 곳이다. 이 구절을 "앞에서 도목을 알아보겠다는 소리를 들었다"로 풀이하기도 한다.

《두시상주》 〈등루부〉에 "북쪽으로는 도목에서 끝난다"라고 했는데, 그 주석에 '도'는 고을 이름이고 외성 밖을 '목'이라 한다고 하였다.(登樓賦, 北彌陶牧. 注, 陶, 鄕名. 郭外曰牧.)

《두시상주》에 인용된 〈형주기荊州記〉 강릉현 서쪽에 도주공의 무덤이 있다.(江陵縣西, 有陶朱公冢.)

44 轉盼(전반) – 눈 깜짝할 사이. 拂(불) – 닿다. 가깝다. 宜都(의도) – 이릉夷陵에 속한 현. 지금 호북성 의창宜昌.

《두시상주》에 인용된 《두억》 의도는 이릉이다. 이릉주 동쪽 90리에 있다. 동쪽으로 강릉에 도달하려면 아직도 250리를 가야 한다. 이 시는 의도에 도착하려 할 때에 지었다.(宜都, 卽夷陵, 在州東九十里, 而東抵江陵, 尙二百五十里. 詩成於將到宜都時也.)

《두시상주》에 인용된 《수경주》 이도현은 한 무제가 서남을 정벌할 때 길이 이곳을 거쳐 나갔으므로 이도夷道라고 불렀다. 유비가 의도라고 불렀다.(夷道縣, 漢武帝伐西南, 路由此出, 故曰夷道. 劉先主曰宜都.)

《두시상주》에 인용된 《당서唐書》 의도현은 협주에 속한다.(宜都縣屬峽州.)

45 縣郭(현곽) – 의도현宜都縣의 외성을 가리킨다. 원주의 내용에 근거하여 송자현의 외성으로 보기도 한다. 南畿(남기) – 강릉江陵 일대를 가리킨다.

《두시상주》 숙종이 강릉부를 남도로 삼았으므로 남기라고 불렀다.(肅宗以江陵府爲南都, 故曰南畿.)

《두시경전》 원주에서 "뱃길이 송자현에 들어왔다"라고 하였다.(原注, 路入松滋縣.)

《독두심해》 숙종이 강릉을 남도로 삼았다. 송자현은 강릉 서남쪽 멀지 않은 곳에 있다.(肅宗以江陵爲南都. 松滋在江陵西南不遠.)

46 津亭(진정) – 강 나루터의 정자. 여기서는 두보가 도중에 묵었던 협주峽州의 나루터 정자이다.

《두시상주》에 인용된 주학령 주 여기서 말한 '진정'은 아마도 장강 나루터에 세워진 정자인 듯하다. 공에게는 봄밤에 협주 진정에서 잔치한 〈춘야협주전시어장사진정류연春夜峽州田侍御長史津亭留宴〉이라는 시가 있다.(此云津亭, 疑卽江津之亭, 公有春夜峽州津亭留宴詩.)

《독두심해》 '진정'은 나루터에 있는 망루이다. 다른 주석가처럼 실제 어떤 지역이라고 지목하지 말 것이다.(津亭, 津渡亭候也. 勿如注家指實某地.)

《두시조차공선후해집교》 북쪽으로 바라보니 외롭다는 것은 또 장안을 그리워한 것이다.(北望孤, 則又懷長安矣.)

#《두시상주》: 이 단락은 협곡을 나서서 보게 된 경물이다. 처음 2구는 시상을 바꾸어 잇는 것이 돌연하다. 협곡을 지나니 강물이 평평해졌다. 물의 흐름이 빠르기 때문에 여러 물줄기가 달려가는 것을 알게 된다. '매창해'는 그 아득히 넓음을 형용하였고, '세춘무'는 그 연푸름을 말하였다. 갈매기가 떼 지어 나니 실을 끄는 것 같고, 흑룡이 물에서 나오니 아름답기가 비단을 빠는 것 같다. 지는 노을은 푸른 비단 같은

물결에 비추고, 지는 달은 금추로 잠긴다. 모두가 평평한 강물 중에서 본 환상적인 모습이다. 갈대 순은 진흙을 머금었고, 부들 싹이 모래를 뚫고 나왔으며, 기러기는 소금쟁이를 다투고, 제비는 돛대 위 까마귀를 쫓는다. 이것은 평평한 강물 중에 생동하는 운치이다. 외딴 섬 안은 연기와 안개를 포용할 수 있고, 둥근 모래섬 밖은 항상 아침 저녁(해와 달)을 맞이한다. 평평한 강물의 웅장한 경관이 여기서 다 갖추어졌다. 도목을 구분할 수 있으니 강릉이 가깝다. 의도에 곧 도착한다고 하였으니 이릉에 이른 것이다. 의도현의 외성을 나서면 강릉이 앞에 있다. 협주의 나루터 정자에 오르니 장안이 북쪽에 있다. 황희가 말하기를 "갈대 순과 부들 싹은 모두 중춘 시절의 물상이다. 그런데 기러기와 제비가 가고 오는 것은 또한 같은 때가 아니다. 아마도 배를 출발한 것은 정월이었지만 시를 지은 것이 2월이었을 것이다. 공은 3월에 강릉에 이르렀으므로 전후에 본 것이 이와 같았던 것이다"라고 하였다.(此出峽所見景物. 起二句, 反接陡健, 峽過則川平矣, 因水行之快, 故知衆流所趨. 霾漲海, 形其渺茫. 洗春蕪, 言其嫩綠. 鷗鳥群飛, 有類牽絲. 驪龍出水, 麗如濯錦. 落霞映於綺波, 殘月沒於金樞, 皆平川中變幻也. 荻筍含泥, 蒲茸出沙, 雁爭水馬, 燕逐檣烏, 平川中生動之致也. 絶島之中, 能容烟霧, 環洲之外, 常納曉晡, 平川之大觀盡此矣. 陶牧可辯, 江陵近也. 宜都將拂, 夷陵至也. 出宜都縣郭, 則南畿在前. 登峽州津亭, 則長安在北. 希曰, 荻筍蒲茸, 皆仲春時物, 而雁燕去來, 亦不同時. 蓋放船在正月, 而作詩在二月. 公以三月至江陵, 故前後所見如此.)

47 勞心(노심) – 애를 쓰다.

《두시경전》 장차 강릉에 의지하고자 함을 말한다.(謂將依江陵.)

48 劃(획) – 갑자기. 홀연. 탁 트인 모습을 형용한 것으로 보기도 한다. 昭蘇(소소) – 소생하다. 생기가 회복되다. 가슴이 탁 트이다.

《두시상주》 '획소소'는 홀연 상쾌하고 명랑해진 것을 말한다.(劃昭蘇, 謂忽然開豁.)

《두시경전》 험지를 벗어나 마음이 편안해지니 가슴이 잠시 그로 인하여 한번 탁 트여졌음을 말한다.(言脫險意舒, 心胸聊爲一曠也.)

《두시조차공선후해집교》 '획' 자는 탁 트인다는 뜻이다.(劃字, 開豁之意.)

49 遣(견) – 마음을 풀다.

50 迷(미) – 분명하게 구분하지 않다. 이 구절은 늙어서 사람의 현우賢愚를 따지지 않고 스스럼없이 어울리는 모습을 말한 것이다.

《두시경전》 노년에 세속에 섞여 지냄을 말한 것으로 아래 두 구절을 일으킨다.(謂老年混俗, 起下二句.)

《두시조차공선후해집교》 인지상정으로 보자면 어렵고 험한 일을 겪게 되면 슬퍼하고 근심하며, 평안하고 기쁜 일을 만나면 웃고 즐기게 된다. 이때를 당하여 비록 몸은 늙고 뜻은 쇠하였지만 어찌 다시 어짐과 어리석음을 따지랴. 조물주에 맡길 뿐이다.(人情歷艱險則悲憂, 逢平曠則笑樂. 當是時, 雖身之老, 志之衰矣, 豈復論賢愚哉, 聽於造物而已.)

51 飄蕭(표소) – 머리털이 성긴 모습.

52 汨沒(골몰) – 매몰되다. 聽(청) – 따르다. 받아들이다. 洪鑪(홍로) – 천지의 조화. 혹은 천도.

53 丘壑(구학) – 산수 자연. 은거하는 곳. 여기서는 고향의 산천을 가리키는 것으로 보인다. 曾忘(증망) – 잊은 적이 없다는 말이다.

《두시상주》 '증망'은 일찍이 잊은 적이 없다는 말이다.(曾忘, 謂不曾忘.)

54 自誣(자무) – 스스로 속이다.

55 聖代(성대) – 성스러운 시대. 두보가 자신의 시대를 미화해서 쓴 표현

이다.

56 誰分(수분) – 어찌 ~을 예상했으랴. '분分'은 거성으로 쓰여서 '예측하다', '짐작하다'의 뜻이다. '분'을 '분수'로 풀이하여 '수분'을 '누구의 분수'로 번역할 수도 있다. 哭窮途(곡궁도) – 막다른 길에서 통곡하다.

《두시상주》 '수분'은 '어찌 짐작했으랴'라는 뜻의 '수료'와 같다.(誰分, 猶誰料.)

《두시조차공선후해집교》 완적은 매번 길을 가다가 길이 끝나는 지점에 이르면 통곡을 하고 돌아왔다. 공은 그래도 좋은 임금을 만났으니 완적의 통곡과 꼭 같다 할 것은 아니다.(阮籍每行至路窮處則痛哭而返. 公以其尙可遇合, 未必如阮籍之哭也.)

57 淹(엄) – 오래되다.

58 厠(측) – 끼다. 참여하다.

《두시상주》 '측유'는 자신이 유관儒官의 대열에 들었음이다.(厠儒, 身列儒官也.)

59 廷爭(정쟁) – 조정에서 간쟁諫爭하는 것을 말한다.

《두시상주》 '수조화'는 하늘과 땅을 저버리지 않는다는 말이다.(酬造化, 言不負天地.)

《두시경전》 상소하여 방관을 구한 일을 말한다.(謂疏救房琯.)

《두시조차공선후해집교》 그가 좌습유가 되었을 때 일찍이 방관이 재주가 있으니 파면해서는 안 된다고 논하였는데 이것이 조정에서 간쟁한 것이다. 이렇게 함으로써 군왕의 돌봐주시는 은혜에 보답하였으니 이것이 '조화에 부응하다'라는 것이다.(言其爲左拾遺時, 嘗論房琯有才不宜廢免, 是謂庭諍, 以酬君王顧遇之恩, 是爲酬造化.)

60 樸直(박직) – 졸박하고 우직하다. 乞江湖(걸강호) – 강호를 청하다. 벼슬에서 물러나기를 청한다는 말이다.

61 灩澦(염예) – 염예퇴灩澦堆. 구당협 입구에 있는 암초.

62 滄浪(창랑) – 창랑수. 逾(유) – 건너다.

《두시상주》에 인용된 《두억》 무당현에 창랑이라 불리는 내가 있다. 〈우공〉에서 "한수가 동쪽으로 흘러 창랑이 된다"라고 한 곳이다.(武當縣有川曰滄浪, 禹貢所云, 漢水東流爲滄浪也.)

63 尋(심) – 잠깐 동안. 금세. 已已(이이) – 끝나다. 멈추다.

《두시상주》 자서에 의하면 '심'은 '금세'의 뜻이다. '이이'는 초나라 광인 접여가 한 말인 "그만두어라, 그만두어라"라는 말에 근원을 두고 있다.(字書, 尋, 俄也. 已已, 本楚狂已而已而.)

《두시경전》 엄무가 상주하여 공부원외랑에 제수된 것을 말한다.(謂嚴武奏除員外郎.)

64 懶計(나계) – 계산에 게으르다. 생계에 서툴다. 區區(구구) – 자득하는 모습. 구차한 모습으로 보기도 한다.

#《두시상주》: 이 단락은 떠도는 생활의 괴로운 상황을 스스로 서술하였다. '게식' 구는 배가 의도에 정박하였음을 말한다. '쇠미' 구는 노년에 세속과 섞여 지냄을 말한다. 고향으로 돌아가 시문을 쓰겠다고 하였으니, 이것은 앞에서 북쪽을 바라본다는 뜻에 응한 것이다. 막다른 길에서 나그네 되었음은 목전의 영락하여 떠도는 신세에 대한 감개이다. 조정에서 간쟁하며 질박하고 우직하다는 것은 이전에 방관을 구한 일이다. 몸은 창랑에 이르러 구차하게 바삐 다닌다고 했으니, 이것은 앞서 말한 강릉으로 가는 뜻에 응한 것이다. '구학' 2구는 마음을 위로하는 말이요, '차생' 2구는 가슴 아파하는 말이며, '정쟁' 2구는 흡족해하는 말이다.(此自敍漂泊苦情. 憩息, 謂舟泊宜都. 衰迷, 謂老年混俗. 返故丘而著詩文, 此應前北望意. 窮途作客, 目前流落之感. 廷爭樸直, 前救房琯之事. 身到滄浪而奔走區區, 此應前南畿意. 丘壑曾忘返, 文章敢自誣, 是慰心語. 此生遭聖代, 誰分哭窮途, 是痛心語. 廷爭酬造化, 樸直乞江湖, 是愜心語.)

《두시조차공선후해집교》: 공이 자신의 나아감과 물러남에 대해 말함이 반복하며 곡절이 있다. 처음에는 늙고 쇠하여 조화를 따를 뿐이라고 여겼는데, 또 문장에 자부하며 성스러운 시대를 만났으니 길이 다하여 통곡하는 재난과 어려움은 생각지 않았다고 말했다. 또 일찍이 문장으로 임금을 움직였으나, 간쟁으로 임금의 뜻을 거슬러 강호에서 떠돌게 되었으며, 염예퇴에 다가가고 창랑수를 건너게 되었으니, 이에 헛된 이름에 뜻을 두지 않아 그 한가함과 게으름을 이루게 되었다고 말하고 있다. 이와 같은즉 공의 나아감과 물러남이 어찌 분명치 않으랴!(公言其出處反覆曲折. 初以爲衰老聽造物而已, 又言其負文章, 逢聖代, 則不分窮途之災困. 又言其嘗以文動於上, 以諫忤旨而流落江湖, 迫灩澦, 逾滄浪, 於是無意於浮名, 而遂其閑懶矣. 然則, 公之出處, 豈不分明哉.)

65 天皇寺(천황사) – 절 이름. 강릉에 있었다. 절 안에 왕희지의 글과 장승요張僧繇가 그린 공자와 제자들의 그림이 있었다.

66 披(피) – 열람하다.

《두시상주》에 인용된 원주原注 이 절에 진나라 왕희지의 글씨, 장승요가 그린 공자의 초상과 안자 등 뛰어난 열 제자의 초상이 있다.(此寺有晉王右軍書張僧繇畫孔子及顔子十哲形像.)

《두시상주》에 인용된 《역대명화기歷代名畫記》 장승요는 오 지역 사람이다. 양 무제가 불상을 꾸밀 때 장승요가 그린 것이 많았다. 강릉 천황사는 명제가 세웠다. 절 안에 있는 백당에 장승요가 노사나불, 그리고 공자와 십철의 그림을 그렸다. 황제가 이상히 여겨 부처가 있는 절 안에 어째서 공자 성인을 그렸느냐 물었더니 장승요가 말하기를 "후에 틀림없이 이것의 덕을 보게 될 것입니다"라 하였다. 후주에 이르러 불법을 멸하고 천하의 절과 탑을 불살랐으나 오직 이 불전은 공자의 상이 있는 까닭에 훼손되지 않을 수 있었다.(張僧繇, 吳人. 梁武帝崇飾佛像, 多僧繇畫. 江陵天皇寺, 明帝置也, 內有柏堂,

僧繇畵盧舍那佛及仲尼十哲像. 帝怪, 問釋門之內, 如何畵孔聖. 僧繇曰, 後當賴此耳. 及後周滅佛法, 焚天下寺塔, 獨此殿以有宣尼像, 得不毁拆.)

67 帝子(제자) – 요임금의 두 딸 아황娥皇과 여영女英.

《두시상주》 〈구가〉에 "제자가 북쪽 물가에 내려온다"라는 구절이 있다. 그 주에서 '제자'는 요의 두 딸로 상부인이라고 설명하고 있다.(九歌, 帝子降兮北渚. 注, 帝子, 堯二女, 湘夫人也.)

68 蒼梧(창오) – 순임금이 죽어 묻힌 곳. 지금 호남성 영원현寧遠縣 경내에 있다.

《두시경전》 성스러운 치세를 만나기 어려움을 슬퍼한 것이다.(傷聖治難逢也.)

#《두시상주》: 위 글은 도중의 정경을 두루 서술하였고, 아래 글은 또 형주에 도착한 후의 심사를 적었다. 이 4구절은 위와 아래를 잇는 관건이다. 절에 다가간다거나 그림을 열람하겠다는 것은 옛 자취가 여전함을 생각한 것이다. 물가를 지나며 순임금을 위해 울겠다고 한 것은 성스러운 치세를 만나기가 어려움을 슬퍼한 것이다.(上文歷敍中途情景, 下文又寫到荊心事, 此四句, 乃上下關鍵. 近寺披圖, 想古迹依然. 經渚泣帝, 傷聖治難逢.)

69 朝士(조사) – 조정의 관리. 戎服(융복) – 군복.

70 湛盧(담로) – 고대에 전하는 명검 중의 하나.

《두시상주》에 인용된 《오월춘추吳越春秋》 월왕 윤상이 구야자로 하여금 명검 다섯을 만들게 했는데 그중 하나가 담로였다. 윤상이 그것을 오나라에 바쳤다. 오공자 광이 오왕 요를 시해하자 담로는 오나라를 떠나 초나라로 가버렸다.(越王允常使歐冶子作名劍五, 一曰湛盧. 允常以獻之吳. 吳公子光弑吳王僚, 湛盧去如楚.)

《두시조차공선후해집교》 '군왕이 담로 검을 어루만진다'라는 이 말은 대종이 스스로 토번을 치고자 육군을 이끌어 궁원宮苑 안에 진을 친 것이다.(君王按湛盧, 此代宗欲自討吐蕃, 自率六軍屯於苑中者也.)

71 旄頭(모두) – 28수 중 하나인 묘수昴宿. '모두髦頭'라고도 한다. 이 별자리는 홍수가 발생하거나 호병胡兵이 크게 일어나는 것과 관련이 있다고 여겼다. 俶擾(숙요) – 요동치기 시작하다. 이 구절은 토번이 쳐들어온 것을 비유한 것이다. 안녹산의 난을 비유한 것으로 보기도 한다.

《두시경전》에 인용된 《진서晉書·천문지天文志》 묘는 모두인데 오랑캐 별이다.(昴爲旄頭, 胡星也.)

《독두심해》 여기서는 안녹산을 가리킨다.(此指祿山.)

72 鶉首(순수) – 별자리 이름. 남방의 주조朱鳥 7수 중 정수井宿와 귀수鬼宿를 가리키며 해당 분야分野가 진秦 지역이다. 여기서는 장안을 가리킨다. 麗(여) – 기대다. 붙다.

[旄頭 2구]

《두시경전》 안녹산이 반란을 일으킨 이후로 관중에는 매번 변란이 많았음을 말한 것이니 꼭 토번을 가리켜 한 말은 아니다.(言自祿山叛逆後, 關中每多寇亂, 不必定指吐蕃.)

《두시조차공선후해집교》 '여니도'는 여기서 광덕 원년 장안이 함락된 것을 말한다.(麗泥塗, 此言廣德元年長安陷也.)

73 甲卒(갑졸) – 갑옷 입은 병사. 군졸.

《두시경전》에 인용된 《당서·최영전崔寧傳》 최영의 본 이름은 최간으로 패주 안평 사람이다. 실의하여 검남에 객거하였는데, 처음에는 보졸 신분으로 선우중통을 섬겼다.(寧本名旰, 貝州安平人, 落魄客劍南, 初以步卒事鮮于仲通.)

74 書生(서생) – 독서인. 유생儒生. 固(고) – 본디.

《두시경전》 이런 무리와 동렬에 서는 것을 부끄러워한다는 말이다.

(言恥與若輩同列.)

75 野鶴(야학) – 들에 사는 학. 인품이 출중한 은자를 비유한다.

《두시상주》에 인용된 《세설신어世說新語》 혜소가 무리 중에 있으면 위풍당당하여 들에 사는 학 한 마리가 닭 무리 중에 있는 것과 같다. (嵇紹在稠人中, 昂昂如野鶴在雞羣.)

《두시조차공선후해집교》 저 서생이란 자는 홍진 세상을 벗어났으니 들의 학과 같다.(彼書生者, 其出塵則如野鶴.)

76 歷塊(역괴) – 흙덩이를 지나다. 준마가 질주하는 모습을 말한다. 轅駒(원구) – 수레를 끄는 망아지. 경험도 부족하고 능력도 부족한 사람을 비유한다.

《한서·왕포전王褒傳》 도성을 지나고 나라를 지나는데, 그 빠름이 흙덩이 하나를 밟고 지나는 것과 같다.(過都越國, 蹶如歷塊.)

《한서·왕포전》 "蹶如歷塊"에 대한 안사고顏師古 주 흙덩이 하나를 지나가는 듯하다는 것이니 심히 빠른 것을 말한 것이다.(如經歷一塊, 言其疾之甚.)

《두시조차공선후해집교》 '수레 밑의 망아지'의 고사는 《사기·위기무안후열전魏其武安侯列傳》의 다음 내용에서 비롯되었다. 주상이 내사에게 노하여 말하기를 "공은 평소 자주 위기와 무안의 장단점을 말했거늘, 오늘 조정에서 논하게 됨에 있어서는 잔뜩 주눅이 들어 있는 것이 수레 아래 망아지 꼴이오"라고 하였다. 응소가 말하기를 "'구'는 수레에 매인 것이다. '국촉'은 잔뜩 주눅이 들어 있는 모습이다"라고 하였다.(轅駒事, 灌夫傳, 上怒內史曰, 公平生數言魏其武安長短, 今日廷論, 局趣效轅下駒. 應劭曰, 駒者, 駕著轅下. 局促, 蹴小貌.)

[出塵 2구]

《두시경전》 두 구는 마땅히 표연히 멀리 떠날 것을 말하였는데, 어디든 가지 못할 곳이 없다는 뜻을 아울러 기탁하고 있다.(二句言當

飄然遠引，兼寓無地不可往意.)

#《두시상주》: 이 단락으로부터 마지막까지는 모두 '즐겁지 않고' '길게 한숨 짓는' 까닭을 거듭 밝힌 것이다. 이 단락은 살아서 어지러운 세상을 만나게 되니 시절을 구할 것을 생각한 것이다. 군복을 입고 검을 어루만지는 것은 신하와 임금이 함께 근심한 것이니, 모두 토번의 소요로 인하여 장안이 도탄에 빠졌기 때문이다. 이 당시 무인이 뜻을 얻고 유가의 법술은 존중받지 못하였으니, 빨리 달리는 출중한 준마와 같이 나의 도가 진실로 세상을 구할 수 있음을 어찌 알았으랴! 공의 자부함이 여전히 얕지 않다.(自此至末，皆申明不樂長吁之故. 此爲生遭世亂，而思救時也. 戎服按劍，臣主俱憂，總以吐蕃俶擾，而長安塗炭耳. 此時武夫得志，儒術不尊，豈知出群歷塊，吾道固堪濟世乎. 公之自負，仍不淺矣.)

77 伊呂(이여) – 이윤伊尹과 여상呂尙. 이윤은 상나라 탕왕을 보좌했고 여상은 주나라 무왕을 보좌했는데 모두 큰 공적을 세웠다. 難降(난강) – 태어나기가 어렵다. 뜻을 굽히기 어렵다는 뜻으로 풀이하기도 하지만 취하지 않는다.

78 韓彭(한팽) – 한신韓信과 팽월彭越. 초한 전쟁에서 유방을 도와 천하를 평정한 장수들이었으나 후에 반란을 획책하였다. 여기서는 조정에 맞서 발호하는 번진 세력들을 비유한다. 呼(호) – 마음대로 부르다. 통제하다.

《사기·항우본기項羽本紀》 회음후 한신과 건성후 팽월이 약속을 정하여 초나라 군대를 공격하기로 하였으나 고릉에 이르렀음에도 한신과 팽월의 군대가 모이지 않았다.(與淮陰侯韓信建成侯彭越，期會而擊楚軍. 至固陵，信越之兵不會.)

《독두심해》 '호' 자는 '처마와 기둥 사이에서 그 기세가 불러낼 만하다'는 〈화응畵鷹〉의 구절과 같이 푼다. 대체로 길들여 순종한다는 말이다.(呼字, 與軒楹勢可呼同解. 蓋馴服之謂.)

[伊呂 2구]

《두시경전》 앞 구는 재상의 범용함을 말하였고, 뒤 구는 장수의 사나움을 말하였다.(上句言相庸, 下句言將悍.)

《두시조차공선후해집교》 이윤은 탕왕을 도와 걸을 정벌하였고, 강태공은 무왕을 도와 주를 정벌하였으니, 이들은 서생 중에 용병을 잘한 자이다. '종난강'은 갑졸의 무리에게 뜻을 굽히려 하지 않는다는 것이다. 혹자는 '강'은 하늘이 인재를 내린 것으로, 큰 산이 신령을 내렸는데, 이미 이런 인재가 죽어 종내 다시 탄생하기 어렵게 되었음을 말한다고 보았다. 의미상 역시 통한다. '한'은 한신이고, '팽'은 팽월이다. 두 사람은 모두 무인으로 기질이 강하였다. 멋대로 행동하여 제어하기 어려웠으므로 쉽게 부르지 못하였는데, 갑졸의 귀함이 이와 같음을 말한 것이다. '호' 자는 반쪽짜리 간찰로도 부를 수 있다는 뜻의 '호'이다.(伊尹相湯伐桀, 呂望佐武王伐紂, 此書生之善用兵者. 終難降, 則不肯降志於甲卒之徒也. 或曰, 降, 則天之降才, 維岳降神, 旣已死矣, 終難降生也. 於義亦通. 韓者, 韓信, 彭者, 彭越, 二人皆以武夫負氣, 跋扈難制, 所以不易呼. 以言甲卒之貴者如此. 呼字, 蓋折簡可呼之呼.)

79 五雲(오운) – 오색의 구름. 제왕의 기운이 감도는 상서로운 구름으로 보거나 오운거五雲車로 보기도 한다. 太甲(태갑) – 천신의 이름. 별 이름으로 보기도 한다. 이 구절은 대부분의 주석가들이 그 뜻을 알 수 없다고 밝히고 있을 정도로 난해한 구절이다.

《두공부시집집주》 경방의 《역비후易飛候》에 "사방을 보니 큰 구름이 있는데 오색을 갖추었으나 비가 내리지 않으니 아래에 숨은 현자가 있다"라고 했는데, 오운은 분명 이 뜻을 활용하여 자신을 견준 것이다. '태갑'은 혹 위서에서 나온 것 같은데 억지로 해석하기 어렵다.(京房易候, 視四方有大雲, 五色具而不雨, 下有賢人隱. 五雲當用

此義以自況也. 太甲, 或出緯書, 難以强解.)

《두시상주》 '태갑' 두 글자는 제가의 주석을 두루 찾아보아도 모두 그 출처가 자세하지 않다. 같은 해 급제한 친구 장희량이 "《한무제내전》을 보면 황제가 태갑의 《영비경》을 서왕모에게 받았다는 기록이 있다. 또 상도무가 태을의 둔갑술에 능했다고 했음을 고찰해보면 태갑과 태을은 모두 하늘의 존귀한 신이다"라고 하였다. 이 한 가지 증좌를 얻으니 오랜 의문이 그로 인해 순간 풀렸다.(太甲二字, 徧査諸注, 皆未詳所出. 年友張希良石虹曰, 漢武帝內傳, 帝受太甲靈飛於西王母. 又考桑道茂能爲太乙遁甲之術. 太甲太乙, 皆上天貴神. 得此一證, 宿疑爲之頓釋.)

《두시경전》 '오운'은 아마도 바로 상서로운 오색의 구름이라는 뜻을 쓴 것 같다. 또한 《사기·고제본기》에 "유방이 거하는 곳에는 위쪽에 항상 구름이 있었다"라고 하였다.(五雲似卽用卿雲五色意. 又史記高帝本紀, 季所居, 上常有雲氣.)

80 曠(광) – 광활하다. '표연하다', '비어 있다'라는 뜻으로 보기도 한다. 摶扶(단부) – 회오리바람. 이 구절은 《장자·소요유》에 나오는 붕새의 이야기를 활용한 것으로 붕새가 남명으로 날아가듯 자신도 남쪽으로 가겠다는 뜻을 담은 것으로 보인다.

《두시상주》 《장자》에 "붕이 남명으로 날아갈 때에 회오리바람을 타고 위로 9만 리를 올라가 6개월을 날아 쉰다"라고 하였다. 사마표가 말하기를 "'단'은 날아오르는 것이다. 위로 올라가는 바람을 '부요'라고 한다"라고 하였다.(莊子, 鵬之徙於南溟也, 摶扶搖而上者九萬里, 去以六月息者也. 司馬云, 摶, 飛而上也. 上行風謂之扶搖.)

[五雲 2구]

《두시조차공선후해집교》 두 구절은 난해하여 학자들이 의심하였다. 하지만 시인의 뜻을 잘 헤아려보면, 이윤과 여상은 종시 뜻을 굽히기 어렵고 한신과 팽월은 쉽게 부르지 못한다는 구절 이하를 받고 있으니 문인은 오지 않고 무인이 득세하게 되었음을 말한 것이다. 이것이 현자가 숨게 된 이유이다. 경방의《역비후》에서 "사방을 보니 항상 큰 구름이 있어 오색을 갖추었는데 그 아래 현자는 숨는다"라고 하였다. '태갑이 높다'는 것은 구름이 육갑성 위에 높이 떠 있다는 말이다. 단, 태갑이란 글자는 명확한 출처가 보이지 않는바, 박문군자를 기다린다. …… 유월에 바람을 치는 기세가 비어 있음은 현명한 인재가 등용되지 못함을 말한 것이다.(兩句難解, 學者疑之. 然以意逆志, 承伊呂終難降, 韓彭不易呼之下, 則言文人不來, 武人得勢, 此賢者之所以隱也. 京房易飛候曰, 四方常有大雲, 五色具, 其下賢人隱. 高太甲, 則言雲高於六甲之上. 但太甲字未見明出, 以俟博聞. …… 六月曠摶風之勢, 言賢才之不得用也.)

81 黎元(여원) – 백성.

82 爭權(쟁권) – 권력을 다투다. 이 구절은 권력 싸움으로 장수들이 서로 죽이고 있다는 말이다.

[廻首 2구]

《두시조차공선후해집교》 현자는 숨어버리고 그저 고개를 돌려 병든 백성들만 바라볼 뿐이다. 저 이른바 장수라는 자들은 모두 무인들이어서 권력을 다투다 죽음을 면치 못한다. 이것이 모두 슬퍼한 까닭이다.(賢者隱矣, 但回首觀黎元之病而已. 彼所謂將帥者, 皆武人也, 則爭權而不免於誅. 皆所以傷之也.)

83 疲苶(피날) – 피곤하다.

84 崎嶇(기구) – 평탄하지 않은 험한 길. 험한 인생길을 비유한다.

#《두시상주》: 이 단락은 치세에 이르게 할 사람이 없음을 개탄하고 반역을 일으키는 장수를 걱정한 것이다. 조정에 이윤이나 여상과 같은 대신이 없으니 한신이나 팽월 같은 자를 부리기가 어렵다. 지금 오색의 구름 아래서 붕새가 회오리바람을 치고 남쪽으로 날아가듯

장차 강릉에 터를 잡아 의탁하고자 한다. 하지만 백성은 피폐하건만 장수들은 권력만 다투고 있으니 또한 기구한 방랑길을 면할 수 없음이 걱정될 뿐이다. 그런즉 정처 없는 떠돌이 생활이 어디서 끝나게 되랴! 노원창의 주에서는 이윤과 여상을 말한 것은 이필이 은거한 것을 가리킨다고 하였고, 장진張溍의 주에서는 한신과 팽월을 말한 것은 번진의 발호를 가리킨다고 하였다. 권력을 다투는 장수로 말하자면, 성도의 곽영예, 최간이 서로 죽이고 공격하고, 양양의 내진과 배융이 절도사 직을 빼앗으려고 모의한 것과 같은 것이 모두 이러한 일이다. 얼마 안 되어 호남에 장개의 반란이 있었으니 공의 선견지명이 이와 같다.(此慨致治無人, 而憂叛將也. 朝無伊呂大臣, 以故韓彭難馭. 今者五雲之下, 鵬摶南徙, 將藉江陵以託迹矣. 但恐生民罷敝, 而將帥爭權, 又未免崎嶇遷播耳. 然則漂泊將安止耶. 盧注謂, 伊呂指李泌歸隱. 張注謂, 韓彭指藩鎭跋扈. 爭權將帥, 如成都之郭英乂崔旰, 互相殺伐, 襄陽之來瑱裴茙, 謀奪節鎭, 皆是. 未幾, 湖南有臧玠之亂, 公之明炳幾先如此.)

《두시경전》: 이 당시 최간이 곽영예를 죽이니 대종이 재상 두홍점으로 촉의 반란을 평정하게 하였다. 그러나 두홍점은 최간의 죄를 물을 수가 없었고 오히려 여러 번 조정에 그를 천거하였다. 두홍점은 조정으로 돌아갔고 최간은 서천절도사가 되었으니 공은 이 일에 대해 가장 불만스러워했다. 이 시에서 이윤과 여상은 끝내 탄생하기 어렵다고 한 것은 두홍점을 나무란 것이요, 한신과 팽월을 부르기가 어렵다고 한 것은 최간을 말한 것이다. 촉의 일이 이와 같았으므로 공은 촉을 떠날 계획을 결행하게 된 것이다. 고개를 돌려 황제의 조정을 바라보니 오운과 태갑이 하늘 끝에 아득한 듯하다. 그저 붕새가 회오리바람을 치며 남쪽으로 가는 것을 본받아 멀리 떠날 계획을 삼을 뿐이다. 옛 주해에서는 단지 두루뭉술하게 번진을 가리킨다고 말하고 있으니 뜻을 파악하지 못한 것이다.(是時崔旰殺郭英乂, 代宗詔宰相

杜鴻漸平蜀亂, 不能討旰罪, 反數薦之於朝. 鴻漸還朝, 旰爲西川節度, 公最不平此事. 此詩伊呂終難降, 譏鴻漸也. 韓彭不易呼, 謂崔旰也. 蜀事如此, 公所以決爲去蜀之計. 回望帝廷, 如五雲太甲, 渺然天際. 惟效鵬摶南徙, 爲長往之計而已. 舊解但泛指藩鎭, 未爲得旨.)

##《두억》: 배에 올라서도 도리어 즐겁지 않은 것은 깊숙이 우는 원숭이를 좁게 돌아가며 비로소 눈물로 옷깃을 적시는 것을 면하게 되기를 기대했건만 어지러이 목욕하고 있는 오리들을 부질없이 따르게 되니 끝내 표박의 신세를 면하기 어렵게 되었기 때문이다. 그래서 뱃줄을 풀면서 길게 한숨을 지은 것이다. 어지러이 목욕하는 오리는 부박한 교유를 비유하니 전체 시는 이 뜻에서 떠나지 않는다. 석태와 공취는 본시 정취가 있는 경물이다. 그러나 우연히 강안을 오르게 되면 석태가 미끄러워 노인은 이를 고통스러워한다. 그래서 '안석과 지팡이를 침범한다'고 말한 것이다. 공취는 산속의 어둡고 찬 기운이어서 병자들이 두려워하니 그래서 '살갗을 때린다'고 한 것이다. 신녀봉은 배에서 본 것이어서 '연묘'라고 했고, 왕소군 집은 직접 가본 적이 없어서 '유무'라고 했다. 이곳은 명승을 갖추었지만 표박하는 사람이 그것을 대하면 원망이 있을 뿐 기쁨이 없다. 그래서 소군의 노래가 지금까지 그 원망을 남기고 있고 신녀의 꿈은 한번 깨자 이미 기쁨이 사라졌다고 말한 것인바, 두 여인을 읊은 것이 아니다. '파합'은 분명 '패합'과 같다. 소용돌이가 들끓어 요란히 소리를 내니 마치 바람과 우레가 지맥을 싸는 듯하다. 물결이 격렬하게 부딪혀 물방울이 흩어지고 포말이 펄펄 날리니 마치 얼음과 눈이 높은 하늘에서 빛나는 듯하다. 녹각과 낭두는 고사를 극도로 교묘하게 사용하였다. 이것들은 모두 험한 여울인데, 갑자기 만나게 되었음에도 얼굴색이 바뀐 적이 없으니 마음을 진정하므로 대임을 능히 맡을 수 있는 것이다. 그런데 흘러가는 물결에 높이 누웠으니 미천한 몸을 저버리게 되었다. 이는 모두 농담으로 한 말이다. 널따란 강이 있어 상류의 터짐을 받아주지 않았

다면 어찌 뭇 골짜기들이 바다를 향해 달려가고자 함을 알 수 있겠는가. 이하의 내용은 널따란 강의 풍경을 갖추었다. 멀리로는 늘 어둑한 넘실대는 바다요, 가까이로는 씻은 듯한 봄날의 무성한 풀이다. 갈매기는 실을 끌며 날고 용은 비단을 빨며, 노을은 푸른 비단에 가라앉고 달은 금추에서 무너지는 것은 모두 널따란 강중의 변화무쌍한 모습이다. 갈대 순과 부들꽃, 기러기가 소금쟁이를 다투고 제비가 돛의 까마귀를 쫓는 것은 널따란 강중의 생동하는 모습이다. 섬은 연무를 끌어안고 모래섬은 아침과 저녁을 받아들이는 데 이르게 되면 널따란 강의 대관이 다 갖추어지게 되었다. 종성이 말하기를 "'좁은 협곡을 돌아가는데 원숭이 울음소리 깊다'고 한 곳에서부터 이곳에 이르기까지 손길이 닿고 눈길이 닿는 대로 협곡 안의 뱃길을 따라가며 만나는 경물을 묘사하는데, 종횡으로 교착하여 마치 안개 속에 섞여 핀 꽃들과 같고 안개 밖의 어지러운 산봉우리와 같아서 가히 기뻐할 만하고 가히 놀랍기도 하니 참으로 공교하고 참으로 황홀하다"라고 하였다. 제비와 기러기는 오고 가는 때가 다른데도 함께 써서 대를 삼았으니 아마도 배에서 오래 거하면서 두 가지를 목도하게 된 것이 아니겠는가. 시는 장차 의도에 도착할 무렵에 지은 것인데 '노심' 이하는 표박하는 중의 괴로움을 모두 적었다. 해설자는 조정에서 득의하지 못하여 산림에 귀은해 편안함을 구한 것이라고 말한다. 산림에 피로한 몸을 기탁하지만 기구한 신세를 면하지 못함에 이르게 되면 이 몸 장차 어디로 돌아갈 것인가. 그래서 배에 올라도 즐겁지 않았던 것이다. 낭랑히 시를 읊어 홀연 생기가 회복된다고 했고, 문장을 어찌 스스로 속이겠냐고 했으니, 공의 자신함이 이것에 있으며 스스로 즐기는 바가 또한 이것에 있다. 그래서 '근심을 풀고 즐겁게 기뻐 웃는다'라고 한 것이다. '노쇠한 몸 어진 자 어리석은 자를 가리지 않는다'고 한 것은 사람을 가려서 사귈 수 없음을 말하니, 급한 일에 도움을 받지 못했던 것이다. 담원춘이 '명언'이라 말했으니 어찌 다른 견해가 있겠는가? "헛된 이름은 금세 사라지고 만다"라는 말은 접여가 (공자를 향해) '그만두어라, 그만두어라'라고 한 말을 쓴 것 같다. "군졸이야 신분이 비록 귀하여졌어도 서생은 그 도가 본디부터 다르다"라고 했는데, 공은 이런 무리를 극도로 미워했으므로 시에서 매번 언급하였다. 그런데 이런 무리는 진정으로 백해무익일 뿐이다. '출진' 구나 '역괴' 구의 말들은 모두 이런 무리 때문에 발해진 것이다. 권력을 다투다 서로 죽이는 것 또한 이 무리이다. 치란에 대한 공의 담론을 보면 모두 확실한 견식이 있다. 옛 시 〈갈석편碣石篇〉에 "해와 달이 그중에 출입한다"라는 구절이 있는데 아침과 저녁을 받아들인다는 '납효포' 세 글자의 간요함과 기묘함만 못하다. 의도현은 이릉주에 속하니 주의 동쪽 90리에 있다. 동쪽으로 강릉까지는 아직 250리이다. 천황사와 제자저는 모두 그가 지나갈 곳을 미리 말한 것이다. 아직 절에 도착하지도 않았는데 먼저 그림책을 펼쳤으니 그 행낭 속에 넣어 다닌다는 것을 알 수 있다. '먼저 펼친다'는 말에서 그 기쁨을 정히 보게 된다. 토번이 장안을 함락하였으므로 '순수 별이 진흙길에 붙어 있다'고 한 것이니, 차마 분명하게 말하지 못한 것이다. 소보는 '오운고태갑'에 대해 처음 풀이에서는 "오운은 천자이다. 태갑은 태을이라고 하는 것이니, 태초니 태소니 하는 말과 같이 천지의 시작을 말한다"라고 하고는 충주에 이르러서는 또 말하기를 "오색의 구름이 보이니, 태평성세를 기대할 수 있다"라고 했으니 또한 서로 모순이다. '유월' 구절에 이르러서는 장자의 '유월식'을 사용하였고, '광단부'는 회오리바람을 치는 것이 적음을 말하였다. 내 생각에는 두 구절을 합쳐 대체적으로 다음과 같은 말인 듯하다. 위 구절은 임금의 궐문이 만 리에 떨어져 있음이요, 아래 구절은 신하로서 장한 계책이 없음을 말한 것이다. 오색의 구름이 보인다는 것은 말이 맞지 않는다.(所以入舟翻不樂者, 以窄轉深啼之狖, 方覬免于沾裳, 而虛隨亂浴之鳧, 終難免於漂泊. 所以解纜而長吁也. 亂浴鳧, 以比浮泛之交, 通編不離此意.

石苔空翠本趣物, 然偶登岸則石苔滑而老人苦之, 故云淩几杖. 空翠乃山間陰寒之氣, 病人畏之, 故云撲肌膚. 神女峰舟中見之, 故云娟妙. 昭君宅不曾親訪, 故云有無. 此俱勝地, 而漂泊人當之則有怨無歡, 故謂昭君之曲, 至今留其怨惜, 而神女之夢, 一醒已失歡娛, 非詠二女也. 擺闔當與捭闔同. 盤渦之沸, 隱隱轟轟, 如風雷纏地脈. 浪之衝激, 濺珠霏沫, 如冰雪曜天衢. 鹿角狼頭, 極使事之巧, 此皆惡灘也, 忽然遇之, 未嘗變色, 鎭定可勝大任, 而漂流高臥, 則負微軀矣, 此皆謔詞. 不有平川以受上流之決, 焉知衆壑之欲趨於海乎. 以下俱平川之景. 遠則漲海恒霾, 近則春蕪若洗, 鷗牽絲龍濯錦, 霞沈綺月壞樞, 皆平川中變幻也. 荻筍蒲茸, 雁爭燕逐, 平川中之生動也. 至島容烟霧, 洲納曉晡, 而平川之大觀盡矣. 鍾云, 自窄轉深啼至此, 觸手觸目, 寫峽中沿途景物, 參錯橫竪, 如霧裏雜花, 煙外亂岫, 可喜可愕, 工甚幻甚. 燕雁去來不同時, 而並用作對, 豈在舟中久, 兩得經目耶. 詩作於將到宜都, 而勞心以下, 俱寫漂泊中苦. 說者謂不得於朝, 則歸山林, 以求安也, 至山林託疲苶而未免崎嶇, 則此身將安歸乎. 所以入舟而不樂也. 朗詠劃昭蘇, 文章敢自誣, 公所自信在此, 所自樂亦在此, 故云意遣樂歡笑. 衰迷賢與愚, 謂不能擇人而交, 故緩急不得力. 譚云名言, 豈別有見. 浮名尋已已, 似用接輿已而已而語. 甲卒身雖貴, 書生道固殊, 公極恨此輩, 詩每及之, 然此輩眞無益而有害. 出塵歷塊等語, 皆爲此輩發, 爭權而誅, 又此輩也. 公談治亂, 俱鑿鑿有識. 古詩, 日月出入其中. 不如納曉晡三字簡妙. 宜都縣屬夷陵州, 在州東九十里, 而東抵江陵尙二百五十里. 天皇寺帝子渚, 皆預言其所經之地也. 未到寺而先披畫圖, 知其裝囊中携之以行, 先披正見其喜. 吐蕃陷長安, 而云鶉首麗泥塗, 不忍明言也. 邵於五雲高太甲初訓云, 五雲, 天子也. 太甲謂太乙者是, 猶太初太素, 言天地之始也. 至總註又云, 五色雲見, 太平可期. 又相矛盾. 至六月用莊子六月息語, 曠摶扶言摶扶搖者少也. 余意合二句大抵言, 上則言君門萬里, 下句言臣無壯猷也. 五色雲見, 語不相入.)

《독두심해》: 처음은 4구, 마지막은 4구이다. 중간은 다섯 단락으로 나뉘어 썼다. 다섯 단락 중에서 앞의 세 단락은 협곡을 나서 지나는 경로에 대해 말한 것으로 서사체이다. 뒤의 두 단락은 자신의 표박하는 신세에 대해 말한 것으로 의론체이다. 소릉의 장편 율시 중에서 이 작품은 최고로 글이 매끄럽다. 공은 비록 오랫동안 협곡을 나서고자 하였으나 기주에 산 것이 이미 2년이 넘었다. 하루아침에 버리고 떠나자니 필시 근심하며 차마 무심할 수는 없었던 점이 있었을 것이다. 처음 4구는 속마음이 또렷하다. '착전' 단락은 협곡 안을 배가 지나며 만나는 경치를 서술하였다. '착전'과 '허수'는 배가 처음 출발한 것이다. '석태' 6구는 모두 절벽 사이에 있는 것으로 '구슬 같은 물방울을 흩뿌린다'는 것 역시 석벽에서 본 것이다. 곡조가 남았다, 꿈이 다하였다는 것은 나누어 위 단락을 이어받았다. 그곳 땅과 그곳에 대한 회고가 서로 잘 어울린다. '파합' 단락은 협곡을 내려가는 중에 험한 곳을 지나며 만난 경치를 서술하였다. 바람과 우레는 귀에서 들리는 소리요, 얼음과 눈은 눈에 보이는 상이다. 녹각탄과 낭두탄은 있는 말을 빌려 실경을 묘사한 것으로 시구를 조탁함이 최고로 교묘하다. '악탄'은 바로 녹각탄과 낭두탄을 가리킨다. '어찌 얼굴색을 변하겠냐'고 한 것은 억지로 참은 것이며, '미천한 몸을 버린다'고 한 것은 목숨을 내걸 정도로 필사적이라는 말이다. '불유' 단락은 협곡 밖의 넓고 아득한 경치를 서술한 것으로 바뀌어가며 이어지는 것이 표연하다. 만약 협곡 밖의 널따란 강물이 없었다면 어떻게 협곡 사이의 수많은 골짜기가 어느 곳에 이르게 될지 알겠느냐는 말이다. 넘실대는 어둑한 바다 이야기는 끝이 보이지 않는다는 것이요, 무성한 봄풀을 씻는다는 이야기는 잠시 맑은 햇살이 드러난다는 것이다. 실을 끌며 날고 비단을 빤다는 것은 개인 빛이 요동하는 것이고, 노을이 가라앉고 달이 무너진다는 것은 먼 풍경이 흐릿해진 것이다. 이상은 모두 실제로 널따란 강물에 대해 쓴 것이다. 갈대와 부들, 기러기와 제비는 또 널따란 강물의 모래섬과 물가 사이의 그윽한 정취를 말한 것이다. '절도' 2구는 널따란 강물 이야기를 맺으며 도읍을 일으킨다. '전문'은 한 구절을 통과하여 먼저 강릉을 제시하였고, '전반'은 한 구절로 줄여서 이릉을 지나감을 말하였다. 남기는 강릉이다. 아직 도착하지 않았지만 가까워지려 하니 기상이 벌써 좋은 것이다. 북쪽을 바라보는 것은 대궐을 바라본다는 뜻인데, 남기라는 글자로부터 촉발된 것이다. 의지하여 휴식한다는 것은 장차 강릉에 의지하고자 함이요, 홀연 밝게 소생이 된다는 것은 가슴이 잠시 그로 인해 트였다는 것이다. 이 네 구절은 강릉으로 가고자 하는 뜻을 벌써 끌어당겨 후반부를 위해 판을 펼치고 있다. 도목을 구분한다는 말을 빌려 남기가 좋다는 말에 끼워 넣었고, 남기라는 글자를 빌려 북쪽을 바라보니 외롭다는 말에 붙임으로써, 북으로 돌아가지 않고 남쪽에 머문다는 뜻의 아래 글을 이끌어내었으니 귀신도 헤아리지 못하는 신묘함이 있다. '의견' 단락은 떠도는 마음을 두루 서술한 것인데, 이 때문에 지금 향하는 바를 결심하게 된 것이다. '의견' 4구는 세속에 섞여 지내며 운에 맡긴다는 뜻으로 작품 하반부의 제필이다. '구학' 4구는 당일 스스로에 대해 자부함이 작지 않음을 말한다. '와질' 구는 기주에 있을 때를 가리키며, 아래 3구는 오랫동안 객이 된 까닭을 밝혔다. '염예' 4구는 현재 협곡을 나서는 뜻을 밝혔고, '희근' 4구는 격련대를 써서 장차 강릉으로 가서 잠시 머물겠다는 뜻에 귀착시켰다. '조사' 단락은 강릉에 이르러서도 바로 북으로 돌아가지 않는 까닭을 표명하였다. 아마도 조정이 오랫동안 전쟁을 치르게 된 것이 악의 우두머리가 일으킨 재앙이 대궐에까지 흘러옴 때문이니, 이로 말미암아 무인들은 뜻을 얻고 유생의 도는 사라진 것이다. 군자가 이런 세상을 살아감에는 본디 홍진을 벗어난 학, 빠르게 질주하는 준마처럼 표연히 멀리 숨어 이런 무리와는 반열을 같이하지 않는 것이 마땅하다. 아래에서 다시 4구로써 영탄하여 그런 뜻을 충족시키고 있다. 이윤과 여상 같은 순정한 신하는 이르게 하기 어렵고 한신과 팽월 같은 사나운 장수는 길들이기 힘들다. 조정으로 고개 돌리니 오색구름과 태갑성이 하늘 끝에서 아득한 듯하다. 붕새가 회오리바람을 치고 남으로 옮겨감을 본받아 멀리 떠나갈 계책을 실행할 뿐이다. 이것은 강릉으로 가겠다고 결심한 말이다. 요컨대 모두 아직 도착하기 전에 쓴 것이니 제목 중의 '장적' 글자를 잘 설명해주고 있다. 여기에 이르러 시의 본의가 다 표현되었다. 마지막 4구는 또한 꼬리를 흔들어 변화를 주는 필세를 써서, 이러한 어지럽고 힘든 시기를 당하여 비록 잠시 이곳 강릉으로 간다고 해도 종내에 편안히 거할 수는 없을 것이 걱정스러울 뿐이라고 말하였다. 공의 시 〈기팽주고삼십오사군적괵주잠이십칠장사참삼십운寄彭州高三十五使君適虢州岑二十七長史參三十韻〉에서 "고적과 잠참이 시편을 마치면 광대무변한 경계에 닿았다"라고 했는데, 바로 이런 종류일 것인저!(起四, 結四, 中間分五段寫. 五段之中, 前三段就出峽所經言, 是敍事體. 後二段就此身漂泊言, 是議論體. 少陵長律中, 此篇最爲文從字順. 公雖久欲出峽, 而居夔已兩載餘. 一旦舍去, 必有愀然不忍恝者. 起四句, 衷情若揭. 窄轉一段, 敍峽內舟行之景. 窄轉虛隨, 船初放也. 石苔六句, 皆在峭壁之間. 濺水珠, 亦就石壁上見. 曲留夢盡, 分頂上聯. 本地本懷, 兩映得好. 擺闔一段, 敍下峽經險之景. 風雷, 耳中聲. 冰雪, 目中象. 鹿狼二灘, 借成語, 寫實景, 琢句最巧. 惡灘, 卽指鹿角狼頭. 寧變色, 勉强禁持也. 負微軀, 判卻身命也. 不有一段, 敍峽外曠淼之景, 轉接飄曳. 言若不有峽外平川, 焉知峽間衆壑, 何所底止乎. 霾漲海, 不見涯矣. 洗春蕪, 乍見淸暉. 牽絲濯錦, 晴光搖漾. 霞沈月壞, 遠色模糊. 此上皆實就平川寫. 荻蒲雁燕, 又平川洲渚間幽趣. 絶島二句, 束平川, 起都邑. 前聞, 透過一筆, 先打逗江陵. 轉盼, 縮來一筆, 謂才過夷陵. 南畿, 卽江陵也. 雖尙未到, 將近則氣象已好. 北望, 望闕也. 由南畿字觸起. 依憩息, 將依江陵. 豁昭蘇, 心胸且爲之一曠也. 此四句, 已拖起欲往江陵意, 爲後半篇張本. 其借辨陶牧, 插入南畿好. 借南畿字, 搭上北望孤, 以引起下文不歸北而留

南意來, 有鬼神莫測之妙. 意遣一段, 歷述漂泊之情. 而因以決今之所向. 意遣四句, 乃混俗任運意, 是下半篇提筆也. 丘壑四句, 言當日自命不小. 臥疾句, 指在夔. 下三句, 原所以淹爲客之故. 鬣滪四句, 明目前出峽之意. 喜近四句, 用隔聯對, 落到將適江陵頓住. 朝士一段, 表所以祇到江陵, 不卽北歸之故. 蓋朝廷久事戎兵, 由首惡殃流京闕, 是使甲士志得, 儒生道消. 君子居此世, 固當如出塵之鶴, 歷塊之駒, 飄然遠遁, 無與此輩同列也. 下再以四句詠歎足之. 伊呂之純臣難致, 韓彭之悍帥難馴. 回首帝廷, 如五雲太甲, 渺然天際. 惟效鵬摶南徙, 爲長往之計而已. 此爲決就江陵之詞. 要皆在未至時寫, 正洗發題中將適字. 至此, 本意已盡. 結四句, 又作掉尾勢. 言値此困擾之秋, 雖姑且就此, 恐終未得爲安居耳. 公詩云, 篇終接混茫. 其此類也夫.)

(김성곤)

2. 行次古城店泛江作不揆鄙拙奉呈江陵幕府諸公

가다가 고성 객점에서 묵고 강에 배를 띄우며 짓고는 졸렬함을 헤아리지 않고 강릉막부의 여러 공들에게 받들어 바치다

老年常道路[1] 遲日復山川[2] 白屋花開裏[3] 孤城麥秀邊[4]
濟江元自闊[5] 下水不勞牽[6] 風蝶勤依槳[7] 春鷗懶避船[8]
王門高德業[9] 幕府盛才賢[10] 行色兼多病[11] 蒼茫泛愛前[12]

늙은 나이에 늘 길바닥
느린 햇빛에 다시 산천.
하얀 집은 꽃 핀 속이요
외로운 성은 보리 이삭 옆.
강을 건너니 원래 절로 넓고
물을 내려가니 힘들여 끌지 않습니다.
바람 앞 나비는 부지런히 노에 붙고
봄 갈매기는 배를 피하지 않습니다.

군왕郡王 가문은 덕업이 높고
절도사 막부에는 재현이 많습니다.
나그네 몰골에 병조차 많아
창망히 벗님들 앞에 왔습니다.

협곡을 나와 강릉 가까운 고성의 객점에서 묵고 배를 띄워 강릉으로 가면서 지었다. 객점은 장강 남안에 있고, 강릉은 북안에 있으므로 강을 건넌다. 삼협 아래는 장강이 넓고, 들판에는 보리가 자라며, 그 속에 민가와 성이 있다. 배는 물결 따라 내려가니 끄는 힘이 들지 않는다. 바람 앞의 나비는 노에 붙으려고 안간힘을 쓰고, 갈매기도 배를 피하지 않는다. 형남절도사荊南節度使는 덕행과 공덕이 높고, 그의 막부에는 인재가 많으니 시인도 그의 도움을 받으려는 소망을 담았다. 삼국시대에 육항이 이 지역에 주둔하면서 성을 몇 군데 수축하였다. 시제의 '고성'은 그 가운데 장강 남안 의도현宜都縣 부근의 성이다. 일설에는 장강 북쪽의 성이라고 하지만 옳지 않다. 형남절도사는 강릉윤江陵尹을 겸한 위백옥이다. 대력 3년 봄에 지었다.

《보주두시》 시에서 "하얀 집은 꽃 핀 속이요, 외로운 성은 보리 이삭 옆"이라고 하였으니 당연히 대력 3년 3월 공이 강릉에 닿았을 때 지은 것이다. '고성점'은 강릉에 가깝다. 시에서 또 "군왕 가문은 덕업이 높다"라고 한 것은 위백옥을 양성군왕으로 봉했기 때문이다.(詩云, 白屋花開裏, 孤城麥秀邊, 當是大曆三年三月. 公至江陵時作. 古城店. 近江陵也. 詩又云, 王門高德業, 蓋以衛伯玉爲陽城郡王也.)

《두시상주》 이 시도 대력 3년 봄에 지었다. 《수경주》에 장강 물이 또 동으로 육항의 고성 북쪽을 지난다고 하였다. 《형주도기》에 이릉현 남쪽의 대안에 육항의 고성이 있으며, 둘레는 10리이고, 산에 담을 쌓아서 사면이 천연적으로 험하다고 하였다.(此亦大歷三年春作. 水經注, 江水又東逕陸抗故城北. 荊州圖記, 夷陵縣南對岸有陸抗故城, 周迴十里, 卽山爲墉, 四面天險.)

청 고조우顧祖禹《독사방여기요讀史方輿紀要》(권78) 이릉주彝陵州 의도현宜都縣 육항의 성이 현 서쪽 3리에 있으며, 대성이라고도 한다.(陸抗城, 在縣西三里, 亦謂之大城.)

《전주두시》 '고성'은 《수경주》에서 "장강 물이 또 동쪽으로 육항의 고성 북쪽을 지난다"라고 하였고, 또 "북으로 이릉현의 고성을 마주하며, 성은 남으로 대강에 임한다"라고 하였으니 이것이 이른바 '고성'이다.(古城, 水經注, 江水又東逕陸抗故城北, 又云, 北對夷陵縣之故城, 城南臨大江, 此所謂古城也.)

주 석

1 常道路(상도로) – 늘 길 위에 있다. 즉 정착하지 못하고 떠돌아다님을 말한다.

2 遲日(지일) – 춘일春日. 봄에 낮이 길고 따뜻함을 말한다. 復山川(부산천) – 다시 산천을 떠돈다는 뜻이다.

《두시조차공선후해집교》(수정본) '지일'이라는 시어를 썼으니 공이 고성에 묵은 때는 아마 봄이었으리라.(使遲日字, 則公次古城蓋春時也.)

《시경·빈풍豳風·칠월七月》 봄 해는 느릿느릿.(春日遲遲.)

3 白屋(백옥) – 하얀 띠풀로 지붕을 이은 집. 여기서는 객점을 가리킨다. 민가를 가리킨다는 설도 있으나 취하지 않는다. 花開裏(화개리) – 꽃이 핀 가운데.

《두시조차공선후해집교》(수정본) 백옥은 백성의 집을 말한다.(白屋, 言民屋也.)

《두시상주》 백옥은 객점이다.(白屋, 旅店也.)

《한서漢書·왕망전王莽傳》 "開門延士, 下及白屋" 구의 안사고顏師古 주 '백옥'은 서인이 하얀 띠풀로 지붕을 덮은 것을 말한다.(白屋,

謂庶人以白茅覆屋者也.)

4 孤城(고성) – 외따로 떨어진 성. 시제에서 말한 '고성'이다. 의도 부근의 육항 고성이다. 麥秀(맥수) – 보리 이삭. 맥수는 계절을 말하면서 삼국시대의 흥망성쇠를 떠올리게 한다.

《태평어람太平御覽》에 인용된 성홍지盛弘之《형주기荊州記》 당양현 동남쪽에 맥성이 있다.(當陽縣東南有麥城.)

《사기·송미자세가宋微子世家》 그 후 기자가 주나라에 조회하려 옛 은허를 지나다가 궁실이 무너지고 벼와 기장이 자라는 데에 감회가 있었다. 기자가 이를 슬퍼하여 곡을 하자니 불가하고, 울자니 여인에 가까우므로 이에 맥수의 시를 지어 노래하였다. 그 시에 "보리 이삭은 점점 익어 가고, 벼와 기장은 반들반들하네"라고 하였다.(其後箕子朝周, 過故殷虛, 感宮室毁壞, 生禾黍. 箕子傷之, 欲哭則不可, 欲泣爲其近婦人, 乃作麥秀之詩以歌詠之. 其詩曰, 麥秀漸漸兮, 禾黍油油.)

5 濟江(제강) – 강을 건너다. 장강 남안의 고성에서 장강 북안의 강릉으로 건너가다. 元(원) – 원래.

《두시조차공선후해집교》(수정본) '제강원자활'에서 '제' 자는 '제섭(물을 건너다)'의 '제'이다. 강릉에 이르니 강이 넓어졌다. '원'은 본래 이와 같다는 말이다.(濟江元自闊, 濟者, 濟涉之濟, 至江陵則江闊矣. 元者, 本來如此之謂.)

6 下水(하수) – 상류에서 하류로 내려가다. 不勞牽(불로견) – 배를 끄는 수고를 하지 않다. 배가 강물을 따라 내려가니 힘들여 끌 필요가 없음을 말한다.

7 風蝶(풍접) – 바람 앞의 나비. 勤依槳(근의장) – 부지런히 노에 의지하다. 이 구는 나비가 바람을 맞아 노에 의지하여 몸을 바로 세우려 함을 말한다.

《두시조차공선후해집교》(수정본) '장'은 노를 받치는 도구이다. "바람 앞 나비는 부지런히 노에 붙는다"라고 하였으니 나비에게는 노 위에 머무르려고 하는 이치가 있다.(槳, 所以隱權者. 風蝶勤依槳, 則蝶有欲泊槳上之理.)

《두공부초당시전》 바람을 피하는 나비가 노에 의지하여 몸을 세우려 함을 말한다.(言避風之蝶, 欲依槳而立也.)

8 春鷗(춘구) – 봄날의 갈매기. 懶避船(나피선) – 배를 피하지 않다.

[風蝶 2구] 경물을 묘사하면서 막부의 여러 공에게 의지하려는 심사를 반영하였다. 이와 달리 《두시경전》에서는 나비는 강릉 막부의 여러 인사, 갈매기는 두보 자신을 투영한 것이라고 보았으나 취하지 않는다.

《두시경전》 '근의장'은 여러 공들을 투영하였고, '나피선'은 거의 자신을 투영하였다. 2구 안에는 숨은 뜻이 있다.(勤依槳, 影諸公, 懶避船, 殆自影. 二句中有寓意.)

#《두시상주》: 첫 단락은 도중의 경물을 서술하였다. 1, 2구는 여행을 서술하였고, 3, 4구는 성안의 객점이니 바로 강 언덕 위의 경물이다. 아래 4구는 강물에 떠 있는 상황이니 바로 배 앞의 경물이다. 《두억》에 "'백옥'·'고성' 연은 경상이 쓸쓸함을 잘 묘사하였고, '풍접'·'춘구' 연은 물정이 친근함을 잘 묘사하였다"라고 하였다. 도개우는 "이 몇 마디 말은 시상을 열고 닫고 점제하며 전개하는 것이 유의와 무의 사이에 있다"라고 하였다.(首敍途中景物. 一二敍行, 三四城店, 乃岸上景. 下四, 汎江, 乃舟前景. 杜臆, 白屋孤城一聯, 寫得景象蕭條, 風蝶春鷗一聯, 寫得物情親切. 陶開虞曰, 此數語, 開闔點次在有意無意之間.)

9 王門(왕문) – 형남절도사이자 양성군왕인 위백옥의 가문을 가리킨다. 德業(덕업) – 덕행과 공업功業.

《독두심해》 위백옥이 당시 양성군왕이었다.(衛伯玉, 時陽城郡王.)

《구당서舊唐書·대종기代宗紀》 (대력 2년) 6월 …… 임인일에 형남절도사 위백옥을 성양군왕에 봉하였다.(六月 …… 壬寅, 荊南節度使衛伯玉封城陽郡王.)

10 幕府(막부) – 형남절도사의 막부를 말한다.

11 行色(행색) – 나그네의 차림새, 몰골.

12 蒼茫(창망) – 마음이 다급하다. 서두르다. 泛愛(범애) – 붕우, 벗. 前(전) – 앞. 이 구는 배를 서둘러 띄워 앞으로 나아가고자 한다고 풀이하기도 하나 취하지 않는다.

《두시조차공선후해집교》(수정본) 범애는 붕우를 말한다.(汎愛, 言朋友也.)

《두시상주》 이 말은 막부의 여러 공들을 가리킨다.(此指幕府諸公也.)

《집천가주두시集千家注杜詩》 둥둥 배는 앞으로만 나아가고자 하니 강릉에 다다르면 이 늙고 병든 몸을 쉬이리라.(泛泛舟愛向前, 至江陵, 息此老病也.)

명明 정명선鄭明選《정후승집鄭侯升集·두시범애자杜詩汎愛字》 두보의 시 "나그네 몰골에 병조차 많아 창망히 벗님들 앞이다"라는 연의 (《집천가주두시》의) 주에 "둥둥 배는 앞으로만 나아가고자 하니 강릉에 다다르면 이 늙고 병든 몸을 쉬이리라"라고 풀이하였다. 이 풀이는 매우 가소롭다. 살펴보니 시의 본제에 "가다가 고성에 묵고 강에 배를 띄우며 짓고는 졸렬함을 헤아리지 않고 강릉막부의 여러 공들에게 받들어 바치다"라고 하였으니 이른바 '범애'는 막부의 여러 공들을 가리키리라. 《논어》에 "무리를 두루 아끼고, 인을 가까이한다"라고 하였으니 공은 여러 사람들이 두루 아껴 주는 대열에 있음을 겸손히 말한 것이다. 다른 시(〈모추왕배도주수찰솔이견흥기체정소환시어暮秋枉裴道州手札率爾遣興寄遞呈蘇渙侍御〉)에서 "벗들도 골짜기의 모욕을 구제하지 않는다"라고 했고, 또 (〈봉증이팔장훈판관奉贈李八丈曛判官〉 시에서) "친한 이가 묵겠냐고 물으시니 벗들이 늙어빠진 사람을 가엽게 여긴다"라고 한 바, 주석가들은 이는 또 어떻게 풀이할지 모르겠다.(杜詩云, 行色兼多病, 蒼茫汎愛前. 註云, 汎汎之舟愛向前, 至江陵息此老病也. 此解甚可笑. 按本題云, 行次古城店泛江作不揆鄙拙奉呈江陵幕府諸公, 所謂汎愛者, 蓋指幕府諸公耳. 論語, 汎愛衆而親仁, 公謙言在衆人汎愛之列也. 他篇又云, 汎愛不救溝壑辱, 又云, 所親問淹泊, 汎愛惜衰朽, 不知註家又作何解.)

《논어·학이學而》 무리를 두루 아끼고 인을 가까이한다.(汎愛衆, 而親仁.)

《장자莊子·천하天下》 만물을 두루 아낄지니 천지는 한 몸이라.(氾愛萬物, 天地一體也.)

#《두시상주》: 이 단락은 막부의 여러 공들에게 바치는 내용이다. 원주에 "위백옥이 강릉절도사가 되었을 때 양성군왕에 책봉되었으므로 '왕문'이라고 불렀다"라고 하였다. 황생이 말하였다. "결구는 여러 공들이 돌보아주기를 은근히 보챈다. '창망' 2자는 말하기 어려운 심정을 많이 품고 있다."(此, 呈幕府諸公. 原注, 衛伯玉爲江陵節度時, 封陽城郡王, 故云, 王門. 黃生曰, 結句隱動諸公盼睞. 蒼茫二字, 含許多難言之情.)

##《독두심해》: 위 8구는 옛 성과 강물에 떠가는 상황을 양층으로 나누어 묘사하면서 '상도로'와 '부산천'은 '행색' 구를 바로 이끌어내고, '접근의'와 '구라피' 구는 '범애' 구를 바로 이끌어낸다. 뒤 4구에서 '왕문' 구는 배필陪筆이고, '재현' 구가 주필主筆이다. 막료에게 바치는 것이지 위공에게 바치는 것이 아니기 때문이다. 결련은 글을 바치는 본지를 드러냈다.(上八, 將古城泛江分兩層寫, 而常道路復山川便引動行色句, 蝶勤依鷗懶避便引動汎愛句. 後四, 王門是陪, 才賢是主. 呈幕僚, 非呈衞公也. 結聯, 露呈書本旨.)

《두시설》: 수련으로 기둥을 세워서 가운데 3연은 제2구에 조응하고, 끝 2연은 첫 구에 조응한다. '고성'이라서 '맥수'라는 시어를 사용하였다. 《수경주》를 살펴보니 이 땅에 육항이 쌓은 이릉현 고성이 있었다. '제강' 2구는 광활한 지역에서 평탄히 흘러가는 경상을 묘사하고, 협곡을 나선 넉넉한 기쁨을 기록하였다. '나비'와 '갈매기'라는 두 어휘는 물정을 핍진하게 묘사하였으니 붓 아래의 조화이다. 결구는 여러 공들이 돌보아주기를 은근히 보챈다. '창망' 2자는 말하기 어려운 사정을 얼마나 많이 함축하고 있는가. '범애' 2자는 두공이 자주 사용하였기에 곳곳에서 묘경에 들었다. 다른 사람이 갑자기 이 말을 넣으면 바로 눈에 거슬린다.(以首聯立柱, 中三聯應次句, 末二聯應首句. 因古城故用麥秀字. 按水經注, 此地有陸抗彝陵縣故城. 濟江二句, 寫曠境安流之景, 志出峽之餘喜也. 蝶鷗二語, 寫物情畢肖, 筆下化工. 結句, 隱動諸公盼睞. 蒼茫二字, 含蓄幾多難言之情. 泛愛二字, 杜公慣用, 故處處入妙. 若他人突入此, 便礙眼矣.)

(**이창숙**)

3. 泊松滋江亭

송자현 강가 정자에 배를 정박하다

紗帽隨鷗鳥[1] 扁舟繫此亭 江湖深更白[2] 松竹遠微青[3]

一柱全應近[4] 高唐莫再經[5] 今宵南極外[6] 甘作老人星[7]

사모 쓰고 갈매기 따르다가
작은 배를 이 정자에 매었다.
강과 호수는 깊으면서 더욱 희고
소나무와 대나무는 멀리 희미하게 푸르구나.
일주관은 아주 가까이 있을 터
고당관은 다시 지날 일이 없을 것이라.
오늘 밤 남극 밖에 있으니
노인성이 되어도 좋겠네.

이 시는 두보가 협곡을 벗어나 강릉으로 가는 도중에 지은 것이다. 송자현 강가 정자에 배를 정박하고서 경물을 바라보며 협곡을 벗어나 송자현에 도착한 기쁨을 표현하였다. 송자현은 지금의 호북성湖北省 송자시松滋市이다. 저작 시기는 대력 3년 봄이다.

《보주두시》 송자는 현의 이름으로 강릉부에 속한다. 마땅히 대력 3년 3월에 지은 것이다.(松滋, 縣名, 屬江陵府. 當是大曆三年三月作.)

《두시상주》에 인용된 《여지기승輿地紀勝》 '강정'은 송자현 치소

뒤에 있었는데, 두보와 맹호연이 모두 시를 남겼다.(江亭, 在松滋縣治後, 杜子美孟浩然具有詩.)

주 석

1 紗帽(사모) – 깁으로 만든 모자. 흔히 관리들이 쓴다. 두보는 당시 공부원외랑工部員外郞의 관함官銜을 지니고 있었다. 여기서는 두보 자신을 비유한다.

《두보전집교주》에 인용된 이장상李長祥 설 야인의 정취와 호방한 흥에 대해 매우 생경한 글자를 억지로 조합하여 구를 이루었다. 공력이 깊고 오래되어 신의 조화가 미친 것으로 일반 사람들이 말하기 어려운 것이다.(野趣狂興, 極生之字硬合成句. 功深力久, 神化所至, 難爲人言.)

[紗帽 2구]

《두보전집교주》에 인용된 오첨태吳瞻泰 설 앞 2구는 "평생 사모 쓰고 갈매기 따르다가, 오늘 작은 배를 이 정자에 매었다"라는 말과 같은 것이다.(首二句猶言, 終年紗帽隨鷗鳥, 今日扁舟繫此亭.)

2 江湖(강호) – 강과 호수. 호수는 근방에 있는 구가호丘家湖를 가리킨다는 설이 있다. 白(백) – 희다. 물빛이 맑은 것을 뜻한다.

《두시경전》에 인용된 유신옹劉辰翁 설 무릇 물이 깊은 곳은 반드시 검게 마련이지만, 호수의 빛만은 매우 밝고 희다. 두보가 아니면 말할 수 없는 것이다.(凡水深處必黑, 惟湖光最白, 非子美不能道.)

3 微(미) – '還'으로 된 판본도 있다.

[江湖 2구]

《두보전집교주》에 인용된 고신顧宸 주 소나무와 대나무를 멀리서 바라보아도 더욱 푸르다는 것은 모두 강가 정자의 경물이다. 착안점은 '심' 자와 '원' 자에 있다.(松竹遠望更青, 皆江亭景色也. 着眼在深

字遠字.)

4 一柱(일주) – 일주관一柱觀. 송자현 동쪽 구가호에 세워진 누대.

《두시상주》에 인용된 《두억》 일주관은 바로 송자현에 있다. 그 관이 여전히 현 동쪽 구가호에 있다. 그래서 '전응근'이라고 하였다.(一柱觀, 卽在松滋縣, 其觀猶在縣東丘家湖, 故云全應近.)

《두시조차공선후해집교》에 인용된 《저궁고사渚宮故事》 송 임천왕 유의경이 강하왕을 대리하여 강릉에 진주하면서, 나공주에 관을 세웠는데 아주 컸지만 오직 하나의 기둥을 썼다.(宋臨川王義慶代江夏王鎭江陵, 於羅公洲上立觀, 甚大, 而唯一柱.)

5 高唐(고당) – 전국시대 초나라 관명. 초왕이 고당에서 무산巫山 신녀神女를 만났다는 전설이 있다. 여기서는 장강 삼협 지역을 가리킨다.

《두보전집교주》 고당은 관 이름으로 무협에 있었다.(高唐, 觀名, 在巫峽.)

[一柱 2구]

《두보전집교주》에 인용된 주전周篆 설 일주관에는 이른 적이 없었기에 완전히 가까이하는 것을 기뻐하였고, 고당은 이미 오래 머물렀기에 다시 가고 싶지 않은 것이다.(一柱觀以未曾到, 故喜其全近, 高唐已經久遊, 故不欲再經.)

6 南極(남극) – 기주.

《두시상주》 기주에서 지은 시(〈남극南極〉)에 "남극에는 푸른 산이 많다"라고 하였다. 남극은 기주를 가리킨다. 이 시에서는 '남극외'라고 하였으니, 기주를 떠나 강릉에 이른 것이다. 다만 시의 뜻을 완미해보니 남극노인이란 말을 취하여 그것을 나누어 사용하였다.(夔州詩云, 南極靑山衆. 南極, 指夔州. 此曰, 南極外, 去夔至江陵也. 但玩詩意, 乃取南極老人而拆用之.)

7 老人星(노인성) – 남극노인성 혹은 남극성. 장수를 관장한다고 하여

수성壽星으로도 불린다. 여기서는 노인의 뜻으로 사용되었다.

《두시상주》 《사기·천관서》에 "낭성 아래 지평선 가까운 곳에 큰 별이 있는데 남극노인이라고 한다. 노인성이 보이면 다스림이 안정되고, 보이지 않으면 병란이 일어난다. 항상 추분 때 남쪽 지평선에서 관찰된다"라고 하였다. 《사기정의》에서는 "노인성은 호성의 남쪽에 있다"라고 하였다.(史記天官書, 狼星北(比의 잘못)地有大星, 曰南極老人. 老人見, 治安. 不見, 兵起. 常以秋分時, 候之南郊. 正義, 老人一星在弧南.)

[今宵 2구]

《두보전집교주》에 인용된 고신 주 남극은 기주를 가리켜 말한 것이다. "오늘 밤 이미 남극의 바깥에 있다"라는 말은 또한 아주 기쁜 것을 표현한 말이다. "감작노인성"은 (〈봉송엄공입조십운奉送嚴公入朝十韻〉에 보이는) "이 한평생 어찌 촉 땅에서 늙겠는가"라는 한탄이다. 이로부터 출협을 하게 되니, 내가 늙어도 좋다는 것이다.(南極, 指夔州言, 今宵已在南極之外, 亦喜極之詞. 甘作老人星, 卽此生那老蜀之嘆也, 謂從此出峽, 吾亦甘老矣.)

《두시경전》 기주를 떠날 수만 있다면 늙어도 여한이 없다는 말이다. (言但得去夔, 卽老無所恨矣.)

#《두시상주》: 처음 2구는 강가 정자에 배를 대는 것이고 3, 4구는 정자 앞 경치이다. 아래 4구는 배를 댄 후의 감회이다.(首二泊江亭, 三四亭前景, 下四泊舟感懷.)

《두율계몽》: 1, 2구는 정자에 배를 대는 것이고 3, 4구는 정자의 경치이다. 5, 6구는 처마 바로 아래 같은 위험한 곳을 피하라는 경계이고 7, 8구는 늙음을 감내하겠다는 마음이다.(一二, 泊亭, 三四, 亭景. 五六, 垂堂之戒, 七八, 甘老之情.)

《독두심해》: 아마 협곡을 나오면서 위험을 만났다가 지금 순탄하게 가며 배를 정박할 수 있게 되어서 지은 것이다. 하반부는 고통이 안정된 후 고통을 생각하게 된다는 신묘함이 있다.(似因出峽遇險, 今得安流繫泊而作. 下半有痛定思痛之神.)

《두시설》: 앞의 사십운 시(〈대력삼년춘백제성방선출구당협구거기부장적강릉표박유시범사십운大曆三年春白帝城放船出瞿唐峽久居夔府將適江陵漂泊有詩凡四十韻〉)에서 협곡을 내려오는 험난함을 한껏 말하였다면, 이 시는 험난함을 벗어난 기쁨을 대체로 적었다. "앞으로 보이는 일주관은 응당 아주 가까울 것이나, 돌아다 보이는 고당관은 다시 지나지 못하리라"라고 한 것은 분명히 말한 것이고, 3, 4구는 드러내지 않고 말한 것이다. 3, 4구는 모두 협곡 가운데 경치가 아닌데 오늘 갑자기 그것을 보게 되었으니 그 기쁨을 알 만하다. 평소에는 나이 든 것을 인정하지 않았는데, 오늘 밤은 노인성이 되어도 좋다고 한 것은 어찌해서인가? 노인은 수성이다. 앞 시에서 "삶이 위태한 상황을 만났다가, 사지에서 순식간에 벗어났다"라고 하였다. 거의 생명의 위협을 느끼다가 지금 다행히 면하게 되었으니 비록 노인성이 된다고 해도 기꺼이 그렇게 하겠다는 것이다.(前四十韻極言下峽之險, 詩蓋志出險之喜也. 前瞻一柱應全近, 回望高唐莫再經, 係明說, 三四係暗說. 三四皆非峽中之景, 今乍見之, 其喜可知. 平時不伏老, 今宵甘作老人星何. 老人, 壽星也. 前詩云, 生涯臨兀臬(臬兀의 잘못), 死地脫斯須, 幾有性命之憂, 今幸而免, 則雖老人星亦甘爲之矣.)

《두시상주》에 인용된 소보邵寶 주: 공은 대력 5년 상담의 길에서 세상을 떠났는데, 아마도 이 시가 그 예언을 한 것이리라.(公大曆五年, 卒於湘潭道中, 豈此詩爲之讖與.)

(박홍준)

4. 乘雨入行軍六弟宅
비를 맞으며 행군사마 아우의 집으로 들어가다

曙角凌雲亂[1] 春城帶雨長[2] 水花分塹弱[3] 巢燕得泥忙[4]
令弟雄軍佐[5] 凡才汚省郎[6] 萍漂忍流涕[7] 衰颯近中堂[8]

새벽의 호각 소리 구름까지 올라가 어지럽고
봄 성은 비를 띤 채 긴데,
물 위의 꽃은 해자를 나누어 연약하고
둥지 짓는 제비는 진흙 물어오느라 바쁘다.
훌륭한 아우는 막부의 보좌진 가운데 발군이건만
범상한 재주의 나는 성의 낭관 직을 욕보였으니,
부평초처럼 떠돌던 중에 흐르는 눈물 참으며
노쇠한 몸으로 대청에 가까이 간다.

이 시는 대력 3년 봄 강릉에 도착하여 형남절도사 막부에서 행군사마로 있던 족제 두위杜位의 관사로 들어가면서 쓴 것이다. 두위의 관사로 다가가면서 호각 소리가 들린다고 했고, 물꽃과 제비를 묘사하며 비 내리는 봄날이라는 배경을 드러냈다. 행군사마 직을 훌륭히 수행하고 있는 두위의 능력을 칭찬하는 한편 두보 자신의 영락한 처지도 하소연했다.

《보주두시》 '행군육제'는 곧 두위로서, 앞에 나온 〈봉송촉주백이별가장중승명부강릉기거위상서태부인인시종제행군사마위奉送蜀

州栢二別駕將中丞命赴江陵起居衛尙書太夫人因示從弟行軍司馬位〉 시에 나온 그 사람이다. 두보는 대력 3년 봄 형남(절도사의 치소)에 도착했는데, 이 당시 위백옥이 절도사였기에 두위가 행군사마가 되었다. 이 시는 응당 그때 지은 것이다.(行軍六弟, 卽杜位, 前詩送栢二別駕赴江陵因示從弟行軍司馬位是也. 公以大曆三年春抵荆南, 是時衛伯玉爲節度使, 故位爲行軍司馬. 此詩當是其時作.)

《두시상주》 《신당서·백관지》에 "원수부, 절도사, 대도독부에는 모두 행군사마가 있어 군정軍政의 보필을 맡는다. 평소에는 사냥을 연습하다 일이 생기면 공방의 전법을 상신한다"라고 하였다.(唐志元帥府節度使大都督府, 皆有行軍司馬, 掌弼戎政. 居則習蒐狩, 有役則申戰守之法.)

《독두심해》 '육제택'은 아마도 두위에게 기거하는 저택이 있어서가 아닌가 한다. 관청을 가리키는 것 같지는 않다.(六弟宅, 疑位有寓宅, 不似指官署.)

주 석

1 曙角(서각) – 새벽에 부는 호각 소리. 凌雲(능운) – 구름까지 올라가다. 亂(난) – 옛 판본에는 '罷'로 되어 있다.

2 春城(춘성) – 봄 성. 형주성을 가리킨다. 帶雨長(대우장) – 비를 띤 채 길다. 이 구는 긴 성에 봄비가 내린다는 말이다.

《두율계몽》 성이 긴 까닭에 비를 머금은 것도 길다.(城長故帶雨長.)

3 水花(수화) – 물에 피는 꽃. 빗방울이 튀어 생기는 물거품으로 보는 설도 있다. 分塹弱(분참약) – 꽃이 해자 곳곳에 연약한 모습으로 피어 있다는 말이다. 이와 달리 해자의 물이 강물을 나누어 끌어왔기에 해자의 물거품이 약하다고 보는 설도 있다.

《두율계몽》 '수화'는 빗속의 물거품이다. '참'은 성의 해자이다. 해자의 물이 강에서 나뉘어 온 것이기에 (물거품이) 약하다. 주석가들이 모두 마름이나 연 같은 부류의 물속의 꽃을 가리킨다고 하는데, 봄날에 이런 것들이 있지는 않을 것이다.(水花, 雨中浪花也. 塹, 城壕也. 塹水分自江中, 故弱. 注家幷指水中之花, 如芰荷之屬, 春日不應有此.)

4 巢燕(소연) – 둥지를 짓는 제비. 得泥忙(득니망) – 진흙을 물어오느라 바쁘다.

[水花 2구] 물 위의 꽃이 해자 곳곳에 연약한 모습으로 있고, 제비가 둥지를 짓느라 바삐 진흙을 물어온다는 말로 봄날의 모습을 형용했다. 연약한 물 위의 꽃으로 두보 자신을 비유하고 바쁜 제비로 두위를 비유했다는 설도 있다.

《두시경전》 하나는 연약하고 하나는 바쁘다는 것으로 또한 아래 2구를 흥기시킨다.(一弱一忙, 亦興起下二句來.)

5 令弟(영제) – 훌륭한 아우. 여기서는 두위를 가리킨다. 雄(웅) – 뛰어난 모습을 보이다. 발군이다. 軍佐(군좌) – 군무를 보좌하는 관리. 여기서는 형남절도사의 막료를 가리킨다.

6 凡才(범재) – 범상한 재주. 여기서는 두보 자신을 가리킨다. 汚(오) – 그르치다. 욕되게 하다. 省郎(성랑) – 조정 각 성의 낭관. 상서성, 중서성, 문하성 등의 낭중과 원외랑 직을 통칭하는 말이다.

《두시조차공선후해집교》 '범재' 구는 두보가 상서성 공부원외랑이었기에 스스로를 낮추어 이르는 표현이다.(凡才汚省郎, 公爲尙書工部員外郎, 而自謙之辭也.)

[令弟 2구] 두위는 형남절도사 막부에서 행군사마 직을 훌륭히 수행하고 있으나, 두보 자신은 재주가 없어 공부원외랑 직분에 맞는 일을 하지 못했다는 말이다. 〈기두위寄杜位〉 시의 원주(頃者與位同在故嚴尙書幕)에 따르면, 두보는 두위와 함께 엄무의 막부에서 함께 일한 적이

있었다.

《두보전집교주》에 인용된 고신顧宸 주 예전에 두보는 두위와 함께 엄무의 막부에 있었기에 그것을 추억하며 시를 지었다. 비록 스스로 겸손해한 것이라도 실제로는 지난날 함께했던 것을 생각하였으니, 나 또한 일찍이 성의 낭관이었다가 지금은 오히려 이처럼 부평초마냥 떠돌지만 훌륭한 아우가 아직 군무의 보좌직으로 있어 기쁘다는 것이다.(昔公與位同在嚴公幕府, 故憶之而賦. 雖屬自謙, 實念昔年聚首, 我亦曾爲省郎, 今乃萍漂如此, 喜令弟之尙爲軍佐也.)

7 萍漂(평표) – 부평초처럼 떠돌다. 忍流涕(인류체) – 눈물이 흐르는 것을 참다.

8 衰颯(쇠삽) – 노쇠하다. 中堂(중당) – 대청. 행군사마가 업무를 보는 곳을 말한다. 관사의 대청이라는 설도 있고 자택의 대청이라는 설도 있다.

[萍漂 2구]

《두시경전》 비록 눈물이 흐르는 것은 참는다 해도 마음이 쓸쓸해지는 것은 어쩔 수 없다. 노쇠한 몸으로 대청에 오르려니 스스로 돌아보건대 유달리 암울해지는 것을 느끼게 될 따름이다.(雖忍住流涕, 不免意思衰颯. 以頹白而上堂皇, 自顧殊覺黯然耳.)

#《두시상주》: 위 4구는 봄날 비가 내리는 광경이다. 아래 4구는 관사에 들어가며 느낀 것이다. 호각 소리가 일제히 일어났기에 '어지럽다'고 했다. 빗기운이 성에 이어졌기에 '띤다'고 했다. '분참약'은 연이 갓 잎을 내민 것이다. '득니망'은 제비가 급히 둥지를 짓는 것이다. '성랑'은 두보가 자신을 말한 것이다. '중당'은 두위가 업무를 보는 곳이다.(上四, 春時雨景. 下四, 入宅有感. 角聲齊起, 故曰亂. 雨氣連城, 故曰帶. 分蹔弱, 荷初抽葉也. 得泥忙, 燕急營巢也. 省郎, 公自謂. 中堂, 位聽事.)

《두억》: 새벽 호각 소리가 높은 성 위에서 끊어졌기에 '능운파凌雲罷'라고 했다. 성에 들어가서 비를 만나면 노인으로서 길을 가기 힘들기에 '대우장帶雨長'이라고 했다. 두보는 배에 있었기에 해자를 나누어 피어 물을 따라 떠다니는 연약한 물 위의 꽃으로 자신을 비유했고, 아우는 막부에 들어가 군부의 일이 많기에 둥지를 짓느라 진흙을 물어오기 바쁜 제비에 비유했다. 5, 6구는 자신과 아우가 얻고 잃음에서 길을 달리했음을 말한 것이다. 부평초처럼 떠도는 이가 나이 또한 노쇠해졌기에 눈물을 참고 관사로 가까이 가는 것이다. '들어간다'고 하지 않고 '가까이 간다'고 했으니 아직 친하기가 쉽지 않은 점이 있었던 듯하다. 두위 또한 막부에 있는 사람이라 아마도 또한 그다지 마음을 쓰지 않겠지만 바람이 없을 수는 없었던 것이다. 앞 구절의 '웅' 자에 이미 풍자의 뜻이 담겨 있다.(曙角聲斷于高城上, 故云凌雲罷. 入城值雨, 老人艱行, 故云帶雨長. 公舟中, 故自比水花分布塹中, 隨水漂流而弱, 弟入幕, 軍府多事, 比巢燕得泥而忙. 五六言己與弟得喪殊途. 萍漂之人, 年又衰颯, 忍涕而近中堂. 不曰入而曰近, 似有未易親者. 位亦幕府中人, 想亦不甚用情而不能無望也. 上文雄字, 已含風刺.)

《독두심해》: 위 4구는 비 내릴 때 집으로 들어가는 광경이다. 5, 6구는 아우를 찬미하고 자신을 슬퍼한 것이다. 결어는 노쇠한 모습으로 대청에 오르는 것으로, 스스로를 돌아보며 유달리 암울해한 것이다.(上四, 乘雨入宅之景. 五六, 美弟而慨己. 結語以衰白而上堂皇, 自顧殊闇然也.)

(김준연)

5. 上巳日徐司錄林園宴集

상사일에 서사록의 숲속 정원에 연회하며 모이다

鬢毛垂領白　花蕊亞枝紅[1]　攲倒衰年廢[2]　招尋令節同

薄衣臨積水[3]　吹面受和風　有喜留攀桂[4]　無勞問轉蓬[5]

귀밑머리는 목에 드리워 희고

꽃술은 가지를 누르며 붉다.

취해 넘어지는 짓은 노년에 그만두었는데

불러 찾으시어 명절을 함께한다.

얇은 옷으로 쌓인 물에 다가가고

얼굴에 부는 온화한 바람을 맞는다.

계수나무를 더위잡고 머무는 기쁨이 있으니

떠도는 쑥대 신세를 수고로이 묻지 마시게.

이 시는 대력 3년 3월 3일, 즉 상사일에 강릉에서 지은 것이다. 상사일에는 물가에 가서 몸을 씻고 재액을 없애는 풍속이 있다. 이날 서사록의 숲속 정원에 모여 연회한 정경과 감회를 읊은 것이다. '사록'은 벼슬 이름이며, 서 씨의 이름은 알 수 없다.

《보주두시》 상사일은 곧 계제사를 지내는 날이다. 진송 이래로 다 명절로 여겼다. 《신당서新唐書·백관지百官志》를 살펴보면 서도, 동도, 북도, 봉상, 성도, 강릉, 흥원, 흥덕부에 사록참군사 2인을 두었다고 한다. 이 시는 마땅히 대력 3년 강릉에서 지은 것이다.(上

巳卽修禊之日也. 晉宋以來, 皆以爲節. 按唐志, 西都東都北都鳳翔成都江陵興元興德府有司錄參軍事二人. 此詩當是大曆三年在江陵作.)

《두시상주》 황학의 주에 "대력 3년 3월 3일 강릉에서 지은 것이다"라고 하였다. 《구당서》에 "개원 원년에 녹사참군을 고쳐 사록참군이라고 하였다"라고 하였다. 《주례》에 "3월 3일은 상사일上巳日이다. 여자 무당이 세시를 관장하여 질병을 제거하고 계제사를 지낸다. '禊'는 '潔'이다. 그래서 물가에서 씻어 깨끗하게 한다"라고 하였다. 살펴보건대, 매월 천간은 세 번 바뀌기에 그래서 경전과 역사서에서 쓰는 선갑, 선경, 상정, 상신이 다 천간을 주로 한 것이지 지지를 주로 한 것은 아니다. 상기上己도 또한 그런 부류이다. 송나라 주밀周密의 《계신잡지》에서 "이(上巳의 巳)는 '戊己'의 '己'이다"라고 하였다. 고염무가 (《일지록日知錄》에서) 말하길 "계춘의 달은 '辰'이 '建'이 되고 '巳'가 '除'가 되기에 3월 상사일로 상서롭지 못한 일을 제거하는 날로 삼았다. 옛사람들은 병이 낫는 것을 일러 '巳'라고 하였으니 또한 이 뜻이다. 오역吳棫의 《운보》에 「'辰巳'의 '巳'는 '已矣'의 '已'와 같다」라고 하였다. 《설문해자》에 「'巳'는 '已'이다. 4월에 양기가 이미 나오고, 음기가 이미 감춰진다」라고 하였다. 이에 근거하면 '辰巳'의 '巳'는 음을 '사'라고 하는 것은 부당하다"라고 하였다.(鶴注, 大曆三年三月三日在江陵作. 舊唐書, 開元元年, 改錄事參軍爲司錄參軍. 周禮, 三月三日爲上巳, 女巫掌歲時以祓除疾病修禊. 禊者, 潔也. 故於水上盥潔之. 按, 每月天干三換, 故經史所用, 如先甲先庚上丁上辛, 皆主天干, 不主地支. 上己, 亦其類也. 宋周公謹癸辛雜識謂是戊己之己. 顧炎武曰, 季春之月, 辰爲建巳爲除, 故用三月上巳爲祓除不祥. 古人謂病愈爲巳, 亦此意也. 吳才老韻譜, 辰巳之巳, 如已矣之已. 說文, 巳, 已也. 四月陽氣已出, 陰氣已藏. 據此則辰巳之巳不當音仕.)

주 석

1 花蕊(화예) – 꽃술. 꽃봉오리. 亞(아·압) – 누르다. '壓'과 통용된다.

《두보전집교주》에 인용된 장진張溍 주 '아'는 '낮게 하다'라는 뜻이다. 꽃술이 무겁기에 가지가 그것 때문에 낮아진 것이다.(亞, 低也. 花蕊重, 故枝爲之低.)

2 攲倒(기도) – 기울어 넘어지다. 취한 모양. 상대방에게 경도된 것으로 보기도 한다. 廢(폐) – 그만두다.

《두시경전》 '기도'는 취한 것을 말한다.(攲倒, 謂醉也.)

《두보전집교주》에 인용된 장진 주 '기도'는 취한 것이다. 노년에는 다시 이런 행태를 안 하기에 그만두었다고 한 것이다.(攲倒, 醉也. 老年不復爲此態, 故曰廢.)

[攲倒 2구]

《두율계몽》 3구는 귀밑머리가 흰 것을 이어 받고, 4구는 꽃이 붉은 것을 이어 받는다.(三句承鬢白, 四句承花紅.)

3 薄衣(박의) – 엷은 옷. '옷을 적시다'로 보기도 한다. '薄'은 '蕩'으로 된 판본도 있다. 積水(적수) – 모인 물. 강이나 호수 등을 가리킨다.

[薄衣 2구]

《두시경전》 2구는 상사일에 재액을 제거하는 즐거움을 말한다.(二句言上巳祓除之樂.)

4 攀桂(반계) – 계수나무 가지를 잡아당기다. 산림에 머물며 노니는 것을 가리킨다. 이 구는 두보가 산림에 머물며 기뻐하는 것을 말한다. 이와 달리 서 씨가 두보를 머물게 하며 기뻐하는 것으로 보기도 한다.

유안劉安 〈초은사招隱士〉 계수나무 가지를 잡아당기며 잠시 머문다.(攀援桂枝兮聊淹留.)

《두보전집교주》에 인용된 주전周甸 주 계수나무는 서사록을 가리킨다. 그가 (두보를) 머물게 한 것을 기뻐한 것이다.(桂, 指徐, 喜其淹留.)

5 轉蓬(전봉) – 바람 따라 떠도는 쑥대. 두보 자신의 신세를 비유한 말이다.

《두시경전》 물음이 떠도는 신세에 미쳐 슬픔이 증가될까 두려워한 것이다.(恐問及轉(蓬)增悵然也.)

《두시상주》: 위의 4구는 숲속 정원에서 연회하며 모인 것이고, 5, 6구는 상사일의 경물이고, 7, 8구는 서사록에 대한 정감이다. 《두억》에 "귀밑머리는 희고 꽃은 붉으니 피차간에 상반되는 것이다. 노쇠한 나이에 정원에 도착했으니 명절이라 부름을 받은 것이다. 윗부분은 슬픈 가운데 기쁨이 있다. 물에 임해 바람을 받으니 계제사의 즐거운 일이라 잠시 머물러 계수나무를 당기며 구르는 쑥대 같은 신세는 묻지 않는다. 아랫부분은 기쁜 가운데 슬픔이 있다"라고 하였다. 노원창의 주에 이르길, '박의'와 '취면'이 서로 대를 이루니 이는 침범한다는 '박'이지 옷이 얇다는 '박'이 아니라고 하면서, 또한 고적(노상盧象의 잘못)의 시(〈영성사풍永城使風〉) "물 기운이 나그네의 옷에 침범한다"를 인용하여 증거로 삼고 있다. 지금 살펴보건대 상사일에는 홑겹의 옷을 입기에 '박의'라고 한 것이다. 만약 물 기운이 옷을 침범한다고 말한다면 더욱 '임' 자를 쓸 수 없을 것이다. 오히려 옛 주해를 따르는 것이 마땅하다.(上四林園宴集, 五六上巳之景, 七八司錄之情. 杜臆, 鬢白花紅, 彼此相左. 衰年到園, 以令節見招也. 上截, 悲中有喜. 臨水受風, 修禊樂事, 暫留攀桂, 而莫問轉蓬. 下截, 喜中有悲. 盧注謂, 薄衣與吹面相對, 是侵薄之薄, 非單薄之薄, 又引高適詩水氣薄行衣爲證. 今按, 上巳御單袷之衣, 故云薄衣. 若說水氣薄衣, 更不得用臨字矣. 還依舊解爲當.)

《두억》: 귀밑머리는 희고 꽃은 붉으니 상반됨을 절로 깨달은 것이다. '기도'는 곧 경도되는 것이다. 노쇠한 나이라 찾아가 따르며 상대에게 경도될 수 없는데 지금 명절에 불러줌으로 인해 서로 함께한다. 이날 봄옷을 입고 쌓인 물에 다가가고 온화한 바람을 받으며 계수나무 가지를 더위잡고 머물 수 있음을 기뻐하니 또한 한때의 즐거움이다. 신세가 떠도는 쑥대 같은 것에 대해 수고로이 묻지 말라고 했으니 슬픔이 언외에 있다.(鬢白花紅, 自覺相左. 欹倒卽傾倒, 因衰年不得過從以相傾倒, 今因令節招尋而相同. 是日衣春服, 臨積水, 受和風, 喜得攀桂枝而淹留, 亦一時之樂也. 身如轉蓬, 無勞問矣, 悲在言外.)

《독두심해》: 귀밑머리는 희고, 꽃은 붉다고 하여 서로 비교되니 실소를 자아낸다. '쇠년'과 '영절'이 서로 만나 감회를 편 것이다. 두 연은 층차 있게 갈마들며 내려가 절로 흥취가 풍부하게 생긴다. 물이 맑고 바람이 따뜻한 때를 만나 계수나무를 붙잡도록 머물게 하는 기색이 기쁘니 곧 좋은 곳에서 몸을 편하게 한 것 같다. 한 마디라도 물음이 행적에 미치면 또한 실의한 감개가 증가됨을 면치 못할 것이기에 그래서 도리어 '무로문'으로 그의 입을 막은 것이다. 나그네가 감회가 많음은 몸소 겪어보면 곧 알 수 있다.(鬢白花紅, 相形失笑, 衰年令節, 相值開懷. 兩聯層遞而下, 自饒生趣. 當此水淸風暖之辰, 攀留色喜, 便若好處安身矣. 一語問及行踪, 又不免憮然增慨, 故反以無勞問杜其口也. 旅人多感, 身歷乃知.)

(**강민호**)

6. 宴胡侍御書堂

호 시어의 서재에서 연회를 열다

江湖春欲暮　牆宇日猶微[1]　闇闇書籍滿[2]　輕輕花絮飛[3]
翰林名有素[4]　墨客興無違[5]　今夜文星動[6]　吾儕醉不歸[7]

강과 호수에 봄이 저물려 하는데도
담장과 처마에는 해가 오히려 미약한데,
어둑히 책이 가득하고
가벼이 꽃잎과 버들솜이 날린다.
한림은 명성이 평소 있었고
묵객은 흥을 일으킴에 어김이 없기에,
오늘 밤 문성이 움직이니
우리들 취해도 돌아가지 않는다.

이 시는 호 시어의 서재에서 두보의 친구인 이지방, 정심과 함께 연회를 하며 지은 것이다. 봄날 서재의 정경을 묘사한 뒤 문인들이 모여 수창하며 밤늦도록 취해 즐기는 모습을 표현하였다. 대력 3년 봄 강릉에서 지은 것이다. 원주原注에 "상서 이지방, 비서감 정심이 함께 모였으며 '귀' 자 운을 얻었다(李尙書之芳鄭秘監審同集, 得歸字韻.)"라고 하였다. 이지방은 두보가 천보 4년 제주齊州를 노닐 때 사귄 친구이고 정심 또한 두보의 오랜 친구이다. 호 씨의 이름은 알려져 있지 않다.

《보주두시》 호 시어의 서재는 필시 형남에 있었을 것이다. 그래서 시에서 "강과 호수에 봄이 저물려 한다"라고 하였다. 마땅히 이는 대력 3년 3월에 지은 것이다.(胡侍御書堂必在荊南, 故詩云江湖春欲暮, 當是大曆三年三月作.)

《두시상주》 이 시는 대력 3년 봄 강릉에서 지은 것이다.(此大曆三年春江陵作.)

《독두심해》 이지방은 이릉에서 와서 모였다.(李自夷陵來會.)

명明 요도남廖道南 《초기楚紀》 정심은 대력 초에 비서가 되었고 대력 3년 나와서 강릉소윤에 보임되었다.(鄭審大曆初爲秘書, 三年出補江陵少尹.)

주 석

1 牆宇(장우) – 담장과 처마.

2 闇闇(암암) – 어두운 모양. 방에 그늘이 졌으며 책이 많아서 어두운 것이다. 또는 빽빽한 모양.

3 花絮(화서) – 꽃과 버들솜. 버들솜만 뜻하기도 한다.

[江湖 4구]

《두억》 '장우'는 반드시 서재를 말한 것이리라. 봄이 저물려 하지만 해가 오히려 미약하니 필시 담장과 처마가 높고 깊은 데다 꽃과 나무가 울창하였으리라. 그래서 어둠 속에 책이 가득 쌓여 있고 꽃과 버들솜이 가볍게 날린 것이다.(牆宇必謂書堂. 春欲暮而日猶微, 必牆宇高深, 兼以花木蓊蔚, 故闇中書籍堆滿, 而花絮輕飛也.)

4 翰林(한림) – 붓 숲. 문인을 비유한다. 有素(유소) – 본래 가지고 있다.

5 墨客(묵객) – 먹 손님. 문인을 비유한다. 無違(무위) – 어긋남이 없다. 여기서는 시를 짓는다는 말이다.

[翰林 2구] '한림'과 '묵객'은 각각 호 씨와 여러 손님을 가리키는데 이와 다른 설이 분분하다.

《두율계몽》 '한림'은 호 씨를 비유하고 '묵객'은 자기와 이 씨 및 정 씨를 비유한다.(翰林比胡, 墨客比己與李鄭.)

《두시조차공선후해집교》 '한림'과 '묵객'은 이지방, 정심, 호 시어를 아울러 말한 것이다. 양웅이 〈장양부〉를 지어서 한림을 빌려 주인으로 삼고 자묵을 손님으로 삼아 풍유諷諭하였는데, 지금 여러 공이 모두 한묵에 능한 자라는 사실을 취한 것이다. 말구의 '문성' 또한 그러한데 또한 두보도 그 가운데에 있다.(翰林墨客, 併言李尙書鄭秘監胡侍御也. 楊雄作長楊賦, 藉翰林爲主人, 子墨爲客卿以諷. 今取諸公皆翰墨之手也. 末句文星亦然, 又公在其中矣.)

양웅楊雄 〈장양부長楊賦〉 서序 애오라지 붓과 먹이 문장을 이루기에 그래서 한림을 빌려 주인으로 삼고 자묵을 손님으로 삼아 풍유諷諭한다.(聊因筆墨之成文章, 故藉翰林以爲主人, 子墨爲客卿以風.)

6 文星(문성) – 문창성文昌星으로 문곡성文曲星이라고도 한다. 이 별은 문재文才를 주관한다고 하며, 이로써 문재가 있는 사람을 비유한다.

《두시경전》 ('문성'은) 모두를 아울러 말한 것이다.(合說.)

《두시상주》 후한의 진중궁이 여러 자제를 데리고 순계화의 집에 들렀는데 그날 밤 덕성이 모였다.(後漢陳仲弓, 從諸子過荀季和家, 其夜德星聚.)

7 吾儕(오제) – 우리들.

《두시조차공선후해집교》 《시경·소아·담로湛露》에서 "취하지 않으면 돌아가지 않는다"라고 하였으니 취하면 그래도 돌아가는 것이다. 지금 "취해도 돌아가지 않는다"라고 하였으니 또한 새로운 표현이다.(詩云不醉無歸, 則醉而猶歸也. 今云醉不歸, 則又新語矣.)

#《두시상주》: 위 4구는 시어의 서재에 관한 내용이고 아래 4구는 이지방

과 정심이 연회에 함께한 내용이다. '암암' 구는 해가 미약하다는 내용에 해당하고 '경경' 구는 봄이 저문다는 내용에 해당한다. '한림'은 이지방과 정심을 가리키고 '묵객'은 공이 자신을 말한 것이다. '문성'은 빈주를 아우른 것으로 덕성이 모였음을 말한 것이다. 오견사吳見思의 《두시논문》에서 "'서적', '한림', '문성', '묵객'은 모두 서재를 지적한 것이다"라고 하였다.(上四, 侍御書堂. 下四, 李鄭同宴. 闇闇句, 貼日微. 輕輕句, 貼春暮. 翰林, 指李鄭. 墨客, 公自謂. 文星, 兼賓主, 言德星聚也. 吳論, 書翰文墨俱點書堂.)

《독두심해》: 구조오의 주에서 "'암암' 구는 해가 미약하다는 내용에 해당하고 '경경' 구는 봄이 저문다는 내용에 해당한다. '한림'은 이지방과 정심을 가리키고 '묵객'은 공이 자신을 말한 것이다. '문성'은 빈주를 아우른 것이다"라고 하였다. 대충 지은 작품이다.(仇注, 闇闇句, 貼日微. 輕輕句, 貼春暮. 翰林, 指李鄭. 墨客, 公自謂. 文星, 兼賓主. 率筆.)

(**임도현**)

7. 書堂飮旣夜復邀李尙書下馬月下賦絶句

서재에서 술을 마시고 나서, 밤에 다시 이 상서를 불러 말에서 내리게 하고, 달 아래에서 절구를 짓다

湖月林風相與淸[1]　　殘樽下馬復同傾[2]

久拚野鶴如雙鬢[3]　　遮莫鄰雞下五更[4]

호수의 달과 숲의 바람이 우리를 위해 맑기에
말에서 내려 남은 술통 다시 함께 기울인다.
들 학 같은 두 살쩍 내버려둔 지 오래
이웃 닭이 오경을 알린들 상관할 게 있으랴.

앞의 〈연호시어서당宴胡侍御書堂〉 시와 같은 날에 지은 것으로 추정된다. 두보는 호 시어 서재에서의 주연이 파한 뒤에도 주흥이 남아 있었다. 그래서 이지방李之芳에게 청하여 달밤에 함께 술을 마셨다. 그때의 도도한 심사가 이 시에 표현되어 있다. 《독두심해》는 시제를 "서재에서 마시는데 이미 밤이 되어, 다시 달 아래에서 이 상서에게 말에서 내리도록 청하고, 절구를 짓다"의 뜻으로 풀이하였다.

《보주두시》 앞의 시(〈연호시어서당宴胡侍御書堂〉)와 같은 때에 지었다.(同上篇一時作.)
《두시상주》 이 시는 앞의 시(〈연호시어서당〉)와 같은 때에 지은 것이다.(此與上章同時之作.)

주 석

1 月(월) – '水'로 된 판본이 있고, '上'으로 된 판본도 있다. 相與(상여) – 서로 더불어. '(달과 바람이) 우리를 위하여'라고 풀이할 수도 있다.

《두시상주》 양신은 '月'로 하였다. 어떤 판본에는 '水'로 되어 있고 속본에는 '上'으로 되어 있다.(楊愼作月, 一作水, 俗本作上.)

《두억》 '湖上'은 당연히 '湖月'이어야 한다. 양신도 "고본에 '湖月'로 되어 있다"라고 하였다.(湖上當是湖月, 用修亦云, 古本作湖月.)

《두보전집교주》에 인용된 장진張溍 주 호수와 숲의 바람이 아울러 맑음을 말한다.(謂湖水林風並清也.)

2 殘樽(잔준) – 술통에 남은 술.

3 久(구) – '已'로 된 판본도 있다. 拚(반) – 버리다. 달게 받아들이다. '判' 자와 통용된다. 雙(쌍) – '霜'으로 된 판본도 있다.

《두시상주》 나대경은 '雙'으로 하였다. 여러 판본이 모두 '霜'으로 하였다.(羅大經作雙, 諸本皆作霜.)

《독두시설》 〈서당음기야부요리상서하마월하부절구書堂飮既夜復邀李尙書下馬月下賦絶句〉에서 "구반야학여쌍빈"이라고 하였는데, (《두시상주》의) 주에서 "'雙' 자는 여러 판본에서 모두 '霜'으로 하였으나 나대경이 '쌍' 자로 정하였다"라고 하였다. 지금 살펴보건대, 학의 빛이 희기에 머리칼을 비유하였다. 그래서 '여쌍빈'이라고 한 것이다. '상'으로 하면 중복되니, 아래 구의 '오경'과 대를 이루지 못하기 때문만은 아니다.(書堂既飮夜邀李尙書下馬云, 久拚野鶴如雙鬢, 注, 雙字, 諸本皆作霜, 羅大經定作雙, 今按, 鶴色白, 以比髮, 故曰如雙鬢, 作霜則複矣, 不獨與下句五更字不對也.)

《두억》 '야학여상빈'은 도치하여 운율을 맞추었다.(野鶴如霜鬢, 倒語以協律.)

4 遮莫(차막) – 내버려두다. 상관하지 않다. 설령 ~하더라도. 下五更

(하오경)– 오경임을 알리다. '(닭이) 오경에 홰에서 내려오다'로 풀이하는 설이 있지만, 옳지 않다.

《구가집주두시》 조차공 주 '차막'은 당나라 사람의 말이다. "통금을 알리는 북이 둥둥 울려도 술이 출렁이는 잔을 기울여야만 한다"는 당나라 사람(석소연釋惝然)의 시(〈위천가渭川歌〉)이다.(遮莫則唐人語, 遮莫鼕鼕鼓, 須傾灩灩杯, 唐人詩也.)

《독두시설》 (시에서) 또 "차막린계하오경"이라 하였는데, (《두시상주》의) 주에서 또 나대경이 "'차막'은 바로 속어의 '진교(내버려두다, 상관하지 않다)'이다"라고 한 설을 인용하였다. 이제 살펴보건대 이 설이 옳다. 간보의 《수신기》에 "차막천시백려"라는 말이 있는데, 이 또한 '진교'의 뜻이니, 아마도 진나라 때에 이 말이 이미 있었을 것이다.(又云, 遮莫隣雞下五更, 注又引羅大經說, 遮莫, 卽俗語儘敎. 今按, 此說是也. 干寶搜神記, 遮莫千試百慮, 亦儘敎意, 蓋晉時已有之.)

《두시상주》에 인용된 《한무동명기漢武洞冥記》 사야계가 있는데 북소리에 따라 울기를 밤부터 새벽까지 한다. 일경에 한 번 울고 오경이면 다섯 번 운다. 또 오시계라고도 한다.(有司夜雞, 隨鼓節而鳴, 從夜以至曉, 一更爲一聲, 五更爲五聲, 亦謂之五時雞.)

《두시조차공선후해집교》 '인계하오경'은 날이 새벽이 되었음을 말한다.(鄰雞下五更, 言天之曉也.)

[久拚 2구]

《두시상주》 《학림옥로》에서 말하였다. "시인이 '차막' 자를 쓰면 대체로 속어에서 말하는 '설령 ~라도 상관하지 않다'는 뜻이다. 두보 시에서 '이판야학여쌍빈'이라 하였는데, '살짝이 들 학 같으니 늙은 것을 이미 내버려둔다'라는 말이다. '차막린계하오경'은 '세월이 빨리 가는 것을 다시 애석해하지 않는다'라는 말이다." 《예원자황》에서 말하였다. "이백 시(〈소년행少年行〉)에서 '설령 가지와 뿌리가 백

척이나 길게 자라더라도 지금 사람들과 많이 교제하는 것만 못하다'고 하였고, 또 '설령 친척들이 황제의 성에 연결되어 고귀하더라도 지금 스스로 비녀 꽂고 인끈 다는 것만 못하다'라고 하였다."(鶴林玉露, 詩家用遮莫字, 蓋俗語所謂儘教也. 杜詩, 已判野鶴如雙鬢, 言鬢如野鶴, 已判老矣. 遮莫鄰雞下五更, 言日月逾邁, 不復惜也. 藝苑雌黄, 李太白詩, 遮莫枝根長百尺, 不如當代多還往, 又, 遮莫親姻連帝城, 不如當代自簪纓.)

《두시경전》 평소 늙은 것을 마음에 두지 않았기에 날 밝을 때까지 마셔도 무방함을 말한다.(言素不以老爲意, 飮無妨達旦也.)

#《두시상주》: 주정의 주에서 "바람과 달이 맑은 데다가 주흥이 아직 다하지 않았다. 술 마시는 것을 흰머리의 노년에 하니 새벽에 이른들 무슨 상관이 있겠는가? 정을 쏟고 있음을 절로 말하니 그 의태意態가 완연하다. 두보의 칠언절구는 노련하면서 힘이 있고 기이하고 특이하여 따로 성당의 일가를 이루었다"라고 하였다.(周珽注, 風月旣淸, 酒興未闌, 飮當垂白, 達旦何妨. 鍾情自道, 氣味宛然. 少陵七絶, 老健奇瑰, 別成盛唐一家.)

《독두심해》: 시제에서는 '달 아래 말에서 내리게 하다'라고만 했지만, 시는 달 아래에서 술을 다시 마신 것을 말하였다.(題止云下馬月下, 詩則謂月下更酌也.)

(**이영주**)

8. 奉送蘇州李二十五長史丈之任

소주장사 이공이 임지로 가는 것을 받들어 전송하다

星拆台衡地[1] 曾爲人所憐[2] 公侯終必復[3] 經術竟相傳[4]
食德見從事[5] 克家何妙年[6] 一毛生鳳穴[7] 三尺獻龍泉[8]
赤壁浮春暮[9] 姑蘇落海邊[10] 客間頭最白[11] 惆悵此離筵

태형 땅에서 별이 터져
일찍이 사람들에게 가련히 여김을 받았지만,
공후는 결국 반드시 회복하는 법이니
경술을 마침내 이어받아 전하게 되리라.
조상의 덕택을 누려 왕사를 좇는 것 보거니와
집을 다스림은 어찌 그리도 젊은 나이였던가.
하나의 깃털이 봉황의 굴에서 난 듯하고
석 자 용천검을 바치는 듯하다.

적벽은 봄 저물녘에 떠 있고
고소대는 바닷가에 위치하고 있는데,
객들 사이에 내 머리 가장 세어
이 이별 자리를 슬퍼하노라.

이 시는 대력 3년 강릉에서 소주장사로 부임해 가는 이 씨를 전송하며 지은 것이다. 시에서는 이 씨 가문의 지위와 그의 재능을 칭찬하고 이별에 임하여 느낀 정회를 표현하였다. 시제의 '소주이이십오

장사장'이 누구인지 자세하지 않은데, 현종 때 좌상을 지냈던 이적지의 아들이라는 설이 있다. '丈'은 어른에 대한 존칭으로 시제에 '소주이이십오장사장'이라고 한 것은 이 씨가 귀족 자제였기 때문에 그에 대한 존경의 의미를 나타낸 것으로 보인다.

《보주두시》 대력 3년 공이 강릉에 있었는데 때마침 장사가 임지로 가게 되었기 때문에 이 시로써 전송한 것이다. 시에 "적벽은 봄 저물녘에 떠 있다"라고 한 것은 이 씨가 적벽을 지나 소주로 간 것을 말한 것이다.(大曆三年公在江陵, 會長史之任, 故送以此. 詩云, 赤壁浮春暮, 謂李經赤壁以往蘇州也.)

《독두심해》 《당서》에 의하면 소주는 강남동도에 속하였다. 강릉에서의 시이다.(唐書, 蘇州, 屬江南東道. 江陵詩.)

송宋 진숙방陳叔方《영천어소穎川語小》〈봉송소주이이십오장사장지임〉에서 "태형 땅에서 별이 터졌다"라고 하고 또 "하나의 깃털이 봉황의 굴에서 난 듯하다"라고 한 것은 바로 귀족 자제를 두고 한 말로, 두보 역시 '장'으로 그를 칭하여 존경하는 뜻을 나타냈다.(惟蘇州李二十五丈長史云, 星拆台衡地, 又曰, 一毛生鳳穴, 乃貴家子弟耳. 少陵亦以丈稱之, 有所敬也.)

《독두시설》 이 시의 구조오의 주에 "호하객이 말하기를 '이는 이적지의 아들이다. 다만 이적지의 아들 계경에 대하여 사서에서는 소주장사를 역임한 적이 있다고 기록하지 않았으니 아마 다른 한 아들일 것이다'라고 하였다"라고 되어 있다. 이제 살펴보건대, 시에서 "하나의 깃털이 봉황의 굴에서 난 듯하다"라고 말하였는데 '하나의 깃털'이라고 하였으니 단지 이 아들뿐인 것 같고, '다른 한 아들'이라고 한 것은 아마도 틀린 것 같다. 이전에 지은 시 〈음중팔선가〉에서 말한 '좌상'이 바로 이적지라는 것을 근거로 한다면, 구조오의 주에서 천보 연간에 옛일을 추억하여 지은 것이라 말하였으니 여덟 사람은 모두 두보의 옛 친구이다. 장사가 만약 이적지의 아들이라면 두보는 아버지의 친구가 되고 시제에 '장'이라고 칭할 수 없다. '장'이라고 칭하였으니 두보의 손윗사람이거나 두보보다 연장자인 것 같다.(奉送蘇州李二十五長史丈之任, 注云, 胡夏客曰, 是適之之子, 但適之子季卿, 史不載其爲蘇州長史, 或別一子也. 今按詩云, 一毛生鳳穴, 云一毛, 似只此子, 謂別一子, 恐非. 惟據前飮中八仙歌所云左相, 卽適之也. 注謂天寶間追憶舊事而作, 則八人皆公舊友. 長史如適之之子, 公是父執, 題不當稱丈, 稱丈似公尊行, 或年長于公矣.)

주 석

1 星拆(성탁) – 별이 터지다. 별이 떨어지다. 사람의 죽음을 의미한다. 台衡地(태형지) – '台'는 삼태성三台星을 말하고 '衡'은 옥형玉衡으로 북두칠성의 다섯 번째 별을 말하는데, 모두 자미궁제좌紫微宮帝座 앞에 위치하여 재보대신宰輔大臣을 비유한다. 여기서는 삼태성과 옥형성이 있는 밤하늘을 가리킨다.

《두시상주》 주학령의 주에 "장사의 부친은 필시 재상의 지위에서 죄를 얻었을 것이다. 그렇기 때문에 '태형 땅에서 별이 터졌다'고 한 것이다. 그러나 그 사람이 누구인지는 자세하지 않다. 혹자는 이가 이적지일 것이라고 하였다"라고 하였다. 호하객이 말하기를 "명황 때 이적지가 좌상으로 있다가 파직된 후에 독약을 먹고 죽었다. 이 사람은 아마도 이적지의 아들일 것이다. 다만 이적지의 아들 계경에 대하여 사서에서는 소주장사를 역임한 적이 있다고 기록하지 않았으니 아마 다른 한 아들일 것이다"라고 하였다. 《진서·장화전》에 의하면 장화가 사공이 되었는데 막내아들 위가 중태성이 떨어진 것을 이유로 장화에게 직위를 내려놓으라고 권하였다. 장화는 그 말을 따르지 않았고 얼마 지나지 않아 해를 입었다.(朱注, 長史父

必以宰相得罪, 故云星拆台衡, 但未詳其人. 或云是適之. 胡夏客曰, 明皇時, 李適之爲左相, 罷後仰藥死. 此恐是適之之子, 但適之子季卿, 史不載爲蘇州長史, 或另是一子也. 張華傳, 華爲司空, 少子韙, 以中台星拆, 勸華遜位, 華不從, 未幾被害.)

2 曾爲(증위) 구 – 일찍이 사람들에게 가련히 여김을 받다.

《구가집주두시》에 인용된 《한서·오행지》 성제 때의 가요에 "옛날에 사람들에게 부러움을 받더니 지금은 사람들에게 가련히 여김을 받는다"라고 하였다.(成帝時歌謠曰, 故爲人所羨, 今爲人所憐.)

[星拆 2구] 이 씨의 부친이 재상의 지위에 있다가 주벌을 당하여 사람들에게 가련히 여김을 받았음을 말한다.

《보주두시》에 인용된 조차공 주 중태성이 터지자 장화가 주벌을 당하였는데, 지금 별이 터졌다고 하였으니 '이이십오장'의 부친은 필시 태보 귀인으로 (주벌을 당해) 일찍이 사람들에게 가련히 여김을 받았을 것이다.(中台星拆, 張華見誅, 而今云星拆, 則李二十五丈父必是台輔貴人, 曾爲人所憐.)

3 必復(필복) – 반드시 회복하다. 이 구는 공후의 가문은 망하여도 결국 그 후손은 반드시 원래의 지위를 회복하게 될 것이라는 말이다.

《좌전·민공閔公원년》 필만이 진에 벼슬하는 것에 대하여 점을 쳐서 준괘가 비괘로 변하는 것을 얻었다. 신료가 점을 풀이하여 말하기를 "길합니다. 준괘는 견고함을 뜻하고 비괘는 들어감을 뜻하니 길함에 있어 무엇이 이것보다 크겠습니까? (준괘의 아래 괘인) 진괘가 땅(비괘의 아래 괘인 곤괘)이 되니 수레가 말을 따르고 발이 거기에 거하고 형이 그를 길러주고 모친이 그를 덮어주고 무리가 그에게 돌아오게 됩니다. 준괘가 비괘로 변하여도 괘 전체의 의미는 바뀌지 않으니 합하여 견고할 수 있고 편안하여 죽일 수 있습니다. 이는 공후의 괘입니다. 공후의 자손은 반드시 그 처음 지위를 회복할 것입니다"라고 하였다.(畢萬筮仕於晉, 遇屯之比. 辛廖占之曰, 吉. 屯固比入, 吉孰

大焉. 震爲土, 車從馬, 足居之, 兄長之, 母覆之, 衆歸之, 六體不易, 合而能固, 安而能殺, 公侯之卦也. 公侯之子孫, 必復其始.)

4 經術(경술) – 경학. 경서에 대한 학문. 竟(경) – 마침내. '昔'으로 된 판본도 있다. 相傳(상전) – 서로 전하다. 이어받아 전하다. 이 구는 이 씨 집안의 경학에 대한 명성이 아버지에게서 아들에게로 이어짐을 말한다.

《두시상주》에 인용된 《한서漢書》 위현은 추로대유로 불렸고 막내아들 위현성은 다시 명경으로 여러 직위를 거쳐 재상에 이르렀다.(韋賢號稱鄒魯大儒, 少子玄成, 復以明經歷位至宰相.)

《독두심해》 한대 위현과 아들 위현성이 나란히 명경으로 재상의 지위에 올랐다.(漢韋賢, 及子玄成, 並以明經位宰相.)

5 食德(식덕) – 은덕을 먹다. 조상의 덕택을 누리는 것을 말한다. 從事(종사) – 왕사王事를 좇다. 왕의 일을 하는 것을 말한다.

《두시상주》에 인용된 《역易·송訟·육삼六三》 조상의 은덕을 먹으니 정도正道를 지키고 조심하면 끝내 길하여 혹 왕의 일에 종사할 수도 있다.(食舊德, 貞厲終吉, 或從王事.)

6 克家(극가) – 집을 다스리다. 가업을 계승함을 가리킨다. 妙年(묘년) – 어린 나이. 젊은 나이.

《두시상주》에 인용된 《역·몽蒙·구이九二》 아들이 집을 다스리다.(子克家.)

《두시조차공선후해집교》 시제에 '이십오 어른'이라 하고 지금 구에 "집을 다스림은 어찌 그리도 젊은 나이였던가"라고 하였으니 그가 젊어서부터 이미 집안을 다스렸다는 말이다.(題云二十五丈, 而今句云克家何妙年, 則言其自妙年已克家矣.)

7 一毛(일모) – 하나의 깃털. 여기서는 봉황 새끼 한 마리를 가리킨다. 鳳穴(봉혈) – 봉황이 사는 굴. 문재文才가 모여 있는 곳을 비유한다.

이 구는 이장의 문재가 뛰어남을 비유한다.

《두시상주》에 인용된 《남사南史(남제서南齊書·사초종전謝超宗傳)》 황제가 사장에게 일러 말하기를 "초종에게는 남달리 봉황의 깃털(아버지 사봉謝鳳과 비슷한 문학적 재주)이 있다"라고 하였다.(帝謂謝莊曰, 超宗殊有鳳毛.)

8 龍泉(용천)– 보검의 이름. 원래는 용연龍淵이었는데 당 고조 이연의 이름을 피휘한 것이다.

《두시상주》 《한서·고제기》에 "3척을 들어 천하를 취하였다"라고 하였는데 주에 "3척은 검이다"라고 하였다. 《월절서》에 "구야자가 검 세 자루를 주조하였는데 그중 하나가 용연이다"라고 하였다.(漢高帝紀, 提三尺, 取天下. 注, 三尺, 劍也. 越絶書, 歐冶子鑄劍三枚, 一曰龍淵.)

#《두시상주》: 첫 단락은 이 씨 어른의 가문과 재능을 서술하였다.(首敘李丈家世才華.)

9 赤壁(적벽)– 지명. 浮(부)– 물에 떠 있다. 적벽이 강물에 떠 있다는 의미이다. 이와 달리 《두시언해》에서는 이장의 배가 적벽 강물에 떠 있는 것으로 풀이하였다. 이 구는 소주로 부임하는 이장이 늦봄에 배를 타고 적벽을 지나가는 것을 상상한 것이다.

10 姑蘇(고소)– 고소산. 산 위에 고소대가 있다. 落(낙)– 위치하다. 고소대가 바닷가에 위치해 있다는 말이다. 이와 달리 《두시언해》에서는 이장이 바닷가 고소대로 내려간다는 뜻으로 풀이하였다. 이 구는 이장이 바다에 가까운 소주로 가는 것을 상상한 것이다.

《두시상주》 《월절서》에 "합려가 고소대를 세웠다. 3년간 재목을 모으고 5년이 되어 완성하였는데 높이는 3백 리가 시야에 들어온다"라고 하였다. 《오군지》에 "고소산은 횡산의 북쪽과 이어져 있는데 옛 누대가 그 위에 있다. 옛 도경에서는 '오현 서쪽 30리에 있었다'고

하였다"라고 하였다. 《구역지》에 "소주는 동북쪽으로 바다에서 180리 떨어져 있다"라고 하였다.(越絶書, 闔廬起姑蘇臺, 三年聚材, 五年乃成, 高見三百里. 吳郡志, 姑蘇山, 連橫山之北, 古臺在其上. 舊圖經云, 在吳縣西三十里. 九域志, 蘇州東北去海一百八十里.)

《보주두시》 황희黃希 주 적벽은 셋이 있다. 하나는 한수의 곁, 경릉의 동쪽에 있고, 하나는 제안군의 보하에 있고, 하나는 강하군 서남 2백 리 되는 곳에 있다. 《삼국지·위서·무제기》와 《삼국지·오서·주유전》을 살펴보면 조조는 강릉으로부터 내려갔고 유비와 주유는 하구로부터 가서 그를 맞아 싸웠으니 조조가 패전한 곳은 바로 강하의 서남쪽에 있는 적벽으로 지금은 한양현에 속한다. 이장사는 강릉으로부터 고소로 갔으니 바로 한양을 경유한 것이다. 그래서 "고소대는 바닷가에 위치하고 있다"라고 하였다.(赤壁有三. 一在漢水之側, 竟陵之東. 一在齊安郡之步下. 一在江夏郡西南二百里間. 按魏武紀及周瑜傳, 操自江陵而下, 劉備周瑜由夏口往逆戰, 則操所敗之地, 乃在江夏之西南, 今屬漢陽縣. 李長史自江陵往姑蘇, 正經漢陽, 故云姑蘇落海邉.)

11 客間(객간) 구 – 송별연에 모인 사람들 가운데 두보 자신이 가장 나이가 들었다는 말이다.

《두시상주》 머리가 희다는 것은 자신을 말한 것이다.(頭白, 自謂.)

#《두시상주》: 이 단락은 이장이 소주로 부임하는 것을 전송한 것이다.(此送其赴任蘇州.)

##《독두심해》: 첫 4구는 옛 은덕으로 근본을 따져 들어가 마땅히 후대가 있을 것임을 말하였다. 가운데 4구는 바로 장사의 재능을 찬미하고 가문의 명성이 떨쳐질 수 있음을 보였다. 뒤 4구는 서술이 시 제목으로 돌아갔다. '적벽'은 그가 지나가는 곳이다. '고소'는 그가 나아가는 곳이다. '두최백'은 공이 스스로를 말한 것이니 전송하는 자가 한 사람에 그친 것이 아니다. 백낙천의 〈비파행〉 결어에 "좌중이 눈물을 흘렸

는데 누가 가장 많았는가? 강주사마의 푸른 적삼이 젖었다"라고 한 것은 이 시의 뜻을 사용한 것이다.(起四, 推本舊德. 謂宜有後, 中四, 乃美長史才華, 見家聲克振也. 後四, 敍還題面. 赤壁, 其所經處. 姑蘇, 其所赴處. 頭最白, 公自謂, 送者非止一人也. 樂天琵琶行結語云, 座中泣下誰最多, 江州司馬青衫濕. 用此筆意.)

(**이석형**)

9. 暮春江陵送馬大卿公恩命追赴闕下
늦봄 강릉에서 황제의 명을 받아 대궐로 가는 마공을 전송하다

自古求忠孝　名家信有之　吾賢富才術[1]　此道未磷緇[2]
玉府標孤映[3]　霜蹄去不疑[4]　激揚音韻徹[5]　籍甚衆多推[6]
潘陸應同調[7]　孫吳亦異時[8]　北辰徵事業[9]　南紀赴恩私[10]
卿月昇金掌[11]　王春度玉墀[12]　薰風行應律[13]　湛露卽歌詩[14]
天意高難問[15]　人情老易悲　樽前江漢闊[16]　後會且深期[17]

예부터 충성스럽고 효성스러운 자를 구하였나니
이름난 가문에 진실로 그러한 사람이 있다네.
우리 어진 마공께서는 재학才學이 풍성하거니와
이 충효의 도가 조금도 변함이 없으시네.

옥 집이 높게 솟아 홀로 비추고
서리 발굽은 나아감에 망설임이 없다네.
우렁차도다 시운의 낭랑함이여
성대하도다 많은 사람의 추존함이여.
반악과 육기와는 응당 격조를 같이할 것이요
손무와 오기와는 또한 때를 달리할 뿐이라네.

북쪽 조정에서 공업을 이룰 인재를 구하시니
남쪽 강릉에서 황제의 은총으로 나아가네.

경의 달은 선인의 금장 위로 떠오르고
왕의 봄은 궁궐의 옥계단을 지나네.
동남풍은 장차 절기에 맞춰 불어오리니
〈맑은 이슬〉 시를 곧 노래할 것이라.

하늘의 뜻은 높아 묻기 어렵거니와
사람의 마음은 늙어 가매 쉬이 슬퍼진다네.
술잔 앞 강한은 드넓지만
훗날 만남을 또한 깊이 기약한다네.

이 시는 대력 3년 3월 강릉에서 지었다. 당시 마공馬公이 조정의 부름을 받아 강릉에서 경사로 가게 되었으므로 두보가 이 시를 써서 그를 전송하였다. 마공의 인품과 재능을 칭송하고 마공이 조정에서 순조롭게 벼슬 생활하는 모습을 상상하며 축복하였다. 시제에 나오는 마공은 자세한 기록이 없어 누구인지 알 수 없다. '경공卿公'은 글자를 중복하여 마공을 높여 부른 경칭이다. '은명恩命'은 황제가 내린 조명詔命이다.

《보주두시》 제목에서 '모춘강릉'이라고 했으니 대력 3년 3월에 지은 것이다.(題云暮春江陵, 則是大曆三年三月作.)
《두시상주》 황학의 주에서 대력 3년 3월에 지었다고 했다.(鶴注, 大曆三年三月作.)
《독두심해》 '경공'은 호칭을 중복한 것으로 지극하게 높여 예우한 것이다.(卿公稱謂複疊, 尊禮之至.)

주 석

1 吾賢(오현) – 우리 어진 사람. 여기서는 마대경공馬大卿公을 가리킨다. 才術(재술) – 재학才學.

2 此道(차도) – 이 도. 여기서는 첫 구에서 말한 충효의 도를 가리킨다. 未磷緇(미린치) – 얇아지거나 검게 물들지 않다. 이 구절은 충효의 도에 있어 아무런 결점이 없다는 말이다.

《논어·양화陽貨》 단단하다 말하지 않겠는가, 갈아도 얇아지지 않으니. 희다고 말하지 않겠는가, 검게 물들여도 검어지지 않으니.(不曰堅乎, 磨而不磷. 不曰白乎, 涅而不緇.)

《두시상주》 '미린치'는 충효에 결점이 없음을 말한다.(未磷緇, 謂忠孝無虧.)

《두억》 부모에 대한 효심을 옮기어서 임금께 충성할 수 있음을 말한다.(謂能移孝作忠也.)

#《두시상주》: 첫 단락에서는 조정에서 마공에게 명한 것으로 총괄하여 제시하였다.(首將朝命馬卿總提.)

3 玉府(옥부) – 옥 같은 흉부胸府. 진귀한 보물이 있는 집, 혹은 선궁仙宮을 뜻하기도 하나 여기서는 마공의 빙옥氷玉과도 같은 고결한 흉금을 가리키는 말로 쓰였다. 標(표) – 높이 솟아 있다. 풍격이 고상함을 비유한다. 孤映(고영) – 홀로 비추다.

《두시경전》에 인용된 《목천자전穆天子傳》 천자가 군옥산에 이르렀는데 사방이 통하고 반듯한 곳이 선왕이 말한 도서를 수장한 집이다.(天子至於羣玉之山, 四徹中繩, 先王之所謂策府.)

《두시경전》에 인용된 〈북산이문北山移文〉 높은 노을이 외로이 비추고, 밝은 달이 홀로 떠오른다.(高霞孤映, 明月獨擧.)

4 霜蹄(상제) – 서리를 밟고 달리는 말의 발굽. 去不疑(거불의) – 나아감에 망설일 것이 없다. 이 구절은 마공의 의기가 씩씩하여 천리마처

럼 거침없이 달린다는 말이다.

《장자·마제馬蹄》 말은 발굽으로 서리와 눈을 밟을 수 있다.(馬, 蹄可以踐霜雪.)

5 激揚(격양) – 격동하여 떨치다. 音韻(음운) – 시문의 운율. 徹(철) – 환하다. 낭랑하다.

6 籍甚(자심·적심) – 명성이 자자하다. 推(추) – 추존하다. 추숭하다.

7 潘陸(반륙) – 반악潘岳과 육기陸機. 同調(동조) – 격조를 같이하다. 《두시언해》에서는 '재주를 같이하다'로 풀이하였다.

8 孫吳(손오) – 손무孫武와 오기吳起. 異時(이시) – 때를 달리하다. 이 구절은 마공이 손무, 오기와 때만 달랐을 뿐 똑같이 뛰어난 인재라는 말이다.

[潘陸 2구]

《두억》 문무를 겸비하였음을 말한다.(謂文武兼備.)

《두시조차공선후해집교》 '반'은 반악이고, '육'은 육기이다. '동조'라는 말은 사영운의 〈칠리뢰七里瀨〉에서 "뉘 고금이 다르다 말하는가, 시대가 달라도 가히 같은 격조라네"라고 한 데서 보이고, 또 양나라 장찬의 〈별리부〉에서 "백 대에 있어도 무엇이 다르랴, 천 년이 되어도 같은 격조라네"라는 말에서도 보인다. 《속진양추》에서 이르기를 "반악, 육기의 무리는 때론 화려하고 때론 질박하였으나 그 종법은 다를 것이 없었다"라고 하였다. 이 구절은 마대경의 문장을 말한 것이다. '손'은 손무요, '오'는 오기이다. '역이시'는 때가 다른 때일 뿐이니 서로 같다는 말이다. 이 구절은 마대경의 무예를 말한 것이다. 그래서 많은 사람이 성대하게 추존한다는 구절이 만들어진 것이다. (潘則潘岳, 陸則陸機. 同調字, 謝靈運云, 誰謂古今殊, 異代可同調. 又梁張纘別離賦云, 在百代而奚殊, 雖千年而同調. 續晉陽秋曰, 潘陸之徒有文質, 而宗師不異. 此一句言馬大卿之文. 孫則孫武, 吳則吳起.

亦異時, 言時異時而已, 又相同也. 此一句言馬大卿之武, 所以成藉甚衆多之句.)

#《두시상주》: 이 단락에서는 마공의 도덕과 재능이 출중함을 두루 말하였다. '옥부'는 그의 마음가짐이 고결함을 비유한 것이고, '상제'는 그의 재능이 민첩함을 비유한 것이다. '격양' 2구는 시명을 홀로 떨침을 말한 것이요, '반육' 2구는 문무가 모두 뛰어난 것을 말한 것이다. '또한 때를 달리하였다'는 것은 앞과 뒤에서 서로 부합한다는 뜻이다. (此備言其道術過人. 玉府, 比其操潔. 霜蹄, 比其才敏. 激揚二句, 言詩名獨震. 潘陸二句, 言文武兼優. 亦異時, 前後相符也.)

9 北辰(북진) – 북극성. 여기서는 조정을 가리킨다. 徵事業(징사업) – 공업을 구하다. 또는 공업을 이룰 수 있는 인재를 구한다는 뜻이다. '사업'을 '재능'의 뜻으로 보고 재능 있는 인재를 구한다고 풀이할 수도 있다.

10 南紀(남기) – 강한江漢 지역. 여기서는 강릉 지역을 가리킨다. 赴恩私(부은사) – 은총에 나아가다. 황제의 부름을 받아 조정으로 가게 되었다는 말이다.

《시경·소아·사월四月》 도도한 장강과 한수여, 남국의 벼리로다.(滔滔江漢, 南國之紀.)

[北辰 2구]

《두시경전》 마공이 강릉으로부터 명을 좇아 대궐로 나아감을 말한 것이다.(言馬自江陵追赴闕下.)

11 卿月(경월) – 경의 달. 달의 미칭. 여기서는 마공을 비유한다. 金掌(금장) – 동으로 만든 선인수장仙人手掌. 제왕의 발탁을 비유한다.

《서경·홍범洪範》 왕은 세歲를 살피고, 경사는 달을 살피며, 사윤은 해를 살핀다.(王省惟歲, 卿士惟月, 師尹惟日.)

《두시경전》 '승금장'은 안으로 발탁함을 말한 것이다.(昇金掌, 謂內

擢也.)

12 王春(왕춘) – 왕의 봄. 음력 정월의 다른 이름. 玉墀(옥지) – 궁궐의 돌계단. 이 구절이 봄날에 마공이 임금을 알현할 것을 뜻하는 것으로 보기도 하나 제목에서 말한 '모춘'이라는 시점과 맞지 않아서 채택하기 어렵다. 또한《독두심해》같은 주석에서는 왕명이 내려진 시기가 이른 봄이었음을 말한 것이라고 해석하고 있다. 임금 계신 궁궐에 봄이 찾아왔음을 말하여 태평한 시절이 왔음을 묘사한 것으로 보는 것이 무난하다.

《춘추공양전·은공隱公 원년》원년춘왕정월元年春王正月 원년은 무엇인가. 임금이 시작하는 해이다. '춘'은 무엇인가. 한 해의 시작이다. '왕'은 누구를 일컫는가. 문왕이다. 어째서 먼저 왕이라 말하고 후에 정월을 말했는가. 왕이 세운 정월이기 때문이다.(元年者何, 君之始年也. 春者何, 歲之始也. 王者孰謂, 謂文王也. 曷爲先言王而後言正月, 王正月也.)

[卿月 2구]

《구가집주두시》조차공 주 경월은 마대경을 가리킨 것이다. '승금장'은 그가 높은 지위에 가깝게 될 것임을 비유한다. '금장'은 이슬 쟁반을 받치고 있는 금동 선인의 손이다. '왕춘도옥지'는 마대경이 봄에 천자의 궁궐에 있게 되리라 말한 것이다.(卿月以指言馬大卿也. 昇金掌, 則以譬其近於顯要. 金掌者, 金銅仙人捧露盤之掌也. 王春度玉墀, 則言馬大卿春時在天子之玉墀也.)

13 薰風(훈풍) – 초여름에 부는 동남풍. 行(행) – 장차. 應律(응률) – 음률에 맞추다. 절기에 응하다.

《두시상주》에 인용된《여씨춘추》동남쪽에서 불어오는 것을 훈풍이라고 한다.(東南方曰薰風.)

《예기·악기》팔방의 바람은 절기(음률)에 맞춰 불어오니 멋대로 불지 않는다.(八風從律而不姦.)

14 湛露(담로·잠로) – 《시경》 〈소아〉의 편명으로 '담로'는 '맑은 이슬'이란 뜻이다. 《모시서》에 따르면 천자가 제후들과 잔치할 때 이 시를 노래했다고 한다.

《모시서毛詩序》 〈담로〉는 천자가 제후에게 잔치를 베푸는 것이다. (湛露, 天子燕诸侯也.)

[薰風 2구]

《두시경전》 마대경이 입조하매 이 봄에 맞추어 천자를 알현할 수 있을 것이니 훈풍에 응하여 〈담로〉를 노래할 수 있게 되었다.(大卿入朝, 及此春期, 猶得陛見, 可以應薰風而歌湛露也.)

《두억》 봄이 가고 여름이 올 때이므로 '훈풍이 절기에 응한다'고 말하여 근심을 풀어주고 재물이 많게 되기를 기대하였다. 여름이 가고 가을이 올 때이므로 '〈담로〉 시를 노래한다'고 하여 천자의 은총을 입을 것을 기대하였다.(春去夏來, 故云薰風應律, 期以解慍阜財也. 夏去秋來, 故云湛露歌詩, 期以承天寵也.)

#《두시상주》: 이 단락은 마공이 명을 받아 대궐로 나아감을 적었다. 재능 있는 인사는 가히 부를 만하니 부름에 응하여 가는 것이 헛걸음이 아니다. '남기'는 땅을 적었고, '경월'은 벼슬을 적었고, '왕춘'은 때를 적었다. '금장'은 안으로 발탁함이요, '옥지'는 황제를 알현함이다. 훈풍에 응하여 〈담로〉를 노래한다고 하여 입조 후의 일을 미리 말하였다.(此記其承命赴闕. 事業可徵, 則赴召非虛往矣. 南紀記地, 卿月記官, 王春記時. 金掌, 謂內擢. 玉墀, 謂陛見. 應薰風而歌湛露, 預道入朝後事.)

15 天意(천의) – 하늘의 뜻. 천자의 뜻을 비유하는 것으로도 볼 수 있다.

16 江漢(강한) – 장강과 한수.

17 後會(후회) – 훗날의 만남. 이 구절은 장안에서 만날 것을 기대한다는 뜻이다.

[樽前 2구]

《두시경전》 한 번 경사의 대궐에 이르러 서로 만날 것을 또한 생각한 것이다.(亦思一至京闕而相會也.)

#《두시상주》: 마지막에서는 송별의 마음을 펼쳤다. '천의' 구와 '인정' 구는 가난하고 늙어 처량함을 스스로 말한 것이다.(末敍送別之情. 天意人情, 自述貧老淒涼.)

##《독두심해》: 처음 4구는 본래 두루뭉술하게 칭찬하는 말로 모두를 삼은 것인데, 음절이 매우 굳세어 은연중 조정의 명령과 짝을 지을 수가 있으니, 시상의 떨쳐 부름이 영활하다. 가운데 12구는 펼쳐 서술함이 조리가 있다. '옥부'와 '상제'는 그 풍도와 격조요, '경양'과 '자심'은 그 재능이니 이 부분은 찬사이다. '반륙'은 위쪽 재능을 받고 '손오'는 아래 '사업'을 일으킨다. '응' 자, '역' 자를 음미하면 차례로 내려감을 알 수 있다. '사업'에 '북궐'의 부름을 결합시켰고, 은혜를 입었음을 들어 남쪽 수레가 나아감을 분명하게 설명하였다. 고리와 허리띠처럼 서로 긴밀히 관련되어 글자 하나하나가 근육이요 관절이다. 이 부분은 모두 과맥이다. '경월승'은 천자가 기용하고자 부른 것이다. '왕춘도'는 왕명이 처음 내려진 것이 초봄이었음을 말한다. '훈풍응'은 모춘에 일어나 나아가게 되었음이며, '담로가'는 천자를 곧 뵙게 될 것임을 말한 것이다. 이 부분은 서사이다. 이상 세 층차로 한 단락을 이루었다. 마지막 4구는 스스로 슬퍼하며 곡진하게 그 마음을 표현한 것이다. 오랜 세월 경사를 떠나 있는 사람으로서 새로 명을 받아 조정에 나아가는 객을 전송하자니 맹렬한 감정이 일어 하늘의 뜻을 물으면서 자신이 늙어감을 진정 슬퍼하지 않을 수가 없다. 장강과 한수는 아득한데 깊이 훗날의 만남을 약속한다. 마공이 다시 오기를 바란 것이 아니요, 정히 이번 생애에 다시 돌아갈 수 있기를 바란 것이니 그 마음이 너무나 절실하다.(起四句, 本以渾然稱許之詞作冒. 而音節遒

上, 便能隱對朝命, 振喚靈動. 中十二句, 鋪敍條貼. 玉府霜蹄, 其丰格也. 激揚藉甚, 其才華也. 此爲贊詞. 潘陸蒙上才華, 孫吳起下事業. 玩應字亦字, 遞下可知. 就事業搭合北闕之徵, 就被恩點淸南轅之赴. 牽連鉤帶, 字字筋節. 此總爲過脈. 卿月昇, 恩命起召也. 王春度, 出命之始, 在春初也. 薰風應, 暮春起赴也. 湛露歌, 面君有日也. 此爲敍事. 以上三層作一片. 末四句, 自傷而曲致其情. 以多年去國之人, 送新命趨朝之客. 猛然感觸, 眞不能不問天而悲老. 江漢迢迢, 深期後會. 非望馬卿復來, 正冀此生復還. 其情爲已切矣.)

(**김성곤**)

10. 和江陵宋大少府暮春雨後同諸公及舍弟宴書齋

강릉 송대 소부가 늦봄 비 온 뒤 여러 공 및 내 아우와 서재에서 연 잔치 시에 화답하다

渥洼汗血種[1] 天上麒麟兒[2] 才士得神秀[3] 書齋聞爾爲[4]
棣華晴雨好[5] 綵服暮春宜[6] 朋酒日歡會[7] 老夫今始知[8]

악와의 한혈마
하늘의 기린아.
재사가 총명하고 준수한 이를 얻어
서재에서 너희들 한 일을 들었노라.
아가위 꽃은 비 개어 좋고
채복은 늦봄에 어울리도다.
두 동이 술로 날마다 즐거이 모임을
늙은이는 이제서야 비로소 알았노라.

강릉의 송대 소부가 여러 인사와 시인의 아우를 서재로 불러 잔치를 열고 시를 짓게 하였다. 그 자리에서 지은 시를 얻어 읽은 뒤 시인이 화답한 것이다. 때는 늦봄이라 비 갠 뒤에 아가위 꽃이 예쁘고, 직위를 가진 여러 인사들의 채색옷이 시절에 잘 어울린다고 상상하였다. 이런 즐거운 잔치를 뒤늦게 알고서 참석하지 못한 아쉬움을 은근히 표현하였다. 송대 소부는 누구인지 알 수 없다. 공의 아우는 두관이라고 하며, 두위라고 하는 견해도 있다. 대력 3년에 지었다.

《보주두시》 공이 강릉에 도착하니 이미 봄이 저물었다. 이 시에서 "아가위 꽃은 비 개어 좋고, 채복은 늦봄에 어울린다"라고 하였으니 바로 그때이다. 대력 3년에 지었다.(公至江陵, 已是春晚. 此詩云, 棣華晴雨好, 綵服暮春宜, 正其時也. 大曆三年作.)

《두시상주》 황학의 주에서 이 시는 대력 3년 늦봄에 지었다고 하였다. 고신의 주에서 "송 소부가 봄비 갠 뒤 여러 공과 두위에게 잔치를 열어주어 자리에서 틀림없이 모두 시를 지었을 것이고, 공이 듣고서 그에 화답하였다"라고 하였다.(鶴注, 此大歷三年季春作. 顧注, 宋少府於春雨後宴諸公及杜位, 席上必皆賦詩, 公聞而和之也.)

《독두심해》 고신의 주에는 아우는 두위를 가리킨다고 하였으나 내 생각에는 아우 관을 가리키는 듯하다.(顧注, 弟指杜位, 愚謂恐指弟觀.)

《두시경전》 아우는 두위이다.(弟乃杜位.)

주 석

1 渥洼(악와) – 감숙성甘肅省 안서현安西縣에 있는 당하黨河의 지류. 한漢 무제武帝 원정元鼎 5년에 이곳에서 천마天馬가 나왔다고 한다. '악와종'은 천마와 같은 출중한 인재를 가리킨다. 汗血種(한혈종) – 한혈마의 종자. 이 구는 잔치에 참석한 '제공'과 '사제'를 가리킨다. 송대 소부를 가리킨다고 보기도 한다.

《한서·무제기武帝紀》 "(원정 5년) 가을, 말이 악와수에서 나와 〈보정가〉와 〈천마가〉를 지었다(秋, 馬生渥洼水中, 作寶鼎天馬之歌.)"라는 구절의 이비李斐 주 남양 신야에 살던 포리장이라는 사람이 무제 때 형벌을 받아 돈황 지역에서 둔전을 경작하였는데 이 물가에 자주 나가 야생마 무리에서 기이한 말을 보았다. 이 말은 뭇 말과는 달랐으며, 와서 이 물을 마셨다. 포리장은 먼저 흙으로 사람을 만들어 굴레와 밀치끈을 쥐여 물가에 세워놓았다. 후에 말이 흙으로 만든 사람과 놀며 친숙해지자 오랜 후에 흙으로 만든 사람 대신 굴레와 밀치끈을 가지고 있다가 그 말을 잡았다. 바치면서 이 말을 신비화하기 위해 물에서 나왔다고 말하였다.(南陽新野有暴利長, 當武帝時遭刑, 屯田敦煌界, 數於此水旁見群野馬中有奇者, 與凡馬異, 來飮此水. 利長先作土人, 持勒靽於水旁. 後馬玩習, 久之代土人持勒靽, 收得其馬. 獻之, 欲神異此馬, 云從水中出.)

《두공부초당시전》 (이 구로써) 송 소부를 비유한다.(以比宋少府也.)

2 麒麟兒(기린아) – 자질이 뛰어난 아이. '제공'과 '사제'를 가리킨다.

《두시상주》 〈서경이자가徐卿二子歌〉의 주 《진서》에 "서능의 모친 장 씨가 일찍이 꿈에 오색구름이 봉새로 변해 왼쪽 어깨 위에 앉는 것을 보았다. 그런 뒤에 서능을 낳았다. 나이가 몇 살 되었을 때에 집안사람이 서능을 데리고 보지 상인을 찾아뵈었는데 보지는 그의 머리를 쓰다듬으며 '천상의 석기린이다'라고 하였다"라고 하였다. …… 장원張遠의 주에 "《습유기》에 공자가 태어나기 전 기린이 궐리에서 옥서를 토하였는데 옥서에 '물의 정기의 자식으로서 쇠미한 주나라를 이어 소왕(素王: 왕의 덕은 갖췄으나 왕위에 오르지 못한 사람)이 될 것이다'라고 적혀 있었다. 어머니 안징재가 수놓은 비단 끈으로 기린의 뿔을 묶었다"라고 하였다.(陳書, 徐陵母臧氏. 常夢五色雲, 化爲鳳, 集左肩上, 已而誕陵焉. 年數歲, 家人攜候寶誌上人, 寶誌摩其頂曰, 天上石麒麟也. …… 張注, 拾遺記, 孔子生之先, 有麟吐玉書於闕里, 云, 水精之子, 系(繼衰의 오자)周而素王. 母徵在以繡紱繫麟角.)

《두공부초당시전》 (이 구로써) 또 여러 공을 비유한다.(又以比諸公也.)

《두시경전》 서능의 고사를 이용하였다. 아마 모두 후배이므로 이렇게 말하였다.(用徐陵事, 想俱係後輩, 故云然.)

[渥洼 2구] 시제의 '제공'과 '사제'를 아울러 가리키는 말로 총명하고 준수한 사람들을 말한다. 이와 달리 송대 소부를 가리킨다고 보는 설도 있으나 취하지 않는다.

《구가집주두시》 조차공 주 2구는 함께 모인 여러 공을 두루 찬미한다.(二句, 普美相會諸公.)

3 才士(재사) – 재능 있는 사람. 송대 소부를 가리킨다. 神秀(신수) – 총명하고 준수하다. 총명하고 준수한 사람. 서재에 모인 여러 사람을 가리킨다.

4 書齋(서재) – 서재. 송대 소부의 서재를 말한다. 聞爾爲(문이위) – 너희들이 한 일을 듣다. '聞'의 주체는 두보이다. 반면 송대 소부가 들었다고 보는 설도 있다.

《두시경전》 '위' 자는 함께 시를 지었음을 가리킨다.(爲字指同賦詩.)

[才士 2구] 이 연은 재능 많은 송대 소부의 서재에 총명하고 준수한 여러 사람이 모여 잔치를 열고 시를 지었으며, 그 소식을 시인이 들었음을 말한다. 이와 달리 서재에서 여러 사람이 지은 시를 두보가 들었다고 보기도 하나 취하지 않는다.

5 棣華(체화) – 아가위 꽃. 《시경·소아小雅·상체常棣》를 말한다. 이 시는 형제간의 화목을 상징한다. 晴雨(청우) – 비가 개다.

《시경·소아·상체》의 소서小序 〈상체〉는 형제에게 잔치를 베풀어주는 시이다. 관숙管叔과 채숙蔡叔이 도를 잃음을 불쌍히 여겨 〈상체〉를 지었다.(常棣, 燕兄弟也. 閔管蔡之失道. 故作常棣焉.)

《두공부초당시전》 두보 자신을 비유한다. 《시경·상체》는 형제에게 잔치를 열어주는 시이다. "아가위 꽃받침이 울긋불긋하도다."(甫自喩也. 詩, 常棣, 燕兄弟也. 常棣之華, 鄂不韡韡.)

6 綵服(채복) – 채색옷. 관직을 가진 사람이 입는 옷을 가리킨다. 이와 달리 노래자老萊子가 입은 때때옷으로 보아서 송대 소부의 집에 부모와 관련한 잔치가 있었다고 보기도 한다. 暮春宜(모춘의) – 늦봄에 알맞다.

《두시상주》 채복은 직위를 가진 자의 복장이다.(綵服, 有職者之服.)

[棣華 2구] 송 소부의 형제와 부모를 연관지어 보는 설도 있지만 따르지 않는다.

《두시조차공선후해집교》(수정본) 상구는 송 소부에게 형제가 있음을 말하였다. …… 하구는 송 소부에게 양친이 있음을 말하였다. …… '모춘'이라는 어휘를 붙였으니 또 (《논어》의) "늦봄, 봄옷이 완성되면"의 뜻을 취하였다.(上句, 言宋少府之兄弟. …… 下句, 則言宋少府有二親. …… 貼以暮春字, 又取暮春者, 春服旣成矣.)

7 朋酒(붕주) – 두 동이의 술. 벗들의 즐거운 모임을 상징한다. 日歡會(일환회) – 날마다 즐겁게 모이다.

《시경·빈풍豳風·칠월七月》 "朋酒斯饗" 구의 모전毛傳 두 동이를 붕이라고 한다.(兩樽曰朋.)

8 老夫(노부) – 늙은이. 시인 자신을 말한다.

[朋酒 2구]

《두시조차공선후해집교》(수정본) 2구는 공의 진솔한 마음으로서 다음 모임에는 참여하고 싶어하였다. 《시경·빈풍·칠월》에 "朋酒斯饗(두어 통 술로 잔치 연다)"이라고 하였고, 주에 "두 동이를 붕이라고 한다"라고 하였다. 그러나 공의 뜻은 벗들 모임의 술을 말하는 듯할 뿐이니, 잘 아는 사람을 기다린다.(兩句, 公之眞率, 欲預後會矣. 豳七月云, 朋酒斯饗, 注, 兩樽曰朋. 然公之意若言朋會之酒而已, 以俟明識.)

#《두시상주》: '한혈'과 '기린'은 이른바 '신수'이다. 이는 여러 공과 아우

를 가리킨다. '재사'는 송 소부를 일컫고, '이위'는 각자 시를 지었음을 말한다. '체화'는 자신의 아우를 비유하고, '채복'은 여러 공을 아우른다. 두 구로 '모춘'과 '우후'를 아울러 점제하였다. 이제서야 잔치에 참여하지 못했음을 알고 멀리서 그 시에 화답하였다.(汗血麒麟, 所謂神秀也. 此稱諸公及弟. 才士, 指宋少府, 爾爲, 言各賦詩. 棣華, 比其弟, 綵服, 兼諸公. 兩句并點暮春雨後. 今始知不得與宴, 而遙和其詩也.)

《독두심해》: 소부가 주인이고 여러 공과 아우가 손이다. 시의 뜻을 자세히 보니 소부는 부모가 구존하기 때문에 잔치를 연 듯하다. 날마다 즐겁게 모임을 오늘에야 비로소 알았다고 하여 잔치에 참여하지 못한 감정을 자못 드러냈다. 아마 장난스럽게 지은 시이리라.(少府爲主, 諸公及弟爲賓. 詳詩意, 少府開宴, 似爲其親具慶而設. 日日歡會, 今日始知, 頗致不得與宴之感. 蓋戲筆也.)

《집천가주두시》: 양만리는 말하였다. "이 시는 여러 공들의 모임에 초대받지 못한 일을 비꼬았다. 속이 매우 좁지만 의미 밖의 뜻을 얻었다." (誠齋謂, 此譏諸公會不見招, 雖至猥淺, 得義外意.)

(이창숙)

11. 暮春陪李尚書李中丞過鄭監湖亭泛舟得過字韻

늦봄 이 상서와 이 중승을 모시고 정감의 호수 정자에 들러서 배를 띄우다 '과' 자 운을 얻다

海內文章伯[1] 湖邊意緒多[2] 玉樽移晚興[3] 桂楫帶酣歌[4]
春日繁魚鳥 江天足芰荷[5] 鄭莊賓客地[6] 衰白遠來過[7]

해내의 최고의 문인들께서
호숫가에서 흥취 넘치시니,
옥 술잔 늦은 흥에 옮겨가고
계수나무 노 거나한 노래를 달고 가네.
봄날이라 물고기와 새가 많고
강 하늘엔 마름과 연이 지천인데,
정장이 손을 대접하던 곳에
노쇠한 몸 멀리서 들렀습니다.

이 시는 두보가 이 상서, 이 중승과 함께 강릉에 있는 정심의 호수 정자에 들렀다가 배를 타고 놀며 지은 것이다. 이 상서는 이지방이고, 이 중승은 누군지 자세하지 않다. 정감은 정심鄭審이며, 정감의 호수는 강릉에 있었다. 저작 시기는 대력 3년 늦은 봄이다.

《보주두시》 정감의 호수는 협주에 있었는데 아마도 여기인 듯하다. 두보가 강릉으로 갔을 때, 때로 협주에 들렀다. 그래서 거기서 놀았고 마침내 이 시를 짓게 된 것이다.(鄭監湖, 在峽州, 殆是. 公往江陵, 時過峽州, 故遊之, 遂作此詩.)

《독두심해》 '백운시(〈추일기부영회봉기정감심이빈객지방일백운 秋日夔府詠懷奉寄鄭監審李賓客之芳一百韻〉)'의 자주에서 정 씨가 강릉에 있다고 하였으니, 호수의 정자는 분명 강릉에 속하였으리라. 그런데 앞뒤 시에 대한 황학의 주에서 모두 협주에 있다고 하였으니, 어째서인가?(百韻詩自注鄭在江陵, 則湖亭明屬江陵矣. 黃鶴前後諸注皆云在峽州, 何也.)

《두시경전》 '상서'는 곧 이지방이고, '중승'은 누군지 잘 모르겠다. (尙書, 卽之芳, 中丞, 未詳.)

주 석

1 文章伯(문장백) – 문장의 우두머리. 최고의 문인을 말한다. 이 상서와 이 중승, 두 사람을 가리킨다. 여기에 정감까지 더하여 세 사람으로 보는 설도 있다.

《두시조차공선후해집교》 '문장백'은 문장의 우두머리를 말한다. 왕충의 《논형》에서 "문사의 우두머리"라고 한 데서 시작되었다. 그 후에 《신당서·문예전》에서 "문장이 세 번 변하였는데, 왕발과 양형이 그 우두머리가 되었다"라고 하였으니, 곧 송기宋祁가 두보의 말을 취한 것이다. 그런데 옛 주석에서는 도리어 두보가 그것을 취하여 사용했다고 하니 어찌하여 선후 관계를 살펴보지 않는 것인가. '해내문장백'은 곧 상서와 이 중승, 정 비서감을 아울러 말한 것이다.(文章伯, 言文章之宗伯也. 起於王充論衡, 有云, 文詞之伯. 其後唐文藝傳云, 文章三變, 而王楊爲之伯. 則宋子京取杜甫語用也. 舊注却謂子美取而用之, 何不省前後耶. 海內文章伯, 則併言尙書李中丞鄭祕監矣.)

《두시상주》 왕수의 주에서 "당대의 문장은 세 번 변했는데 왕발과 양형이 그 우두머리가 된다"라고 하였다. 여기서는 두 이 씨를 비유하였다.(洙注, 唐文三變, 而王楊爲之伯, 此比二李.)

2 意緖(의서) – 흥취.

《두시상주》 '의서'는 시를 지을 뜻을 말한다.(意緖, 謂賦詩之意.)

《독두심해》 '의서'는 '의흥'이라는 말과 같다.(意緖, 猶言意興.)

3 晩興(만흥) – 늦은 흥. 저녁의 흥취를 가리킨다. 이와 달리 늦게까지 이어진 흥취 혹은 늦은 봄의 흥취로 볼 수도 있다. 이 구는 배를 타고 이동하며 술을 마시는 상황을 말한 것이다.

4 桂楫(계즙) – 계수나무로 만든 노.

[玉樽 2구]

《두억》 묘함이 '이' 자와 '대' 자에 있으니, 배에서 벌이는 연회가 생동감이 있게 되었다.(妙在移帶二字, 舟宴有生色.)

《두시조차공선후해집교》 세 분이 문장의 우두머리이며 호숫가에서 흥취가 많다는 것을 두루 말하고 옥 술잔을 옮기는 일로 이어받았으니, 두 이 씨가 놀러 온 일에 정 씨가 반드시 주인을 맡은 것은 아닐 것이다.(於普言三公爲文章伯, 在湖邊意緖之多, 而繼之以移玉樽, 則二李來遊, 未必是鄭作主人也.)

5 芰荷(기하) – 마름과 연.

[春日 2구]

《두시경전》 위 2구는 배를 띄우고 노는 즐거움이고, 이 2구는 호수 정자의 즐거움이다.(上二言泛舟之樂, 此二言湖亭之樂.)

6 鄭莊(정장) – 한 경제 때 태자사인을 지낸 정당시鄭當時를 말한다. 빈객을 잘 모신 것으로 유명하다. 여기서는 정심을 비유한다.

《두시상주》 정당시가 역마를 두고 빈객을 맞았는데, 여기서는 정심을 비유한다.(鄭當時置驛馬以邀賓客, 此比鄭審.)

7 衰白(쇠백) – 노쇠한 사람. 나이 들어 신체가 쇠약해지고, 머리가 센

것을 가리킨다. 여기서는 두보 자신을 말한다.

[鄭莊 2구]

《두시조차공선후해집교》 말구에서야 비로소 호수는 정감의 호수임을 말하고 있기에 정장으로 비유하였고, 공 또한 들르러 온 것이라 스스로 말하였다. 전한 사람 정당시는 자가 장인데, 역마를 장안의 여러 교외에 두고서 빈객을 초청하여 전송하였고 밤에도 낮을 이어서 하였다.(末句方言湖是鄭監之湖, 故用鄭莊比之, 而公自言其亦來過也. 前漢, 鄭當時, 字莊, 置驛馬長安諸郊, 請謝賓客, 夜以繼日.)

#《두시상주》: 첫 연은 두 이 씨의 재기와 생각을 서술했고 3, 4구는 배를 띄운 일이며 5, 6구는 봄 정자의 경물이고 7, 8구는 정감을 칭송하면서 모시고 놀았던 것을 기록하였다.(首聯敍二李才思, 三四泛舟之事, 五六春亭之景, 七八美鄭監而誌陪遊.)

《독두심해》: 전체가 서사인 체재이다. 두 이 씨가 하나의 층이고, 호수 정자에 들른 것이 하나의 층이며, 배를 띄우는 것이 하나의 층이고, 늦은 봄을 곁들여 호수의 경물을 묘사한 것이 하나의 층이며, 정감을 칭송하는 것이 하나의 층이고, 모시고 놀았던 일을 스스로 서술한 것이 하나의 층인데, 분명하면서도 서로 연결되어 있다.(通身敍事體. 二李一層, 過湖亭一層, 泛舟一層, 帶暮春寫湖景一層, 美鄭監一層, 自述陪遊一層, 淸楚而聯絡.)

(**박홍준**)

12. 宇文晁崔彧重泛鄭監前湖
우문조, 최욱이 비서감 정심의 앞 호수에 거듭 배를 띄우다

郊扉俗遠長幽寂[1] 野水春來更接連[2]
錦席淹留還出浦[3] 葛巾欹側未回船[4]
樽當霞綺輕初散[5] 棹拂荷珠碎却圓[6]
不但習池歸酩酊[7] 君看鄭谷去夤緣[8]

교외의 사립문 속세에서 멀어 늘 그윽하고 조용하거니와
들판의 물이 봄 되어 다시 이어지는구나.
비단 자리에 오래 머무르다 다시 포구를 나서
갈건이 기울어져도 배를 돌리지 않는다.
술동이 마주한 노을 비단 가벼워서 막 흩어지고
노로 연잎의 구슬을 치니 부서졌다 도로 둥글어진다.
습지에서만 술 취해 돌아갔던 것 아니니
그대 보시게, 정자진의 곡구에서 연이어 가는 모습을.

이 시는 대력 3년 초여름 강릉에서 지은 것이다. 예부상서 이지방의 생질인 우문조, 국자사업國子司業 최융崔融의 손자인 최욱과 함께 비서감을 지낸 정심鄭審의 앞 호수 정자에서 술을 마시다 배를 타고 호수를 노닐었던 흥취를 시에 담았다. 이보다 앞서 이지방과 함께 정심의 호수에서 노닌 적이 있기에 시제에 '거듭 배를 띄운다'고 하였다. 송본宋本에는 시제가 '宇文晁尚書之甥崔彧司業之孫尙

書之子重泛鄭監前湖'로 되어 있었다. 구조오는 이 가운데 '尙書之子(《두시상주》에는 송본의 '甥'이 '子'로 되어 있음), 司業之孫, 尙書之子'는 이날 두보와 함께 노닌 세 사람의 세계世系를 밝힌 소주小注이며, (맨 뒤의) '尙書之子'에 해당하는 한 사람의 이름이 누락되었다고 보았다. 이에 대해 양륜은 최욱이 귀족의 자제라 '司業之孫, 尙書之子'로 세계를 더 자세히 밝힌 것이라며 한 사람이 더 있었다는 구조오의 주장에 동의하지 않았고, 황생은 인명과 그에 달린 소주 전체가 다른 시에서 잘못 딸려온 것이라고 하였다.

《보주두시》 앞의 시(〈하야이상서연송우문석수부현련구夏夜李尙書筵送宇文石首赴縣聯句〉)에서 "나그네 아끼는 상서는 존귀하고, 임지로 가는 택상은 어질구나(두보)"라 하고, 또 "객지에 살며 생질을 만났네(이지방)"라 하였는데, 이제 제목에서 '우문조는 상서의 생질'이라 했으니 이 시가 전편보다 앞서 지어진 것이다.(前詩云, 愛客尙書重, 之官宅相賢, 又云, 客居逢自出, 今題云宇文晁, 尙書之甥, 則詩在前篇之先作.)

《두시상주》 이 시는 응당 대력 3년 초여름에 지은 것이다. 《당서·재상세계표》에 "최욱은 태자소첨사를 지냈다"라고 했다. 같이 노닌 것은 응당 세 사람이다. '상서의 아들, 사업의 손자'는 소주임에 틀림없고, 원본에는 '손' 자 아래에 '상서의 아들'이라는 말이 거듭 나왔는데, 필시 제목에서 한 사람의 성명이 떨어져 나갔을 터이다. (此當是大曆三年初夏作. 唐書宰相世系表, 崔彧官太子少詹事. 同遊當是三人, 尙書之子, 司業之孫, 當是小注. 原本孫字下, 重出尙書之子, 必題內脫一姓名.)

《두시경전》 구조오의 주에서 '상서지생' 등의 12자가 소주임에 틀림없다고 한 것은 옳은 듯하다. 같이 노닌 이에 응당 세 사람이 있고 '손' 자 아래에 빠진 글자가 있다고 한 것은 도리어 그렇지 않다. 최욱은 귀족 자제라서 그의 세계世系를 함께 썼던 것이니, 뒤의 〈하야연구〉 시를 보면 또한 다만 이 두 사람일 뿐이다.(仇注, 以尙書之甥十二字當是小注, 近是. 謂同游當有三人, 孫字下有闕文, 卻未然. 彧爲世家子, 故幷敍其家世, 觀後夏夜聯句詩, 亦只此兩人也.)

《두시설》 살펴보건대 이 시의 제목은 다만 '중범정감전호' 여섯 자만 본제인 듯하고 '우문' 등의 17자(宇文晁尙書之甥崔彧司業之孫尙書之子)는 본래 앞의 연구 시에 스스로 주를 단 말이 후인들의 전사 오류로 이 시의 제목과 하나로 이어져 섞이게 된 것이 아닌가 한다.(按, 此題似止重泛鄭監前湖六字是本題, 宇文等十七字, 疑本前聯句詩自注之語, 後人傳寫之誤, 致與此題聯混爲一也.)

《두시조차공선후해집교》 '상서'는 이지방을 가리켜 말한 것인데 성을 밝히지 않은 것은 그를 존중해서이다.(尙書指言李之芳, 不著姓, 尊之也.)

《두율계몽》 앞에 〈모춘배이상서이중승과정감호정범주暮春陪李尙書李中丞過鄭監湖亭泛舟〉 시가 있기에 여기서 '다시 띄운다'고 한 것이다.(前有陪二李過鄭監湖亭泛舟詩, 故此云重泛.)

주 석

1 郊扉(교비) – 교외에 있는 집의 사립문. 여기서는 정심의 앞 호수 정자를 가리킨다. 俗遠(속원) – 속세에서 멀다. 幽寂(유적) – 그윽하고 조용하다.

《두시조차공선후해집교》 '속원'은 속세의 먼지로부터 멀다는 말이다.(俗遠, 言去俗塵之遠也.)

2 野水(야수) – 들판의 물. 호수를 가리킨다. 接連(접련) – 이어지다.

호수의 물이 이어진다는 뜻이다.

3 錦席(금석) – 비단 자리. 화려한 연회를 가리킨다. 淹留(엄류) – 오래 머물다. 出浦(출포) – 포구를 나서다. 배를 타고 호수로 나간다는 말이다. 《두시언해》에서는 '포구로 나가다'로 풀이했다.

4 葛巾(갈건) – 갈포로 만든 두건. 欹側(의측) – 기울어지다. 回船(회선) – 배를 돌리다.

《두율계몽》 갈건이 기울어졌다는 것은 술에 취했다는 말이다.(葛巾欹側, 言醉也.)

5 霞綺(하기) – 비단처럼 아름다운 노을. 輕初散(경초산) – 가벼워서 막 흩어지다.

6 棹(도) – 배의 노. 拂(불) – 치다. 荷珠(하주) – 연잎 구슬. 연잎에 맺힌 물방울을 가리킨다. 碎却圓(쇄각원) – 부서졌다 다시 둥글어지다.

7 習池(습지) – 습가지習家池. 양양襄陽의 습씨 가문이 만든 아름다운 연못. 酩酊(명정) – 술 취하다.

《양양기襄陽記》 현산 남쪽 습욱의 큰 연못에는 범려의 양어법에 의거하여 가래나무, 부용, 마름, 가시연 등을 심었더니, 산간山簡이 매번 이 연못에 임하여 그때마다 대취하여 돌아갔다. 항상 이르기를 "이곳은 내 고양지이다"라고 하였다. 성중의 아이들이 노래하여 이르기를 "산공은 어디로 가는가, 고양지로 간다네. 날이 저물면 거꾸로 수레에 실려 돌아가건만, 술에 취해 아무것도 모른다네"라고 하였다.(峴山南習郁大池, 依范蠡養魚法, 種楸芙蓉菱芡. 山季倫每臨此池, 輒大醉而歸. 常曰, 此我高陽池也. 城中小兒歌之曰, 山公何所往, 來至高陽池. 日夕倒載歸, 酩酊無所知.)

8 鄭谷(정곡) – 정자진鄭子眞이 살던 곡구谷口. 여기서는 정심의 앞 호수를 가리킨다. 夤緣(인연) – 계속 이어지다.

양웅揚雄의 《법언法言》 곡구의 정자진은 뜻을 굽히지 않고 바위 밑에서 밭을 갈았는데, 명성이 경사를 진동하였다.(谷口鄭子眞, 不屈其志而耕於巖石之下, 名震於京師.)

[不但 2구] 일전에 이지방과 함께 정심의 호수에서 노닐며 습가지에서 취하여 돌아갔던 옛날의 풍류를 즐겼는데, 오늘 우문조, 최욱과 재차 정심의 호수에 와서 운치를 더했다는 말이다. 이와 달리 시점을 하나로 보아 두보 일행은 이제 취하여 돌아가지만 다른 이들이 또 분분히 온다고 보는 설도 있다. 또 습가지와 흥취가 비슷하고 주인도 손님을 좋아하니 이어서 가자고 한 말이라는 설도 있다.

#《두시상주》: 수련 두 구는 정감의 호수 정자이고, 3, 4구는 배를 띄우고 함께 마시는 것이며, 5, 6구는 앞 호수의 저녁 경치이고, 말련은 정감에게 찬미의 뜻을 돌렸다. 교외의 거처가 속세에서 멀고 또 봄물이 이어졌다며 들의 정취가 유유함을 그려냈다. '엄류'는 정자에서 먼저 마시는 것이다. '의측'은 배 안에서 취한 모습이다. '하기'는 저녁 하늘의 경치이다. '하주'는 비온 뒤의 경치이다. 결련은 바로 옛것을 빌려 지금을 형용한 것으로, 옛날 습가지에서만 취하여 돌아가며 풍류를 드러냈던 것이 아니라 정자진의 곡구에 자주 와서 이제 운치 있는 일이 이루어진 것을 또한 본다는 말이다. '습지'는 지리적으로 가깝기에 쓴 것이다. '정곡'은 성이 같기에 쓴 것이다. '명정'은 흠뻑 취한 모습이다. '인연'은 이어진다는 뜻이다. 일설에는 뒤 2구가 '거듭 노닌다'는 뜻을 매듭지어 이전의 노님에서 그 취함을 보았을 뿐만 아니라 오늘 와서도 또한 이어지는 것을 느꼈다는 말이라고 했다. 일설에는 결련이 노니는 사람이 연이어 온다는 뜻을 나타낸 것으로서 배를 함께 타고 취하여 돌아갈 뿐만 아니라 뒤에 오는 사람이 또 분분하다는 말이라고 했다.(首二鄭監湖亭, 三四泛舟同飮, 五六前湖晩景, 末則歸美鄭監也. 郊居俗遠, 而又春水接連, 寫得野趣悠然. 淹留, 亭中先酌. 攲側, 舟中醉容. 霞綺, 暮天景. 荷珠, 雨後景. 結乃借古形今, 言不但習

池醉歸, 昔著風流, 還看鄭谷頻來, 今成韻事矣. 習池, 因地近而用之. 鄭谷, 因姓同而用之. 酩酊, 昏醉貌. 夤緣, 連絡之意. 一說, 後二句是結重遊意, 謂不但前遊見其酩酊, 今來更覺夤緣矣. 一說, 結出遊人踵至意, 言不但同舟醉歸, 而後來者又雜沓矣.)

《독두심해》: 1, 2구는 앞 호수를 묘사한 것으로 경치가 뛰어나면서 시절도 좋다고 했다. 3, 4구는 배를 띄움을 묘사한 것으로 노니는 흥취가 진하고 술 마시는 흥취가 길다고 했다. 5, 6구는 호수에 배를 띄운 것에서 경치를 엮어낸 것이다. 7, 8구는 거두어 정감으로 귀착시켰다. 흥취가 습가지에서와 비슷해 본디 흠뻑 취할 만한데 이뿐만 아니라 주인이 더욱 손님을 좋아하니 이어서 가지 않을 수 있겠느냐는 말이다.(一二, 寫前湖, 地旣勝而時復佳也. 三四, 寫泛舟, 遊興濃而飮興長也. 五六, 就泛湖綴景. 七八, 收歸鄭監. 言趣類習池, 固堪酩酊矣. 不但此也, 主人更能好客, 得不夤緣而去乎.)

(김준연)

13. 歸雁

돌아가는 기러기

聞道今春雁　南歸自廣州[1]　見花辭漲海[2]　避雪到羅浮[3]
是物關兵氣[4]　何時免客愁　年年霜露隔[5]　不過五湖秋[6]

듣건대 올봄 기러기는
남쪽 광주에서 돌아갔다 한다.
꽃을 보고 창해를 떠났거니와
눈을 피해 나부산까지 간 것이겠지.
이 새는 전쟁의 기운과 관계있으니
언제 나그네 시름에서 벗어날까?
매년 서리와 이슬이 내리지 않아
가을에 오호를 지나지 않았는데.

이 시는 대력 3년 봄 강릉에서 지은 것이다. 대력 2년 영남절도사 서호徐浩는 자신의 관할 지역인 회집현懷集縣에 기러기가 날아온 사실을 조정에 보고하면서 이를 상서로운 징조로 여겨 사서에 편입시키기를 바란다는 상주를 한 바 있었다. 그러나 이 시에서는 기러기가 남쪽 광주까지 날아간 것은 전쟁의 기운과 관계가 있다고 보았고, 전쟁이 끊이지 않는 혼란스런 사회 상황과 나그네의 시름에서 벗어나지 못하는 두보 자신의 신세를 함께 안타까워하였다.

저작 시기와 관련하여 대력 4년 봄 호남에서 남쪽으로부터 날아오는 기러기를 보고 쓴 시로 보는 견해도 있으나 따르지 않는다.

《보주두시》 시에 "이 새는 전쟁의 기운과 관계있으니 언제 나그네 시름에서 벗어날까"라고 하였다. 마땅히 대력 4년 봄 호남에 갔을 때 지은 것이다. 당시 토번은 아직 평정되지 않았다.(詩云, 是物關兵氣, 何時免客愁, 當是大曆四年春赴湖南時作. 時吐蕃未寧.)

《두공부시집집주》 《당회요》에 "대력 2년 영남절도사 서호가 상주하기를 '11월 25일 신이 맡고 있는 회집현에 큰 기러기가 날아왔으니 사서에 편입시키기를 바랍니다'라고 하여 그에 따랐다. 이 이전에는 오령 밖으로 북쪽 기러기가 이르지 않았다. 서호는 양은 임금의 덕인데 기러기가 양을 따른 것은 신하가 임금에게 귀의하는 상이라고 생각한 것이다"라고 하였다. 살펴보건대, 이 시에 "듣건대 올봄 기러기는 남쪽 광주에서 돌아갔다 한다"라고 하였으니 바로 대력 3년 봄에 지은 것이다. 또 "이 새는 전쟁의 기운과 관계있으니 언제 나그네 시름에서 벗어날까"라고 하였으니 서호는 상서롭다고 여겼는데 공은 기이하게 여긴 것이다. 전겸익의 전에 "사서에서 서호가 탐욕스러워 아첨했다고 말하였는데 공의 시는 대체로 그것을 깊이 꾸짖은 것이다"라고 하였다.(唐會要, 大曆二年, 嶺南節度使徐浩奏, 十一月二十五日, 當管懷集縣陽雁來, 乞編入史. 從之. 先是五嶺之外, 朔雁不到, 浩以爲陽爲君德, 雁隨陽者, 臣歸君之象也. 按, 此詩云, 聞道今春雁, 南歸自廣州, 正是三年春所作. 又云, 是物關兵氣, 何時免客愁, 蓋浩以爲祥, 公以爲異耳. 錢箋, 史稱浩貪而佞, 公詩蓋深譏之.)

주석

1 廣州(광주) – 주 이름. 지금의 광동성에 속한다.

2 漲海(창해) – 남해南海의 별칭.

《구가집주두시》 조차공 주 창해는 바다 이름이다. 살펴보건대 남해에는 큰 바다에 따로 창해가 있다. 사승의 《후한서》에 의하면 교지 7군의 공물은 모두 창해로부터 들어왔다.(漲海是海名. 按南海, 大海之別有漲海, 謝承後漢書, 交阯七郡, 貢獻皆從漲海入.)

3 羅浮(나부) – 산 이름.

《두시상주》 《나부산기》에 "나산과 부산은 두 산이 붙어 있어서 나부라고 하는데 증성현과 박라현 지역에 있다"라고 하였다. 《일통지》에는 "나부산은 지금 혜주부에 있는데 광주의 경계와 이어진다"라고 하였다.(羅浮山記, 羅山浮山, 二山合體, 謂之羅浮, 在增城博羅二縣境. 一統志, 羅浮山, 在今惠州府, 連廣州境.)

[聞道 4구]

《두공부시집집주》 기러기는 낙엽이 지면 남쪽으로 날아갔다가 얼음이 녹으면 북으로 간다. '창해를 떠났다'는 것은 북으로 간 것이요, '나부산까지 갔다'는 것은 남쪽으로 날아간 것이다.(雁木落南翔, 冰泮北徂. 辭漲海, 北徂也. 到羅浮, 南翔也.)

4 是物(시물) – 기러기를 가리킨다. 關兵氣(관병기) – 전쟁 기운과 관계되다. 당시 토번의 난으로 서북 지역에 살기가 성하였기 때문에 기러기가 이곳을 피하여 영남으로 갔다는 말이다.

《두억》 《후한서·당단전》에 "당단이 남창의 어떤 아낙네가 아들 네쌍둥이를 낳은 것으로 인하여 점을 쳤는데 점괘에 '경사에 마땅히 전쟁 기운이 있으니 재앙이 궁실 내부에서 일어날 것이라'고 하였다" 라고 하였다. '시물관병기'는 이것에 근거한 것이다. 그런데 기러기는 서리가 내릴 즈음에 남쪽으로 날아가니 그것이 살기를 띠고 있음을 알 수 있다.(後漢唐檀傳, 檀因南昌婦生四子, 占云, 京師當有兵氣, 禍發蕭牆. 是物關兵氣本此. 然雁以霜降南翔, 知其帶殺氣也.)

《두공부시집집주》 기러기가 눈을 피하여 남쪽 끝까지 간 것은 사실 지극히 음침하고 차가운 날씨가 기러기를 몰아낸 것이니 이는 바로 전쟁의 기운에 감응한 것이다.(雁避雪極南, 實窮陰寒沍驅之, 是卽兵

氣所感.)

5 霜露隔(상로격) – 서리와 이슬이 떨어져 있다. 이슬도 내리고 서리도 내리는 지역은 아니라는 말이다. 호남 형산衡山의 일양봉一陽峰은 회안봉迴雁峰이라고도 하는데 그 북쪽은 서리가 내리고 남쪽은 서리가 없어 기러기가 형양衡陽까지 날아와서 월동을 하고 북쪽으로 되돌아간다고 한다.

6 五湖(오호) – 동정호를 말한다.

《두공부시집집주》 기러기는 형양에 이르러 되돌아가니 여기서의 오호는 마땅히 동정호를 가리켜 말한 것이다. 태호가 오호인데 《형주기》에서는 "동정호는 또한 태호라고도 한다"라고 하였다. 또 《사기색은》에 의하면 구구, 조격, 팽려, 청초, 동정은 함께 오호가 되니 동정호를 바로 오호라고 부를 수 있는 것이다.(雁至衡陽則回. 此五湖, 當指洞庭湖言. 太湖爲五湖, 而荊州記云, 洞庭湖亦謂之太湖. 又史記索隱, 具區洮滆彭蠡青草洞庭, 共爲五湖, 則洞庭正得稱五湖耳.)

#《두시상주》: 위 6구는 그 이변을 기록하였고 아래 2구는 그 평상적인 상황을 말하였다. '창해를 떠났다'는 것은 올봄에 떠난 것을 말한다. '나부산까지 갔다'는 것은 지난가을에 온 것을 소급하여 말한 것이다. 남방 땅의 기운이 갑자기 추워졌기 때문에 북쪽의 기러기가 가을철에 이르렀던 것이니 이는 살기가 걱정할 만한 것이다. 지난 시절에는 장기瘴氣가 따뜻하고 서리가 없어서 기러기가 올 때 원래 오호를 지나지 않았다. 형산 일양봉 북쪽은 서리가 있었고 이 봉우리 이남은 이슬만 있고 서리가 없었다. 그래서 '상로격'이라고 한 것이다. 지금 월동 사람에게 그것에 대해 물어보면 도리어 서리가 있고 기러기도 있다고 하니 아마도 땅의 기운이 북에서 남으로 온 것은 대력 연간에 시작된 것인가 보다.(上六記其異, 下二道其常. 辭漲海, 言今春之去. 到羅浮, 遡去秋之來. 南方之氣忽寒, 故北雁乘秋而至, 此殺氣之可愁

者. 在往時則瘴暖無霜, 雁來原不過湖也. 衡山一陽峰以內, 有霜, 自此峰以南, 有露無霜矣, 故曰霜露隔. 今詢之粤東人, 却云有霜有雁, 豈地氣自北而南, 始於大曆間耶.)

《두시상주》에 인용된 황생 주: 일로 시작하여 경물로 이었으며 일로 옮겼다가 경물로 거두었으니 또한 허와 실이 서로 섞이는 격식이다. …… 5, 6구는 본래 결구의 뜻인데 도리어 중간의 연으로 만들었고, 7, 8구는 본래 발단인데 뒤집어 결어로 하였다. 전반에서는 먼저 돌아감을 말하고, 다음으로 떠났음을 말하고, 뒤에 도착함을 말하고, 마지막에 가서야 넘지 않음을 말하였으니 장법이 층층이 거꾸로 말려 있어 바뀐 것이 특이하다.(事起景接, 事轉景收, 亦虛實相間格. …… 五六本屬結意, 却作中聯. 七八本是發端, 翻爲結語. 前半先言歸, 次言辭, 後言到, 終乃言不過, 章法層層倒捲, 矯變異常.)

《두억》: 이 역시 시사로서 기이함을 기록하였다. 기러기는 평년에 오호를 지나지 않았고 기껏 멀리 가봐야 형양에 이르러 멈추었는데 유독 금년에는 광주에서부터 돌아갔다. 아마도 올봄 꽃을 보고서 창해를 하직하였고, 지난겨울에 눈을 피하여 나부산에 이르렀던 것이리라. 창해, 나부는 모두 광주의 남쪽 지역이다. 기러기가 북방으로부터 숙살의 기운을 가지고 온 것이 어쩌면 전쟁의 기운과 관계되는 것인지 모르겠지만, 내가 이제 남으로 가면 아마도 남쪽 지방에 반드시 일이 없지는 않을 테니 언제나 나그네 시름에서 벗어날 수 있겠는가? 새는 기운을 먼저 알아차리는 법이라, 이듬해 담주에서 과연 장개의 난이 있었고 계주에서는 또 주제시朱濟時의 난이 있었다. 이것은 소효부(소강절邵康節)가 낙양에서 두견의 울음소리를 들은 것과 다름이 없으니 예지력이 있다고 말할 수 있다. 미련에서는 그 평상적인 상황을 바로 말하여 그것이 이변임을 밝혔다.(此亦詩史紀異. 雁常年不過五湖, 縱遠去亦至衡陽而止, 獨今年歸自廣州, 蓋今春以見花而辭漲海, 去冬以避雪而到羅浮. 漲海羅浮, 皆廣之南境也. 不知是物從北方帶肅

殺之氣而來, 蓋關兵氣者, 我今南遊, 恐南方未必無事, 何時能免客愁也. 禽鳥得氣之先, 明年潭州果有臧玠之亂, 桂州又有朱濟之亂, 此與邵曉夫洛陽杜鵑無異, 可謂前知. 落句正道其常, 以明其爲變也.)

《독두심해》: 3, 4구는 올봄에 돌아감을 말한 것이다. 비록 남쪽 끝의 창해를 길이 하직하였지만 지난가을에 와서 이미 영남의 나부에 이르렀다. 두 구는 한 번 놓아주고 한 번 사로잡는 형세를 하고 있다. 5, 6구는 전혀 근거가 없이 곧장 단정을 내린 말이니 노성한 기운은 당할 자가 없다. 7, 8구는 상식적 이치에 근거하여 돌이켜 깨우쳐주니 붓끝이 바뀌었다.(三四, 言今春之歸也, 雖長謝極南之漲海, 而去秋之來也, 已曾至嶺表之羅浮. 兩句作一縱一擒勢. 五六全無依傍, 直下斷語, 老氣無敵. 七八, 據常理反剔而醒, 筆端矯變.)

(이석형)

14. 短歌行贈王郎司直

단가행—왕랑 사직에게 주다

王郎酒酣拔劍斫地歌莫哀[1] 我能拔爾抑塞磊落之奇才[2]
豫章翻風白日動[3] 鯨魚跋浪滄溟開[4]
且脫劍佩休徘徊[5] 西得諸侯棹錦水[6]
欲向何門趿珠履[7] 仲宣樓頭春色深[8]
青眼高歌望吾子[9] 眼中之人吾老矣[10]

술에 취해 칼 빼서 땅 찍으며 노래하는 왕랑이여, 슬퍼하지 말게나
내가 억눌려 막혀 있지만 씩씩하고 빼어난 그대의 기이한 재주를
알릴 수 있으니.
예장나무가 바람에 뒤집히자 밝은 해가 움직이고
고래가 물결을 헤치자 바다가 열릴 것이니
잠시 검을 풀어두고 배회를 멈추시게.

서쪽에서 제후를 만나면 금수에서 노를 저을 터인데
어느 집 문을 향해 가서 구슬 신을 신으려고 하는가?
중선루에 봄빛이 깊은데
좋은 눈빛으로 높이 노래 부르며 그대를 바라보나니
내 눈 안의 사람이여, 나는 늙었다네.

이 시는 대력 3년 봄 강릉에서 지은 작품이다. 성도의 권세가에게 간알하러 떠나는 왕 씨를 송별하며 지은 것이다. 그의 앞길이 순탄할

것이니 근심하지 말라고 하고는 헤어지기 아쉬워하는 마음을 표현하였다. 마지막에는 자신이 늙어서 이후 그가 훌륭해진 모습을 보지 못할까 아쉬워하는 마음을 드러내었다. '단가행'은 한나라 악부의 곡명으로 대체로 인생살이가 뜻대로 되지 않음을 노래한 작품이다. '왕랑'의 '랑'은 젊은이에 대한 칭호이고 '사직'은 관리에 대한 규찰과 탄핵을 담당한 관직이다. 왕 씨가 두보의 사위라는 설이 있다. 제목이 '短歌行'으로만 된 판본도 있다. 저작 시기를 보응 원년으로 보는 설도 있다.

《보주두시》 왕랑 사직은 앞에서 친구에게 장난삼아 읊은 시(〈장난삼아 친구에게 주다 2수(戲贈友二首)〉)에서 "관리 중에 왕 사직이 있다"라고 말한 바로 그 사람이다. 양권도는 영태 원년 성도 시기 시에 편재하였다. 하지만 응당 앞의 작품과 3년 차이가 나지 않을 것이다. 아마도 마찬가지로 이는 보응 원년에 지은 것이리라.(王郎司直, 卽前所賦戲友云, 官有王司直者. 梁權道編在永泰元年成都詩內. 然不應與前作相去三年, 意同是寶應元年作.)

《두공부시집집주》 이 시의 '중선' 2구로 보아 곧 두보가 형남에 있을 때 지은 것이다. 여러 판본에서 모두 보응 원년 성도 시 안에 편입시켰는데 틀렸다. 초당본은 대력 3년에 편재하였는데 매우 옳다.(此詩仲宣樓頭二句, 乃公在荊南時作. 諸本都入寶應元年成都詩內, 非也. 草堂編大曆三年, 最是.)

《전주두시》 〈장난삼아 친구에게 주다〉 시에 "관리 중에 왕 사직이 있다"라고 하였는데 바로 그 사람이다.(贈友詩, 官有王司直, 卽其人也.)

《당서·백관지百官志》 사직은 관료를 규핵하는 일을 담당한다.(司直, 掌糾劾官僚.)

《독두시설》 지금 살펴보건대 앞(〈오랑 사법에게 편지를 보내다(簡吳郎司法)〉)에서 말한 '오랑 사법'은 아마도 두보의 사위일 것인데, 두보의 시제에서 '랑'이라 칭한 경우 대부분 형제간의 순서를 같이 적으며 또한 사법은 관직명으로 '랑'이라 칭하는 것이 마땅하지 않기 때문이다. 이 시의 제목 '왕랑사직'에서도 또한 형제간의 순서를 아울러 적지 않았다. 《두시상주》의 (〈장난삼아 친구에게 주다 2수〉) 주에서 《당서》를 인용하여 동궁 사직 1인이 있다고 하였고 또 대리시 사직 6인이 있다고 하였다. 사직 또한 관직명이다. 앞에 벗에게 주는 시 2수(〈장난삼아 친구에게 주다 2수〉)에서 한 수는 "낭관 중에 초 교서가 있다"라고 하였는데 초 씨의 관직이 교서랑이어서이다. 또 한 수는 "관리 중에 왕 사직이 있다"라고 하였는데 또 '랑'이라고 칭하지 않고 '관'이라고 칭하였으니 사직은 또한 '랑'이라 칭하기에 마땅하지 않은 것이다. 전겸익의 전에서 이 사직은 바로 벗에게 주는 시의 왕 사직이라고 했는데 틀렸다. 아마도 또한 두보의 사위일 것이다. 두보에게 본래 딸이 두 명 있었는데, 오랑과 왕랑이 결혼한 이 중 누가 장녀이고 누가 차녀인지는 모르겠다.(今按前說吳郎司法, 疑是公壻, 因公詩題稱郎, 多兼行數, 又司法官名, 不應稱郎也. 此題王郎司直, 亦不兼行數, 注引唐書, 有東宮司直一人, 又大理寺司直六人. 司直亦官名, 前贈友二首, 一云郎有焦校書, 焦官校書郎也. 一云官有王司直, 不仍稱郎而稱官, 則司直亦不應稱郎也. 錢箋謂此司直, 卽贈友詩之王司直, 非矣. 疑亦是公之壻, 公本有兩女, 惟不知吳郎與王郎娶者, 誰長誰次耳.)

주석

1 酒酣(주감) – 술이 거나하게 취하다. 拔劍(발검) – 검을 뽑다. 斫地(작지) – 땅을 찍다. 격분한 상태를 형용한 것이다. 莫哀(막애) – 슬퍼하

지 말라. 두보가 왕 씨를 위로하며 권계하는 말이다. 이와 달리 왕 씨의 노래 내용으로 볼 수도 있다.

2 拔(발) – 드러내다. 알리다. 爾(이) – 그대. 왕랑을 가리킨다. 抑塞(억색) – 억눌려 막히다. 磊落(뇌락) – 씩씩하고 빼어난 모양. 이 구는 남달리 훌륭한 재주를 지니고 있지만 펼칠 기회가 없어 답답해하는 왕랑을 두보가 추천하여 기용될 수 있게 해주겠다는 말이다.

《구가집주두시》 조차공 주 씩씩하고 빼어난 훌륭한 재주가 억눌려 막혀 있는 상황을 만난 것이다.(磊落奇才而遭抑塞也.)

《두시설》 '발'은 알아주어 선발한다는 말로 다른 사람은 알아주지 않아도 자기가 유독 알아주었기에 이렇게 말하였다. '억색'은 위를 이어받고 '뇌락'은 아래를 일으키는데 한 구 안에 안배하였으니 또한 필력을 보여준다.(拔, 賞拔也, 人不知而己特知之, 故云. 抑塞字承上, 磊落字起下, 安在一句中, 亦見筆力.)

3 豫章(예장) – 조장釣樟나무와 녹나무의 병칭으로 모두 재질이 아름다운 것으로 유명하다. 뛰어난 인재를 비유한다. '章'이 '樟'으로 된 판본도 있다. 翻風(번풍) – 바람에 뒤집히다. 이 구는 아름다운 재질의 예장나무가 바람을 받아 번드치면 환히 빛나는 태양이 따라 움직일 정도라는 말이다.

육가陸賈《신어新語》 편, 남, 예, 장은 천하의 명목이다.(楩枏豫章, 天下之名木.)

4 鯨魚(경어) – 고래. 큰 포부와 재능을 가진 이를 비유한다. 跋浪(발랑) – 물결을 밟다. 물결을 타고 가다. 滄溟(창명) – 큰 바다. 이 구는 고래가 파도를 타고 나아가면 큰 바다가 그로 인해 열릴 것이라는 말이다.

[豫章 2구] 왕 씨의 재능이 뛰어남을 비유적으로 표현한 것이다. 이와 달리 뛰어난 재능을 가지고 있는 그를 위해 촉 땅의 권세가들이 마음

을 움직이고 길을 열어줄 것임을 표현한 것이라는 설도 있지만 취하지 않는다.

《두공부시집집주》 '번풍'과 '발랑'은 사직의 재능을 찬미하여 위로한 것이다.(翻風跋浪, 美司直之才以慰藉之也.)

5 且(차) – 우선. 잠시. 劍佩(검패) – 허리에 차고 있는 검. 검과 패옥으로 풀이할 수도 있다. 休徘徊(휴배회) – 배회함을 멈추어라. 이 구는 불안해하며 슬피 노래하지 말고 검을 내려놓으라는 말이다.

#《두시상주》: 이 단락은 사직의 슬픈 노래를 위로하는 뜻이다. 거나하게 취하여 칼을 뽑아 부르는 노래가 매우 슬퍼서 두보가 그에게 슬퍼하지 말라고 권유하고는 격려하며 진작하였다. '번풍'과 '발랑' 구는 빼어난 재주가 끝내는 마땅히 크게 쓰일 것이니 어찌 꼭 검을 어루만지며 슬피 노래해야겠느냐는 말이다. 노원창의 주에 "첫 구의 '가막애'는 왕랑의 노래이다. 뒷부분의 '청안고가'는 두보가 스스로 부른 노래이니 곧 제목에서 말한 '단가'이다. 분별해서 볼 필요가 있다"라고 하였다.(此慰司直哀歌之意. 醉酣拔劍, 歌聲甚哀, 公勸其莫哀, 而激厲振拔之. 翻風跋浪, 言奇才終當大用, 何須撫劍悲歌乎. 盧注, 首句歌莫哀, 王郎之歌. 後面靑眼高歌, 公自歌也. 卽題中所云短歌, 須見分別.)

6 棹錦水(도금수) – 금수에서 노를 젓다. 금수는 성도의 금강錦江이다. 촉 땅에서 활약하게 될 것을 표현한 말이다. 이와 달리 촉 땅의 권세가에게 간알하기 위해 가는 것이라고 풀이하는 설이 있는데 취하지 않는다.

《보주두시》에 인용된 왕수王洙 주 금수는 촉 지역의 강이다.(錦水, 蜀江也.)

7 趿(삽) – 신다. 珠履(주리) – 구슬로 장식한 신. 권세가의 문하에서 좋은 대접을 받는 것을 뜻한다. 이 구는 권세가를 잘 골라서 의지하라는 당부를 표현한 것이다. 이와 달리 그가 뛰어난 재주를 가지고 간알

을 하는 것을 안타까워하여 한 말이라는 설도 있다.

《구가집주두시》 춘신군의 식객이 3천 명이었는데 모두 구슬로 장식된 신을 신었다.(春申君客三千, 皆躡珠履.)

[西得 2구]

《두공부시집집주》 당시 왕 사직이 장차 성도로 가려고 하였는데 두보는 그가 이렇게 뛰어난 재주를 가지고서 간알을 일삼는 것을 애석해하였기에 "지금 장차 가서 누구의 집에 의지하려는가" 하고 말한 것이다.(時王司直將往成都, 公惜其負此奇才而有事干謁, 故言今將往依何人之門耶.)

《두시설》 이 사람은 분명코 그 재능을 가지고 있어서 막부의 직책으로 가는 것을 즐기지 않을 터이니, 그래서 위로의 말을 하여 그의 행차를 종용한 것이다.(此人必負其才氣, 不樂就幕職, 故爲慰藉之語, 以慫慂其行也.)

8 仲宣樓(중선루) – 왕찬王粲이 올라가 부를 지었다고 하는 누대로, 형주에 있었다. 당시 두보가 왕 씨와 작별한 장소일 것이다.

《두공부시집집주》 《형주기》에 따르면 당양현의 성루로, 왕중선이 올라서 부를 지었다고 하였다. 《일통지》에 따르면 중선루는 형주에 있는데 곧 당양현의 성루라고 하였다. 《방여승람》을 살펴보건대 중선루는 형주부 성의 동남쪽 모퉁이에 있다고 하였다. 이것은 곧 후량 시기에 고계흥이 건립한 것이다. 어떤 이는 이것을 인용하고 있는데 잘못이다.(荊州記, 當陽縣城樓, 王仲宣登之而作賦. 一統志, 仲宣樓, 在荊州, 卽當陽縣城樓. 按方輿勝覽, 仲宣樓, 在荊州府城東南隅. 此乃後梁時高季興所建, 或引之, 非也.)

9 靑眼(청안) – 검은 눈. 여기서는 청안시靑眼視를 뜻하며, 이는 상대방에게 호감을 보여주는 행동이다. 高歌(고가) – 소리쳐 노래하다. 두보가 부르는 노래로 이 시를 가리킨다. 望(망) – 바라보다. 또는 기대하다. 吾子(오자) – 상대방을 친근하게 부르는 호칭이다.

《의례儀禮·사관례士冠禮》 "願吾子之教之也" 정현鄭玄 주 '오자'는 상대를 친근히 대하는 말이다. '오'는 나이고, '자'는 남자에 대한 미칭이다.(吾子, 相親之辭. 吾, 我也. 子, 男子之美稱.)

《보주두시》에 인용된 왕수王洙 주 완적은 능히 눈동자를 검게 하거나 하얗게 할 수 있었는데, 이로써 사람을 중시하거나 경시하였다.(阮籍, 能爲青白眼, 以重輕人.)

10 眼中之人(안중지인) – 눈 안의 사람. 친한 사람을 뜻하는데 여기서는 왕랑을 가리킨다. 두보를 가리키는 것으로 보는 설도 있지만 취하지 않는다. 이 구는 왕 씨가 후에 득의한 모습을 보기에는 이미 자신이 늙었기에 안타깝다는 말이다.

《구가집주두시》 조차공 주 '안중지인'은 왕랑이 내 눈 안의 사람이라고 바로 가리킨 것으로, 그를 부르면서 "안중의 사람이여, 이제 나는 늙었다"라고 하였다.(眼中之人, 直指王郎是我眼中之人, 而呼之曰, 眼中之人乎, 今吾老矣也.)

《국어·진어晉語》 조문자가 관례를 하였다. …… 중항선자를 찾아뵈니, 중항선자가 말하기를, "훌륭하구나. 아쉽도다, 내가 늙어 장래의 성취를 못 보는 것이"라고 하였다.(趙文子冠. …… 見中行宣子. 宣子曰, 美哉, 惜也, 吾老矣.)

#《두시상주》: 이 단락은 사직이 촉으로 가는 것을 송별하는 정회이다. 왕랑은 서쪽의 촉 땅으로 가서 장차 제후의 문에 알현하려 하니, 지금 누대에서 시를 주어 송별하면서 응시하여 바라보며 소리 높이 노래 불러, 오직 지기가 자기를 알아주는 이를 만나 노쇠한 사람인 나를 위로해주기를 바라고 있다.(此送司直赴蜀之情. 王赴西蜀, 將謁侯門, 今樓頭贈別, 注眼高歌, 惟望知己遭逢, 以慰我衰老之人也.)

##《독두심해》: 왕랑이 장차 서쪽 촉 땅으로 가서 제후에게 간알하고자 하여 거나하게 취하여 슬피 노래를 부르자, 두보가 바로 술자리에

서 이 시를 주었다. 상하 각 5구이며 환운에 따라 분절된다. 위에서는 슬퍼하지 말라고 권하였고 아래에서는 그가 재능을 인정받기를 바랐다. 첫 구의 '막애' 두 글자는 따로 떼어 읽는다. 검으로 찍으며 노래하여 애처로운 마음이 발하니 그래서 슬퍼하지 말라고 권한 것이다. 그대의 재주가 매우 뛰어나니 내가 발탁할 수 있다고 한 것은 두보가 발탁할 수 있다는 것이 아니고, 그의 재주가 절로 발탁될 수 있는 조건을 갖추고 있기에 그것을 터줄 수 있다는 말이다. '백일'과 '창명'은 당시의 세력가를 비유한다. 환히 빛나는 해가 그 때문에 움직이고 너른 바다가 그 때문에 열리니 바로 그가 꼭 발탁될 수 있는 곳이다. 배회는 곧 슬피 노래하는 모습이다. '벗어놓아라', '말아라' 하는 것은 곧 '슬퍼하지 말라'의 의미로서 거듭 말하여 권한 것이다. '서득' 2구는 촉으로 가는 것을 적시한다. '금수에 노 젓는다'는 빼어난 재주가 격탕하니 금수 또한 그 때문에 뛰어오른다는 것이다. '어느 문으로 향할 것인가'는 장소를 가려서 밟기를 면려한 것이다. '중선' 구는 장소와 때를 적시하고 있다. 왕랑에 대해서는 슬퍼하지 말라고 권하고 자신에 대해서는 높이 노래하여 기대한다고 하였으니, 환히 살아 움직이는 듯하다. 결미에서는 또 한마디 말로 고무하고 격려하여 '눈 안의 사람'이라 하고 나 같은 이는 늙어서 쓰일 곳이 없을 뿐이라고 하였으니 하는 말에서 생동감이 느껴진다. 이처럼 노래해야 비로소 한창 시절의 청년에 어울릴 수 있는 것이다. 노세각은 "표현이 초절하고 거침이 없으며 마음껏 토로하여 슬프고 처량하다"라고 하였다.(王郎將遊西蜀, 干諸侯, 酒酣哀歌, 公乃當筵贈此也. 上下各五句, 依轉韻截. 上勸其莫哀, 下望其知遇. 首句莫哀二字另讀, 斫劍而歌, 哀情發矣, 故勸之莫哀也. 爾才絶奇, 我能拔之也, 非公能拔之也, 其才自挾振拔之具, 故能決之也. 白日滄溟, 喻當時之有勢力者. 白日爲動, 滄溟爲開, 正其必能見拔處. 徘徊, 卽哀歌之態. 曰脫曰休, 卽莫哀意, 重言以勸之也. 西得二句, 點赴蜀. 棹錦水, 奇才激盪, 錦水且爲之騰躍也. 向何門,

勖其擇地而蹈也. 仲宣句, 點地點時. 在王則勸之莫哀, 在我則高歌以望. 照耀生動. 結又以單詞鼓勵之, 以爲眼中之人, 如吾者則老而無所用耳, 言下躍然. 如此歌纔配副得英年人. 盧世漼曰, 突兀橫絶, 跌宕悲凉.)

(**임도현**)

15. 憶昔行

옛일을 추억하는 노래

憶昔北尋小有洞[1]　　洪河怒濤過輕舸[2]
辛勤不見華蓋君[3]　　艮岑青輝慘么麽[4]
千崖無人萬壑靜　　三步回頭五步坐[5]
秋山眼冷魂未歸[6]　　仙賞心違淚交墮

弟子誰依白茅屋[7]　　盧老獨啓青銅鎖[8]
巾拂香餘搗藥塵[9]　　階除灰死燒丹火[10]
玄圃滄洲莽空闊[11]　　金節羽衣飄婀娜[12]
落日初霞閃餘映[13]　　倏忽東西無不可[14]

松風磵水聲合時　　青兕黃熊啼向我[15]
徒然咨嗟撫遺跡[16]　　至今夢想仍猶左[17]
祕訣隱文須內教[18]　　晚歲何功使願果[19]
更討衡陽董鍊師[20]　　南浮早鼓瀟湘柁[21]

옛일을 추억하건대 북쪽 소유동을 찾아갔을 때
큰 황하의 성난 파도를 가벼운 배로 건넜네.
고생해서 갔는데 화개군은 보이지 않고
동북쪽 산 푸른빛만 참담하여 희미했네.
천 개의 벼랑에 인적이 없고 만 개의 골짜기가 고요하여 세 걸음에 고개 돌리고 다섯 걸음에 앉았네.
가을 산에 눈이 차가움은 혼이 아직 돌아오지 않아서이니
신선을 구하는 마음이 어긋나 눈물만 이리저리 떨어졌네.

제자 중에 누가 흰 띠집에 살고 있었나?
노로가 홀로 청동 자물쇠를 열어주었네.
수건과 먼지떨이에 남은 향기는 약 찧던 먼지이고
섬돌에 식은 재는 연단하던 불이었네.
현포와 창주는 아득히 공활한데
금빛 부절과 깃털 옷이 나부끼며 아름다웠네.
지는 해 첫 노을에 남은 빛이 반짝이니
갑자기 동쪽이든 서쪽이든 불가함이 없었네.

소나무 바람과 계곡 물의 소리가 합쳐질 때
푸른 외뿔소와 누런 곰이 나를 향해 울었네.
한갓되이 탄식하며 남은 자취를 생각하였으니
지금도 꿈에 그리던 생각이 여전히 어긋나네.
비결과 은미한 글은 내밀한 가르침이 필요한데
만년에 무슨 공력으로 내 바람을 이룰 수 있을까?
형양의 동연사를 다시 찾고자
남쪽에 배 띄워 일찍 소상강 배 키를 두드려야겠네.

이 시는 대력 3년에 삼협을 나간 뒤에 지은 것이다. 예전에 화개군을 찾아갔던 일을 추억하면서 장차 소상강에 배를 띄워 형양에 있는

동연사를 찾아가려는 뜻을 피력하였다. 대력 2년에 지은 〈석유昔遊〉(昔謁華蓋君) 시와 관련이 있다. 고달프게 떠도는 생활로 인해 신선술을 배워볼까 하는 두보의 생각이 표출되어 있다.

《보주두시》 시에서 "형양의 동연사를 다시 찾고자, 남쪽에 배 띄워 일찍 소상강 배 키를 두드려야겠다"라고 하였으니 마땅히 대력 3년 출협 후에 지은 것이다. 양권도는 형남 시 안에 편재하였다.(詩云更討衡陽董鍊師, 南游早鼓瀟湘柂, 當是大曆三年出峽後作. 權道編在荆南詩內.)

주 석

1 小有洞(소유동) – 왕옥산의 동천洞天 이름.

《두시상주》에 인용된 《태평어람太平御覽》 《명산기》에 이르길 "왕옥산에 동천이 있는데 둘레가 만 리이며 '소유청허지천'이라 부른다"라고 하였다. 《왕군내전》에 "36동천의 첫 번째로 하내 심수현 지역에 있다"라고 하였다.(名山記云, 王屋山有洞, 周迴萬里, 名曰小有淸虛之天. 王君內傳, 三十六洞天之第一, 在河內沁水縣界.)

2 洪河(홍하) – 황하黃河를 가리킨다.

3 華蓋君(화개군) – 원래는 신선 왕자교王子喬를 가리키나 흔히 도사의 대칭으로 쓰인다. 다만 여기서는 두보가 만났던 도사의 실제 명호일 것이다.

《두시상주》 《신선전》에 의하면, 옛날 주나라의 왕자교가 화개산에서 도를 닦다가, 훗날 신선이 되어 하늘로 올라갔는데 화개군이라고 불렀다. 이 시에서는 바로 옛 신선(화개군)을 빌려서 참된 도를 닦는 도사를 비유한 것이다.(神仙傳, 昔周王子喬養道於華蓋山, 後昇仙, 號華蓋君. 此詩乃借古仙以比道士之修眞者.)

《독두심해》 살펴보건대 당시 도사 중에 호를 화개라고 한 자가 필시 또 있었을 것이다.(按, 當時道士, 必亦有號華蓋者.)

4 艮岑(간잠) – 동북쪽의 산. 幺麽(요마) – 작다. 미세하다.

《두시상주》 '간잠'은 동북의 산이다.(艮岑, 東北之山.)

《두시상주》에 인용된 《통속문通俗文》 길지 않은 것을 '요'라 하고, 가늘고 작은 것을 '마'라 한다.(不長曰幺, 細小曰麽.)

5 三步(삼보) 구 – 화개군을 그리워하는 모습이다.

《두시경전》 여전히 그를 만나기를 바란 것이다.(猶冀遇之.)

6 眼冷(안랭) – 눈이 차다. 절망적인 모습을 말한다. 이 구는 화개군의 혼이 돌아오지 않는 것에 실망하여 가을 산을 바라보는 눈이 차가움을 말한다.

《두보전집교주》에 인용된 주전周篆 주 '안랭'은 절망적이라고 말하는 것과 같다.(眼冷, 猶言絶望.)

#《두시상주》: 첫 단락에서는 처음 산에 들어갔을 때의 경물과 일을 추억하고 있다. '홍하노도'는 물길의 험함이다. '천애'와 '만학'은 산길의 어려움이다. '불견'이라 하고, '혼미귀'라 하였으니 당시 화개군이 이미 죽었던 것이다. '참요마'는 산색이 빛이 없는 것을 말한다. '선상심위'는 신선을 추구하는 뜻을 이루지 못한 것이다.(首憶初入山景事. 洪河怒濤, 水行之險. 千崖萬壑, 山行之艱. 曰不見, 曰魂未歸, 時華蓋君已亡矣. 慘幺麽, 謂山色無光. 仙賞心違, 求仙之志不遂也.)

7 茅(모) – '石'으로 된 판본도 있다.

8 盧老(노로) – 노 씨 노인. 화개군의 제자이다.

《구가집주두시》 조차공 주 응당 화개군이 가까이하고 믿는 자이다. 그래서 홀로 청동 자물쇠를 열었다고 하였다.(應是華蓋君親信者, 故云獨啓青銅鎖也.)

9 巾拂(건불) – 수건과 먼지떨이.

10 階除(계제) – 섬돌. 계단. '階'는 '前'으로 된 판본도 있다.

[巾拂 2구]

《두시상주》 '건불'은 두 가지 물건이다. 〈무학부〉에 "건무와 불무가 둘 다 멈추었다"라고 하였다. '계제'는 뜰의 섬돌이다. 〈경복전부〉에 "뜰의 섬돌이 이어져 있다"라고 하였다. 혹자는 수건으로 먼지를 떨고, 섬돌 위에서 재를 제거한다는 의미라고 하는데, 아마도 아닌 것 같다.(巾拂, 是二物. 舞鶴賦, 巾拂兩停. 階除, 是庭除. 景福殿賦, 階除連延. 或云, 巾以拂塵, 階上除灰. 恐非.)

11 玄圃(현포) – 곤륜산 정상에 신선이 거처하는 곳. 滄洲(창주) – 대해大海에 신선이 거처하는 십주十洲의 하나. 물가에 있는 은자의 거처를 가리킨다. 莽(망) – 아득히.

《두시상주》 《갈선전》에 의하면 곤륜산의 한 곳을 '현포'라고 한다. '창주'는 십주의 하나이다.(葛仙傳, 崑崙, 一曰玄圃. 滄洲, 十洲之一.)

12 金節(금절) – 금빛 부절. 깃대에 금실 등을 장식한 도사들의 의장儀仗. 羽衣(우의) – 깃털로 짠 옷. 도사들이 입는 옷이다. 婀娜(아나) – 가볍고 아름다운 모양.

《두시상주》에 인용된 왕수王洙 주 황금으로 부절을 만들고 새 깃털로 옷을 만들었다. 한 무제가 난대를 오리五利 장군으로 삼아 그로 하여금 깃털 옷을 입고 흰 띠풀 위에 서게 하였다.(以黃金爲節, 鳥羽爲衣. 漢武帝拜欒大爲五利將軍, 使衣羽衣, 立白茅上.)

13 閃(섬) – 번쩍이다.

14 倏忽(숙홀) 구 – 동쪽이든 서쪽이든 어디에서나 화개군을 볼 수 있을 것 같음을 말한다.

[落日 2구]

《두시상주》에 인용된 《초계어은시화苕溪漁隱詩話》 왕옥산 속에서는 해가 서쪽으로 질 때 사람의 그림자가 혹 서쪽에 있고, 해가 동쪽에서 뜰 때 사람의 그림자가 혹 동쪽에 있는데 그 이유를 따져 물을 수 없었다. 그래서 "낙일초하섬여영, 숙홀동서무불가"라 한 것이다.(王屋山中, 日西落而人影或在西, 日東出而人影或在東, 不可致詰, 故曰落日初霞閃餘映, 倏忽東西無不可.)

《독두심해》 옛 주석에는 《초계어은시화》의 왕옥산 속에서 해가 서쪽에 있을 때 그림자가 도리어 서쪽에 있고 해가 동쪽에 있을 때 그림자가 도리어 동쪽에 있다는 설을 싣고 있는데, 기실 시의 뜻은 그렇지 않다. 시는 곧 어렴풋이 화개군을 만난 것 같은 정황이다.(舊載苕溪詩話王屋山中, 日西而影反在西, 日東而影反在東之說, 其實詩意不爾. 詩乃是恍惚若遇華蓋之情.)

#《두시상주》: 둘째 단락에서는 산에 들어간 후의 경물과 일이다. 위 4구는 물건은 남아 있는데 사람은 없음을 말하고 있고, 아래 4구는 떠도는 혼이 정처 없음을 말하고 있다. '노로'는 화개군의 제자이다. 약 먼지의 남은 향기가 수건과 먼지떨이에 스며 있고, 연단불의 식은 재가 섬돌에 덮여 있으니 이는 화개군이 죽은 뒤의 황량한 상황이다.(次憶入山後景事. 上四言物在人亡, 下四言遊魂無定. 盧老, 華蓋君弟子. 藥塵餘香, 沾於巾拂, 丹火死灰, 蒙在階除, 此身後荒涼之狀.)

15 靑兕(청시) – 푸른 외뿔소.

16 撫遺跡(무유적) – 남은 자취를 생각하다.

17 左(좌) – 어긋나다. '佐'로 된 판본도 있다.

18 隱文(은문) – 은미한 문자. 內敎(내교) – 내밀內密한 가르침.

《독두심해》 '내교'는 불가의 용어를 빌려 쓴 것이다.(內敎, 借用釋門語.)

19 使願果(사원과) – 소원을 결과 맺게 하다. '使'는 '收'로 된 판본도 있다.

《두보전집교주》에 인용된 소보邵寶 주 '사원과'는 신선을 추구하는 바람을 이룰 수 있게 하는 것이다.(使願果, 使求仙之願得果遂也.)

20 討(토) – 찾아가다. '覓'으로 된 판본도 있다. 董鍊師(동연사) – 동봉선董奉先.

《두시상주》 《여지기승》에 "동봉선은 천보 연간에 형양에서 구화단법을 수련하며 주릉후동에 살았다"라고 하였다. 《당육전唐六典》에 "도사가 수행하여 그 덕이 높고 생각이 정묘한 자를 일러 '연사'라고 한다"라고 하였다. 《진선통감》에 "동초의 동연사는 삼상三湘의 명산을 주유하며 형양후동에 숨어 지냈는데, 일찍이 주술로 사람들의 병고를 치유하였으며 후에 매미가 허물을 벗듯이 시해尸解하였다"라고 하였다.(輿地紀勝, 董奉先, 天寶中修九華丹法於衡陽, 棲朱陵後洞. 六典, 道士修行, 其德高思精, 謂之鍊師. 眞仙通鑑, 東楚董鍊師, 周游三湘名山, 混跡於衡陽後洞, 嘗以咒術治人病苦, 後尸解如蟬蛻.)

21 浮(부) – '游'로 된 판본도 있다. 鼓瀟湘柁(고소상타) – 소상강에 띄운 배의 키를 두드리다. 소상강에서 배를 탄다는 뜻이다.

#《두시상주》: 화개군으로부터 동연사에게까지 생각이 미쳤는데, 전체 시의 귀결이다. '송풍' 2구는 귀에 닿아 슬픔이 증가된 것이다. '유적'은 단약을 만들던 옛 장소이다. '내교'는 비밀스러운 요체를 전수함을 말한다. 《두억》에서 "두보가 소상강에 배를 띄웠을 때 동연사는 형양에 있었기에 그 김에 그를 찾아가려 하였고 그래서 화개군을 추억한 것이다. 시어의 필치가 현묘하고 초탈하여 진실로 선인의 신령한 기운을 띠고 있다"라고 하였다.(從華蓋君而及董鍊師, 乃全詩歸結. 松風二句, 觸耳增悲. 遺跡, 卽藥丹舊處. 內敎, 謂傳授密諦. 杜臆, 公泛舟瀟湘時, 董鍊師在衡陽, 欲乘便訪之, 因而追憶華蓋君也. 其詞筆玄超, 眞帶仙靈之氣.)

##《독두심해》: 마땅히 오언고시 〈석유〉 편과 참고해서 봐야 한다. …… 〈석유〉 시에 이르길 "명아주 지팡이 짚고 맑은 가을 바라보며, 여산과

곽산에 들어가려는 흥이 있다"라고 했으니, 평소 은자를 방문하려는 뜻이 있었다. 지금 동연사는 형양에 있는데 형남에서 거리가 멀지 않아 한번 방문하여 숙원을 이루고자 결심하였기에 이 시를 지은 것이다. 첫 번째 단락은 당시에 화개군을 찾아가서 그가 우화등선한 일을 처음 들은 것을 서술하였다. '천애' 4구는 화개군이 보이지 않는 정경을 묘사한 것이다. 두 번째 단락은 당시에 그의 집에 들어가니 다만 그의 제자만 보였기에 그래서 집 안에서 배회하며 그 신선의 혼이 다시 돌아오기를 바랐음을 서술하고 있다. 상상에 의한 뜻은 전적으로 '현포' 4구에 있으니, 선계가 비록 멀지만 신선이 학을 타고 간혹 오고, 떨어지는 노을이 서로 비추니 좌우에서 그를 만날 것 같음을 말하였다. 이상의 두 단락은 층차 있게 써내려갔고 또한 〈석유〉 시의 앞부분과 같지만 모두 본지를 서술한 글은 아니며 다 뒷부분을 이끄는 것이다. 마지막 단락에서 곡진하게 본지를 써내었다. '바람', '물', '외뿔소', '곰'과 같은 흉악하고 참담한 것이 눈에 가득하니 신선을 배우지 않으면 안 된다. '유적'과 '몽상'은 아득하여 종적이 없으니 신선을 배우고자 하면 어디로 가겠는가? '내교'를 반드시 구해야 이 소원을 마땅히 이룰 수 있으니 '형양의 동연사'가 그가 돌아갈 바인 것이다. 시의 주지를 여기에 이르러 맺어내었다.(當與五古昔遊篇參看. …… 昔遊詩云, 杖藜望淸秋, 有興入廬霍. 素有訪隱之志矣. 今董師在衡陽, 去衡南非遠, 決欲一訪, 以遂宿願, 此詩所爲作也. 首段, 述當年尋訪華蓋, 初聞羽化之事. 千崖四句, 摹擬不見情景也. 二段, 述當年入其室, 祗見其弟子, 因而徘徊室中, 望其仙魂重返. 虛神全在玄圃四句. 言仙界雖遠, 仙馭或來, 落霞交映, 庶幾左右遇之也. 以上兩段, 層次而下, 亦如昔遊詩之前幅, 都非正文, 俱爲後幅引子. 末段, 曲曲寫出本意. 風水兕熊, 兇慘滿目, 不學仙而不可也, 遺跡夢想, 杳然無踪, 欲學仙而何適也. 內教須求, 此願宜果, 衡陽董師, 其所歸往矣. 主意至此結出.)

《두시경전》: 이백은 신선을 배우기 좋아했고, 백거이는 오로지 불교를 배웠고, 한유는 신선과 불교를 모두 배우지 않았는데, 두보는 불교를 배우고 아울러 신선도 배우고자 하였다. 요컨대 이는 또한 답답하고 의지할 데가 없어 짐짓 세상을 떠나고 싶은 생각을 표출했을 따름이다.(太白好學仙, 樂天專學佛, 昌黎仙佛俱不學, 子美則學佛兼欲學仙, 要亦抑鬱無聊, 姑發爲出世之想而已.)

(**강민호**)

16. 惜別行送向卿進奉端午御衣之上都

석별의 노래 — 단오 어의를 바치러 상도로 가는 상경을 보내다

肅宗昔在靈武城　指揮猛將收咸京[1]
向公泣血灑行殿[2]　佐佑卿相乾坤平[3]
逆胡冥寞隨烟燼[4]　卿家兄弟功名震
麒麟圖畵鴻雁行[5]　紫極出入黃金印[6]
尙書勳業超千古[7]　雄鎭荊州繼吾祖[8]
裁縫雲霧成御衣[9]　拜跪題封賀端午[10]
向卿將命寸心赤　青山落日江湖白[11]
卿到朝廷說老翁[12]　飄零已是滄浪客[13]

숙종께서 예전에 영무성에서
맹장을 지휘하여 함양성을 거두실 때,
상공이 피눈물을 행전에서 뿌리며
경상을 보좌하여 천지를 안정시켰다.
반역의 오랑캐는 조용히 연기 따라 사라지고
경 집안의 형제는 공명이 천지를 떨쳤으니,
기러기 행렬 같은 형제가 기린각에 그려질 만하였고
황금 인장 차고서 황제의 궁전을 출입하였다.

상서의 훈업은 천고를 뛰어넘어
우리 선조에 뒤이어 형주에 씩씩하게 진주하는데,

구름 안개를 재봉하여 어의를 만들어
절하고 꿇어앉아 표지 쓰고 밀봉하여 단오를 경하한다.
상경이 명을 행함에 촌심이 붉고
푸른 산에 해가 지며 강과 호수는 하얀데,
경이 조정에 이르면 늙은이를 말해주오
떠돌다가 이미 창랑의 객이 되었다고.

이 시는 상경이 강릉절도사 위백옥의 명을 받들어 단오를 경하하며 어의를 바치기 위해 장안으로 가는 것을 송별하며 지은 것이다. 숙종이 안녹산의 난을 진압하여 장안을 수복할 때 상 씨 형제가 공로를 세운 것을 언급하고는, 상경이 어의를 바치는 명을 받들어 가게 되는 과정을 간략히 서술하였다. 마지막에는 조정을 떠나 떠도는 자신의 상황을 조정에 전해달라고 하여 서글픈 감개를 표현하였다. 대력 3년 강릉에 있을 때 지은 것으로 추정한다. 상 씨는 형주주사관荊州奏事官과 광록소경光祿少卿을 지낸 상악向蕚이라는 설이 있지만 확실치 않다. '상도'는 장안을 가리킨다.

《보주두시》 시에서 "상서의 훈업은 천고를 뛰어넘어 우리 선조에 뒤이어 형주에 씩씩하게 진주하는데, 구름 안개를 재봉하여 어의를 만들어 절하고 꿇어앉아 표지 쓰고 밀봉하여 단오를 경하한다"라고 하였으니 마땅히 대력 3년 형남에서 지은 것이다.(詩云, 尙書勳業超千古, 雄鎭荊州繼吾祖, 裁縫雲霧成御衣, 拜跪題封賀端午. 當是大曆三年荊南作.)
《두시조차공선후해집교》 단오 옷을 바치는 것이니 출발은 마땅히 4월 초였을 것이다.(進端午衣, 則起發當在四月初矣.)

가지賈至 〈제상악광록소경제授向萼光祿少卿制〉 형남주사관 수태자복동정 상악 등은 모두 발탁을 받아 이 관직에 있도록 하니 수광록소경동정을 재가한다.(荊南奏事官守太子僕同正向萼等, 咸膺推擢, 俾在玆任, 可守光祿少卿同正.)

주 석

1 咸京(함경) – 함양성. 여기서는 장안을 가리킨다.

《보주두시》에 인용된 조차공 주 천보 15년 9월 배면이 황태자를 받들어 황제에 즉위하게 하였으니 그가 숙종이다. 이듬해 9월 경사를 수복하였다.(天寶十五年九月, 裴冕奉皇太子卽皇帝位, 是爲肅宗. 明年九月, 復京師.)

2 向公(상공) – 상경의 형을 가리키는 것으로 보인다. 灑(쇄) – 뿌리다. 行殿(행전) – 행재소行在所. 영무에 있던 숙종의 임시 궁전을 말한다.

《구가집주두시》 천자가 바깥에 있으면 (그 거처를) '행전'이라고 한다.(天子在外曰行殿.)

《두시상주》에 인용된 노원창盧元昌 주 살펴보건대 '상공'과 '상경'은 두 사람이다. 그러므로 '경가 형제'라고 하였다.(按向公向卿是兩人, 故曰卿家兄弟.)

《독두심해》 '상공'은 마땅히 상경의 형일 것이다.(向公, 當是向卿之兄.)

3 佐佑(좌우) – 보좌하다. 卿相(경상) – 집정하는 대신을 가리킨다. 乾坤平(건곤평) – 천지가 평안해지다. 안녹산의 난을 평정한 것을 말한다.

《구가집주두시》 조차공 주 상공은 그 이름을 고찰할 수 없다. '좌우' 구는 천지를 평안하게 한 것은 유독 경상의 힘으로 된 것이 아니라 상공이 보좌해준 힘으로 된 것이라는 말이다.(向公無所考其名, 佐佑

卿相乾坤平, 言平乾坤, 非獨卿相之力, 乃向公佐佑之力也.)

4 逆胡(역호) – 반역의 오랑캐. 안녹산의 무리를 가리킨다. 冥寞(명막) – 조용하다. 죽었음을 뜻한다. 隨烟燼(수연신) – 안개와 재를 따르다. 사라졌음을 말한다.

《두시상주》 '역호'는 안녹산과 사사명을 가리킨다.(逆胡, 指安史.)

《두공부초당시전》 안녹산이 죽었음을 말한다.(謂祿山死矣.)

5 麒麟圖畵(기린도화) – 기린각에 그리다. 기린각은 한나라 미앙궁 안에 있었으며 선제가 공신의 초상을 그려 그들의 공적을 기렸다. '圖'는 '閣'으로 된 판본도 있다. 鴻雁行(홍안항) – 기러기 행렬. 형제를 비유한다.

《구가집주두시》 형제가 모두 기린각에 초상이 그려졌다는 말이다.(言兄弟俱畫像於麒麟閣.)

6 紫極(자극) – 별자리 이름으로 황제의 궁전을 상징한다. 黃金印(황금인) – 황금 인장. 고위 관원이 차고 다니던 것이다.

《두시상주》 한나라 승상은 금 인장에 자줏빛 인끈이었다.(漢丞相, 金印紫綬.)

#《두시상주》: 위 4구는 그가 호종한 공적을 기술하였고 아래 4구는 그 가문이 모두 현달하였음을 칭송하였다.(上四, 述其扈從之功. 下四, 稱其家門俱顯.)

7 尙書(상서) – 상서성 각 부의 최고 책임자로 정삼품이다. 검교공부상서인 위백옥을 가리킨다. 이와 달리 이지방을 가리킨다는 설도 있지만 틀렸다. 勳業(훈업) – 공업功業.

《구가집주두시》 조차공 주 상서가 형주에 진주했다는 것은 이지방을 말한 것이다.(尙書鎭荊州, 言李之芳也.)

8 吾祖(오조) – 우리 선조. 여기서는 예전에 진남대장군으로 형주에 진주하였던 두예杜預를 가리킨다.

[尙書 2구]

《전주두시》 광덕 원년 위백옥이 강릉윤 겸어사대부 형남절도사에 배수되고 얼마 후 검교공부상서가 더해지고 양성군왕에 봉해졌다. 이 시에서 '형주에 진주한다'라고 말한 것이 위백옥임을 알겠다. '계오조'라고 한 것은 두예가 진남대장군으로 도독형주제군사를 수행하였기 때문이다.(廣德元年, 衛伯玉拜江陵尹兼御史大夫荊南節度使, 尋加檢校工部尙書, 封陽城郡王, 此云鎭荊州, 知爲伯玉也. 繼吾祖者, 杜預以鎭南大將軍, 都督荊州諸軍事也.)

9 裁縫(재봉) – 옷을 만드는 것이다. 雲霧(운무) – 구름 안개. 여기서는 옷감의 문양을 가리킨다. 이와 달리 옷감이 부드럽고 가벼운 것을 뜻한다는 설도 있다.

《두시상주》 '운무'는 옷에 직조한 무늬를 말한다.(雲霧, 謂衣上織文.)

《두보전집교주》 '운무'는 또한 옷감이 가볍고 부드러우며 얇은 것을 말한다.(雲霧, 亦言衣料之輕柔細軟.)

10 拜跪(배궤) – 절하고 꿇어앉다. 題封(제봉) – 편지 등을 봉하고 겉에 표지를 쓰다. 賀(하) – '向'으로 된 판본도 있다. 이 구는 출발하기 전에 바칠 어의를 준비하는 의식을 묘사한 것이다. 이와 달리 장안에 가서 바치는 모습을 상상하여 묘사한 것으로 볼 수도 있다.

《두시천》 단오의 어의가 처음 완성되자 상서가 절하고 표지를 쓴 뒤 상경에게 주었다.(端午御衣初成, 尙書拜題而授向卿.)

11 湖(호) – '潮'로 된 판본도 있다. 이 구는 헤어질 때의 경물을 묘사한 것으로 보인다. 이와 달리 상경이 장안으로 갈 때의 경물을 묘사한 것이라는 설도 있다.

《구가집주두시》 조차공 주 이 구는 상경이 지나가는 곳의 경물을 말한 것이다.(言向卿行歷之景物也.)

12 老翁(노옹) – 늙은이. 두보를 가리킨다.

《구가집주두시》 왕수王洙 주 '노옹'은 두보가 자신을 말한 것이다.(老翁, 公自言也.)

13 飄零(표령) – 떠돌다. 滄浪客(창랑객) – 강호를 떠도는 사람.

《두시조차공선후해집교》 '창랑객'은 두보가 자신이 할 일 없는 처지에 있는 자임을 말한다.(滄浪客, 公言其在閒曠者矣.)

《두공부초당시전》 '창랑객'은 바로 굴원인데 두보가 자신을 비유한 것이다.(滄浪客, 乃屈原. 甫自喩也.)

#《두시상주》: 이 단락은 송별을 적었다. 어의를 바치는 자는 위백옥이다. 절도사로 진주하다가 상서를 더하였다. 위백옥을 대신하여 명을 수행하는 자는 상경이다. 그의 붉은 마음이 하늘의 흰 태양과 같다. 노원창의 주에서 "공이 예전에 조정에 있을 때 일찍이 외람되이 단오절에 옷을 하사받았다. 그래서 옷을 바치는 단오절이 되자 늙은 나그네가 떠돌고 있는 탄식이 있게 되었다"라고 하였다.(此記送別. 進奉御衣者, 衛伯玉也. 以節鎭而加尙書, 代衛將命者, 則向卿也. 其赤心如懸白日. 盧注, 公昔在朝, 曾叨端午賜衣, 故逢進衣端午, 有老客飄零之歎.)

##《독두심해》: 위아래 8구로 나뉘고 4구마다 의미가 전환된다. 첫 4구는 그 형이 앞 조정에서 호종했던 공을 서술하였고 다음 4구는 형제의 공훈과 작위의 높음을 아울러 서술하였다. 이상은 모두 상 씨를 칭송하는 말이고 이하는 바로 일을 서술하고 송별하는 글이다. '상서' 4구는 옷을 만들어 절기를 경하함이 위공으로부터 나왔음을 서술하였다. 마지막 4구가 비로소 제목을 정면으로 서술한 것인데, 그가 입조하는 것을 송별하고 그 김에 떠돌고 있음을 말해달라고 부탁하였다. 늘그막에 나그네가 되면 감정이 반드시 그것에 이르게 되니 감회가 한창 다시 표동한다.(上下八句截, 各四句轉意. 起四, 述其兄先朝扈蹕之功. 次四, 兼述兄弟勳秩之盛. 以上皆頌美向氏之詞也. 以下乃敍事送別之

文. 尙書四句, 敍製衣賀節, 出自衛公. 末四, 纔是本題正面, 送之入朝, 因而囑訴飄零. 垂老作客, 情所必至, 而神味正復翩翩.)

(임도현)

17. 夏日楊長寧宅送崔侍御常正字入京得深字韻

여름날 장녕현령 양 씨의 집에서 최 시어와 상 정자가 입경하는 것을 전송하다 — '심' 자 운을 얻다

醉酒揚雄宅[1]　升堂子賤琴[2]　不堪垂老鬢[3]　還對欲分襟[4]
天地西江遠[5]　星辰北斗深[6]　烏臺俯麟閣[7]　長夏白頭吟[8]

술에 취한 양웅의 집
당에 오른 자천의 금.
늘그막의 살쩍 감당하지 못하는데
헤어지려는 옷깃을 또 대하였다.
천지에 서강은 멀고
별자리는 북두가 아득하다.
오대가 기린각을 굽어볼 텐데
긴 여름날에 흰머리로 시를 읊는다.

장녕현령 양 씨가 베푼 전별연에 참석한 두보가 장안에 가는 최 시어와 상 정자를 전송하며 지은 시로 석별의 정을 읊었다. 대력 3년 강릉江陵에서 지었다. 이와 달리 기주에 있을 때 지은 것으로 보는 설도 있다. 양 씨의 이름은 미상이다. 장녕은 현 이름이다. 당대에 장녕이라는 지명이 몇 군데 있는데, 여기서의 장녕은 강릉 부근에 있었던 것이다. 진북대도호부에 속한 곳이라는 설이 있는데, 거리를 고려할 때 타당해 보이지 않는다. 최 씨의 이름은 미상이다. 시어는 어사대御使臺의 관직인 전중시어사殿中侍御使나 감찰어사監察御使 등을 지칭하는 말이다. 상 씨의 이름은 미상이다. 정자는 비서성秘書省에 속한 관직 이름으로 전적을 교수校讎하고 문장을 검토하는 일을 맡는다. 시제 끝의 '得深字韻'이 '探韻得深字'로 된 판본도 있다.

《보주두시》《당서·지리지》에 의하면 장녕현은 진북대도호부에 속한다. 양 씨는 의당 강릉 사람으로 그곳 현령이었을 것이다. 시에서 "천지에 서강은 멀다"라고 하였는데 공이 강릉에서 시를 지을 때 '서강'이라는 글자를 많이 썼다. 제나라 집서성에 정서가 있었고 비서성에 정자가 있었는데, 수나라와 당나라는 이를 따랐다. 당연히 대력 3년에 지은 것이다.(唐地理志, 長寧縣屬鎭北大都護府. 楊當是江陵人爲其縣令. 詩云, 天地西江遠, 公在江陵賦詩多用西江字. 齊集書省有正書, 秘書省有正字, 隋唐因之, 當是大曆三年作.)

《두시상주》 황학의 주에서 "당연히 대력 3년에 지은 것이다"라고 하였다. 《당서》에 의하면 장녕현은 진북대도호부에 속한다. 비서성에 정자 1인이 있다.(鶴注, 當是大曆三年作. 唐書, 長寧縣屬鎭北大都護府. 秘書省有正字一人.)

《독두심해》 살펴보건대 양 씨의 집은 강릉에 있었으니, 이(장녕)는 그 원래의 관직을 칭한 것이다. 위응물의 시에 〈답장녕령양철〉이 있는데 어쩌면 그 사람일 것이다.(按, 宅在江陵, 此稱其原官也. 韋蘇州有答長寧令楊轍詩, 豈其人歟.)

《두율계몽》에 인용된 고신顧宸 주 양 씨는 필시 기주 사람으로 전에 장녕의 현령이었던 사람일 것이다.(楊必夔人而嘗令長寧者.)

《신당서·지리지》 상원 원년에 강릉을 쪼개어 장녕현을 설치하였다.(上元元年, 析江陵置長寧縣.)

주 석

1 揚雄宅(양웅택) – 양웅의 집. 양 씨의 집을 대칭한다. 양웅은 서한西漢의 문인이다.

《구가집주두시》 양웅에게는 집 한 채가 있었다. 양웅은 집이 평소 빈한했는데 술을 좋아했고, 그의 집에 찾아오는 사람이 드물었다. 당시 학업을 좋아하는 이가 있어 술과 안주를 싣고 그에게 와서 배웠다.(揚雄有宅一區, 雄家素貧, 嗜酒, 人希至門. 時有好事者, 載酒肴從游學.)

2 子賤(자천) – 공자의 제자인 복자천宓子賤. 일찍이 선보單父를 다스리는 관리가 되었는데 금을 연주하며 당堂에서 내려오지 않아도 그 지역이 잘 다스려졌다. 여기서는 양 씨를 대칭한다. 이 구는 양 씨가 복자천처럼 당에서 금을 연주한다는 뜻으로 양 씨에 대한 칭송의 의미가 담겨 있다.

《여씨춘추呂氏春秋·찰현察賢》 복자천이 선보를 다스렸는데 금을 타면서 그 몸이 당을 내려간 적이 없었음에도 선보가 잘 다스려졌다.(宓子賤治單父, 彈鳴琴, 身不下堂, 單父治.)

3 垂老鬢(수로빈) – 늙어가는 나이의 살쩍.

4 欲分襟(욕분금) – 나누려고 하는 옷깃. 헤어지려고 하는 사람. 여기서는 최 씨와 상 씨를 두고 한 말이다. '분금'은 옷깃을 나눈다는 뜻으로 이별을 말한다.

5 西江(서강) – 장강을 말한다. 이 구는 두보가 있는 곳이 장안에서 멀리 떨어진 장강가임을 말한다.

《두시조차공선후해집교》 '서강'은 촉강이 형주에 이르러 한수와 합류하여 바다로 들어가는 곳에 대한 명칭이다.(西江者, 蜀江至荊州合漢水入海之名.)

6 北斗(북두) – 하늘의 북두성은 땅에서는 장안에 해당한다. 深(심) – 멀다. 아득하다. 이 구는 최 씨와 상 씨가 가는 곳이 장안임을 말한다.

7 烏臺(오대) – 어사대. 한나라 때 어사부 안의 측백나무에 까마귀가 무리 지어 깃들어 살았다. 이로 인해 어사대를 오대로 칭하게 되었다. 俯(부) – 굽어보다. 어사대가 비서성과 가까운 곳에 있음을 말한다. 麟閣(인각) – 기린각. 한나라 때 궁중에서 책을 보관하던 곳이다. 여기서는 비서성의 대칭이다. 이 구는 최 시어와 상 정자가 장안에 가서 가까이 지낼 것임을 말한다.

《두시상주》 《통전》에 의하면 한나라의 도서와 전적은 기린각과 천록각 두 각에 보관하였는데, 환제 연희 2년에 처음으로 비서감 1인을 두었다. 《당육전》에 의하면 비서성은 천수 초에 인대감으로 이름을 바꾸었다가 신룡 원년에 옛 이름으로 되돌렸다. 당초 한나라의 어사중승이 난대와 비서의 도서와 전적을 관장하였다. 그래서 역대 왕조가 도읍을 설치하고 대성을 건립할 때에 비서성과 어사대를 이웃에 있게 하였다.(通典, 漢氏圖籍藏麒麟天祿二閣, 桓帝延熹二年始置秘書監一人. 唐六典, 秘書省, 天授初改爲麟臺監, 神龍元年, 復舊. 初漢御史中丞掌蘭臺秘書圖籍, 故歷代置都邑, 建臺省, 以秘書與御史爲鄰.)

《구가집주두시》 조차공 주 한나라 주박이 어사대부가 되었는데, 그 부에 측백나무가 줄지어 있었다. 야생 까마귀 수십 마리가 늘 그 위에 깃들이면서 새벽에 떠났다가 저녁이면 돌아와 조석오라고 불렀다. 그래서 어사가 그곳을 오대라고 하였다. 한나라 서경의 미앙궁 안에 기린각이 있었는데 또한 비서를 보관하였다. 바로 양웅이 교서한 곳이다. 그 뒤 비서성을 인대로 바꾼 것은 이 때문이다. 지금 이른바 '오대'는 최 시어를 가리켜 말하고, 이른바 '인각'은 상 정자를 가리켜 말한다. 두 사람이 함께 갔기에 "오대와 인각이 서로 굽어보다"라고 말할 수 있게 되었다.(漢朱博爲御史大夫, 其府中列柏樹, 常

有野烏數十棲宿其上, 晨去暮來, 號曰朝夕烏. 故御史謂之烏臺. 漢西京未央宮中有麟閣, 亦藏祕書, 卽揚雄校書之處. 其後改祕書爲麟臺, 因此也. 今所謂烏臺, 指言崔侍御, 所謂麟閣, 指言常正字. 二人者同往, 故得言烏臺麟閣之相俯矣.)

8 白頭吟(백두음) – 흰머리로 읊다. '흰머리를 읊다'로 풀이할 수도 있다. 고악부의 제명이기도 하다. 여기서는 두보가 지은 이 시를 의미한다. 최 씨와 상 씨가 백두음을 읊은 것으로 보는 설도 있다.

《구가집주두시》 조차공 주 '장하백두음'은 두 공이 한가하여 이것을 읊조림을 말하는 것이다. 만약 공이 스스로를 말하는 것으로 보면 말의 맥락이 이어지지 않는다.(長夏白頭吟, 則言二公之閒暇而爲此吟耳. 若以爲公自言, 則語脈不接也.)

#《두시상주》: '양웅'과 '자천'은 장녕현령 양 씨를 비유한다. '취주'와 '승당'은 그의 집에서 함께 술을 마셨다는 것이다. 3, 4구는 최 씨, 상 씨와 송별하는 내용이다. 5, 6구는 위의 '분금'을 이어 받는다. 공이 강릉에 있었기에 '서강'이라고 하였다. 최 씨와 상 씨가 장안에 가기에 '북두'라고 하였다. '오대'와 '인각'은 '시어'와 '정자'의 관서이다. 마지막 구는 '수로'로 돌아가 조응하면서 시제의 '하일'을 점제點題한다.(揚雄子賤, 借比楊長寧. 醉酒升堂, 同飮其家也. 三四, 送別崔常. 五六, 承上分襟. 公在江陵, 故曰西江. 崔常赴京, 故曰北斗. 烏臺麟閣, 侍御正字官署也. 末句, 回應垂老, 點還夏日.)

《독두심해》: 1, 2구에서 장녕현령의 집 이야기는 끝을 내고, 이하는 최 씨와 상 씨를 전송하는 이야기로 들어갔다. 3, 4구는 이하의 내용을 이끄는 맥락이다. 5, 6구는 하나는 나의 이야기이고 하나는 저쪽 이야기이다. 7, 8구는 저쪽을 보고서 나에 대해 느낀 것이다.(一二, 了長寧宅. 以下, 入送崔常話頭. 三四, 領脈. 五六, 一我一彼, 七八, 瞻彼而感我.)

《두율계몽》: 첫 두 구에서 장녕현령의 집 이야기를 마무리하고, 이하는 최 씨와 상 씨를 전송하는 이야기이다. '서강'은 공이 거처하는 곳이고 '북두'는 최 씨와 상 씨가 가는 곳이다. 7구는 장안에 도착한 뒤 두 사람이 서로 친근할 것임을 말한다. 마지막 구는 공이 스스로에 대해 말하였다.(首二, 完長寧宅. 以下, 送崔常. 西江, 公所居. 北斗, 崔常所赴. 七句, 言到京後, 二人相親近. 末, 則公自謂也.)

(**이영주**)

18. 夏夜李尚書筵送宇文石首赴縣聯句

여름날 밤 이 상서가 연회를 베풀어 우문석수가 현에 부임하는 것을 전송하며 지은 연구

愛客尚書重[1] 之官宅相賢[2] 酒香傾坐側 帆影駐江邊
翟表郎官瑞[3] 鳧看令宰仙[4] 雨稀雲葉斷[5] 夜久燭花偏[6]
數語攲紗帽[7] 高文擲綵箋[8] 興饒行處樂 離惜醉中眠
單父長多暇[9] 河陽實少年[10] 客居逢自出[11] 爲別幾淒然

나그네 아끼는 상서는 존귀하고
임지로 가는 택상은 어질다.
앉은 자리에서 향기로운 술 기울이는데
강가에는 돛 그림자 머물렀다.
꿩은 낭관이 상서로움을 나타내고
오리로 영재가 신선임을 보리로다.
비 드물어 구름조각 끊기고
밤 오래되어 촉화가 많아진다.
누차 말하다 보니 사모가 비뚤어지고
빼어난 글을 채색 종이로 던진다.
흥치가 넉넉하여 가는 곳마다 즐거웠는데
이별이 아쉬워 취중에 잠을 잔다.
선보는 언제나 여유로움이 많고
하양은 참으로 나이가 젊었도다.
객지에 살며 생질을 만나
이별하려니 얼마나 슬픈가.

이 시는 대력 3년 강릉에서 지은 것이다. 당시 우문조宇文晁가 석수현으로 부임하게 되었는데 그의 외숙인 상서 이지방李之芳이 전별연을 베풀고 그를 전송하였다. 두보는 최욱崔彧과 함께 그 전별연에 참석하였고 이지방과 더불어 세 사람이 번갈아 두 구씩 시구를 지어 이 연구聯句를 완성하였다. '연구'는 시체의 일종으로 다수의 사람이 각기 시 몇 구를 짓고 이를 합쳐서 이룬 시를 말한다. 연구의 시작은 한 무제와 그의 신하들이 백량대柏梁臺의 낙성을 축하하여 한 구씩 지어 완성한 〈백량〉 시에서 비롯된 것으로 알려져 있다.

《보주두시》 석수현은 강릉에 속하며 강릉부 동남쪽 200리에 있다. 마땅히 대력 3년 공이 강릉에 있을 때 지은 것이다.(縣, 屬江陵, 在府東南二百里. 當是大曆三年, 公在江陵作.)

《두시상주》에 인용된 왕도준王道俊《박의博議》 시제 가운데의 '우문석수'는 바로 앞 시(〈우문조최욱중범정감전호宇文晁崔彧重泛鄭監前湖〉)의 우문조이다. 시에서 '욱'이라고 주를 한 것은 바로 최욱이다. 공과 최욱은 함께 이 상서의 연회에서 우문석수를 전송하였다. 그래서 우문조를 찬미한 '택상', '영재' 등의 구가 있는 것이다. 옛 판본에는 모두 우문욱으로 되어 있는데 잘못이다.(題中宇文石首, 卽前宇文晁也. 詩注彧者, 卽崔彧也. 公與彧, 同在李尙書筵中送宇文石首, 故有宅相令宰等句以美晁也. 舊本俱作宇文彧, 誤耳.)

《독두심해》 '이 상서'는 이름이 지방이다. 살펴보건대 강릉에서 지은 칠언율시 〈중범정감전호〉의 시제는 그 위에 '우문조상서지생최욱사업지생상서지자(우문조는 상서의 생질이고 최욱은 사업의 생질이며 상서의 아들이다)'라는 17자가 있다. 황생이 말하기를 이것은 이곳에 스스로 주를 단 말인데 후인이 잘못해서 저 시제 위에 섞은 것이라고 하였다. 정말로 그러하다.(李尙書, 名之芳. 按,

江陵七律重泛鄭監前湖題, 其上有宇文晁尙書之甥崔彧司業之甥尙書之子十七字. 黃生謂是此處自注之語, 後人誤混於彼題之上耳. 良然.)

《두시상주》 서한 〈백량〉 시가 바로 연구의 시작인데, 육조 사람들이 그것을 본떠서 마침내 사람마다 각각 두 구씩 지었다. 그러나 글이 거침없고 수미가 일관되어 차서가 질서정연한 것이어야 법에 들어맞게 된다. 이 시를 완미해보면 기승전결이 각각 지극히 자연스럽다.(西漢柏梁詩, 卽聯句之始, 六朝人效之, 遂人各兩句. 但以一氣呵成, 次序秩然者, 方爲合法. 玩此篇, 起結承轉, 各極自然.)

주 석

1 愛客(애객) – 나그네를 아끼다. 尙書(상서) – 이지방을 말한다. 重(중) – 존귀하다.

2 之官(지관) – 임지任地로 가다. 宅相(택상) – 외손자 혹은 생질의 대칭代稱. 진晉 위서魏舒의 고사에서 나온 말이다. 여기서는 이지방의 생질인 우문조를 가리킨다.

《진서晉書·위서전魏舒傳》 위서는 어려서 아버지를 잃어 외가인 영씨에 의해 양육되었다. 영 씨가 집을 세웠는데, 가상家相을 보는 이가 "분명 귀한 외손자를 배출하겠군요"라고 말하였다. 외조모는 위 씨 외손자가 어리지만 지혜로우니 그 말에 응할 것이라고 속으로 생각했고, 위서는 "마땅히 외가를 위해 이 집의 상相을 이루어야 할 것이다"라고 말하였다. 나이 마흔이 넘어 상서랑이 되었다.(舒少孤, 爲外家寧氏所養. 寧氏起宅, 相宅者云, 當出貴甥, 外祖母以魏氏甥小而慧, 意謂應之, 舒曰, 當爲外氏成此宅相. 年四十餘爲尙書郞.)

[愛客 2구] 두보가 지은 구이다.

[酒香 2구] 이지방이 지은 구이다.

3 翟(적) – 꿩의 일종. 郎官(낭관) – 시랑侍郎, 낭중郎中 등의 중앙 관직을 말한다. 이 구는 진晉 소지蕭芝의 고사를 빌려 우문조가 낭관이었음을 말하였다.

《두시상주》 적은 꿩의 한 종류의 이름이다. 소광제의 《효자전》에 의하면 소지는 지극히 효성스러웠는데 상서랑에 제수되자 꿩 수십 마리가 날면서 수레 앞에서 울어대었다.(翟, 雉名. 蕭廣濟孝子傳, 蕭芝至孝. 除尚書郎, 有雉數十飛鳴車前.)

4 鳧(부) – 오리. 令宰(영재) – 현령을 뜻한다. 《두시언해》에서는 '어진 원員'으로 풀이하였다. 이 구는 신선 왕교王喬의 고사를 빌려 우문조의 현령 신분을 드러낸 것이다.

《보주두시》에 인용된 왕수王洙 주 왕교가 섭현의 현령이 되었는데 신선술이 있어서 신발로 오리를 만들어 (타고) 동남쪽에서 왔다.(王喬爲葉令, 有仙術, 以舃爲鳧, 東南來.)

[翟表 2구] 최욱이 지은 구이다. 우문조가 낭관에서 석수현령으로 나갔다는 것을 말하였다.

《독두심해》 살펴보건대 우문은 마땅히 낭관에서 현령으로 나간 자이다.(按, 宇文當是郎官出宰者.)

5 雲葉(운엽) – 구름조각.

《두시상주》에 인용된 육기陸機 〈부운부浮雲賦〉 금빛 버들가지 나뉘고 옥빛 구름조각 흩어진다.(金柯分, 玉葉散.)

6 燭花(촉화) – 초의 심지가 타서 맺힌 꽃 모양의 것. 偏(편) – 치우치다. 촉화가 많아진다는 말이다.

[雨稀 2구] 두보가 지은 구이다.

7 數(삭) – 누차. 자주. 攲(기) – 기울다. '敧'로 된 판본도 있다. 紗帽(사모) – 깁으로 만든 관모官帽.

8 高文(고문) – 빼어난 시문. 擲(척) – 던지다. 綵箋(채전) – 채색 종이. 시문이나 편지를 쓰는 데 사용된다.

[數語 2구] 이지방이 지은 구이다.

[興饒 2구] 최욱이 지은 구이다.

9 單父(선보) – 춘추 제나라의 고을 이름. 공자의 제자 복자천宓子賤이 선보재單父宰가 되어 명금鳴琴을 타면서 대청에서 내려오지 않았는데도 선보가 잘 다스려졌다고 한다. 이 구는 우문조가 석수현을 잘 다스릴 것임을 비유적으로 표현한 것이다.

《한시외전韓詩外傳》 자천이 선보를 다스렸는데 명금을 타고 몸소 당 아래로 내려오지 않았지만 선보는 잘 다스려졌다.(子賤治單父, 彈鳴琴, 身不下堂, 而單父治.)

10 河陽(하양) – 하양현. 진 반악은 30여 세에 하양현령을 지낸 바 있다. 이 구는 우문조가 젊은 나이에 석수현령이 되었음을 비유한다.

[單父 2구] 두보가 지은 구이다.

《두시상주》 선보는 복자천이 다스린 곳이고 하양은 반악이 다스린 곳이다.(單父, 子賤所治. 河陽, 潘岳所治.)

11 自出(자출) – 생질.

《두시상주》《이아》에 "남자는 자매의 아들을 일러 출이라고 한다"라고 하였다.《좌전》에 "강공은 나로부터 나왔다"라고 하였다.(爾雅, 男子謂姊妹之子爲出. 左傳, 康公我之自出.)

[客居 2구] 이지방이 지은 구이다.

#《두시상주》: 수련은 이 씨가 우문조를 전송하는 것이다. 2연은 연회에서의 일이다. 3연은 우문조가 석수현으로 부임하는 것이다. 4연은 송별의 시간과 정경이다. 5연은 함께 자리한 사람들이 연이어 구를 짓는 것이다. 6연은 좌중에서 이별을 아쉬워하는 것이다. 7연은 우문

조의 현명함을 기록하였다. 8연은 송별의 정을 기록하였다.(首聯, 李餞宇文. 次聯, 筵宴之事. 三聯, 宇文赴縣. 四聯, 送別時景. 五聯, 同席聯句. 六聯, 座中惜別. 七聯, 記宇文之賢. 八聯, 記送別之情.)

《독두심해》: 수련은 연회를 열어 전송하는 것으로 곧바로 시작했지만 도리어 이 상서와 우문조를 나란히 제기하였다. 대체로 이 연회는 이 상서가 주인이고 우문조는 떠나는 나그네이며 두보와 최욱은 다만 배석하여 전송한 것일 뿐이다. 2연의 '주향'은 '애객'을 받은 것이고 '범영'은 '지관'을 받은 것이다. 3연의 '적랑'·'부령'은 또 '지관'·'범영'이란 말과 관련지어 직함을 분명히 드러내었다. 4연의 '운엽'·'촉화'는 또 '애객'·'주향'이란 말과 관련지으면서 경색을 펼쳐놓았다. 이 여덟 구는 한 줄로 꿰어 내려가면서 모두 이 상서가 우문조를 전별하는 일을 말하고 있다. 5연의 '기모'·'척전'은 사람들이 연구를 읊는 흥취를 서술하였다. 6연의 '흥요'·'이석'은 연회 자리에 잠시 모인 즐거움을 펼쳐내었다. 7연의 '다가'·'소년'은 장래 정사를 펼침에 넉넉할 것임을 찬미한 것이다. 8연의 '객거'·'위별'은 이날 쓸쓸하게 전송함을 슬퍼한 것이다. 이 여덟 구 중 네 구는 연회에 참석한 사람들을 합하여 서술하였고 네 구는 하나는 손을 하나는 주인을 오로지 거두어들여 조리가 정연하다.(首聯, 餞行直起, 卻以李與宇文並提. 蓋斯筵李爲主人, 宇文爲行客, 杜崔特陪送也. 次聯酒香, 承愛客. 帆影, 承之官. 三聯翟郎鳧令, 又就之官帆影上淸還職銜. 四聯雲葉燭花, 又就愛客酒香邊鋪陳景色. 此八句, 一線穿下, 俱言李餞宇文事也. 五聯攲帽擲箋, 述諸人聯吟之趣. 六聯興饒離惜, 暢當筵暫聚之歡. 七聯多暇少年, 美將來之優於爲政. 末聯客居爲別, 傷此日之淒然送行. 此八句, 四合敍諸公, 四專收一賓一主, 條理秩如.)

(**이석형**)

19. 多病執熱奉懷李尙書

병 많은 몸으로 더위에 시달리며 삼가 이 상서를 그리워하다

衰年正苦病侵淩[1]　　首夏何須氣鬱蒸[2]
大水淼茫炎海接[3]　　奇峰硉兀火雲升[4]
思霑道暍黃梅雨[5]　　敢望宮恩玉井冰[6]
不是尙書期不顧[7]　　山陰夜雪興難乘[8]

노쇠한 나이라 병마의 침노함이 정히 괴로운데
초여름에 하필 날씨마저 푹푹 쪄대는가.
큰물은 아스라이 더운 바다로 이어지고
우뚝한 기이한 봉우리처럼 불 구름이 피어오르네.
길에서 더위 먹어 황매 시절의 비가 적셔줄 것을 생각하느니
궁에서 하사하던 옥정의 얼음이야 어찌 감히 바라랴.
이 상서와의 약속을 돌아보지 않음은 아니지만
산음의 눈 내리던 밤, 그 흥취를 타고 가기는 어렵겠네.

이 시는 대력 3년 4월 강릉에서 지었다. 늙고 병든 몸으로 초여름에 찾아온 무더운 날씨까지 견뎌야 하는 고충을 적었다. 무더운 날씨 때문에 친구와의 약속도 지키기 어렵겠다고 푸념을 늘어놓고 있다. 이 상서는 두보의 오랜 친구 이지방李之芳으로 당시 이릉에 있었다.

《보주두시》 시에서 "큰물은 아스라이 더운 바다로 이어진다"라고 했으니 아마도 강릉에 있을 때 본 것이 이와 같았을 것이다. 또 "초여름에 하필 날씨마저 푹푹 쪄대는가"라고 했으니 대력 3년 4월에 지은 것이 분명하다.(詩云, 大水淼茫炎海接, 蓋在江陵所見如此. 又首夏何須氣鬱蒸, 當是大曆三年四月作.)

《두시상주》 황학의 주에서는 대력 3년 4월에 지은 것으로 보고 있다. 소보의 주에서 "'집'은 '수'의 뜻이다. 열에 갇혀서 고생한다는 말이다"라고 적고 있다.(鶴注, 當是大曆三年四月作. 邵注, 執, 囚也, 囚困於熱也.)

《독두심해》 〈추일기부영회봉기정감심이빈객지방일백운秋日夔府詠懷奉寄鄭監審李賓客之芳一百韻〉 시의 자주에 "이지방이 이릉에 있다"라고 하였다.(百韻詩自注, 李在夷陵.)

주 석

1 侵凌(침능) – 침노하다. 침범하다.

2 首夏(수하) – 초여름. 음력 4월. 鬱蒸(울증) – 날씨가 찌는 듯 무덥다.

3 淼茫(묘망) – 물이 넓고 멀리 펼쳐진 모습. 炎海(염해) – 더운 바다. 남해南海.

4 硉兀(율올) – 높이 솟은 모습.

[大水 2구]

《두시상주》 '대수'와 '염해'는 위가 실경이요 아래는 허경이다. '기봉'과 '화운'은 위가 허경이고 아래는 실경이다. '묘망'은 물이 큰 모습이다. 〈강부〉에서 "파도가 하늘까지 닿을 듯 아스라이 넓고 크다"라고 하였다. '염해'는 남해이다. 《십주기》에서 '염주'는 남해 가운데 있다고 하였다. 도잠의 시에 "여름 구름은 기이한 봉우리가 많다"라는 구절이 있다. '율올'은 봉우리가 높은 모양이다. 〈강부〉에 "큰 돌이 물결에 휩쓸려 전후로 움직인다"라는 구절이 있다. '화운'은 여름 구름이다. 《여씨춘추》에 "가물 때의 구름은 안개와 불의 모습이다"라는 구절이 있다.(大水炎海, 上實下虛, 奇峯火雲, 上虛下實. 淼茫, 水大貌. 江賦, 狀滔天以淼茫. 炎海, 南海也. 十洲記, 炎洲, 在南海之中. 陶潛詩, 夏雲多奇峯. 硉兀, 峰高貌. 江賦, 巨石硉兀以前却. 火雲, 夏雲也. 呂氏春秋, 旱雲烟火.)

5 道暍(도갈·도알) – 길에서 더위 먹다. 黃梅雨(황매우) – 매실이 익을 무렵 내리는 비.

《두시조차공선후해집교》 더위 먹는 것을 '갈'이라 한다. 길에서 더위 먹은 사람들은 황매 시절의 비가 한번 내려 적셔주기를 생각하였으니, 이것이 더위 먹은 사람에게 부채질해주는 뜻이다. 공의 어짊을 볼 수 있다.(暑病曰暍. 思道暍之人以黃梅一雨霑之, 此扇暍之意. 公之爲仁可見矣.)

《두시상주》 '갈'은 무더위이다. 상강의 4월에는 매화가 익는 비가 내린다. 설도형의 〈매하응교시梅夏應敎詩〉에 "가랑비가 황매에 맞추어 내린다"라는 구절이 있다.(暍, 暑熱也. 湘江四月有熟梅雨. 薛道衡詩, 細雨應黃梅.)

6 玉井(옥정) – 옛날 얼음을 보관하던 곳.

《두시상주》에 인용된 육홰陸翽《업중기鄴中記》 석계룡이 빙정대에 얼음을 보관했다가 삼복 날에 대신들에게 하사하였다.(石季龍於冰井臺藏冰, 三伏日以賜大臣.)

《두시상주》에 인용된 조차공 주 당나라 제도에 의하면 백관에게 얼음을 하사하였다. 공은 일찍이 좌습유를 지냈으므로 마땅히 얼음을 하사하는 대열에 참예하였다.(唐制, 百官賜冰. 公嘗爲拾遺, 當預賜冰之列.)

7 期(기) – 약속. 이 상서와 만나기로 한 약속을 가리킨다.

《두시상주》에 인용된 《한서》 진준陳遵은 매번 손님을 불러 술을 마시게 되면 그때마다 문을 닫아걸고 손님 수레의 굴대를 빼서 우물에 던져버렸다. 당시 북부자사가 조정에 상주할 일이 있어 왔다가 진준에게 들렀다. 마침 진준이 한창 술을 마시고 있는 상황이었으므로 자사는 크게 곤욕스런 처지가 되었다. 자사는 진준이 취한 때를 살펴 불쑥 진준의 모친을 찾아뵙고는 머리를 조아리며 자신이 상서와 만나기로 약속한 사정을 아뢰었다. 모친이 바로 뒤쪽 쪽문으로 나가게 하였다.(陳孟公每飮賓客, 輒閉門, 取客車轄投於井中. 時北部刺史奏事, 過陳, 値其方飮, 刺史大窮. 候陳霑醉時, 突入見其母, 叩頭自白, 當對尙書有期會狀. 母乃令從後閤出去.)

《두시상주》에 인용된 응거應璩 〈여만공염서與滿公琰書〉 중유는 친동기의 복상에도 거절하지 않았고, 맹공은 상서와의 약속도 돌아보지 않았다.(仲孺不辭同產之服, 孟公不顧尙書之期.)

8 山陰(산음) 구 – 진나라 왕휘지王徽之가 눈 내린 밤에 흥이 일어 배를 타고 친구 대규戴逵를 찾아간 고사를 반대로 활용하여 날이 무더워 친구 이지방을 찾아갈 흥이 일지 않음을 말한 것이다.

《두시상주》에 인용된 《세설신어世說新語》 왕휘지가 일찍이 산음에 살았는데 어느 날 밤 눈이 막 그치고 달빛이 맑고 밝게 비치자 홀연 대규가 생각났다. 대규는 당시 섬 땅에 있었다. 휘지는 곧바로 그 밤에 작은 배를 타고 가서 그곳에 이르렀는데, 대규의 집 안으로 들어가지 않고 돌아가며 말했다. "흥을 타고 갔다가 흥이 다하여 돌아가는 것이다. 꼭 대규를 볼 것이 있겠는가!"(王徽之嘗居山陰, 夜雪初霽, 月色淸朗, 忽憶戴逵. 逵時在剡, 便夜乘小船詣之, 不前而返, 曰, 乘興而行, 興盡而返, 何必見安道.)

《두시경전》 이 상서가 당초에 필시 공을 초청하는 편지를 하였을 것이다. 그런데도 가지 못했으므로 이렇게 말한 것이다.(李初必有簡邀公而不赴, 故云然.)

#《두시상주》: 첫 연은 (제목에서 말한) '병 많은 몸으로 더위에 시달림'을 설명한 것이다. '염해'와 '화운'은 날씨가 무덥게 찌는 모습을 말한 것이다. '매우'와 '정빙'은 더위를 식히기를 바라지만 그렇지 못함을 말한 것이다. 약속에 맞춰 가고자 하지만 흥을 탈 만한 눈이 없다고 했으니, 결국 더위를 두려워한 까닭에 가지 못하게 된 것이다. 여기서 이지방을 그리워하는 뜻으로 맺었다.(首聯, 拈多病執熱. 炎海火雲, 言鬱蒸之狀. 梅雨井氷, 思解熱而不得也. 欲赴期約, 而無雪可乘, 總緣畏熱所阻耳. 此結懷李之意.)

《독두심해》: 이 상서에게 필시 공을 초청하는 편지가 있었을 것이다. 제목에서 "삼가 그립다"고 했지만 실제로는 가지 못하는 까닭을 편지로 부쳐 말한 것이다. 첫 연은 제목의 '다병집열'을 설명한 것이고, 아래 구절마다 '집열'을 가지고 작품의 본뜻으로 삼았다. 말련에 이르러 이 상서에게 말을 전하였는데, 이 역시 '집열'로 인해 발해진 것이다. 의도적으로 새긴 작품이다.(李必有邀公之簡. 題云奉懷, 實則寄言不赴之故也. 首聯, 點多病執熱, 以下句句就執熱作意. 卽末聯致語於李, 亦就執熱生發. 有意刻劃之作.)

(**김성곤**)

20. 水宿遣興奉呈羣公

물가에서 묵으며 마음을 달래고 여러 공들에게 받들어 바치다

魯鈍仍多病[1] 逢迎遠復迷[2] 耳聾須畫字[3] 髮短不勝篦[4]
澤國雖勤雨[5] 炎天竟淺泥[6] 小江還積浪[7] 弱纜且長堤[8]
歸路非關北[9] 行舟却向西[10] 暮年漂泊恨[11] 今夕亂離啼[12]
童稚頻書札[13] 盤飧詎糝藜[14] 我行何到此[15] 物理直難齊[16]
高枕翻星月[17] 嚴城疊鼓鼙[18] 風號聞虎豹[19] 水宿伴梟鷖[20]
異縣驚虛往[21] 同人惜解攜[22] 蹉跎長泛鷁[23] 展轉屢鳴雞[24]
嶷嶷瑚璉器[25] 陰陰桃李蹊[26] 餘波期救涸[27] 費日苦輕齎[28]
杖策門闌邃[29] 肩輿羽翮低[30] 自傷甘賤役[31] 誰愍强幽棲[32]
巨海能無釣[33] 浮雲亦有梯[34] 勳庸思樹立[35] 語默可端倪[36]
贈粟囷應指[37] 登橋柱必題[38] 丹心老未折[39] 時訪武陵溪[40]

노둔한 데다가 병이 많고
멀리 떠돌아 모실 줄도 모릅니다.
귀가 먹어 글자로 써야 하고
머리숱이 적어 빗치개를 못 이깁니다.
물가 고장에 비가 잦기는 해도
염천이라 펄에는 끝내 물이 얕고,
작은 강에 외려 물결이 쌓여
약한 뱃줄 잠시 긴 둑에 매었습니다.

돌아가는 길은 북쪽과 무관하고
모는 배는 도리어 서쪽을 향합니다.
늘그막에 떠도는 설움
오늘 밤은 난리에 울음.
아이들이 자주 편지 보내
끼니는 무슨 명아주 흰죽이냐고 합니다.
내 발길 어쩌다 여기까지 왔을까요
세상 이치 정말로 초연하기 힘듭니다.

높은 베개에 별과 달이 움직이고
삼엄한 성에 북소리 거듭 울립니다.
바람 울어 범과 표범 소리 들리고
물가에 자며 오리, 갈매기를 짝합니다.
낯선 고을 헛걸음에 놀라고
동인들과 헤어짐이 아쉽습니다.
실의하여 늘 떠다니는 익새 배
뒤척이다 번번이 우는 닭.

우뚝한 호련 그릇
어둑어둑 복숭아 오얏 길.
남는 물로 말라 가는 물고기 구해주십사 바라는데
날을 보내다 보니 적은 노자가 괴롭습니다.
지팡이 짚으니 문턱이 깊숙하고
가마 메웠으나 날갯죽지 처집니다.
천한 일 달게 여김이 스스로 아프지만

마지못해 숨어 삶을 누가 딱히 여기겠습니까.

큰 바다에 낚시가 없을 수 있겠습니까
뜬구름에도 사다리는 있습니다.
공훈을 세우고자 생각하니
말을 하든 않든 헤아리시리다.
곡식을 주실 때는 곳집을 가리키실 터
다리에 오르면 꼭 기둥에 글을 쓰렵니다.
단심은 늙어서도 꺾이지 않았지만
잠시 무릉도원 시내를 찾으렵니다.

강릉에서 동인들의 도움을 받으려는 희망을 이루지 못하고 잠시 근처의 작은 고을로 배를 몰아갔다. 물이 많은 곳이지만 여름날 펄에 물이 얕아 배를 대지 못하고, 작은 강으로 가니 물이 많아서 그곳에 배를 대고 밤을 지새운다. 가지고 온 노자는 바닥이 나고, 기대했던 도움의 손길도 없으니 늙어서도 떠도는 신세를 면치 못한다. 그러나 세상을 위해 공훈을 세우려는 마음은 꺾이지 않는다. 대력 3년 여름 강릉 근처 물가의 작은 고을에서 지었다.

《두시조차공선후해집교》(수정본) '숙'은 배를 댄 곳이다. 사영운 〈차남성시〉(일명 〈초입남성시初入南城詩〉)의 "구름 봉우리에 오르지는 않아도 장차 물가 숙소가 기쁘리라"라는 구의 뜻을 취하였으므로 그로써 시제로 삼았다. 시의 '수숙반부예' 구는 또 따로 출처가 있으며, 아래에 밝혀놓았다.(宿, 則泊舡之處也. 取謝靈運次南城

詩, 雖未登雲峰, 且以歡水宿, 故以爲題. 若詩中水宿伴鳧鷖, 則又別有出處, 自具於下.)

《보주두시》 시에서 "물가 고장에 비가 잦기는 해도 염천이라 펄에는 끝내 물이 얕고, 작은 강에 외려 물결이 쌓여 약한 뱃줄 잠시 긴 둑에 매었다. 돌아가는 길은 북쪽과 무관하고 모는 배는 도리어 서쪽을 향한다"라고 하였고, 또 "낯선 고을 헛걸음에 놀라고 동인들과 헤어짐이 아쉽습니다"라고 하였다. '작은 강', '낯선 고을'이라고 하였으니 당연히 강릉에서 잠시 바깥 고을로 갔을 때이다. 고을은 강릉의 서쪽이므로 "모는 배는 도리어 서쪽을 향한다"라고 하였다. 이 시는 대력 3년 여름에 지었다.(詩云, 澤國雖勤雨, 炎天竟淺泥. 小江還積浪, 弱纜且長堤. 歸路非關北, 行舟却向西. 又云, 異縣驚虛往, 同人惜解攜. 其曰小江異縣, 當是在江陵暫至外邑. 邑在江陵之西, 故云行舟却向西. 此詩, 大曆三年夏作.)

《두시상주》 황학의 주에 "'작은 강', '낯선 고을'이라고 하였으니 당연히 강릉에서 잠시 바깥 고을로 갔을 때이다. 대력 3년 여름에 지었다"라고 하였다.(鶴注, 詩云小江異縣, 當是在江陵暫至外邑, 大曆三年夏作.)

《독두심해》 '군공'은 강릉 막부의 여러 공이다.(群公, 卽江陵幕府諸公.)

《두시천》 이 시의 '군공'은 고성의 객점에 가서 묵을 때 시(〈행차고성점범강작불규비졸봉정강릉막부제공行次古城店泛江作不揆鄙拙奉呈江陵幕府諸公〉)를 바친 막부의 여러 공이다. 그러니 "창망히 벗님들 앞에 왔다"라는 이 말은 까닭이 있다.(此羣公, 卽行次古城店時所呈幕府諸公. 然則蒼茫汎愛前, 此語有謂.)

주 석

1 魯鈍(노둔) – 노둔하다. 멍청하다. 仍(잉) – 또. 거듭.

《논어·선진先進》 증삼(참)은 미련하다.(參也魯.)

2 逢迎(봉영) – 접대하다. 모시다. 遠(원) – 멀다. 멀리 떠도는 신세. 객지에 있음을 말한다. 復(부) – 다시. 迷(미) – 헤매다. 어찌할 줄 모르다.

[魯鈍 2구]

《두시경전》 노둔하고 병도 많은 데다 또 멀리 떠돌기에 그 때문에 모시는 일에 어두웠다고 말하였다.(言魯鈍多病而復遠行, 以故昧於逢迎也.)

3 耳聾(이롱) – 귀가 먹다. 畫字(획자) – 글자를 쓰다. 귀가 먹어 필담을 해야 한다는 뜻이다.

4 髮短(발단) – 머리숱이 적다. 勝(승) – 견디다. 감당하다. 篦(비) – 빗치개. 이 구는 머리숱이 적어 빗질하기 어렵다는 뜻이다.

5 澤國(택국) – 물가의 고장. 물이 많은 지역. 勤雨(근우) – 비가 잦다. 원래 비가 내리지 않음을 걱정한다는 뜻으로 썼지만 여기서는 해당하지 않는다.

《주례周禮·지관地官·장절掌節》 제후국 사신의 부절은 산지의 나라는 호절을 쓰고, 평원의 나라는 인절을 쓰고, 물가의 나라는 용절을 쓴다. 모두 구리이다.(凡邦國之使節, 山國用虎節, 土國用人節, 澤國用龍節, 皆金也.)

《곡량전穀梁傳·희공僖公2년》 (경經)겨울 10월에 비가 내리지 않았다. (전傳)비가 내리지 않았다는 것은 비를 걱정함이다.(冬十月, 不雨. 不雨者, 勤雨也.)

왕인지王引之《경의술문經義述聞·춘추곡량전春秋穀梁傳》 《곡량전》에서 희공이 비가 내리지 않음을 걱정하였다고 말하였다. 그래서

"비가 내리지 않았다는 것은 비를 걱정함이다"라고 하였다.(傳言僖公以不雨爲憂, 故曰, 不雨者, 勤雨也.)

《구가집주두시》 조차공 주에 인용된 (두전杜田의) 《두시보유杜詩補遺》 《곡량전》에서 (《춘추》의) "정월불우"라는 구에 대해 "비가 내리지 않았다고 말한 것은 비를 걱정한다는 뜻이다"라고 하였다.(穀梁傳, 正月不雨, 言不雨者, 勤雨也.)

《두시상주》 《곡량전》에 "비가 내리지 않았다고 말한 것은 비를 걱정한다는 뜻이다"라고 말하였다. 그 구의 주에 "비를 생각함이 부지런하다"라고 하였다. 황학의 주에 "이는 비를 자주 얻었음을 말하니 《곡량전》의 주와는 다르다"라고 하였다.(穀梁傳, 言不雨者, 勤雨也, 注, 思雨之勤也. 鶴注, 此言得雨勤數, 與穀梁傳注異.)

6 炎天(염천) – 한여름. 남방. 淺泥(천니) – 물이 얕은 펄. 펄에 물이 얕다. 《여씨춘추呂氏春秋·유시有始》 남방을 염천이라고 한다.(南方曰炎天.)

[澤國 2구]

《보주두시》 '근우'는 두수가杜修可가 《곡량전》의 설을 인용한 대로라면 그때에는 비가 내리지 않았으니 아래에서 "염천이라 펄에는 끝내 물이 얕다"라고 하고, 또 "작은 강에 외려 물결이 쌓였다"라고 할 수 있겠는가. 당연히 비가 자주 내렸다는 말이다. 그러나 염천이고 펄이라서 물이 그 때문에 얕다.(勤雨, 如修可引穀梁之說, 則是其時不雨, 何以下云炎天竟淺泥, 又云小江還積浪, 當是言得雨勤數. 然以炎天而泥故淺也.)

7 小江(소강) – 작은 강. 장강의 지류를 말한다. 還(환) – 오히려. 積浪(적랑) – 쌓인 물결, 즉 높은 물결. 물결이 쌓이다, 즉 큰 파도가 일다.

8 弱纜(약람) – 가는 뱃줄. 且(차) – 잠시. 長堤(장제) – 긴 둑. 작은 강의 둑을 말한다.

하작何焯《의문독서기義門讀書記》 '약람차장제'는 물가에서 묶음을 말한다.(弱纜且長隄, 水宿.)

[小江 2구]

《두시조차공선후해집교》(수정본) 강이 작아도 물결이 높은 것은 염천에 물이 불었기 때문이다. '약람차장제'는 잠시 배를 긴 언덕에 맨다는 말이다.(江雖小而積浪, 則以炎天水漲也. 弱纜且長隄, 言且繫之於長隄也.)

[澤國 4구] 물가 고을에 비가 자주 왔지만 한여름에 물이 얕아 배를 대지 못했고, 작은 강에 물이 많아 긴 둑에 배를 묶었음을 말한다. 물결이 높아 배를 몰지 못한다고 보기도 하나 취하지 않는다.

《두시경전》 비가 많고 물결이 높아서 아직 배를 몰지 않았다. 이 구는 물가에 묵는 까닭을 밝혔다.(因雨多浪大, 故尙未開舟. 此明水宿之故.)

#《두시상주》: 늘그막에 떠돌아다니는 데서 서술하기 시작하였다. 위 4구에서 여러 공에게 정성스러운 뜻을 표하였고, 아래 4구는 물가 숙박 이야기의 단서이다. 노둔하고 병이 많으며 또 멀리 떠돌았기에 그래서 접대에 서툴렀다. 귀가 먹고 머리숱이 적은데도 강가에 배를 댔으니 여러 공들은 또한 이를 생각해주어야 한다. 비가 자주 내린 뒤라 강에는 아직 물결이 높고, 펄의 물이 얕아서 배를 막으니 그래서 긴 둑에 뱃줄을 묶었다.(從衰年流落敘起. 上四, 與諸公致款, 下四, 爲水宿引端. 魯鈍多病而又遠行, 以故昧於逢迎. 耳聾髮短, 猶泊舟江上, 諸公當亦念及此耶. 勤雨之後, 故江猶積浪, 淺泥礙船, 故纜繫長堤.)

9 歸路(귀로) – 돌아가는 길. 촉에서 형주로 왔다가 다시 되돌아가는 길을 말한다. 非關北(비관북) – 북쪽과 관계가 없다. 두보의 고향은 북쪽이다.

《보주두시》에 인용된 서부徐俯 설 두보는 북방 사람인데 고향에 돌아가지 못하였으므로 "돌아가는 길은 북쪽과 무관하다"라고 하였다. (子美北人, 未得歸鄕, 故云歸路非關北.)

10 行舟(행주) – 가는 배. 向西(향서) – 서쪽으로 향하다. 이 구는 고향과 반대쪽으로 간다는 뜻이다.

[歸路 2구]

《두시조차공선후해집교》(수정본) '귀로비관북'은 장안은 돌아갈 수 없음을 말한다. 모는 배는 서쪽으로 향한다는 것은 그 일을 사실대로 말하였다.(歸路非關北, 言長安之不可得而歸也. 行舟向西, 實道其事也.)

11 暮年(모년) – 늘그막. 漂泊(표박) – 떠돌아다니다.

12 今夕(금석) – '久客'으로 된 판본도 있다.

13 童稚(동치) – 아이. 두보의 아이들을 말한다. 또 두보가 구원을 요청하는 편지를 쓴 대상을 말한다고 보기도 하나 적절하지 않다. 書札(서찰) – 편지. 이 구는 두보의 아이들이 아버지에게 자주 편지를 보냈음을 말한다. 또 두보가 오른팔이 마비되어 글을 쓸 수 없었으므로 아들들에게 자주 편지를 대필시켰다고 보기도 한다. 이와 달리 두보가 나이 어린 사람들에게까지 도움을 요청하는 편지를 자주 보냈다고 보기도 하나 적절하지 않다.

《두시상주》에 인용된 《두억》 공은 오른팔이 마비되었으므로 아들에게 대신 쓰게 하였다.(公因右臂偏枯, 故囑兒子代書.)

14 盤飧(반손) – 접시에 담은 음식. 詎(거) – 어찌. '具'로 된 판본도 있다. 糝藜(삼려) – 쌀알과 명아주. 쌀알을 넣은 명아주죽.

《장자·양왕讓王》 공자가 진나라와 채나라 사이에서 곤궁할 때 이레 동안 익힌 음식을 먹지 못했으며, 명아주죽에 쌀알을 넣지 못하여 안색이 매우 초췌하였다.(孔子窮於陳蔡之間, 七日不火食, 藜羹不糝, 顏色甚憊.)

《좌전·희공僖公23년》 이에 접시에 담은 음식을 대접하며 거기에 옥벽을 넣었다. 공자(중이)는 음식만 받고 옥벽은 돌려보냈다.(乃饋盤飧, 寘璧焉. 公子受飧反璧.)

[童稚 2구] 이 연은 집에 남은 두보의 아이들이 아버지에게 자주 편지를 보내 집에서 먹는 끼니는 쌀을 넣지 못한 명아주죽이라고 알렸음을 말한다. 또 춘추시대 진晉나라의 공자 중이重耳가 망명 시절 조曹나라에 갔을 때, 대부 희부기僖負羈의 처가 음식에 옥벽玉璧을 넣어 접대한 사실을 들어 시인 자신은 남들로부터 전혀 도움을 받지 못하는 상황을 비유하였다고 보기도 하나 합당하지 않다. 또 두보가 어린 사람들에게까지 뜻을 굽혀 구제를 요청하는 편지를 보냈다고 보기도 하나 취하지 않는다.

《두시경전》 공이 강릉에 있을 때 처자식은 아마 당양에 머물렀을 것이다. 그래서 집에서 부리는 사람이 와서 곤궁함을 알렸다.(公在江陵時, 妻子或留當陽. 故家人以困乏來告.)

하작《의문독서기》 '동치빈서찰' 2구는 늘그막에 오랜 나그네 생활로 아이들에게까지 뜻을 굽혔으나 그 위급한 때에 응답하는 이가 한 사람도 없었다는 말이다. 공의 포부가 어떠한가? 그런데도 이런 지경에 이르렀으니 어찌 비분하지 않을 수 있는가. 2구는 통곡함이 당연하다.(童稚頻書札二句, 暮年久客, 屈意童稚而無一人應其緩急者. 公抱負何如而到此, 安得不悲憤耶. 二語當哭.)

15 我行(아행) – 내가 다니다. 나의 여행.

16 物理(물리) – 세상의 이치. 直(직) – 다만. 齊(제) – 가지런히 하다. 하나로 통일하다. 이 구는 모든 사리가 같다고 여기며 시비를 초탈하기 어려움을 말한다. 장자의 제물론齊物論을 수긍하기 어려움을 말한다.

[我行 2구] 지인들의 도움을 받기 위해 여기까지 왔지만 기대했던 결과를 얻지 못하였으니, 두보는 세상사의 시비나 우열에서 초연하여 이런

상황을 받아들일 수 없음을 탄식한다.

#《두시상주》: 이 단락은 물가에 묵는 감회로서 유랑하는 행적을 탄식한다. 북쪽으로 간다는 말은 고향이 그립다는 뜻이고, 서쪽을 향하는 것은 무릉으로 간다는 뜻이다. 이해 4월 (노주자사瀘州刺史) 양자림이 (성도윤成都尹) 최관과 성도에서 싸웠으므로 '난리'라고 하였다. 편지를 자주 보내도 끼니를 대지 못하였으니 이 여행이 고단하기가 심하였다.(此水宿感懷, 歎行踪漂蕩也. 歸北, 思故鄕, 向西, 往武陵. 是年四月, 楊子琳與崔寬戰於成都, 故云亂離. 書頻移而飧不給, 則此行之寥落甚矣.)

17 高枕(고침) – 높은 베개. 베개를 높이 베다. 翻星月(번성월) – 별과 달이 이동하다. 물결에 빛이 출렁인다고 볼 수도 있다.

18 嚴城(엄성) – 경계가 삼엄한 성. 두보가 정박한 고을의 성. 이와 달리 형주성을 가리킨다는 설도 있다. 疊(첩) – 겹치다. 거듭되다. 여기서는 북소리가 연이어 울림을 말한다. 악기 연주와 관련하여 호각을 연주하는 횟수를 말한다. 鼓鼙(고비) – 군대에서 쓰는 큰 북과 작은 북.

《두공부초당시전》 성은 형주의 성을 말한다.(城, 謂荊州之城也.)

진양陳暘《악서樂書·악도론樂圖論·경각警角》《위공병법》에서 "군성과 야영, 밖에서 행군하는 경우 해가 뜨고 질 때 북을 천 번 친다. 333번을 통이라고 하고, 북소리가 그치면 각 소리가 울린다. 12번을 불어 1첩이 된다. 각을 3첩, 북을 3통 울리면 다 어두워지고 다 밝아진다"라고 한 말이 이것(경각)이다.(衛公兵法曰, 軍城及野營, 行軍在外, 日出沒時, 撾鼓千搥, 三百三十三搥爲通, 鼓音止, 角音動, 吹十二聲爲一疊, 三角三鼓而昏明畢, 是也.)

19 風號(풍호) – 바람이 울부짖다. 虎豹(호표) – 범과 표범.

20 水宿(수숙) – 물가에서 묵다. 鳧鷖(부예) – 오리와 갈매기.

《두시조차공선후해집교》(수정본) '수숙'이라는 어휘는 〈촉도부〉의

"구름 따라 날고, 물가에서 잔다"라는 구절에서 따왔다.(其字, 則蜀都賦, 雲飛水宿也.)

21 異縣(이현) – 다른 고을. 외지. 타향. 驚(경) – 놀랍다. 예상 밖임을 말한다. 虛往(허왕) – 헛걸음하다.

22 同人(동인) – 뜻이 맞는 사람들. 동지同志. 시제의 '군공'을 말한다. '이현'의 동인으로 보기도 한다. 惜(석) – 아쉬워하다. 애석해하다. 인색하다로 풀이하기도 한다. 解攜(해휴) – 잡은 손을 놓다. 헤어지다. '해추解推(자기 옷을 벗어주고, 자기 밥을 밀어주다)'의 뜻으로 보기도 한다. 이 구는 강릉에서 떠날 때 강릉의 동인들이 헤어짐을 아쉬워하였다는 뜻이다. 또 시인이 도달한 '이현'의 동인들이 도와주기에 인색하다고 풀이하기도 한다.

《두보전집교주》 주전이 말하였다. "이현은 바로 위 단락의 서쪽으로 배를 몰아가는 곳이니 그곳은 강릉 성곽에서 가깝지 않으므로 '이현'이라고 하였다. 음식에 쌀알도 섞지 않아서 그래서 '허왕'이라고 하였다. '동인'은 바로 (시제의) '군공'이다. '군공'과 만나자마자 끝내 '이현'으로 가게 되었으므로 '헤어짐을 아쉬워한다'고 하였다." 또 다른 풀이가 있으니 시홍보가 말하였다. "2구는 하나의 뜻으로서 '동인'은 '이현'의 여러 벗을 가리키고, '해휴'는 그 말을 빌려 '해추(의식衣食을 베풀어주다)'를 말한 것이고, '석'은 인색하다는 것이니 '이현'의 여러 사람이 의식을 베풀어주기에 인색함을 말하였다. 그래서 '헛걸음에 스스로 아파한다'고 말하였다."(周篆曰, 異縣, 卽上節向西行舟處, 以其非江陵負郭, 故稱異縣. 而盤飧不糝, 故云虛往. 同人, 卽群公也. 纔與群公相見, 而遂爲異縣之行, 故曰惜解攜也. 又有別解, 施鴻保曰, 二句一意, 同人卽指異縣諸友, 解攜借言解推, 惜則吝惜, 言異縣諸人吝于解推, 故曰自傷虛往也.)

《두시상주》 송지문의 〈발단주초입서강發端州初入西江〉 시에서 "골육은 아끼는 마음을 갓 가르고, 친지는 잡은 손을 문득 놓는다"라고 하여 '해휴'를 '분애'에 짝 지어 손을 잡은 사람이 흩어짐을 말하였다. 장구령의 (〈초발도중증왕사마겸기제공初發道中贈王司馬兼寄諸公〉) 시에서 "마음이 투합한 내내 의기에 젖고, 헤어지는 때에도 정분은 그대로입니다"라는 구절, 잠참의 (〈서정자송이사마西亭子送李司馬〉) 시에서 "그대 위해 글 지으며 헤어짐을 아쉬워한다"라는 구절은 모두 헤어진다는 뜻으로 말하였다.(宋之問詩, 骨肉初分愛, 親朋忽解攜, 以解攜對分愛, 謂攜手者解散也. 張九齡詩, 義沾投分末, 情及解攜初, 岑參詩, 爲君題, 惜解攜, 皆說分離之意.)

23 蹉跎(차타) – 실족하다. 쇠퇴하다. 실의하다. 허송세월하다. 長(장) – 늘. 泛鷁(범익) – 배를 띄우다. 띄운 배. '익'은 익새로서 배에 장식으로 그린다. 그래서 배를 '익'이라고 부른다.

유안劉安 《회남홍렬해淮南鴻烈解》의 "龍舟鷁首" 구의 고유高誘 주 '용주'는 큰 배이다. 용무늬를 새겨서 장식한다. '익'은 큰 새이다. 그 모양을 뱃머리에 그리므로 '익수'라고 한다.(龍舟, 大舟也, 刻爲龍文以爲飾也. 鷁, 大鳥也, 畫其象著船頭, 故曰鷁首也.)

《분문집주두공부시分門集注杜工部詩》에 인용된 서부 설 '범익'은 배를 운항하는 것이다.(汎鷁, 行舟也.)

24 展轉(전전) – 전전반측輾轉反側. 이리저리 뒤척이다. 잠을 이루지 못하다. 鳴雞(명계) – 우는 닭. 닭이 울다. 시인이 잠을 못 이루고 뒤척이다가 새벽이 되었음을 말한다.

《두시경전》 잠들지 못함을 말한다.(言不寐也.)

#《두시상주》: 이 단락은 물가에서 묵는 풍경과 일로서, 행려의 상황이 기댈 데 없음을 탄식한 것이다. 밤에 배 안에 누웠으니 별과 달의 움직임이 보인다. 기주와 촉주에 경계하는 일이 있었으므로 겹겹이 울리는 북소리를 듣는다. 범과 표범이 울부짖으니 땅이 험하고, 물오리와 갈매기가 짝하니 몸이 외롭다. 헛걸음에 놀람은 가까운 고을에 도와주는 이가 없음을 슬퍼하는 것이다. 헤어짐을 아쉬워함은 여러

공들과 이별함을 아쉬워하는 것이다. 익새 배를 띄우고 닭 울음소리를 듣는 것은 물가에서 잠 못 이루는 상황이다.(此水宿景事, 歎旅況無聊也. 夜臥舟中, 故見星月翻動. 夔蜀有警, 故聞鼓鼙疊響. 虎豹號, 則地險, 鳧鷖伴, 則身孤. 驚虛往, 傷近邑無贈遺者. 惜解攜, 惜與羣公分手也. 泛鷁聞雞, 水邊不寐之狀.)

25 嶷嶷(억억) – 당당하다. 높다랗다. 瑚璉器(호련기) – 나라를 안정시킬 수 있는 인재. 호와 연은 종묘에서 서직黍稷을 담는 예기禮器이다. 호와 연처럼 국가에서 중요한 역할을 수행하는 그릇이라는 뜻으로 뛰어난 인재를 비유한다.

《사기·오제본기五帝本紀》 고신씨는 나면서부터 신령하였으며, …… 그 안색은 빛나고 그 덕은 높았다.(高辛生而神靈, …… 其色郁郁, 其德嶷嶷.)

《논어·공야장公冶長》 자공이 여쭈었다. "저는 어떻습니까?" 공자가 말하였다. "너는 그릇이니라." 여쭈었다. "무슨 그릇입니까?" 말하였다. "호련이니라."(子貢問曰, 賜也何如. 子曰, 女, 器也. 曰, 何器也. 曰, 瑚璉也.)

26 陰陰(음음) – 어둑어둑한 모양. 桃李蹊(도리혜) – 복숭아·오얏나무 아래 난 길. 사람이 많이 다니는 길.

《사기·이장군열전李將軍列傳》 태사공이 말하였다. "내가 보니 이장군은 삼가 조심하여 촌사람 같으며, 입으로는 말도 잘 못하였다. 죽는 날에 이르러 천하에 아는 사람과 모르는 사람이 모두 그를 위해 슬퍼하였다. 그것은 그의 충실과 성심이 사대부들에게 미더웠기 때문이다. 속담에 '복숭아·오얏은 말이 없어도 그 아래에는 절로 길이 생긴다'고 하였다. 이 말은 작기는 해도 큰 것을 깨우칠 수 있다."(太史公曰, 余睹李將軍悛悛如鄙人, 口不能道辭. 及死之日, 天下知與不知, 皆爲盡哀. 彼其忠實心誠信於士大夫也. 諺曰, 桃李不言, 下自成蹊. 此言雖小, 可以諭大也.)

[嶷嶷 2구] 여러 공이 훌륭하고 덕이 높음을 말한다.

《두시조차공선후해집교》(수정본) 위에서 말한 '동인'이 이미 여러 공을 말하였기 때문에 여기서 '호련기', '도리혜'는 모두 이로써 여러 공을 말한 것이다. …… 이 구에서는 여러 공들에게 바라는 바가 이미 있어서 복숭아·오얏의 열매가 사람에게 미칠 수 있는 것 같다고 말하였다.(上所謂同人, 已言群公矣. 於此瑚璉器桃李蹊, 皆所以言羣公也. …… 此句, 已有所望於羣公, 以爲如桃李之實, 可以及人矣.)

27 餘波(여파) – 여파. 여기서는 소량의 물을 말한다. 期(기) – 기대하다. 救涸(구학) – 말라가는 물구덩이 안의 물고기를 구하다. 즉 작은 손길로 위기에 처한 사람을 즉시 구하다. 장자의 우언을 이용하였다.

《장자莊子·외물外物》 장주가 집이 가난하여 감하후에게 가서 곡식을 빌려달라고 하였다. 감하후가 말하였다. "좋소. 내가 곧 고을의 금을 받을 터이니 그대에게 300금을 빌려주면 되겠소?" 장주가 발끈 화를 내며 말하였다. "내가 어제 올 때 중도에서 부르는 자가 있었소. 내가 돌아보니 수레바퀴 자국 안에 붕어가 있었소. 내가 물었소. '붕어로구나. 그대는 무얼 하고 있소?' 대답하였소. '나는 동해의 수족水族이오. 그대에게 나를 살려줄 물 몇 되는 있겠지요.' 내가 대답했소. '좋소. 내가 장차 남쪽으로 오월의 왕에게 유세하여 서강의 물을 일으켜 그대를 맞이하면 되겠소?' 붕어가 발끈 화를 내며 말하였소. '나는 나의 보금자리를 잃어서 거처할 곳이 없소. 나는 몇 되의 물만 얻으면 살 수 있을 뿐인데 그대가 도리어 이런 말을 하니 일찌감치 나를 건어물전에서 찾는 것이 낫겠수다.'"(莊周家貧, 故往貸粟於監河侯. 監河侯曰, 諾. 我將得邑金, 將貸子三百金, 可乎. 莊周忿然作色曰, 周昨來, 有中道而呼者. 周顧視車轍中, 有鮒魚焉. 周問之曰, 鮒魚來. 子何爲者邪. 對曰, 我, 東海之波臣也. 君豈有斗升之水而活我哉. 周曰, 諾. 我且南遊吳越之王, 激西江之水而迎子, 可乎. 鮒魚忿然作色曰, 吾失我常與, 我無所處. 吾得斗升之水然活耳, 君乃言此, 曾不

如早索我於枯魚之肆.)

《두시조차공선후해집교》(수정본) '구학'은 저 가득함으로 이 마름에 미친다는 말로 본래 붕어를 살린다는 뜻은 없다. 옛 주석에서 수레바퀴 자국 안의 붕어가 나는 몇 되 물을 얻으면 살 수 있다고 말한 것을 인용하였으나 이는 또한 군더더기 뜻이다.(救涸, 則以彼之盈, 及此之涸耳, 本無活鮒魚之意. 舊注引車轍中有鮒曰, 吾得斗升之水然活爾, 亦爲剩義.)

28 費日(비일) – 날을 보내다. 輕齎(경재) – 휴대한 재물이 적다.

《사기·위장군표기열전衛將軍驃騎列傳》 군대가 돌아오고 나서 천자가 말하였다. "표기장군 곽거병은 출병하여, 사로잡은 훈육 병사를 몸소 이끌고 물품을 줄여 휴대하고 사막을 가로지르고 획장거를 건너 비거기를 죽이고 돌아서 좌대장을 쳐서 군기와 군고를 베고 빼앗았다."(軍旣還, 天子曰, 驃騎將軍去病率師, 躬將所獲葷粥之士, 約輕齎, 絶大幕, 涉獲章渠, 以誅比車者, 轉擊左大將, 斬獲旗鼓.)

《두시조차공선후해집교》(수정본) '비일고경재'는 나그네로 머물며 시일을 소비하여, 적게 가지고 온 재물이 물건을 바꾸느라 다 떨어져 괴로움을 말한다.(費日苦輕賫, 則言爲客之次, 消費時日, 其所輕賫, 苦於貿易而罄盡矣.)

《한서·곽거병전霍去病傳》의 "約輕齎, 絶大幕" 구의 안사고顔師古 주 '경재'는 짐수레를 딸리지 않아서 휴대한 양식이 적은 것이다. 또 '재' 자는 '자' 자와 같아서 여비를 일컫는다고도 한다.(輕齎者, 不以輜重自隨, 而所齎糧食少也. 一曰齎字與資同, 謂資裝也.)

《두시경전》 날이 오래되어 양식이 떨어졌음을 말한다.(謂日久而資糧竭也.)

29 杖策(장책) – 지팡이를 짚다. 門闌邃(문란수) – 문턱이 깊다. 즉 출입하기 어려움을 말한다. '난'은 문의 틀로서 '문란'은 문을 말한다.

30 肩輿(견여) – 가마를 메우다. 가마를 메게 하다. 남에게 가마를 메워

자신이 탔다는 뜻이다. 羽翮低(우핵저) – 풀이 죽다. '우핵'은 날개깃의 촉, 날갯죽지이다.

[杖策 2구] 이 연은 지팡이를 짚고 가든 가마를 타고 가든 상대의 집을 방문하기 어려워 기가 죽었음을 말한다. 또 시인이 지위가 낮아 걸어서 가든 지위가 높아 보이도록 가마를 타고 가든 상대를 만날 수 없다는 뜻으로 볼 수도 있다.

《두시조차공선후해집교》(수정본) '지책'과 '견여'는 남에게 나아가 간알함을 말한다.(支策肩輿, 則言出謁於人矣.)

31 甘(감) – 달게 여기다. 賤役(천역) – 천한 일.

32 愍(민) – 불쌍히 여기다. 强(강) – 억지로 하다. 기를 쓰고 하다. 幽棲(유서) – 외딴 거처. 은거.

#《두시상주》: 이 단락은 여러 공들에게 받들어 바치는 뜻이다. '호련기'는 인품이 비범함을 말하고, '도리혜'는 추종하는 사람이 많음을 말한다. 본래 소량의 물로 말라가는 구덩이의 물고기를 구해주기를 바랐으나 날이 오래 지나 휴대한 재물이 이미 바닥났다. 지팡이를 짚고 걸어가면 문지기가 알리지도 않아서 문턱이 깊숙하고, 가마를 타고 가서 배알하려니 막다른 길에 노자도 떨어져 날갯죽지가 처졌다. 천한 일이 이와 같으니 누가 다시 억지로 숨어 사는 신세를 불쌍히 여기겠는가. 대개 여러 공들이 구휼해주지 않음을 풍자한 것이다. 공의 시(〈봉증위좌승장이십이운奉贈韋左丞丈二十二韻〉)의 "먹다 남은 술잔에 찬 안주, 도처에서 몰래 슬퍼하고 아파하였다"라는 구절과 이 시의 "지팡이 짚으니 문턱이 깊숙하고, 가마를 메웠으나 날갯죽지 처졌다"라는 구절은 남에게 간알하는 정상을 곡진하게 표현하였다. (此奉呈羣公之意. 瑚璉器, 謂人品不凡, 桃李蹊, 言奔趨者衆. 本期餘波救涸, 乃日久而齎資已竭矣. 杖策步行, 則閽者不報, 故門闌邃, 肩輿往拜, 則窮途乏費, 故羽翮低. 賤役如此, 誰復愍其勉强棲遲乎. 蓋諷羣公

之不見恤也. 公詩, 殘杯與冷炙, 到處潛悲辛, 此云, 杖策門闌邃, 肩輿羽翮低, 曲盡干人情狀.)

《두공부시집집주》 여러 공들의 힘은 말라가는 물구덩이의 물고기를 살릴 수 있어 이에 가마를 타고 문 앞에 나아갔건만 구제하고 동정하는 사람이 없음을 말하였다. 권세에 빌붙는 교제에 대한 감개가 언외에 처연하다.(言群公力能救涸, 乃肩輿造門, 無救愍者. 勢交之感, 言外凄然.)

33 巨海(거해) – 큰 바다.

《장자·외물》 임공자가 큰 낚싯바늘과 굵고 검은 시울을 만들어 거세한 소 50마리를 미끼로 써서 회계산에 걸터앉아 동해에 낚싯대를 드리웠다. 아침마다 낚시를 하였으나 1년이 지나도록 고기를 잡지 못하였다. 이윽고 큰 물고기가 물고는 큰 바늘을 당겨 가라앉아 내려갔다가 치달려올라 지느러미를 떨치니 하얀 파도가 산 같고 바닷물이 진탕하며 소리는 귀신과 같아서 위세가 천 리를 놀라게 하였다. 임공자가 이 물고기를 잡아 갈라서 말리니 절강 이동과 창오 이북에서부터 이 물고기를 배불리 먹지 않은 이가 없었다.(任公子爲大鉤巨緇, 五十犗以爲餌. 蹲乎會稽, 投竿東海, 旦旦而釣, 期年不得魚. 已而大魚食之, 牽巨鉤陷沒而下, 鶩揚而奮鬐, 白波若山, 海水震蕩, 聲侔鬼神, 憚赫千里. 任公子得若魚, 離而腊之, 自制河以東, 蒼梧已北, 莫不厭若魚者.)

34 浮雲(부운) – 뜬구름. 梯(제) – 사다리.

[巨海 2구] 이 연에서 시인은 자신도 때를 만나면 바다에서 큰 물고기를 낚고 하늘에서 뜬구름에 오르듯이 큰 공을 세울 수 있다고 비유적으로 말하였다. 낚시와 사다리는 시인을 유력자에게 소개할 매개자로서 시제의 '군공'을 가리킨다.

《두시경전》 2구는 여러 공들이 막부 주인에게 사정을 알려주기를 바라는 것이다.(二句欲諸公達情幕主.)

35 勳庸(훈용) – 공훈.

《주례周禮·하관夏官·사마司馬》 백성을 다스리는 공을 용이라고 한다.(民功曰庸.)

36 語默(어묵) – 발언과 침묵. 말을 하는 것과 하지 않는 것. 可(가) – 할 수 있다. '어찌'의 뜻으로 볼 수도 있다. 端倪(단예) – 헤아리다. 짐작하다.

[勳庸 2구]

《두시경전》 평소 시대 구제를 자신의 사명으로 삼았음을 말한다. 공의 시(〈자경부봉선현영회오백자自京赴奉先縣詠懷五百字〉)에서 "자부함이 얼마나 어리석었던가, 은근히 직과 설에 견주었다"라고 하였다.(言素以濟時自命. 公詩, 許身一何愚, 竊比稷與契.)

37 贈粟(증속) – 곡식을 주다. 구휼하다. 囷(균) – 곳집. 應(응) – 반드시.

《삼국지三國志·오서吳書·주유노숙여몽전周瑜魯肅呂蒙傳》 노숙은 자가 자경이고 임회군 동성현 사람이다. …… 집안에 재물이 풍부하고 성품은 베풀기를 좋아하였다. …… 주유가 거소현의 장이 되어 수백 명을 거느려서 일부러 노숙에게 들러 안부를 묻고, 아울러 양식을 요구하였다. 노숙의 집에 쌀이 두 곳집에 각 3천 곡이 있었다. 노숙은 곳집 하나를 가리키며 주유에게 주었다. 주유는 그의 기이함을 더욱 잘 알게 되었고, 결국 친해져 공손교公孫僑(자산子産)와 계찰季札의 교분을 맺었다.(魯肅, 字子敬, 臨淮東城人也. …… 家富於財, 性好施與. …… 周瑜爲居巢長, 將數百人, 故過候肅, 幷求資糧. 肅家有兩囷米, 各三千斛, 肅乃指一囷與周瑜, 瑜益知其奇也, 遂相親結, 定僑札之分.)

38 登橋(등교) – 다리에 오르다. 柱必題(주필제) – 기둥에 반드시 글을 쓰다. 이 구는 사마상여의 고사를 인용하여 관직에 나아가고자 하는 의지를 표현하였다.

《화양국지華陽國志·촉지蜀志》 (촉군) 성의 북쪽 10리에 승선교가 있고, 송객관이 있다. 사마상여가 처음 장안으로 들어가면서 저자의 문에 글을 쓰기를 "네 필 말이 끄는 붉은 수레를 타지 않고서는 네 아래를 지나지 않겠다"라고 하였다.(城北十里有昇仙橋, 有送客觀. 司馬相如初入長安, 題市門曰, 不乘赤車駟馬, 不過汝下也.)

《두시조차공선후해집교》(수정본)에 인용된 《성도기成都記》 승선교는 사마상여가 처음 서쪽으로 갈 때 그 기둥에 "네 마리 말이 끄는 붉은 수레를 타지 않으면 네 아래를 지나지 않겠다"라고 썼다. 후에 과연 전거를 타고 이르렀다. 그곳은 망향대 동남쪽 1리에 있으며, 화양현 소관이다.(昇仙橋, 司馬相如初西去, 題其柱曰, 不乘赤車駟馬, 不過汝下. 後果以傳車至. 其處在望鄉臺東南一里, 管華陽縣.)

《두시경전》 자신을 여행 중의 어려움에서 구제할 수 있는 사람이 있다면 늙었어도 씩씩한 뜻이 줄지 않을 것임을 말한다.(言有能拯己之旅困者, 則雖老而壯志不減.)

[勳庸 4구]

《두시조차공선후해집교》(수정본) 위 4구는 공의 포부가 이와 같아서 남에게 부탁한다고 해서 끝내 굴종하지는 않는다는 뜻이다. 이에 여러 공 가운데 아는 사람이 반드시 있어서 곡식을 주면서 반드시 곳집을 가리킬 것이다. …… '등교주필제'는 또 공의 자부이다. …… 혹자는 말한다. "공이 남에게 부탁하면서도 자부하기를 이와 같이 한다면 또한 (그 사람을) 거스르는 것이 아닌가." 이에 말한다. "오직 공은 큰 이름을 자부하여 명칭이 그 실질에 부합한다. 당시 여러 공들은 또한 두보를 벗으로 삼고자 하였으나 그럴 수 없었으니 어찌 또 거스름이 되겠는가. 공이 (〈장별무협증남경형양서과원사십무將別巫峽贈南卿兄瀼西果園四十畝〉 시에서) 과수원 40무를 또 남에게 준 일을 보면 여러 공들이 곳집을 가리키며 주는 것을 공의 입장에서는 또한 받아도 거리낌이 없다고 여겼으리라.(上四句, 則公之懷抱所

負如此, 蓋不以有求於人而遂屈也. 於是群公必有所知者, 則贈粟囷應指矣. …… 登橋柱必題, 則又公之自負矣. …… 或曰, 公旣有所求於人, 而乃自負如此, 不亦忤乎. 曰, 惟公負重名, 而名稱其實. 當時群公, 蓋亦友之而不得也, 安復爲忤邪. 觀公果園四十畝, 又委以與人, 則群公之指囷, 在公亦以爲受之而無嫌矣.)

39 丹心(단심) – 충심. 《두시언해》에서는 '단사약丹砂藥 먹을 마음', 즉 도교에 귀의하려는 결심이라고 보았으나 옳지 않다. 折(절) – 꺾이다.

《두시조차공선후해집교》(수정본) '늙어서도 꺾이지 않았다'는 그가 아직 건장함을 말한다.(老未折, 則言其尙壯健也.)

40 時訪(시방) – 잠시 방문하다. 武陵溪(무릉계) – 무릉도원으로 인도하는 시내. 시인이 정박한 물가로 보기도 한다.

《두시조차공선후해집교》(수정본) 이 구에서는 또 지나는 땅이 무릉에서 가까우므로 그래서 언급하였다.(句又因所經之地去武陵爲近, 故及之.)

《보주두시》에 인용된 왕수王洙 주 무릉계는 진나라 사람들이 피난한 곳이다.(武陵溪, 秦人避亂之處.)

《두억》 무릉은 지금의 상덕이며, 형주 서남쪽에 있다.(武陵卽今常德, 在荊州西南.)

《독두심해》 살펴보건대 시에서 무릉도원의 고사를 이용하였다.(按, 詩用桃源事.)

《두시경전》 무릉계를 빌려 물가의 묵는 곳을 가리켜서 여러 공들이 들러서 찾아주기를 희망하였다. 이전의 견해는 무릉도원을 찾아가려 한다고 여겼으나 위 단락의 뜻과 일관되지 않는다.(武陵溪借指水宿, 欲諸公之過訪也. 舊說以爲欲訪桃源, 於上意不貫.)

#《두시상주》: 마지막 단락은 자신의 뜻을 서술하여 시름을 풀었다. 바다에서 낚시하고 구름에 오른다는 말은 공훈을 이루고 싶어한다는 뜻이

니 평소에 공을 세우기를 생각하여 일찍이 언어에 슬쩍 드러냈다. 지금은 여행 중에 어려움을 겪지만 나에게 곡식을 주는 사람이 있다면 다리 기둥에 포부를 쓰려는 뜻은 아직 남아 있다. 마음은 식지 않아서 끝내 일을 이루기를 기대하였으니 무릉도원으로 가는 일은 다만 잠시일 뿐이다. 《두억》에 "아마도 여러 공들 중에 구제해주기를 허락한 이가 반드시 있어서 그래서 곳집을 가리켜 달라는 말로써 기대하였다. 당시 무릉에 벗이 있어 공이 그를 찾아가려고 하였다"라고 하였다.(末述己志以遣興, 釣海梯雲, 想勳庸之得遂, 平時思爲樹立, 嘗於語言中微露之. 今當旅困, 倘有贈我以粟者, 則題橋之志猶存也. 寸心未灰, 終期有濟, 武溪之行, 特暫時焉耳. 杜臆, 想羣公必有許救濟者, 故以指囷望之. 時武陵有故人而公將訪之也.)

##《두시조차공선후해집교》(수정본): 이 시는 20운이며, 2단으로 나뉘고, 각 단은 10운이다. 상단에는 대략 그 행색을 서술하였고, 하단에는 곧 여러 공들에게 바라는 바가 담겨 있다.(此詩二十韻, 分爲兩段, 每段十韻. 上段蓋敘其行色, 下段則有所求於羣公矣.)

《두억》: 이 시는 곤궁함을 호소하는 작품이다. '동치빈서찰'은 아들에게 대신 쓰게 하였음을 말한다. 공은 오른팔이 마비되었으며, 그것에 대한 시(〈청명2수淸明二首·기이其二〉)가 있다. '고침번성월'은 동쪽에 있던 것이 바뀌어 서쪽이 되었음을 말하니 잠들지 못했기 때문이다. '비일고경재'는 말은 간단하지만 갖추어 묘사하였으니 나그네 생활의 괴로운 사정이 매우 핍진하다. 지팡이를 짚고 가면 행색이 평범한 사람과 같아 문지기가 알리려고 하지 않는다. 그래서 문이 깊숙하다. 가마를 타고 가면 문지기가 높은 관리인 줄 알고 들어가 알릴 것이다. 그러나 가마꾼이 없으니 그래서 날갯죽지가 처진다. 마음과 일을 곡진하게 서술하였다. 공훈을 세우려고 생각하는 사람은 말을 하거나 하지 않거나 간에 그 단초가 드러나니 노숙이 곳집을 가리킨

일과 사마상여가 다리에 글을 쓴 것과 같은 것이 바로 그 증거이다. 아마 여러 공 중에 구제해주기로 약속한 사람이 반드시 있었을 것이다. 그래서 뜻이 드러나지 않는 은미한 말로 그를 감동시켰다. 앞에서 "돌아가는 길은 북쪽과 무관하고, 모는 배는 도리어 서쪽으로 향한다"라고 하였으니 아마 반드시 무릉에 아는 이가 있어 장차 가서 찾으려고 한 것이다. 무릉은 형주 서남쪽에 있으며, 바로 지금의 상덕이다. 그래서 마지막 연에서 "단심은 늙어서도 아직 꺾이지 않아서 끝내는 북으로 돌아가야 하지만 지금은 잠시 무릉계를 방문할 뿐이다"라고 말하였다.(此訴窮之作. 童稚頻書札, 謂兒子代書. 公右臂偏枯, 有詩. 高枕翻星月, 謂東翻爲西, 因不寐故. 費日苦輕齎, 語簡而該寫, 客中苦情甚眞. 杖策而往, 跡同庸人, 門者不肯報, 故門闌邃. 肩輿而往, 門者知爲貴官, 肯入報矣. 然乏輿人, 故羽翮低, 曲盡情事. 思樹勳庸者, 於語默露其端倪, 如魯肅之指囷, 相如之題橋, 乃其證也. 想羣公內必有許相救濟者, 故以微言感動之. 前云, 歸路非關北, 舟行却向西, 蓋必武陵有故人, 將往訪之. 武陵, 在荊州西南, 卽今常德. 故落句云, 丹心老未折, 終當北歸, 今則時訪武陵溪爾.)

《독두심해》: 공이 강릉에 머물면서 어쩌면 양성군왕陽城郡王 위백옥衛伯玉의 도움을 조금 받았을 터이나, 이번에는 다시 바깥 고을로 향했으니 필시 그 안에서 얻지 못하여 따로 도움을 도모할 일이 있었을 것이다. 떠돌며 사는 끝에 움츠리고 기를 펴지 못하다가 이 시를 지어 위백옥 막부의 여러 공에게 바쳐 뜻을 보였다. 첫 단락에서 물가에 머물며 떠도는 상황의 대강을 기술했고, 가운데 8구에서 막다른 길에서 구제해주는 이가 드문 슬픔을 기술했으며, 마지막 단락에서 막부에 슬픔을 알리고 복심을 드러냈다. 시작하는 법이 경지를 다 갖추었다. 노둔하며 병도 많고, 본래 주선을 잘하는 사람이 아니며, 또 멀리 가기에만 급급하여 그래서 접대를 더욱 어찌할 줄 몰랐다. '택국' 4구는 물가 묵는 곳에 낙착된다. ‘귀로’ 구는 배필이고, ‘향서’가 지금 가는 곳을 가리킨다. 이 아래는 모두 떠돌아다니는 상황의 대강이며, 나는 여기에 왔다, 세상사 이치는 초탈할 수 없다는 말로 한 번 맺었다. 이 두 말은 그 어기와 정감이 격렬하다. ‘고침’ 4구는 물가에서 묵는 풍경이며, ‘이현’ 4구는 헛고생에 대한 한탄이다. 여기가 앞뒤로 전환되는 곳이다. ‘억억’ 4구는 여러 공들이 모두 재능을 드러내며 막부에서 일하지만 나는 남은 은혜를 받자고 하나 또 앞길에서 자빠졌음을 말한다. ‘장책’ 4구는 귀인의 문을 엿보기 어려워 타향살이에 아무도 구휼해주지 않는 상황을 묘사하였다. ‘거해’ 이하에서는 여러 공들이 막부 주공에게 사정을 전해주기를 바란다. 바다에서 낚시하고 구름에 오르게 해주는 매개자가 되어주면 회합에 달려가 공 세우기를 도모하고 기회를 잡아 유세하면 반드시 주인에게 보답할 때가 있을 것이다. 곳집을 가리키며 한번 구제해 달라는 말에 교각에 글을 써 자부하는 마음이 아직 남아 있다. 끝에서 또 홀연 시원하게 말하였다. “붉은 마음은 비록 늙었지만 꺾이기를 달게 여기지 않는데, 또한 어찌 구차하게 동정을 구걸할 수 있겠는가. 무릉을 찾아가서 세상 피한 사람들과 함께 놀 뿐이라.” 맺는 법이 또한 탁월하다.(公留江陵, 或稍資衛陽城存濟, 茲乃復向外邑, 必有不得於中, 而別圖倚毗者. 栖泊之餘, 蹙蹙靡騁, 作此呈衛幕諸公以見志. 首段, 述水次飄零之槩, 中八句述窮途鮮濟之悲, 後段乃告哀幕府, 布腹心焉. 起法儘占地步. 魯鈍多病, 本不善周旋者, 而又汲汲遠去, 是以逢迎益迷. 澤國四句, 落到水次. 歸路陪筆, 向西, 指今所往. 此下皆飄零之槩, 而以我到此物難齊, 作一束. 二語聲情激越. 高枕四句, 水宿之景, 異縣四句, 徒然之歎. 此前後轉捩處. 嶷嶷四句, 言群公皆呈材趨幕, 我則雖沾餘潤, 仍躓前途也. 杖策四句, 摹寫侯門伺候之難, 以致羈棲莫恤. 巨海以下, 望群公達情幕主. 爲釣海梯雲之媒, 則赴會圖功, 乘機進說, 必有報效主人之處. 蓋指囷一濟

間而題橋自命之志猶存也. 末又忽然颺開云, 丹心雖老, 未甘折服, 亦何能瑣瑣乞憐哉. 行訪武陵, 與避世者遊耳. 住法又高絕.)

(**이창숙**)

21. 遣悶

시름을 풀다

地闊平沙岸[1] 舟虛小洞房[1] 使塵來驛道[2] 城日避烏檣[3]

暑雨留蒸濕[4] 江風借夕涼 行雲星隱見[5] 疊浪月光芒[6]

螢鑑緣帷徹[7] 蛛絲罥鬢長[8] 哀箏猶憑几[9] 鳴笛竟霑裳[10]

倚著如秦贅[11] 過逢類楚狂[12] 氣衝看劍匣[13] 穎脫撫錐囊[14]

妖孽關東臭[15] 兵戈隴右瘡[16] 時淸疑武略[17] 世亂跼文場[18]

餘力浮於海[19] 端憂問彼蒼[20] 百年從萬事[21] 故國耿難忘[22]

땅은 너른 모래 언덕에 광활하고
배는 작은 동방처럼 텅 비었구나.
사자使者의 흙먼지 역로에서 불어오고
성의 해는 까마귀 새긴 돛대를 피한다.
여름비가 찌는 듯한 습기를 남기자
강바람이 저녁 서늘함 빌려준다.
지나는 구름에 별빛은 아른거리고
겹치는 파도에 달빛은 반짝인다.
반딧불은 휘장에 붙어 밝게 비치고
거미줄은 살쩍에 걸려 길게 늘어졌다.
슬픈 쟁소리에는 그래도 안궤에 기대어 있었지만
피리 소리에는 그만 눈물이 옷을 적셨다.

기대어 사는 것은 진나라 데릴사위와 같고

지나다 만나는 꼴은 초나라 광인을 닮았구나.
기운이 솟구치기에 검갑을 쳐다보고
끝이 삐져나와 송곳 주머니를 어루만지네.
관동에서 사악한 자들이 악취를 풍기고
농우 지역에서 전쟁이 일어 고통을 주네.
시절이 태평할 적에는 무략을 의심하고
세상이 어지러운 때에는 문단을 위축시키네.
남은 힘으로 바다에 떠서
깊은 시름하며 저 푸른 하늘에 물어본다.
백 년 평생 만사는 그냥 버려두어도
고향은 생각나서 잊기 어렵네.

이 시는 대력 3년 여름 강릉 일대에서 지은 것이다. 당시 두보는 배를 타고 주변을 떠돌고 있었는데, 배에서 바라본 주변의 경치를 묘사하면서 자신의 감회를 서술하였다. 어디에 정착하지 못하고 떠도는 자신의 신세에 대한 한탄과 나라 안 여기저기서 벌어지는 전란에 대한 걱정, 잊기 어려운 고향에 대한 그리움까지 여름밤 마음속에 떠오르는 상념들이 시인을 괴롭게 하는데, 이 시를 지어 그것을 풀고자 한 것이다.

《보주두시》 시에서 "땅은 너른 모래 언덕에 광활하고, 배는 작은 동방처럼 텅 비었다"라고 하였으니, 마땅히 대력 3년 강릉에서 지은 작품이다.(詩云, 地濶平沙岸, 舟虛小洞房, 當是大曆三年江陵作.)

《두시상주》 황학의 주에서 "마땅히 대력 3년 여름 강릉에서 지었다"라고 하였다.(鶴注, 當是大曆三年夏江陵作.)

주 석

1 洞房(동방) – 깊숙한 거처. 동방. 골방.

《두시조차공선후해집교》 '동방'은 텅 빈 방이다.(洞房者, 虛洞之房也.)

《두시상주》에 인용된 장진張溍 주 '소동방'은 배가 골방과 같다는 것이다.(小洞房, 舟如洞房也.)

《두보전집교주》에 인용된 소보邵寶 주 '동방' 구는 공이 당시 거처한 배가 마치 동방과 같았다는 것이다.(洞房, 公時舟居如洞房然.)

2 使(사·시) – 명령을 전하는 사자使者. 驛道(역도) – 역로. 역마가 다니는 길.

《두시조차공선후해집교》 강변에 역루가 있기에 "사자의 흙먼지 역로에서 불어온다"라고 하였다.(江邊有驛樓, 故云使塵來驛道.)

3 烏檣(오장) – 까마귀 모양을 새긴 돛대. 배가 성 가까이 정박하여 지는 해가 돛대에 미치지 못한 것이다. 이와 달리 전란으로 사자의 왕래가 빈번하여 이로 인한 먼지로 돛대가 뿌옇게 보이는 것을 표현한 것이라는 설도 있다. '檣'은 '牆'으로 된 판본도 있다.

《두공부초당시전》 '오장'은 배의 돛대에 까마귀 모양을 새긴 것을 말한다.(烏檣, 謂舡檣上刻爲烏形也.)

《두시조차공선후해집교》 배를 정박한 곳이 성과 가까워 해가 성에 가려져 돛대에 비치지 못하므로 "성의 해는 까마귀 새긴 돛대를 피한다"라고 한 것이다. 이는 시인의 절묘한 구절이다.(泊舡之處近城, 日爲城所障, 不照及檣, 故云城日避烏檣. 此詩人之巧句也.)

《두억》 "성의 해는 까마귀 새긴 돛대를 피한다"라는 구절을 주석가들이 절묘한 구절이라고 여기는데, 그런 것 같다. 그러나 "사자의 흙먼지 역로에서 불어온다"라는 구절과 짝지은 것은 어떻게 해석할 것인가? 뒷부분에 '요얼', '병과' 등의 구절이 있음을 살펴본다면 관동과 농우 지역에서 병변이 발생하여 소식을 전하는 사자가 어지럽게 달려와 성에 이르러 먼지가 일었고, 해가 그 때문에 가려져 배에 있는 사람이 이를 볼 때 마치 '해가 까마귀 새긴 돛대를 피하는' 것과 같을 따름이라는 것을 알 수 있다.(城日避烏檣, 註者以爲巧句, 似已. 然以對使塵來驛道, 何解. 觀後有妖孽兵戈之句, 知關東隴右兵變, 驛使紛馳, 到城塵起, 日爲蒙障, 舟中人見之, 若日避烏檣耳.)

4 暑雨(서우) – 여름 더위 속에 내리는 비. 蒸濕(증습) – 덥고 습한 기운.

[暑雨 2구]

《두시조차공선후해집교》 두 구는 뜻이 서로 연결된다. 여름비가 내릴 때 찌는 듯한 습기가 남았는데 강바람이 불어와 저녁의 서늘함을 빌린 것이다.(兩句通義. 當暑雨之際, 留住蒸濕, 而得江風借之以夕涼也.)

《두보전집교주》에 인용된 노원창盧元昌 주 해가 졌는데도 덥고 습한 기운이 여전히 남아 있는 것은 여름비가 내린 다음이기 때문이고, 여름에는 덥다가 저녁 바람이 갑자기 불어온 것은 강가이기 때문이다.(日落而蒸濕尙留者, 暑雨後也, 暑蒸而夕風忽至者, 江上故也.)

5 隱見(은현) – (모습이) 숨었다가 나타나다.

《두시조차공선후해집교》 구름이 모이면 별이 숨었다가, 구름이 지나가면 별이 나타나는 것이기에 "지나는 구름에 별빛이 아른거린다"라고 하였다.(雲合則星隱, 雲過則星見, 故云行雲星隱見.)

6 疊浪(첩랑) – 겹친 파도. 光芒(광망) – 빛.

《두시조차공선후해집교》 달빛이 물에 들어 앞 파도와 뒤 파도를 모두 비추기에 "겹치는 파도에 달빛이 반짝거린다"라고 하였다.(月

光在水中，前浪後浪皆照，故云疊浪月光芒.)

[行雲 2구]

《두보전집교주》에 인용된 호하객胡夏客 설 '은현'은 구름 가운데 별을 말하고, '광망'은 파도 속의 달을 말하는데, 그려낸 경치가 참신하다.(隱見，言雲中之星，光芒，言浪中之月. 繪景能新.)

《두보전집교주》에 인용된 왕호汪灝 설 구름이 오면 별이 숨고, 구름이 가면 별이 나타나는 것은 하늘이 넓어 분명히 보이는 것이다. 달이 파도에 빛을 더하고, 파도는 달빛을 반사하니 중첩되어 반짝이는 것이 일정하지 않다. 대낮부터 밤까지 곧장 써내려갔다.(雲來星隱, 雲去星見, 天曠看得分明. 月助波光, 波翻月色, 重疊閃爍無定. 自白晝直寫到夜.)

7 螢鑒(형감) – 반딧불이의 빛. 帷(유) – 휘장. 徹(철) – 밝게 빛나다.
《구가집주두시》 반딧불이 사물을 비출 수 있기에 '형감'이라고 한 것이다.(螢光可以照物, 故曰螢鑒.)

8 蛛絲(주사) – 거미줄. 罥(견) – 얽다. 매다. 鬢(빈) – 살쩍. 귀밑털.
《두억》 거미줄이 살쩍에 걸리는 것은 우연히 생기는 일인데 시에 집어넣으니 매우 묘한 정취가 있다. 이로써 시는 담지 못할 것이 없으나 숙고하여 찾는 자가 아니면 얻을 수 없다는 것을 알 수 있다.(蛛絲罥鬢, 偶然有之, 入詩甚妙, 乃知詩無所不有, 非冥搜者不能得也.)

[螢鑒 2구]

《두보전집교주》에 인용된 노원창 주 반딧불이가 별, 달과 서로 빛을 비추니 휘장에 붙어 더욱 밝고, 거미줄이 저녁 바람에 끌려와 서로 두르니 살쩍에 얽혀 더욱 길어진 것이다.(螢與星月交輝, 緣帷更徹, 蛛絲引夕風互繞, 罥鬢加長.)

《두보전집교주》에 인용된 왕호 설 반딧불을 빌려 절기를 밝히고, 거미줄을 가져와 흰머리를 비유하였다.(借螢點節候, 借絲比髮白.)

9 哀箏(애쟁) – 슬픈 쟁 소리. 憑几(빙궤) – 안석에 기대다.

두보 〈추일기부영회봉기정감심이빈객지방일백운秋日夔府詠懷奉寄鄭監審李賓客之芳一百韻〉 슬픈 쟁 소리가 늙은이의 마음을 아프게 하는데, 화려한 집에는 아름다운 신선들뿐이었습니다.(哀箏傷老大, 華屋艶神仙.)

10 鳴笛(명적) – 피리 소리. 霑裳(점상) – 옷을 적시다.

[哀箏 2구]

《두시조차공선후해집교》 처음 슬픈 쟁 소리를 들었을 적에 이미 눈물을 흘릴 수도 있었으나, 그래도 아직은 눈물을 참고 안석에 기대어 그것을 듣고 말 뿐이었다. 하지만 피리 소리를 듣게 되자 감정을 억누를 수 없었던 것이다. 이에 마침내 눈물이 옷을 적시게 되었다.(初聞哀箏, 已可垂淚, 然猶忍淚憑几聽之而已. 至聞笛鳴, 則情不禁矣. 於是乎淚竟霑裳也.)

#《두시상주》: 이 단락은 배 안에서 야경을 기록하였다. 위의 4구는 배를 정박한 초저녁이고, 가운데 4구는 밤이 되었을 때의 경물과 일이며, 아래 4구는 오래도록 앉아 보고 들은 것들이다. '내역도'는 저녁에 장차 묵으려는 것이고, '피오장'은 성이 해를 가린 것이다. 호하객은 "'은현'은 구름 가운데 별을 말하고, '광망'은 파도 속 달을 말하는데, 그려낸 경치가 참신하다"라고 하였다. 노원창의 주에서는 "반딧불이의 불이 비출 수 있기에 휘장에 붙어 언뜻 비칠 수 있는 것이다. 거미줄이 바람에 끌려 살쩍을 스치며 길어졌다"라고 하였다. 《두억》은 "슬픈 쟁 소리는 그래도 안석에 기대어 들을 수 있었지만 피리 소리에는 눈물을 떨구어 옷을 적셨다. 처음에는 그래도 억지로 참았지만, 뒤에는 마침내 참을 수 없었던 것이다"라고 하였다. 2구가 이미 시름의 뜻을 언급하고 있다.(此記舟中夜景. 上四泊舟初晩, 中四入夜景事, 下四坐久見聞. 來驛道, 晩將宿也. 避烏檣, 城障日也. 胡夏客曰, 隱見,

言雲中之星. 光芒, 言浪中之月. 繪景能新. 盧注, 螢光能鑒, 緣帷乍徹. 蛛絲引風, 掠鬢加長. 杜臆, 哀筝尙凭几而聽, 鳴笛則淚下霑裳, 初猶强忍, 後竟難忍也. 二句已涉悶意.)

11 倚著(의착) – 의지하다. 秦贅(진췌) – 진나라 데릴사위. 이 구는 다른 사람에게 의지해야만 살아갈 수 있는 자신의 처지가 진나라 데릴사위와 같다고 한탄한 것이다.

《두시상주》에 인용된 《가의전賈誼傳》 진나라 사람들은 집이 부유하면 자식이 장성한 후 분가하여 내보내고, 집이 가난하면 장성한 후 데릴사위로 내보낸다.(秦人, 家富子壯則出分, 家貧子壯則出贅.)

《두시경전》 여기저기 떠돌아다녔음을 말한다.(言隨地漂流也.)

12 過逢(과봉) – 지나가다 만나다. 우연히 조우하는 것이다. 楚狂(초광) – 초나라 광인. 이 구는 떠돌아다니다 다른 사람을 만나는 자신의 신세가 마치 초나라의 광인과 비슷하다고 한탄한 것이다.

《논어·미자微子》 초나라 광인 접여가 공자 앞을 노래하며 지나갔다. "봉이여, 봉이여, 어찌하여 덕이 쇠하였는가."(楚狂接輿歌而過孔子曰, 鳳兮鳳兮, 何德之衰.)

[倚著 2구]

《두보전집교주》에 인용된 오견사吳見思 설 남에게 의지하는 것이 진나라 데릴사위와 같다는 것은 스스로 자립할 수 없다는 것이고, 세상을 사는 것이 초나라 광인과 같다는 것은 나를 알아주는 사람이 없다는 것이다.(依人如秦贅, 不能自主, 過世如楚狂, 無人知我.)

13 氣衝(기충) – 기운이 솟구치다. 기운이 뻗치다. 劍匣(검갑) – 칼갑.

《두보전집교주》에 인용된 소보 주 '간검갑'은 장화가 검의 기운이 견우성과 남두성에 뻗치는 것을 본 것이다.(看劍匣, 張華見劍氣衝牛斗也.)

《두시조차공선후해집교》 '기충'의 일은 장화가 자색 기운이 견우성과 남두성 사이에 뻗치는 것을 보고 이를 뇌환에게 물으니 검의 기운이라고 말한 것이다.(氣衝事, 張華見紫氣衝斗牛之間, 以問雷煥, 言劍氣也.)

《두보전집교주》에 인용된 《진서晉書·장화전張華傳》 장화가 크게 기뻐하며 바로 뇌환을 풍성령으로 임명하였다. 뇌환이 현에 도착하여 감옥의 터를 팠는데, 4장 정도의 깊이로 땅을 파 들어가서 석함 하나를 얻었다. 그 빛의 기운이 대단하였고 그 가운데 쌍검이 들어 있었는데 모두 글자가 새겨져 있었다. 하나는 용천이었고, 다른 하나는 태아였다. 그날 저녁 남두성과 견우성 사이에서는 기운이 다시 보이지 않았다.(華大喜, 卽補煥爲豐城令. 煥到縣, 掘獄屋基, 入地四丈餘, 得一石函, 光氣非常, 中有雙劍, 並刻題, 一曰龍泉, 一曰太阿. 其夕, 斗牛間氣不復見焉.)

14 穎脫(영탈) – 끝이 나오다. 여기서 '영'은 송곳의 끝을 말한다. 錐囊(추낭) – 송곳이 들어 있는 주머니.

《두보전집교주》에 인용된 《사기·평원군열전平原君列傳》 평원군이 말하였다. "저 어진 선비가 세상에 사는 것은 비유컨대 송곳이 주머니 속에 있으면 그 끝이 바로 드러나는 것과 같으니, 지금 선생(모수毛遂)이 나의 빈객으로 있은 지 3년이나 되었지만, 좌우에서 칭찬하는 말을 들은 적이 없습니다. 내가 들은 바가 없다는 것은 선생께서 아무 재주가 없다는 뜻이겠지요. 선생께서는 같이 갈 수 없으니 남아 주십시오." 모수가 말하였다. "저는 오늘에서야 주머니 속에 넣어 달라고 부탁드리는 것입니다. 만일 저를 좀 더 일찍 주머니 속에 있게 하셨다면 벌써 주머니를 빠져나왔을 것이니 단지 그 끝만 보이지는 않았을 것입니다."(平原君曰, 夫賢士之處世也, 譬若錐之處囊中, 其末立見. 今先生處勝之門下三年于此矣, 左右未有所稱誦, 勝未有所聞, 是先生無所有也. 先生不能, 先生留. 毛遂曰, 臣乃今日請處囊中耳, 使遂蚤處囊中, 乃穎脫而出, 非特其末見而已.)

[氣衝 2구]

《두보전집교주》에 인용된 장진張溍 주 '기충' 구와 '영탈' 구는 자신의 기운이 아직 쇠하지 아니하였고 재주가 여전히 쓰일 수 있는데, 아무도 써주지 않음을 말하였다.(氣衝穎脫, 言己氣尙未衰, 才尙可用, 而無人見任也.)

《두시조차공선후해집교》 두 구는 모두 사물을 빌려 자신을 비유하였다.(兩句皆借物以自喩耳.)

15 妖孼(요얼) – 요괴. 사악한 자. 關東(관동) – 함곡관函谷關과 동관潼關의 동쪽. 臭(취) – 냄새. 악취.

16 隴右(농우) – 농산 서쪽. 감숙성 일대를 가리킨다. 瘡(창) – 상처. 고통.

[妖孼 2구]

《두시경전》 관동은 안사의 난을 가리키고, 농우는 토번에 대한 경계를 말한다.(關東, 指安史之亂, 隴右, 謂吐蕃之警.)

《두시조차공선후해집교》 두 구는 모두 당시의 실제 일인데, 참으로 단지 토번과 도적일 따름이다.(兩句皆當時之實事, 眞只是吐蕃與盜賊耳.)

《두보전집교주》에 인용된 호진형胡震亨 주 '취'는 반란을 일으키는 자의 더러움을 말하고, '창'은 난리를 당하는 자의 피해를 말한다.(臭, 言造逆者之穢, 瘡, 言被亂者之殘.)

17 時淸(시청) – 시절이 태평하다. 평화롭고 안정된 시기를 말한다. 武略(무략) – 무인의 책략. 이 구는 태평 시절에는 무인들의 책략이 받아들여지지 않음을 말한다.

18 跼(국) – 위축시키다. 위축되다. 文場(문장) – 문단文壇. '무인'과 상대되는 개념으로서의 문인을 가리키는 것으로 볼 수 있다.

[時淸 2구]

《두시조차공선후해집교》 2구는 뜻이 통하며, 의론하는 말이다. 대체로 시절이 태평할 적에는 무인의 책략을 의심하여 사용하지 않고, 세상이 어지러워졌을 때에는 문단이 위축되어 기를 펴지 못하는 것을 말한다.(兩句通義, 乃議論之語也. 蓋言當時之淸, 則以武略爲疑而不用, 及世之亂, 則文場跼而不展矣.)

《두억》 시절이 태평할 적에는 무를 경시하고, 세상이 어지러워졌을 때는 문을 경시한다고 한 것인데, 문단이 위축된다는 것은 공이 스스로를 말한 것이다.(時淸輕武, 世亂輕文, 跼文場, 公自謂也.)

《두시경전》에 인용된 장진張溍 설 '시청' 2구는 태평 시절에는 무를 경시하고 난세에는 문을 소홀히 한다는 말이다. 2구는 시대의 누적된 폐단을 모두 다 말하였다.(時淸二句, 言太平輕武, 亂世緩文也. 二句道盡時世積重之弊.)

19 餘力(여력) – 남은 힘. 浮於海(부어해) – 바다 위를 떠다니다.

《논어·공야장公冶長》 공자께서 말씀하시기를 "도가 행해지지 않는다. 뗏목을 타고 바다로 항해하게 되면, 나를 따라올 사람은 아마도 자로子路일 것이다"라고 하셨다.(子曰, 道不行, 乘桴浮於海, 從我者其由與.)

20 端憂(단우) – 깊은 근심. 彼蒼(피창) – 하늘.

《시경·진풍秦風·황조黃鳥》 저 푸른 하늘이여, 어이 우리 임을 죽이셨는가.(彼蒼者天, 殲我良人.)

[餘力 2구]

《두보전집교주》에 인용된 소보 주 이제 멀리 큰 바다에 떠다니며 조용히 하늘에 하소연함으로써 스스로 시름을 풀고자 한 것이다.(今願遠浮滄海, 靜訴蒼天, 以自排遣而已.)

21 百年(백년) – 한평생. 사람의 일생을 가리킨다. 從(종) – 내버려두다.

방임하다. 괘념치 않다. 萬事(만사) – 많은 일. 온갖 일.

22 故國(고국) – 고향. 耿(경) – 반짝거리는 모습. 여기서는 고향이 생각나는 모습이다.

[百年 2구]

《두시조차공선후해집교》 '종만사'는 백 년 사는 동안 번다한 일들은 내버려둘 수 있으나 고향을 그리워하는 마음만은 어쩔 수 없음을 말한 것이다.(從萬事, 則言百年之內, 任從事緖之多, 而惟有懷鄕不能已也.)

《두보전집교주》에 인용된 소보 주 인생 백 년의 일이 모두 사라진대도 연연하지 않겠지만, 고향과 친지와 벗을 그리워하는 마음만은 생각나 잊을 수 없음을 말한 것이다.(百年俱廢, 無心繫戀, 但思故鄕親友, 耿耿不忘云爾.)

《두억》 백 년 동안 세상만사에 대한 관심은 내려놓을 수 있지만 고향만은 생각나서 잊을 수 없다. 그런데 관동과 농우에 난리가 났으니 모두 고향이 크게 피해를 본 재난이다. 이것이 그 시름하는 바이다.(百年之內, 從他萬事關心, 唯故國耿耿難忘, 而關隴之亂, 皆故國剝膚之災, 此其悶也.)

#《두시상주》: 이 단락은 시름을 푸는 마음을 서술하였다. 위 4구는 자신에 대해 서술한 것이고, 가운데 4구는 시절을 아파한 것이며, 마지막 4구는 감회이다. 이리저리 떠돌아다니기에 신세가 데릴사위로 나간 것 같다. 분개한 마음이 많기에 족적이 초나라 광인과 같다. 검을 바라본다는 것은 큰 포부가 여전하다는 것이다. 주머니를 어루만지는 것은 능력을 사용하고 싶어도 할 수 없다는 것이다. '관동' 구는 안사의 난이다. '농우' 구는 토번에 대한 경계이다. 당시는 바야흐로 무를 높이기에 문인은 뜻을 잃었다. '부해'는 세상을 피할 것을 생각한 것이다. '문창'은 하늘을 슬퍼한 것이다. 모든 일은 있는 그대로 내버려둘 수 있으나 고향만은 잊기 어렵기에 항상 시름하는 것이다.(此述遣悶之

情. 上四自敍, 中四傷時, 末四感懷. 隨地漂流, 身如出贅矣. 意多感憤, 迹若楚狂矣. 看劍, 壯心猶在. 撫囊, 欲試未能. 關東, 安史之亂. 隴右, 吐蕃之警. 時方右武, 故文人失志. 浮海, 思避世. 問蒼, 乃悲天. 萬事聽其自然, 唯故國難忘, 所以常悶耳.)

##《독두심해》: 앞 12구는 경물이고, 뒤 12구는 감정이다. 앞에서는 배로 다니다가 밤에 묵는 경물을 그렸는데 글자가 모두 맑고 빼어나다. 진나라 데릴사위와 초나라 광인은 편하게 거처하는 경우가 아주 드물다는 것이다. '기충' 구와 '영탈' 구는 괜히 헛된 뜻을 품었다는 것이다. 번진과 이민족이 있으니 동서로 일이 많아지게 되었다. 세상이 어지러워 문단을 위축시키니 태평한 시절을 만나기 어렵게 되었다. 신세는 이와 같고 세상은 저와 같아서 바다에 떠다녀 세상을 피함에 따르는 자가 없고, 하늘에 물어보려고 우러러보지만 누구에게 이야기할 것인가? 인생 백 년 온갖 일은 또한 그런대로 내버려두지만 배 한 척으로 표박하는 것을 어찌하리오? 아득한 고향 이 마음에 생각나니 어느 때에야 풀릴 수 있겠는가? 확실히 배에서 느끼는 감회이다.(前十二景, 後十二情. 前寫舟行夜泊之景, 字字淸峭. 秦贅楚狂, 殊少安棲也. 氣衝穎脫, 徒抱虛志也. 藩鎭羌戎, 則東西多事矣. 世亂跼文, 則時淸難遘矣. 以身若此, 以世若彼. 浮海而避地無從, 問蒼而仰天誰語. 百年萬事, 亦姑聽之. 獨無如一舟漂泊, 故國迢遙. 耿耿此心, 何時可釋. 的是舟中感觸.)

(박홍준)

22. 江邊星月二首

강변의 별과 달 2수

驟雨淸秋夜[1] 金波耿玉繩[2] 天河元自白[3] 江浦向來澄[4]
映物連珠斷[5] 緣空一鏡升[6] 餘光隱更漏[7] 況乃露華凝[8]

소나기에 가을밤 맑아지고
금빛 물결에 별빛이 반짝인다.
은하수는 본래 하얗고
강의 포구는 종래 맑았지.
만물을 비추니 꿰어진 구슬 끊어지고
허공을 따라 거울 하나가 올라간다.
남은 빛이 물시계에 희미해지고
게다가 이슬까지 맺히는구나.

이 시는 대력 3년 가을 강릉 인근의 장강 포구에 배를 대고 지은 것으로 보인다. 2수로 이루어진 연작시로서, 첫째 수에서는 별과 달이 장강을 비추는 밤경치를 묘사하고 둘째 수에서는 별과 달이 사라지는 새벽 경치를 묘사했다. 배에 의지해 장강을 떠도는 시름을 별빛과 달빛으로나마 덜어보고자 하는 나그네의 우수가 짙게 묻어난다.

《보주두시》 시에서 "강의 달은 바람 속의 뱃줄을 떠나고, 강의 별은 안개 속의 배와 헤어진다"라고 하였으니, 응당 대력 3년 가을 강릉의 배 안에서 지은 것이다.(詩云, 江月辭風纜, 江星別露船, 當是大曆三年秋江陵舟中作.)

주 석

1 驟雨(취우) – 갑자기 내린 비. 소나기. 淸(청) – 맑게 하다.

2 金波(금파) – 금빛 물결. 여기서는 달빛을 가리킨다. 耿(경) – 반짝이다. 玉繩(옥승) – 별 이름.

《구가집주두시》 조차공 주 '금파'로 달을 말하고, '옥승'으로 별을 말했다.(金波以言月, 玉繩以言星.)

3 天河(천하) – 은하수. 元自(원자) – 본래. 원래.

4 江浦(강포) – 장강의 포구. 여기서는 두보가 배를 댄 강릉의 포구를 가리킨다. '浦'가 '渚'로 된 판본도 있다. 向來(향래) – 종래. 이전부터 지금까지. 澄(징) – 맑다.

《구가집주두시》 조차공 주 '원자'와 '향래'라는 시어는 두보가 일찍이 사용한 적이 있다. (〈상춘오수傷春五首·기이其二〉에서) "눈썹 털 원래 하얗고, 눈물방울 예전부터 흘러내렸다"라고 했고, 또 (〈한우조행시원수寒雨朝行視園樹〉 시에서) "바위 가둔 등줄기 원래 처졌고, 하늘 기댄 솔 뼈는 참으로 말랐구나"라고 하였다.(元自向來之字, 公嘗使矣. 蓋云眉毛元自白, 淚點向來垂. 又曰鏁石藤梢元自落, 倚天松骨見來枯.)

5 映物(영물) – 만물을 비추다. 連珠(연주) – 줄줄이 꿴 구슬. 이 구는 별들이 일렁이는 강물에 비치니 꿰어진 구슬이 흩어지는 것으로 볼 수도 있다.

《한서·율력지律曆志》 해와 달은 붙여놓은 둥근 옥 같고, 다섯 별은 꿴 구슬 같다.(日月如合璧, 五星如連珠.)

6 緣空(연공) – 허공을 따르다. 一鏡(일경) – 하나의 거울. 여기서는 밝은 달을 비유한다. 升(승) – 떠오르다.

[映物 2구]

《두보전집교주》에 인용된 고신顧宸 주 은하수는 본래 하얀데 별과 달이 그것을 비추니 더욱 하얘진다. 강의 포구는 종래 맑은데 별과 달이 그것을 비추니 더욱 맑아진다. 이른바 강변의 별과 달이다.(天河元自白, 星月映之, 則更白矣, 江浦向來澄, 星月映之, 則更澄矣. 所謂江邊星月也.)

7 餘光(여광) – 남은 빛. 별과 달이 진 후에 남은 빛을 가리킨다. 隱(은) – 희미해지다. '憶'으로 된 판본도 있다. 更漏(경루) – 물시계. 이 구는 숨는 주체를 물시계 소리로 보아 남은 빛에 물시계 소리가 사라진다고 풀이할 수도 있다.

8 況乃(황내) – 하물며. 또한. 마치 ~와 같다는 뜻으로 풀이하는 설도 있다. 露華(노화) – 이슬. 凝(응) – 맺히다.

[餘光 2구] 별과 달의 남은 빛이 물시계 소리 속에 희미해지고, 새벽이 밝아오면 이슬도 맺힌다는 말이다.

《구가집주두시》 조차공 주 마지막 구는 물시계 소리가 별과 달의 남은 빛 속에 숨는다는 말이다. 이때는 곧 새벽이기에 그래서 "게다가 이슬까지 맺히는구나"라고 말한 것이다. 이슬이 맺혀 떨어지니 그 나그네로서의 처지를 알 만하다.(末句言更漏之聲隱於星月餘光之中也. 此則曉, 故言況乃露華凝也. 露華凝墜, 其客況可知矣.)

#《두시상주》: 주학령의 주에 "첫째 수는 비 온 뒤의 별과 달을 노래했다"라고 하였다. 수련은 강변의 별과 달이다. 비 온 뒤에 공기가 맑아 그래서 "본래 희고 종래 맑다"라고 하였다. 이는 첫 구를 이어 받은 것이다. 별과 달이 밤에 밝아 그래서 구슬이 꿰어지고 거울이 떠오름을 알게 되니 이는 둘째 구를 이어 받은 것이다. 밤이 깊어가며 빛도

숨으니, 이슬이 맺히면서 하늘은 새벽이 되려 한다. 마지막 구는 다음 수를 이끌어낸다.(朱注, 首章, 咏雨後星月. 首聯, 江邊星月. 雨後氣淸, 故云元白向澄, 此承首句. 星月夜皎, 故知珠連鏡升, 此承次句. 更深光隱, 則露華凝而天欲曉矣. 末句, 逗起下章.)

《두억》: '금파' 구는 다섯 자로 별과 달을 다 드러내며 그 필력을 보여주었고 시어 또한 맑게 울리나, 그 뒤에 가서 다시 '주', '경'과 같은 말을 써서는 안 되었다. '여광' 구 또한 묘미가 없다.(金波耿玉繩, 五字盡星月, 見其筆力, 語復鏗然, 但後來不應再用珠鏡語. 餘光憶更漏, 亦無味.)

《독두심해》: 주학령은 "첫째 수는 비 온 뒤의 별과 달을 노래했다"라고 했는데, 살펴보건대 그 시점은 밤이 다할 무렵이었다. 3, 4구는 암암리에 비 온 뒤와 이어져 '강변'과 긴밀하게 연관되지만, 또한 한밤의 어둠을 드러냈으니 오히려 곁들이는 말이다. 5, 6구가 바로 별과 달을 본격적으로 다룬 것이다. 7, 8구는 빛이 다시 점점 희미해지는 것이다.(朱云, 首章, 詠雨後星月, 按其時在更闌候矣. 三四, 暗接雨後, 緊切江邊, 亦顯上半夜昏黑, 卻是旁筆. 五六, 乃星月正面, 七八, 光復漸微也.)

其二

江月辭風纜[1] 江星別霧船[2] 雞鳴還曙色[3] 鷺浴自晴川[4]
歷歷竟誰種[5] 悠悠何處圓[6] 客愁殊未已[7] 他夕始相鮮[8]

강의 달은 바람 속의 뱃줄을 떠나고

강의 별은 안개 속의 배와 헤어진다.
닭이 우니 또 새벽
해오라기 목욕하는 것 본래 맑은 냇가.
늘어선 모습 도대체 누가 심은 것이며
유유한 모습 어디서 둥글어질까?
나그네 시름 도무지 끝이 없는데
다른 날 저녁에야 비로소 서로 선명해지겠지.

주 석

1 辭(사) – 떠나다. 風纜(풍람) – 바람 속의 뱃줄. '纜'이 '檻'으로 된 판본도 있다.

2 霧船(무선) – 안개 속의 배. '霧'가 '露'로 된 판본도 있다.

[江月 2구] 새벽이 오면서 강 위의 별과 달이 모두 사라졌다는 말이다.

《구가집주두시》 조차공 주 뱃줄은 바람 속의 뱃줄이라 하고, 배는 안개 속의 배라 했으니 새벽의 경물이다.(纜言風纜, 船言霧船, 則曉之景物也.)

《두보전집교주》에 인용된 고신顧宸 주 바람 속의 뱃줄 위에 다시 강의 달이 없고, 안개 속 배 위에 다시 강의 별이 없으니, 별과 달이 이미 강변과 이별하고 떠난 것이다.(風纜之上無復江月, 霧船之上無復江星, 星月已離別江邊而去矣.)

3 雞鳴(계명) – 닭이 울다. 날이 밝은 것을 말한다. 還(환) – 다시. 《두시언해》에서는 '돌아오다'로 풀이하였다. 曙色(서색) – 새벽 동틀 때의 하늘빛. '曙'가 '曉'로 된 판본도 있다.

4 鷺(노) – 해오라기. 自(자) – 본래. 晴川(청천) – 맑은 강. 맑은 날의

수면을 가리킨다.

5 歷歷(역력) – 늘어선 모양. '뚜렷한 모양'으로 풀이할 수도 있다. 竟(경) – 도대체. 種(종) – 심다.

고악부 〈농서행隴西行〉 하늘에 무엇이 있나? 줄줄이 흰 느릅나무(백유성白楡星을 뜻함) 심었네.(天上何所有, 歷歷種白楡.)

6 悠悠(유유) – 유유한 모양. 아득한 모양.

7 殊(수) – 도무지. 전혀. 未已(미이) – 끝나지 않다.

8 他夕(타석) – 다른 날 저녁. 相鮮(상선) – 서로 선명하다.

《두보전집교주》에 인용된 고신 주 '상선'은 별과 달이 서로 비추며 밝다는 말이다.(相鮮, 言星月相映而明也.)

[客愁 2구] 나그네 시름은 전혀 끝이 보이지 않는데 이미 별과 달이 모두 사라진 새벽이라 다른 날 저녁에 다시 밝은 모습을 기대할 수 있겠다는 말이다.

《두율계몽》 말련에서는 다른 날 저녁에 다시 감상할 것을 기약하였다.(末聯, 期他夕重玩.)

#《두시상주》: 주학령의 주에 "다음 수는 새벽녘의 별과 달을 노래했다"라고 하였다. 별과 달이 배를 떠나니 빛이 장차 사라질 것이다. 닭이 울고 해오라기가 목욕하니 날이 이미 환해졌다. 별과 달이 자취 없음을 생각하며 다른 날 저녁을 기다리니, 대체로 나그네 시름을 이들에 의지해 자주 떨치곤 했던 것이다.(朱注, 次章, 咏將曉星月. 星月離舟, 光將沒矣. 雞鳴鷺浴, 天已曉矣. 想星月無踪, 而俟之他夕. 蓋客愁藉之以頻遣也.)

《두억》: 앞 수가 초저녁의 달이라면 이 수에서는 새벽녘이다. 밤이 장차 저물어가면 별과 달이 지고 배 또한 운행을 시작한다. 둘이 서로 이별하는 것이기에 그래서 바람 속의 뱃줄을 떠나고 안개 속의 배와 헤어지니, 그려낸 경치가 또한 닮았다. 날이 밝은 후에 다시 돌이켜 생각해 보는바, 이 별들이 늘어서 있는 것은 누가 심었기 때문일까? 밝은 달이 유유한데 또 어디서 둥글어질까? 나그네 시름이 아직 끝나지 않으니 스스로 무기력함을 느끼며 다른 날 저녁에 비로소 더불어 선명해지기를 기다린다. 이 구절은 졸렬하다.(前首乃初夜之月, 此則殘夜. 夜將殘則星月將落, 船亦啓行, 兩相分別, 故辭風纜, 別霧船, 寫景亦肖. 天明後又追思, 此星歷歷, 是誰種乎. 明月悠悠, 又有何處圓乎. 客愁未已, 自覺萎苶, 俟他夕始與相鮮爾, 此句拙.)

《두시상주》에 인용된 왕사석 설: 두 시는 별과 달에 맞추면서 짝을 지어 뜻을 드러낸 것이 응제의 글과 같아서 별도의 한 체제이다. 아쉬운 것은 둘째 수의 결구가 졸렬함에 가까워 정채로움이 보이지 않는 점이다.(二詩, 照定星月, 比偶發揮, 如應制文字, 別是一體. 惜次章結句近拙, 不見精彩耳.)

《독두심해》: 주학령은 "다음 수는 새벽녘의 별과 달을 노래했다"라고 했는데, 이 수는 더욱 기발하다. 비록 별과 달을 노래하고 있으나 도리어 모두 이미 지고 난 후의 말이다. 또한 3, 4구가 배필이고 5, 6구가 정면 묘사이다. 7, 8구에서는 빛이 다음 날 밤까지 이어진다. 아래 구를 완상하면 이날 저녁에 빛 비춤이 얼마 남지 않았다는 것이 더 잘 드러난다.(朱云, 次章, 詠將曉星月. 此更奇. 雖詠星月, 卻都是已沒後語. 亦三四陪剔, 五六正寫, 七八, 則透到後夜. 玩下句, 益見此夕光透無幾.)

(**김준연**)

23. 舟月對驛近寺

배에서 달빛 아래 역을 마주하는데 절이 가까이 있다

更深不假燭[1] 月朗自明船 金刹青楓外[2] 朱樓白水邊[3]
城烏啼眇眇[4] 野鷺宿娟娟[5] 皓首江湖客[6] 鈎簾獨未眠

밤이 깊은데 촛불을 빌리지 않아도
달이 환하여 저절로 배를 밝히네.
금빛 보탑은 청풍나무 밖에 있고
붉은 누각은 흰 물가에 있네.
성의 까마귀는 울음소리 아득하고
들의 백로는 자는 모습 예쁘네.
흰머리로 강호를 떠도는 나그네는
발을 고리에 걸고 홀로 잠을 못 이루네.

이 시는 배를 타고 강릉江陵 근처를 떠돌던 밤에 어느 역 근처에 정박하여 지은 것이다. 그날 밤은 달이 몹시 밝고 그 역은 사찰과 가까웠다. 시인은 잠 못 이루면서 배 안에서 바라본 주위의 밤 풍경을 묘사하고 나그네의 시름을 기탁하였다. 다수의 주석가들은 대력 3년에 지은 것으로 보고 있다.

《보주두시》 제목에서 '주월'이라 하고, 또 시에서 "달이 환하여 저절로 배를 밝힌다", "붉은 누각은 흰 물가에 있다"라고 하니 마땅히 대력 3년 배 안에서 지은 것이다.(題云, 舟月, 又詩云, 月朗自明

船, 朱樓白水邊, 當是大曆三年舟中作.)

《독두심해》 제목이 심히 건조하다. 대체로 배 안에서 달밤에 역루를 대하고 있는데 역루가 사원에 가까움을 말한다.(題甚枯, 蓋言舟中月夜對驛樓, 驛近佛寺.)

《두율계몽》 제목이 졸하다.(題拙.)

주 석

1 更(경) – 밤의 시각 단위.

[更深 2구]

《두보전집교주》에 인용된 소보邵寶 주 밤 시각이 깊지만 달이 있어 촛불을 쓸 필요가 없으니, 달빛이 배에 가득하여 밝은 달로 대낮 같음을 말한다.(言更深有月, 無須用燭, 而月光滿船, 明月如晝.)

2 金刹(금찰) – 절의 보탑寶塔. 이를 빌려 불사佛寺를 가리킨다. '刹'은 원래 불탑 꼭대기의 둥근 장식물인데 또한 당간 깃대를 가리키며 나아가 불탑이나 절을 의미하기도 한다. 靑楓(청풍) – 푸른 단풍나무. 남방 초나라 지역에 많이 자라는 단풍나무.

《두시조차공선후해집교》 《석씨요람》의 경음에 이르길 "범어梵語의 '찰슬刹瑟'은 당나라에서는 '간竿'이라고 하는데 지금은 줄여서 '찰刹'이라고 한다. 곧 '번주幡柱'이다"라고 한다. 이를 '금찰'이라고 이르는데, 《서경잡기》에서 황금으로 '찰'을 만들었다고 하였다.(釋氏要覽經音云, 梵言刹瑟, 在唐言竿, 今略言刹, 卽幡柱也. 謂之金刹, 西京雜記, 以黃金爲刹.)

두보 〈기한간의주寄韓諫議注〉 청풍나무 잎이 붉은 곳에 하늘에서 서리가 내린다.(靑楓葉赤天雨霜.)

3 朱樓(주루) – 역驛을 가리킨다.

[金刹 2구]

《구가집주두시》 조차공 주 '청풍외'는 그 사찰이 높다는 것이다. '청풍'을 썼으니 남방에 있는 나무이다. '주루'는 아마도 역루일 것이다.(靑楓外, 則其刹之高矣. 用靑楓, 則南方所有之木. 朱樓, 蓋驛樓也.)

4 眇眇(묘묘) – 멀고 아득한 모양. 까마귀의 울음소리를 형용한 것이다.

《두시경전》 밤은 고요하고 성은 높아 그 (까마귀) 소리가 멀고 희미하다.(夜靜城高, 其聲遠而微也.)

5 娟娟(연연) – 곱고 밝은 모양. 백로의 자는 모습을 형용한 것이다.

[城烏 2구] 《두시언해》에서는 성의 까마귀가 아득한 데서 울고 들의 백로는 고운 달빛에서 잔다는 뜻으로 번역하였다.

《두보전집교주》에 인용된 고신顧宸 주 '묘묘'는 우는 소리가 멀어 겨우 들리는 것이고, '연연'은 자는 모습이 가까워 볼 수 있는 것이다. 배는 성과는 멀고 들과는 가깝다. 그래서 달빛 아래에서 듣고 본 것이 이와 같다.(眇眇, 啼聲之遠而僅聞也, 娟娟, 宿態之近而可見也. 舟與城遠與野近, 故月光之下, 所聞所見如此.)

6 皓首(호수) – 흰머리. 江湖客(강호객) – 강호의 나그네. 두보를 가리킨다.

[皓首 2구]

《두보전집교주》에 인용된 고신 주 '발'은 배 안의 발이다. 발을 고리에 걸고 달을 바라보며, 머리가 흰 사람이 홀로 잠을 이루지 못한다는 것은 정박한 배의 처량한 상황을 그려낸 것이다.(簾, 舟中之簾也. 鈎簾望月, 白首之人獨不成眠, 寫出泊舟凄涼之況.)

#《두시상주》: 수련은 배 안의 달이다. '금찰'은 '사'에 해당하고, '주루'는 '역'에 해당한다. 전반 4구가 제목을 다 언급하였다. 까마귀가 울고 백로가 자는 것은 달빛 아래 보고 들은 것이다. 주렴을 고리에 걸고

바라보면서 이를 빌려 감회를 푼 것이다.(首聯, 舟中月. 金刹切寺, 朱樓切驛, 四句完題. 烏啼鷺宿, 月下見聞, 鈎簾而望, 借此遣懷也.)

《독두심해》: 배의 창가에서 달을 대하며 잠을 이루지 못하여 시구를 얻었다.(船窗對月, 不寐得句.)

《두율계몽》: 1, 2구는 '주월'이고, 3구는 '근사'이고, 4구는 '대역'이다. 까마귀는 성에서 우는데 멀어서 그 소리를 들으니 '묘묘'하고, 백로는 들에서 자는데 가까워서 그 '연연'함을 본 것이다. 발을 고리에 걸고 잠을 자지 못하니 달빛 아래에서 까마귀 울음소리를 듣고 백로를 완상한 것이다.(一二, 舟月, 三句, 近寺, 四句, 對驛. 烏啼城而遠, 故聞之眇眇, 鷺宿野而近, 故見其娟娟. 鈎簾未眠, 月下聽烏而玩鷺也.)

(**강민호**)

24. 舟中

배 안에서

風餐江柳下[1] 雨臥驛樓邊 結纜排魚網[2] 連檣並米船[3]
今朝雲細薄 昨夜月清圓 飄泊南庭老[4] 祇應學水仙[5]

강 버들 아래에서 바람 맞으며 밥 먹고
역참 누각 옆에서 비 내리는데 누웠네.
뱃줄을 묶으니 물고기 그물이 줄지어 있고
돛대를 이으니 곡식 운반선과 나란하네.
오늘 아침 구름은 가늘고 옅은데
어젯밤 달은 맑고 둥글었지.
이리저리 떠도는 남쪽 지역의 늙은이
그저 응당 수선을 배워야지.

이 시는 대력 3년 배를 타고 떠돌던 중 지은 것으로, 앞의 시와 같은 시기에 쓰인 것으로 보인다. 어선과 곡식 운반선에 섞여서 풍찬노숙하는 감회를 적었다.

> 《보주두시》 시에서 "강 버들 아래에서 바람 맞으며 밥 먹고 역참 누각 옆에서 비 내리는데 누웠다"라고 하였으니 바로 앞 시에서 이른바 '절 부근의 역참'이라고 한 그 역참이다. 마땅히 대력 3년 강릉에서 지은 것이다.(詩云, 風餐江柳下, 雨卧驛樓邊, 即前篇所謂驛近寺之驛也. 當是大曆三年在江陵作.)

《두시상주》 지은 시기는 앞의 시와 같다.(年月同前.)

주 석

1 風餐(풍찬) – 바람 맞으며 밥을 먹다. 노숙 생활의 고달픔을 표현한 말이다.

[風餐 2구]

《두보전집교주》에 인용된 고신顧宸 주 바람 맞으며 밥 먹고 비 내리는데 누웠다는 것은 배 안의 가난한 상황이다.(風餐雨臥, 舟中之貧況也.)

2 結纜(결람) – 뱃줄을 매다. 정박한 상태이다. 排(배) – 줄지어 있다.

《두시조차공선후해집교》 뱃줄을 맨 곳에 어망이 서로 줄지어 있다는 말이다.(言結纜之處, 有魚網相排也.)

3 連檣(연장) – 돛대를 잇다. 배가 늘어서 있는 모양이다. 米船(미선) – 곡식을 운반하는 배. 이 구는 두보의 배가 곡식 운반선과 섞여 있음을 보여준다.

4 南庭老(남정로) – 남쪽 지역의 늙은이. 두보 자신을 가리킨다.

《구가집주두시》 조차공 주 '남정로'는 두보가 자신을 말한 것이다. '남정'은 남방의 땅으로 북방의 땅을 북정이라고 말하는 것과 같다.(南庭老, 公自謂也. 南庭者, 南方之庭, 猶北地謂之北庭耳.)

5 祇(지) – 다만. 學水仙(학수선) – 수선을 배우다. 수선을 흉내내다. 수선은 물의 신으로 하백河伯 등을 가리킨다. 죽은 뒤 물에 시체가 버려진 오자서伍子胥나 멱라강에 몸을 던져 죽은 굴원을 수선으로 칭한 경우도 있다. 이 구는 계속 물에서 살겠다는 말이다.

《두시상주》 소보의 주에서 "풍이가 수선이 되어서 하백이라 이름하였다"라고 하였다. 《열선전》에서 "금고가 연자涓子와 팽조彭祖의

술법을 행하며 기주와 탁군에서 떠돈 것이 2백여 년이었다. 후에 탁수로 들어가 용의 새끼를 잡으려 하고는 여러 제자와 기약하며 말하기를, '모두 재계하고 물 옆에서 기다려라'라고 하였다. 과연 붉은 잉어를 타고 왔으며 한 달 넘게 머물다가 다시 물속으로 들어갔다"라고 하였다.(邵注, 馮夷得爲水仙, 名河伯. 列仙傳, 琴高行涓彭之術, 浮遊冀州涿郡間, 二百餘年. 後入涿水中, 取龍子, 與諸弟子期曰, 皆潔齋, 待於水旁. 果乘赤鯉來, 留月餘, 復入水去.)

[飄泊 2구]

《두시천》 나는 본래 북방 사람인데 남방을 떠돌면서 결국 남방 늙은이가 되어 오늘 물 위에서 부침하며 수선을 배우려고 한다. 그렇지 않다면 어찌 아침마다 저녁마다 강과 호수 위에 있는가.(我本北人, 漂泊南方, 竟成南叟, 今日浮沈水面疑學水仙, 不然, 胡爲朝朝暮暮江湖之上也.)

#《두시상주》: 앞의 시는 배 안에서 달 아래 지은 것이고 이 시는 배 안에서 아침에 일어나 지은 것이다. 바람 맞으며 밥 먹고 비 내리는데 묵는다는 것은 뱃길의 힘든 상황이다. '물고기 그물'과 '곡식 운반선'은 배 앞의 시끌벅적한 정경이다. 고신의 주에서 "어젯밤과 오늘 아침이 변한 모습이 다르지만 묶인 배는 여전하니 그래서 남쪽 지역을 떠도는 감개가 있었던 것이다. 아래 4구는 한 기운으로 말한 것이다"라고 하였다.(前詩, 舟中月下所作. 此詩, 舟中朝起之作. 風餐雨宿, 舟行苦況. 魚網米船, 舟前喧境. 顧注, 昨夜今朝, 變態不同, 而繫舟如故, 故有飄泊南庭之感. 下四作一氣說.)

《독두심해》: 이 시와 앞의 시는 경물을 보고 짧게 지은 것인데 흰머리로 떠도는 상황이 쓸쓸히 눈에 선하다.(此與前首卽景短述耳, 而皓首漂泊之況, 蕭然在目.)

(**임도현**)

25. 江陵節度使陽城郡王新樓成王請嚴侍御判官賦七字句同作

강릉절도사 양성군왕의 새 누각이 낙성되자 왕께서 시어엄 판관에게 칠자구를 지으라고 청하셨기에 함께 짓다

樓上炎天冰雪生[1] 高飛燕雀賀新成[2]
碧窗宿霧濛濛濕[3] 朱栱浮雲細細輕[4]
仗鉞褰帷瞻具美[5] 投壺散帙有餘淸[6]
自公多暇延參佐[7] 江漢風流萬古情[8]

누각 위는 타는 듯한 날씨에도 얼음이나 눈이 생길 듯
높이 나는 제비와 참새가 새로 낙성한 것을 축하한다.
푸른 창에는 간밤의 안개가 자욱하니 젖었고
붉은 두공에는 떠 있는 구름이 가늘어서 가볍다.
큰 도끼 가지고 수레 장막 걷는 모습 우러러보니 모두 아름답고
투호놀이 하거나 책 읽을 때에는 맑은 흥이 넘친다.
관청에서 돌아와 여가가 많을 때 참모를 불러들이시니
강한의 풍류는 만고에 이어질 정이로다.

대력 3년 여름 두보가 강릉에서 지은 시이다. 당시 형남절도사로 양성군왕인 위백옥이 누각을 새로 짓고 막료 등 여러 사람을 초청해 잔치를 베풀고 엄 판관에게 시를 짓게 했는데, 그 자리에 참석한 두보도 이 시를 지어 누각의 낙성을 축하하고 아울러 위백옥을 송찬하였다. 시제의 '강릉절도사'는 형남절도사를 뜻한다. '엄시어판관'

은 시어로 판관직을 수행한 엄 씨인데, 그 이름은 미상이다. '칠자구'는 칠언율시를 뜻한다.

《보주두시》 공이 대력 3년 늦봄 강릉에 이르렀는데, 이제 시에서 "누각 위는 타는 듯한 날씨에도 얼음이나 눈이 생길 듯하다"라고 하였으니 의당 그해 여름에 지은 것이다. 사서에서 위백옥이 대력 초에 모친상을 입었다고 하였으니, 이때는 아직 2년이 되지 않았다. 비록 상이 끝나기 전에 벼슬을 받은 경우라고는 하지만, 그래도 누각을 짓고 빈객에게 명하여 시를 짓게 한 것은 부당하다. 당시 사대부들이 그 일을 추하게 여겼으니 당연한 일이다.(公以大曆三年暮春至江陵, 而今詩云, 樓上炎天氷雪生, 當是其年夏作也. 史云, 伯玉, 大曆初丁毋憂, 則是時未再朞也. 雖曰起復, 亦不當作樓命客賦詩, 當時士論醜之, 宜哉.)

《두시상주》 양성군왕은 바로 상서 위백옥이다. 당초 대종이 섬주에 행차했을 때 위 씨가 능력이 있어서 한 지역의 군정을 담당하여 큰일을 맡을 수 있다고 여기고 형남절도사에 배수하였다.(陽城郡王, 卽尙書衛伯玉. 初代宗幸陜, 以衛有幹略, 可當方面, 任大事, 拜荊南節度使.)

《두시상주》에 인용된 고신顧宸 주 공이 시에서 극히 찬미하면서 찬양해준 것은 아마도 또한 빈객과 주인 간의 인정에 몰려서일 것이다.(公詩極贊美揚厲, 倘亦迫於賓主之情故耶.)

《두시상주》에 인용된 《두억》 시제에서 '부칠자구'라고 하였으니 당시에 율시라는 명칭이 없었음을 알 수 있다. 왕이 특별히 지으라고 청했으니 또한 칠언율시를 짓기 어렵다고 여겼던 것이다.(題云賦七字句, 知當時無律詩之名, 王特請賦, 亦以七言爲難也.)

주 석

1 氷雪生(빙설생) – 얼음과 눈이 생기다. 이 구는 한여름임에도 누각이 높아 한랭寒冷하게 느껴진다는 뜻이다.

2 賀新成(하신성) – 새로 낙성한 것을 축하하다.

《회남자淮南子·설림훈說林訓》 큰 건물이 이루어지니, 제비와 참새가 (거처할 곳이 생겼다고) 서로 축하한다.(大廈成, 而燕雀相賀.)

3 碧窗(벽창) – 푸른 깁으로 만든 창. 宿霧(숙무) – 밤사이에 낀 안개. 濛濛(몽몽) – 비나 안개가 자욱하게 내리거나 낀 모양.

4 朱栱(주공) – 붉은빛 두공枓栱. 두공은 큰 규모의 목조 건물에서 지붕을 받치기 위해 기둥 위에 차례로 짜 올린 구조물이다.

[碧窗 2구]

《보주두시》 두수가杜修可가 말하기를 "진나라 양구의 〈등서루부〉에 '그림이 그려진 마룻대에는 가느다랗게 가벼운 구름이 떠 있고, 붉은 두공은 자욱하게 날리는 비에 젖었다'라는 말이 있다"라고 하였다.(修可曰, 晉羊球登西樓賦云, 畫棟浮細細之輕雲, 朱栱濕濛濛之飛雨.)

《두시상주》 '몽몽' 두 자는 그것이 젖었음을 형용하고 '세세' 두 자는 그것이 가벼움을 형용한다.(濛濛二字形容其濕, 細細二字形容其輕.)

《구가집주두시》 조차공 주 창이 간밤의 안개를 머금고 두공이 뜬 구름을 두르고 있다는 것은 모두 그것이 높다는 것을 말한다.(窗含宿霧, 栱帶浮雲, 皆言其高.)

5 仗鉞(장월) – 황월黃鉞을 들다. 장수의 권위를 드러내는 행위로, 군대를 지휘하는 것을 뜻한다. 褰帷(건유) – 수레의 휘장을 걷다. 후한後漢 사람 가종賈琮이 기주자사가 되어 수레를 타고 순시할 때 수레의 휘장을 걷게 한 고사에서 나온 말로 지방장관이 되어 정치를 잘하는 것을 뜻한다. 瞻具美(첨구미) – 모두 아름다운 것을 우러러 쳐다보

다. 군대를 지휘하는 것과 자사직을 수행하는 것이 모두 훌륭함을 말한다.

《두시상주》에 인용된 《후한서後漢書·가종전賈琮傳》 가종이 기주자사가 되어 관할 지역에 갈 때, 수레에 오르면서 "자사는 마땅히 멀리 보고 넓게 들어 선악을 규찰해야 하니, 어찌 도리어 휘장을 드리워 스스로를 가릴 수 있겠는가?"라고 말하면서, 수레 모는 이에게 휘장을 걷으라고 명하였다.(琮爲冀州刺史之部, 升車言曰, 刺史當遠視廣聽, 糾察美惡, 何反垂帷裳以自掩塞乎. 命御者褰之.)

6 投壺(투호) – 투호하다. 투호는 놀이의 일종이다. 散帙(산질) – 책갑을 펼치다. 책을 펴서 읽는 것을 뜻한다. 有餘淸(유여청) – 맑은 흥이 넘치다. '청'을 한가로움을 뜻하는 것으로 보기도 한다.

《두시상주》에 인용된 황생黃生 설 두시는 '청' 자를 잘 사용하였다. (〈단오일사의端午日賜衣〉 시에 보이는) "당서착래청"의 경우 '청' 자를 '서늘하다'의 뜻으로 썼고, (〈송원送遠〉 시에 보이는) "관하상설청"의 경우 '청' 자를 '차다'의 뜻으로 썼고, (〈효망曉望〉 시에 보이는) "천청목엽문"의 경우 '청' 자를 '고요하다'의 뜻으로 썼고, (〈봉송곽중승겸태복경충롱우절도사삼십운奉送郭中丞兼太僕卿充隴右節度使三十韻〉 시에 보이는) "사란설산청"의 경우 '청' 자를 '밝다'의 뜻으로 썼고, (〈중과하씨오수重過何氏五首〉 시에 보이는) "천청황자피"의 경우 '청' 자를 '날이 개다'의 뜻으로 썼고, (〈여리십이백동심범십은거與李十二白同尋范十隱居〉 시에 보이는) "시립소동청"의 경우 '청' 자를 '청수하다'의 뜻으로 썼고, (〈수함견심水檻遣心〉 시에 보이는) "의간침석청"의 경우 '청' 자를 '상쾌하다'의 뜻으로 썼고, (〈강릉절도사양성군왕신루성왕청엄시어판관부칠자구동작江陵節度使陽城郡王新樓成王請嚴侍御判官賦七字句同作〉 시에 보이는) "투호산질유여청"의 경우 '청' 자를 '한가하다'의 뜻으로 쓴 것 등이 이런 예이다.(杜詩善用淸字, 如當暑著來淸, 則以淸爲凉, 關河霜雪淸, 則以淸爲寒,

天淸木葉聞, 則以淸爲静, 沙亂雪山淸, 則以淸爲明, 天淸皇子陂, 則以淸爲霽, 侍立小童淸, 則以淸爲秀, 衣乾枕席淸, 則以淸爲爽, 投壺散帙有餘淸, 則以淸爲閒, 是也.)

7 自公(자공) – 청사에서 퇴근하는 것을 뜻한다. 延參佐(연참좌) – 보좌하는 참모를 불러들이다. 이 구에 진나라 유양의 고사가 은근히 사용되었다고 보기도 한다.

《시경·소남召南·고양羔羊》 관청에서 돌아와 식사하며 쉰다.(自公退食.)

《진서晉書·유양전庾亮傳》 유양이 무창에 있을 때, 은호 등 여러 부하 관리들이 가을밤에 남쪽 누대로 가서 함께 올랐다. 잠시 후 모르는 사이에 유양이 왔는데, 여러 사람들이 일어나 자리를 피하려고 하였다. 유양이 천천히 말하기를 "여러분은 잠시 머무시오. 늙은이가 여기 오니 흥이 또 얕지 않구려"라고 하고는 호상에 걸터앉아 은호 등과 함께 담소하며 읊조리면서 끝까지 앉아 있었다. 그의 솔직 담백한 처신이 대부분 이와 같았다.(庾亮在武昌, 諸佐吏殷浩之徒, 乘秋夜, 往共登南樓. 俄而不覺亮至. 諸人將起避之. 亮徐曰, 諸君少住, 老子於此處興復不淺. 便據胡床, 與浩等談詠竟坐. 其坦率行己, 多此類也.)

8 江漢(강한) 구 – '강한 지역의 장관인 위백옥의 풍류가 후인들의 마음에 길이 남을 것이다' 또는 '위백옥이 이 자리에서 보여준 풍류의 정이 장강과 한수와 더불어 영원할 것이다'의 뜻이다.

《두시설》 제8구는 한때의 풍류가 의당 장강과 한수와 더불어 영원할 것이라는 말이니, 그 주지主旨가 심원할 뿐 아니라 '강한' 두 자로 지점을 드러내었으니 결구의 법 중 가장 훌륭한 것이다.(八句言一時風流, 當與江漢相爲萬古, 命意卽遠, 兼以江漢二字見地, 結法之最善者.)

《두시경전》 족히 후인으로 하여금 그리워하게 할 것임을 말한다.(言

足令後人懷想也.)

#《두시상주》: 첫째 수(이 시를 말함)는 새 누각의 낙성을 기록하고 양성 군왕의 운치 있는 일을 칭송하였다. 4구에서 시상이 나뉜다. '벽창'과 '주공' 구는 누각을 새로 지어 아름답다는 뜻이다. '숙무'와 '부운' 구는 누각이 높아 서늘하다는 뜻이다. '첨구미'는 문과 무가 아울러 훌륭하다는 뜻이다. '유여청'은 문아文雅하여 속되지 않다는 뜻이다. '연참좌'는 유양이 누각에 올랐던 고사를 은근히 사용하였다.(首章, 誌新樓落成, 而稱陽城韻事, 在四句分截. 碧窗朱栱, 樓新故麗. 霧宿雲浮, 樓高故凉. 瞻具美, 言文武兼優. 有餘淸, 言儒雅不俗. 延參佐, 暗用庾亮登樓事.)

《두억》: 누각이 높았기에 '연작'을 말하면서 '고비' 자를 더하였다. '벽창'과 '주공' 한 연은 새 누각을 실제로 읊은 것이긴 하지만, 왕발王勃의 〈등왕각〉 시 속 말("화동조비남포운畵棟朝飛南浦雲, 주렴모권서산우珠簾暮捲西山雨")을 따라 하게 됨을 면치 못하였고 필력이 그에 미치지 못한다. 그래서 다음 시(〈우작차봉위왕又作此奉衛王〉)를 짓게 되었다. 그러나 이 시의 마지막 연은 질박하면서 고아高雅하니 다음 시는 이만 못하다.(樓高, 故燕雀加高飛字. 碧窗朱栱一聯, 乃實賦新樓者, 不免襲王子安滕王閣詩中語, 而筆力不逮, 故有後作. 然此詩落句渾雅, 後詩不如.)

《두시상주》에 인용된 황생 설: 첫 구에서 시점을 보여주고 결구에서 지점을 보여주니 이는 두시의 장법이다. 전편이 온후하고 부드러우며 온화하고 문아文雅하니 이는 공의 평소의 본색이 아니고 도리어 성당 정종의 작법이다.(首句見時, 結句見地, 此杜詩章法. 其全篇溫潤和雅, 非公平日本色, 却是盛唐正宗.)

《독두심해》: 수련은 시제에서 말한 새 누각이 낙성되었다는 사실을 말하였다. 3, 4구는 새 누각의 낙성에 대해 꾸며서 표현해준 것이다. 5, 6구는 양성군왕과 결합된 내용으로 위엄이 있고 소쇄하기도 하니, 확실히 누각 안의 이야기이면서도 말을 엮은 것이 범연하지 않다. 결련은 판관이 시를 짓는다는 사실에 맞추어 말한 것이다.(起聯, 點新樓成. 三四, 卽新成設色. 五六, 拍合陽成, 亦威嚴, 亦瀟洒, 確是樓中, 綴語不泛. 結聯貼到判官賦詩.)

(**이영주**)

26. 又作此奉衛王

또 이 시를 지어 위왕에게 바치다

西北樓成雄楚都[1] 遠開山嶽散江湖[2]
二儀淸濁還高下[3] 三伏炎蒸定有無[4]
推轂幾年惟鎭靜[5] 曳裾終日盛文儒[6]
白頭授簡焉能賦[7] 愧似相如爲大夫[8]

서북쪽에 누각이 지어져 초 도읍에 웅장하니
멀리 산악이 열리고 강과 호수가 흩어져 있네.
하늘과 땅의 맑고 탁함이 높고 낮음을 되돌렸거니와
삼복의 찌는 더위 있다 없다 확정할 수 있겠는가?
수레를 밀어줘서 몇 년간 진수하여 안정시킬 것 생각하니
옷자락을 끌면서 종일 문사들로 북적이는구나.
머리 센 내게 죽간을 주셨으나 어찌 지을 수 있으랴
사마상여가 대부가 된 것 같아서 부끄럽기만 하네.

이는 앞의 시 〈강릉절도사양성군왕신루성왕청엄시어판관부칠자구동작江陵節度使陽城郡王新樓成王請嚴侍御判官賦七字句同作〉을 짓고 이어서 지은 시이다. 전반부는 누각에서 바라본 경관을 묘사하고 후반부는 위백옥의 정사에 임하는 자세와 문사를 아끼는 마음을 찬미하고 자신에 대한 겸사로 마무리하였다.

《보주두시》 시에서 "삼복의 찌는 더위는 있다 없다 확정할 수

있겠는가?"라고 하였으니 이 시는 전편(〈강릉절도사양성군왕신루성왕청엄시어판관부칠자구동작〉)과 멀지 않은 시점에 지어졌다.(詩云, 三伏炎蒸定有無, 則是與前篇不相遠作.)

《두시상주》 앞 시(〈강릉절도사양성군왕신루성왕청엄시어판관부칠자구동작〉)와 같은 시기에 지었다.(與前首同時作.)

주 석

1 西北(서북) – 강릉 관청의 서북쪽. 楚都(초도) – 초나라의 도읍. 강릉을 가리킨다.

《두시상주》 《한서·지리지》에 의하면 남군 강릉현은 옛 초나라의 영도인데 초 문왕이 단양에서 이곳으로 옮겨왔다. 대종 때 강릉은 이미 남도로 승격되었다.(前漢地理志, 南郡江陵縣, 故楚郢都, 楚文王自丹陽徙此. 代宗時, 江陵已陞爲南都.)

2 遠開(원개) 구 – 누각에 올라서 바라보니 시야가 탁 트여 산악도 보이고 여기저기 흩어진 강과 호수가 눈에 들어온다는 말이다.

3 二儀(이의) – 하늘과 땅. 淸濁(청탁) – 하늘은 맑은 기운이고 땅은 탁한 기운이라는 말이다. 還(환) – 돌아가다. 되돌리다. 여전히. 다시. 高下(고하) – 높고 낮다. 이 구는 높은 누각에 올라 바라보니 하늘의 맑은 기운과 땅의 탁한 기운을 높고 낮은 제자리로 되돌렸다는 말이다. '환'을 '여전히', '다시'의 뜻으로 보아 높은 누각에 올라서 바라보니 하늘은 맑게 높은 곳에, 땅은 흐릿하게 낮은 곳에 여전히 그대로 있음을 보게 되었다고 풀이할 수도 있다. 누각이 높아 그곳에서 바라보는 전망은 시야가 탁 트여 여전히 맑은 하늘과 흐릿한 땅이 위아래로 있음이 눈에 들어온다는 말이다.

《두시상주》 조식의 〈유한행〉에 "태극이 하늘과 땅을 획정하자 맑고 탁한 기운이 비로소 형상을 갖추게 되었다"라고 하였다. 《열자·천서

天瑞》에서는 가볍고 맑은 것은 위로 올라가 하늘이 되고 무겁고 탁한 것은 아래로 내려가 땅이 되었다고 하였다. 《예기·악기》에 "하늘은 높고 땅은 낮다"라고 하였다. 황생의 주에 "처음에는 사물에 가려졌는데 누각에 올라 넓게 관망하게 되자 비로소 하늘과 땅의 높고 낮음을 되돌려낸 것이다. 고금의 시인들이 이런 표현을 말해낼 수 없었다.(曹植, 惟漢行, 太極定二儀, 淸濁始以形. 列子, 輕淸者上爲天, 重濁者下爲地. 記, 天高地下. 黃生注, 初時爲物所蔽, 及登樓曠觀, 始還出天地之高下. 古今詩人不能道此.)

4 三伏(삼복) – 초복, 중복, 말복. 한 해 중 가장 더운 때를 말한다. 炎蒸(염증) – 찌는 듯한 더위. 定(정) – 정하다. 확정하다. 도대체. 정녕. 有無(유무) – 있고 없다. 이 구는 누각이 높고 서늘하여 삼복의 더위가 있는지 없는지 확정할 수 없다는 말이다. '정'을 '도대체', '정녕'의 뜻으로 보아 삼복의 더위가 정녕 있는 것인가 없는 것인가로 풀이할 수도 있다. 연중 가장 무더운 시기인데 누각이 서늘하여 전혀 덥지 않다는 말이다.

《두시상주》 안사고는 "복이란 음기가 일어나려다가 남은 양기에 밀려 위로 올라가지 못하고 그 때문에 숨어 엎드린 상태가 되는 것을 말한다. 이리하여 복일이라고 하는 것이다"라고 하였다. 맹강은 "주대에는 복이 없다가 한대에 이르러 이 이름이 생겼다"라고 하였다. 옛 주석에 "하지 뒤 셋째 경일이 초복이 되고 넷째 경일이 중복이 되며, 입추 뒤 첫 경일이 말복이 된다"라고 하였다. 장원의 주에 "금은 불을 두려워하여 불을 만나면 엎드린다. 긴 여름날 불이 가장 성하고 가을 초기 금이 바야흐로 어릴 때는 더욱 상극이 되기 때문에 여름 끝 가을 초에 경일을 만나면 그것을 복이라 말하는 것이다"라고 하였다.(顔師古曰, 伏者, 謂陰氣將起, 迫於殘陽而未得升, 故爲藏伏, 因爲伏日. 孟康曰, 周時無伏, 至漢乃有此名. 舊注, 夏至後, 三庚爲初伏, 四庚爲中伏, 立秋後初庚爲末伏. 遠注, 金畏火, 見火而伏, 惟長夏

火最盛, 秋初金方稚, 尤爲相剋, 故夏末秋初逢庚謂之伏.)

5 推轂(추곡) – 수레를 밀다. '곡'은 수레바퀴 가운데의 둥근 나무로, 수레를 가리킨다. 수레를 미는 것은 왕이 장수를 임명할 때 행하였던 예절이다. 여기서는 위백옥이 형남절도사로 임명된 것을 가리킨다. 惟(유) – 생각하다. 鎭靜(진정) – 진수하여 안정시키다. 이 구는 위백옥이 형남절도사로 부임한 이래 몇 년간 형남 지역을 안정시킬 것을 생각하였다는 말이다.

《사기·장석지풍당열전張釋之馮唐列傳》 상고에 왕이 장수를 파견할 때에는 무릎을 꿇고 수레바퀴를 밀면서 "성문 안은 과인이 다스리고, 성문 밖은 장군이 다스립니다"라고 말하였다.(上古王者之遣將也, 跪而推轂, 曰, 閫以內者, 寡人制之, 閫以外者, 將軍制之.)

《보주두시》에 인용된 조차공 주 수레를 민다는 것으로 위왕이 황명을 받들어 장수가 되었음을 말하였다.(推轂, 以言衛王奉命爲將.)

6 曳裾(예거) – 옷자락을 끌다. '예거왕문曳裾王門'을 줄인 말로 왕과 제후나 권세가의 문하에서 식객으로 지내는 것을 비유한다. 盛(성) – 많다. 文儒(문유) – 문사文士. 이 구는 위백옥의 문하에 문사가 많음을 말한 것이다.

추양鄒陽 〈상오왕서上吳王書〉 고루한 마음을 꾸민다면 어떤 왕의 문인들 긴 옷자락을 끌지 않을 수 있겠습니까?(飾固陋之心, 則何王之門, 不可曳長裾乎.)

7 白頭(백두) – 두보 자신을 말한다. 授簡(수간) – 죽간을 주다. 양왕이 사마상여에게 글쓰기를 청한 고사를 사용하여 양성군왕 위백옥이 두보에게 시를 청한 사실을 말하였다.

8 相如(상여) – 사마상여. 爲大夫(위대부) – 대부가 되다. 여기서는 훌륭한 시인으로 대해주는 것을 말한다. 이 구는 자신을 대단한 시인으로 대접해주는 것이 부끄럽다는 말이다.

[白頭 2구] 위백옥이 새 누각에서 두보에게 시를 지어 달라 청한 것에 대하여 자신을 낮추며 겸손하게 표현한 것이다.

《두시상주》 (사혜련謝惠連의) 〈설부雪賦〉에 의하면 양왕이 토원에 노닐 때 사마대부에게 죽간을 주면서 "과인을 위해 부를 지어주시오"라고 말하였다. 《한서·예문지》에 "높은 곳에 올라 부를 지을 수 있으면 대부가 될 수 있다"라고 하였다.(雪賦, 梁王遊兔園, 授簡於司馬大夫曰, 爲寡人賦之. 漢藝文志, 登高能賦, 可以爲大夫.)

#《두시상주》: 두 번째 수는 누각에 올랐을 때의 경치와 일을 읊으면서 자신을 낮추는 말을 한 것으로 역시 4구로 분절된다. 명 안정구顔廷榘의 《두율의전杜律意箋》에 "산악이 나뉘어 솟아 있는 것을 '열리다'라고 하고, 강과 호수의 물줄기가 나뉜 것을 '흩어지다'라고 한 것이다"라고 하였다. 이 구는 초 땅의 형세가 뛰어남을 보인 것이다. 누각이 지극히 높았기 때문에 하늘과 땅이 각각 그 높은 곳과 낮은 곳으로 돌아간 것이다. 누각이 매우 서늘하였기 때문에 삼복인데도 그 더위가 있는지 없는지 규정할 수가 없었다. 진수하여 안정시키니 백성을 아낄 수 있고 문유이니 선비를 좋아할 줄 안 것이다. 말련은 양왕이 죽간을 준 고사를 썼는데 군왕에 딱 들어맞는다.(次章, 咏登樓景事, 而作謙己之辭, 亦四句分截. 顔箋, 山岳分峙曰開, 江湖流別曰散. 此句見楚中形勝. 樓極高, 故二儀各還其高下. 樓最涼, 故三伏莫定其有無. 鎭靜則能愛民, 文儒則知好士. 末用梁王授簡事, 切於郡王.)

《두억》: 하늘과 땅의 맑고 탁함이 높고 낮음을 되돌렸다는 것은 이 누각의 높이가 바로 하늘과 땅의 맑고 탁함이 경계를 나누는 곳에 해당한다는 말이다. 삼복의 찌는 더위가 도대체 있는가 없는가 모르겠다는 것은 이 누각 위에 앉으니 다시 삼복의 더위가 있음을 알지 못한다는 말이다. 문득 앞의 시의 '빙설'은 시어가 천루하고 이 한 연과 같은 것은 참으로 웅장함이 천고를 덮고 있다는 것을 깨닫게 된다. 위왕의 덕정을 송양함에 앞의 시는 '모두 아름답다'라고 말하여 갖춰졌고, 여기서는 '오직 진수하여 안정시켰다'고 말하여 더욱 정확하고 절실하다. 치국의 요지를 알지 못하는 사람은 이 '진정'이라는 두 글자를 쓸 수가 없다. 지금 안무·감찰하는 관리가 다만 진수하여 안정시킬 수 있다면 백성에게 복을 지어주는 곳이 무궁할 것이다.(二儀淸濁還高下, 謂此樓之高, 正當二儀淸濁分界處. 不知三伏炎蒸, 定有乎, 定無乎. 謂坐此樓上, 不復知有三伏之熱也. 便覺前篇氷雪語淺陋, 如此一聯, 眞雄蓋千古. 頌衛王德政, 前云具美備矣, 玆云唯鎭靜, 尤爲精切, 非識治體者不能下此二字. 今撫按監司, 但能鎭靜, 造福地方無窮矣.)

《두시설》: 고시에 "서북쪽에 높은 누각이 있다"라고 하였으니 처음 세 자는 출처가 있어 구의 노련함을 보이고 있다. 차구가 이미 넓고 큰데 셋째 구의 넓고 큼은 한량할 수 없는 지경에 이르렀다. 고금의 시인의 흉차 가운데 실로 소릉에 미친 사람이 없었다. 대체로 범인이 눈으로 본 바는 가까우면 막히고 멀면 공허하다. '열리다'라고 말하고 '흩어지다'라고 말하였는데 다만 높은 곳에 올라 멀리 바라보아야만 그러하다. 오른 곳이 높을수록 온갖 사물이 가림이 될 수가 없으니, 다만 위에 있는 것은 하늘이요 아래에 있는 것은 땅이라는 사실을 볼 뿐이다. '환'이란 말은 그것의 이전 모습으로 되돌아감을 말한다. 처음에는 사물에 가려 있다가 지금 누각에 올라 넓게 바라보니 그 이전 모습으로 돌아간 것이다. 고금의 시인들이 극력 형용한다 할지라도 모두 이러한 말을 해낼 수 없다. 그것은 다른 이유가 없다. 시야는 탁 트였으나 흉금은 탁 트이지 않았기 때문이다. 앞의 시에서는 새 누각을 읊었기 때문에 결말이 양성으로 돌아갔지만 이 시는 누각을 읊으면서 자신을 썼기 때문에 결말이 자신에게 돌아간 것이다. 이 시를 처음에는 선집에 넣지 않았는데 '이의' 구가 너무 거칠고 판에 박은 듯 사실적으로 표현하였다는 혐의 때문이었다. 가까이에 앞 시를 뽑았기 때문에 다시 그것을 취하여 살펴보았고 이에 깊게 작가를 대신하여 이 구를 만든 까닭을 생각해보고서야 비로소 발단이 이미 웅장한데 만약 다시 자질구레하고 세세한 경치를 묘사한다면 그것에 압도될 뿐만 아니라 또한 더 이상 묘사할 만한 세세한 경치가 없으므로 붓을 다시 한번 들어서 이 구를 묘사해낸 것임을 알게 되었다. 다시 작가를 대신하여 이 구는 어떻게 대를 이루었나를 생각해보았더니 아래 7자를 제외하면 또한 대구를 만들 방법이 없게 된다. 아래 7자는 허실경중이 비록 같은 부류가 아닌 듯하나 허로써 실에 대하고 경으로써 중에 대하였으니 이것이 바로 대구를 만든 방법인 것이다. 전반의 기국이 이미 이와 같고 후반은 비록 경구가 없어도 또한 나약한 격조는 없으니 어찌 문득 이 시를 버리고 협소한 흉차로 두공을 헤아리겠는가? 급히 이 시를 등재하고 이로써 내 부끄러움을 기록한다.(古詩, 西北有高樓. 起三字惟有所出, 乃見句老. 次句已闊大矣, 三句之闊大, 乃至不可限量. 古今詩人胸次, 洵無及少陵者. 蓋凡人目所見, 近則塞, 遠則曠. 曰開曰散, 惟登高遠望則然. 所登愈高, 諸物愈不足爲蔽. 但見在上爲天, 在下爲地而已. 還之爲言, 復其故之謂也. 初時爲物所蔽, 今登樓曠觀, 乃復其故也. 饒古今詩人極力形容, 總道此語不得. 無他, 目中空曠, 胸中不空曠故也. 前作賦新樓, 故結歸陽城. 此作因賦樓而自敍, 結歸自己. 此作初不入選, 嫌二儀句太笨實故, 邇因選前作, 復取閱之, 乃深爲作者設想所以成此句之故, 始知發端旣已雄壯, 若復寫瑣細之景, 不但爲其所壓, 亦更無細景可寫, 所以將筆再一提起, 寫成此句. 更爲設想, 此句何以成對. 則除下七字亦無有對法. 下七字虛實輕重雖若不倫, 然以虛對實, 以輕對重, 卽對法也. 前半氣局旣已如此, 後半雖少警句, 亦無弱調, 奈何輒棄此詩, 而以管蠡之胸測杜公耶. 亟登之以志余愧.)

《독두심해》: 황생은 "고시에 '서북쪽에 높은 누각이 있다'고 하였는데 첫 시어에서 그것을 사용하였다"라고 하였다. 내 생각에는 누각은 마땅히 바로 관청 서북 모퉁이에 지었으니 이 말을 쓴 것이 적합하다. 이어지는 구는 또 장활함으로 돌아갔다. 3, 4구는 누각에서 내려다보고 올려보는 탁 트인 기상을 분명하게 드러내었다. 제5구는 바로 앞 시의 '구미'·'여청' 2구의 뜻을 개괄하였다. 제6구는 바로 앞 시의 '참좌'·'풍류' 2구의 뜻을 개괄하였다. 말련은 자신이 시를 지었다는 사실에 맞추면서 앞 시에서 언급하지 못한 것을 보충하였다. 구조오는 "양왕이 죽간을 주었다는 말을 사용하여 군왕과 딱 들어맞았다"라고 하였다.(黃生云, 古詩, 西北有高樓, 起語用之. 愚意樓當正在開府西北隅也, 用來恰好. 接句, 又復壯闊. 三四, 顯出樓頭俛仰披豁氣象. 第五, 卽檃括前篇具美餘淸兩句意. 第六, 卽檃括前篇參佐風流兩句意. 末聯貼合自己作詩, 補前篇所不及. 仇云, 用梁王授簡語, 正切郡王.)

(**이석형**)

27. 秋日荊南述懷三十韻

가을날 형남에서 생각을 적은 30운의 시

昔承推獎分[1] 愧匪挺生材[2] 遲暮宮臣忝[3] 艱危袞職陪[4]
揚鑣隨日馭[5] 折檻出雲臺[6] 罪戾寬猶活[7] 干戈塞未開[8]
星霜玄鳥變[9] 身世白駒催[10] 伏枕因超忽[11] 扁舟任往來
九鑽巴噀火[12] 三蟄楚祠雷[13] 望帝傳應實[14] 昭王問不迴[15]
蛟螭深作橫[16] 豺虎亂雄猜[17] 素業行已矣[18] 浮名安在哉
琴烏曲怨憤[19] 庭鶴舞摧頹[20] 秋水漫湘竹[21] 陰風過嶺梅[22]
苦搖求食尾[23] 常曝報恩鰓[24] 結舌防讒柄[25] 探腸有禍胎[26]
蒼茫步兵哭[27] 展轉仲宣哀[28] 饑藉家家米[29] 愁徵處處杯[30]
休爲貧士歎[31] 任受衆人咍[32] 得喪初難識[33] 榮枯劃易該[34]
差池分組冕[35] 合沓起蒿萊[36] 不必伊周地[37] 皆登屈宋才[38]
漢庭和異域[39] 晉史坼中台[40] 霸業尋常體[41] 宗臣忌諱災[42]
群公紛戮力[43] 聖慮窅徘徊[44] 數見銘鐘鼎[45] 眞宜法斗魁[46]
願聞鋒鏑鑄[47] 莫使棟梁摧[48] 磐石圭多剪[49] 凶門轂少推[50]
垂旒資穆穆[51] 祝網但恢恢[52] 赤雀翻然至[53] 黃龍詎假媒[54]
賢非夢傅野[55] 隱類鑿顏坏[56] 自古江湖客 冥心若死灰[57]

옛 시절 추천해주시는 복을 받았건만
걸출한 재주가 아님을 부끄러워했네.
늘그막에 외람되이 근신이 되어

어렵고 위태로운 시절 임금을 모셨네.
말을 몰아 임금 수레를 따르다가
난간을 부수고 조정을 나왔네.
죄과에 관대하여 여전히 살아남았으되
방패와 창이 가득하여 세상은 아직도 열리지 않았네.

별이 돌고 서리 내려 제비는 바뀌었고
한평생이 흰 망아지가 틈을 지나는 듯 빠르구나.
침상에 엎드려 순식간 흘러가는 세월을 따르고
일엽편주 오가는 대로 맡겨둘 뿐이라.
난파가 술 뿜던 불을 아홉 번 지피고
초 사당의 우레는 세 차례 숨어들었지.
망제는 전하는 이야기 응당 사실일 터
소왕은 물어도 돌아오지 못하였네.
교룡은 깊은 곳에서 멋대로 못된 짓을 하고
승냥이와 호랑이는 어지러이 의심이 많다네.
평소의 하는 일 이제 다 끝이려니
뜬구름 같은 이름이 어디에 있으랴.

금곡 〈오야제〉 곡조는 원한과 울분이요
뜰의 학은 춤이 꺾이고 무너지누나.
가을 물은 상수의 대나무에 질펀하고
음산한 바람은 대유령 매화를 지나네.
밥을 구하는 꼬리를 심히 흔들고
은혜 갚자 해도 노상 아가미만 드러낼 뿐.

혀를 묶어 참소의 꼬투리를 방지하다가
창자를 꺼내놓으니 화근이 생기네.
끝도 없는 완적의 통곡이여
잠을 못 이루는 왕찬의 슬픔이여.
주림에 집집마다 쌀을 구하고
시름에 처처에서 술잔을 찾노라.

가난한 선비의 탄식을 그치고
뭇사람에게 조소 받음을 무던히 여기노라.
얻고 잃음은 당초 알기 어렵지만
영화와 쇠락은 순식간에 쉬이 알게 되네.
어지러이 관직을 나누고
무리 지어 초야에서 일어나는구나.
이윤과 주공의 자리에는
모두 굴원과 송옥 같은 인재를 등용하지는 않네.
한나라 조정은 이민족과 화친했고
진나라 사서에는 중태성이 터진 일이 있었지.
패업에 있어 화친은 심상한 방식이요,
종신은 꺼림을 입어 재앙을 만났어라.

뭇 신하가 분분히 힘을 다하고
임금의 사려는 깊어 배회하시누나.
종과 솥에 공적 새김을 자주 보나니
두괴斗魁를 본받아야 진실로 마땅하리.
창날과 살촉을 녹인다는 말을 듣고 싶나니

마룻대와 들보를 꺾이게 하지 말지라.
반석에는 오려 만든 홀이 많아야 하고
훙문에는 수레바퀴를 밀어줌이 적어야 하리.
면류를 드리워 공경함에 의지하고
그물을 축원하여 오직 넓고 넓게 해야 하리니,
적작이 날개 치며 이를 것이요
황룡이 어찌 중매를 빌릴 것이 있으랴.

어짊은 꿈에 본 부암 들판 사람이 아니요
은거함은 뒷담을 뚫고 도망한 안합과 닮았네.
예부터 강호를 떠도는 나그네는
빈 마음이 꺼진 재와 같았다네.

이 시는 대력 3년 가을 공안公安으로 이주하기 전에 지은 것이다. 두보 자신의 벼슬살이의 불우한 이력을 설명하고 촉, 기주, 강릉 등지에서 떠도는 신세를 두루 서술하였다. 아울러 당시 조정의 폐단을 지적하며 정치를 혁신하여 태평을 이루기를 희망하였다. 몸은 강호에 있어도 마음은 대궐에 있는 두보의 심적心跡을 살필 수 있다.

《보주두시》 이 시는 분명 대력 3년 가을 아직 공안으로 옮기기 전에 지은 것이다.(此詩當是大曆三年秋未移公安前作.)

주 석

1 推獎(추장) – 추천하다. 칭찬하다. 分(분) – 복분福分. 이 구절은 숙종

의 행재소에서 방관의 추천을 받은 일을 말한 것이다. 젊은 시절부터 많은 사람이 자신을 인정해주었음을 말한 것으로 보기도 한다.

《독두심해》 공의 시(〈봉증위좌승장이십이운奉贈韋左丞丈二十二韻〉)에서 "이옹이 만나기를 구하였고, 왕한이 이웃 되기를 원하였다"라고 했으며, 또 (〈견회遣懷〉에서) "옛일을 돌아보건대 고적, 이백의 무리와 사귐을 논하며 술집에 들었다"라고 했으니 모두 젊은 시절 그를 칭찬해준 사람들이다.(公詩云, 李邕求識面, 王翰願卜鄰. 又云, 憶與高李輩, 論交入酒壚. 皆少時推奬之人也.)

2 挺生(정생) – 걸출하다.

3 遲暮(지모) – 늘그막. 만년. 宮臣(궁신) – 근신近臣. 임금을 가까이에서 모시는 신하. 忝(첨) – 욕되게 하다. 외람되게 직책을 맡게 되었다는 겸손의 표현이다.

《두시경전》 좌습유가 된 것을 말한다.(謂爲拾遺也.)

4 艱危(간위) – 어렵고 위태로운 시절. 袞職(곤직) – 제왕의 직무. 제왕을 뜻한다. '삼공三公'을 가리키는 것으로 보기도 한다.

《두시경전》 당시 숙종은 한창 봉상에 있었다.(時肅宗方在鳳翔.)

[遲暮 2구] 두보가 숙종의 조정에서 좌습유의 직을 맡은 일을 말한 것이다.

5 揚鑣(양표) – 재갈을 드날리다. 말을 모는 것을 뜻한다. '鑣'를 '鞭'으로 쓴 판본도 있다. 日馭(일어) – 태양. 제왕이 타는 수레를 비유한다.

《두시경전》 행재소로 나아갔음을 말한다.(謂赴行在.)

6 折檻(절함) – 난간을 부수다. 임금에게 직언으로 간언하는 행위를 가리킨다. 雲臺(운대) – 한나라 궁중에 있던 높은 누대로 조정을 비유한다. 이 구절은 방관을 변호하는 상소문을 올렸다가 임금의 미움을 받아 화주로 좌천된 일을 말한 것이다.

《독두심해》 방관을 구하는 소를 올린 것이다.(疏救房琯.)

《두시조차공선후해집교》에 인용된 《한서·주운전朱雲傳》 주운이 말했다. "신이 바라옵건대, 상방의 참마검을 내려주십시오. 아첨하는 신하 한 사람의 목을 베어서 나머지 사람들을 경계하도록 하겠습니다." 성제가 "누구인가?"라고 묻자, "안창후 장우입니다"라고 대답하였다. 성제가 크게 노하여 말하기를 "낮은 신하가 아랫자리에 있으면서 윗사람을 비방하고, 조정의 여러 사람 앞에서 사부를 욕보였으니, 그 죄는 죽어도 용서할 수 없다"라고 하였다. 어사가 주운을 끌어내리자, 주운이 어전의 난간을 부여잡으니, 난간이 부러졌다. 주운이 소리치며 말하였다. "신은 땅속으로 내려가 지하에서 용방과 비간을 좇아 노닐 수 있으니 그것으로 족합니다. 그러나 조정이 어찌 될 것인지 알지 못할 따름입니다." 어사가 마침내 주운을 끌고 갔다. 이에 좌장군 신경기가 관을 벗고 인장과 인끈을 풀어놓고서 어전 아래에서 엎드려 머리를 찧으며 말하였다. "이 신하는 평소 소광疎狂과 정직으로 세상에 이름이 나 있습니다. 만약 그의 말이 옳다면 죽여서는 안 됩니다. 그의 말이 그르더라도 본시 그를 용서하는 것이 마땅합니다. 신은 감히 죽음을 무릅쓰고 진언하는 바입니다." 신경기가 머리를 찧어대니 피가 흘렀다. 성제의 노한 마음이 풀어졌으니, 그런 연후에 끝날 수 있었다. 후에 난간을 수리할 때에 이르러 성제가 명하기를 "바꾸지 말도록 하라! 부러진 상태 그대로 보수하여 직신을 표창하도록 하라"라고 하였다.(朱雲曰, 臣願賜尙方斬馬劍, 斷佞臣一人頭以厲其餘. 上問, 誰也. 對曰, 安昌侯張禹. 上大怒曰, 小臣居下訕上, 廷辱師傅, 罪死不赦. 御史將雲下, 雲攀殿檻, 檻折. 雲呼曰, 臣得下從龍逢比干遊於地下足矣, 未知聖朝何如爾. 御史遂將雲去. 於是左將軍辛慶忌免冠解印綬叩頭殿下, 曰, 此臣素著狂直於世. 使其言是, 不可誅. 其言非, 固當容之. 臣敢以死爭. 慶忌叩頭流血. 上意解, 然後得已. 及後當治檻, 上曰, 勿易, 因而輯之, 以旌直臣.)

7 罪戾(죄려) – 죄과.

《두시경전》 공이 방관을 구하는 소를 올렸다가 재상 장호가 구해주어서 죄를 면할 수 있었다.(公疏救房琯, 以宰相張鎬救獲免.)

8 干戈(간과) – 방패와 창. 전쟁을 비유적으로 이르는 말이다. 塞(색) – 가득하다. 막다.

[罪戾 2구]

《두시조차공선후해집교》 위 구는 주상이 처음에는 두보를 죽이고자 하였으나 재상 장호가 구해주어 죽음을 면하게 되고 화주공조로 나가는 것으로 그치게 되었음을 말한 것이다. 아래 구는 그가 한번 축출된 후로 전쟁이 날로 계속됨을 말한 것이다.(上句則上初欲誅甫, 賴張鎬救之而得免, 止出爲華州功曹. 下句則以其一出之後, 干戈日尋也.)

#《두시상주》: 먼저 관직을 배수받고 벼슬을 버린 이유를 서술하였다. 칭찬을 받았다는 것은 방관이 추천하여 이끌어준 것을 말한다. 조차공이 말하기를 "공이 좌습유를 배수받을 당시 임금을 모시며 간쟁하는 일을 하였으므로 '궁신'과 '곤직'이라고 말한 것이다"라고 하였다. '수일'은 행재소로 나아갔음을 말한다. '절함'은 재상 방관을 구하려 했던 일을 가리킨다. '죄과에 대해 관대하였다'는 것은 장호가 구하여 벌을 면할 수 있었던 일이요, '방패와 창이 가득하다'는 것은 안사의 난이 아직 평정되지 않았음이다.(首敍授官去位之故. 推獎, 謂房琯薦引. 趙曰, 公拜拾遺時, 掌供奉諫諍, 故云宮臣袞職. 隨日, 謂赴行在. 折檻, 指救房相. 罪戾寬, 張鎬救而得免. 干戈塞, 安史之亂未平.)

9 星霜(성상) – 성상. 별은 1년에 한 바퀴를 돌고 서리는 매해 추우면 내린다는 뜻으로 1년의 세월을 뜻한다. 玄鳥(현조) – 제비.

《두시상주》에 인용된 《예기·월령月令》 2월에 제비가 이르고 8월에 제비가 돌아간다.(二月玄鳥至, 八月玄鳥歸.)

10 身世(신세) – 한평생. '나와 세상'의 뜻으로 풀이할 수도 있다. 白駒(백

구) – 흰 망아지. 세월을 비유한다.

《두시상주》에 인용된 《사기·위표팽월열전魏豹彭越列傳》 위표가 여생에게 사절하며 말하기를 "사람이 한세상을 살아가는 것이 마치 흰 망아지가 틈을 지나가는 듯할 뿐이오"라고 하였다.(魏豹謝酈生曰, 人生一世間, 如白駒過隙耳.)

《장자·지북해知北海》 사람이 하늘과 땅 사이에 살아감이 마치 흰 망아지가 틈을 지나쳐 가는 듯하니 순간일 뿐이다.(人生天地之間, 若白駒之過隙, 忽然而已.)

11 伏枕(복침) – 와병하다. 因(인) – 따르다. 超忽(초홀) – 신속한 모습.

《두시상주》 '초홀'은 시간이 순식간에 지남을 말한다.(超忽, 言時光倏忽.)

12 九鑽(구찬) – 아홉 번 불을 지피다. 巴噀火(파손화) – 난파欒巴가 불에 술을 뿜다. 이 구절은 촉 사람 난파가 술을 뿜어 성도成都 저자에서 일어난 화재를 진압하였다는 '난파손화欒巴噀火'의 이야기를 빌려서 두보가 촉 지역에서 9년 동안 머물렀음을 말한 것이다.

《두시경전》에 인용된 《고금운회古今韻會》 '손'은 물을 뿜는 것이다.(噀, 噴水也.)

갈홍葛洪 《신선전神仙傳·난파欒巴》 난파는 촉 사람이다. …… 난파가 상서가 되었다. 정월 초하루 군신을 모아 술을 마셨는데, 난파가 술을 머금고 일어나 서남쪽을 바라보면서 술을 내뿜었다. 그런 후에 황제에게 아뢰기를 "신의 고향 성도 저자에서 불이 나서 그 불을 끈 것입니다"라고 하였다. 황제가 역마를 보내어 그 일을 물었더니, 사람들이 말하기를 "정월 초하루에 불이 났을 때 동북쪽으로부터 비가 몰려와서 불을 꺼버렸습니다. 그런데 그 비에서 모두 술 냄새가 났습니다"라고 하였다.(欒巴, 蜀人也. …… 巴爲尚書, 正旦, 會群臣, 飮酒, 巴乃含酒起望西南噀之, 奏云, 臣本鄕成都市失火, 故爲救之. 帝馳驛往問之, 云, 正旦失火時, 有雨自東北來, 滅火, 雨皆作酒氣也.)

《두시상주》 '구찬구'는 (해가 바뀌면) 나무를 바꾸어 불을 지피는 '찬수개화'의 뜻으로 난파가 술을 뿜어서 비를 만들어 성도에서 불을 끈 이야기를 겸하여 활용한 것이다.(九鑽句, 卽鑽燧改火意, 兼用欒巴噀酒爲雨滅火成都事.)

《독두심해》 건원 2년 촉에 든 때로부터 지금 협곡을 내려간 해까지이다.(自乾元二年入蜀, 至今下峽之年.)

13 三蟄(삼칩) – 세 차례 숨다. 楚祠雷(초사뢰) – 초 지역 사당에 울리는 우레. 이 구절은 두보가 기주, 강릉 등지의 옛 초 지역에서 3년간 머물렀음을 말한 것이다.

《두시상주》 《예기·월령》에 "8월이 되면 우레가 곧 소리를 거둔다"라고 했으므로 '숨는다'고 한 것이다.(月令, 八月, 雷乃收聲, 故曰蟄.)

[九鑽 2구]

《두시조차공선후해집교》 두 구 중 위 구에서 9년 중의 일을 합쳐 말하였으니 12년을 말한 것이 아니다. 공은 건원 2년 기해년 12월 1일 농우에서 검남으로 갔으며 12월 말에 성도에 도착하였다. 경자년으로부터 금년 대력 3년 무신년 청명까지는 9년이 된다. …… 공은 대력 3년 봄 비로소 기주를 떠났으니 백제성을 출발하여 협곡을 내려가 강릉에 정박하였다. 그해 늦가을에 공안현에 우거하였고 세모에 공안을 떠나 악주에 이르렀으니, 대력 2년의 가을 8월, 대력 원년의 가을 8월까지 전체 3년의 가을 8월을 기주와 강릉에 있었다. 이것이 우레가 세 번 숨었다는 것이다. 우레는 2월에 떨치고 8월에 숨는다. '초사뢰'라고 하였으니 초나라 사람이 제사하는 우레이다. 대개 초나라 사람들은 제사를 좋아한다. 기주에서 한식을 말할 때에 촉에 붙였는데 또 사당의 우레로 말할 때는 초에 붙였다. 대개 기주는 육국 시절에 초나라 땅이었고 그 풍속에 이미 초나라 풍이 있었으므로 어떤 때는 촉에 붙이고 어떤 때는 초에 붙였으니 애당초 문제가 되지 않았다. 만약 이렇게 해석하지 않으면 '구'와 '삼'의 뜻을 따지기 어렵다. 내 견해가 이와 같으니 해박한 지식을 갖춘 군자를 기다린다.(兩句, 上通言九年中事, 非謂十二年也. 公乾元二年歲在己亥十二月一日, 自隴右赴劍南. 十二月末到成都. 自庚子至今歲大曆三年之淸明, 歲在戊申, 是爲九年. …… 公以大曆三年春方離夔州, 發白帝, 下峽泊江陵, 秋晩寓公安縣, 歲暮發公安至岳州, 則二年之秋八月, 元年之秋八月, 通三年之秋八月, 在夔在江陵, 是爲雷之三蟄矣. 雷以二月而奮, 以八月而蟄. 謂之楚祠雷, 則楚人所祠之雷, 蓋楚人好祠祭也. 夔以寒食言之, 則係之蜀, 又以祠雷言之, 則係之楚. 蓋以夔在六國爲楚地, 而其俗已有楚風, 或係之蜀, 或係之楚, 初不相妨也. 若不如此解, 則九與三之義難考矣. 所見如此, 以俟博聞.)

《두시경전》 '초사'는 초 지역의 사당이다. 혹자는 초왕의 궁전을 가리킨다고 하였다. 우레는 8월이면 소리를 거두므로 '숨는다'고 하였다. 주학령의 주에 "살펴보건대 아홉 번 불을 지피고 세 번 소리가 숨었다고 한 것은 동천과 서천에서 9년을 왕래하였고 그중에 기주에 객거한 것이 3년임을 말한다. 황정견이 모두 12년이라고 한 것은 잘못이다"라고 하였다.(楚祠, 楚地祠廟, 或云卽指楚王宮也. 雷以八月收聲, 故曰蟄. 朱注, 按九鑽三蟄, 言往來兩川九年, 其中客夔三年. 山谷謂凡十二年, 誤也.)

《독두심해》 대력 원년 운안에 이른 때부터 금년 봄 협곡을 내려간 시기까지이다.(自大曆元年至雲安, 至今春下峽之時.)

14 望帝(망제) – 고촉왕古蜀王 두우杜宇. 죽어서 두견새가 되었다는 전설이 있다.

15 昭王(소왕) – 춘추 시기 주나라 소왕. 남정南征에서 돌아오는 길에 한수에 빠져 죽었다.

《두시조차공선후해집교》에 인용된 《좌전·희공僖公4년》 제나라의 군대가 채나라를 침입했는데, 채나라가 무너지자 마침내 초나라를 정벌하였다. 초왕이 사신을 보내어 제나라 군대에게 말하였다. "그대는 북해에 거하고 과인은 남해에 거하니 발정난 말과 소라도 서로 이르지 못하는 격으로 멀리 떨어져 있어 관련이 없습니다. 생각지도 못하게 그대가 나의 땅까지 이르렀으니 무엇 때문입니까?" 관중이 대답하였다. "그대가 공물인 포모를 바치지 않아서 왕의 제사를 드릴 수가 없다. 술을 거를 수가 없기 때문이니, 과인은 이것을 요구하는 것이다. 소왕은 남쪽으로 출정하여 돌아오지 못하였으니 과인은 이것을 묻는다." 대답하기를 "공물을 바치지 않은 것은 과인의 죄이니 어찌 감히 바치지 않겠습니까? 소왕이 돌아오지 못한 것이라면 그대는 물가에 가서 물어보시기 바랍니다"라고 하였다.(齊侯之師侵蔡, 蔡潰, 遂伐楚. 楚子使與師言曰, 君處北海, 寡人處南海, 唯是風馬牛不相及也. 不虞君之涉吾地也, 何故. 管仲對曰, 爾貢包茅不入, 王祭不共, 無以縮酒, 寡人是徵. 昭王南征而不復, 寡人是問. 對曰, 貢之不入, 寡君之罪也, 敢不共給. 昭王之不復, 君其問諸水濱.)

《두시상주》에 인용된 《상중기湘中記》 익양에 소담이 있는데 그 아래로 바닥이 없으니 상수 중에서 가장 깊은 곳이다. 혹자는 소왕이 이 못에서 빠져 죽었으므로 소담이라고 이름하였다고 말한다.(益陽有昭潭, 其下無底, 湘水最深處, 或謂昭王沒於此潭, 因以爲名.)

[望帝 2구] 이 구절은 촉과 초의 옛일을 빌려 현종의 죽음을 비유한 것으로 보인다. 현종과 숙종의 죽음을 가리키는 것으로 보기도 한다.

《독두심해》 과거로 거슬러 올라가 현종과 숙종이 이어서 승하한 것을 말하였다.(追溯玄肅相繼升遐.)

《두시전주杜詩錢注》 망제는 현종을 비유한 것이다. 대종은 이보국을 싫어하였으나 그 죄를 분명하게 바로잡을 수가 없었고 사람을 시켜 그 머리를 훔치게 하였으니 소왕이 남정에서 돌아오지 못하였어도 주나라 사람이 초나라에 물을 수 없었음과 같다.(望帝, 借以喩玄宗也. 代宗惡李輔國, 而不能明正其罪, 使盜竊其首, 猶昭王南征不復, 而周人不能問之於楚也.)

16 蛟螭(교리) – 교룡. 作橫(작횡) – 마구 못된 짓을 행하다.

17 豺虎(시호) – 승냥이와 호랑이. 雄猜(웅시) – 의심이 많다.

[蛟螭 2구] 이 구절은 사나운 장수와 도적 떼, 혹은 이민족을 비유한 것으로 보인다.

《두시조차공선후해집교》 두 구절은 비록 물에 머물고 산길을 갈 때 만나는 것을 말하였지만 이에 기탁하여 생각을 일으킨 것이다. 대개 이 당시 발호하는 강한 신하와 도적질하는 큰 교활한 자가 있었기 때문일 것이다.(兩句雖以言水宿山行所有, 而因託以興焉. 蓋是時有跋扈之强臣賊盜之巨猾故也.)

《두시경전》 서북쪽의 이민족이나 반군 장수 등을 말한다.(謂蕃戎叛帥等.)

18 素業(소업) – 평소의 일. 行(행) – 곧 ~하려 하다.

#《두시상주》: 이 단락은 촉과 기주에서 떠돈 행적을 적었다. '초홀' 구는 위의 '성상'과 '신세'를 받았고, '왕래' 구는 아래로 '파화'와 '초뢰'를 일으켰다. '망제'와 '소왕'은 또 파 지역과 초 지역의 옛이야기를 받았다. '교리'와 '시호'는 사나운 장수와 도적 떼를 비유한 것이고, '소업'과 '부명'은 자신의 뜻을 펴지 못함을 탄식한 것이다. 황희가 말하기를 "공은 건원에 촉에 들었고 대력 3년에 협곡을 내려갔으니 이것이 아홉 번 불을 지핀 것이다. 대력 원년 가을에 운안에 이르고 대력 3년 봄에 협곡을 내려갔으니 이것이 세 번 우레가 숨은 것이다"라고 하였다. 전겸익의 전에 "상황(현종)은 이보국에 의해 서내로 강제로 옮겨져서 근심 속에 죽었으므로 망제와 소왕을 가지고 비유하였다. 옛사람들이 도연명을 평하여 나라를 슬퍼하고 시절을 근심하였으나 드러내 비난하려 하지 않고 다른 말로 기탁하여 심오하고 풍부한 뜻을 함부로 지적할 수 없게 했다고 하였는데, 이러한 점을 안다면 함께 두시를 읽을 만하다"라고 하였다.(此記漂泊蜀夔之迹. 超忽句,

承上星霜身世. 往來句, 起下巴火楚雷. 望帝昭王, 又承巴楚遺事. 蛟螭貙虎, 比悍將群盜. 素業浮名, 歎其志莫伸. 黃希曰, 公以乾元入蜀, 於大曆二(三의 잘못)年下峽, 是九鑽火也. 自大曆元年秋至雲安, 於大曆三年春下峽, 是三蟄雷也. 錢箋, 上皇爲輔國劫遷西內, 悒悒而崩, 故以望帝昭王喩之. 昔人謂陶淵明悼國傷時, 不欲顯斥, 寓以他語, 使奧漫不可指摘. 知此, 可與讀杜詩矣.)

19 琴烏(금오) – 금곡琴曲 〈오야제烏夜啼〉를 가리킨다. 怨憤(원분) – 원한과 울분.

《독두심해》 《금록》에 "금곡 중에 〈오야제〉가 있다"라고 하였다. 오긍의 《악부해제樂府解題》에 "송 임천왕 유의경이 임금의 부름을 받자 집안 식구들이 두려워했다. 밤에 까마귀가 우는 것을 듣고, 근심하며 이 곡을 지었다"라는 기록이 있다.(琴錄, 琴曲有烏夜啼. 吳兢樂府解題, 宋臨川王義慶被徵, 家人懼. 夜聞烏啼, 憂思而成曲.)

20 庭鶴(정학) – 뜰의 학. 摧頹(최퇴) – 꺾이고 무너지다.

《두시상주》에 인용된 《한비자》 사광이 금을 당겨 〈유징〉을 연주하니 검은 학 열여섯 마리가 목을 빼고 울며 날개를 펴고 춤을 추었다.(師曠援琴奏流徵, 有玄鶴二八, 延頸而鳴, 舒翼而舞.)

《두시경전》 나이가 이미 늙었음을 비유한다.(喩年已衰暮.)

[琴烏 2구] 원망과 울분 속에서 늙어가는 두보 자신의 처지를 설명한 것이다.

21 秋水(추수) – 가을 물. '水'를 '雨'로 쓴 판본도 있다. 漫(만) – 질펀하다. 넘쳐흐르다. 湘竹(상죽) – 상수 부근에서 자라는 반점이 있는 반죽斑竹을 가리킨다. '竹'을 '水'로 쓴 판본도 있다.

22 嶺梅(영매) – 대유령大庾嶺의 매화.

《두시상주》 대유령은 매화가 많아서 사람들은 '매령'이라고 부른다.(大庾嶺多梅, 人號爲梅嶺.)

[秋水 2구] 당시 두보가 머물던 형남 일대의 풍경을 묘사한 것으로 보인다. 이와 달리 앞으로 가게 될 지역을 상상하고 쓴 것으로 보기도 한다.

《두시조차공선후해집교》 이 구절은 가려는 땅에 맞추어 그 때를 말한 것이다. 장화의 《박물지》에 "순임금이 죽으니 두 비가 눈물을 흘렸다. 눈물이 대나무를 물들여 얼룩이 되었다. 두 비는 죽어 상수의 신이 되었으므로 이를 상비죽이라 불렀다"라는 기록이 있다. 가을 물이 질펀하게 대나무에 흘러간다고 했으니 그해 가을에 상담을 지나게 될 것을 미리 말한 것이다. 대유령은 매화가 많아 사람들이 매령이라고 부른다. 음산한 바람이 불어갈 때에 대유령에 핀 매화를 지나가게 된다고 했으니 공이 그해 겨울에 대유령에 이르게 될 것을 미리 말한 것이다.(句則因所往之地而言其時也. 張華博物志曰, 舜死, 二妃淚下, 染竹則班. 妃死爲湘水神, 故曰湘妃竹. 秋水瀰漫流竹, 則預言其秋時過湘潭也. 大庾嶺多梅, 人號梅嶺. 當陰風時, 經過於嶺上之梅, 則公預言其冬時至嶺上也.)

《두시경전》 '상죽'과 '영매'는 모두 형남에서 가깝다.(湘竹嶺梅, 皆近荊南.)

23 求食尾(구식미) – 먹을 것을 구하는 꼬리.

《두시상주》 사마천의 〈보임소경서報任少卿書〉에 "맹호가 깊은 산에 있으면 온갖 동물들이 두려워하지만, 함정에 빠지게 되면 꼬리를 흔들며 먹을 것을 구한다"라는 말이 있다.(司馬遷書, 猛虎在深山, 百獸震恐. 及在檻穽, 搖尾而求食.)

24 曝報恩鰓(폭보은새) – 은혜에 보답하려 하나 실패하다. '폭새曝鰓'는 용문에 올라 용이 되지 못한 황하의 잉어가 이마에 점이 찍히고 아가미를 드러내고 물러갔다는 '점액폭새點額曝鰓' 고사에서 비롯된 말로 좌절, 실패를 의미하는 말이다.

《두시상주》에 인용된 신辛 씨의 《삼진기三秦記》 물고기가 용문 아래 모이는데, 용문을 오르는 놈은 변하여 용이 되고 오르지 못한 놈은 이마에 점이 찍히고 아가미를 드러내며 물러난다.(魚集龍門下, 登者化爲龍, 不登者點額曝鰓而退.)

《두시상주》에 인용된 《삼보결록三輔決錄》 곤명지에서 어떤 사람이 물고기를 낚았는데 줄이 끊기면서 도망갔다. (물고기가) 한 무제의 꿈에 나타나 낚싯바늘을 빼주기를 청하였다. 다음 날 황제가 곤명지에서 노닐다가 낚싯줄을 물고 있는 큰 물고기를 보고는 잡아서 낚싯줄을 제거해주었다. 사흘 후에 곤명지 부근에서 한 쌍의 밝은 구슬을 얻게 되니 황제가 "물고기가 보답한 것이다"라고 하였다.(昆明池人釣魚, 綸絶而去. 夢於漢武帝, 求去其鉤. 明日帝游於池, 見大魚銜索, 帝取而去之. 後三日, 池邊得明珠一雙, 帝曰, 魚之報也.)

《두시경전》 지기에게 보답하지 못하고 거듭 어려움을 당한 것을 말한다.(言知己未酬, 而屢遭困躓也.)

25 結舌(결설) – 혀를 묶다. 말조심하다. 讒柄(참병) – 참소를 당하게 되는 꼬투리.

《두시상주》에 인용된 《한서·이심전李尋傳》 지혜로운 자가 혀를 묶으니 간사하고 속이는 자들이 모두 기용되었다.(知者結舌, 邪僞並進.)

26 探腸(탐장) – 창자를 꺼내다. 상대에게 진심을 다 드러낸다는 말이다. 禍胎(화태) – 화근禍根.

[結舌 2구]

《두시경전》 두 구절은 세상길의 험난함을 말한 것이다. 또한 공이 본래 참소를 당하여 축출되었으므로 이런 말이 있게 된 것이다.(二句言世路險阻, 又公本因遭讒而出, 故有是語.)

27 蒼茫(창망) – 넓고 멀어서 아득한 모양. 步兵哭(보병곡) – 완적阮籍의 통곡. 보병교위步兵校尉를 지낸 완적은 길 아닌 곳으로 수레를 달리다가 막다른 곳에서 통곡하고 돌아왔다고 한다.

28 展轉(전전) – 몸을 뒤척이다. 근심으로 잠을 이루지 못하는 모습을 말한다. 仲宣哀(중선애) – 왕찬王粲의 슬픔. 왕찬은 자가 중선仲宣으로 건안칠자의 한 사람이다. 혼란한 시국에 뜻을 펼치지 못하고 오랫동안 객지를 떠돌며 신세를 슬퍼하였다.

《두시경전》 왕찬에게는 〈칠애시〉가 있다. 이주한李周翰이 말하기를 "〈칠애시〉는 한나라 때의 난리를 슬퍼한 것이다"라고 하였다.(王仲宣有七哀詩, 翰曰, 哀漢亂也.)

[蒼茫 2구]

《두시조차공선후해집교》 보병은 완적이다. 보병교위가 되었는데 길이 다한 곳에서 통곡하였다. 중선은 왕찬이다. 난을 피하여 떠돌았기에 〈칠애시〉를 지었다.(步兵, 阮籍也. 爲步兵而哭塗窮. 仲宣, 王粲也. 以避難流離, 作七哀詩.)

29 藉(자) – 구하다. 빌리다.

《두시상주》 '자藉'는 빌린다는 뜻이다.(藉, 借也.)

30 徵(징) – 요구하다.

#《두시상주》: 이 단락은 강릉에서 떠돌며 우거한 일을 적은 것이다. 금곡의 원망스러움과 학춤의 꺾어짐은 흥의 뜻이다. 가을 물과 음산한 바람은 때와 경물에 딱 들어맞는다. 먹을 것을 구함은 나그네살이의 어려움을 말한 것이요, 은혜를 갚고자 함은 지기에게 은혜를 갚지 못함을 말한 것이다. '결설' 2구는 세상길의 험함을 말하였으니, 길이 다하였으므로 통곡하고, 난리를 만나 슬퍼하였다. 나그네 처지가 기댈 곳 없어 쌀을 빌리고 술잔을 찾았다.(此敍流寓江陵之事. 琴怨鶴摧, 乃興意. 秋水陰風, 切時景. 求食, 言逆旅之艱. 報恩, 言知己未酬. 結舌二句, 言世路險阻, 途窮故哭, 遭亂故哀. 客況無聊, 故借米尋杯.)

31 休(휴) – 그치다. 그만두다.

32 任(임) – 무던히 여기다. 내버려두다. 衆人咍(중인해) – 여러 사람의 비웃음.

《두시상주》에 인용된 《초사주楚辭注》 초나라 사람은 서로 비웃는 것을 일러 '해'라고 한다.(楚人謂相嗤笑曰咍.)

33 得喪(득상) – 득실. 여기서는 나라의 득실을 뜻한다. 개인의 득실로 보기도 한다.

34 榮枯(영고) – 영화와 시듦. 성쇠. 여기서는 개인의 성쇠를 뜻한다. 劃(획) – 순식간에. 판연하게. 易該(이해) – 알기 쉽다.

[得喪 2구]

《두시경전》 한 사람의 영화와 시듦은 쉽게 알 수 있지만 국사의 득실은 알기 어려움을 말한 것이다. 이 두 구절은 아래와 위의 시상이 바뀌는 지점이다.(言一己之榮枯易曉, 國事之得喪難知. 二句上下轉捩處.)

35 差池(차지·치지) – 들쭉날쭉 가지런하지 않은 모양. 組冕(조면) – 인끈과 관모. 벼슬을 뜻한다.

36 合沓(합답) – 모여 있는 모양. 蒿萊(호래) – 초야草野.

37 伊周地(이주지) – 이윤伊尹과 주공周公의 지위. 조정을 이끌어갈 높은 지위를 뜻한다.

38 登(등) – 오르다. '知'로 쓴 판본도 있다. 屈宋才(굴송재) – 굴원屈原과 송옥宋玉의 재주. 굴원과 송옥 같은 문인을 뜻한다.

《두시조차공선후해집교》 '이'는 이윤이요, '주'는 주공이다. 이윤과 주공이 맡은 것이니 재상의 지위이다. 지금 재상의 지위에 등용되는 자들이 모두가 굴원과 송옥 같은 인재는 아니라고 했으니 그 출세를 알 만하다. 이것은 영화로움을 순식간에 쉬이 알 수 있다고 한 것이다.(伊, 則伊尹, 周, 則周公. 伊尹周公之所任, 則宰輔之地. 今也不必

於宰輔, 所登用者皆如屈原宋玉之才, 則其起身也可知矣. 此榮之劃易該也.)

[差池 4구]

《두시경전》 당시 관직을 남용함이 많았으니 공의 시(〈송릉주로사군지임送陵州路使君之任〉)에서 "왕실에 근래 어려움이 많으니 고관은 모두 무신이다"라고 한 의미이다. 무인이 뜻을 얻으니 문사는 더욱 궁해진다. 뜻은 역시 암암리에 위 단락을 이어 받았다.(時官資冒濫者多, 卽公詩, 王室比多難, 高官皆武臣意. 武夫得志, 則文士益窮, 意亦暗承上段.)

39 漢庭(한정) – 한나라 조정. 和異域(화이역) – 다른 나라와 화친하다.

《두시상주》에 인용된 《한서·흉노전匈奴傳》 고제가 백등의 포위를 벗어나서 유경을 사신으로 보내 화친의 조약을 맺게 하였다.(高帝出白登圍, 使劉敬結和親之約.)

40 晉史(진사) – 진晉나라의 사서. 혹은 진나라의 태사太史. 坼(탁) – 터지다. 갈라지다. '拆'으로 쓴 판본도 있다. 中台(중태) – 중태성中台星. 이 구절은 진나라 때 사공을 맡고 있던 장화가 죽임을 당하기 전에 중태성이 터졌다는 전고를 활용한 것이다. 숙종 조정에서 재상을 맡았던 방관의 죽음을 말한 것으로 보인다.

《두시상주》에 인용된 유신庾信의 〈상왕사도포시傷王司徒褒詩〉 중태성이 터질 것을 어찌 생각했으랴, 그대 바람 앞의 등불이 되었네.(豈意中台坼, 君當風燭前.)

《두시상주》에 인용된 《진서晉書》 중태성이 터지니 장화가 죽임을 당하였다.(中台星坼, 張華被誅.)

《진서晉書·장화전張華傳》 당초에 장화의 봉지인 장무군에서 뽕나무가 잣나무로 변하는 일이 생겼더니 식자들이 상서롭지 못한 징조로 여겼다. 또 장화의 집과 관서에 수차례 요괴가 나타났다. 막내아들 장위가 중태성이 터진 일을 듣고는 장화에게 벼슬에서 물러날 것을 권하였다. 장화가 거절하며 말했다. "하늘의 도는 현묘하고 심원하니, 오직 덕을 닦아 그에 응할 뿐이다. 조용히 천명을 기다림만 못하다."(初, 華所封壯武郡有桑化爲柏, 識者以爲不詳. 又華第舍及監省數有妖怪. 少子韙以中台星坼, 勸華遜位. 華不從, 曰, 天道玄遠, 惟修德以應之耳. 不如靜以待之, 以俟天命.)

《두시조차공선후해집교》 '진사'는 진의 태사니, 천문을 알려준다. 사서의 사가 아니다.(晉史, 則晉之太史, 以天文爲告也. 非是史籍之史.)

《두시경전》 중태성이 터졌음은 장화의 일을 차용한 것인데 그것에 너무 얽매일 필요는 없다.(坼中台, 乃借用張華事, 不必泥.)

[漢庭 2구]

《두시조차공선후해집교》 위 구로써 당시 사신을 보내 토번과 화친한 것을 비유하였다. 공은 〈유감오수有感五首〉 시에서 일찍이 "뗏목 타고 나가 소식이 끊겼으니, 장건을 찾을 곳 없다네"라고 했으니 사신으로 가서 즉시 돌아오지 못한 자가 있었다. 다음 구절을 보면 또 반드시 죄를 지어 죽임을 당한 자가 있었을 것이다. 《한서·흉노전》 찬에 "화친의 논의는 유경에서 시작되었으니, 선우에게 뇌물을 주어 변경을 구하고 안정시킬 것을 바란 것이었다. 효혜제, 여후呂后 때에도 이 화친 정책을 준수하여 어기지 않았다. 효문제 때에 이르러 흉노와 관시關市를 트고 한나라 여인을 처로 보내고, 뇌물을 후하게 더하였으니 해마다 천금을 썼다"라고 하였다. 이것이 이민족과 화친함에 있어 한나라 조정을 언급한 이유이다.(上句以比當時遣使和吐蕃也. 公於有感嘗云, 乘槎斷消息, 無處覓張騫, 則有遣使而不卽歸者矣. 次句則又必有以罪誅者. 前漢匈奴傳贊, 和親之論發於劉敬, 賂遺單于冀以救安邊境. 孝惠高后時, 遵而不違. 至孝文, 與通關市, 妻以漢女, 增厚其賂, 歲以千金. 此於和異域所以言漢庭.)

41 霸業(패업) – 천하를 제패하는 사업. 尋常體(심상체) – 심상한 형식. 늘 하던 방식. 이 구절은 이민족과의 화친 정책이 자주 행해진 나라를

다스리던 방식이라는 말이다.

《두시상주》에 인용된 《사기·흉노열전匈奴列傳》 진 문공이 처음 즉위하자 패업을 행하고자 하였다.(晉文公初立, 欲修霸業.)

《두시상주》에 인용된 《삼국지·제갈양전諸葛亮傳》 패업은 이루어질 것입니다.(霸業可成.)

42 宗臣(종신) - 나라에 큰 공을 세운 신하. 忌諱(기휘) - 꺼리다. 싫어하다. 이 구절은 재상 방관이 숙종의 미움을 받아 축출되었음을 말한 것으로 보인다. '기휘'의 주체를 '종신'으로 해석하는 경우도 있다.

《한서·이심전李尋傳》 (폐하께서) 큰 밝음을 여셔 (직언을) 꺼리지 않으십니다.(開大明, 除忌諱.)

《위지魏志·위기전衛覬傳》 (임금의) 안색을 범하고 (임금이) 꺼리는 직언을 하였다.(犯顔色觸忌諱.)

[霸業 2구]

《두시경전》 화친이 옳은 계책이 아니며 재상을 파직함이 공정하지 않음을 말하였다.(言和親之非計, 罷相之不公.)

《두시조차공선후해집교》 중국이 이민족에 대해서 화친을 달갑게 여겼으니, 이것이 패업의 심상한 체이다. 그런데 대신으로 사신을 충당하니 혹자는 붙잡혀 머물고 혹자는 죽임을 당하게 된즉 종신이 꺼리게 되었다.(中國之於夷狄, 甘心於和親, 此霸業尋常之體也. 而大臣充使, 或留或誅, 則宗臣以爲忌諱矣.)

[漢庭 4구] '한정' 구는 '패업' 구와 연결되어 모두 조정에서 자주 취하는 화친 정책을 말한 것이고, '진사' 구는 '종신' 구와 연결되어 모두 신하가 조정에서 화를 당하였음을 말한 것이다.

#《두시상주》: 이 단락은 시사를 개탄한 것이다. '빈사' 2구는 위 글을 이어 받고, '득상' 2구는 아래 글을 일으킨다. 《두억》에서 "'획이해'는 순식간에 성쇠를 쉽게 알 수 있다고 말한 것이다. 예컨대 벼슬아치가

초야에서 일어나니 우뚝 일어난 자가 벼슬을 얻는 것이라든지, 이윤과 주공의 자리에 있는 자들이 모두 굴원과 송옥은 아니니 요직에 있는 자가 모두 무인이라는 것과 같은 경우이다"라고 하였다. 사 씨가 말하기를 "이 당시 관직을 남발하여 덕망이 높은 원로대신들은 버려지고 쓰이지 않는 경우가 많았다. 여러 말들은 모두 풍자한 것이다"라고 하였다. 호진형이 말하기를 "'화이역'은 회흘이 화친한 것을 말한다. '탁중태'는 방관이 도중에 죽은 것을 말한다. '패업' 구는 (이민족과의) 화친이 곧 패도를 섞어 쓴 한나라의 치도治道이니 국체의 정도는 아님을 말한 것이다. '종신' 구는 방관이 여러 친왕을 세워 번진을 분할하자는 의론을 제기하여 숙종이 꺼리는 바를 직언하여 화를 입었음을 말한 것이다"라고 하였다. 하운이 말하기를 "광덕 원년 방관이 낭주에서 병으로 죽었다. 그해 6월 회흘의 등리극한이 번국蕃國으로 돌아갔으니, 모두 대종 광덕 원년의 일이다. 그래서 관련하여 쓴 것이다"라고 하였다.(此乃慨歎時事. 貧士二句, 承上文. 得喪二句, 起下文. 杜臆, 劃易該, 言劃然之間, 榮枯易見. 如組冕起自蒿萊, 崛起者得官矣. 伊周不皆屈宋, 樞要皆武夫矣. 師氏曰, 是時官資濫進, 宿德元勳, 多擯棄不用, 數語皆以諷也. 胡震亨曰, 和異域, 言回紇和親. 坼中台, 言房琯道卒. 霸業句, 言和親乃漢道雜霸, 非國體之正. 宗臣句, 言房琯建諸王分鎭之議, 觸肅宗忌諱而得禍. 何雲曰, 廣德元年, 房琯病卒於閬州. 其年六月, 回紇登里可汗歸蕃, 皆代宗初元事, 故牽連書之.)

43 戮力(육력) – 진력하다. 협력하다.

44 聖慮(성려) – 제왕의 생각. 窅(요) – 깊고 먼 모양. '睿'로 쓴 판본도 있다.

[群公 2구]

《두시조차공선후해집교》 이 구절로부터 이하는 태평을 이루게 하는 일을 논한 것이다. …… 군공의 진력함이 분분한 지경에 이르게 되었다. 또한 임금이 더욱 염려하여 깊이 배회하게 되었으니 토번으로 말미암음이 이와 같다.(自此以下, 論所以致太平之事矣. …… 群公之戮力, 至於紛紛然, 又煩聖慮之軫及而窅然徘徊, 則吐蕃之所因如此.)

45 數見(삭견) – 자주 보다. 銘鐘鼎(명종정) – 공적을 종과 솥에 새기다. 여기서는 여러 장군들의 공적을 종과 정에 새긴다는 뜻이다.

《두시상주》에 인용된 유신庾信 〈주오성조곡周五聲調曲〉 공적을 종과 솥에 모두 새긴다.(功烈則鐘鼎俱銘.)

46 法斗魁(법두괴) – 북두칠성을 본받는다. '두괴'는 북두칠성 머리 부분의 네 개의 별을 일컫는다. 이 구절은 북두칠성의 네 개의 별이 북극성을 옹위하는 것을 본받아 임금을 보위함이 마땅함을 말한 것이다. '두괴'를 임금의 표상으로 보는 주석도 있다.

《두시상주》에 인용된 《진서晉書·천문지天文志》 북두칠성은 태미성 북쪽에 있다. 북두칠성 머리 부분의 네 개의 별이 선기이고, 자루 부분의 세 개의 별이 옥형이다. 자루의 남쪽 삼성, 그리고 머리의 첫 번째 별, 머리 서쪽의 삼성을 모두 삼공으로 일컫는데, 덕화를 선양하고 일월오성을 고르게 하고 음양을 조화롭게 하는 일을 주관하는 관이다.(北斗七星, 在太微北. 魁四星爲璿璣, 杓三星爲玉衡. 杓南三星, 及魁第一星, 西三星, 皆曰三公, 主宣德化, 調七政, 和陰陽之官也.)

[數見 2구]

《두시조차공선후해집교》 위 구는 군공이 공을 이루어 종과 솥에 새길 수 있다는 것이요, 아래 구는 임금의 사려 깊은 호령이 마땅히 북두성을 본받아야 한다는 것이다. 《진서·천문지》에 이르기를 "북두칠성은 첫째 별에서 넷째 별까지가 괴이고, 다섯째 별에서 일곱째 별까지가 표이다"라고 하였다. 또 이르기를 "북두성의 '표'는 임금의 상이니, 명령하는 주인이다"라고 하였다.(上句則群公成功, 鐘鼎之可銘. 下句則聖慮之號令, 當法之北斗. 晉天文志, 北斗一至四爲魁, 五至七爲杓. 又云斗杓, 人君之象, 號令之主也.)

[群公 4구]

《두시경전》 지금에 이르러 공연히 여러 인재를 고달프게 하고 임금을 홀로 수고로이 고민하게 하니, 그렇게 된 까닭은 여러 장수가 비록 공을 많이 세웠어도 재상을 택하는 일에 합당한 일을 다하지 않아서일 뿐이다.(至今空瘁羣材, 獨勞主慮. 所以然者, 諸將雖多立功, 擇相未能盡當故耳.)

47 鋒鏑(봉적) – 창끝과 살촉. 병기를 가리킨다. 鑄(주) – 주조하다. 이 구절은 전쟁이 끝나고 백성들이 휴양생식休養生息하게 되기를 바란다는 말이다.

《두시상주》에 인용된 《사기·진시황본기》 진나라가 천하의 병기를 거두어 함양에 모았다. 창과 화살촉을 녹여 동인 열둘을 주조하였는데, 이로써 천하의 병력을 약하게 하였다.(秦收天下兵, 聚之咸陽. 銷鋒鏑, 鑄金人十二, 以弱天下之兵.)

48 棟梁(동량) – 마룻대와 들보. 동량지재棟梁之材.

《두시상주》 위개가 죽자 사곤이 곡하며 말하기를 "마룻대와 들보가 꺾였으니 나도 모르게 슬퍼진다"라고 하였다. 진 육완이 사공을 배수받자 빈객에게 말하기를 "나를 삼공으로 삼다니, 이는 천하에 사람이 없음이다"라고 하였다. (빈객이) 술을 찾아 기둥 사이에 흠뻑 뿌리면서 축원하기를 "지금 재주 있는 사람이 없어 그대를 기둥과 주춧돌 같은 신하로 삼았으니 남의 마룻대와 들보를 기울게 하지 말라"라고 하였다.(衛玠卒, 謝琨哭之曰, 棟梁折, 不覺哀. 晉陸抗(陸玩의 잘못)拜司空, 謂賓客曰, 以我爲三公, 是天下無人矣. 索酒著柱間, 祝曰, 當今之(乏의 잘못)才, 以爾爲柱石之臣, 莫傾人棟梁.)

[願聞 2구]

《두시조차공선후해집교》 위 구는 바란 것이니, 《공자가어孔子家語》에서 안회가 "칼과 창을 녹여 농기구를 만들기를 원한다"라고 말한 뜻이다. …… 아래 구는 경계한 것이다.(上句所以幸之也, 乃家語,

顔回云願鑄劍戟以爲農器之意. …… 下句以戒之也.)

49 磐石(반석) – 넓고 평평한 큰 돌. '반석盤石'과 같다. 여기서는 종실, 제후를 뜻한다. 圭(규) – 옥으로 만든 홀. 옛날 천자가 제후를 봉할 때 썼다. 이 구절은 주나라 성왕成王이 오동잎을 오려 홀을 만들어 당숙唐叔을 제후로 봉하였다는 고사를 활용하여 천자가 친왕을 분봉하여 천하를 안정시킬 것을 바란다고 한 것이다.

《두시조차공선후해집교》 '반석'은 제후를 말한 것이다.(盤石, 所以言諸侯也.)

《두시상주》에 인용된 《사기·효문제기孝文帝紀》 고조는 자제들을 왕에 봉하여 봉지가 개 이빨이 서로 엇물리듯 만들어 상호 견제하도록 하였으니 이른바 반석과 같은 종실이다.(高帝封王子弟, 地犬牙相制, 所謂磐石之宗也.)

《두시상주》에 인용된 《사기·진세가晉世家》 성왕이 당숙을 제후에 봉하였는데 오동잎을 오려서 홀을 만들었다.(成王封唐叔, 剪桐葉爲圭.)

50 凶門(흉문) – 흉문. 옛날 장례의 습속에 대문 밖에 흰 천으로 문 모양을 만들어 세우는 풍습이 있었는데 그것을 '흉문'이라 하였다. 옛날에 전쟁은 흉한 일이어서 장군이 왕명을 받아 출정하기에 앞서 흉문을 세우고 그 문을 지나갔다고 한다. 轂少推(곡소추) – 수레바퀴를 미는 일이 적다. 임금이 전장으로 가는 장군을 전송하면서 그의 수레를 밀었다는 고사를 활용한 것이다.

《두시상주》에 인용된 《회남자淮南子》 대장이 임금의 명을 받는 일을 마치면 수의를 입고 손톱을 자르며 흉문을 뚫고 나갔다.(大將受命已, 則設明衣, 剪指爪, 鑿凶門而出.)

《두시상주》에 인용된 《사기·장석지풍당열전張釋之馮唐列傳》 상고 시절에 왕이 장수를 파견할 때에는 무릎을 꿇고 수레바퀴를 밀었다.(上古王者之遣將也, 跪而推轂.)

《두시경전》 당시 전쟁이 끝나지 않은 것은 모두 종실이 쇠미하여 강한 번진으로 하여금 발호하게 만들었기 때문이다. 공의 〈유감오수有感五首〉 시에 "예로부터 줄기를 강하게 한 땅에는 조정에 신복하지 않음이 없었다"라고 했으니 바로 이 뜻이다.(當時兵革不息, 皆由宗室衰微, 以致强藩跋扈. 公有感詩, 由來强幹地, 未有不臣朝, 卽此意.)

《두시조차공선후해집교》 "수레를 미는 일이 적다"라고 말한 것은 전쟁을 그치고 무신을 높이지 않기를 희망한 것이다.(云轂少推, 望其息兵而不崇將臣也.)

51 垂旒(수류) – 면류冕旒를 드리우다. 면류관을 쓰다. 제왕의 지위에 거함을 뜻한다. 資(자) – 의지하다. 穆穆(목목) – 공경하는 모습. 온화하고 아름다운 모습.

《두시상주》《설문해자》에서 "'유'는 면류관에 늘어뜨린 주옥이다"라고 하였고 《예기》에서는 "곤복의 면류관은 왕의 경우 열두 줄의 주옥을 매단다"라고 하였다.(說文, 旒, 垂玉也. 記, 袞冕王十二旒.)

《시경·대아大雅·가락假樂》 공경스럽고 아름다우시니 제후 노릇도 잘하고 왕 노릇도 잘하시네.(穆穆皇皇, 宜君宜王.)

《두시조차공선후해집교》 '수류'라는 글자에 대해서 전에 이르기를 "천자가 면류관을 드리움은 눈의 밝음을 가리는 것이요, 주광으로 귀를 막는 것은 귀의 밝음을 가리는 것이다"라고 하였다. 대개 팔짱을 끼고 아무런 일도 하지 않음이 이와 같다는 말이다. '공경스러움에 의지한다'라는 말로 (수류에) 이어 붙인 것은 천자의 모습이 공경스럽기 때문이다.(垂旒字, 傳曰, 天子垂旒, 所以蔽明也. 黈纊塞耳, 所以蔽聰也. 蓋言垂拱無事者如此. 貼以資穆穆, 則天子之容穆穆故也.)

52 祝網(축망) – 그물질에 축원하다. 恢恢(회회) – 넓고 큰 모양. 이 구절은 은나라 탕임금이 촘촘한 그물을 엉성한 그물로 바꾸게 하였다는 고사를 활용하여 관대한 정치를 주문한 것이다.

《여씨춘추呂氏春秋·이용異用》 탕임금이 사면에 그물을 치고 축원하는 자를 보았는데, 그가 빌며 말하기를 "하늘에서 떨어지는 것이든, 땅에서 솟아나는 것이든, 사방에서 오는 것이든 모두 내 그물에 걸리게 하소서" 하였다. 탕임금이 말하기를 "아! 모조리 잡겠구나. 걸이 아니고서야 누가 이런 짓을 하겠는가?"라고 하였다. 탕임금이 그 삼면을 거두고 한 면만 설치하였다. …… 한수 남쪽의 나라 사람들이 이 말을 듣고는 말하기를 "탕임금의 덕이 금수에까지 미치는구나"라고 하였으니, 마흔 나라가 귀의하게 되었다. 사람이 사면에 그물을 친다 해도 새를 반드시 잡을 수는 없다. 그런데 탕임금은 삼면을 없애고 한 면만 설치했는데도 마흔 나라를 그물로 잡았으니 그저 단순히 새나 잡는 그물질이 아니다.(湯見祝網者, 置四面, 其祝曰, 從天墜者, 從地出者, 從四方來者, 皆離吾網. 湯曰, 嘻, 盡之矣. 非桀其孰爲此也. 湯收其三面, 置其一面. …… 漢南之國聞之曰, 湯之德及禽獸矣, 四十國歸之. 人置四面, 未必得鳥. 湯去其三面, 置其一面, 以網其四十國, 非徒網鳥也.)

《도덕경·73장》 하늘의 그물은 광대하여 성글어도 새는 법이 없다.(天網恢恢, 疏而不漏.)

《두시경전》 대종이 시기가 많았으므로 너그러움을 도탑게 하여 나라의 상서로운 징조를 불러오게 하고자 한 것이다.(以代宗多猜忌, 故欲其敦寬厚以召嘉祥也.)

53 赤雀(적작) – 전설 속의 상서로운 새. 翻然(번연) – 새가 날개를 치며 높이 나는 모습.

《두시상주》에 인용된 《춘추고이우春秋考異郵》 황제가 장차 일어나려 함에 황작과 적두가 태양 곁에 서 있는 일이 있었다.(黃帝將起, 有黃雀赤頭立日旁.)

《두시상주》에 인용된 《상서중후尚書中候》 적작이 단서를 입에 물고 풍으로 들어와서 문왕 앞에 머물렀다.(赤雀銜丹書入豊, 止於昌前.)

54 詎(거) – 어찌. '不'로 된 판본도 있다. 假媒(가매) – 중매를 빌리다.

《두시상주》에 인용된《서응도瑞應圖》 황룡은 사룡의 우두머리로 왕도를 행하는 임금이 못의 물을 빼서 물고기를 잡지 않으니 화기에 응하여 못에서 노닌다.(黃龍, 四龍之長, 王者不漉池而漁, 則應和氣而游於池沼.)

《두시상주》에 인용된《상서중후尙書中候》 순이 황하에 옥을 가라앉혔더니 광채가 지극히 아름다웠다. 황룡이 책을 지고 와서 그림을 펼쳤으며 제단 근처를 출입하였다.(舜沈璧於河, 榮光休至, 黃龍負卷舒圖, 出入壇畔.)

《두시상주》에 인용된《한교사가漢郊祀歌》 천마가 오나니, 용의 중매로다.(天馬徠, 龍之媒.)

#《두시상주》: 이 단락은 조정이 새롭게 바뀌기를 바란 것이다. 지금 뭇 신하가 협력하고 임금이 노심초사하고 있으니, 여러 장수가 그 공적을 종과 솥에 새기지만 그래도 두괴를 본받아 천자를 옹위해야 마땅한 상황임을 말한 것이다. '원문' 이하는 대책을 진언한 것이다. 창끝과 화살촉을 녹이면 백성은 쉴 수가 있으며, 동량의 재목을 뽑으면 재상의 자리에는 범용한 재목을 쓰지 않게 된다. 홀을 많이 오려 만들면 동성의 왕족이 이로부터 뿌리가 깊고 견고해질 것이요, 장수의 수레를 미는 일이 적어지면 번진의 발호가 없어질 것이다. 또한 면류관을 드리우고 무위를 본받으며, 그물을 성글게 만든 탕의 이야기처럼 법령과 조문을 관대하게 하면 적작과 황룡이 상서롭게 절로 이르게 되고 천하는 태평하게 다스려질 것이다.(此望朝廷更新也. 言今者群臣協力, 聖主焦思, 在諸將雖勒銘鐘鼎, 尙宜法斗魁以衛宸極. 願聞以下, 乃進策也. 銷鋒鏑, 生民可以休息. 選棟梁, 相臣毋用凡材. 多剪圭, 同姓自此蟠固. 少推轂, 藩鎭免於跋扈. 且垂旒而法無爲, 祝網以寬文法, 則赤雀黃龍, 嘉祥自致, 而天下可治平矣.)

55 傅野(부야) – 부암傅巖의 들판. 은나라 고종高宗이 명재상 부열傅說을 발탁한 곳이다.

《두시상주》 옛 역사 기록에 은나라 고종이 꿈을 꾸고 부암의 들판에서 부열을 얻었다는 이야기가 있다.(古史, 高宗夢得說於傅巖之野.)

56 顏坏(안배) – 안합顏闔의 뒷담. 이 구절은 노나라의 고사高士 안합이 임금의 부름을 피해 집의 뒷담을 뚫고 도망하였다는 고사를 쓴 것이다.

《두시상주》에 인용된 《회남자》 노나라 임금이 안합을 재상에 임명하고자 하여 사람을 시켜 먼저 예물을 보냈는데, 안합이 뒷담을 뚫고 도망가버렸다.(魯君欲相顏闔, 使人以幣先焉, 鑿坏而遁之.)

57 冥心(명심) – 마음을 비워 고요하게 하다. 혹은 빈 마음.

#《두시상주》: 마지막 단락에서는 가난하고 늙은 채로 이리저리 떠도는 신세를 탄식하였다. 공은 세상에서 쓰이지 못함을 알았으므로 부열이 아니요 안합과 같다고 한 것이다. 마음은 꺼진 재와 같으니 응당 다시는 천하의 일을 묻지 않을 것이다.(末歎窮老飄零也. 公知世不見用, 故非傅說而類顏闔, 心若死灰, 不當復問天下事矣.)

《두시경전》: 결어는 자신은 이미 세상에 쓰일 뜻이 없고, 다만 나라가 인재를 얻어 태평에 이를 수 있기를 바랄 뿐임을 말하였다.(結語言己已無意用世, 惟望國家得人, 以致太平耳.)

##《두시경전》: 이 시는 공이 형남에 있을 때 나그네 처지가 쓸쓸하고 영락하였으므로 평생의 지기가 된 사람을 생각한 것이다. 후반 단락에서는 방관이 파직되고 배척을 당한 것으로 인하여 재상은 반드시 신중히 택해야 함을 말하였고, 또 방관이 번진을 나눌 것을 의논했던 일로 인하여 봉건의 방식이 최종적으로 좋은 계책임을 탄식하였다. 시어의 뜻이 층층이 미루어져 나갔는데, 방관에만 딱 맞추어 말하는 것도 본시 꼭 그래야 할 것은 아니지만 방관을 벗어나서 말하는 것은 더욱 잘못이다. 호진형이 말했다. "이 작품은 공 자신이 방관으로

인해 득죄하게 된 시말을 매우 상세하게 기술하고 있다. '옛날 칭찬해 주시는 복을 받게 되었다'라는 말은 공이 방관에게 인정을 받았다는 것이다. '난간을 부수고 운대를 나왔다'라는 말은 방관을 구하다가 폄관貶官 되었다는 것이다. '이윤과 주공의 자리에 모두 굴원과 송옥 같은 인재가 오른 것은 아니다'라는 말은 숙종 당시 황제를 따르는 여러 재상들이 모두 현자는 아니었음을 떠올리며 말한 것이다. '한의 조정이 이민족과 화친하였다'는 것은 회흘과 화친한 것을 말한다. '진의 역사에 중태성이 터진 일이 있었다'라는 말은 방관이 재상에서 파직을 당했음을 말한다. 숙종 건원 원년 6월에 방관을 폄적하였고, 7월에 영국공주를 회흘에 시집보내었는데, 이 두 가지 일을 합쳐 말해서 화친이 바른 대책이 아님과 방관이 재상의 지위에 있었으면 분명 이런 일이 없었을 것임을 드러내었다. '패업함에 심상한 방식'이라는 말은 화친이 곧 패도를 섞어 쓴 한나라 치도로서 국체의 정도가 아님을 말한 것이다. '종신이 꺼림을 받아 재앙을 당하였다'라는 말은 방관이 여러 왕을 세워 번진을 분봉하자는 의론을 처음 내세워 숙종의 꺼리는 일을 직언하여 화를 입었음을 말한 것이다. '종과 솥에 공명을 새김을 자주 보나니, 진실로 두괴를 본받아야 한다'라는 말은 공신들이 비록 많으나 삼공의 그릇이 아니니 한 시절의 인재들이 모두 방관만 못함을 알게 된다고 말한 것이다. '반석에 오려 만든 홀이 많고, 흉문에 수레를 미는 일 적다'라는 말은 번진을 나눔으로 반석을 굳건하게 하는바, 제후의 홀은 많이 만듦이 마땅하다는 것이니 방관의 본 계책이 원래부터 틀리지 않았음을 말한 것이다. 다만 재상은 장수로 나가게 해서는 안 되며, 흉문에서 장수의 수레바퀴를 미는 일은 당연히 적어야 한다고 말했으니, 이는 진도의 패배를 은휘하여 그를 위해 변호한 것인 듯하다. '면류를 드리우고 공경스러움에 의지한다'는 구절부터 '황룡이 어찌 중매를 빌리겠는가'까지는 당시 방관을 폄적한 일이 너무 지나쳤으니 조정에서 사람을 쓰는 일에 관대하기를 다시 희망하고, 그렇게 되면 어진 인재가 절로 이르게 될 것임을 언외에 드러내고 있다." 호진형이 또 다음과 같이 말하였다. "낙빈왕에게 〈유집서정통간지기幽縶書情通簡知己〉 배율이 있는데 공의 이 시의 근원이다. 함께 보면 비로소 알게 된다."《두시박의》에서는 "'반석' 2구는 봉건의 제도가 번진에 좋은 것임을 극언한 것이니 재상이 장수로 나갈 수 없음만을 전적으로 말한 것이 아니다. '군공' 구 이하는 본시 일반적인 논의이니 꼭 다시 방관을 위주로 해서 말할 것은 아니다"라고 하였다.(此詩因公在荊南, 客況廖落, 而感念生平知己之人. 後段因房之罷斥, 而言端揆之必須愼擇. 又因琯議分鎭, 而歎封建之終爲善謀. 語意層層推出, 粘煞房說固不必, 脫卻房說則更非也. 胡震亨曰, 此篇述己因房琯得罪始末甚詳. 昔承推獎分, 公受知於房琯也. 折檻出雲臺, 以救琯謫官也. 不必伊周地, 皆登屈宋才, 追言肅宗時, 從龍諸相未必皆賢也. 漢庭和異域, 言回紇和親. 晉史坼中台, 言房琯罷相. 肅宗乾元元年六月貶琯, 七月以寧國公主嫁回紇, 合言之, 見和親非策, 琯在位當無是也. 霸業尋常體, 言和親乃漢道雜霸, 非國體之正也. 宗臣忌諱災, 言琯首建諸王分鎭之議, 觸肅宗所忌諱而得禍也. 數見銘鐘鼎, 眞宜法斗魁, 言功臣雖多, 非三公器, 見一時人才皆不如琯也. 盤石圭多翦, 凶門轂少推, 言分鎭以固盤石, 圭當多翦剪, 琯本謀原不錯, 但宰相不當使出將, 凶門轂自宜少推耳. 此若諱陳陶之敗而爲之解者. 垂旒資穆穆, 至黃龍不假媒, 言外見當時貶琯爲太過, 更望朝廷以寬大用人, 則賢才自至也. 又曰, 駱賓王有幽縶書情排律, 乃公此詩所出, 合觀之始知. 杜詩博議, 盤石圭多翦二句, 極言封建之制, 善於藩鎭, 非專謂宰相不可出將也. 群公紛戮力以下, 自是泛論, 不必復主琯言之.)

《두억》: 전반부는 이해하기가 쉽다. '득상' 구 이하에 이르러 지금 영화와 쇠락은 순식간에 이해할 수 있으니, 인끈과 관모를 나누고 초야에서 일어난 자가 분분하여서임을 말한다. 이윤과 주공의 자리에 모두 굴원과 송옥 같은 인재를 등용한 것은 아니라는 것은 요직에 오른 자들이 모두 무인임을 말한 것이다. 면류관을 드리우고 그물을 성글게 하여 상서로운 징조가 다 이르게 되었으니 우리 어진 두공杜公께서는 명군의 꿈을 감응시킬 수도 없을 터, 이미 뒷담을 뚫고 도망친 안합의 은거와 닮아 죽은 재와 같은 빈 마음으로 강호에서 달게 늙어가나니, 옛사람이 이미 먼저 앞서 간 길이다. 소 씨가 말하기를, "'한정' 구는 회흘과의 화친을 비유한 것이고, '진사' 구는 방관의 처벌받음을 비유한 것이다. '패업' 구는 패도覇道를 섞어 썼음을 말하였고, '종신' 구는 직언을 하려 하지 않는다는 것이다"라고 하였다. 그 아래 글에 대해 내 나름대로 다음과 같이 이해한다. 진력을 다하는 군신들이 적지 않은데도 임금의 생각은 판단하기 어려움이 많아 망설이게 되었다. 그럼에도 여러 장수가 왕왕 공을 보고하며 종과 솥에 이름을 새기게 되었은즉 국정을 맡은 재상이 두괴를 본받아 일을 잘 처리하여 이루어 낼지 진실로 의심되니, 어찌 믿을 수 있겠는가! 지금 듣기를 원하는 것은 창날과 화살촉을 녹여 무인의 공로에 대해 박하게 하고, 동량이 될 인재를 심어 어진 재상을 얻으며, 종실을 널리 봉하고, 싸움에 능한 장수를 나누어 파견하며, 면류관을 드리우고 무위를 본받으며, 그물을 성글게 하여 법과 조문을 관대하게 하는 것일 뿐이니, 그리하면 상서로운 징조가 이르고 태평한 세상이 이르게 될 것이다.(前半篇易解, 至得喪初難識以下, 謂今之榮枯劃然可了. 分組冕起蒿萊者紛然, 不必伊周地, 皆登屈宋才, 言登樞要皆武夫也. 垂旒祝網, 休祥畢至, 則我之賢元不能感明王之夢, 已類鑿坏之隱, 冥心死灰, 甘老江湖, 古人已先之矣. 邵云, 漢庭和異域, 比回紇和親. 晉史坼中台. 比房琯得罪. 霸業尋常體, 謂雜用霸術. 宗臣忌諱災, 不肯直言也. 其下文余以臆解之. 謂群公戮力者不少, 而聖慮難測多, 致遲疑. 然而諸將往往報功而銘之鐘鼎, 則眞疑柄國者能法斗魁而轉旋造化也, 豈可信哉. 今所願聞只在銷鋒鏑而薄武功, 植棟梁而得賢佐, 廣封宗室, 分遣戰將, 垂旒而法無爲, 祝網而寬文法, 則嘉祥至而太平可致矣.)

《독두심해》: 호진형은 이 시가 전체적으로 방관을 위주로 말한 것으로 여기고 있다. 나는 작품 앞머리에서 공 자신이 죄를 얻었음을 기술한 한 구절만이 방관과 관련이 있다고 생각한다. 그런데 이 단락은 그저 발단일 뿐이다. 이하 첫 번째 큰 단락에서는 촉, 기주, 강릉에서 이리저리 떠도는 행적을 두루 서술하였다. 또 그 다음 큰 단락에서는 당시 조정이 벼슬 승진을 남용함과 재상을 임용함에 마땅함을 잃은 것을 개탄하며 조정을 개혁하여 태평한 세상에 다가가기를 바랐다. 중간에서 말한 '중태성이 터졌다', '꺼림을 당했다' 등의 구절만이 방관을 가리킨 듯하다. 하지만 역시 인용하여 거울로 삼는 것으로 그쳤으니 정문正文은 아니다. 시시콜콜 끌어다 붙여서 상하의 문리가 일관되지 않게 해서는 안 된다. 마지막 4구는 입을 닫고 혀를 감추어 임금이 꺼리는 것을 범할 것을 깊이 두려워하는 뜻이다. 대개 쫓겨나 먼 곳에 있는 신하가 나라의 중대한 정책을 평론함에 있어서는 함부로 말하는 것이 허용되지 않는 점이 있다. 역시 첫 부분에서 말로 배척되었던 부분과 서로 딱 관련되어 호응한다. 처음 8구는 아래 글의 떠도는 이유를 이끌어내어 일으킨다. 다음 단락 안의 '소업' 4구는 뜻이 있어도 펴지 못하고 몸을 편안히 둘 곳이 없음을 말한 것으로 시상을 멈추며 다음으로 넘어가는 말이니, 위로 촉과 기주에 머물렀던 이야기를 마무리하고 아래로 강릉에 우거한 이야기를 일으키고 있으며, '가난한 선비의 탄식'과 '무리의 조소' 두 구절에 이르러 시상을 거두어 들였다. 이상의 여러 괴로움은 모두 간언諫言한 일로 인해 생긴 결과이다. 셋째 단락은 조정의 형국에 대해 개탄한 것이다. '처음에는 알기 어렵다'고 한 것은 그 이해할 수 없음을 의아해한 것이요, '순식간에 이해하기 쉽다'고 한 것은 예를 들어 살필 수 있음을 말한 것이다. 두 구절은 하반부의 제필이다. '차지' 4구는 모두 유수대이다. '이윤과 주공의 자리'는 조정의 자리라는 말과 같다. '인끈과 관모'가 '초야'에서 순식간에 일어난다는 것은 벼슬을 남발함이 필히 많음이니, 조정의 자리가 모두 굴원과 송옥은 아닌바, 관리들이 마구 섞여 있다. 그야말로 이른바 '알기 어렵다', '알기 쉽다'고 한 것이다. 화친이 단지 늘상 있는 정치의 방식이요, 재상의 지위가 임금의 꺼림을 받아 재앙을 만나게 되었으니, 이것이 어찌 나라의 훌륭한 일이겠는가. 대저 또한 지금 벼슬에 거하는 자들이 서로 힘써 임금을 보좌하고, 사람을 쓰는 자가 더욱 깊게 신중할 것을 바랐으니 시에서 말한 '힘을 다한다', '배회한다'가 이것이다. '힘을 다할' 것은 무엇인가? 뜻은 반드시 '종과 솥에 공을 새길 것'을 기하고 일은 반드시 두괴를 본받을 것을 기해야 한다. 그리고 '창끝과 화살촉'을 숨기고 녹여버리고 동량을 무너뜨리지 말아야 한다. 이는 여러 신하가 마땅히 유의할 바이다. '배회하는 것'은 무엇 때문인가? 친척과 현신을 세워서 반석을 공고하게 하고 사나운 장수를 억눌러 흉문을 막아야 한다. 공경스러운 정신을 모으고 광대한 법도를 넓혀야 한다. 이것이 임금의 생각으로 마땅히 마음속에 지녀야 할 바이다. 이와 같이 하면 상서로운 조짐이 연이어 이르는 것도 어렵지 않을 것이다. 시가 여기에 이르면 조정을 드러내 비난하고 국정에 대해 끼어들어 논의하는 것에 가깝다. 간언하는 일로 쫓겨난 사람으로서 어찌 감히 이렇게 시끄럽게 떠들 수 있겠는가! 그래서 뒤의 4구는 즉각 버리고 시상을 맺었다. 꿈을 꾸어 들판에서 재상으로 발탁한 큰 권력의 일은 내가 마땅히 참여할 바가 아니요, 뒷담을 뚫고 달아나 버린 지난 자취는 내가 기꺼이 실천할 것이니, '강호'의 나그네로 어리석은 듯한 빈 마음으로 내가 있어야 할 곳을 확고히 할 뿐이라고 하였다. 아! 시를 쓰는 이가 아마도 경계하는 마음을 갖게 될 것이다.(胡震亨以此詩通身主房琯言. 愚謂篇首只述己得罪一句, 與房有關會. 然此段只是緣起耳. 以下一大段, 歷敘在蜀在夔在江陵流離漂泊之迹. 又其下一大段, 乃慨當時政府之濫陟, 任相之失宜, 而冀其改絃更化, 以幾治平. 中間只坼台忌諱等句, 意似指房. 然亦止引以爲鑑, 非正文也. 不合屑屑牽扯, 使上下文理不貫. 末四句, 又

是廢口藏舌, 深畏觸忌之旨. 蓋以放廢遠臣, 評論國是, 有不容於不謹者. 亦正與起處以言見斥相關照. 首八句, 引起下文漂泊之由. 次段內素業四句, 謂有志莫伸, 安身無所. 乃停頓過接語. 上束滯蜀夔, 下起寓江陵也. 至貧士歎衆人咍二句收住. 以上諸苦, 皆由言事所致也. 三段, 慨及朝局. 初難識, 訝其不可解也. 劃易該, 謂可舉而按也. 二句爲下半提筆. 差池四句, 皆流對. 伊周地, 猶言政府地. 組冕倏起蒿萊, 冒濫必多. 政地非皆屈宋, 儒紳太雜. 正所謂難識而易該者. 和親特尋常之治體, 台位以忌諱而罹災. 此豈國家盛事. 夫亦冀今之居位者交相勵翼, 任人者深加愼重, 所云戮力裴回也. 戮力維何, 志必期於銘鐘鼎, 事必期於法斗魁. 使鋒鏑潛銷, 而棟梁勿壞. 此群公之所宜留意者也. 裴回維何, 樹親賢以固磐石, 抑悍將以杜凶門. 凝穆穆之神, 擴恢恢之度. 此聖慮所宜默持者也. 如此, 則嘉祥薦至不難也. 詩至此, 幾於顯斥朝端, 攙謀國政矣. 乃以言事被廢之人, 而敢此饒舌乎. 故後四句, 隨手撇開作結. 以爲夢野爰立之大權, 非所宜預, 鑿坏隱遁之往跡, 吾甘蹈之. 江湖之客, 冥心若愚, 固其所耳. 噫, 作詩者其有戒心乎.)

(**김성곤**)

28. 秋日荊南送石首薛明府辭滿告別奉寄薛尙書頌德敍懷斐然之作三十韻

가을날 형남에서 임기가 차서 고별하는 석수현의 설 명부를 보내면서 설 상서에게 받들어 부쳐 덕을 찬양하고 감회를 서술하매 발분하여 지은 30운

南征爲客久[1] 西候別君初[2] 歲滿歸鳧舃[3] 秋來把雁書[4]
荊門留美化[5] 姜被就離居[6] 聞道和親入[7] 垂名報國餘[8]
連枝不日並[9] 八座幾時除[10] 往者胡星孛[11] 恭惟漢網疏[12]
風塵相澒洞[13] 天地一丘墟[14] 殿瓦鴛鴦坼[15] 宮簾翡翠虛[16]
鈎陳摧徼道[17] 槍櫐失儲胥[18] 文物陪巡狩[19] 親賢病拮据[20]
公時呵猰貐[21] 首唱却鯨魚[22] 勢愜宗蕭相[23] 材非一范雎[24]
屍塡太行道[25] 血走浚儀渠[26] 滏口師仍會[27] 函關憤已攄[28]
紫微臨大角[29] 皇極正乘輿[30] 賞從頻峨冕[31] 殊恩在直廬[32]
豈惟高衛霍[33] 曾是接應徐[34] 降集翻翔鳳[35] 追攀絶衆狙[36]
侍臣雙宋玉[37] 戰策兩穰苴[38] 鑒徹勞懸鏡[39] 荒蕪已荷鋤[40]
嚮來披述作[41] 重此憶吹噓[42] 白髮甘凋喪[43] 青雲亦卷舒[44]
經綸功不朽[45] 跋涉體何如[46] 應訝耽湖橘[47] 常餐占野蔬[48]
十年嬰藥餌[49] 萬里狎樵漁[50] 揚子淹投閣[51] 鄒生惜曳裾[52]
但驚飛熠燿[53] 不記改蟾蜍[54] 烟雨封巫峽[55] 江淮略孟諸[56]
湯池雖險固[57] 遼海尙塡淤[58] 努力輸肝膽[59] 休煩獨起予[60]

남으로 와서 나그네 된 지 오래

서쪽 정자에서 그대를 이별하는 때.
임기 차서 오리 신발로 돌아가시는데
가을 와서 기러기 편지를 쥐셨군요.
형문에 아름다운 교화 남기고
한 이불 덮으러 떠나온 집으로 가십니다.
화친하고 들어오셨다 들었으니
나라에 보답한 뒤에 이름을 남기시리다.
붙었던 가지 머잖아 나란할 터
높은 자리는 언제 받으실까요.

지난날 호성이 빛살을 뿌렸으니
삼가 생각건대 한나라 법망이 성근 탓입니다.
풍진이 잇달아 가득하니
천지는 하나같이 폐허가 되었습니다.
전각의 원앙 기와는 깨지고
궁궐의 비취 발은 비었습니다.
시위병은 경계하는 길에서 꺾이고
목책에서는 저장한 물품을 잃었습니다.
신료는 순수에 호종하고
종친은 고난을 아파했지요.

공은 그때 맹수를 꾸짖으며
먼저 부르짖어 고래를 물리쳤으니
형세는 종신 소하에 들어맞고
재능은 일개 범저가 아니었습니다.

시체가 태항산 길을 메우고
피는 준의의 도랑을 달렸습니다.
부구에서 왕의 군대가 다시 모였고
함곡관의 분을 이미 풀었습니다.
자미성이 대각성에 임하고
황극에 수레가 제자리를 찾았습니다.
호종에게 상을 주니 자주 높은 관을 쓰고
은혜를 달리하여 두 번 직려에 있었습니다.
위청 곽거병처럼 높을 뿐만이겠습니까?
응양 서간을 일찍이 이었습니다.
활개치며 나는 봉황이 내려 모이며
달라붙는 원숭이 떼를 끊었습니다.
시신으로서는 쌍 송옥이요
전략으로서는 두 양저입니다.

헤아려주시매 수고로이 거울을 거셨고
황폐해진 데에 이미 호미질하셨습니다.
이전에 저술을 펼쳐 보았고
거듭 이에 이끌어주셨음을 생각합니다.
백발이라 스러짐을 달게 여기거니와
청운은 또한 말렸다가 펴지겠지요.
나랏일 다스리매 공은 썩지 않을 터
산 넘고 물 건넜으니 몸은 어떠신지.
의아하겠지요, 호수의 귤을 탐하며
늘 먹는 것은 푸성귀만 차지하느냐고.

십 년 동안 약물을 달고 살았고
만 리에 나무꾼, 어부와 어울렸습니다.
양웅이 누각에서 뛰어내리고 막혔듯이
추양이 옷깃 끌기를 아끼듯이 하면서.
나는 반딧불이에 놀라기는 해도
바뀌는 두꺼비는 기억나지 않습니다.
안개와 비에 무협이 갇혔고
장강과 회수 건너 맹저를 지나렵니다.

금성탕지 견고하기는 해도
요동은 아직 진흙탕입니다.
간담 바치기에 노력하고
저를 일으키려고만 하지 마시길.

대력 3년 가을 형남에 이르렀을 때 석수현의 현령 설 명부가 임기가 차서 사직하고 돌아가면서 두보에게 작별을 고하였다. 이에 두보는 그를 송별하며 친분이 있던 그의 백씨 설경선에게 그의 덕을 찬양하고 감회를 서술한 시를 지어 부쳤다. 설경선은 안녹산의 난을 진압하고, 토번에 사절로 다녀오는 등 공을 세웠다. 두보는 설씨 형제의 재회를 축하하고 설 명부가 관직에서 승진하기를 기대하였다. 안사의 난으로 벌어진 참상을 회고하고, 설 상서의 인품과 재능, 공적을 치하하였다. 이어서 이전에 설 상서가 자신을 돌보아준 데 대해 사례하고, 10년이나 강호를 떠돌며 병마에 시달리는 자신의 신세를 돌아보았다. 마지막에 설 상서에게 앞으로 나라를 위해 진력하고 자신에 대해서는 걱정하지 말라고 권하였다. 설 명부는 설거薛璩(據)이며, 그의 생애는 자세히는 알 수 없다. '사만'은 임기가 만료되어 사직한다는 말이고, '비연지작'은 '발분하여 지었다' 또는 '시상이 솟아올라 지었다'라는 뜻이다.

《보주두시》 살펴보건대 《신당서·토번전》에 영태·대력 연간에 (토번이) 다시 사자를 보내 빙문하였다. 이에 호부상서 설경선이 가서 답방하였다고 하였다. 이 시에서 "화친하고 들어오셨다고 들었다"라고 하였고, 또 "산 넘고 물 건넜으니 몸은 어떠신지"라고 하였으니 설 상서는 바로 경선이다. 석수는 강릉의 속읍이다. 공은 대력 3년에 형남에 이르렀으니 당연히 그해 가을에 지은 것이다. (按, 新唐書吐蕃傳, 永泰大曆間, 再遣使者來聘. 於是戶部尚書薛景仙往報. 此詩云, 聞道和親入, 又云, 跋涉體何如, 則薛尙書乃景仙也. 石首, 乃江陵屬邑. 公以大曆三年至荊南, 當是其年秋作.)

《두시상주》 황학의 주에 "당연히 대력 3년 가을 형남에 이르러 지은 것이다"라고 하였다. 공은 설 상서와 오랜 친분이 있었고, 이 시는 명부를 통해 그에게 부쳤다. 시의 뜻은 전반적으로 상서에게 중점이 있으며, 중반과 뒤는 (시제의) '송덕'과 '서회' 두 단락으로 나뉜다. '비연지작'은 시상이 솟아나서 지었다는 말과 같다. 《구당서·토번전》에 대력 2년 11월 화번사 검교호부상서 설경선이 토번에 사신으로 갔다가 돌아왔으며, 수령 논읍릉이 경선을 따라 입조하였다고 하였다. 이 시에서 "화친하고 들어오셨다고 들었다"라고 하였고, 또 "산 넘고 물 건너매 몸은 어떠신지"라고 하였으니 설 상서가 바로 경선이다. 설 명부는 설 상서의 아우이다.(鶴注, 當是大曆三年秋至荊南作. 公與薛尙書有舊契, 此因明府以寄之. 詩意全重在尙書, 中後分頌德敍懷兩段. 斐然之作, 猶云文思勃然而有作. 舊書吐蕃傳, 大曆二年十一月, 和蕃使檢校戶部尙書薛景仙自吐蕃

使還, 首領論泣陵隨景仙入朝. 此詩云, 聞道和親入, 又云, 跋涉體何如, 則薛尙書必景仙也. 薛明府, 尙書之弟.)

《구가집주두시》 조차공 주 석수현은 강릉의 속현으로, 산 때문에 그와 같은 이름을 얻었다. (시제의) '송덕서회' 4자는 지금 세상에서 말하는 '기덕진정'이라는 말이다.(石首縣, 江陵屬縣也, 以山得名. 頌德敍懷四字, 今世所謂紀德陳情也.)

《독두심해》 앞에 〈하야이상서연송우문석수부현련구夏夜李尙書筵送宇文石首赴縣聯句〉 시가 있고, 여기서 "석수현 설 명부가 임기가 차서 사직한다"라고 하였으니 우문조宇文晁가 설 명부를 이어서 부임하였음을 알 수 있다. '고별'은 설 명부가 형남에 와서 이별을 고한 것이다. 임기가 차서 사직한 일은 여름에 있었고, 이별을 고한 일은 가을에 있었다. '명부'는 설 상서의 아우이고, '상서'는 바로 설경선이다.(前有送宇文石首詩, 此云石首薛明府辭滿, 可知宇文正是代薛之任. 告別, 明府來荊南告別也. 辭滿在夏, 告別在秋. 明府, 薛尙書之弟, 尙書, 乃薛景仙.)

소보邵寶《각두소릉선생시분류집주刻杜少陵先生詩分類集註》 석수현은 지금은 호광 형주부 소속이다. 영태·대력 연간에 토번이 다시 사자를 보내 빙문하였다. 이에 호부상서 설경선이 가서 답방하였다. 대력 2년, 공은 형남에 이르렀으므로 그래서 이 시를 부쳤다. 형남은 형주부이며, 석수는 형주부의 성에서 180리 떨어져 있다.(石首縣, 今隷湖廣荊州府. 永泰大曆間, 吐蕃再遣使者來聘, 於是戶部尙書薛景僊往報. 大曆二年, 公至荊南, 故寄以此詩. 荊南卽荊州府, 石首離府城一百八十里.)

조비曹丕〈여오질서與吳質書〉 덕련 응양應瑒은 늘 발분하여 저술하려는 뜻이 있었다.(德璉常斐然有述作之意.)

장진張溍《독서당두공부시집주해讀書堂杜工部詩集注解》 '사만'은 임기가 차서 사직하여 떠난다는 말이다.(辭滿, 謂考滿辭去也.)

주 석

1 南征(남정) – 남쪽으로 가다.

《두공부초당시전》 (이 구는) 그(두보)가 강릉에 나그네로 머문 지 오래임을 말한다.(謂其客寓江陵之久也.)

《두시경전》 공이 자신을 말하였다.(公自謂.)

2 西候(서후) – 서쪽의 역정驛亭. 이별하는 장소를 뜻한다. 또는 서쪽에 속하는 절후, 즉 가을을 뜻한다는 풀이도 있지만 합당하지 않다. 別君初(별군초) – 그대와 헤어진 때.

《구가집주두시》 조차공 주 서후는 서쪽에 속하는 때이니 바로 가을날이다.(西候, 屬西之時候, 乃秋日也.)

《두공부초당시전》 '서후' 구는 가을 교외에서 곡식을 수확할 때 이별을 고하였음을 말한다.(西候, 謂秋郊西成之時候敍別也.)

《두공부시집집주》 수나라 윤식의 시(〈송진희공별送晉熙公別〉)에서 "서후에서 손초를 따르고, 남진에서 육기를 보낸다"라고 하였다. 살펴보건대 손초(자 자형)에게 〈정서관속송어척양후작시征西官屬送於陟陽候作詩〉가 있고, 여향呂向의 주에서 "척양은 정자 이름이고, 후는 정자이다"라고 하였다. '서후'는 이를 말하며, 당나라 사람들이 늘 사용하였다. 옛 주석에서 "두표가 서쪽을 가리킬 때"라고 하였으나 옳지 않다.(隋尹式詩, 西候追孫楚, 南津送陸機. 按, 孫子荊有征西官屬送於陟陽候詩, 注, 陟陽, 亭名, 候, 亭也. 西候謂此, 唐人每用之. 舊注, 斗杓建西之候, 非是.)

《두시경전》 '서후'라는 시어는 여기(손초의 시)에서 나왔다.(西候字本此.)

《두보전집교주》 살펴보건대 '서후'는 정자로 풀이하면 통하기는 한다. 그러나 왕발의 〈추일별왕장사〉 시의 "가을날을 막 슬퍼하면서 다시 북량의 시편을 읊는다"라는 구절을 고려하면 역시 가을로 풀이하는 것이 옳다. '서후'라는 말을 쓴 까닭은 또한 아래 구 '추래'와

중복을 피하기 위해서이다.(按, 西候, 作亭候解, 雖通. 然按之王勃秋日別王長史詩, 正悲西候日, 更動北梁篇, 仍以釋秋爲正. 所以用西候者, 亦爲避下句秋來之重.)

3 歲滿(세만) – 임기가 차다. 鳧舄(부석) – 오리가 변하여 된 신발. 이 구절은 지방에서 근무하다가 중앙 조정으로 돌아감을 뜻한다.

《구가집주두시》 조차공 주 '부석'은 이로써 설 명부가 현령임을 말하였으니, 즉 왕교가 오리를 탔다는 고사로서 바로 상방의 신발 사건이다.(鳧舄, 以言薛明府之爲縣令, 卽王喬之乘鳧, 乃尙方舄事也.)

《후한서·방술전方術傳》 왕교는 하동 사람이다. 현종 효명제 때 섭현의 현령이 되었다. 왕교는 신선술이 있어 매월 삭망에 늘 현에서 상서대의 조회에 갔다. 효명제는 그가 자주 오면서도 수레와 말이 보이지 않아 괴이하게 여겨 태사에게 살펴보라고 몰래 명령하였다. (태사는) 그가 도착할 때에 늘 오리 두 마리가 동남쪽에서 날아온다고 말하였다. 그리하여 오리가 오기를 기다려 그물을 들어 펼쳤지만 신발 한 켤레만 얻었다. 상방에 감식하게 하였더니 (효무제) 4년 중에 하사한 상서 관속의 신발이었다.(王喬者, 河東人也. 顯宗世, 爲葉令. 喬有神術, 每月朔望, 常自縣詣臺朝. 帝怪其來數, 而不見車騎, 密令太史伺望之. 言其臨至, 輒有雙鳧從東南飛來. 於是候鳧至, 擧羅張之, 但得一隻舄焉. 乃詔尙方診視, 則四年中所賜尙書官屬履也.)

4 把(파) – 쥐다. 雁書(안서) – 편지. 기러기 편에 부친 편지. 설 상서가 설 명부에게 보낸 편지이다. 또 두보가 설 상서에게 보내는 글 또는 이 시를 가리키는 것으로 보기도 한다.

《구가집주두시》 조차공 주 '추래파안서'라고 하였으니 분명 그 형 상서의 편지를 받았을 것이다. '안서'는 소무의 일을 사용하였다.(秋來把鴈書, 應是得其兄尙書之書也. 鴈書, 使蘇武事.)

《두공부초당시전》 설 명부가 그의 형 설 상서의 편지를 반드시 받았을 것임을 말한다. 《한서·소무전》에 한나라 사자가 선우에게 천자가 상림에서 기러기를 쏘아 잡았는데 발에 비단 편지가 묶여 있었다고 말하였다.(言薛明府應得其兄薛尙書之書也. 蘇武傳, 漢使謂單于言天子射上林得鴈, 足有係帛書.)

《두시경전》 설 명부가 설 상서의 편지를 받았음을 말한다.(謂明府得尙書書也.)

《두보전집교주》 포기룡의 주에 "그 형 상서의 글을 말하니 바로 뒤에서 말한 '피술작'이다"라고 하였다. 시홍보는 말하였다. "'파'는 온 편지를 받았다는 말이다. 아래 '향래피술작' 구의 자주에 '석수 현령의 처소에서 공(설 상서)의 새 글 한 편을 보았다'고 하였으니 설 상서가 석수 현령에게 부친 편지가 틀림없고, '안서'는 다만 《한서·소무전》의 용어를 빌려 썼을 뿐이다. 또한 설 상서와 설 명부는 형제로서 기러기이기도 하기 때문이다." 또 하나의 해석은 '파안서'가 설 상서에게 부친 편지를 가리킨다는 것이다.(浦注, 謂其兄尙書之文, 卽後所云披述作者. 施鴻保曰, 把, 乃接來書之謂. 據下嚮來披述作句自注, 石首處見公新文一篇, 必薛尙書寄石首之書, 雁書第借用蘇武傳現成字, 亦因尙書石首弟兄雁也. 另一解, 謂把雁書, 指寄薛尙書書.)

5 荊門(형문) – 지명. 당대 강릉부江陵府의 속현. 美化(미화) – 아름다운 교화.

《구가집주두시》 당나라 소선이 형문에 군대를 주둔시켜 형문군이라고 불렀다. 이릉에 있었다.(唐蕭銑屯軍荊門, 號荊門軍, 在夷陵.)

《구가집주두시》 조차공 주 위 구는 그가 석수현에서 교체되었음을 가리켜 말한다. 강릉부는 당나라 때 관할하는 현이 여덟이었고, 석수는 그 하나이다. 형문은 당나라 때에 역시 강릉부의 현명이었다. 지금 석수에서 교체되어 마쳤는데 '형문류미화'라고 말하였으니 아마도 강릉부가 옛날에 형주라고 불렸던 점을 취하였을 것이다.(上句, 指言其自石首替也. 江陵府, 在唐管縣八, 而石首其一也. 荊門於唐亦是江陵府縣名, 今石首替罷而謂之荊門留美化, 其取江陵府古謂之荊

州也.)

《두공부초당시전》 형문은 형문군을 말한다. 《십도지》에 형주 강릉현과 영성현 동남쪽 강 언덕에 문과 같은 산이 있어 형문이라고 부른다고 하였다.(荊門, 謂荊門軍也. 十道志, 荊州江陵縣郢城縣東南岸有山如門, 謂之荊門.)

《시경·주남周南·한광漢廣》의 모서毛序 〈한광〉은 덕이 널리 미침을 읊었다. 문왕의 도가 남국에 퍼지고 아름다운 교화가 장강·한수 유역에 행해져 예를 범하려는 생각이 없으니 (여인을) 구하여도 얻을 수 없음을 말한다.(漢廣, 德廣所及也. 文王之道被于南國, 美化行乎江漢之域, 無思犯禮, 求而不可得也.)

6 姜被(강피) – 강굉姜肱의 이불. 離居(이거) – 헤어져서 사는 곳. 형이 사는 곳을 말한다.

《두공부초당시전》 강굉 형제로 설씨 형제에 비유하였다. 후한의 강굉은 자가 백유이며, 아우 중해, 계강과 함께 효행으로 이름이 났다. 그 우애는 타고난 천성이라 늘 한 이불을 덮고 잤다.(以姜比薛也. 後漢姜肱, 字伯維, 與弟仲海季江俱以孝行著聞. 其友愛天至, 嘗同被而寢.)

7 聞道(문도) – ~라고 하는 말을 듣다. 和親入(화친입) – 화친하고 돌아와 입조하다.

《구가집주두시》 조차공 주 이 구는 설 상서가 사신에 충당되었음을 말한다.(此言薛尙書之充使也.)

《두공부초당시전》 공(설 상서)이 명을 받들어 사신으로 가서 토번과 화친하였음에 틀림없다고 두보가 직접 말하였다. 지금 살펴보건대 《대력보빙》에서는 호부상서 설경선이라고 하였고, 유방의 《당력唐曆》에서 대력 원년 봄 2월에 설경선이 견융에 사신으로 갔다고 하였다. 노은이 말하였다. "당나라는 처음에 금성공주를 토번에 출가시켰으나 배반과 복종이 수시로 바뀌었다. 영태·대력 연간에 이르러 다시 사자를 보내와 빙문하였다. 이에 호부상서 설경선이 가서 답방하였으니 지금의 설 상서가 그 사람이리라."(甫自謂公須奉使和吐蕃. 今按, 大曆報聘曰, 戶部尙書薛景仙. 柳芳曆大曆元年春二月, 景仙使犬戎. 魯訔曰, 唐之於吐蕃初妻以金城公主, 而叛服不常, 至永泰大曆間再遣使者來聘. 於是戶部尙書薛景仙往報, 今薛尙書是耶.)

8 垂名(수명) – 후세에 이름을 남기다. 餘(여) – ~한 나머지. ~한 뒤.

9 連枝(연지) – 붙은 가지. 연결된 가지. 연리지. 형제 사이를 말한다. 不日並(불일병) – 며칠 지나지 않아 나란해지다. 즉 곧 함께 사는 것을 뜻한다. 동시에 출세한다는 뜻으로 보기도 한다.

《두공부초당시전》 설 상서와 설 명부가 며칠 지나지 않아 나란히 출세할 터이니 나무에 연리지가 있는 것과 같음을 말한다.(言薛尙書與薛石首不日相並榮顯, 如木之有連理枝也.)

10 八座(팔좌) – 조정의 여덟 가지 높은 직책. 수당隋唐 시대에는 6상서尙書와 좌우左右 복야僕射 및 영슈이 이에 해당한다. 除(제) – 제수除授하다. 임명하다. 이 구에서는 설 명부 또는 설 명부가 형과 함께 머잖아 높은 벼슬을 받기를 축원하였다.

두우杜佑《통전通典》 팔좌는 후한 때에는 육조의 상서를 영, 복야 2인과 아울러 팔좌라고 하였다. 위나라는 5조의 상서와 2복야, 1영을 팔좌라고 하였고, 송나라와 제나라의 팔좌는 위나라와 같았다. 진晉나라·양나라·진陳나라는 팔좌의 수를 명시하지 않았다. 수나라는 6상서에 좌우 복야와 영을 팔좌라고 하였고, 당은 수나라와 같다. 무릇 역대의 상서에 5조가 있으면 2복야와 1영을 합쳐서 팔좌로 하였고, 6조가 있으면 좌우 복야를 1좌로 하고, 영을 합쳐서 모두 팔좌라고 하였다. 6조는 있으나 좌우 복야가 다 없으면 상서복야 및 영으로 팔좌라고 하였다. 상서에 5조만 있고 또 좌우 복야가 없으면 (팔좌를) 갖추지 않았다.(八座, 後漢以六曹尙書并令僕二人謂之八座. 魏以五曹尙書二僕射一令爲八座, 宋齊八座與魏同, 晉梁陳不

言八座之數. 隋以六尚書左右僕射及令爲八座, 大唐與隋同. 凡歷代尚書有五曹, 則兼以二僕射一令爲八座, 有六曹則以左右僕射爲一座, 兼令共爲八座. 若有六曹而左右僕射並闕, 則以尚書僕射及令爲八座. 若尚書唯有五曹, 又無左右僕射, 則不備矣.)

《구가집주두시》 일반적으로 '제'라고 말하는 것은 옛 관직을 제하고 새 관직에 나아간다는 뜻이다.(凡言除者, 除故官就新官.)

《두공부시집집주》 이 구절은 설 명부가 형과 함께 팔좌의 자리에 오르기를 바란 것이다.(此期明府與兄幷登八座也.)

《두시경전》 설 상서는 이번 사행에 상도 없었고 또 관직에 보임되지도 않았던 듯하다. 그래서 뒤에 "청운이 말리고 펴진다"라는 구절이 있다. 옛 주석에서는 설 명부가 승진하기를 기원하는 것이라고 여겼으나 틀렸다.(想薛此行無賞, 且未補官, 故後有靑雲卷舒之句. 舊注以爲祝明府陞陟者, 非.)

#《두시상주》: '송별'과 '봉기'의 두 뜻을 아울러 제기하였다. '객구'는 자신을 말하고, '별군'은 설 명부를 보내는 것이다. '부석'은 석수 현령에 들어맞고, '안서'는 설 상서에게 부치는 것이다. '유미화'는 떠난 뒤에 은애를 남겼음을 말하고, '취리거'는 돌아가 그 형을 만남을 말한다. '화친입'은 상서가 토번에 사신으로 갔다가 돌아와 그 이름을 후세에 남기기 족함을 말한다. '연지'는 형제가 모임을 말하고, '팔좌'는 명부가 승진하기를 바라는 뜻이 있다.(送別奉寄, 兩意兼提. 客久, 自謂, 別君, 送薛. 鳧舃, 切石首令, 雁書, 寄薛尙書. 留美化, 別後遺愛, 就離居, 歸晤其兄, 和親入, 尙書使吐蕃而還, 其名足垂後世. 連枝, 言兄弟聚首, 八座, 期明府陞陟也.)

11 往者(왕자) – 지난날. 과거. 胡星(호성) – 묘성昴星. 호인胡人을 상징한다. 여기서는 안녹산을 가리킨다. 孛(패) – 별의 빛살이 짧게 사방으로 뿌리는 모양.

12 恭惟(공유) – 공손히 생각하다. 윗사람에 대해 겸손을 표하는 말. 漢網(한망) – 한나라의 법망. 여기서는 당나라의 법망을 가리킨다. 疏(소) – 성글다.

《한서·유협전游俠傳》 한나라가 흥성함에 이르러 법망이 성글어서 바로잡아 고치지 못하였다.(及至漢興, 禁網疏闊, 未之匡改也.)

[往者 2구]

《두시조차공선후해집교》(수정본) 위 구는 안녹산을 가리켜 말한다. 《한서·천문지》에 "(묘昴는) 모두라고 하며, 호성이다"라고 하였다. 무릇 별이 요사한 기운에 얽히는 것을 '패'라고 하니 그 빛이 사방으로 뻗어서 왕성함을 말한다. 아래 구는 명황의 관대함을 가리켜 말한다. 《한서·형법지》에 "법망이 넓고 성글다"라는 말이 있다.(上句, 指言安祿山也. 天文志, 旄頭, 胡星也. 凡星之妖所躔曰孛, 其蓬蓬孛孛然. 下句, 指言明皇之寬大也. 漢刑法志, 禁網闊疏.)

13 風塵(풍진) – 병란. 전쟁터. 澒洞(홍동) – 연결되다. 가득하다.

《구가집주두시》 조차공 주 일반적으로 병란이 일어난 땅을 풍진이라고 부른다.(凡兵之地, 謂之風塵.)

《구가집주두시》 '홍동'은 서로 연결된 모양이다.(澒洞, 相連貌.)

14 丘墟(구허) – 폐허.

《구가집주두시》 조차공 주 '일구허'는 인민이 적고 성곽이 황폐해졌음을 말한다.(一丘墟, 則人民寡而城郭荒矣.)

[風塵 2구]

《두보전집교주》에 인용된 장진張溍 주 '홍동'은 화란이 마치 (천지가) 혼돈에서 아직 나뉘지 않은 것과 같음을 말하고, '일구허'는 인민이 피폐해졌음을 말한다.(澒洞, 禍亂如混沌未分. 一丘墟, 言人民凋殘也.)

《두시택풍당비해》 상란을 서술한 말이지만 표현이 또한 절로 웅장하고 아름답다.(叙喪亂語, 亦自宏麗.)

15 殿瓦(전와) – 전각의 기와. 鴛鴦坼(원앙탁) – 원앙와鴛鴦瓦가 갈라지다. 원앙와는 암수 기와를 말한다. 이 구는 천자가 궁궐을 나와 피난하고, 전각이 파괴되었음을 말한다.

《삼국지·위서魏書·방기전方技傳》 문제가 주선周宣에게 물었다. "내 꿈에 전각 지붕의 기와 두 개가 땅에 떨어져 쌍원앙으로 변했소. 이는 무엇을 말하오?" 주선이 대답하였다. "후궁에 필시 갑자기 죽는 사람이 있을 것입니다." 문제가 말하였다. "내가 그대를 속였소." 주선이 대답하였다. "꿈이라는 것은 마음입니다만 말로 표현하면 곧 길흉을 점치는 것입니다." 말이 끝나기 전에 황문령이 궁인들이 서로 죽였다고 아뢰었다.(文帝問宣曰, 吾夢殿屋兩瓦墮地, 化爲雙鴛鴦, 此何謂也. 宣對曰, 後宮當有暴死者. 帝曰, 吾詐卿耳. 宣對曰, 夫夢者意耳, 苟以形言, 便占吉凶. 言未畢, 而黃門令奏宮人相殺.)

《두시경전》 천자가 나가 달아났음을 말한다.(謂天子出奔.)

16 宮簾(궁렴) 구 – 비취새 깃으로 만든 발을 친 궁전의 방이 비다. 비빈들이 달아나 궁궐이 비었음을 말한다.

한 곽헌郭憲《한무동명기漢武洞冥記》 원정 원년에 초선각을 감천궁 서쪽에 짓고, 비취새 깃과 기린의 털을 엮어 발을 만들었다.(元鼎元年, 起招仙閣於甘泉宮西, 編翠羽麟毫爲簾.)

《두시경전》 비빈들이 모두 도주하였음을 말한다.(謂妃嬪皆走.)

[殿瓦 2구] 안녹산의 난으로 황제가 피난 가고 비빈들이 도주하여 전각이 파괴되고 궁궐이 비었음을 말한다.

17 鉤陳(구진) – 천자의 시위侍衛. 徼道(교도) – 순찰하고 경계하는 길.

《구가집주두시》 조차공 주 구진은 별 이름으로서 천자의 후방 진영을 주관한다.(鉤陳, 星名, 主天子後營.)

《두시경전》 시위가 모두 흩어졌음을 말한다.(謂侍衛盡散.)

18 槍纍(창루) – 끝이 뾰족한 죽간이나 막대를 이어 만든 울타리. 儲胥(저서) – 저장해놓은 물품.

《구가집주두시》 (양웅의) 〈장양부〉의 "나무로 막고 창을 엮어 저장하였다"라는 구의 (여연제呂延濟) 주에 "'창루'는 나무 창을 만들어 엮어서 울타리를 만든 것이다"라고 하였다. '저서'는 (〈서경부西京賦〉의 장선張銑) 주에 "무제는 먼저 영풍관을 감천산에 짓고, 뒤에 노한관, 저서관 두 관을 더하였다"라고 하였다. 조차공은 말하였다. "나무 창을 엮어 울타리를 만들고 금수를 가두어 나가지 못하게 한다는 것인데 이는《문선》에서 장선이 단 주이고,《한서·양웅전》에서는 그것에 대하여 안사고가 '저축이 있어 수요에 대비함을 말한다'고 하였다. 공의 시구는 다만 양웅의 부를 차용하였을 뿐이다. 이는 대체로 나무 울타리가 무너져 저장한 물품을 잃었음을 말한다. 옛 주석은 오히려 감천궁의 일을 말하였으니 위 4구로써 경사가 함락되고 궁전이 훼손되었음을 말하는 줄을 몰랐던 것이다.(長楊賦, 木擁槍纍, 以爲儲胥, 注, 槍纍, 作木槍相纍爲柵也. 儲胥, 注, 武帝先作迎風館於甘泉山, 後加露寒儲胥二館. 趙云, 木槍相纍爲柵, 擁禽獸使不得出. 此文選張銑所注, 其在揚雄本傳, 師古云, 言有儲畜以待所須也. 公詩句直用揚雄賦而已. 蓋言槍纍之壞, 所以於儲胥爲失也. 舊注却是言甘泉宮中事, 不知上四句以言京師之陷而宮殿之毁也.)

《두시경전》 곳간이 모두 비었음을 말한다.(謂庫藏俱空.)

19 文物(문물) – 여기서는 조복 입은 신료들을 가리킨다. 陪(배) – 따르다. 수행하다. 巡狩(순수) – 제왕이 영토를 순찰하는 일. 제왕의 피난을 완곡하게 표현하는 말로도 쓴다.

20 親賢(친현) – 종친. 종친과 현신, 또는 황자로 보기도 한다. 病(병) – 아파하다. 고생하다. 拮据(길거) – 손발이 닳도록 고생하다. 고난을 겪거나 궁박한 상황을 말한다.

《시경·빈풍豳風·치효鴟鴞》 나는 손이 닳도록 나는 갈대 꺾고 나는 띠풀 모았네.(予手拮据, 予所捋荼, 予所蓄租.)

[文物 2구] 설 상서가 현종을 호종하여 촉으로 간 일을 가리키는 것으로 보기도 하고, 숙종이 봉상에 있을 때 신료들이 호종하였다고 보기도 한다.

《보주두시》 사師 씨 주 '문물배순수'는 설 상서가 옛날 현종을 수행하여 촉으로 갔음을 말한다. '친현병길거'는 황자들이 모두 떠돌며 고생하였음을 말한다.(文物陪巡狩, 言尙書昔隨玄宗幸蜀. 親賢病拮据, 言皇子皆流離辛苦也.)

《구가집주두시》 조차공 주 '순수'는 숙종이 봉상에 있음을 가리켜 말하고, '문물배'는 관료들이 그곳에 모였음을 말한다. 《시경·빈풍·치효》의 '여수길구' 구의 모전毛傳에 "'길거'는 (흙이나 풀을) 잡아쥐는 것이다"라고 하였다. 둥지를 짓느라 매우 고생하여 그 손이 병이 났음을 말한다. 종친과 현신들이 모두 병들었으니 바로 반군을 토벌하는 일에 고생하였기 때문이다.(巡狩, 指言肅宗之在鳳翔也. 文物陪, 則言衣冠集於此也. 鴟鴞之詩曰, 予手拮据, 註云, 拮据, 撠挶也. 言爲巢之至苦, 其手病也. 親與賢皆病, 則勞於討賊之事也.)

#《두시상주》: 이 단락은 안녹산이 경사를 함락한 일을 서술하였다. 안녹산이 난을 일으킨 것은 조정의 총애가 지나쳤기 때문이니 그래서 '한망소'라고 하였다. '풍진'은 온 천지가 전란임을 말하고, '구허'는 성곽이 텅 비었음을 말한다. 기와가 깨졌다는 것은 천자가 도성을 나가 달아났음을 말하고, 발이 비었다는 것은 비빈들이 모두 도망갔음을 말한다. '구진'은 시위를 가리키고, '최교도'는 순찰하는 병졸이 모두 흩어졌다는 말이다. '창루'는 수비하는 것을 가리키고, '실저서'는 창고의 저장품을 모두 잃어버렸다는 말이다. '배순'은 관료들이 호종함을 말하고, '길거'는 종실이 시름하고 고생함을 말한다.(此敍祿山陷京事. 祿山稱亂, 由朝廷過寵, 故曰漢網疎. 風塵, 謂兵戈遍地, 丘墟,

謂城郭一空, 瓦坼, 謂天子出奔, 簾虛, 謂妃嬪皆走. 鈎陳, 指侍衛. 摧徼道, 巡徼皆散矣. 槍櫐, 指守禦, 失儲胥, 庫藏盡亡矣. 陪巡, 謂衣冠扈從, 拮据, 謂宗室憂勞.)

21 公(공) – 설 상서를 말한다. 時(시) – 당시. 그때. 呵(가) – 꾸짖다. 猰貐(알유) – 맹수의 이름. 악인을 비유한다.

《구가집주두시》 조차공 주 '알유'는 사나운 짐승이다.(猰貐, 惡獸.)

《이아爾雅》 '알유'는 추와 비슷하고 범의 발톱에, 사람을 잡아먹고, 빨리 달린다.(猰貐, 類貙, 虎爪, 食人, 迅走.)

임방任昉《술이기述異記》 알유는 짐승 중에서 가장 큰 놈이다. 용의 머리, 말의 꼬리, 범의 발톱에 길이는 4백 척이며 잘 달리고, 사람을 먹이로 삼는다. 도가 있는 임금을 만나면 숨고, 도가 없는 임금을 만나면 나와서 사람을 잡아먹는다.(猰貐, 獸中最大者, 龍頭馬尾虎爪, 長四百尺, 善走, 以人爲食. 遇有道君, 卽隱藏, 無道君, 卽出食人.)

22 首唱(수창) – 앞장서서 주창하다. 却(각) – 물리치다. 鯨魚(경어) – 고래. 반군을 비유한다.

《구가집주두시》 조차공 주 경어는 큰 물고기이다.(鯨魚, 大魚.)

[公時 2구] 이 2구는 설경선이 양국충의 처와 아들을 죽이고, 부풍에서 반군을 섬멸하자고 주창한 일을 가리킨다. 이와 달리 2구 모두 반군을 물리친 일을 가리킨다는 설도 있다.

《두시천》 오직 상서가 팔을 휘둘러 한 번 외치자 의로운 군사가 사방에서 호응하였다. 상서가 진창령이었을 때 손수 양국충의 처를 죽이고, 다시 괵국부인의 아들을 베었으니 이것이 '가알유'이다. 부풍에서 적장을 한 번 죽이고, 다시 부풍에서 반군을 섬멸하였으니 이것이 '각경예'이다.(惟尙書奮臂一呼, 義旗四應. 當尙書爲陳倉令, 手誅國忠之妻, 再刃虢國之子, 是呵猰貐也. 一殺賊將於扶風, 再勦賊兵於扶風, 是却鯨鯢也.)

23 勢(세) – 형세. 기세. 愜(협) – 딱 들어맞다. 宗(종) – 종신宗臣. 존중하다. 추종하다. 蕭相(소상) – 한나라의 재상 소하. 이 구는 설경선이 군수품을 조달한 공이 한나라의 소하와 동등함을 말한다. 설 상서의 기세가 한나라 종신인 소하와 같다는 뜻으로 풀이할 수도 있다.

《구가집주두시》 소하이다.(蕭何也.)

《구가집주두시》 조차공 주 '세협'은 반군을 토벌하는 추세가 순조로움을 말한다.(勢愜, 言討賊之勢愜順也.)

《구가집주두시》 조차공 주 '소상'이라고 하였는데 공의 자주에서는 "곽자의郭子儀이다"라고 하였다.(蕭相而自注云郭令公.)

24 材(재) – 재능. 范睢(범저) – 전국시대 위魏나라 사람으로 진秦나라 재상이 되어 천하 통일의 기반을 닦았다.

《구가집주두시》《사기》에 범저가 위제의 모욕에서 빠져나가 진나라로 들어가 재상이 되어 결국 위제에게 원수를 갚은 일이 실려 있다. 조차공은 말하였다. "공의 자주에 '여러 명장'이라고 하였다. 대개 진나라가 범저를 객경에 임명하고, 군사를 모의함에 결국 그의 계책을 따라서 오대부 관을 시켜 위나라와 한나라를 정벌하고, 조나라를 장평에서 대파하였다. 이는 모두 범저의 모략이 진나라에게 유익한 것이었다. 그래서 범저로써 여러 명장에 비유하였다."(史記載范睢逃魏齊之辱, 入秦爲相, 終復魏齊之讎. 趙云, 自注云諸名將. 蓋秦拜范睢爲客卿, 謀兵事, 卒聽其謀, 使五大夫綰伐魏伐韓, 大破趙於長平. 此皆范睢之謀有益於秦者. 故以比諸名將.)

《두공부초당시전》 범저로써 여러 명장에 비유하였다. 공은 "설 상서가 당시 대의를 먼저 부르짖어 반군을 토벌하고 강적을 무찔렀으니 어찌 다만 일개 범저가 진나라 재상이 되어 단지 위제의 원수를 갚은 것일 뿐이겠는가"라고 지적하였다. 《사기·범저전》에 범저가 위나라를 떠나 진나라로 들어가니 진나라는 객경으로 삼고 마침내 범저의 모략을 따라 오대부 관을 시켜 위나라를 정벌하고 회를 빼앗으니 진왕은 이에 범저를 재상으로 삼았다고 하였다.(以范雎比諸名將也. 公指薛尙書時首唱大義, 以討盜賊破强敵, 豈特一范雎相秦, 但復魏齊之讎乎. 范雎傳, 睢去魏入秦, 秦拜爲客卿, 卒聽睢謀, 使五大夫綰伐魏拔懷, 秦王乃拜睢爲相.)

[勢愜 2구] 설경선의 공적이 소하와 같으며, 범저보다 훨씬 뛰어남을 말한다. '소상'은 곽자의를 가리키고, '범저'는 여러 명장을 비유한다는 자주가 있는 판본도 있다.

《두시천》 소하가 한나라의 종신인 까닭은 군수품 보급을 끊기지 않게 했기 때문이다. 지덕 초년에 장강과 회수 유역의 길이 막혔을 때 공물이 촉으로 가고 영무로 간 것은 양양에서부터 상진으로 가는 길을 잡아 부풍에 이르게 해서이니 모두가 상서의 공이다.(蕭何爲漢宗臣者, 以轉輸餽餉之不絕. 當至德初道梗江淮, 貢賦之蜀之靈武者, 自襄陽取上津路抵扶風, 皆尙書功.)

25 太行道(태항도) – 태항산의 길.

26 浚儀渠(준의거) – 준의의 물길. 변하를 말한다.

[屍塡 2구] 태항산과 준의는 안녹산과 사사명의 반군이 장악했던 지역으로서 당시 살육이 자행되었다.

《구가집주두시》 태항산은 황하 이북에 있고, 준의거는 변하이다.(太行山, 在河北, 浚儀渠, 汴河也.)

《두공부초당시전》 살육이 많았음을 말한다.(言殺戮之多也.)

소보 《각두소릉선생시분류집주》 시체가 길을 메운 일은 하북에서 일어났고, 피가 강을 달린 일은 하남에서 일어났다고 하여 천하가 모두 어지러움을 극명하게 말하였다.(屍塡在河北, 血走在河南, 甚言天下皆亂也.)

《두시경전》 태항산과 준의거는 모두 안녹산과 사사명의 세력이 왕성하였던 곳이다.(太行浚儀, 皆安史蔓延之處.)

오견사 《두시논문》 이에 안녹산은 대패하여 시신이 태항산의 길을 메우고, 피가 준의의 도랑을 달렸다.(于是祿山敗衂, 而尸塡太行, 血走浚儀也.)

27 滏口(부구) – 부구형滏口陘. 태항팔형太行八陘의 네 번째. 지금의 하북성河北省 무안시武安市 남쪽과 자현磁縣 사이의 부산滏山으로서 하남성 북쪽의 안양安陽과 하북성 한단邯鄲 및 산서성을 연결하는 통로이다. 師(사) – 군대. 군사. 會(회) – 모으다. 모이다.

《원화군현지元和郡縣志》 고산은 부산이라고도 하며, (부양滏陽)현 서북쪽 45리에 있다. 부수가 여기서 발원하며 발원지에서 샘이 용솟음쳐 솥에서 끓는 물 같으므로 '부구'라고 이름을 붙였다. 팔형의 네 번째를 부구형이라고 하며, 산줄기가 높고 깊어 실제로 험하고 좁은 곳이다.(鼓山, 一名滏山, 在縣西北四十五里, 滏水出焉. 泉源奮涌, 若滏水之湯, 故以滏口名之. 八陘, 第四曰滏口陘, 山嶺高深, 實爲險阨.)

《두시경전》 아홉 절도사가 안경서를 토벌하면서 일찍이 여기에 군사를 모았다.(九節度使征安慶緖, 曾會師於此.)

28 函關(함관) – 함곡관函谷關. 攄(터) – 펴다. 펴지다. 분이 다 풀렸음을 말한다.

《두시상주》 안녹산이 동경을 함락하여 먼저 함곡관에 이르렀고, 뒤에 동관으로 들어갔다.(祿山破東京, 先至函關, 後入潼關.)

[滏口 2구]

《보주두시》 설 상서가 여러 절도사의 군대를 독려하여 부구에 모아 경사를 수복하였음을 말한다. 그래서 "함곡관의 분이 이미 풀렸다"라고 하였다.(言公督諸節度兵會於滏口, 收復京師. 故曰, 函關憤已攄.)

29 紫微(자미) – 별자리의 하나, 자미원. 삼원三垣의 하나이다. 제왕의 궁전을 비유한다. 大角(대각) – 북쪽 하늘의 별. 항수亢宿에 속한다. 목동자리의 첫째 별. 천왕의 자리이다.

《진서晉書·천문지天文志》 자궁원은 열다섯 개의 별로서 그 서번이 일곱 개, 동번이 여덟 개이며, 북두의 북쪽에 있다. 첫째는 자미라고 하며, 대제의 자리이고, 천자의 거처이며, 왕명과 법도를 주관한다.(紫宮垣十五星, 其西蕃七, 東蕃八, 在北斗北. 一曰紫微, 大帝之坐也, 天子之常居也, 主命主度也.)

《진서·천문지》 대각은 (좌우) 섭제 사이에 있다. 대각은 천왕의 자리이다. 또 천동이라고 하며, 기강을 바로잡는다.(大角在攝提間. 大角者, 天王座也. 又爲天棟, 正經紀也.)

30 皇極(황극) – 황위皇位. 황제. 正(정) – 제자리를 잡다. 乘輿(승여) – 황제가 타는 수레. 황제를 가리킨다.

[紫微 2구] 숙종이 장안으로 돌아왔음을 말한다.

《두시조차공선후해집교》(수정본) 숙종이 장안으로 돌아왔음을 말한다. 《진서·천문지》에 자미는 대제의 자리라고 하였다. 또 대각은 (좌우) 섭제 사이에 있으며, 천왕의 자리라고 하였다. "자미성이 대각성에 임하였으니" 제왕이 왕좌에 임한 것이다. 《홍범》에 "세움에는 황극으로써 한다"라고 하였고, 사서史書에 "승여가 올바른 자리로 돌아왔다"라고 하였다. "황극에 수레가 제자리를 찾았다"라고 하였으니 대중지도가 정상을 회복한 것이다.(言肅宗還長安也. 晉天文志, 紫微, 大帝之坐也. 又大角在攝提間, 天王座也. 紫微臨大角, 則帝王臨王座也. 洪範曰, 建用皇極, 史曰, 乘輿返正. 皇極正乘輿, 則大中之道復正也.)

31 賞從(상종) – 호종扈從한 자에게 상을 주다. 峨冕(아면) – 높은 모자. 모자를 높이 쓰다. 작위와 상을 받다.

《두공부초당시전》 '종'은 …… 수행한다는 뜻이다. 숙종이 중흥하여 상을 주었음을 말한다.(從, …… 隨行也. 言肅宗中興行賞也.)

소보 《각두소릉선생시분류집주》 '빈아면'은 지위가 높은 사람을 말한다.(頻峨冕, 言冠冕之崇高者也.)

《춘추좌씨전·희공僖公24년》 진후(문공)가 망명에 호종한 자에게 상을 내렸다.(晉侯賞從亡者.)

32 殊恩(수은) – 은혜를 달리하다. 특별한 은혜를 베풀다. 直廬(직려) – 숙직하는 곳. 전려殿廬에서 숙직하다.

《한서·엄조전嚴助傳》 "君厭承明之廬" 구의 장안張晏 주 숙직하며 묵는 곳을 '여'라고 한다.(直宿所止曰廬.)

《보주두시》에 인용된 왕수王洙 주 공의 자주에 "설공은 이전에 집금오였다가 새로 우림을 받아서 전후 두 차례 군대를 통솔하였다"라고 하였다.(公自注, 公舊執金吾, 新受羽林, 前後二將軍.)

33 豈惟(기유) – 어찌 ~일 뿐이겠는가. 衛霍(위곽) – 위청衛青과 곽거병霍去病.

《두공부초당시전》 무공을 표창하매 한나라의 위청, 곽거병과 같았음을 말한다.(言其旌賞武功, 如漢之衛青霍去病也.)

34 曾是(증시) – 일찍이 ~였다. 도리어 ~였다. 接(접) – 잇다. 붙다. 가깝다. 應徐(응서) – 응양應瑒과 서간徐幹.

《두공부초당시전》 문유로 예우하매 또 위나라의 응양, 서간과 같았음을 말한다.(言其禮敬文儒, 又如魏之應休璉徐公幹也.)

[豈惟 2구]

《두시조차공선후해집교》(수정본) '기유고위곽' 구에서 '위'는 위청이고, '곽'은 곽거병으로서 모두 한나라의 대장군이다. '증시접응서'에서 '응'은 응양으로 자가 덕련이고, '서'는 서간으로 자가 위장이다. 아래 구는 설공이 또 태자빈객의 직위를 더했기 때문이리라. 조비는 〈여오질서〉에서 "서간, 진임陳琳, 응양, 유정劉楨이 일시에 작고했다"라고 하였다. 대개 모두 조비가 태자일 때 거느리던 사람이었을 것이다. 뒤의 시편 〈곡이상서〉(〈중제重題〉) 시를 보면 "다시 위나라 태자 조비를 쳐다보니 빈객 가운데 응양과 유정이 줄었습니다"라고 하였고, 공의 자주에 "이공은 예부상서를 거쳐 태자빈객일 때 작고했다"라고 하였으니 알 수 있다.(豈惟高衛霍, 衛則衛靑, 霍則霍去病, 皆漢之大將也. 曾是接應徐, 應則應瑒, 字德連. 徐則徐幹, 字偉長. 此薛公又加太子賓客之職故耶. 曹丕與吳質書曰, 徐陳應劉, 一時俱逝. 蓋皆當丕爲太子時所從之人也. 觀後篇哭李尙書而云, 還瞻魏太子, 賓客減應劉. 公自注云, 李公歷禮部尙書, 薨于太子賓客, 可見矣.)

《두시상주》 위청과 곽거병은 한 무제 때의 명장이며, 응양과 서간은 위나라의 태자빈객이다.(衛靑霍去病, 漢武名將, 應德璉徐公幹, 魏太子賓客.)

35 降集(강집) – 내려앉다. 翻(번) – 활개치다. 翔鳳(상봉) – 나는 봉황. 설 상서를 비유한다. 여러 현신들을 비유한다는 설도 있다.

《두시경전》 설 상서의 재능과 인품의 탁월함을 말한다.(言其才品之超越.)

36 追攀(추반) – 달라붙다. 소인들이 달라붙는다는 뜻이다. 衆狙(중저) – 여러 원숭이. 원숭이 떼. 소인을 비유한다. 이 구는 원숭이 같은 소인배들이 달라붙어도 끊어버린다는 뜻이다.

《두시경전》 소인들이 달라붙지 못하게 하였음을 말한다.(謂不使小人得攀附也.)

[降集 2구] 설경선의 인품을 칭송하였다. 이와 달리 설씨 형제를 칭송하는 것으로 보기도 하지만 틀렸다.

《두시조차공선후해집교》(수정본) 내려와 모이는 사이에 나는 봉황의 날갯짓 같다고 하여 형제가 훨훨 나는 것을 말하였다. 가의의 〈조굴원부弔屈原賦〉에 "봉황이 천 길 높은 데서 날다가 인덕의 광휘를 보고 내려온다"라고 하였으니 이 시어 사용의 근거이다. 서로 더불어 따르매 여러 간사한 자들의 희로를 끊었으니 그래서 원숭이로써 비유하였다. 《장자》에 "아침에 (도토리) 세 개, 저녁에 네 개를 주겠다고 하니 여러 원숭이가 모두 성냈다"라고 하였다. 아마 당시에 또한 반드시 몹시 질투하는 자가 있었을 것이다.(於降集之間, 如翔鳳之黐, 言兄弟之翺翔也. 賈誼賦, 鳳凰翔于千仞兮, 覽德輝而下之, 此用字之證. 相與追攀而絶衆姦之喜怒, 故以狙譬焉. 莊子云, 朝三暮四, 衆狙皆怒. 蓋當時亦必有妬熱者矣.)

소보《각두소릉선생시분류집주》 '고상봉'은 설씨 형제가 날아오르는 봉황 같다는 말이다. '절중조'는 저공이 원숭이를 키우며 도토리를 준 일이다. 이 일을 인용하여 설씨 형제가 사람을 대하매 술수를 쓰지 않음을 보였다.(翶翔鳳, 言薛如鳳之翶翔也. 絶衆狙, 卽狙公養狙賦芧事. 引以此見二薛待人不用術手也.)

《두시언해》 여러 어진 이들과 어울리매 문에 간사한 무리가 없음을 말한다.(言與群賢遊集而門無憸小也.)

37 侍臣(시신) – 제왕을 가까이에서 모시는 신하. 雙(쌍) – 두 사람 몫. 또 설 상서 형제 두 사람으로 보기도 한다. 宋玉(송옥) – 송옥. 초나라의 문인. 뛰어난 문재를 상징한다.

38 戰策(전책) – 병법. 전술. 책략. 兩(양) – 곱절. 또 설 상서 형제 두 사람으로 보기도 한다. 穰苴(양저) – 전양저田穰苴. 춘추시대 제齊나라의 전술가.

[侍臣 2구] 설 상서의 문재와 무략을 말한다. 설씨 형제의 일로 보는 설도 있으나 틀렸다.

《두시조차공선후해집교》(수정본) 송옥은 초 양왕의 대부로 문장이 뛰어났다. 지금 시신으로서 말하자면 문재는 한 쌍의 송옥 같다. 양저는 용병에 능하여《사마병법》이 있으니 지금 병법으로 말하자면 무략은 두 명의 양저 같다. 바로 이로써 설씨 형제를 찬미한 바이다.(宋玉, 楚襄王大夫, 有文章, 今以侍臣言之, 則文才如雙宋玉. 穰苴善用兵, 有司馬兵法, 今以戰策言之, 則武略如兩穰苴. 乃所以美薛之兄弟也.)

《두공부초당시전》 설공 형제가 문무를 겸비하였음을 칭송한다. 묘당에서 황제를 모시매 문장으로 말하면 송옥의 두 배요, 무략으로 말하면 전양저의 곱절이다.(美薛公兄弟文武兼備. 侍帝廟堂, 以文章言之, 則雙倍宋玉, 以武略言之, 則兩過穰苴也.)

[降集 4구] 설 명부를 칭송한다고 보는 설도 있으나 맞지 않다.

《두시조차공선후해집교》(수정본) 이 4구는 또 석수 현령을 겸하여 말하였다.(下四句則又兼石首公而言之矣.)

오견사《두시논문》 이제 설 명부가 공적을 아뢰며 입조하니 와서 내려앉는 봉황이 벌써 보이고, 달라붙는 자가 많으나 원숭이처럼 간사한 사람은 전혀 없다. 설 상서와 함께 조정에 있으면 송옥이 쌍이요, 전략을 결행하면 양저가 벌써 둘이다. 이 4구는 설 명부를 말한다.(今明府奏績入朝, 已見鳳皇來集. 追攀者衆, 絶無狙詐之人. 與尙書同朝則宋玉爲雙, 決策則穰苴已兩. 四句, 明府.)

#《두시상주》: 이 단락은 설 상서의 덕을 칭송하였다. 앞 10구에서는 공적이 두 경사의 수복에 있다고 하였고, 뒤 8구에서는 재능이 문무를 겸하였다고 하였다. 노원창의 주에, "설경선이 진창 현령일 때에 양국충의 처와 아들, 괵국부인을 죽였으니 이 일이 '가알유'이고, 부풍을 수복하고 나서 다시 반군을 격파하였으니 이 일이 '각경어'이다. 당시 군중에 양식이 모자랐으나 설경선이 반군의 공격을 막았기에 장강과 회수 지역의 곡식을 양양에서 부풍으로 운송할 수 있었으니 그 공적은 소하가 관중의 곡식을 운반한 일과 맞먹으며 범저가 성읍을 공격하여 빼앗은 일과 같을 뿐만이 아니다"라고 하였다. 옛 주석에서는 '소상'으로 곽자의를 비유하고 범저로 여러 장수를 비유한다고 하였으나 맞지 않다. '태항' 구는 사사명의 도적을 말하고, '준의' 구는 안경서의 병사를 말한다. '부구'는 안양하로서 당시 관군이 여기에 함께 모였다. '함곡관'은 섬주에 있으니 동경을 수복하여 옛 분을 풀 수 있었다. '자미림'은 제성이 다시 밝아졌음을 말하고, '황극정'은 숙종이 경사로 돌아왔음을 말한다. '상종' 구는 호종하여 공이 있음을 말한다. 원주에

"'재직려'라고 한 것은 설 상서가 이전에는 집금오였고 새로 우림군에 임명되어 전후 두 번 군대를 통솔한 것을 뜻한다"라고 하였다. '위곽'은 전공을 비유하고, '응서'는 글과 학문을 비유한다. 주학령의 주에 "설 상서는 태자빈객이라 벼슬이 궁료에 있었으므로 그래서 '응서'에 비유하였다"라고 하였다. '강집' 2구는 그 재능과 인품이 출중하여 보통 사람이 미칠 수 없음을 말한다. '쌍송옥'은 '응서'를 잇고, '양양저'는 '위곽'을 잇는다. 《성재시화》에서 "삼왕 뒤에 네 번째 왕이 되는 것만이 아니고, 오제 뒤에 여섯 번째 제가 되는 것만이 아니라고 말하는 것과 같다"라고 하였다. 주학령의 주에 "구법은 (〈기동경가영십운寄董卿嘉榮十韻〉 시의) '거연쌍포로'와 같다"라고 하였다. 조차공은 '강집' 4구는 형제를 아울러 찬미하였다고 여겼으나, 틀렸다.(此爲薛尙書頌德. 前十句, 功在兩京, 後八句, 才兼文武. 盧注, 薛景仙爲陳倉令, 殺楊國忠妻子及虢國夫人, 是呵猰貐也, 旣克復扶風, 又擊破賊兵, 是却鯨魚也. 時軍中乏餉, 景仙控禦賊衝, 故江淮之粟, 得自襄陽達於扶風, 其功與蕭何之轉輸關中相埒, 不但如范雎之攻拔城邑也. 舊注, 以蕭相比郭令公, 以范雎比諸將, 未合. 太行, 乃思明之寇, 浚儀, 乃慶緖之兵. 滏口, 卽安陽河, 時王師共會於此. 函谷關, 在陝州, 東京復而舊憤可攄也. 紫微臨, 帝星復明也, 皇極正, 肅宗還京也, 賞從, 謂扈從有功. 原注, 再直廬者, 薛舊執金吾, 新授羽林軍, 前後二將軍也. 衛霍, 比戰功, 應徐, 比文學. 朱注, 薛爲太子賓客, 官在宮僚, 故方之應徐. 降集二句, 言其才品超出, 非衆人可及. 雙宋玉, 承應徐, 兩穰苴, 承衛霍. 誠齋詩話, 猶云三王不足四, 五帝不足六. 朱注, 句法, 與居然雙捕虜相似. 次公以降集四句爲兼美兄弟, 非也.)

39 鑒徹(감철) - 철저하게 평가하다. 끝까지 돌보아주다. 勞(노) - 수고하다. 懸鏡(현경) - 거울을 걸다. 걸린 거울.

《구가집주두시》 조차공 주 이 구에서는 상서의 평가를 받았는데 선명하고 맑기가 거울이 걸린 듯하다고 공은 말하였다. 이는 악광을 일러 거울이라고 한 뜻이다.(上句, 言蒙尙書之鑒照, 澄澈如鏡之懸也. 此樂廣謂之水鑑之意.)

《진서晉書·악광전樂廣傳》 배해가 일찍이 악광을 초대하여 함께 담론하여 저녁부터 새벽에 이르렀다. 평소 존중하여 탄복하며 말하였다. "내가 못 미치는 바이다." 왕융이 형주자사가 되어 악광이 하후현에게 칭찬받았다는 소식을 듣고 바로 천거하여 수재로 삼았다. 배해가 또 악광을 가충에게 추천하여 마침내 태위의 연으로 초빙되었다가 태자사인으로 옮겼다. 상서령 위관은 조정의 원로로서 위나라 정시 연간의 여러 명사들과 담론하게 되었는데 악광을 보고 기이하게 여겨 말하였다. "옛날의 여러 명현들이 죽은 이후로 미언이 끊길까 늘 걱정하였더니 이제 바로 다시 그 말을 그대에게서 듣는구려." 여러 아들에게 찾아가라고 명하며 말하였다. "이 사람은 사람의 거울이다. 보면 환하여 운무를 걷고 푸른 하늘을 보는 듯하다."(裴楷嘗引廣共談, 自夕申旦, 雅相欽挹, 歎曰, 我所不如也. 王戎爲荊州刺史, 聞廣爲夏侯玄所賞, 乃擧爲秀才. 楷又薦廣於賈充, 遂辟太尉掾, 轉太子舍人. 尙書令衛瓘, 朝之耆舊, 逮與魏正始中諸名士談論, 見廣而奇之, 曰, 自昔諸賢旣沒, 常恐微言將絶, 而今乃復聞斯言於君矣. 命諸子造焉, 曰, 此人之水鏡, 見之瑩然, 若披雲霧而睹靑天也.)

40 荒蕪(황무) – 황폐하다. 학식이 얕고 졸렬하다. 荷鋤(하서) – 호미를 들다. 직접 농사를 짓다. 이 구는 설 상서가 학식이 얕고 졸렬한 두보를 문장으로 깨우쳐주었음을 말한다. 또 실제로 두보가 농사를 지었다고 보기도 한다.

《구가집주두시》 옛날에는 한묵에 종사하였으나 지금은 졸렬해져서 농사에 종사함을 말한다.(言昔從事於翰墨, 今則以荒蕪而乃從事於耕種矣.)

[鑒徹 2구]

소보《각두소릉선생시분류집주》 '노현경'은 설 상서의 평가를 받음이 거울이 걸린 듯하다고 공이 말한 것이다. '이하서'는 공이 겸손히 말한 것으로 자신의 유업儒業이 황폐해졌는데 지금 이미 평가를 받은 데다가 또 벌써 호미를 들고 황폐함을 제거해주었다는 뜻이다.(勞懸鏡, 公言蒙尙書之鑒照, 如鏡之懸也. 已荷鋤, 公謙言, 己業荒蕪, 今旣鑒照, 亦已荷鋤而芟柞之矣.)

장진 《독서당두공부시집주해》 '감철' 2구는 공이 이미 설 상서의 거울이 걸린 듯한 평가를 받은 데다가 자신의 황폐함은 설 상서가 호미로 김을 매듯 깨우쳐주는 은혜를 벌써 입었음을 말한다.(鑒徹二句, 公言已蒙尙書鑒照如鏡之懸, 而己之荒蕪, 已荷尙書鋤芟而敎廸之.)

41 嚮來(향래) – 이전에. 이전부터. 披(피) – 펴다. 述作(술작) – 저술. 시문, 편지 등을 말한다.

《구가집주두시》 자주에 "설 명부의 처소에서 설 상서의 새 글 한 권을 보았다"라고 하였다.(自注, 石首處, 見公新文一卷.)

42 重(중) – 거듭. 다시. 此(차) – 이번에. 吹嘘(취허) – 격려하고 천거하다.

[嚮來 2구] 설 상서가 두보의 시를 보고 한 행위로 풀이하는 설도 있으나 합당하지 않다.

소보 《각두소릉선생시분류집주》 '피술작'은 펼쳐서 보는 것이다. 설 상서가 일찍이 설 명부의 처소에서 공의 새 글 한 권을 보았고, 그리하여 그런 뒤에 격려하고 돌보는 데 힘을 다하였음을 말한다.(披述作, 披開而視之也. 言尙書曾在石首處, 見公新文一卷, 故從而盡吹嘘之力焉.)

장진 《독서당두공부시집주해》 지난날 설 상서가 공을 격려하고 이끌어준 일을 추념하였다.(追念昔日尙書嘘培公也.)

43 甘(감) – 달게 여기다. 凋喪(조상) – 스러지다. 죽다.

44 靑雲(청운) – 고관현작高官顯爵. 卷舒(권서) – 말렸다가 펴지다. 이 구는 공명은 두보와 관계없는 것임을 말한다. 두보가 청운의 뜻을

접었음을 말한다고 보기도 한다.

《구가집주두시》 조차공 주 청운이 말리고 펴졌다는 것은 청운의 뜻을 옛날에는 펼쳤지만 지금은 접었음을 말한다.(靑雲卷舒, 言靑雲之志, 昔舒而今卷也.)

[白髮 2구] '백발' 구는 두보 자신을 말하고, '청운' 구는 설 상서가 높은 벼슬에 이르렀다고 보는 설도 있다.

45 經綸(경륜) – 나라를 다스리다. 功(공) – 안사의 난을 평정한 설 상서의 공을 말한다.

46 跋涉(발섭) – 산 넘고 물 건너다. 體(체) – 토번에 사신으로 갔다 온 설 상서의 몸을 말한다.

《구가집주두시》 자주에 "설공은 지난날 토번에 사신으로 가서 화친하였다"라고 하였다.(自注, 公頃奉使和蕃.)

47 應(응) – 반드시. 꼭. 訝(아) – 놀라다. 의심하다. 耽(탐) – 즐기다. 탐하다. 湖橘(호귤) – 호숫가에서 나는 귤. 강호를 뜻한다. 장사의 귤주에서 나는 귤을 가리킨다는 설도 있지만 맞지 않다.

《구가집주두시》 담주에 귤주가 있다.(潭州有橘洲.)

소보 《각두소릉선생시분류집주》 '탐호귤'은 지금 장사부에 귤주가 있고, 그 안에 맛있는 귤이 많음을 말한다. 이 구 이하는 모두 설 상서를 가리켜 말한다.(耽湖橘, 今長沙府有橘州, 內多美橘. 此以下皆指尙書而言.)

《두보전집교주》에 인용된 주전周篆 주 '아'는 설 상서가 의심한다는 말이다.(訝, 謂尙書見訝.)

48 常餐(상찬) – 늘 먹다. 占(점) – 차지하다. 野蔬(야소) – 푸성귀. 야채.

[應訝 2구] 설 상서가 두보가 스스로 강호에 은거함을 의아해할 것이라는 뜻이다. 호숫가의 귤을 탐하고 푸성귀를 늘 먹는다는 말은 강호의

은거 생활을 뜻한다.

《구가집주두시》 조차공 주 "응아탐호귤, 상찬점야채" 2구는 설공이 생각해줌을 또 말하였다.(應訝耽湖橘, 常餐占野蔬, 兩句則又言薛公之相念也.)

《두시천》 그러니 내가 호숫가의 귤을 탐하면서 푸성귀만 차지하는 것에 놀라지 않을 수 있겠습니까.(然得毋訝我耽湖橘, 占野蔬乎.)

장진 《독서당두공부시집주해》 '응아'는 설 상서가 공이 스스로 은거함을 의아해함을 말한다. 이하 10구에서는 모두 공이 자신을 말하였다.(應訝, 謂尙書訝公自隱也. 下十句皆公自道.)

49 嬰(영) - 둘러싸이다. 매달리다. 藥餌(약이) - 약물. 약초.

50 狎(압) - 스스럼없이 어울리다. 樵漁(초어) - 나무꾼과 어부.

51 揚子(양자) - 양웅揚雄. 淹(엄) - 정체되다. 궁박한 처지에 오래 머물다. 投閣(투각) - 누각에서 몸을 던지다. 이 구절은 양웅이 천록각에서 뛰어내려 자결하려다가 실패한 이후 오랫동안 궁박하게 지냈던 일인데, 자신이 방관을 변호하다가 좌천되어 결국 유랑하게 된 일을 비유하였다.

《두시경전》 촉에 오래 있었음을 말한다.(謂久於蜀也.)

《두시언해》 양웅이 천록각에서 책을 교정하다가 옥리가 와서 잡으려 하자 바로 뛰어내렸다. 두보는 방관을 변호하다가 죄를 지은 일을 스스로 비유하였다.(揚雄校書天祿閣, 吏來收, 乃投下. 甫自比諫房琯而得罪.)

《한서漢書·양웅전揚雄傳》 왕망 시절에 유흠과 견풍이 모두 상공이 되었다. 왕망은 부명을 근거로 스스로 제위에 올라 즉위한 이후에는 그 근원을 끊어 앞일을 신령하게 만들고자 하였다. 그러나 견풍의 아들 견심과 유흠의 아들 유분이 다시 부명을 바쳤다. 왕망은 견풍의 아들을 죽이고, 유분을 변방으로 쫓아냈으며, 공사供辭에 언급된 자는 모두 잡아들이되 주청할 필요가 없다고 하였다. 당시 양웅은 천록각에서 책을 교정하고 있다가 치옥사자가 와서 자신을 잡으려 하자 벗어날 수 없을 줄 알고 천록각에서 스스로 뛰어내려 거의 죽을 뻔하였다.(王莽時, 劉歆甄豐皆爲上公, 莽旣以符命自立, 卽位之後欲絶其原以神前事, 而豐子尋歆子棻復獻之. 莽誅豐父子, 投棻四裔, 辭所連及, 便收不請. 時雄校書天祿閣上, 治獄使者來欲收雄, 雄恐不能自免, 乃從閣上自投下, 幾死.)

52 鄒生(추생) – 추양鄒陽. 惜(석) – 하지 않다. 曳裾(예거) – 옷자락을 끌다. 왕후와 권귀의 집에서 옷자락을 끈다는 말로서 그들의 문하에 식객이 된다는 뜻이다.

《한서漢書·추양전鄒陽傳》 고루한 마음을 꾸미면 어느 왕의 집인들 긴 옷자락을 끌지 못하겠습니까.(飾固陋之心, 則何王之門不可曳長裾乎.)

[揚子 2구] 두보가 자신을 양웅과 추양에 비유하였다. 이와 달리 양웅과 추양을 설 상서에 비유하였다고 보는 견해도 있지만 옳지 않다.

《두시조차공선후해집교》(수정본) '양자'와 '추생'은 공이 그들로써 자신을 비유하였다. 양웅은 천록각에서 《태현경太玄經》을 지었다. 유흠이 상서祥瑞를 말하여 왕망에게 죄를 지었는데 유흠은 자주 양웅에게 기이한 글자를 물었다. (양웅은) 연루되어 체포될까 두려워 마침내 누각에서 투신하여 거의 죽을 뻔하였다. '엄투각'은 그가 누각에서 투신한 후에 오래 정체되어 있었음을 말한다. 추양은 "어느 왕의 집인들 긴 옷자락을 끌지 못하겠습니까"라고 말하였으니 제후에게 간알하지 않으려고 하였던 것이다.(揚子鄒生, 公以自況也. 揚子著太玄之書於天祿閣上. 劉歆以言祥瑞得罪於王莽, 而歆常問奇字於雄. 憂其連逮, 遂投閣, 幾死. 淹投閣, 則淹滯於其投閣之後也. 鄒陽云, 何王之門而不可曳長裾, 則不欲干謁諸侯也.)

소보《각두소릉선생시분류집주》 '엄투각'은 또한 설 상서가 뜻을 얻지 못하였음을 말한다. 양웅이 천록각에서 서적을 교열한 일이다.

'예거'는 추양이 글을 올린 일로서 설 상서가 일찍이 힘써 간언하였음을 말한다.(淹投閣. 亦言尙書不得志也. 揚雄校書天祿閣事. 曳裾, 鄒陽上書事, 言尙書曾力諫也.)

53 熠燿(습요) – 광채. 반딧불이.

《시경·빈풍豳風·동산東山》 "熠燿宵行" 구의 모전毛傳 '습요'는 도깨비불이다. 도깨비불은 반딧불이이다.(熠燿, 燐也. 燐, 螢火也.)

54 記(기) – 기억하다. 기록하다. 蟾蜍(섬여) – 두꺼비. 달을 비유한다.

[但驚 2구]

《구가집주두시》 조차공 주 '나는 반딧불이'와 '바뀌는 두꺼비'는 모두 그로써 시절의 변화를 기록하였다.(飛熠燿, 改蟾蜍, 皆以記時之變易也.)

55 烟雨(연우) – 구름과 비. 안개와 비. 封(봉) – 막다. 가두다. 봉쇄하다.

56 江淮(강회) – 장강과 회수. 略(약) – 지나가다. 孟諸(맹저) – 늪 이름. 지금의 하남성河南省 상구시商丘市 일대이다. 이 구는 앞으로의 행로를 말한다. 과거의 일을 회상하는 것으로 보는 설도 있으나 맞지 않다.

《집천가주두시》 이 구는 공이 양과 송 지역에서 옛날에 노닐던 일을 돌이켜 말한 것이다.(此乃公追言梁宋之舊遊也.)

《두시경전》 '약맹저'는 장강과 회수 사이의 지역을 돌아 지나서 맹저에 이를 것임을 말한다.(略孟諸, 言江淮之地回略及於孟諸.)

[烟雨 2구]

《두시조차공선후해집교》(수정본) 아마도 공은 처음에 무협에서 남으로 왔으므로 '연우봉무협'은 자신의 옛집을 돌이켜 말한 구절이리라. 조각배로 여기서부터 남쪽 끝까지 내려갈 것이므로 '강회략맹저'는 앞으로 지나갈 곳을 가리킨다. '맹저'는 열 늪의 하나이다. 《이아》에서 "송 지역에 맹저가 있다"라고 하였고, 주에 "지금은 양원에 있다. 수양현 동북쪽이다"라고 하였다. 이것은 곽박의 말이고, 오늘

날은 바로 남경(지금의 하남성 상구시 일대)이다.(意公初自巫峽而南來. 煙雨封巫峽, 則追言其舊居一句. 扁舟自此儘南而下. 江淮略孟諸, 則指前塗之所經矣. 孟諸, 十藪之一. 爾雅曰, 宋有孟諸. 注, 今在梁園, 睢陽縣東北. 此郭璞之言, 而今日則南京也.)

《두시천》 오늘 이미 무협을 떠났으나 연우에 갇혔고, 남쪽으로 떠나 멀리 가다가 장강과 회수를 거슬러 맹저를 지나 장안으로 돌아가는 길을 잡을 뿐이다.(今日已辭巫峽而迷烟雨, 爲南征之遠遊, 欲泝江淮而畧孟諸, 取長安之歸路而已.)

《두시경전》: 2구는 지세를 개괄하여 말하였다.(二句, 槩言地勢.)

#《두시상주》: 이 단락에서는 설 상서에게 감회를 서술하였다. 앞 8구는 설 상서와의 교정을 서술하였고 뒤 10구는 자신의 나그네 형편을 서술하였으니, 설 상서는 사람을 알아보는 통찰력이 있음을 말하고, 자신은 졸렬하여 일을 이룰 수 없음을 애석해하였다. 설 상서의 글에서 그가 격려하고 천거해준 일을 보았으니 이른바 '감철'이다. 백발로 청운에는 마음이 없으니 이른바 '황무'이다. '경륜'은 설 상서가 난을 평정할 수 있었음을 가리키고, '발섭'은 설 상서가 일찍이 토번과 화친하였음을 말한다. '호귤' 4구는 가난하고 병들어 떠돌아다니는 상황을 서술하였고, '엄투각'은 촉에 오래 있었다는 뜻이며, '석예거'는 남에게 간알하지 않았음을 말한다. 반딧불이가 나니 세월이 문득 바뀌었고, 그래서 놀랍다. 두꺼비가 바뀌니 달이 자주 변하였고, 그래서 기억나지 않는다. 협곡에서부터 형주에 이르렀고, 또 장차 장강과 회수를 건너고 맹저를 지나서 북으로 돌아갈 것이다.(此, 與薛尚書敍懷. 前八句, 敍薛交情, 後十句, 自敍旅況, 言尚書有知人之鑒, 惜己之荒蕪, 不足有爲也. 述作中見其吹噓, 所謂鑒徹也. 白頭無意於青雲, 所謂荒蕪也. 經綸, 指薛能戡亂, 跋涉, 謂薛曾和蕃. 湖橘四語, 述貧病流離之狀, 淹投閣, 久於蜀, 惜曳裾, 不干人. 熠燿飛而歲忽換, 故可驚, 蟾蜍改而月頻移, 故不記也. 自峽至荊, 又將渡江淮, 過孟諸而北歸矣.)

57 湯池(탕지) – 금성탕지金城湯地. 지형이 험하여 수비하기에 좋은 곳.

《구가집주두시》 조차공 주 '탕지'는 눈 앞의 주와 군을 두루 말한다.(湯池, 普言眼前州郡.)

58 遼海(요해) – 요동遼東. 여기서는 지금의 하북성 지역을 가리킨다. 塡淤(전어) – 진흙. 진창. 이 구는 하북성 일대에 아직도 전란이 있어 염려됨을 말한다. 안녹산의 난이 평정되지 않은 것을 가리킨다는 설도 있으나 시기상 맞지 않다.

《보주두시》 '요해상전어'는 안녹산이 아직 평정되지 않았음을 말한다. 그래서 자미는 마지막 단락에서 설 상서에게 나라를 위해 공을 세우고, 시를 지어 자기만 일깨우지 말라고 면려하였다.(遼海尙塡淤, 言祿山未平. 故子美末章勉薛尙書爲國立功, 不獨爲詩以起予也.)

《두시상주》 《통감》에서 대력 3년 6월, 유주병마사 주희채가 주자, 주도와 함께 절도사 이회선을 죽이고 스스로 유후라고 불렀으나 조정에서는 제어할 수 없었다고 하였다. 그래서 '요해상전어'라고 하였다.(通鑑, 大歷三年六月, 幽州兵馬使朱希彩與朱泚朱滔共殺節度使李懷仙, 自稱留後, 朝廷不能制. 故云, 遼海尙塡淤.)

[湯池 2구]

《두시천》 상서 같으면 나라의 원훈으로서 공은 왕실을 보호하는 데에 있으니 금성탕지라 험고하다고 말하지 말고, 요해는 진창임을 생각해야 한다.(至如尙書, 爲國元勛, 功在王室, 莫曰湯池險固, 當思遼海塡淤.)

59 輸肝膽(수간담) – 간담을 바치다. 충성을 다하다.

60 休煩(휴번) – 번거로이 ~하지 말라. 起予(기여) – 나를 일으키다. '나를 일깨워주다'라고 풀이하기도 한다.

《논어·팔일八佾》 공자께서 말씀하셨다. "나를 일깨운 자는 자하이니라."(子曰, 起予者, 商也.)

《두시경전》 '독기여'는 설 상서의 새 문장을 두고 말한다. 상서는 오히려 공 세우기를 일로 삼아야지 필묵에만 뜻을 두지 말아야 함을 말하였다.(獨起予, 以尙書新文言之. 言尙書尙當以立功爲事, 未可專留意於筆墨也.)

#《보주두시》: 안녹산의 난이 아직 평정되지 않았다고 말하였고, 따라서 자미는 마지막 단락에서 설 상서가 나라를 위해 공을 세울 것이지 시를 써서 자기를 일깨우려고만 하지 말라고 면려하였다.(言祿山未平, 故子美末章勉薛尙書爲國立功, 不獨爲詩以起予也.)

《두시상주》: 설 상서를 격려함으로써 끝을 맺었다. '금탕'은 장안을 가리키고, '요해'는 하북에 있다. 당시 유주와 계주 지역에 아직 귀순하지 않은 자가 있었다. 그래서 그가 임금에게 보답하기 위해 노력해야지 오로지 나를 일으키려는 생각을 할 필요는 없다고 권하였다. '기여'는 《두억》을 따라서 위 '취허'라는 말에 조응하는 것으로 본다. 옛날에는 시를 지어 나를 일깨우지 말라고 풀이하였으나 이는 《논어》의 자하가 나를 일깨웠다는 구절에 얽매인 것이다.(以勗勉尙書作結. 金湯, 指長安, 遼海, 在河北. 時幽薊尙有不順命者, 故勸其努力報君, 不必專以起予爲念. 起予, 依杜臆, 照上吹噓說, 舊解謂休作詩以起予, 是泥論語子夏起予耳.)

장진《독서당두공부시집주해》: 마지막 4구는 설 상서에게 들어맞는다. 황제가 환경하였고, 금성탕지가 험고하다고 생각하지만 요동은 아직 막혔으니 상서는 당연히 충성을 다하여 나라를 바로잡고 부지해야지 오로지 시를 말하여 내가 이 문묵의 사업을 잘하도록 일으키려고 애쓰지 말아야 한다고 말하였다. 이 구는 또 석수 현령에게서 설 상서의 새 글을 보았다는 구절에서 나왔다.(末四句, 切尙書. 言乘輿還京, 金湯雖覺險固, 而遼海尙爾壅塞, 尙書當竭忠匡扶, 不勞專以言詩起予工此文墨事也. 此句又從石首見尙書新文句生來.)

##《두공부시집집주》: 살펴보건대 《신당서》와 《구당서》에는 모두 설경선의 전기를 세우지 않았다. 《신당서·역신전》에 대종이 사조의를 토벌할 때 우금오대장군 설경선이 용사 2만으로 죽기로 달려드는 반군의 선봉을 쳐부수겠다고 청한 일이 실려 있다. 이 시의 '부구' 몇 구절을 보니 동경을 수복할 때 설경선은 일찍이 부양에 군사를 모아서 하북에서 공을 세웠을 것이다. 《구당서》에 지덕 원년 12월 진주도독 곽영예가 설경선을 이어서 봉상태수가 되었다고 하였는데, 설경선이 어느 관직으로 옮겼는지는 말하지 않았다. 이 시에서 "은혜를 달리하여 두 번 전려에서 숙직하였다"라고 하였으니 아마도 설경선은 봉상에서 들어와 바로 금오, 우림의 직을 역임하였을 것이다. 역사가가 빠뜨린 것이 매우 많으니 이 시를 근거로 보완할 수 있다. 또 《통감》에서 광덕 2년 정월에 토번이 경사를 함락한 뒤 물러가고 나서 태자빈객 설경선을 남산오곡방어사로 삼았다고 하였다. 설경선은 일찍이 동궁의 벼슬을 하였으므로 응양과 서간에 비겼다. 공은 설경선과 함께 호종하여 경사로 돌아갔지만 설경선 혼자만 은혜를 입어 가까이에서 모시고, 벼슬은 팔좌에 올랐다. '상종' 이하는 (설 상서에 대한) 찬양이지만 (자신의) 유랑과 정체에 대한 감개가 실로 그 안에 들어 있다.(按, 新舊書皆不立薛景仙傳. 逆臣傳載, 代宗討史朝義, 右金吾大將軍薛景仙請以勇士二萬, 椎鋒死賊. 觀此詩滏口數語, 則收東京時, 景仙嘗會師滏陽, 立功河北矣. 舊書至德元載十二月, 秦州都督郭英乂代景仙爲鳳翔太守, 而不言景仙遷轉何官. 此詩云, 殊恩再直廬, 豈景仙自鳳翔入, 卽歷金吾羽林之職耶. 史家闕軼甚多, 可據此補之. 又通鑑廣德二年正月, 吐蕃陷京師. 旣去, 以太子賓客薛景仙爲南山五谷防禦使. 景仙嘗官宮僚, 故以應徐比之也. 公與景仙俱扈從還京, 景仙獨承恩侍直, 官躋八座. 賞從以下, 雖云頌美, 流落淹遲之感, 實寓其中.)

《두억》: 이 작품은 가장 조리가 있으며, 주석가가 공의 자주를 더하여 또한 자못 상세하게 밝혔다. 설 명부는 설 상서와 형제이다. '세협종소상'이 과연 곽자의를 가리키는지는 모르겠다. '강회략맹저'의 '맹저'는 본래 열 늪의 하나로서 양과 송 지역 사이에 있었다. 그러나 이미 '연우봉무협'이라고 하였는데 또 양과 송 지역의 여행을 돌이켜 말한 것은 무엇 때문인가. '휴번독기여'는 앞의 '현경', '취허'라는 시어에 조응한다.(此作最條理, 而註者兼公自註, 亦頗詳悉. 明府與尙書兄弟也, 勢愜宗蕭相, 不知果郭令公否. 江淮略孟諸, 孟諸, 固十藪之一, 在梁宋間. 然已云煙雨封巫峽, 又追言梁宋之遊, 何耶. 休煩獨起予, 應前懸鏡吹噓語.)

《독두심해》: 이 시에서 석수현령 설 명부를 보내는 것은 전편의 매개일 뿐이라서 다만 첫 10구에서만 그를 언급하였다. 그러나 10구 안에 이미 설 상서에게 부치는 내용의 뿌리를 숨겨놓았고, 아래는 모두가 설 상서를 '송덕서회' 하기 위해 나왔으니 다시 설 명부를 언급하는 말은 한 마디도 없다. '왕자' 이하 긴 한 단락은 그의 공적을 서술하였다. '감철' 한 단락은 그 우의를 서술하였는데 '송덕'과 '서회'를 분배할 필요가 없다. 뒤 6구는 따로 면려하는 말을 하였는데, 결련의 '노력' 구는 다시 공적에 대한 이야기로 한층 더 나아가서 끝을 맺었고, '휴번' 구는 다시 우의에 대한 이야기로 한 구절 시상을 바꾸어서 끝을 맺었다. 공의 교제는 분명 설 명부와는 얕았고, 설 상서와는 깊었을 것이다. 그러므로 첫 단락은 본래 설 명부가 임기가 다해 사직하며 고별함을 서술하는 것이지만, '안서' 구에서 그가 가지고 온 형의 글을 빌려 설 상서를 숨겨놓았고, '강피' 구에서는 또 돌아가 그 형을 만나는 일을 빌려 설 상서에게 시를 바치는 까닭을 숨겨놓았다. 그리고 '화친' 구와 '보국' 구에 이르러 상서의 공적을 명확하게 끼워 넣었으며, 거꾸로 그것을 가지고서 설 명부의 모범으로 삼았다. 그러므로 곧 이어서 '연지' 구와 '팔좌' 구로 명부가 상서와 동등해지기를 축원하며 송별하는 글을 끝냈다. '왕자' 10구에서 안녹산이 경사를 함락하였다고 하여 설 상서가 공을 세운 까닭을 밝혔다. 사나운 짐승을 꾸짖고 거대한 고래를 물리쳤다는 말은 바로 부풍에서 반군을 물리친 일을 가리킨다. 노원창의 주에서는 설경선이 진창령일 때 곽국부인 등을 죽인 일이라고 하였지만 옳지 않다. 대개 부녀자를 '알유'로 비유하지는 않기 때문이다. '세협'은 기세가 곽자의의 성공을 뒷받침하기에 충분하였음을 말하고, '재비' 구는 여러 장수가 힘을 합쳐 반군을 공격한 것이 모두 설 상서가 먼저 주창하여 비롯되었음을 드러낸다. 구조오 본에서는 원주를 삭제하였으니 옳지 않다. '태항' 구와 '준의' 구는 안사의 난이 만연한 재앙을 가리킨다. 《신당서》와 《구당서》에는 설경선의 열전을 세우지 않았으나 여기서 왕의 군사가 모였고 분이 풀렸다고 말하였으니 설경선은 일찍이 하북에서 공을 세운 일이 필시 있었을 것이다. '자미' 10구는 경사 수복과 진급 및 그 재능과 인품의 탁월함을 감탄하였다. 이상은 공적을 서술한 것이다. '감철' 4구는 설 상서의 옛 우의를 서술하였는데, '현경' 구와 '하서' 구는 후원하고 돌봐준 것을 비유적으로 말하였다. '백발'은 자신을 일컫고, '청운'은 설 상서를 일컬었으며, '공불후'는 지난 업적을 가리키고 '체하여'는 근황을 물으니 4구는 자신이 상대의 안부를 묻는 뜻이다. '응아' 8구는 떠돌아다니는 상황과 발이 묶인 사정의 대강을 알린다. 이 이상은 우의를 서술하였다. 합치면 모두가 시제에서 말한 '송덕서회'이다. '봉무협'은 양천 이상이 대략 안정되었다는 것이고, '약맹저'는 황하 이남도 평정되었다는 뜻이다. 두 지역의 사이는 다소 안정되었지만 동북의 여러 진은 여전히 성교聲教가 막혔다. 이는 목전의 사세를 진술한 것이다. '수간담' 구는 힘을 다해 보은하기를 면려하고, '휴기여'는 그가 나를 걱정하기를 사절하니 2구는 여전히 두 단락을 나누어 시상을 거두는 법을 갖추었다.(是詩, 送石首, 特一篇之媒, 只起十句及之. 然十句內已暗伏寄尙書之根. 下則全爲尙書頌德敍懷而發, 無一語更及石首也. 往者一長段述其勳伐也. 鑒徹一段, 述其交誼也, 不必將頌德敍懷分配. 後六句, 另致勉詞,

而結聯努力句, 仍爲勳伐, 偪進一層作收. 休煩句, 仍爲交誼撇開一筆作收. 公之交契, 必於石首淺, 於尙書深. 故首段本敍石首辭滿告別也. 而雁書句, 卽借所攜兄文, 暗伏尙書. 姜被句, 又借歸晤其兄, 暗伏奉詩尙書之由. 至和親報國, 明揷尙書功業, 却反將來作石首榜樣. 故隨以連枝八座, 祝石首之比美尙書也. 送別之文已了. 往者十句, 祿山陷京事, 原尙書立功之由也. 呵猰却鯨, 正指扶風却戎事. 盧注以薛爲陳倉令時殺虢國等當之, 非是. 蓋婦女非猰貐比也. 勢愜者, 勢足以資汾陽之成功, 材非句, 見諸將倂力擊賊, 皆由尙書倡起也. 仇本削原注, 非是. 太行浚儀, 指安史蔓延之禍. 新舊書不立景仙傳, 此言師會憤攄, 景仙必曾有立功河北之擧也. 紫微十句, 詠歎收京進秩, 幷其才品之超越. 此以上, 述勳伐也. 鑒徹四句, 敍薛舊誼, 懸鏡荷鋤, 喩言照拂栽培也. 白髮, 自謂, 靑雲, 謂薛. 功不朽, 指往積, 體何如, 問近狀, 四句述己通候意也. 應訝八句, 告以旅況淹留之槩. 此以上, 述交誼也. 總之皆所云頌德敍懷也. 封巫峽, 兩川以上粗安, 略孟諸, 大河以南亦定. 兩地之間雖稍寧帖, 而東北諸鎭尙阻聲敎. 此陳目前事勢. 輸肝膽, 勗其報效, 休起予, 謝其存想, 兩句仍具分收兩段之法.)

(이창숙)

29. 暮歸

저물어 돌아오다

霜黃碧梧白鶴棲[1] 城上擊柝復烏啼[2]
客子入門月皎皎[3] 誰家搗練風淒淒[4]
南渡桂水闕舟楫[5] 北歸秦川多鼓鼙[6]
年過半百不稱意[7] 明日看雲還杖藜[8]

서리 맞아 누런 벽오동나무에 백학이 깃들고
성 위의 딱따기 치는 소리에 다시 까마귀 운다.
나그네가 문에 들어서는데 달빛 환하고
어느 집 다듬이질 소리인가 바람이 쓸쓸하다.
남으로 계수를 건너자니 배가 없고
북으로 진천에 돌아가자니 북소리가 요란하다.
나이 반백이 넘어서도 일 뜻대로 되지 않으니
내일도 구름 구경하려고 또 지팡이 짚겠구나.

이 시는 대력 3년 늦가을에 강릉을 거쳐 공안에 임시로 거처를 마련하여 살 때 지은 것이다. 어느 날 저녁 늦게 귀가하며 목도한 쓸쓸한 경물을 묘사하면서 이리저리 떠돌며 오갈 데 없고 늙어서도 뜻대로 일이 풀리지 않는 자신의 신세에 대한 복잡한 심사를 표현하였다. 두보 요체시의 명편으로 알려져 있다. 대력 2년 기주에서 지은 것으로 보는 설도 있고, 대력 3년 공안이나 강릉에서 지은 것으로 보는 설도 있다.

《두시상주》 양권도는 대력 3년에 편재하였다. 살펴보건대 이해 늦가을 공안에서 지은 것이다.(梁權道編在大曆三年. 按, 是年暮秋在公安作.)
《보주두시》 시에서 "남으로 계수를 건너자니 배가 없고, 북으로 진천에 돌아가자니 북소리가 요란하다"라고 하였으니, 마땅히 대력 2년 기주에서 지은 것이다. 그런데 양권도는 대력 3년 형남시안에 편재하였다. 살펴보건대 공은 대력 3년 정월에 삼협을 나와 배를 타고 강릉에 도착하였고 가을에는 공안으로 이주하며 배를 타고 남포를 나오는 시(〈주출강릉남포봉기정소윤심舟出江陵南浦奉寄鄭少尹審〉)가 있었으니 배가 없던 것이 아니었다. 또 시에서 "서리 맞아 누런 벽오동나무에 백학이 깃들고, 성 위의 딱따기 치는 소리에 다시 까마귀 운다"라고 하였으니, 시는 늦가을에 지어진 것이다. 만약 대력 3년에 지은 것이라면 그해 가을 공안에 있다가 겨울에 악양으로 이주하며 지은 "배에 내리는 눈은 차가운 등불에 흩뿌려진다"(〈박악양성하泊岳陽城下〉)라는 구절이 있으니, 배가 없다는 것과는 더욱 맞지 않는다. 조차공은 주에서 '성에서 치는 딱따기 소리'는 백제성이라고 하였는데 그것이 옳다. 이해 토번이 영주와 빈주에 침입하여 경사가 계엄에 들어갔기에 "북으로 돌아가자니 북소리 요란하다"라고 한 것이다. 대력 3년에도 비록 토번이 또한 빈주와 영주에 침입하여 경사 역시 계엄에 들어갔지만, 만약 강릉에서 지은 것이라면 북쪽 장안으로 돌아갈 때 진천을 거치지는 않는다.(詩云, 南度桂水闕舟楫, 北歸秦川多鼓鼙, 當是大曆二年夔州作. 而梁權道編在三年荊南詩內. 按, 公三年正月出峽, 舟達江陵, 秋移公安, 有舟中出南浦詩, 非無舟楫. 又詩云, 霜黃碧梧白鶴棲, 城上擊柝復烏啼, 則詩乃秋末作. 若在大曆三年作, 則其年秋在公安冬移岳陽有舟雪洒寒燈之句, 與闕舟楫愈不叶. 趙注云, 城上擊柝爲白帝城, 爲是. 是年吐蕃寇靈州邠州, 京師戒嚴, 故曰, 北歸

多鼓鼙. 三年雖吐蕃亦寇邠靈州, 京師亦戒嚴, 然若作江陵作, 則北歸長安, 不由秦川.)

주 석

1 霜黃(상황) – 서리로 누렇게 변하다. 白鶴棲(백학서) – 흰 학이 깃들다.

《구가집주두시》 조차공 주 벽오동나무의 푸른 잎이 서리 때문에 누렇게 된 것이다.(梧之碧葉, 爲霜所黃也.)

《두시상주》 소보가 이르기를 "학은 나무에 깃들어 살지 않으므로 아마도 고니인 듯하다"라고 하였다. 그렇지만 〈영회고적〉 시에서도 "옛 사당의 소나무와 삼나무 숲에 물가의 학이 깃들었다"라고 하여 또한 나무에 깃든 것을 말하였고, 《포박자》에서는 "천년학은 때에 따라 울고 나무 위로 올라갈 수 있다"라고 하였다.(邵氏謂鶴不木棲, 恐是白鵠. 然詠懷古跡云, 古廟松杉巢水鶴, 亦言棲木矣. 抱樸子, 千年之鶴, 能隨時而鳴, 登於木上.)

2 城(성) – 백제성을 가리킨다. 擊柝(격탁) – 딱따기를 치다. 야경을 도는 사람이 시간을 알리기 위해 치는 것이다.

《구가집주두시》 조차공 주 '성상'은 백제성이다.(城上, 白帝城也.)

3 客子(객자) – 나그네. 여기서는 두보 자신을 가리킨다. 皎皎(교교) – 밝은 모양.

《두시상주》 '객자'는 두보 자신을 말한 것이다.(客子, 自謂.)

4 搗練(도련) – 다듬이질하다.

5 桂水(계수) – 물 이름. 상수湘水를 가리킨다. 舟楫(주즙) – 배.

《두시경전》 '계수'는 곧 상수를 말하는 것이다.(桂水, 卽謂湘水.)

《보주두시》에 인용된 사師 씨 주 '강을 건너게 할 재주(임금을 보필하는 일을 비유적으로 표현한 것)'가 없음을 한탄하였다.(恨無濟川之才.)

6 秦川(진천) – 지명. '秦'이 '洛'으로 된 판본도 있으나 잘못된 것이다. 鼓鼙(고비) – 큰 북과 작은 북. 군대에서 사용하던 악기로 흔히 전쟁을 비유한다.

《두시상주》 《자치통감》에서 "대력 3년 8월에 토번이 다시 영주와 빈주에 침입하여, 경사는 계엄에 들어갔다"라고 하였다. 빈주는 경사에서 4백 리도 되지 않는 거리이다.(通鑑, 大曆三年八月, 吐蕃復寇靈邠, 京師戒嚴. 邠去京師不滿四百里.)

《보주두시》에 인용된 사師 씨 주 경사에 아직 병사들이 주둔하여 수비하고 있음을 말한 것이다.(言京師尙屯兵以防守也.)

7 半百(반백) – 오십. 나이를 지칭할 때 흔히 사용된다. 稱意(칭의) – 마음에 맞다.

8 杖藜(장려) – 명아주 지팡이를 짚다. '여藜'는 명아주로 줄기가 단단하여 지팡이 재료로 사용되는 야생 식물이다.

#《두시상주》: 위 4구는 늦게 귀가하며 보고 들은 경물이다. 아래 4구는 늦게 귀가하며 느낀 타지에서 떠도는 감회이다. 《두억》에서는 "'궐주즙'은 배를 빌릴 돈이 없는 것이고, '다고비'는 토번이 침략한 것이다. '지팡이를 짚고' '구름 구경하는' 것은 가히 시운을 편안히 여겨 변화에 순응하는 것이라고 할 수 있다"라고 하였다. 황생의 주에서는 "아침에 여기서 나갔다가 저녁에 여기로 돌아오기만 하고 남쪽으로 건널 수도 없고 북쪽으로 돌아갈 수도 없다. 연로하여 나그네로 떠돌며 실의한 것을 이루 다 말할 수가 있으랴. 처음에 '부' 자를 쓰고, 마지막에 '환' 자를 써서 매일매일이 이와 같음을 보였는데, 모두 어찌할 수 없음을 표현한 말들이다"라고 하였다.(上四, 暮歸見聞之景. 下四, 暮歸流落之感. 杜臆, 闕舟楫, 無錢雇船. 多鼓鼙, 吐蕃爲寇. 杖藜看雲, 可謂安時而處順者. 黃生注, 朝出於斯, 暮歸於斯, 南渡不可, 北歸不能. 年老客居失意, 可勝道哉. 起一復字, 結一還字, 見日日如是, 皆無可奈何之詞.)

《독두심해》: 강릉에서 나그네로 지내며 머무는 곳도 일정하지 않아 우울한 감정을 표현한 것이다. 오래지 않아 바로 공안으로 갔다. 결어에서 떠나려는 뜻을 보였다.(流寓江陵, 棲止不定, 發爲無聊之感, 不久卽有公安之行也. 結語見去志.)

(**박홍준**)

30. 哭李尙書之芳

상서 이지방을 곡하다

漳濱與蒿里[1] 逝水竟同年[2] 欲挂留徐劍[3] 猶迴憶戴船[4]
相知成白首 此別間黃泉[5] 風雨嗟何及[6] 江湖涕泫然[7]
修文將管輅[8] 奉使失張騫[9] 史閣行人在[10] 詩家秀句傳[11]
客亭鞍馬絶[12] 旅櫬網蟲懸[13] 復魄昭丘遠[14] 歸魂素滻偏[15]
樵蘇封葬地[16] 喉舌罷朝天[17] 秋色凋春草[18] 王孫若個邊[19]

장수 물가와 호리의 일이
물같이 세월 흘러 마침내 같은 해에 일어났습니다.
서나라 임금에게 남기는 검을 걸고 싶었지만
대규를 그리워하던 배를 다시 돌리고 말았습니다.

서로 알고 지내며 흰머리 되었는데
이제 이별하여 황천을 사이에 두게 되었습니다.
비바람 속에 탄식해도 미칠 수 없어
강호에서 눈물만 흘릴 뿐입니다.
글을 지으려고 관로를 데리고 가니
사신 맡는 일에 장건을 잃게 되었네요.
사각에는 행인의 행적이 남을 것이고
시단에는 빼어난 시구가 전하겠지요.

객정에는 말 탄 사람 행렬이 끊어졌을 것이고

나그네의 관에는 거미만 매달려 있겠지요.
아득한 소왕의 무덤 있는 곳에서 혼백을 불러
치우쳐 있는 하얀 산수로 혼령이 돌아가겠지요.
나무꾼들 장지에 출입하는 것 금하니
상서로서 천자를 조회하는 일도 끝났습니다.
가을빛에 봄풀이 시드는데
왕손은 어디에 계십니까?

이 시는 두보의 지인인 이 상서의 부음을 듣고 그의 죽음을 슬퍼한 것이다. 이 상서의 이름은 지방이고 당나라 왕손의 후손이다. 토번에 사신으로 나갔고, 태자빈객 등의 벼슬을 하였다. 이 시에서 두보는 이지방의 영구가 장차 고향인 장안으로 돌아간다는 소식을 듣고 직접 조문하지 못하는 안타까움과 작별의 아쉬움을 토로하였다. 그와의 사귐의 정을 돌아보면서 그의 재주와 행적을 칭송하였고, 영구가 돌아가는 상황을 미리 헤아리면서 그의 넋을 기리고 있다. 당시 이지방은 강릉에서 사망했고, 두보는 강릉을 떠나 남쪽으로 이동하여 공안 지역에 있어서 조문을 가지 못한 것으로 보인다. 대력 3년 가을 강릉부 공안에서 지은 시이다.

《보주두시》〈종실세계표〉를 살펴보면 이지방은 장왕 이운의 후손이다. 또한《구당서》에서는 "안녹산이 상주하여 범양사마가 되었는데, 안녹산이 반란을 일으키자 스스로 몸을 빼어 경사로 돌아왔다. 광덕 2년 어사대부를 겸하였고, 토번으로 사신을 나갔는데 억류되어 2년을 지내다 돌아왔다. 예부상서에 배수되었고, 태자빈객으로 옮겼다"라고 하였다. …… 이 시에서 "강호에서 눈물만 흘린다"라고 하였고, 다음 편(〈중제重題〉)에서 "강에 내리는 비에 명정이 젖는다"라고 하였으니, 이지방의 관이 아직 장안으로 돌아가지 않았고 다만 형주에 객장되었던 것이다. 그래서 시에서 또 "아득한 소왕의 무덤 있는 곳에서 복토한다"라고 하였다. 시는 대력 3년 강릉부에서 지어졌다. 그래서 다시 (〈중제〉에서) "호수에서 부는 바람에 묘도는 가을이다"라는 구가 있다.(按宗室世系表, 之芳, 乃蔣王惲之孫. 又舊史云, 安祿山奏爲范陽司馬, 祿山反, 自拔歸京師, 廣德二年兼御史大夫, 使吐蕃, 被留, 二歲乃得歸, 拜禮部尙書, 改太子賓客. …… 此詩云, 江湖涕泫然, 後篇云, 江雨濕銘旌, 則李之旅櫬, 不曾歸長安, 但客葬於荊州, 故詩又云, 復土昭丘遠. 詩作于大曆三年江陵府, 所以復有湖風井逕秋之句.)

《두시상주》 황학의 주에 "시는 마땅히 대력 3년 가을 강릉부에서 지어졌다"라고 하였다.(鶴注, 詩當作於大曆三年秋江陵府.)

주 석

1 漳濱(장빈) – 장수의 물가. 질병에 걸린 것을 뜻한다. 혹은 질병에 걸려 죽음에 이른 것으로 보기도 한다. 蒿里(호리) – 본래 태산 남쪽에 있는 산 이름인데, 장지로 사용되면서 묘지를 가리키는 말로 사용되었다. 또한 고대 만가挽歌의 이름이기도 해서 죽음을 가리키는 말로 사용되었다.

유정劉楨 〈증오관중랑장贈五官中郎將〉 저는 깊은 고질병에 걸려, 맑은 장수 물가에 몸을 감추었지요.(余嬰沈痼疾, 竄身淸漳濱.)

《두시상주》에 인용된 왕수王洙 주 위나라 문제가 태자로 지낼 때 응양과 유정을 모두 친구처럼 대해주었다. 이지방이 예부상서를 지내다 태자빈객으로 세상을 떠났으므로 장수 물가의 고사를 사용한 것이다.(魏文帝爲太子時, 應瑒劉楨, 並見友善. 李歷禮部尙書, 薨於太子賓客, 故用漳濱事.)

《사기》에 인용된 최표崔豹《고금주古今注》 한나라 무제 때에 이르러 이연년이 두 장을 나누어 두 노래로 삼고, 〈해로〉로 왕공 귀인을 보내고 〈호리〉로는 사대부와 아전을 보내어 상여꾼들이 노래하게 하였는데, 세상에서 또한 이를 만가라고 불렀다.(至孝武時, 李延年乃分二章爲二曲, 薤露送王公貴人, 蒿里送士大夫庶人. 使挽柩者歌之, 世亦呼爲挽歌.)

2 逝水(서수) – 흘러가는 물. 세월이 빨리 지나가 다시 돌아오지 않는 것을 비유한 것이다. 이 구는 이지방이 병들자마자 죽었음을 말한 것이다.

《두시조차공선후해집교》 '서수'의 뜻은 《논어》에서 기인한다. (〈자한子罕〉편에) "공자께서 냇가에서 말씀하였다. '가는 것이 이와 같구나. 밤낮을 그치지 않는구나'"라고 하였다.(逝水之義, 起於論語, 子在川上曰, 逝者如斯夫, 不捨晝夜.)

유정 〈증오관중랑장〉 시간이 흐르는 것은 마치 흐르는 물과 같으니, 이제 결국 헤어지게 됨을 슬퍼합니다.(逝者如流水, 哀此遂離分.)

《두시설》 '서수' 구는 병에 걸려 얼마 되지 않아 갑자기 세상을 떠났음을 말한다.(逝水竟同年, 言得疾未久而遽沒也.)

[漳濱 2구] 처음 2구는 이지방이 병에 걸려 죽음에 이르는 과정이 빠르게 진행되었다는 것이다. 이와 달리 《독두심해》는 '장빈'은 병에 걸려 죽은 것이고 '호리'는 고향으로 이장하는 것으로 보아서 고향으로 관을 옮기는 일이 빨리 이루어지게 되었음을 가리키는 것으로 보았다.

《두시조차공선후해집교》 처음 2구는 병에 걸려 바로 세상을 떠났음을 말한다. '장빈'은 그가 병에 걸렸음을 말한 것이고, '호리'와 '서수', '동년'은 그가 바로 세상을 떠났음을 말한 것이다.(首兩句言病而卽死也. 漳濱, 以言其病, 蒿里及逝水同年, 以言其卽死.)

《독두심해》 '장빈'은 병으로 세상을 떠난 것을 말한다. '호리'는 관을 고향으로 옮겨 장사지내는 것을 말한다. 세상을 떠난 지 얼마 되지 않아 바로 관을 옮기기에 '서수', '동년'이라고 한 것이다.(漳濱, 謂疾歿. 蒿里, 謂歸葬. 歿未幾而卽移櫬, 故曰逝水同年.)

3 挂(괘) – 걸다. '把'로 된 판본도 있다. 留徐劍(유서검) – 서나라 임금에게 남겨주는 검.

《독두심해》 계찰이 서군徐君(서나라 임금)의 묘에 들렀던 고사이다.(季札過徐君墓事.)

《사기·오태백세가吳太伯世家》 계찰이 처음 사신으로 갈 때에 북쪽으로 서나라 임금을 들르게 되었는데, 서나라 임금이 계찰의 검을 마음에 들어하면서도 감히 이야기를 꺼내지 못했다. 계찰이 속으로 이 사실을 알고 있었으나 상국(중원 지역 나라)에 사신으로 가는 일로 인하여 주지 못하였다. 돌아올 때 서국에 도착해보니 서나라 임금은 이미 세상을 떠나고 없었다. 이에 바로 보검을 풀어 서나라 임금의 무덤 나무에 걸어두고 떠났다.(季札之初使, 北過徐君, 徐君好季札劍, 口弗敢言. 季札心知之, 爲使上國, 未獻. 還至徐, 徐君已死, 於是乃解其寶劍, 繫之徐君冢樹而去.)

《두시조차공선후해집교》 "서나라 임금에게 남기는 검을 걸고 싶다"라는 것은 미처 주지 못한 물건이 아직 있다는 것이다.(欲掛留徐劍, 則猶餘未贈之物也.)

4 憶戴船(억대선) – 대규를 그리워하는 배. 이 구는 이지방을 조문하려고 했으나 실행에 옮기지 못하였다는 것이다. 이와 달리 이지방을 조문하기 위해 찾아가는 것으로 보는 설도 있다.

《진서晉書·왕휘지전王徽之傳》 (왕휘지가) 산음에 살 때에 밤에 눈이 내리다가 막 개고 달빛이 밝아 사방이 하얗게 보였는데, 홀로 술을 마시며 좌사의 〈초은〉 시를 읊다가 홀연 대규가 생각났는데, 대규는 당시 섬 지역에 있었다. 밤에 작은 배를 타고 그곳으로 갔는데, 밤을 새워 겨우 도착해서 집 문 앞에 당도한 후 들어가지 않고 돌아갔다. 어떤 사람이 그 이유를 물으니 "본래 흥을 타고 갔다가 흥이 다하여 돌아가는 것이다. 꼭 대규를 볼 것이 있겠는가!"라고 말하였다.(嘗居山陰, 夜雪初霽, 月色淸朗, 四望皓然, 獨酌酒詠左思招隱詩, 忽憶戴逵. 逵時在剡, 便夜乘小船詣之, 經宿方至, 造門不前而返. 人問其故, 徽之曰, 本乘興而行, 興盡而返, 何必見安道邪.)

《두시조차공선후해집교》 "대규를 그리워하던 배를 다시 돌리고 말았다"라는 것은 평소에 자주 왕래하였다는 것이다.(猶迴憶戴船, 則平生過從之熟也.)

《두억》 이지방은 강릉에 있었고 공은 이미 남쪽으로 이동 중이기에 배를 돌려 그를 곡한 것이다. 그래서 "다시 대규를 그리워하던 배를 돌린다"라고 하였으니, 대규를 찾아갔던 것과는 차이가 있다.(李在江陵, 公已南征, 迴舟哭之, 故云猶迴憶戴船, 與訪戴異.)

[欲掛 2구]

《두시설》 이지방이 강릉에서 세상을 떠났을 때 공은 이미 공안으로 이주하여 살고 있었다. 부음을 듣고 다시 가서 그를 곡하였기에 '욕괘'를 운운한 것이다.(李歿於江陵, 時公已移居公安, 聞訃復來哭之, 故曰欲掛云云.)

#《두시상주》: 죽음을 슬퍼하는 이야기에서 서술을 시작하였다. 병을 얻고 바로 세상을 떠났기에 '동년'이라고 하였다. '검을 건다'는 것은 장차 조문을 간다는 것이고, '배를 돌린다'는 것은 실행에 옮기지 못한 것이다.(從哀死敍起, 得病隨亡, 故曰同年. 挂劍, 將赴弔. 迴船, 不果行也.)

5 間(간) – 떨어지다. 사이를 두다. 黃泉(황천) – 저승.

《두보전집교주》에 인용된 소보邵寶 주 한 사람은 죽고 한 사람은 살았기에 서로 떨어지게 된 것이다.(一死一生, 故相間隔也.)

[相知 2구]

《두억》 젊어서부터 알고 지내다가 이미 백발이 되었다. 그런데 이제 헤어져 결국 황천을 사이에 두게 되었으니 슬픔이 지극하다.(年少相知, 已成白首, 而此別遂間黃泉, 悲極.)

6 風雨(풍우) - 비바람. 주로 군자나 벗을 생각한다는 의미로 사용된다. 嗟何及(차하급) - 탄식을 해도 어찌 미치겠는가? 이 구는 세상을 떠난 이지방을 그리워해도 소용이 없다는 뜻이다.

《시경·정풍鄭風·풍우風雨》 비바람 쌀쌀히 몰아친다.(風雨淒淒.)

《시경·정풍·풍우》의 《모전毛傳》 〈풍우〉 시는 군자를 생각한 것이다.(風雨, 思君子也.)

《시경·왕풍王風·중곡유퇴中谷有蓷》 훌쩍이며 울지만 탄식을 한대도 어찌 미칠 수 있겠는가.(啜其泣矣, 何嗟及矣.)

7 江湖(강호) - 사방 각지. 타향을 떠도는 자신의 처지를 가리킨 것으로 보인다. 泫然(현연) - 눈물을 흘리는 모양.

8 修文(수문) - 글을 짓다. 또는 수문랑修文郞. 사후 세계에서 글을 담당하는 관리를 말하는데, 여기에서 파생되어 문인의 죽음을 뜻하는 말로 사용되었다. 將(장) - 데리고 가다. 管輅(관로) - 위나라 문인. 문재를 지니고 있었으나, 일찍 세상을 떠났다. 이 구는 글재주 있는 이지방이 장수하지 못하고 일찍 세상을 떠났음을 말한다.

《두시조차공선후해집교》 '수문'이라는 말은 왕은의 《진서》에 수록된 "귀신이 된 소소가 그 아우를 만나서 안연과 복상이 지금 지하에서 수문랑이고, 수문랑은 여덟 명인데 자신도 그 가운데 하나이다"라고 말한 이야기에서 기인한다. 이 이야기를 '장관로'에 연결시킨 것은 곧 이 상서가 특별한 재주를 지니고 있음이 위나라의 관로와 아주 같다는 것이다.(修文字, 王隱晉書, 載鬼蘇韶見其弟, 謂曰, 顏淵卜商, 今爲地下修文郎. 修文郎有八人, 韶自言其一也. 貼之以將管輅, 則李尚書之有奇才, 應如魏之管輅也.)

《두시상주》에 인용된 《위지魏志》 관로는 자가 공명이고 평원 사람이다. 수재에 발탁되고 그 아우인 진에게 "하늘이 나에게 재주와 지혜를 주었으나, 수명을 주지 않았으니, 아마 47세나 48세쯤일 것이다. 딸의 출가와 아들의 혼인을 보지 못할 듯하다"라고 하였다. 그해 8월 소부승이 되었고, 다음 해 2월에 세상을 떠났는데, 나이가 48세였다.(管輅, 字公明, 平原人. 擧秀才, 謂弟辰曰, 天與我才明, 不與我年壽, 恐四十七八間, 不見女嫁男婚也. 是歲八月, 爲少府丞. 明年二月卒, 年四十八.)

《두억》 '수문' 구는 두 가지 고사를 겸용하였다. 관로가 수를 누리지 못하였으니 아마도 이지방 역시 아들의 혼인과 딸의 출가를 보지 못하였을 것이다. '수문'을 겸용하여 그가 세상을 떠났음을 보였다. (修文句, 兼用兩事. 輅年不壽, 豈李亦未見男婚女嫁也. 兼用修文, 以見其歿.)

9 奉使(봉시) – 사신의 명을 받들다. 명을 받아 사신으로 나가다. 失張騫(실장건) – 장건을 잃다. 장건은 한나라 때 서역으로 파견되어 비단길을 개척했던 인물이다.

《두시경전》 이지방이 일찍이 토번에 사신으로 갔던 일을 말하였다. (謂之芳曾使吐蕃.)

《두보전집교주》에 인용된 《자치통감資治通鑑》 여름 4월 신축일에 어사대부를 겸한 이지방 등을 토번에 사신으로 파견하였는데, 포로로 억류되었다가 2년이 지나서야 돌아올 수 있었다.(夏, 四月, 辛丑, 遣兼御史大夫李之芳等使于吐蕃, 爲虜所留, 二年乃得歸.)

10 史閣(사각) – 사관史館. 사관에 보관되어 있는 역사서를 가리키는 것으로 볼 수 있다. 行人(행인) – 사신. 또한 외국의 빈객을 접대하는 관리의 뜻도 있으나, 이지방의 행적을 볼 때 여기서는 사신의 뜻으로 보는 것이 적절하다. 이 구는 사신으로 나가서 활약했던 이지방의 공로가 역사서에 실릴 것이라는 것이다.

《구가집주두시》 조차공 주 '행인'은 또한 그가 사신의 직분을 받든 일을 거듭 말한 것이다. '사각'은 곧 그 일이 사서에 실렸음을 말한 것이다.(行人又申言其奉使, 史閣則言其書之史冊也.)

《주례周禮·추관秋官》 대행인은 대빈의 예와 대객의 의식을 관장하여 제후들과 친교한다. …… 소행인은 방국 빈객을 접대하는 예에 대한 전적을 관장하여 사방의 사신을 접대한다.(大行人, 掌大賓之禮及大客之儀, 以親諸侯. …… 小行人, 掌邦國賓客之禮籍, 以待四方之使者.)

11 詩家(시가) – 시인의 무리. 시단 혹은 문단을 가리키는 말이다.

[史閣 2구]

《두보전집교주》에 인용된 왕호汪灝 설 사관은 그가 오랑캐와 화친한 공을 그저 기록할 뿐이고, 세상이 그의 시구를 영원히 전할 것이다.(史徒記其和戎之功, 世永傳其詩中之句.)

#《두시상주》: 이 단락은 사귐의 정과 남긴 일을 기록하였다. 비바람 속에 친구를 생각하는데, 또 이런 상황을 강호에서 만나게 되었으니 더욱 슬프고 참담함을 느낀 것이다. '수문'은 정령이 사라지지 않음을 말한 것이고, '봉시'는 토번에 사신으로 나갔던 일을 가리킨다. 아래 2구가 (앞의 2구를) 나누어 이어 받았다.(此記交情遺事. 風雨思友, 又値江湖, 更覺哀慘矣. 修文, 言精靈不沒. 奉使, 指出使吐蕃. 下二分承.)

12 客亭(객정) – 역정驛亭. 이지방이 머물던 곳. 거처하던 숙소. 또는 그의 빈소가 차려진 곳으로 볼 수도 있다. 鞍馬(안마) – 안장을 채운 말. 말을 타고 다니다. 이 구는 이지방의 숙소에 사람들의 왕래가 끊겼다는 말이다.

13 旅櫬(여츤) – 나그네의 관. 객지에서의 관. 網蟲(망충) – 거미.

[客亭 2구]

《두보전집교주》에 인용된 노원창盧元昌 주 객정에 말발굽이 응당 끊겼음을 멀리서 슬퍼하였고, 나그네의 관에 거미줄이 공연히 늘어졌음을 상심하였다.(遥悲客亭, 馬蹄應絶, 傷心旅櫬, 蛛網空懸.)

14 復魄(복백) – 혼백을 부르다. 고인의 옷을 걸어놓고 북쪽으로 세 번 불러 혼백이 다시 돌아오기를 바라는 고복皐復 의식. '魄'은 '塊'로 된 판본도 있다. 昭丘(소구) – 초나라 소왕昭王의 무덤. 이지방이 세상을 떠난 곳을 가리킨다.

《두시상주》에 인용된 《예기》 "復諸侯以褒衣" 구의 정사농鄭司農 주 '복'은 막 세상을 떠난 자의 혼백을 불러 돌아오게 하는 것이다.(復, 謂始死招魂復魄也.)

《두시경전》 소구는 형남에 있다.(昭丘, 在荊南.)

《두보전집교주》에 인용된 주전周甸 설 형주에 초나라 소왕의 무덤이 있다. 이지방이 먼 곳에서 죽었음을 말한다.(荊州有楚昭王墓, 言之芳寄死此遠也.)

15 歸魂(귀혼) – 혼령이 돌아가다. 素滻(소산) – 하얀 산수. 산수滻水의 별명으로 물빛이 희고 깨끗하여 이런 명칭을 얻었다고 한다. 산수는 장안 지역에 있는데, 이지방이 고향인 장안으로 돌아갈 것임을 말한다.

《구가집주두시》 조차공 주 '소산'은 장안의 강이다. 이 상서가 바로 장안 사람임을 말한 것이다.(素滻, 長安之水也, 言李尙書乃長安人也.)

[復魄 2구]

《두억》 '소구'는 초나라 소왕의 무덤으로 강릉에 있었으니 그의 집에서 멀리 떨어진 곳이다. '소산'은 곧 그의 집이다.(昭丘, 楚昭王墓, 在江陵, 去其家遠. 素滻, 乃其家也.)

16 樵蘇(초소) – 나무꾼. 封(봉) – 막다. 통행을 금지하는 것이다. 이 구는 이 상서가 무덤에 묻히는 것을 말한다.

《두시조차공선후해집교》 대신의 무덤은 그 전후좌우에 나무꾼과 목동의 출입을 금한다.(大臣之墓, 其前後左右禁樵牧也.)

17 喉舌(후설) – 목구멍과 혀. 왕명을 출납하는 중신을 비유하는 말이다. 여기서는 이지방이 상서 벼슬을 하였음을 말한다. 罷(파) – 그만두다. 朝天(조천) – 천자를 조회하다.

《후한서·이고전李固傳》 이제 폐하에게 상서가 있음은 하늘에 북두성이 있음과 같습니다. 북두성은 하늘의 목구멍과 혀이고, 상서는 또한 폐하의 목구멍과 혀입니다.(今陛下之有尙書, 猶天之有北斗也. 斗爲天喉舌, 尙書亦爲陛下喉舌.)

《두보전집교주》에 인용된 소보 주 '후설'은 상서가 천자의 목구멍과 혀가 된다는 것이다. 이지방이 일찍이 상서를 지낸 적이 있는데, 이제 세상을 떠나 다시는 천자를 조회하지 못하게 되었다는 것이다. (喉舌, 尙書爲天子喉舌, 之芳嘗爲尙書, 今卒, 則不復朝天子矣.)

18 凋(조) – 시들다. 이지방의 관이 고향으로 돌아갔을 때 이미 봄풀이 시들어버렸다는 것으로, 가을이 되었음을 말하는 것이다. 이와 달리 내년 봄에 봄풀이 자랄 것이라는 뜻으로 보는 설도 있다.

《두보전집교주》에 인용된 여대림呂大臨 설 이 구는 이지방이 곧 봄풀과 이웃임을 말한 것이다.(此句言李郎與春草爲鄰矣.)

19 王孫(왕손) – 왕의 자손. 이지방을 가리킨다. 若個(약개) – 어느 곳.

《두보전집교주》에 인용된 장진張溍 주 '약개'는 당나라의 방언으로 '어느 곳'이라는 말과 같다. 이지방을 볼 수 없음을 아파한 것이다.(若個, 唐方言, 猶云何處. 痛李之不可見也.)

《두억》 '왕손' 구는 이지방이 종실이기에 그렇게 말한 것이다.(王孫若個邊, 李乃宗室, 故云.)

[秋色 2구] 《초사》〈초은사〉에 따르면 왕손은 본래 봄풀과 짝하여 노니는 존재인데, 가을이 되어 봄풀이 다 시들어버렸으니 왕손이 어디에 가서 놀 수 있겠느냐는 말이다. 이 구절은 계절이 이미 가을로 접어들었음과 이지방이 왕손임을 겸하여 암시한 것이다.

《초사》〈초은사招隱士〉 왕손은 노닐며 돌아가지 않으니, 봄풀은 자라 무성하구나.(王孫遊兮不歸, 春草生兮萋萋.)

#《두시상주》: 마지막 단락은 그가 객사하여 멀리 돌아가는 것을 슬퍼한 것이다. 말이 끊어지고 벌레가 매달려 있는 것은 텅 빈 관사의 황량함을 보인 것이다. '소구'와 '소산'은 돌아가는 길이 아득함을 말하였다. '후설'은 상서를 밝힌 것이고, '추색'은 계절을 드러낸 것이다. 왕손이라는 말은 당 왕실의 이씨 성과 들어맞고, '약개변'은 옛 조상의 무덤 옆에 묻히는 것을 말한다.(末傷其客死遠歸也. 馬絶蟲懸, 見空館荒涼. 昭丘素滻, 言歸途遼濶. 喉舌, 點尙書. 秋色, 點時景. 王孫, 切李姓. 若箇邊, 言葬於舊壘之傍.)

##《독두심해》: 부음을 듣고 아울러 관을 고향으로 옮긴다는 소식을 들었는데 조문을 못하게 되어 이 시를 지어 그를 곡한 것이다. 앞의 네 운은 죽어서 헤어지게 된 것에 대한 감회를 스스로 술회한 것이다. 그 아래는 그의 죽음을 애도한 것으로 그가 쓸쓸하게 돌아가 묻히는 것을 멀리서 생각한 것이다. '장빈'은 병으로 세상을 떠난 것을 말한다. '호리'는 관을 고향으로 옮겨 장사지내는 것을 말한다. 세상을 떠난 지 얼마 되지 않아 바로 관을 옮기기에 '서수', '동년'이라고 한 것이다. '욕괘' 구와 '유회' 구는 송상하는 일에 헛되이 바람을 지녀보지만, 행적은 살아 있을 때부터 이미 소원했다는 것이다. '백수'는 사귐이 깊었다는 것이고, '황천'은 길이 막힌 것이다. 죽기 전에는 비바람 속에 서로 어긋나 있더니, 죽어서는 강호에서 눈물을 부치고 있으니 길이 이렇게 부끄러운 마음을 품고 살게 되었다. 문재를 지녔으면서 장수를 누리지 못해 '장관로'라고 하였다. 사신으로 나갔던 일이 평생의 큰일이었기에 '실장건'이라고 하였다. 아래 2구는 위 구를 거듭 말한 것이다. '객정' 이하는 객사한 사실을 곁들여 관이 돌아가는 일을 서술하였다. 결어는 《초사》〈초은사招隱士〉의 내용을 변화하여 적용한 것인데, 지금 비록 돌아가나 돌아감이 없는 것과 마찬가지라는 것이

다.(聞訃而兼聞歸櫬, 闕於弔送, 作此以哭之. 上四韻, 自述契闊存亡之感. 下乃哀其死, 而遙意其落莫歸葬也. 漳濱, 謂疾歿. 蒿里, 謂歸葬. 歿未幾而即移櫬, 故曰逝水同年. 欲挂猶迴者, 願徒結於送喪, 迹已疏於存日也. 白首交深, 黃泉路阻. 未歿而風雨相暌, 旣歿而江湖寄淚. 長此負歉矣. 有文而不享大年, 故曰將管輅. 出使爲生平大節, 故曰失張騫. 下二申上. 客亭以下, 帶客死以敍歸櫬. 結語, 化用楚辭招隱, 今雖歸, 等於無歸也.)

(박홍준)

31. 重題
거듭 짓다

涕泗不能收[1] 哭君餘白頭[2] 兒童相識盡[3] 宇宙此生浮[4]
江雨銘旌濕[5] 湖風井徑秋[6] 還瞻魏太子[7] 賓客減應劉[8]

눈물 콧물 거두지 못하는 것은
그대를 곡하는 이로 백발의 나만 남아서이니,
어릴 때부터 알고 지내던 이들 사라지고
우주에 이 사람 삶만 떠 있게 되었습니다.
강에 내리는 비에 명정이 젖고
호수에서 부는 바람에 묘도는 가을인데,
다시 위나라 태자 조비를 쳐다보니
빈객 가운데 응양과 유정이 줄었습니다.

이 시는 대력 3년 가을 공안에서 예부상서와 태자빈객을 지낸 이지방李之芳의 죽음을 애도하며 지은 것이다. 이 시에 앞서 〈곡이상서哭李尙書〉라는 제목의 시를 지은 후에 같은 제목의 후속작이기에 시제를 '거듭 짓다'라고 하였다. 이지방의 죽음을 슬퍼하면서 아울러 그와 같이 소싯적부터 알고 지낸 친구들이 모두 세상을 뜨고 의지할 데 없이 혼자 남았다는 괴로운 심사도 내비쳤다.

《보주두시》 '거듭 짓는다'고 하였고, 또 시에서 "호수에서 부는 바람에 묘도는 가을이다"라고 하여 이전 시의 "가을빛에 봄풀이 시든다"와 부합하니, 응당 같은 때(대력 3년)에 지은 것이다.(謂之重題, 又詩云湖風井逕秋, 與前篇秋色凋春草叶, 當是同時作.)

주 석

1 涕泗(체사) – 눈물과 콧물.

2 餘(여) – '余'로 된 판본도 있다.

[涕泗 2구]

《두보전집교주》에 인용된 고신顧宸 주 첫째 구에서는 눈물을 거둘 수 없다고 하여 곡한 후에 거듭 곡함을 보였다. 다음 구에서는 오늘 그대를 곡하는 이로 다만 백발의 나 한 사람만 남았다고 하였다. 그러니 거듭 곡하지 않을 수 없는 것이다.(首言涕不能收, 見哭而重哭, 次言今日之哭君者, 止餘我白頭一人在耳. 所以不禁重哭也.)

3 兒童(아동) – 어린 시절. 相識(상식) – 알고 지내다. '識'이 '顧'로 된 판본도 있다. 盡(진) – 다하다. 세상을 떠났다는 말이다.

두보 〈봉한중왕수찰보위시어소존사망奉漢中王手札報韋侍御蕭尊師亡〉 한번 슬퍼하니 질병이 침범함은, 어릴 때부터 서로 아는 사이이기 때문이네.(一哀侵疾病, 相識自兒童.)

《두시조차공선후해집교》 어릴 때부터 이 상서와 알고 지냈는데 이제는 알고 지내던 사람들이 거의 세상을 떠났다는 말이다.(言自兒童時與李尙書相識, 今相識之人殆盡矣.)

4 此生(차생) – 이 삶. 두보 자신의 생애를 말한다.

[兒童 2구]

《두율계몽》 어릴 때부터 알고 지내던 교우들이 이제 모두 세상을 떠났으니, (나의) 이 삶이 우주에 있는 것 또한 의탁할 데 없이 떠도는 듯할 따름이다. 대체로 벗을 곡하면서 겸하여 자신을 곡한 것이다.

(兒童相識之交, 至此盡亡, 則此生之在宇宙者, 亦若浮寄而已. 蓋哭友而兼自哭也.)

5 銘旌(명정) – 죽은 사람의 관직과 성씨를 적은 기.

6 井徑(정경) – 밭 사이로 난 작은 길. 여기서는 묘도墓道를 뜻하는 듯하다.

《두시설》 '정경'은 무덤길을 가리키는 듯하다. 오늘날 풍수가는 묘혈 내부를 가리켜 '금정'이라고 한다.(井徑, 似指隧道, 今形家目穴內爲金井.)

7 瞻(첨) – 쳐다보다. 魏太子(위태자) – 위나라 태자 조비曹丕를 가리킨다.

8 減(감) – 줄다. 應劉(응류) – 건안칠자 가운데 응양應瑒과 유정劉楨 두 사람을 말한다.

《두시상주》 원주에 "이지방이 태자빈객으로 세상을 떠났다"라고 하였다.(原注, 李公薨於太子賓客.)

조비曹丕 〈여오질서與吳質書〉 지난해 역병이 돌면서 친구들 여럿이 그 병에 걸려, 서간徐幹, 진림陳琳, 응양, 유정이 한꺼번에 모두 세상을 떠났으니 비통함을 말로 다할 수 있겠는가?(昔年疾疫, 親故多離其災, 徐陳應劉, 一時俱逝, 痛可言邪.)

[還瞻 2구] 이지방이 태자빈객으로 있다가 세상을 떠났으니, 당시 태자였던 이괄李适의 입장에서 보자면 위나라 태자 조비가 건안칠자인 응양과 유정을 먼저 떠나보낸 것처럼 안타까워했으리라는 말이다.

#《두시상주》: "눈물을 거둘 수 없다"라고 하여 거듭 곡하는 뜻을 집어냈다. 아래 3구에는 신세에 대한 끝없는 슬픔이 있다. 강과 호수에 비바람 치니 경치를 마주하며 서글퍼진다. '객감응류'라 한 것은 이지방이 태자빈객이기 때문이다. 신함광이 말하기를 "〈곡이상서〉 2수는 만가挽歌의 절창이다. '아동' 구로 여러 벗들까지 곡하였다. '우주' 구로

겸하여 자신을 곡하였다"라고 하였다. 황생의 주에서는 "3, 4구는 '여' 자의 뜻을 거듭 밝힌 것이다"라고 하였다.(涕不能收, 拈重哭意. 下三句, 有身世無窮之悲. 江湖風雨, 對景悽然. 客減應劉, 李爲太子賓客也. 申涵光曰, 哭李尚書二首, 是挽詩絶調. 兒童相識盡, 哭及衆友. 宇宙此生浮, 兼哭自己矣. 黃注, 三四申明餘字意.)

《두억》: 두보와 이지방은 모두 장안 사람으로 어렸을 적부터 서로 더불어 지냈는데, 이지방이 세상을 뜨자 두보 자신도 의지할 바가 사라졌다. 3, 4구의 말은 슬퍼 더 읽을 수가 없다. 이지방이 태자빈객이었기에 마지막 연의 활용이 자연스럽다.(公與李俱長安人, 自幼相與, 自李之歿, 身失所依. 三四語悲, 不堪再讀. 李爲太子賓客, 落句用得天然.)

《독두심해》: 오언배율(〈곡이상서〉)의 슬픔이 이지방을 위한 슬픔이라면 이 시의 슬픔은 자신을 위한 슬픔까지 아울렀다. "알고 지내던 이들 사라지고", "이 사람 삶만 떠 있게 되었으니" 자신 또한 죽음에 가까우면서 또 떠도는 신세인 것이다. '강에 내리는 비'와 '호수에서 부는 바람'은 돌아가는 상여를 위해 배경을 설정한 것이다. '빈객 응양과 유정'은 다시 관직과 관련지어 감정을 자아낸 것이다. 태자로서 빈객이 줄어든 것을 마음 아파한다면 옛 친구는 벗이 죽은 데서 슬픔을 더하는 것이 더욱 당연하다. 위 단락과 적절하게 연관되어 있다.(五排之悲爲李悲, 此篇之悲并爲身悲矣. 相識盡, 此生浮, 己亦近死, 而更漂流也. 江雨湖風, 爲歸櫬設色. 賓客應劉, 又就官職生情. 太子而以客減爲傷, 則舊交益宜以友亡增痛. 恰與上截關生.)

(김준연)

32. 哭李常侍嶧二首

이역 상시를 곡하다 2수

一代風流盡[1] 修文地下深[2] 斯人不重見[3] 將老失知音

短日行梅嶺[4] 寒山落桂林[5] 長安若個伴[6] 猶想映貂金[7]

한 시대의 풍류가 다하여
지하 깊은 곳에서 수문랑이 되셨네.
이런 분을 다시 볼 수 없으니
늙은 몸으로 지음을 잃어버렸네.
짧은 해에 매령을 지나갔고
차가운 산속 계림에 낙엽이 졌는데,
장안의 몇몇 친구들은
금선이초金蟬珥貂 비치던 그대를 여전히 생각하겠지.

이 연작시는 두보가 영남嶺南에서 장안長安으로 돌아가는 이역李嶧의 영구靈柩를 보고서 그를 애도한 시이다. 일반적으로 둘째 수에 나오는 '강한江漢'이라는 말에 주목하여 대력 3년 겨울에 형남荊南, 즉 강릉江陵에서 지은 것으로 보는데 단정하기는 어렵다. 영구가 지나온 곳으로 '매령'과 '계림'을 언급하는 것으로 보아 대력 4년에 담주潭州 일대에서 지었을 가능성도 있다. 이역은 두보가 좌습유로 있을 때 같이 근무했던 동료이다. 상시常侍는 문하성과 중서성에 속하는 관직명이다. 첫째 수에서는 이역의 죽음을 애도하며 그 영구의 행로를 말하고 있고, 둘째 수에서는 지난날 그와의 사귐과 사후에 그가 남길 명성을 언급하며 슬퍼하고 있다.

《보주두시》 《신당서·백관지百官志》에 의하면, 좌우산기상시는 문하성과 중서성에 속하는데 과실을 살펴 풍간하고 시종하며 자문하는 역할을 맡았으며, 좌상시는 관모 왼쪽에 담비 꼬리 장식을 하였고 우상시는 관모 오른쪽에 담비 꼬리 장식을 하였다. 그래서 시에서 "금선이초金蟬珥貂 비치던 그대를 여전히 생각하겠지"라고 하였다. 시에서 또한 "강한에서 그대를 통곡하는 때이다"라고 하였으니 마땅히 대력 3년 형남에서 지은 것이다. 그러나 양권도는 대력 4년 담주에서 지은 시로 편재하고 있는데, 담주는 '강한'이라고 말할 수 없다. 시를 살펴보면 이역은 영남에서 죽어 장안으로 돌아가 장사를 지내려 하였고, 두보는 강한 일대에서 그의 영구를 만나 통곡한 것이다.(唐志, 左右散騎常侍, 隷門下中書省, 掌規諷過失, 侍從顧問. 左爲左貂, 右爲右貂. 故詩云, 猶想映貂金. 詩又云, 江漢哭君時, 當是大曆三年在荊南作. 而梁權道編在四年潭州詩內, 潭不應言江漢也. 考詩, 當是李死於嶺南, 而歸葬長安, 公逢於江漢間而哭之.)

주 석

1 一代(일대) 구 – 한 시대를 대표할 만한 풍류 인물인 이역 상시가 죽었음을 말한다.

2 修文(수문) – 글을 짓다. 여기서는 수문랑修文郎으로 사후 세계에서 글을 담당하는 관리를 말한다. 안연顔淵과 복상卜商이 저승에서 수문랑이 되었다는 이야기에서 파생되어 문인의 죽음을 뜻한다.

《두시상주》에 인용된 왕은王隱 《진서晉書》 소소가 중모령에 출사하여 죽었는데, 소소의 백부 소승의 아홉째 아들 소절이 밤에 꿈에서 소소를 보았다. (소소는) "안회와 복상이 지금 현재 수문랑이 되었는데 수문랑은 모두 8인이며, 귀신 가운데 성인으로는 항량성이 있고 현인으로 오계자가 있다"라고 하였다.(蘇韶仕中牟令卒, 韶伯父承第九子節, 夜夢見韶, 言顏回卜商, 今現在爲修文郎, 修文郎, 凡八人, 鬼之聖者項梁成, 賢者吳季子.)

3 斯人(사인) – 이런 훌륭한 사람. 이역을 가리킨다. '사문斯文', '사도斯道'처럼 존경의 뜻이 담겨 있다.

《논어·옹야雍也》 이런 사람에게 이런 병이 있다니!(斯人也, 而有斯疾也.)

4 梅嶺(매령) – 영남嶺南의 대유령大庾嶺을 가리킨다.

《보주두시》에 인용된 조차공 주 이상시의 영구가 광남에서 온 것을 말한다. 대유령에는 매화가 많기에 그래서 '매령'이라고 부른다.(言李常侍之櫬自廣南來也. 大庾嶺多梅, 故謂之梅嶺.)

5 山(산) – '江'으로 된 판본도 있다. 桂林(계림) – 지명. 이상시의 영구가 지나온 곳이다. 계수나무 숲의 잎이 떨어진 것으로 이역의 죽음을 비유하는 것으로 보기도 한다.

《두시상주》 옛 주석에 '계림'은 형주의 계양을 가리킨다고 하였다.(舊注, 桂林, 指衡州之桂陽.)

《두시경전》 '낙계림'은 훌륭한 사람이 죽은 것을 비유한다.(落桂林, 喩哲人之萎也.)

[短日 2구]

《두보전집교주》에 인용된 장진張溍 주 이역은 영남에서 죽어 장안으로 돌아가 장사를 지내게 되었다. '매령'과 '계림'은 이역의 영구가 지나온 험지를 말한다.(李死於嶺南, 歸葬長安, 梅嶺桂林, 言李櫬所歷之險也.)

6 若個(약개) – 어느. 어떤. 여기서는 '몇몇의', '약간의'로 보는 것이 적합한 듯하다. '若'을 '너', 즉 이상시를 가리키는 것으로 보기도 하는데

억지스럽다. 伴(반) – 동료. 친구.

7 貂金(초금) – 담비 꼬리와 황금 매미 장식. 금선이초金蟬珥貂. 이상시의 관모에 더해진 장식을 말한다.

《두시상주》 당나라 제도에 시중은 금선이초의 관모冠帽를 쓴다.(唐制侍中冠金蟬珥貂.)

《후한서·여복지輿服志》 무관은 무변대관이라고도 하는데, 여러 무관武官들이 쓴다. 시중과 중상시는 앞면에 황금 장식을 더하며 매미 모양을 붙여 무늬를 만들고 담비 꼬리로 장식을 삼으며 그것을 조혜문관이라고 했다.(武冠, 一曰武弁大冠, 諸武官冠之. 侍中中常侍加黃金璫, 附蟬爲文, 貂尾爲飾, 謂之趙惠文冠.)

[長安 2구] 장안의 친구들이 그의 죽음을 믿을 수 없어 여전히 그가 돌아오기를 바란다는 뜻이다. 이와 달리 "장안에서 어느 동료가 금선이초 비치던 그대 모습을 여전히 생각할까?", 즉 장안에서 그를 생각하는 동료가 없다는 뜻으로 보기도 한다. 이것이 '若個'의 일반적인 쓰임에 자연스러우나, 죽은 이를 곡하며 송찬하는 예의에 맞지 않는 면이 있다. 하지만 장안에는 진정으로 이상시를 생각하는 이는 없고, 오직 '지음知音'인 두보만이 생전의 그의 모습을 그리워하며 통곡한다고 이해할 수도 있겠다.

#《두시상주》: 첫 수는 상시의 죽음을 애도하고 있다. 위 4구는 자기를 위해 애석해한 것이고, 아래 4구는 다른 사람을 위해 애석해한 것이다. '매령'과 '계림' 일대에서 영구가 이미 돌아가는 도중이었는데, 장안의 동료들은 오히려 그가 살아서 돌아오길 바라고 있으니, 아마 사랑이 깊어서 그의 죽음을 감내할 수 없는 것이다.(首章, 悼常侍之亡. 上四爲自己惜, 下四爲他人惜也. 梅嶺桂林之間, 歸櫬已在中途, 而長安同伴, 猶望生還, 蓋愛之深而不忍其死也.)

《독두심해》: 첫 수는 이상시의 죽음과 돌아가는 영구를 범연하게 언급하며 그 슬픈 감정을 표현하였다. 아래의 4구는 단숨에 읽히는데 다른 사람의 감정으로써 자기의 감정을 형용하였다. 운구하는 사람들이 이미 '매령'과 '계림'으로부터 오고 있는데 '장안'의 옛 '동료'들은 오히려 그가 살아 돌아오는 것을 상상하고 있다. 구조오의 설을 채택한다.(首章, 泛就常侍身歿歸櫬, 致其哀情. 下四句一氣讀, 以他人之情, 形出己情. 扶櫬者已自梅嶺桂林而來, 而長安舊伴, 猶想生還也. 說採仇.)

《두율계몽》: 위 4구는 이상시의 죽음을 애석해하고 있고, 아래 4구는 돌아가는 영구가 이미 매령과 계림 일대에 있는데 장안의 동료들은 오히려 살아 돌아오기를 바라고 있다고 말하고 있다. 일설에 '장안의 어느 동료가 여전히 그의 초금을 생각할까'라는 뜻이라고 한다. 대체로 한 번 죽고 한 번 살아나는 상황에 처해 봐야 사귐의 정을 볼 수 있다는 뜻이다. 앞의 설에 따르면 '약개'는 곧 '상시'를 가리키고, '반'은 그의 친구를 가리킨다. 뒤의 설에 의하면 '반'은 그의 친구를 가리키고 '약개'는 불특정한 말로 '나개那個'라고 하는 것과 같을 따름이다. 이 설도 또한 통하긴 하나, 구조오의 설이 위의 문장과 융화되어 관통하는 것만 못하다.(上四惜常侍之死, 下四言歸櫬已在梅嶺桂林間, 而長安同伴猶望生還也. 一說長安若個, 猶想其貂金乎. 蓋一死一生, 乃見交情之意. 按前說若個卽指常侍, 而伴則指其友. 後說則伴指其友, 而若個爲不定之辭, 猶云那個耳. 說亦通, 不如仇說與上文融貫.)

其二

青瑣陪雙入[1]　銅梁阻一辭[2]　風塵逢我地[3]　江漢哭君時[4]
次第尋書札[5]　呼兒檢贈詩　發揮王子表[6]　不愧史臣詞[7]

청쇄문에서 모시고 둘이 같이 들어갔는데
동량현에서 한 번 이별 뒤에 격조해졌네.
풍진 속에 나를 만난 땅
강한에서 그대를 통곡하는 때.
차례로 그대의 서찰을 찾아보고
아이를 불러 보내준 시를 점검하네.
그대 이름은 왕자의 표에 날릴 것이고
그대 사적은 사관史官의 글을 부끄럽게 하지 않으리.

주 석

1 靑瑣(청쇄) – 궁궐 문창살에 사슬 무늬를 새기고 청색으로 칠한 것. 흔히 궁궐 또는 궁궐문을 가리킨다. 陪雙入(배쌍입) – 이역을 모시고 둘이 함께 청쇄문으로 들어가다.

2 銅梁(동량) – 현縣 이름. 阻一辭(조일사) – 한 번 이별한 뒤에 격조해졌다. 《두시언해》 등에서 이렇게 보고 있다. 이와 달리 '한마디 말도 부치지 못하다', '이별 인사도 한번 못 하다'라는 뜻으로 보는 경우도 있다. 문의가 애매한 표현이다.

《두시상주》 당의 동량현은 유주에 속하며 검남도에 예속되었다. 유주는 곧 지금의 중경부이다.(唐銅梁縣, 屬渝州, 隷劍南道. 渝州, 卽今重慶府.)

《독두심해》 당의 동량현은 유주에 속한다. 두보가 촉에서 기주로 내려올 때에 이역은 필시 유주에서 벼슬한 적이 있었을 것이다.(唐銅梁縣, 屬渝州. 方公自蜀下夔時, 李必嘗官於渝者.)

[靑瑣 2구]

《구가집주두시》 조차공 주 '청쇄'는 한나라 궁전의 문 이름이며,

'배쌍입'은 두보가 옛날에 좌습유였을 때 이상시와 함께 궁궐의 문적門籍에 이름을 올리고 들어간 것이다. '조일사'는 한마디 이별의 말도 못 했음을 돌이켜 한탄한 것이다.(靑瑣, 漢殿門名, 陪雙入, 則公昔爲左拾遺時, 與常侍同通籍而入也. 阻一辭, 則追恨不得一別也.)

《두보전집교주》에 인용된 장진張溍 주 두보는 이역과 옛날에 같이 벼슬했는데, 이역이 동량에 들렀을 때 두보는 한마디 이별의 말로 그를 보내지 못했음을 말한다. 다 옛일을 추억한 것이다.(言公與李昔嘗同官, 及李過銅梁, 公未及以一辭相送, 皆憶往事.)

3 風塵(풍진) – 전란을 말한다. 이 구는 이역의 영구를 만났다는 말이다.

4 江漢(강한) – 강릉江陵을 가리킨다.

[風塵 2구] 두보가 영구를 만난 게 아니라 부음을 들은 것으로 보는 설도 있으나 적절치 않다.

《두공부초당시전》 전란의 시절에 강한에서 서로 만났는데, 지금 다시 강한에 있으면서 또 그의 죽음을 듣고서 통곡함을 말한다.(言當兵戈之際, 相逢於江漢, 而今又在江漢又聞其喪而哭也.)

《두보전집교주》에 인용된 고신顧宸 주 곧 돌아가는 영구를 가리켜 말한 것이다. 객사한 이의 영구가 풍진 속에 있다가 지금 이 땅에서 나를 만났으니, 내가 강한에 있을 때가 뜻밖에 그대를 통곡하는 때라고 말하는 것이다.(卽指歸櫬言, 謂旅櫬風塵, 今乃逢我於此地, 我在江漢之中, 不意爲哭君之時也.)

5 次第(차제) – 차례로.

[次第 2구] 서찰과 시는 모두 이역이 보내준 것이다. 시는 두보가 보내는 것으로 보기도 한다.

《두시상주》 《석명》에 "'弟'는 '第'이다. 차례로 태어났음을 말한다"라고 하였다. 그러한즉 '第' 자는 본래 '弟'와 서로 통한다. 그래서 '兒'와 대장이 가능하다.(釋名, 弟, 第也, 言次第相生也. 則第字本與弟相通,

故可對兒.)

《두보전집교주》에 인용된 소보邵寶 주 옛날의 깊은 우정을 생각하게 되어 그의 서찰을 찾고 그가 보내준 시를 살펴보니 친히 그를 보는 것 같다.(及思宿昔深情, 乃尋其書札, 檢其贈詩, 如親相見然.)

《두보전집교주》에 인용된 왕원汪瑗 주 이역이 두보에게 편지를 부쳤고, 두보는 이역에게 시를 보냈다. 2구는 (두보가) 관을 어루만지며 통곡할 수 없기에 오직 편지를 찾고 시를 살펴보며 남긴 자취를 수습하여 옛 우정을 잊지 않고자 할 따름임을 보여준다. 옛날에 왕래하던 정과 지금 유명을 달리한 상황이 다 언외에 담겨 있다.(李寄公書, 公贈李詩. 二句見不得撫棺而哭, 亦惟尋書檢詩, 收拾遺跡, 不忘舊好而已. 昔日往還之情, 今日幽明之隔, 俱在言外.)

6 王子表(왕자표) – 제왕의 종실宗室을 기록한 사책史冊을 가리킨다. 이역이 황제 종실의 자손이기에 이렇게 말한 것이다.

《구가집주두시》 조차공 주 이상시는 종실의 자손이다. 그래서 '왕자표'라는 글자를 썼다. 《전한서》에 〈왕자후표〉가 있다.(常侍者, 宗室之子也. 故用王子表字. 前漢書, 有王子侯表.)

7 史臣詞(사신사) – 사관史官이 역사책에서 평가하여 쓴 글.

《두시경전》 이역의 현명함은 사필史筆에 부끄럽지 않음을 말한다.(言李之賢, 無愧史筆.)

[發揮 2구]

《두보전집교주》에 인용된 왕원 주 이 구는 이역의 덕업이 마땅히 사관에 의해 표表나 기記에 기록되어 드러나기에 부끄러움이 없음을 말한다.(此言李之德業, 當爲史臣發揮於表記之中而無愧也.)

#《두시상주》: 둘째 수는 지난날의 사귐의 정, 현재의 슬픈 죽음, 사후에 남길 이름을 곡진하게 다 말했다. 두보는 예전에 장안에서 이역과 함께 청쇄문에 들어갔는데 뒤에 이역이 동량에 있을 때 두보는 한마디

말도 부치지 못했다. 지금 객사한 이의 영구를 만났으니 다만 사후에 한번 통곡할 뿐이다. 서찰을 찾고 시를 살피는 것은 이상시의 필적이 있기 때문이다. '왕자표'는 이역이 종실이기 때문이다. 사관이 말이 있다는 것은 그의 평소 행실을 기록한다는 것이다.(次章, 於往日交情, 現前哀死, 身後留名, 曲盡之矣. 公昔在長安, 與李同入靑瑣之門, 後李在銅梁, 公疏於一辭之寄. 今旅櫬相逢, 但有歿後一哭耳. 尋書檢詩, 常侍手跡所在. 王子表, 李爲宗室也. 史臣有詞, 錄其素行也.)

《독두심해》: 둘째 수는 옛 친구에게 주는 정의情誼를 세세하게 서술하고 있다. 경사에서는 일찍이 같이 벼슬을 했고 유주에서는 그 땅을 지나갔는데 이별의 말을 하지 못한 것은 뒤에 마땅히 다시 볼 것이라 여겼기 때문이다. 그런데 지금 나를 만난 곳에서 결국 그대를 통곡하게 되었으니 누가 이를 감당할 수 있겠는가? 오랜 우정을 추억하니 보내준 서찰이 새롭고, 훗날의 명성을 예상해보니 사서에서 사라지지 않을 것이다. 죽은 자의 눈은 감을 수 있겠지만 살아 있는 자의 슬픔은 어찌 그칠 수 있겠는가?(次章, 將舊交投贈之誼, 縷縷敍出. 在京則嘗同官, 在渝則過其地, 而闕於敍別, 意謂後當重見也. 乃今逢我之地, 竟成哭君之時, 誰能堪此乎. 追維宿好, 贈札如新, 逆料後名, 史書不泯. 歿者之目可瞑, 而存者之悲何能已已.)

《두보전집교주》에 인용된 장진 주: 그의 생전을 서술하고 그의 사후를 기록하였으니, 두보가 이역을 통곡함에 살아서나 죽어서나 유감이 없다고 이를 만하다.(敍其生前, 誌其身後, 公之哭李, 可云生死無遺憾者矣.)

(**강민호**)

33. 舟出江陵南浦奉寄鄭少尹審

배가 강릉의 남쪽 포구를 나가자 강릉소윤 정심에게 받들어 부치다

更欲投何處[1] 飄然去此都[2] 形骸元土木[3] 舟楫復江湖[4]
社稷纏妖氣[5] 干戈送老儒[6] 百年同棄物 萬國盡窮途
雨洗平沙淨 天銜闊岸紆[7] 鳴螿隨泛梗[8] 別燕起秋菰[9]
棲託難高臥[10] 饑寒迫向隅[11] 寂寥相呴沫[12] 浩蕩報恩珠[13]
溟漲鯨波動[14] 衡陽雁影徂[15] 南征問懸榻[16] 東逝想乘桴[17]
濫竊商歌聽[18] 時憂卞泣誅[19] 經過憶鄭驛[20] 斟酌旅情孤[21]

또 어디에 의탁하려 하기에
표연히 이 도읍을 떠나는가.
몸은 원래 흙과 나무로 된 것인데
배를 저으며 또 강호를 떠돈다네.
사직에는 요사스러운 기운이 감돌고
방패와 창이 늙은 유자를 보내버리는데,
백 년 평생 버려진 물건과 같고
만국에는 모두 막힌 길이구나.

비가 씻어내려 너른 모래사장은 깨끗하고
하늘이 머금은 드넓은 강기슭은 구불구불한데,
우는 쓰르라미가 물에 뜬 나무토막을 따라가고
떠나가는 제비가 가을 줄풀에서 날아오르네.

머물 곳을 의탁하지만 편히 눕기 어렵고
굶주림과 추위에 모퉁이를 향하도록 내몰리지만,
서로 불어주는 거품이 없고
은혜에 보답할 구슬이 아득하네.

넓은 바다에 고래의 물결이 일렁이고
형양에는 기러기 그림자가 지나가는데,
남쪽으로 가면 걸상을 걸어놓았나 물어보고
동쪽으로 가면 뗏목 탈 일을 생각하겠지.
처량한 노래 들어준 것을 외람되이 생각해보고
변화가 형벌에 눈물 흘렸던 일을 때때로 근심하지만,
지나가는 곳마다 정 씨의 역참을 기억하리니
외로운 나그네 마음에 술을 따라 주었지.

이 시는 두보가 대력 3년 가을 강릉을 떠나 공안으로 가던 중에 지은 것이다. 의탁할 곳 없이 객지를 떠돌고 있는 힘겨운 상황을 자세히 서술한 뒤, 강릉에서 후대해주었던 정심에게 감사의 뜻을 전하였다. 소윤은 삼부三府 장관의 속관으로 종사품하從四品下였다. 시제에서 '舟' 뒤에 '中'이 추가된 판본도 있다.

《보주두시》 "우는 쓰르라미가 물에 뜬 나무토막을 따라가고 떠나가는 제비가 가을 줄풀에서 날아오른다"라고 하였으니 마땅히 대력 3년 가을에 지은 것이다. 이때 두보는 공안으로 거처를 옮겼다. 공안은 강릉 남쪽에 있기에 남쪽 포구를 나간 것이다. 당시 정심은 강릉소윤이었다.(鳴螿隨汎梗, 別燕赴秋菰. 當是大曆三年秋作. 是時公移居公安, 公安在江陵之南, 故出南浦也. 時鄭審爲江陵少尹.)

《독두심해》 장차 공안으로 거처를 옮기려고 하였다. 강릉에서 장강을 건너 남쪽으로 가면 바로 공안이다.(將移居公安也. 由江陵渡江而南, 卽公安.)

주 석

1 投(투) – 의탁하다.

2 飄然(표연) – 떠도는 모양. 此都(차도) – 이 도읍. 강릉은 남도南都였다.

[更欲 2구]

《두보전집교주》에 인용된 왕호汪灝 주 앞으로의 여정이 정해지지 않았는데 이곳을 이미 떠났다.(前程未定, 此地已辭.)

3 形骸(형해) – 용모. 외모. 土木(토목) – 흙덩이와 나무토막. 원래는 꾸밈이 없는 모습 또는 쓸모없는 존재를 비유하는데 여기서는 초췌한 모습을 뜻한다.

《진서·혜강전嵇康傳》 흙과 나무로 된 몸을 스스로 꾸미지 않았다.(土木形骸, 不自藻飾.)

《논어·공야장公冶長》 재여가 낮에 잠을 자니 공자가 말하기를, "썩은 나무는 조각할 수 없고 거름으로 만든 담장은 미장할 수 없다. 재여에게 무슨 벌을 주겠는가"라고 하였다.(宰予晝寢. 子曰, 朽木不可雕也, 糞土之牆不可杇也, 於予與何誅.)

《두보전집교주》에 인용된 장진張溍 주 '형해토목'은 말랐다는 말이다.(形骸土木, 言枯槁也.)

《두보전집교주》에 인용된 오견사吳見思 주 몸이 이미 흙덩이나 나무토막과 같아 더 이상 쓰일 바가 없는데, 배를 타고 또 강호로 떠나니 장차 무엇을 하려는가.(形骸旣同土木, 已無所用, 舟楫又去江湖, 將

何爲哉.)

《두시경전》 혜강의 고사를 사용하였는데 교제를 잘하지 못한다는 말이다.(用嵇康事, 言不善周旋也.)

4 舟楫(주즙) – 배. 여기서는 배를 타고 가는 것을 뜻한다.

5 社稷(사직) – 종묘사직. 纏(전) – 휘감다. 妖氣(요기) – 사악한 기운.

6 干戈(간과) – 방패와 창. 전란을 비유한다. 老儒(노유) – 늙은 유자. 두보 자신을 가리킨다. 이 구는 전란 때문에 두보가 떠돈다는 말이다.

[社稷 2구]

《두보전집교주》에 인용된 오견사 주 사직이 위태로워 여전히 사악한 기운이 휘감아 흩어지지 않았고 전란의 어지러움이 늙은 유자의 일생을 보내게 한다.(社稷之危, 尙纏妖氣而未散, 干戈之亂, 斷送老儒一生矣.)

#《두시상주》: 이 단락은 뱃길에 생긴 감회를 적은 것이다. 《두억》에서 "시작하는 말이 갑작스러운데 슬픔을 스스로 이길 수 없다. 자신이 떠돌며 정처가 없는 것은 모두 난리 때문인데 지금 몸은 버려지고 길은 막혔으니 장차 어디에 의탁할 것인가 하는 말이다"라고 하였다. 신함광이 말하기를 "'또 어디에 의탁하려 하는가'라고 하였으니 막힌 길에 눈물 흘릴 만하고, '방패와 창이 늙은 유자를 보내버린다'라고 하였으니 만년의 모습에 슬퍼할 만하다"라고 하였다.(此, 舟行有感. 杜臆, 起語突然, 悲不自勝, 言己之飄流無定, 皆因亂離所致, 今身棄途窮, 將安託乎. 申涵光曰, 更欲投何處, 窮途堪涕. 干戈送老儒, 暮景足悲.)

7 天銜(천함) – 하늘이 머금다. 闊岸紆(활안우) – 탁 트인 강기슭이 구불구불하다. 이 구는 구불구불한 강둑이 멀리 하늘과 닿아 있다는 말이다.

《두보전집교주》에 인용된 장진 주 '활안우'는 멀다는 말이다. '천함'

은 하늘이 그것을 머금었다는 것이다.(闊岸紆, 謂遠也. 天銜, 天含之也.)

8 鳴螿(명장) – 쓰르라미. 泛梗(범경) – 물에 떠 있는 나무토막.

9 別燕(별연) – 살던 곳을 떠나가는 제비. 起(기) – 일어나다. 날아오른다는 말이다. '赴'로 된 판본도 있다. 秋菰(추고) – 가을의 줄풀. '고'는 물풀의 일종이다.

[鳴螿 2구]

《구가집주두시》 조차공 주 '螿'은 음이 장이고 매미이다. 매미가 나무토막을 얻어 기탁하기에 물에 떠다니는 나무토막을 따라가며 운다. '菰'는 조호(쌀의 일종)이다. 제비가 줄풀 사이에 내려앉았다가 때가 가을이 되니 떠나 일어난다. 모두 때를 말한 것이다.(螿, 音將, 蟬也. 螿得梗而託之, 故隨汎梗而鳴. 菰, 雕胡也. 燕集於菰叢之間, 時當秋則別之而起去矣. 皆言時也.)

《두억》 '명장'과 '별연'은 자신의 상황을 비유한 것이다.(鳴螿別燕, 自況.)

10 棲託(서탁) – 의탁하여 머물다. 高臥(고와) – 편하게 지낸다는 말이다.

《구가집주두시》 조차공 주 그 몸이 이제 막 의탁하여 머물 곳이 있더라도 높이 누워 스스로를 편하게 하기 어렵다는 말이다.(言其身方有所棲託, 難于高卧以自安也.)

11 迫(박) – 내몰리다. 向隅(향우) – 모퉁이로 향하다. 기회를 얻지 못해 홀로 실망한 모습이다.

유향劉向《설원說苑·귀덕貴德》 지금 당에 가득 술을 마시는 사람들이 있는데 어떤 한 사람이 홀로 쓸쓸히 모퉁이를 향해 울고 있으면 당 안의 사람들이 모두 즐겁지 않게 된다.(今有滿堂飮酒者, 有一人獨索然向隅而泣, 則一堂之人皆不樂矣.)

12 寂寥(적료) – 쓸쓸하다. 적막하다. 드물다는 뜻이다. 相呴沫(상구말) –

서로 불어주는 거품. 곤궁한 처지에서 서로 돕는 모습을 비유한다.

《장자·대종사大宗師》 샘이 말라 물고기가 함께 맨땅에 있게 되면 서로 입김을 불어 촉촉하게 하고 서로 거품을 불어 적셔주는데, 강과 호수에서 서로 잊고 사는 것만 못하다.(泉涸, 魚相處於陸, 相呴以濕, 相濡以沫. 不如相忘於江湖.)

13 浩蕩(호탕) – 요원하다는 말이다. 報恩珠(보은주) – 은혜에 보답하는 구슬.

《두시경전》 '보은주'는 바로 곤명지 고사를 이용한 것이다.(報恩珠, 卽用昆明池事.)

[寂寥 2구] 나를 도와주는 이도 없고 은혜에 보답할 능력도 없다는 말이다.

《구가집주두시》 조차공 주 서로 불어주는 거품이 없다고 하였으니 서로 구제하며 도와주는 자가 없는 것이다. 그러므로 은혜에 보답하는 구슬 또한 요원하여 베풀 수 없다. 구슬로 보답하는 일은 문헌에 수록된 것이 모두 세 가지이다. 《삼보결록》에서 말하기를, "곤명지에 물고기가 있었는데 낚싯줄을 끊고 도망갔다. 한 무제의 꿈에 나타나 낚싯바늘을 제거해주기를 청하였다. 황제가 이튿날 낚싯줄을 물고 있는 큰 물고기를 보고는 잡아서 놓아주었다. 사흘 후에 못가에서 밝은 구슬 하나를 얻었는데 황제가 말하기를, '물고기의 보답이다'라고 하였다"라고 하였다. 또 《수신기》에서 말하기를, "수후가 가다가 큰 뱀이 다친 것을 보고는 치료해주었다. 그 후 뱀이 구슬을 물고 보답하였는데 직경이 한 치였고 밤에 빛이 나서 당을 비출 수 있었다. 그래서 대대로 수주라고 불렀다"라고 하였다. 또 쾌참이 어머니를 모시면서 지극히 효성스러웠다. 일찍이 검은 학이 군인의 화살에 맞아서 다급하여 쾌참에게 갔다. 쾌참이 상처를 치료하였는데 몸이 낫자 놓아주었다. 후에 학 암수 한 쌍이 왔는데 각기 명월주를 물고서 쾌참에게 보답하였다. '보은주' 세 글자는 심전기가 (〈이금사형移禁

司刑〉에서) "한나라 황제의 영소에 은혜를 갚을 구슬이 있으리라"라고 하였으니, 두보가 사용한 것은 마땅히 물고기의 고사가 적절하다.(寂寥相煦沫, 則無以相賙給之者, 故報恩之珠亦浩蕩而無施也. 報珠傳記所載凡三事. 三輔決錄曰, 昆明池有魚, 絶綸而去. 夢於漢武帝, 求去鉤. 帝明日見大魚銜索, 帝取放之. 三日, 池邊得明珠一隻. 帝曰, 魚之報也. 又搜神記曰, 隋侯行見大蛇傷, 因救治之. 其後蛇銜珠以報焉, 其徑盈寸, 夜光可燭堂, 故歷世稱隋珠. 又噲參養母至孝, 曾有玄鶴爲戎人所射, 窮而歸參. 參收養療治瘡, 愈而放之. 後鶴雌雄雙至, 各銜明月珠報參. 而報恩珠三字則, 沈佺期云, 漢皇靈沼上, 容有報恩珠. 公之所用, 當以魚事爲切.)

[棲託 4구]

《두시경전》 강릉을 떠나는 이유를 거듭 말하였다.(申言所以去江陵.)

#《두시상주》: 이 단락은 경물을 대하며 감정을 말한 것이다. '우세' 2구는 남쪽 포구의 경물이고 '명장' 2구는 가을날의 경물이다. 머물며 기탁하기를 도모하지만 편안히 누울 수 없으니 언제나 굶주림과 추위에 내몰렸던 것이다. 《두억》에서 "다른 사람에게는 불어줄 거품이 없고 자신에게도 은혜에 보답할 구슬이 없다. 인정에 대해 깊이 탓할 게 없음을 보여주니 한가지로 다른 사람을 질책하는 것과는 다르다"라고 하였다.(此, 撫景言情. 雨洗二句, 南浦之景. 鳴螿二句, 秋候之景. 謀棲託而不能安臥, 總爲饑寒所驅耳. 杜臆, 人少相呴之沫, 而己亦曠於報恩之珠, 見人情不足深怪, 與一味責人者不同.)

14 溟漲(명창) – 넓은 바다. 鯨(경) – 고래.

15 衡陽(형양) – 지명으로 지금의 호남성 형양이다. 이곳에 회안봉回雁峰이 있는데 기러기가 북쪽에서 이곳까지 왔다가 겨울을 보내고 다시 돌아간다고 한다. 徂(조) – 가다.

[溟漲 2구]

《두보전집교주》에 인용된 유조우劉肇虞 주 고래가 바다에서 헤엄치고 기러기가 산에서 난다는 것은 사물이 각기 자신이 있어야 할 곳에서 즐긴다는 것이다.(鯨游於海, 雁飛於山, 物各適其處也.)

16 南征(남정) – 남쪽으로 가다. 懸榻(현탑) – 걸상을 걸어놓다. 서치의 고사를 이용한 것이다.

《후한서·서치전徐穉傳》 당시 진번이 태수가 되었는데 예로써 그를 공조에 기용하길 청하자 서치가 거절하지 못하고는 배알만 하고 물러났다. 진번이 군에서 빈객을 맞이하지 않았는데 오직 서치가 오면 특별히 걸상을 하나 준비하였다가 떠나면 걸어놓았다.(時陳蕃爲太守, 以禮請署功曹, 穉不免之, 旣謁而退. 蕃在郡不接賓客, 唯穉來, 特設一榻, 去則縣之.)

《두시상주》 ('현' 자는) 마땅히 '해' 자가 되어야 한다.(當作解.)

17 東逝(동서) – 동쪽으로 가다. 乘桴(승부) – 뗏목을 타다. 공자의 말을 이용한 것이다.

《논어·공야장》 공자가 말하기를, "도가 행해지지 않으면 뗏목을 타고 바다로 떠나가겠다"라고 하였다.(子曰, 道不行, 乘桴浮于海.)

[南征 2구] 두보가 남쪽이든 동쪽이든 가서 의탁하고자 하지만 정처가 없어 떠돌게 될 것이라는 말이다.

《두보전집교주》에 인용된 하작何焯 주 '남정'과 '동서'는 갈 바를 모른다는 것으로 모두 "또 어디에 의지하려 하는가"에서 생겨난 것이다.(南征東逝, 不知所適, 俱從更欲投何處生下.)

《두시경전》 두보가 호남에 가기 전에 본래 강서로 가려고 하였다. 그래서 이후에 "바야흐로 시상 가는 배 뱃줄을 풀다"(〈공안송리이십구제진숙입촉여하면악公安送李二十九弟晉肅入蜀余下沔鄂〉)와 "은거하여 여산의 혜원에게 나아가고자 했더니"(〈유별공안태역사문留別公安太易沙門〉) 등의 구가 있다.(公未至湖南前, 本欲赴江西, 故

下有正解柴桑纜, 及隱居欲就廬山遠等句.)

18 濫竊(남절) – 외람되이 훔치다. 분수에 맞지 않게 취한다는 말이다. 商歌聽(상가청) – 처량한 노래를 듣다. '상가'는 상조商調의 노래로 처량하고 슬픈 노래이다. 장사치의 노래라는 설도 있다. 영척甯戚의 고사를 이용하였다. 유사한 고사가 여러 서적에 수록되어 있는데 《회남자》에는 영월寗越로 되어 있다.

《회남자淮南子·도응훈道應訓》 영월이 제나라 환공에게 간알하고자 하였지만 곤궁하여 스스로 이룰 수 없었다. 이에 행상이 되어 화물 수레를 끌고는 제나라에서 장사를 하였는데 날이 저물자 성곽 밖에서 묵었다. 환공이 교외에서 손님을 맞이하면서 밤에 문을 열고 화물 수레를 한옆으로 물리쳤는데 횃불이 매우 많았고 따르는 이가 매우 많았다. 영월이 수레 아래에서 소를 먹이다가 멀리서 환공을 보고는 슬퍼서 소뿔을 두드리며 처량한 노래를 격앙하여 불렀다. 환공이 이를 듣고는 하인의 손을 치며 말하기를, "기이하도다. 노래하는 자는 평범한 이가 아니다"라고 하였고 뒤의 수레에 태우도록 명하였다.(寗越欲干齊桓公, 困窮無以自達. 於是爲商旅, 將任車, 以商於齊, 暮宿於郭門之外. 桓公郊迎客, 夜開門辟任車, 爝火甚盛, 從者甚衆. 寗越飯牛車下, 望見桓公而悲, 擊牛角而疾商歌. 桓公聞之, 撫其僕之手曰, 異哉, 歌者非常人也. 命後車載之.)

19 卞泣誅(변읍주) – 변화卞和가 울면서 형벌을 받다. 변화는 춘추시대 초楚나라 사람으로, 옥박玉璞을 얻어서 여왕厲王에게 바쳤지만 돌이라고 판정되어 한쪽 다리가 잘렸고 무왕武王에게 바쳤지만 또 돌이라 판정되어 한쪽 다리가 잘렸다. 문왕文王이 즉위한 뒤 그는 옥박을 껴안고 형산荊山에서 울고 있었는데 문왕이 그의 사연을 듣고 옥박을 가공하게 하니 보물 옥을 얻었다.

20 經過(경과) – 지나가다. 여기서는 앞으로 두보가 지나갈 곳을 가리킨

다. 鄭驛(정역) – 정당시鄭當時가 설치한 역참. 정당시는 한나라 경제景帝 때 태자사인太子舍人이 되었는데, 장안의 여러 교외에 역참을 설치하여 자신을 찾아오는 손님들을 맞이하고 배웅하였다. 여기서는 정심이 객에게 후대해준 것을 비유한다.

21 斟酌(짐작) – 술을 따르다. 나그네를 환대하며 위로하는 행위이다. 또는 헤아리다. 旅情孤(여정고) – 나그네 마음의 외로움. 두보 자신을 가리켜 한 말이다.

《두억》 '짐작'은 헤아린다는 말과 같다.(斟酌, 猶云商量.)

《두공부시집집주》 '짐작'은 술을 따른다는 말이다.(斟酌, 言酌酒也.)

#《두시상주》: 마지막 단락은 감회를 서술하며 정심과 헤어지는 내용이다. 《두억》에서 "기러기 그림자를 보고 남쪽으로 갈 것을 묻고 고래의 물결을 대하고 동쪽으로 갈 것을 생각하지만 가는 곳이 아직 정해지진 않았다"라고 하였다. 처량한 노래와 변화의 눈물은 자신을 알아주는 이를 만나기 어렵다는 말이다. 매번 지나가는 곳마다 정심 소윤을 생각할 터인데 그가 술을 따르며 나그네의 마음을 위로해줄 수 있었기 때문이다. 이 앞에 두 번 호숫가 정자에서 술을 마신 것과 같은 것이 모두 그러하다.(末, 乃敍懷別鄭. 杜臆, 見雁影而問南征, 對鯨波而想東逝, 所往尙未定耳. 商歌卞泣, 知己難逢也. 每有經過, 便思鄭尹, 爲其能酌酒以慰旅情, 如前此兩飮湖亭, 皆是.)

##《독두심해》: 시 전체가 자신의 감정을 읊은 것이고 정 씨에게 부치는 뜻은 그저 맺는 곳에서 한 번 곁들였을 뿐이다. 기련은 갑작스러운 표현으로 자신을 달래지 못하겠다는 말을 하였다. 차련은 또 아쉬운 대로 자신을 달래는 말을 하였다. '사직' 4구는 떠돌며 지금에 이르게 된 감개를 범연하게 서술하였는데, 시제의 '포구를 나간다'는 뜻에 딱 들어맞지도 않고 벗어나지도 않았다. '우세' 4구는 남쪽 포구를 나가는 경관이다. '서탁' 4구는 강릉을 떠나는 이유이다. 서로 거품을

불어줄 사람이 없고 은혜에 보답할 바도 없으니 이 때문에 후련하게 이곳을 떠날 따름이다. '명창' 4구는 가려는 장소로 시상을 이끌어 이르렀다. 본래는 그저 공안으로 갈 따름인데 기러기를 따라서 남쪽으로 가고 또 고래를 타고 동쪽으로 가고 싶다고 한 것은 (《전국책戰國策·초책楚策》에서) 이른바 "마음이 매달린 깃발처럼 흔들린다"라는 것으로, 바로 위의 "만국에는 모두 길이 막혔다"라는 뜻이다. 노래하고 눈물 흘리도록 내버려둘 뿐, 누가 나를 가여워하겠는가. 매번 지나가는 곳에서 정 씨를 생각할 터인데 나그네 생활 중에 어찌 또 소윤과 같은 이가 있겠는가. 이 4구는 세상길의 냉담함을 빌려 정심 소윤을 이끌어 합치며 시상을 맺었다.(通首皆情語. 其寄鄭意, 只結處一帶. 起聯突然, 作不能自解之詞. 次聯, 又作聊以自解之詞. 社稷四句, 泛述漂泊至今之概. 於出浦意, 不黏不脫. 雨洗四句, 出南浦之景也. 棲託四句, 去江陵之故, 爲相呴無人, 報恩無所, 是以舍然去此耳. 溟漲四句, 引到所往之處. 本只之公安也, 而曰隨雁南征, 復想騎鯨東逝, 所謂心搖搖如懸旌, 正上文萬國盡窮途意也. 任歌泣以誰憐, 每經過而憶鄭, 旅中豈復有少尹乎. 此四句, 借世途之冷落, 挽合鄭尹作結.)

(**임도현**)

34. 移居公安山館
공안의 산속 객관으로 거처를 옮겨 가다

南國晝多霧　北風天正寒　路危行木杪[1]　身迥宿雲端[2]
山鬼吹燈滅[3]　廚人語夜闌[4]　雞鳴問前館[5]　世亂敢求安[6]

남국은 낮에도 안개가 많고
북풍 불어 하늘은 한창 차가운데,
길은 위험하여 나무 끝을 지나고
몸은 높이 있어 구름 끝에서 묵는다.
산 귀신이 불어 등을 끄니
주방 사람은 밤이 다했다고 한다.
닭 울자 앞길의 역관을 묻는데
세상 어지러우니 감히 편함을 찾겠는가?

대력 3년 강릉에서 공안의 산관으로 이주하던 도중 어떤 산관에서 지은 것으로 보인다. '산관'은 산에 있는 객관을 말한다. 도중의 상황, 산관에 투숙한 일을 말하고 이른 아침 다시 목적지인 공안의 산관으로 떠날 때의 심사를 표출하였다. 공안은 지금의 호북성 공안으로 당나라 때에는 강릉부에 속하였고 강릉에서 남쪽으로 90리 되는 곳에 있다. 저작 시기를 광덕 원년이나 광덕 2년으로 보는 설도 있지만 옳지 않다. 시제가 '山館'으로만 된 판본도 있다.

《보주두시》 시에서 "남국은 낮에도 안개가 많고, 북풍 불어 하늘은 한창 차갑다"라고 하였으니, 의당 광덕 원년 낭주에서 잠시 재주로 갈 때 지은 것이리라. "세상 어지러우니 감히 편함을 찾겠는가"라고 한 것은 토번이 경사를 함락하여 촉 지역도 또한 토번에 의한 위급 상황을 대비하고 있어서이다. 양권도는 광덕 2년 길에서 엄무에게 부친 시(〈장부성도초당도중유작선기엄정공오수將赴成都草堂途中有作先寄嚴鄭公五首〉) 뒤에 편재하였는데, "북풍 불어 하늘은 한창 차갑다"라는 구와 어울리지 않는다. 광덕 2년 성도에 돌아온 때는 바로 2월과 3월 사이이기 때문이다.(詩云, 南國晝多霧, 北風天正寒, 當是廣德元年自閬州暫往梓州時作. 世亂敢求安, 爲吐蕃陷京師而蜀亦備吐蕃之急也. 梁權道編在廣德二年途中寄嚴鄭公詩後, 却於北風天正寒之句不叶, 蓋二年歸成都, 乃二三月之交.)

《두공부초당시전》 공안은 형주 남동쪽의 현이다. 살펴보건대 《군국지》에서 "무릉군 잔릉현은 그곳에 한나라 좌장군 유비가 와서 진주했는데 그를 좌공이라 불렀기에 공안이라 개명하였다"라고 하였다.(公安, 荊州東南邑也. 按, 郡國志, 武陵郡孱陵縣, 漢左將軍劉備來鎭, 號左公, 因改曰公安.)

《두시상주》에 인용된 《당서唐書》 공안현은 강릉부에 속한다.(公安縣, 屬江陵府.)

《두억》 공안은 형주부 남동쪽 70리에 있다.(公安在荊州府東南七十里.)

《두율계몽》 고신의 주에서 "초당본에는 시제가 '이거공안산관'으로 되어 있으니 응당 대력 3년에 지은 것이리라"라고 하였다. 살펴보건대 이곳은 본래 공안의 산관으로 이주하는 도중에 투숙한 산관이니, 시제가 단지 '산관'으로만 된 것이 옳다.(顧注, 草堂本作移居公安山館, 應是大曆三年作. 按, 此本乃移居公安山館時, 路間所宿山館也, 題但作山館爲是.)

《두시택풍당비해》 시제를 '산관'이라고 했으니, 필시 높은 곳에 있을 것이다.(題以山館, 必在高處.)

주 석

1 木杪(목초) – 나무 끝. 나무 꼭대기. 이 구는 나무 위로 길이 난 높고 위험한 곳을 지나왔다는 뜻이다.

2 迥(형) – 높다. '遠'으로 된 판본도 있다. 이 구는 구름 위에 위치한 높은 곳에서 묵게 되었다는 뜻이다.

《두시설》 3, 4구는 시제를 그린 것이 아주 절실하다. 이는 괴로운 상황에 속하는 것인데 도리어 멋있는 표현을 얻었다.(三四, 寫題甚切, 是苦境, 翻得佳語.)

[南國 4구]

《두율계몽》 안개가 많고 바람이 찬 것은 도중의 경물이다. 나무 끝을 지나 구름 끝에서 묵는다고 하였으니 이미 산관에 도착한 것이다.(霧多風寒, 路間之景. 行木宿雲, 則已至山館矣.)

3 山鬼(산귀) – 산 귀신. 이 구에 대해 주방 사람이 한 말로 보는 설이 있다.

《두억》 산 귀신이 등불을 불어 끈다는 말은 산관의 황량하고 외짐을 형상한다.(山鬼吹燈, 狀山館之荒僻.)

《구가집주두시》 조차공 주 초사에 〈산귀〉 편이 있는데, 이 시의 산관은 바로 초 지역에 있다.(楚詞有山鬼篇, 此山館乃楚地矣.)

《두율계몽》 산 귀신이 등불을 불어 끈다는 말은 그곳의 음산함을 형용한다.(山鬼吹燈, 形地之陰慘也.)

4 廚人(주인) – 주방에서 일하는 사람. 夜闌(야란) – 밤이 다해가다. 새벽이 될 때임을 뜻한다.

《두억》 주방 사람이 먼저 일어나 취사하면서, 밤이 다했다고 말하여 객이 일어나기를 재촉한 것이다.(廚人先起執炊, 而說夜闌, 催客起

也.)

《두시경전》 주방 사람도 또한 밤에 잠들 수 없음을 보여준다.(見廚人亦夜不能寐也.)

[山鬼 2구]

《두시상주》에 인용된 황생黃生 주 닭이 울기 전에 주방 사람이 밤에 일어나 손에 든 등이 바람에 꺼지자 장난삼아 귀신이 불어 꺼졌다고 말한 것이니, 비천한 사람의 말투는 이와 같다. 두 구는 도치법을 사용하였다.(雞鳴之前, 廚人夜起, 因手燈吹滅, 戱語爲鬼所吹. 細人口角如此, 兩句用倒挿法.)

《독두시설》 시에서 "산 귀신이 불어 등을 끄니, 주방 사람은 밤이 다했다고 한다"라고 하였는데, 《두시상주》는 황생의 설을 인용하였다. …… 지금 살펴보건대, 앞 구는 단지 산관이 황량하고 적막하여 한밤에 등불이 꺼지자 귀신이 불어 껐나 하고 의심했음을 말했을 뿐이다. 뒤 구는 주방 사람이 닭이 울기 전 일어나 취사하여 일찍 길 떠나기를 기다렸음을 말한다. '말하다'라는 것은 주방 사람이 서로 말하는 것이다. 황생의 설은 자잘하게 따진 것으로 시의 뜻에 맞지 않는다.(詩云, 山鬼吹燈滅 廚人語夜闌, 注引黃生說. …… 今按上句第言山館荒寂, 半夜燈滅, 疑爲鬼吹. 下句言廚人先鷄鳴起爨, 以俟早行, 語, 廚人相語也, 黃生說瑣屑, 不合詩意.)

5 前館(전관) – 앞길의 산관. 시제에 보이는 '산관'을 가리킨다.

6 世亂(세란) – 세상의 어지러움. 토번과 연관 지어 보는 설도 있다. 求安(구안) – 편히 살기를 구하다.

《두시상주》 '세란'은 이해 가을에 또 토번에 의한 위험이 있어서이다.(世亂, 是秋又有吐蕃之警也.)

《두시상주》에 인용된 황생 주 '안'은 잠을 편히 자는 것을 말한다.(安謂安眠也.)

[山鬼 4구]

《두시설》 5, 6구는 연관 지어 읽어야 비로소 그 뜻을 이해할 수 있고, 이해해야 비로소 그 묘미를 알 수 있다. 닭이 울었다는 것은 (두보가) 일찍 일어났음을 말하는데, 주방 사람이 일어난 것은 그보다 더 이르다. 그래서 밤이 다할 즈음에 이미 그 말을 들었던 것이다. 말한 것은 바로 앞 구의 다섯 자이다. 손에 든 등이 홀연히 꺼지자 장난삼아 귀신이 불어 꺼졌다고 말한 것이니, 비천한 사람의 말투가 보이는 듯 생생하다. '문'은 '문도(길을 묻다)'의 문인데, 두보가 그 말을 늘 사용하였다. 사람들이 읽고 넘어가기 쉬우니, 그래서 그 묘미를 깨닫지 못한다. 만약 다른 글자를 쓴다면 어떤 자도 이를 능가할 수 없을 것이다. 글 뜻은 원래 새벽 일찍 길을 가는 것을 원망하는 것인데, 결구結句에서 고의로 이렇게 말하였다.(五六串讀始得其解, 得解始知其妙. 雞鳴, 言起早也. 乃廚人之起則又早, 故夜闌已聞其語, 所語卽上五字. 因手燈忽滅, 戲語爲鬼所吹. 細人口角如見, 問卽問道之問, 杜慣用之. 人易讀過, 故不覺其妙. 試易他字, 俱不能勝也. 意本怨侵晨跋涉, 結語故意如此.)

#《두시상주》: 이 시는 공안으로 이주하는 도중에 지은 것이다. 상반부는 투숙할 때의 경물이고, 하반부는 장차 출발하려고 할 때의 일이다.(此移居公安時, 途次所作. 上半投宿之景, 下半將發之事.)

《독두심해》: 공안의 산관에 도달하지 못한 전날 밤 산속에 묵을 때 지은 듯하다. 앞 4구는 도중의 상황에서부터 말하여 투숙할 때까지 이르렀다. 5, 6구는 투숙한 곳의 경물을 묘사하였다. '취등멸' 앞에 '산귀' 자를 붙였으니, 이곳이 음산한 곳임을 알 수 있다. '어야란' 앞에 '주인' 자를 붙였으니 이때가 고요한 때임을 알 수 있다. '전관'은 바로 시제에 나오는 '산관'이다. 지금 묵은 곳의 상황이 이 같으니 (공안의) 산관이 처량하고 고생스러울 것임을 또한 알 수 있다. 그곳에 대해 물었을 때 필시 편치 않은 곳이라고 말한 이가 있었을 것이다. 그래서 마음을 달래며, "세상 어지러우니 감히 편함을 찾겠는가?"라고 말하였다. 이 2구는 이른 새벽 산관으로 가려 할 때의 일을 기록하였다.(似是未至館之前夜, 託宿山中時所作. 上四, 從途次說到投宿. 五六, 就投宿處寫景. 吹燈滅, 上着山鬼字, 此地之黯慘可知. 語夜闌, 上着廚人字, 此時之闃寂可知. 前館乃是題中山館. 今所宿之境如此, 則山館之淒苦亦可知. 問之必有云不安者, 故解之曰歲亂敢求安. 此二句, 記凌晨將赴館事.)

(**이영주**)

35. 醉歌行贈公安顔十少府請顧八題壁

〈취가행〉을 공안 안 소부에게 주고 고계사에게 벽에 쓰도록 청하다

神仙中人不易得[1] 顔氏之子才孤標[2]
天馬長鳴待駕馭[3] 秋鷹整翮當雲霄[4]
君不見東吳顧文學[5] 君不見西漢杜陵老[6]
詩家筆勢君不嫌[7] 詞翰升堂爲君掃[8]
是日霜風凍七澤[9] 烏蠻落照銜赤壁[10]
酒酣耳熱忘頭白 感君意氣無所惜
一爲歌行歌主客[11]

신선 가운데의 사람은 쉬 얻지 못하는데
안 씨네 자제는 재주가 특별히 출중하다.
천마가 길게 울며 멍에 매어 몰기를 기다리고
가을 매가 날개 가지런히 하고 높은 하늘에 있는 듯하다.

그대는 동오의 고문학을 보지 못하였는가?
그대는 서한 두릉의 늙은이를 보지 못하였는가?
시인과 글씨의 기세를 그대 싫어하지 않으니
시와 붓으로 당에 올라 그대를 위하여 쓸 것이다.

이날에 서릿바람이 칠택을 얼리고
오만의 낙조가 적벽을 머금었도다.

술 얼큰하고 귓불이 뜨거워 머리 센 것도 잊은 채
그대 의기 호방하여 아끼는 바 없음에 감동하여
한번 가행을 지어 주인과 객을 노래하노라.

이 시는 대력 3년 공안에 이주하였을 때 지은 것이다. 당시 공안현위 안 씨가 두보와 고계사를 초청하여 술자리를 마련하였는데 취흥이 일자 가행체 시를 지어 안 씨에게 주고 고계사로 하여금 그것을 벽에 쓰도록 하였다. 시에서는 먼저 주인의 재주를 칭송한 뒤 이어서 지은 시를 벽에 쓰게 한 일을 말하였고, 마지막에는 공안 지역의 풍경을 묘사하고 자신의 뜻을 써내었다.

'안십소부'의 이름은 자세하지 않다. '고팔'은 고계사顧戒奢로 천보 15년 태자율경승太子率更丞을 맡은 적이 있고 상원 연간에 태자문학太子文學이 되었다. 팔분八分 서법으로 당시에 이름을 날렸고 두보와는 장안에서부터 알고 지냈다. 황학은 '고팔'을 고황顧況이라고 하였으나 옳지 않다.

시제의 '公安' 뒤에 '縣' 자가 있는 판본도 있고 '十' 자가 없는 판본도 있다. 주학령은 '八' 자 뒤에 '分'이 빠진 것으로 의심하였다.

> **《보주두시》** 시에 "이날에 서릿바람이 칠택을 얼리고 오만의 낙조가 적벽을 머금었다"라고 하였으니 마땅히 대력 3년 공이 공안에 이르렀을 때 지은 것인데 양권도는 천보 13년의 시 안에 편재하였다. 만약 천보 말에 지은 것으로 본다면 공은 그 땅에 가본 적이 없으므로 때와 경치를 묘사한 것이 이와 같을 수 없다. 또 공에게는 〈관정석좌희간안십소부官亭夕坐戲簡顔十少府〉 시가 있는데 바로 이와 합치된다. '고팔'은 바로 (〈송고팔분문학적홍길주送顧八

分文學適洪吉州〉의) '고팔분문학'으로 이름은 황이다.(詩云, 是日霜風凍七澤, 烏蠻落照銜赤壁, 當是大曆三年公至公安時作, 而梁權道編在天寶十三年詩內. 若以爲在天寶末作, 則公未嘗至其地, 無容寫時景如此. 又公有戲簡顔十少府詩, 正與此合. 顧八, 卽顧八分文學, 名況.)

《두시상주》 이는 공이 시를 쓰고 고 씨를 시켜 소부의 벽에 쓰게 한 것이다.(是公作詩, 而使顧書於少府之壁.)

《독두심해》 공안은 강릉 남쪽에 있다. 소보의 주에 "안 소부는 공안현위였다"라고 하였다. 주학령의 주에 "'고팔'은 바로 '고팔분계사'이다"라고 하였는데 살펴보건대 공에게 〈송고팔분문학적홍길주送顧八分文學適洪吉州〉 시가 있다. 공안에 이주했을 때 지은 시이다.(公安, 在江陵南. 邵注, 顔少府, 公安尉也. 朱注, 顧八, 卽顧八分戒奢. 按, 公有送顧八分文學詩. 移居公安詩.)

주 석

1 神仙中人(신선중인) – 신선 세계에 사는 사람. 여기서는 현위를 가리킨다.

《보주두시》 '신선중인'은 바로 안 씨가 현위였기 때문에 쓴 것이다. (한대) 매복이 남창현위가 되었는데 그를 신선위라고 불렀다.(神仙中人, 正以顔氏爲尉用之. 梅福爲南昌尉, 謂之神仙尉.)

2 顔氏之子(안씨지자) – 안 소부를 가리킨다. 孤標(고표) – 산이나 나무 등의 돌출된 꼭대기. 특별히 출중함을 말한다.

《보주두시》에 인용된 왕수王洙 주 안 씨는 공안소부이다.(顔氏, 公安少府也.)

3 天馬(천마) – 준마의 미칭.

4 當(당) – 위치하다. 雲霄(운소) – 높은 하늘.

[天馬 2구]

《두시조차공선후해집교》 '천마', '추응'은 안 소부를 비유한 것이다.(天馬秋鷹, 所以比顏.)

《보주두시》에 인용된 왕수 주 준일한 재주를 가지고 쓰이기를 기다린다는 말이다.(言負駿逸之才, 以待用也.)

#《두시상주》: 먼저 안 소부를 칭찬하였다. 천마는 멀리 가고 가을 매는 높이 나니 바로 재주와 기운이 특별히 출중함을 보인 것이다.(先稱美顏少府. 天馬遠行, 秋鷹高擧, 正見才氣孤標.)

5 東吳顧文學(동오고문학) – 동오의 고문학. 고계사는 동오 사람으로 태자문학太子文學을 지냈다. '문학'은 관명官名으로, 여기서는 태자문학을 말한다.

6 西漢杜陵老(서한두릉로) – 서한 두릉의 늙은이. 두보는 두릉 사람이다. 두릉은 서한 선제의 무덤으로 장안에 있었다.

《보주두시》에 인용된 왕수 주 전한은 장안에 도읍하였고 후한은 낙양에 도읍하였는데, 장안은 낙양의 서쪽에 있어서 전한을 서한이라고 한다. 두공은 장안 두릉 사람이다.(前漢都長安, 後漢都雒陽, 長安在雒陽之西, 故前漢謂之西漢. 杜公, 長安杜陵人也.)

7 詩家(시가) – 시인. 두보 자신을 가리킨다. 筆勢(필세) – 붓의 기세. 고계사의 팔분체의 기세를 말한다. 君(군) – 안 소부를 말한다.

8 詞翰(사한) – 시와 붓. 升堂(승당) – 집에 오르다. 爲君掃(위군소) – 그대를 위하여 쓸어버리다. '소'는 글씨를 쓰거나 그림을 그리는 것을 뜻한다. 여기서는 안 소부의 집 벽에 붓으로 글씨를 쓸 것이라는 말이다.

《두시조차공선후해집교》 '사한' 구는 공이 자신이 지은 시인의 시와 고군의 필세가 있는 붓으로 안 소부의 당에 올라 각각 그를 위하여 한번 쓸어볼 것이라고 스스로 말한 것이다.(辭翰升堂爲君掃, 公自言其詩家之詞, 與顧君筆勢之翰, 升顏少府之堂, 各爲之一掃也.)

#《두시상주》: 다음 단락은 벽에 쓰고 노래 지은 것을 기록하였다. '군'은 안 소부를 가리킨다. 두 번 '군불견'을 써서 의기가 호방하다. '시가'는 자신을 말한 것이고, '필세'는 고 씨를 말한 것이다. '사'는 '시가'를 받았고 '한'은 '필세'를 받았다.(次記題壁作歌. 君指顔少府. 兩用君不見, 意氣豪放. 詩家, 自謂. 筆勢, 謂顧. 詞承詩家, 翰承筆勢.)

9 七澤(칠택) – 초 땅에 있었다고 전하는 일곱 개의 소택沼澤. 여기서는 공안 일대의 호수가 많은 지역을 말한다.

사마상여 〈자허부子虛賦〉 신은 초에 칠택이 있다고 들었는데 일찍이 그 하나를 본 적이 있고 그 나머지는 아직 보지 못했습니다. 신이 본 것은 다만 그 작디작은 것일 뿐인데 운몽이라고 합니다.(臣聞楚有七澤, 嘗見其一, 未覩其餘也. 臣之所見, 蓋特其小小者耳, 名曰雲夢.)

10 烏蠻(오만) – 지명. 이 구는 서쪽 오만에 지는 낙조가 동쪽 적벽을 비추고 있다는 말이다.

《두시상주》 오만은 서쪽에 있고 적벽은 동쪽에 있다. 낙조가 서쪽에서부터 동쪽을 비춘 것이다.(烏蠻在西, 赤壁在東. 落照自西而映東也.)

11 歌行(가행) – 가행체 시. '醉歌行'으로 된 판본도 있다. 主客(주객) – 주인과 손님.

《보주두시》에 인용된 조차공 주 '주'는 안 소부이고, '객'은 공과 고 씨이다.(主則顔少府, 客則公與顧也.)

#《두시상주》: 마지막은 경치를 쓰고 겸하여 뜻을 말하였다. '칠택'과 '오만'은 장소를 기록한 것이고 '상풍'과 '낙조'는 때를 기록한 것이다. 아래 3구는 취가의 뜻을 맺으며 한때의 손과 주인의 흥취를 기록하였다. 이 시의 앞 두 단락은 각각 4구이고 뒤의 단락은 5구로 거두어 맺었는데 가행체는 착종이 가능하다.(末賦景而兼言情. 七澤烏蠻, 記地. 霜風落照, 記時. 下三句, 結出醉歌, 以誌一時賓主之興. 此章前二

段各四句, 後段五句收結, 歌行體, 可以錯綜也.)

##《독두심해》: 안 소부가 공에게 시를 지을 것을 청하고 고팔분에게 벽에 써줄 것을 청한 것이다. 공은 바로 그 일을 서술하여 시를 지었는데, 분명하고 시원하며 뜻이 어려운 구가 없다.(顔少府乞公作詩, 乞顧八分書於壁. 公卽述其事以爲詩, 軒爽無奧句.)

(**이석형**)

36. 送顧八分文學適洪吉州

홍주 길주로 가는 팔분의 대가 고문학을 전송하다

中郎石經後[1]　八分蓋憔悴[2]　顧侯運鑪錘[3]　筆力破餘地[4]
昔在開元中　韓蔡同贔屭[5]　玄宗妙其書[6]　是以數子至[7]
御札早流傳[8]　揄揚非造次[9]　三人竝入直[10]　恩澤各不二[11]
顧於韓蔡內　辯眼工小字[12]　分日侍諸王[13]　鉤深法更祕[14]
文學與我遊　蕭疏外聲利[15]　追隨二十載[16]　浩蕩長安醉
高歌卿相宅　文翰飛省寺[17]　視我揚馬間[18]　白首不相棄
騨騮入窮巷[19]　必脫黃金轡[20]　一論朋友難[21]　遲暮敢失墜[22]
古來事反覆[23]　相見橫涕泗[24]　嚮者玉珂人[25]　誰是靑雲器[26]
才盡傷形骸[27]　病渴汚官位[28]　故舊獨依然[29]　時危話顚躋[30]
我甘多病老　子負憂世志　胡爲困衣食　顏色少稱遂[31]
遠作辛苦行[32]　順從衆多意[33]　舟楫無根蔕[34]　蛟鼉好爲祟[35]
况兼水賊繁　特戒風飈駛[36]　崩騰戎馬際[37]　往往殺長吏[38]
子干東諸侯[39]　勸勉防縱恣[40]　邦以民爲本　魚饑費香餌[41]
請哀瘡痍深[42]　告訴皇華使[43]　使臣精所擇[44]　進德知歷試[45]
惻隱誅求情[46]　固應賢愚異　烈士惡苟得[47]　俊傑思自致[48]
贈子猛虎行[49]　出郊載酸鼻[50]

좌중랑 채옹蔡邕의 석경 이후로

팔분의 서체가 대개 시들하였더니,

고 선생께서 글을 연마하셔서
필력이 여지를 파하셨다네.
옛날 개원 연간에
한택목韓擇木, 채유린蔡有鄰의 서체가 함께 씩씩하였네.
현종께서 그 서체를 훌륭하다 여기시니
이로써 이분들이 장안에 이르게 되었네.
어찰은 일찍부터 세상에 널리 전해졌으니
황제의 칭찬이 허투루 한 것이 아니었다네.
세 사람이 나란히 입직하니
임금의 은택이 각기 다르지 않았네.
고 선생은 한택목과 채유린 사이에서
예리한 안목으로 작은 글씨에 뛰어났네.
날을 나누어 여러 왕들을 모시어 가르치니
심오함을 탐구하여 법이 더욱 신비하였네.

고문학이 나와 더불어 노닒에
소탈하여 명리를 도외시한다네.
서로 어울린 지 스무 해
호탕하게 장안에서 취했었네.
경상의 집에서 높이 노래하고
조정 관서에서 글을 날렸지.
나를 양웅과 사마상여의 사이라 여기고
머리 희어지도록 서로 버리지 말자 했었네.
준마가 가난한 골목에 들면
어김없이 황금 고삐를 벗겨버린다네.

벗 사귐의 어려움을 한번 논하였으니
늘그막에 어찌 감히 우정을 버리리요.
예부터 세상사는 엎치락뒤치락
서로 만나매 눈물 콧물 마구 흐르네.
옛적 현달한 고관 중에
뉘 청운의 그릇이런가.
재주 다하여 모습을 슬퍼하고
소갈병을 앓아 벼슬을 욕되게 하는데,
오랜 친구는 홀로 여전하여
위태로운 시절 곤궁한 처지를 이야기한다네.

나는 병 많아 늙어감을 달게 여기거늘
그대는 세상을 근심하는 뜻을 젊어졌도다.
어찌하여 의식이 곤궁하며
안색에 흡족함이 적으신가.
멀리 고생스러운 여행을 떠나시니
여러 사람의 뜻을 따르시기를.
배는 뿌리도 꼭지도 없어 의지할 데가 없는데
교룡과 악어는 못된 짓을 좋아한다네.
하물며 또한 수적이 많음에랴
폭풍이 몰아치는 것을 특히 경계하시라.
어지러운 전쟁의 시절에
왕왕 지방의 높은 관리가 죽임을 당했다네.
그대 동쪽 제후에게 간알하러 가니
권면하여 방종함을 막으시게나.

나라는 백성을 근본으로 삼으니
고기가 주리면 향기로운 먹이를 써야 하는 법.
질고가 심한 백성을 긍휼히 여겨
황제의 사신에게 고하시게나.
사신은 관리를 뽑는 것에 정밀해야 하나니
덕 있는 자를 기용하여 두루 시험해야 함을 알리라.

주구를 당하는 백성을 측은히 여기는 마음은
본디 응당 어진 이와 어리석은 이가 차이가 있는 법.
열사는 구차히 얻음을 싫어하고
준걸은 스스로의 힘으로 얻을 것을 생각한다네.
그대에게 〈맹호행〉을 주고
교외로 나가 전송하니 또한 코끝이 찡하구려.

이 시는 대력 3년 가을 공안에서 지었다. 당시 두보의 오랜 친구로 팔분체 서법의 명인인 고계사顧戒奢가 공안현을 떠나 강서 지역으로 가게 되었으므로 이 송별시를 지었다. 두보는 일찍이 당 현종으로부터 인정받았던 고계사의 서법을 찬미하고, 오랜 세월 한결같은 그와의 우정을 적었다. 고계사는 천보 15년 태자율경승太子率更丞을 맡은 적이 있고 상원 연간에 태자문학太子文學이 되었다. 팔분八分 서법으로 당시에 이름을 날렸고 두보와는 장안에서부터 알고 지냈다. 홍주는 지금 강서성 남창南昌이고, 길주는 강서성 길안吉安이다. 홍주와 길주 지역으로 간다는 것은 그 일대를 관할하고 있는 관찰사에게 간알하기 위해 간다는 뜻으로 보인다. 팔분은 서체의 하나로 전서와 예서의 필획을 참고하여 만든 체이다.

《보주두시》 공은 공안에 있을 때 일찍이 고계사를 시켜 공안위의 관청 벽에 〈취가행〉을 쓰게 한 적이 있었으니 공이 고 씨와 공안에서 서로 만난 것이다. 이제 고 씨가 또 강서로 가게 되었으므로 이 시로써 전송하였다. 시에서 말하기를 "멀리 고생스러운 여행을 한다", "배는 뿌리도 꼭지도 없다"라고 했고 또 "어지러운 전쟁의 시절에 곳곳에서 관리를 바꾼다"라고 했으니, 분명 대력 3년 공안에서 지은 것이다. 이해 토번이 빈주와 영주를 노략질하였다. 상주병마사 유흡이 자사 은중경을 죽이고, 유주병마사 주희채가 절도사 이회선을 죽인 것도 모두 이해이다. 양권도는 대력 4년 악주에서 지은 시 안에 편재하였다.(公在公安, 嘗使顧書醉歌行於尉廨之壁, 則是公與顧相遇於公安. 今顧又適江西, 故送以此詩. 詩云, 遠作辛苦行, 舟楫無根蒂, 又云, 崩騰戎馬際, 所在移長吏(원문은 '往往殺長吏'로 되어 있음), 當是大曆三年在公安作. 是年吐蕃寇邠靈州, 商州兵馬使劉洽殺刺史殷仲卿, 幽州兵馬使朱希彩殺節度使李懷仙, 皆是其年也. 梁權道編在大曆四年岳州詩內.)

《두시상주》 황학의 주에서는 "당연히 대력 3년 가을 공안에서 지은 것이다"라고 하였다. 구양수의 《집고록》에 "당 〈여인표〉는 원결이 짓고 고계사가 팔분체로 썼다. 경우 3년에 나는 이릉으로 폄적되어 형남을 지나게 되었기에 여공의 사당을 참배하며 이 비문을 보았다"라고 하였다. 《서계총어》에 "여공의 표문은 전 태자문학·한림대조 고계사가 글씨를 썼다"라는 기록이 있다. 《당서》에 "홍주 예장군, 길주 여릉군은 모두 강서도에 속한다. 강서도 채방사의 치소가 홍주다"라고 하였다.(鶴注, 當是大曆三年秋公安作. 歐陽公輯古錄, 唐呂諲表, 元結撰, 顧戒奢八分書. 景祐三年, 余謫夷陵, 過荊南, 謁呂公祠堂, 見此碑. 西溪叢語, 呂公表, 前太子文學翰林待詔顧誡

著書. 唐書, 洪州豫章郡, 吉州廬陵郡, 俱屬江西道, 採訪使治洪州.)

주 석

1 中郎(중랑) – 채옹蔡邕. 한나라 때의 명신이자 학자이며 서예가였다. 좌중랑左中郎을 배수하였으므로 '채중랑蔡中郎'으로 불렸다. 石經(석경) – 돌에 새긴 유가의 경전. 한 영제靈帝는 채옹 등의 건의를 받아들여 유가의 각종 경전을 교감하고 《노시魯詩》, 《서경》, 《주역》, 《춘추》, 《공양전》, 《의례》, 《논어》의 칠경의 경문을 돌에 새겨 낙양의 태학 문 밖에 세우게 했다.

《후한서·채옹전蔡邕傳》 희평 4년 오관중랑장 당계전 등과 함께 육경의 문자를 바르게 정할 것을 주청하니 영제가 허락하였다. 채옹이 이에 스스로 비석에 붉은 글씨로 쓰고 석공을 시켜 새겨 태학 문 밖에 세웠다.(熹平四年, 與五官中郎將堂谿典等, 奏求正定六經文字, 靈帝許之. 邕乃自書丹於碑, 使工鐫刻, 立太學門外.)

2 八分(팔분) – 팔분체. 서체의 하나로 전서와 예서의 필획을 참고하여 만든 체이다. 당초 채옹이 석경의 경문을 쓸 때 팔분체로 썼다.

3 運鑪錘(운노추) – 화로와 망치를 운용하다. 연마하는 것을 뜻한다.

《두시상주》에 인용된 왕수王洙 주 '운노추'는 연마하여 일가의 서체를 이룰 수 있었음을 말한 것이다.(運鑪錘, 言能鍛鍊以成一家之書.)

4 破餘地(파여지) – 남은 곳을 깨뜨리다. 미진한 것이 전혀 없다는 말이다. 남들이 이루지 못한 새로운 경지를 개척하였다는 말로 볼 수도 있다.

《두보전집교주》에 인용된 장진張溍 주 '파여지'는 그 필력이 씩씩하고 예리하여 미진한 상황을 남기지 않았음을 말하니, 안진경의 필력이 굳세어서 종이를 뚫었다는 것과 같은 뜻이다.(破餘地, 言其筆力健銳, 不留未盡之勢也. 卽魯公勁透紙背意.)

5 韓蔡(한채) – 한택목韓擇木과 채유린蔡有鄰. 모두 당시 서법의 대가였다. 贔屭(비희) – 씩씩하고 힘이 있는 모습. 장중한 모습. 힘을 쓰는 모습. 이 구절은 한택목과 채유린이 고계사와 함께 힘 있는 팔분체로 당시에 유명하였다는 말이다.

《두시상주》 〈서도부〉(〈서경부西京賦〉의 잘못)에 "철이이화, 거령비희"라 하였는데, 주석에 '비희'는 힘을 쓰는 모습이라고 하였다. '한채'는 한택목과 채유린이다.(西都賦, 綴以二華, 巨靈贔屭, 注, 贔屭, 作力之貌. 韓蔡指韓擇木蔡有鄰.)

《독두심해》 '한채'는 한택목과 채유린을 말한다. 모두 팔분체에 뛰어난 자들이다.(韓蔡, 謂韓擇木蔡有鄰, 俱工八分者.)

6 妙其書(묘기서) – 그 서체를 기묘하게 여기다. 혹은 그 서체에 뛰어났다. 이 구절은 현종이 한택목, 채유린, 고계사의 글씨를 높이 평가하였다는 뜻이다. 현종의 팔분체 글씨가 뛰어났음을 표현한 말로 보기도 한다.

《두시상주》 '묘기서'는 세 사람을 칭찬한 것이다.(妙其書, 稱美三人也.)

《두시조차공선후해집교》 '현종묘기서'는 현종이 이 팔분 서체에 뛰어났음을 말한다.(玄宗妙其書, 言明皇精妙於此書也.)

7 數子(수자) 구 – 여기서는 고계사, 한택목, 채유린 등이 당 현종의 인정을 받아 그 곁으로 오게 된 것을 가리킨다.

8 御札(어찰) – 임금이 쓴 글. 流傳(유전) – 널리 세상에 전해지다.

《두시상주》에 인용된 《서원書苑》 명황은 서화를 좋아하였으며 팔분과 장초에 뛰어나 풍성하고 특출하였다. 장열 등이 시를 바치면 명황은 매번 찬문贊文을 내려 칭찬하였으며, 스스로 채전에 팔분으로 썼다.(明皇好圖畫, 工八分章草, 豐茂英特. 張說等獻詩, 明皇各賜贊褒美, 自於綵牋上八分書之.)

9 揄揚(유양) – 칭찬하다. 造次(조차) – 경솔하다. 마음대로 하다.

10 入直(입직) – 입직하다. 관리가 궁에 들어가 당직을 서는 것을 말한다.

11 各不二(각불이) – 각각 다르지 않다.

12 辯眼(변안) – 예리한 안목. '변안辨眼'과 같다.

13 分日(분일) – 날을 나누다. 혹은 매일. 侍(시) – 모시다. '示'로 된 판본도 있다.

14 鉤深(구심) – 심오한 뜻을 탐색하다.

《두시상주》에 인용된 《역경·계사전繫辭傳》 심오하고 은미한 뜻을 탐색하고, 심원한 경지를 탐구하여 이른다.(探賾索隱, 鉤深致遠.)

#《두시상주》: 첫 단락에서는 고군의 서법이 조정에서 중시되었음을 서술하였다. 《두억》에서 "정해진 방식만 근실하게 지키는 것은 노예의 서법이라 한다. '필력이 여지를 파했다'라고 했으니 이것은 서법을 논함이 깊은 것이다. 명황의 어찰은 정교하고 빼어났으니 그가 칭찬한 것이 허투루 한 것이 아님을 알게 된다. '각기 다르지 않다'라고 한 것은 은혜를 입음이 동일하다는 것이요, '여러 왕들을 모신다'라고 한 것은 서법을 가르치게 한 것이다"라고 하였다.(首敍顧君書法見重於朝廷. 杜臆, 謹守途轍, 謂之奴書. 筆力破餘地, 是深於論書者. 明皇御札精工, 知其揄揚不爽矣. 各不二, 蒙恩如一. 侍諸王, 使講書法也.)

15 蕭疏(소소) – 소탈하다. 담박하다. 聲利(성리) – 명예와 이익.

16 追隨(추수) – 추종하다. 따르다.

《독두심해》 조정에 있을 때부터 지금 다시 만난 해까지를 통틀어 계산한 것이다.(通計在朝之時, 及今再會之年.)

17 文翰(문한) – 문장. 省寺(성시) – 조정의 관서官署.

18 揚馬(양마) – 한나라 문장가인 양웅揚雄과 사마상여司馬相如. '班揚'

으로 쓴 판본도 있다.

19 驊騮(화류) – 준마의 이름. 窮巷(궁항) – 가난한 골목. 여기서는 두보가 사는 곳을 가리킨다.

20 黃金轡(황금비) – 황금 고삐.

[驊騮 2구] 고계사가 두보가 사는 가난한 집을 방문하여 고삐를 풀고 오래 머물렀음을 말한 것이다. 고계사가 황금 고삐를 풀고 검소한 모습으로 두보의 집을 찾아왔다고 풀이하기도 한다.

《구가집주두시》 조차공 주 고군이 말을 타고 두보를 찾아오면 반드시 고삐를 풀어 머물게 하였다. 말을 '화류'라고 하고 고삐를 '황금'이라고 했으니 그의 부귀를 과장하여 말한 것이다.(顧君騎馬來相訪, 必脫轡留之. 馬謂之驊騮, 轡謂之黃金, 侈言其富貴也.)

《두보전집교주》에 인용된 장진張溍 주 고 씨가 공과 더불어 빈천한 사귐을 행하였으니, 힘써 검소하게 하고 호화로운 사치로 자랑하지 않았음을 말한 것이다.(言顧與公爲貧賤之交, 務爲樸儉, 不以豪奢相矜.)

《두시경전》 ('화류驊騮' 2구로부터) 윗부분에서는 장안의 노닒을 적었고 ('화류' 2구로부터) 아랫부분에서는 이곳에서 서로 만난 것을 말하였다.(上述長安之遊, 下言在此相遇.)

21 朋友難(붕우난) – 벗 사귐의 어려움. 혹은 벗의 어려움.

22 失墜(실추) – 잃어버리다. 이 구절은 우정을 저버리지 않겠다는 말이다.

[一論 2구]

《두보전집교주》에 인용된 장진 주 또 벗의 어려움에 급히 도울 수 있으니, 비록 늙은 나이여도 감히 저버리지 않는다.(又能急朋友患難, 雖在遲暮之年不敢失墜.)

23 反覆(반복) – 엎치락뒤치락하다.

《독두심해》 (〈빈교행貧交行〉에서 말한) 손바닥을 뒤집어 구름을 짓고 손바닥을 덮어 비를 내린다는 뜻이다.(卽反手作雲覆手雨意.)

《두시경전》 자고로 벼슬길의 부침에 으레 많은 이가 전도되었음을 말한다.(言自古升沈類多顚倒.)

24 涕泗(체사) – 눈물과 콧물.

[古來 2구]

《두보전집교주》에 인용된 노원창盧元昌 주 지금 시절이 달라지고 상황이 바뀌어서, 고문학과 더불어 공안에서 만나 대화가 벼슬의 부침에 이르니 어찌 눈물을 흘리지 않을 수 있겠는가.(今日時移勢易, 與文學相見於公安, 話及升沈, 能無涕泗.)

25 嚮者(향자) – 이전. 접때. 玉珂人(옥가인) – 현달한 높은 관리. '옥가'는 말 머리에 다는 옥으로 만든 장식이다.

26 靑雲器(청운기) – 고관대작. 혹은 흉회가 광대하고 뜻이 고상한 인재.

[嚮者 2구] 이 구절은 옛날의 높은 관리 중에서 지금까지 변함없이 그런 존귀한 자리를 차지하고 있는 사람이 어디 있느냐는 말이다. 이와는 달리 옛날 현달한 관리 중에 어진 자가 없었음을 말한 것으로 보기도 한다.

《독두심해》 '향자' 2구는 고군의 속내의 말을 대략 적은 것으로 "궁달은 무상한 것이어서 옛날 현달한 관리가 지금은 빈천하니 어찌 항상 '청운'에 달려 있을 수 있겠는가, 오직 우정이 금석에 따라 바뀌지 않음에 달려 있을 뿐이다"라는 말이다.(嚮者二句, 約略顧君意中之語, 謂窮達無常, 前日玉珂, 今爲貧薄, 豈能常在靑雲乎. 惟在交情之不以今昔移耳.)

《두시상주》 안연지의 〈오군영〉에 "완함은 청운의 그릇이다"라고 하였는데, 그 그릇이 고원함을 말한 것이다. 여기서 "누가 청운의 그릇인가"라고 한 것은 존귀한 자들이 모두 어진 자는 아님을 탄식한 것이다.(顔延之五君詠, 仲容青雲器, 言其器之高遠. 此云誰是青雲器, 歎貴者未必賢也.)

[古來 4구]

《두보전집교주》에 인용된 장진 주 또 고금 성현들의 부침이 원래부터 뒤집히는 것임을 탄식한 것이니, 지금의 귀한 자를 폄훼함으로써 고 씨의 현명한 재능이 쓸모없게 되었음을 드러내었다.(又致歎古今賢聖升沈, 原自顚倒, 因貶今之貴者, 以見顧之賢才淪落也.)

27 才盡(재진) – 재주가 다하다. 形骸(형해) – 몸. 모습. '骸'를 '體'로 쓴 판본도 있다.

《두시경전》 늙어서 재주가 다했음을 말한다.(言因老而才盡.)

28 病渴(병갈) – 소갈병을 앓다. 汚(오) – 더럽히다. 욕되게 하다.

29 故舊(고구) – 오랜 친구. 여기서는 고 씨를 가리킨다.

30 顚躋(전제) – 곤궁과 좌절. 여러 판본에서 '전지顚躓'로 쓰고 있다. 압운상으로도 '제躋'보다는 '지躓'가 맞다. 이 구절은 고 씨가 곤궁한 두보의 처지에 대해 언급하며 관심을 보인다는 말이다.

[故舊 2구]

《두보전집교주》에 인용된 장진 주 '고구'는 고문학을 말한다. '곤궁을 말한다'는 것은 해마다 곤경에 빠졌던 상황에 대해 함께 말하는 것이다.(故舊, 謂文學. 話顚躓, 共說年年蹭蹬之狀也.)

#《두시상주》: 이 단락은 평소의 우정을 서술하여 시종 간극間隙이 없음을 보여준다. '20년'은 전후를 통틀어 말한 것이다. '고가' 이하는 장안에서의 일을 추억한 것이요, '가난한 골목에서 고삐를 벗긴다'는 것은 공안에서 다시 만난 것이다. '늘그막에 어찌 감히 저버릴 수 있겠냐'는 것은 머리 희어지도록 서로 버리지 말자는 약속을 지킬 수 있음을 말한다. '재진' 이하는 늙고 병든 자신을 슬퍼하면서도 고 씨의 우정이

여전함을 기뻐한 것이다.(此叙平日交情, 見其始終無間. 二十載, 通前後而言. 高歌以下, 憶長安事. 窮巷脫轡, 再會公安也. 遲暮敢墜, 克踐白首之言矣. 才盡以下, 自傷老病而喜顧之舊好依然.)

31 稱遂(칭수) – 만족하다. 흡족하다.

[胡爲 2구]

《두보전집교주》에 인용된 노원창 주 어찌하여 의식이 곤경에 처하여 역시 굶주림에 내몰린 것 같은가. 어찌하여 얼굴을 들어 남을 볼 때 유쾌할 수 없는가.(胡爲衣食坐困, 亦類饑驅, 胡爲顔面向人, 不能快意.)

32 辛苦行(신고행) – 고생스러운 여행.

33 衆多意(중다의) – 많은 사람의 뜻. 이 구절은 세속 사람들의 뜻을 순종하라고 당부하는 말이다. 이와 달리 고 씨가 세속 사람들의 뜻을 고분고분 따름을 설명한 것으로 보기도 한다.

[遠作 2구]

《두보전집교주》에 인용된 이장상李長祥 주 빈천한 사람은 남 앞에서 기를 펼 수도 없을 뿐 아니라, 또한 입을 열 수도 없으니 정말로 사람의 마음을 아프게 한다.(貧賤人在人前, 不特吐氣不得, 亦且開口不得, 眞令人傷心.)

《두보전집교주》에 인용된 노원창 주 어째서 이 고생스러운 여행을 하며 벼슬길의 험함을 모르는가. 어째서 여러 사람의 마음을 순종하여 세속을 따르는 마음이 있는 듯한가.(胡爲作此辛苦行, 不知世路之險. 胡爲順從衆多意, 若有隨俗之情.)

34 舟楫(주즙) – 배. 無根蔕(무근체) – 뿌리와 꼭지가 없다. 의지할 데가 없다는 말이다.

35 蛟鼉(교타) – 교룡과 악어. 爲祟(위수) – 못된 짓을 꾸미다. 나쁜 짓을

하다.

36 風飇(풍표) – 폭풍. 駛(사) – 달리다.

37 崩騰(붕등) – 어지러운 모습. 際(제) – 시절. '險'으로 된 판본도 있다.

38 長吏(장리) – 높은 지위의 지방관리.

《두시상주》에 인용된 황학黃鶴 주 대력 3년 상주병마사 유흡이 자사 은중경을 죽였고, 유주병마사 주희채가 절도사 이회선을 죽였으니, 이것이 시에서 말한 종종 장리를 죽였다고 한 것이다.(大曆三年, 商川兵馬使劉洽, 殺刺史殷仲卿. 幽州兵馬使朱希彩, 殺節度使李懷仙. 所謂往往殺長吏也.)

39 干(간) – 간알干謁하다. 東諸侯(동제후) – 동쪽 제후. 여기서는 고문학이 가려는 홍주와 길주 지역의 자사를 가리킨다. 이와 달리 홍주, 길주 등지를 관할하는 관찰사를 가리키는 말로 볼 수도 있다.

《두시상주》 홍주와 길주는 형주의 동쪽에 있어서 '동제후'라고 말하였다. 《구당서》에 의하면 대력 2년 위소유가 홍주자사가 되어 강서관찰사를 겸하였다. 홍주가 바로 관찰사의 치소이다.(洪吉州在荊州之東, 故曰東諸侯. 舊史, 大曆二年魏少游爲洪州刺史, 兼江西觀察使. 洪州卽觀察使治所也.)

40 勸勉(권면) – 권면하다. 권계勸戒하다. '勸'을 '勤'으로 쓴 판본도 있다. 縱恣(종자) – 제멋대로 하다.

41 香餌(향이) – 향기로운 먹이. 고소한 미끼. 이 구절은 굶주린 백성들을 굶주린 물고기로 비유하고 그들에게 향기로운 먹이와 같은 은혜를 베풀어야 함을 말한 것이다.

《두시상주》 《오략》에 "향기로운 미끼 아래에는 반드시 매달린 고기가 있다"라는 말이 있다. '향기로운 미끼를 쓴다'는 백성을 어루만져 달랜다는 뜻이다.(五略, 香餌之下, 必有懸魚. 費香餌, 卽招徠意.)

《두시경전》 '비향이'는 의당 후하게 베풀어서 백성을 구휼해야 함을 말한다.(費香餌, 言當厚施予以恤民也.)

42 瘡痍(창이) – 전란 등으로 생긴 백성들의 질고.

43 皇華使(황화사) – 황제의 사신. 여기서는 홍주, 길주 지역의 관찰사를 가리킨다.

[請哀 2구]

《두보전집교주》에 인용된 노원창 주 지금 동방의 백성들이 고난이 극에 달하매 천자가 사신을 보내어 이곳에 머물게 하여 장차 백성들을 측은히 여기는 일에 힘쓰며 가렴주구를 끊고자 하였다. 그대는 의당 백성을 위하여 명을 청하고 사신에게 호소해야 한다.(今日東方赤子, 瘡痍已極, 天子遣皇華使, 處此一方, 將務惻隱, 絶誅求, 子當爲民請命, 訴之使者.)

44 精所擇(정소택) – 관리를 뽑는 것을 면밀하게 한다는 말이다.

45 進德(진덕) – 덕망 있는 사람을 기용하다. 歷試(역시) – 두루 시험하다.

#《두시상주》: 이 단락은 홍주와 길주로 가는 것으로 인하여 그가 세상일에 관심을 기울일 것을 바란 것이다. '아감' 구는 위를 받고 '자부' 구는 아래를 일으킨다. '소칭수'는 마음이 흡족할 수 없음이요, '순중의'는 고분고분 세속을 따름이다. '주즙' 4구는 물길로 가는 여정의 험함을 두루 말한 것으로 이 부분은 위에서 말한 '신고행'에 호응한다. '융마' 4구는 어지러움을 막을 것을 동쪽 제후에게 고하라는 뜻인데, 제후는 바로 주의 자사이다. '방본' 4구는 백성을 사랑할 것을 황제의 사신에게 고하라는 뜻인데, 사신은 바로 관찰사이다. '사신' 2구는 관찰사는 백성을 위하여 관리를 선택하니, 반드시 덕이 있는 자를 추천하여 두루 시험할 수 있어야 함을 말하였다. 이 10구는 위의 '우세지'에 호응한다.(此因洪吉之行, 望其留心世事. 我甘句, 承上. 子負句, 起下. 少稱遂, 不能愜心也. 順衆意, 委蛇從俗也. 舟楫四句, 備言

水路之險, 此應上辛苦行. 戎馬四句, 以防亂告東諸侯, 侯乃州刺史也. 邦本四句, 以愛民告皇華使, 使卽觀察使也. 使臣二句, 言觀察爲民擇官, 必能進有德者而歷試之. 此十句, 應上憂世志.)

46 誅求(주구) – 가렴주구苛斂誅求. 情(정) – 마음. 가렴주구를 당하는 백성들을 측은히 여기는 마음을 말한 것이다. 이와 달리 가렴주구를 당하는 백성의 실정實情을 가리키는 것으로 풀기도 한다.

《두시경전》 대개 가렴주구의 어려움을 당한 백성을 보고 측은한 마음이 동하는 것은 어진 자가 본디 어리석은 이와는 응당 다른 것이다.(蓋見誅求之困, 而動惻隱之情, 賢者固當異於庸愚也.)

[使臣 4구]

《두보전집교주》에 인용된 장진 주 이제 백성들이 곤궁에 빠져 난리 일으킬 것을 생각하는 때가 당하였으니 은혜롭게 길러줌이 정히 마땅하기에 고 씨가 절도사 및 천자가 파견한 여러 사신에게 신중하게 좋은 관리를 뽑고 두루 시험하여 덕이 있는 자는 기용하라고 권할 것을 바랐음을 말하였다. 대개 관리는 어진 이와 어리석은 이가 섞여 있으니, 백성을 측은히 여기는 자도 있고 오직 주구만 아는 자도 있다. 임용한 자가 바른 자가 아니면 백성을 해롭게 함이 적지 않으니 의당 신중히 관리를 선발해야 하는 것이다.(言當此民窮思亂時, 正宜惠養, 欲顧勸藩鎭諸天使愼選良有司, 歷試有德者進之. 蓋有司賢愚不一, 有惻隱百姓者, 有但知誅求者, 所用非人, 害民不小, 故當愼選也.)

47 烈士(열사) – 열사. '烈'을 '列'로 쓴 판본도 있다. 苟得(구득) – 구차하게 얻다.

48 自致(자치) – 스스로 진력을 다하다. 스스로의 힘으로 얻다.

49 猛虎行(맹호행) – 육기陸機가 지은 작품.

《두시상주》에 인용된 육기陸機 〈맹호행猛虎行〉 목이 말라도 도천의 샘물은 마시지 않으며 더워도 나쁜 나무 그늘에서 쉬지 않으니, 나쁜 나무라도 어찌 가지가 없겠는가마는 뜻있는 선비는 고심이 많다네.(渴不飮盜泉水, 熱不息惡木陰. 惡木豈無枝, 志士多苦心.)

《두시경전》 그가 사람을 선택하여 의지할 것을 바란 것이다.(欲其擇人相依也.)

《독두심해》《공자가어》에 "가혹한 정치는 호랑이보다 사납다"라는 말이 있다. 옛 주석에서 육기의 〈맹호행〉을 인용하였는데 이 작품의 본뜻이 아니다.(家語, 苛政猛於虎也. 舊引陸機猛虎行, 非本旨.)

50 載(재) – 이에. 또. 뜻 없는 어조사로 볼 수도 있다.

#《두시상주》: 마지막 단락에서는 그가 가는 곳에서 자신의 본분을 잃을까 경계한 것으로 친구 간에 서로 권면하는 뜻을 드러내었다. 백성들이 주구에 괴로워함을 보고 측은한 마음을 일으키니, 어진 자는 진실로 응당 어리석은 자와 다르다. 이 여행에서 어찌 구차하게 얻으려 하고 스스로 진력할 것을 생각지 않을 수 있겠는가. 말을 주며 코가 시큰하다 한 것은 이별에 임하여 뜻이 간절한 것이다.(末戒其失身於所往, 見朋友相規之意. 見民困誅求, 而動惻隱之情, 賢者諒當異於庸愚, 此行豈可苟得而不思自盡乎. 贈言酸鼻, 臨別丁寧也.)

##《두억》: '반드시 황금 고삐를 벗긴다'라는 것은 이야기를 오래 나누기 때문이다. '누가 청운의 그릇인가'라는 말은 아마도 고 씨를 말한 것 같다. 전체 작품이 괜스레 꾸민 글자가 하나도 없으니 그 서로 간에 깊은 사귐의 정을 알 수 있다. 마지막에 이르러 백성을 사랑하는 간절한 마음, 친구를 권면하는 진실함, 이 둘이 드러났다. '그대에게 〈맹호행〉을 준다'고 했는데, 〈맹호행〉은 본디 육기의 작품으로 "목이 말라도 도천의 샘물은 마시지 않으며, 날이 더워도 나쁜 나무 그늘에서 쉬지 않는다"라는 말의 뜻을 오로지 취한 것이다.(必脫黃金轡, 因敍談之久. 誰是靑雲器, 蓋以屬顧. 通編無一字虛飾, 可知其相與之情, 至末

而愛民之眞懇, 規友之直諒, 兩見之矣. 贈子猛虎行, 固陸士衡作, 專取渴不飮盜泉水, 熱不息惡木陰語.)

《독두심해》: 내용이 풍성하고 조리가 정연하니, 득의하여 빠르게 써 내려간 작품이다. 네 단락으로 나누어 썼다. 첫째 단락에 대해 구조오는 고군의 서법이 조정에서 중시된 것을 서술하였다고 했다. 살펴보건대 이 단락에서는 "필력이 여지를 파하셨다"라는 한 구절이 중심이다. 둘째 단락에 대해 구조오는 고군의 우정이 시종 간극이 없음을 서술하였다고 했다. 살펴보건대 이 단락에서는 "소탈하여 명리를 도외시한다"라는 한 구절이 중심이다. 셋째 단락은 고군이 홍주와 길주로 가는 것을 서술하며 그가 길을 가는 중에 신중할 것을 타이르고 있는데, "멀리 고생스러운 여행을 떠나다"라는 한 구절이 중심이다. 넷째 단락은 고군이 백성들의 질고에 유념할 것을 부탁하며 그가 일을 맡은 자를 권계할 것을 바라고 있는데, "나라는 백성을 근본으로 삼는다"라는 한 구절이 중심이다. 첫 단락에서는 고 씨의 글씨를 찬미하였다. 먼저 팔분체의 근원을 거슬러 올라갔고, 다시 '한택목과 채유린'으로 배친을 삼아, 그가 조정에서 이름을 날렸음을 드러내면서 '고어' 2구를 붙여서 빈주賓主의 윤곽을 그려냈으니 또렷하게 조리가 있다. 다음 단락에서는 '명리를 도외시하다'가 제필(주제)이다. '추수' 6구는 옛날 장안에서 서로 어울린 것을 서술하였다. 경상의 저택과 조정의 관사는 명리의 장소인데, 도리어 유독 나를 양웅과 사마상여로 여기며 머리가 희도록 버리지 않는다고 했으니 참으로 '명리를 도외시'할 수 있는 자이다. '화류' 2구는 위로는 장안에서의 왕래를 개괄하고 아래로 금일의 방문을 개괄한다. '일론'은 고군이 논한 것이요, '붕우난'은 오랜 약속을 잊지 않는 어려움을 말한다. "늘그막에 어찌 감히 저버리랴"라는 말은 머리가 희도록 버리지 않는다는 약속을 더욱 드러내니, '명리를 도외시할 수 있음'이다. '세상사 엎치락뒤치락한다'는 말은 우정이 끝까지 한결같지 않은 자들을 지적한 것으로,

고군이 이런 무리를 논함에 눈물 콧물 흘리며 깊이 개탄한 것이다. '향자' 2구는 고군의 마음속 말을 대략 적은 것으로 "궁달은 무상한 것이어서 옛날 현달한 관리가 지금은 빈천하니 어찌 (우정이) 항상 청운에 달려 있겠는가, 오직 우정이 금석에 따라 바뀌지 않음에 달려 있을 뿐이라"고 말한 것이다. 이 4구는 바로 '사귐의 어려움을 논했던' 취지를 밝힌 것이다. '재주가 다했다', '소갈병을 앓는다'는 것은 공 자신의 궁함이요, '홀로 곤궁함을 말한다'는 것은 고 씨의 두터운 정이다. 이 4구는 바로 우정을 저버리지 않는 그의 성실함에 깊이 감동한 것이다. 이러한 몇 구절의 말을 읽으면 강개하여 흉금이 활짝 열리나니 고군은 진실로 세속의 정리에서 초연하도다. 셋째 단락에서 '아감', '자부' 구는 위를 끌어당기고 아래를 연결한다. '우세지' 세 글자는 곧바로 마지막 단락을 이끌어낸다. '호위' 이하는 홍주와 길주로 가는 것으로 시상을 바꾸면서 노정의 험함을 경계한 것이다. 마지막 단락은 모두 간곡히 부탁하는 말이다. '제후'는 수령을 가리킨다. '멋대로 한다'는 것은 백성에게 포학을 행하는 것이다. '방지한다'는 것은 제후가 스스로 방지하도록 권한다는 것이다. '어기' 구는 법을 만들어 구제함으로써 유랑민들을 불러들여야 함을 비유적으로 말한 것이다. '황화사'는 높은 관리를 가리키며, '뽑는 바를 정성스럽게 한다'는 것은 높은 관리가 백성을 위하여 관리를 뽑기를 바라는 것이니, '덕 있는 자를 기용하여 두루 시험함'이 바로 관리를 뽑는 일을 정성스럽게 하는 것이다. 이미 제후에게 따로 나누어서 권면할 것을 당부한 데다가 또 사신에게 다 고하라고 부탁하고 있으니 백성을 근심하는 마음이 지극하다. '측은' 4구는 또 고 씨에게 당부할 때에 관리를 면려하는 뜻을 스스로 밝힌 것으로, 그를 위해 말을 거침없이 하기를 "저 백성의 위에 거하는 자가 권고하는 자의 슬픈 형상을 측은히 여길 것이니, 비록 어짐과 어리석음에 따라 차이가 있을지라도 어찌 열사와 준걸 같은 자가 없겠는가. 반드시 장차 구차히 얻음을 싫어하여 스스로 선량한 관리가 될 것이다"라고 한 것이다. 마지막에서는 다시 '맹호'라는 글자를 가지고 깨우쳤는데, '재' 자를 쓴 것이 더욱 절묘한 느낌을 준다. 벼슬을 구하는 자는 예물을 싣고 나아가지만, 관리를 권계하는 자는 코끝 찡한 마음을 실어 보내어 곧장 듣는 자로 하여금 가슴속에 깊이 새기게 하는 것이다. 이 뒤쪽 글을 읽게 되면 원결의 〈용릉행〉이 사람을 감동시키는 부분이 매우 적다는 것을 알게 된다.(暢茂條達, 得意疾書之作也. 分四段寫. 第一段, 仇云, 敍顧君書法見重朝廷. 愚按, 此以筆力破餘地一句作主. 第二段, 仇云, 敍顧君交情, 始終無間. 愚按, 此以蕭疏外聲利一句作主. 第三段, 敍顧君洪吉之行, 戒其愼於道路, 以遠作辛苦行一句作主. 第四段, 囑顧君留心民瘼, 望其勸誡當事, 以邦以民爲本一句作主. 首段, 贊顧書也. 先溯八分之源, 復以韓蔡作陪, 表其顯名朝宁, 着顧於韓蔡二語, 鉤勒賓主, 劃然淸楚. 次段, 外聲利是提筆. 追隨六句, 述當日長安相與, 卿相省寺, 聲利場也, 乃獨以揚馬視我, 白首不棄, 眞能外聲利者. 驊騮二句, 上括長安之過從, 下括今日之來訪. 一論, 顧君論及也. 朋友難, 謂久要之難. 遲暮敢墜, 益見白首不棄, 能外聲利矣. 事反覆, 指交誼之不終者, 顧君論及此等, 涕泗而深慨之. 嚮者二句, 約略顧君意中之語, 謂窮達無常, 前日玉珂, 今爲貧薄, 豈能常在靑雲乎. 惟在交情之不以今昔移耳. 此四句, 正推明其論友難之旨. 才盡病渴, 己之窮也, 獨話顚躋, 顧之誼也. 此四句正深感其不失墜之實. 讀此數語, 慷慨披豁, 顧君誠高絶俗情哉. 三段, 我甘子負, 牽上搭下. 憂世志三字, 直提動末段. 胡爲以下折到適洪吉而戒以路險也. 末段, 皆丁寧屬望之詞. 諸侯, 指守令. 縱恣, 肆虐於民也. 防, 勸諸侯自防也. 魚餞句, 喩言設法賑貸, 以招流亡. 皇華使, 指大吏. 精所擇, 欲大吏爲民擇官. 進德歷試, 卽精擇事. 旣囑以分勸諸侯, 又囑以總告使臣, 憂民之心至矣. 惻隱四句, 又於囑顧時自致激勵當官之意, 爲之跌宕其詞曰, 彼居民上者, 惻然於勸告之慘形, 雖賢愚不等乎. 然豈無烈士俊傑其人者, 必將惡苟得而自致循良也. 結再以猛虎字醒之, 而載字更覺

雋絶. 求仕者載質, 勸當事者載酸鼻, 直使聽者刺入心坎裏. 讀此後幅, 覺元道州春陵行, 殊少動人處.)

(**김성곤**)

37. 官亭夕坐戲簡顏十少府

관정에서 저녁에 앉아 안 소부에게 우스개로 편지하다

南國調寒杵[1] 西江浸日車[2] 客愁連蟋蟀[3] 亭古帶蒹葭[4]
不返青絲鞚[5] 虛燒夜燭花[6] 老翁須地主[7] 細細酌流霞[8]

남국에 차가운 다듬이질 소리 고르고
서강에 해 수레 잠겼군요.
나그네 시름 귀뚜라미 울음에 이어지고
관정 고색古色에 갈대가 둘렀소이다.
청사 굴레 돌아오지 않으니
밤 촛불 부질없이 사릅니다.
늙은이는 여기 주인을 기다리니
살살 유하를 따라주셔야지요.

시인이 공안현의 현위 안 씨와 만나기로 하였으나 안 씨가 아직 오지 않았다. 남방의 가을 저녁에 다듬이질 소리가 고르게 울리고, 강물에는 해가 잠겼다. 관정에 앉아 기다리자니 귀뚜라미가 울어 나그네 시름을 더욱 자아내고, 주변에는 갈대가 우거져 낡은 풍경은 더욱 처량하다. 머물러 안 소부를 기다리자니 밤에 촛불만 부질없이 사를 지경이다. 그래서 우스개로 그에게 편지하여 빨리 와서 술을 마시자고 재촉하였다. 관정은 먼 곳을 오가는 관리들에게 숙식을 제공하는 장소이다. 안 소부는 이름은 알 수 없으며, 공안현위公安縣尉이다. 대력 3년 가을에 지었다.

《보주두시》 시에서 "남국에 차가운 다듬이질 소리 고르고 서강에 해 수레 잠겼다"라고 하였고, 또 시제에서 "관정에 저녁에 앉았다", "안 소부에게 편지하다"라고 하였으니 안 씨는 공안현위이고, 당연히 대력 3년 공안에서 지었다. 공은 일찍이 〈취가행증공안안십소부청고팔제벽醉歌行贈公安顏十少府請顧八題壁〉 시를 지어 "신선 가운데의 사람은 쉬 얻지 못하는데 안 씨 아들의 재주는 특별히 출중하다"라는 구절이 있으니 바로 그 사람이다. 관정은 당연히 공안에 있었다.(詩云南國調寒杵, 西江浸日車, 又題云官亭夕坐, 及簡顏十少府. 顏, 公安慰也, 當是大曆三年公安作. 公嘗賦醉歌行, 有神仙中人不易得, 顏氏之子才孤標, 正其人也. 官亭, 當在公安.)

《두시상주》 작시 시기는 앞 시(〈송고팔분문학적홍길주送顧八分文學適洪吉州〉)와 같다. 고신의 주에 "당시 공은 관정에서 저녁에 앉아 소부를 기다렸으나 오지 않아서 이 편지를 장난스럽게 썼다"라고 하였다. 한나라 장제의 조칙에 "지나며 관정에 머물고, 숙사를 빌려 자지 말라"라고 하였다.(年月同上. 顧注, 時公在官亭夕坐, 候少府不至, 故戲爲此簡. 漢章帝詔, 過止官亭, 無雇舍宿.)

《두시상주》 〈취가행증공안안십소부청고팔제벽醉歌行贈公安顏十少府請顧八題壁〉 시에 인용된 소보邵寶 주 안 소부는 공안 현위縣尉이다.(顏少府, 公安尉也.)

《두보전집교주》에 인용된 석려거사石閭居士 설 이 시는 안 소부가 공과 함께 관정에서 마시기로 약속하여 공이 먼저 도착하였으나 소부는 아직 오지 않은 상황을 읊었다. 그래서 이 시를 지었다.(此詩乃顏少府約公同酌官亭, 公先至而少府未到, 故作是詩.)

주 석

1 南國(남국) – 남방. 공안 지역을 가리킨다. 調(조) – 고르다. 규칙적이

다. 寒杵(한저) – 차가운 다듬이. 겨울옷을 다듬이질함을 말한다. '저'는 공이로 다듬질 도구이다.

《구가집주두시》 조차공 주 남국은 초나라 땅이다.(南國, 楚地也.)

《시경·소아小雅·사월四月》 도도한 장강과 한수여, 남국의 기강이로다.(滔滔江漢, 南國之紀.)

장진張溍《독서당두공부시집주해讀書堂杜工部詩集注解》 '조'는 다듬이질 소리가 음절에 맞음을 말한다.(調謂杵聲中音節也.)

2 西江(서강) – 장강. 서쪽에서 흘러오므로 서강이라고 한다. 浸(침) – 잠기다. 해가 강물 속으로 지는 모습을 해가 강물에 잠겼다고 표현하였다. 日車(일차) – 해가 탄 수레. 태양을 말한다.

당 서견徐堅《초학기初學記》에 인용된《회남자淮南子》"爰止羲和, 爰息六螭, 是謂懸車"구의 주 태양이 수레를 타고 육룡을 멍에 메워 희화가 몬다.(日乘車, 駕以六龍, 羲和御之.)

3 蟋蟀(실솔) – 귀뚜라미.

《시경·당풍唐風·실솔蟋蟀》 귀뚜라미 집에 드니 이해도 저무는구나.(蟋蟀在堂, 歲聿其莫.)

《두공부초당시전》 실솔은 귀뚜라미로, 지금의 촉직이다.(蟋蟀, 蛩也, 今之促織.)

4 亭古(정고) – 관정이 낡다. 帶(대) – 띠다. 곁들이다. 蒹葭(겸가) – 갈대.

《시경·진풍秦風·겸가蒹葭》 갈대는 무성하고, 백로는 서리 되네.(蒹葭蒼蒼, 白露爲霜.)

[客愁 2구] 시절이 가을임을 말한다. 귀뚜라미와 갈대는 가을을 대표하는 사물이다. 위 구는 귀뚜라미 소리에 나그네 시름이 연결된다는 뜻으로 한 해가 저무는 시절에 늘어나는 나그네 시름을 표현하고, 아래 구는 관정이 낡은 데다가 갈대까지 우거져 있다는 뜻으로 관정의 황량한 풍경을 표현한다.

《두보전집교주》에 인용된 고신顧宸 주 귀뚜라미 밤에 울어 나그네 시름과 닿았고, 갈대는 무성하고 관정의 빛깔을 띠어 예스럽다. 관정에서 저녁에 앉아 무료한 상황을 묘사하였다.(蟋蟀夜吟, 與客愁相連, 蒹葭蒼蒼, 帶亭色而古. 寫官亭夕坐無聊之況.)

장진 《독서당두공부시집주해》 제2연은 관정에 홀로 앉아 무료한 정경이다. 처량함은 오로지 '연' 자에 있고, 황량함은 오로지 '대' 자에 있다.(第二聯是官亭獨坐無聊景. 悽惻處全在連字, 荒涼處全在帶字.)

5 不返(불반) – 돌리지 않다. 靑絲鞚(청사공) – 푸른 실로 만든 말의 굴레. 굴레에 고삐를 연결하므로 고삐로 보기도 한다. '공'은 재갈이며, 재갈에 푸른 실로 만든 굴레를 묶고 고삐도 연결한다. 이 구절은 안십소부가 돌아오지 않음을 말한다. 두보 자신이 돌아가지 않음을 말한다고 보는 견해도 있다.

《구가집주두시》 조차공 주 '강'은 말 굴레이며, 청사로 만든다.(鞚, 馬勒也, 靑絲爲之耳.)

《두보전집교주》에 인용된 고신 주 공이 오래 앉아 안 소부가 돌아오기를 기다렸으나 안 소부는 결국 오지 않아 부질없이 초를 사르며 기다리니 두 배나 무료하다. 그래서 우스개로 그에게 편지하였다.(公久坐而待顔返, 而顔竟不至, 徒燒燭而待, 倍覺無聊, 故戲而簡之.)

장진 《독서당두공부시집주해》 '불반'은 안 소부를 기다려도 오지 않음을 말한다.(不返, 謂待顔不至.)

6 虛燒(허소) – 쓸데없이 사르다. 燭花(촉화) – 촛불.

7 老翁(노옹) – 늙은이. 두보 자신을 가리킨다. 須(수) – 필요하다. 요구하다. 또는 기다리다. 地主(지주) – 해당 지역의 주인. 손님을 맞이하는 사람을 말한다. 안 소부를 가리킨다. '主'는 '坐'로 된 판본도 있다.

《좌전·애공哀公12년》 "夫諸侯之會事旣畢矣, 侯伯致禮, 地主歸餼,

以相辭也" 구의 공영달孔穎達 소疏 '지주'는 회맹하는 땅의 주인이다.(地主, 所會之地主人也.)

《두시경전》 '수'는 기다린다는 뜻이다.(須, 待也.)

8 細細(세세) – 살살. 가늘게. 流霞(유하) – 술의 미칭.

한 왕충王充《논형論衡·도허道虛》 입이 주려 먹으려고 하면 선인이 번번이 나에게 유하 한 잔을 먹였다. 한 잔 마실 때마다 몇 달은 주리지 않았다.(口饑欲食, 仙人輒飮我以流霞一杯. 每飮一杯, 數月不饑.)

[老翁 2구] 두보가 안 소부를 기다렸다가 술을 마시려고 한다는 뜻이다. 이와 달리 두보가 기다리다가 직접 술을 따라 마신다고 보는 견해도 있다.

장진《독서당두공부시집주해》 끝 2구는 편지 중의 말로서 빨리 와서 함께 마시자고 재촉한다.(末二句是簡中之辭, 促之速來共酌.)

《두보전집교주》 고신은 말하였다. "끝 2구는 편지 중의 말로서 노옹은 지주가 급히 필요하니 그대는 빨리 돌아와서 가늘게 유하를 함께 따라야 함을 말한다." 양륜楊倫의 주에 "'수'는 기다린다는 뜻이다"라고 하였다. 또 한 가지 풀이가 있으니 자작하면서 안 소부가 오기를 기다린다는 뜻이라고 한다. 장연이 말하였다. "안 소부가 오지 않음을 놀리며 마침내 땅바닥에 앉아서 가늘게 따르면서 그를 기다리겠다고 하니 아마 그를 반드시 불러서 오게 하겠다는 뜻이다. 그래서 제목에 '희증'이라고 하였다."(顧宸曰, 末二句, 簡中之詞, 謂老翁急須地主, 爾當速歸, 細細共酌流霞可也. 楊注, 須, 待也. 又一解謂自酌以待顔至. 張綖曰, 調顔少府不來, 遂欲地坐細酌以待之, 蓋必邀其至也. 故題曰戲贈.)

《두시경전》 안 소부에게 술을 마시자고 요구한다는 뜻이다. 그래서 우스개로 편지한다고 하였다.(索飮於少府, 故曰戲簡.)

#《두시상주》: 위 4구는 관정 앞의 풍경으로서 그가 듣고 본 것을 기록하였다. 아래 4구는 앉아서 소부를 기다리며 우스개 편지를 쓰고 마시자

고 요구한 일이다. 다듬이질 소리가 박자에 맞음을 '조'라고 하였다. 해가 강에 빠졌으므로 '침'이라고 하였다. 고신의 주에 "'연' 자 하나를 써서 나그네 심정이 배나 처절해졌고, '대' 자 하나를 써서 관정 주변이 더욱 쓸쓸하게 느껴진다"라고 하였다. 말고삐는 돌리지 않을까 의심하니 나그네를 머물게 할 사람이 없을까 두렵고, 촛불은 헛되이 타오른다고 하여 등불 앞에 술이 없을까 두려워하였다. 그러므로 결련에서 우스개를 하였다.(上四, 亭前夕景, 記其聞見, 下四, 坐待少府, 戲簡索飮也. 杵聲應節, 故曰調, 日影沈江, 故曰浸. 顧注, 用一連字倍增客情悽切, 用一帶字愈覺亭畔蒼涼. 鞚疑不返, 恐留客無人, 燭曰虛燒, 恐燈前無酒. 故有落句爲戲.)

《두억》: 다듬이질하는 공이에는 음절이 있으니 우리 고향에서 말하는 화련추가 그것이다. 그러므로 '차가운 다듬이질 소리 고르다'고 하였다. 서강은 촉강이다. 해가 서쪽으로 가라앉으므로 '해 수레가 잠긴다'고 하였다. 청사 굴레를 돌리지 않는다는 말은 앞으로 가려 한다는 뜻이고, 밤에 촛불을 헛되이 사른다는 말은 술이 없다는 뜻이다. 그러므로 결련에서 안 소부에게 우스개를 하였다.(搗衣之杵有音節, 吾鄉所云花練槌是也, 故云調寒杵. 西江, 卽蜀江. 日沉於西, 故云浸日車. 不返絲鞚, 謂將前去, 虛燒夜燭, 謂無酒. 故有落句, 所以戲之.)

《독두심해》: 위 4구는 관정에서 저녁에 앉았다는 말뿐이나 마시지 않을 수 없고 동반자가 없을 수도 없다는 뜻이 이미 절로 튀어나왔다. 5, 6구는 소부를 기다린다는 뜻으로 말이 다시 맑고 고와서 눈을 빼앗는다. 결련은 제목의 뜻을 밝혔으며 또한 장난기를 드러내었다. '조한저'는 서늘한 때임을 말하고, '침일차'는 저녁 경색을 말한다.(上四, 只是官亭夕坐耳, 而不能無飮, 不可無伴之意. 已自躍然. 五六, 待少府也. 語復淸麗奪目. 落句點破, 且見戲意. 調寒杵, 涼候也, 浸日車, 暮色也.)

(**이창숙**)

38. 移居公安敬贈衛大郎鈞
공안으로 이주하여 위균에게 삼가 드리다

衛侯不易得[1] 余病汝知之[2] 雅量涵高遠[3] 淸襟照等夷[4]
平生感意氣[5] 少小愛文詞 江海由來合 風雲若有期
形容勞宇宙[6] 質樸謝軒墀[7] 自古幽人泣[8] 流年壯士悲[9]
水烟通徑草[10] 秋露接園葵[11] 入邑豺狼鬪[12] 傷弓鳥雀飢[13]
白頭供宴語[14] 烏几伴棲遲[15] 交態遭輕薄[16] 今朝豁所思[17]

위후는 쉽게 얻을 수 없는 사람
내 병을 그대가 알아주었네.
넓은 도량은 높고 원대함을 품었고
맑은 흉금은 동년배를 비춰주었지.
그대의 평소 의기에 감동하였고
어렸을 때 지은 문사를 사랑하니,
강과 바다가 원래부터 합하여진 듯하고
바람과 구름이 만날 기약이 있는 듯하네.

육신은 세상 속에서 수고롭고
질박하여 궁전 계단과 작별을 하였네.
자고로 은자는 눈물을 뿌리고
흐르는 세월에 장사도 슬퍼하였네.
물안개는 샛길 풀로 통하고
가을 이슬은 마당 아욱에 내렸네.

읍으로 들어서니 승냥이와 이리가 다투고
화살에 맞아 작은 새는 굶주려 있네.

백발노인에게 한담을 건네주는데
검은 안석만이 안식하는 나를 벗하여주네.
인정세태가 경박한 시절을 만났는데
오늘 그대가 내 마음을 활짝 열어주었네.

이 시는 두보가 대력 3년 가을 공안으로 이주한 후 지은 것이다. 당시 두보는 질병과 가난으로 어려운 상황에 있었는데, 위균이 찾아와 문안해준 것에 크게 감동하였다. 위균은 공안에 거주하고 있던 젊은 문인으로 추정되며, 그의 이름이 균이라는 것만 시제에 밝혀졌을 뿐 그의 행적은 자세하지 않다. '위대랑'이라는 표현으로 보아 위씨 집안의 맏아들임을 알 수 있는데, 두보의 집안과 평소 왕래가 있었던 것으로 보인다. 위백옥衛伯玉의 아들로 보는 설도 있으나 분명치 않다. 작품은 먼저 위균의 의기와 문재를 칭송하고, 이어 자신의 어려운 처지와 당시의 혼란스러운 상황을 언급하였다. 마지막에는 위균이 찾아와 위문한 사실을 언급하며 자신이 느낀 기쁨을 한껏 표현하고 있다.

《보주두시》 공은 대력 3년 가을 공안으로 이주하였다. 이 시에서 "물안개는 샛길 풀로 통하고, 가을 이슬은 마당 아욱에 내렸다"라고 하였으니 바로 이때 지은 것이다.(公以大曆三年秋移居公安, 此詩云, 水烟通徑草, 秋露接園葵, 乃是時作.)

《두시상주》 황학의 주에서 "공은 대력 3년 가을 공안으로 이주하였다"라고 하였다.(鶴注, 公於大曆三年秋移居公安.)

《두보전집교주》 왕호는 "'맏아들'이라고 하고, '삼가 드린다'라고 하였으니, 그는 틀림없이 백옥의 아들일 것이다"라고 하였다. 이 주장도 또한 근거가 없다.(汪灝曰, 曰大郎, 曰敬贈者, 其人必伯玉之子也. 是說亦無據.)

주 석

1 衛侯(위후) – 위후. 시제의 위대랑, 즉 위균을 가리킨다. '후'는 사대부에 대한 경칭이다.

2 余病(여병) 구 – 여기서 두보의 병은 두보의 가난과 불우함을 포함한 것으로 보인다. 두보의 어려운 사정을 위균이 알아주었다는 뜻이다.

《독두심해》 '여병'은 질병만을 말하는 것이 아니다.(余病, 不專言病.)

《두시상주》 내 병을 네가 안다는 것은 관중이 "내가 가난함을 (포숙이) 알고 있기 때문이다"라고 말한 경우와 같다.(予病汝知, 猶管仲言知我貧故也.)

《두보전집교주》에 인용된 장진張溍 설 내 병을 네가 안다는 것은 그가 유독 불쌍히 여겨주었음을 말한다.(余病汝知, 言其獨相憐恤也.)

3 雅量(아량) – 넓은 도량.

4 淸襟(청금) – 깨끗한 마음, 흉금. 等夷(등이) – 동년배. 비슷한 서열의 동료.

《보주두시》에 인용된 언보彦輔 설 '이'는 나란하다는 뜻이다. 대등한 사귐을 말하는 것이다.(夷, 平也. 謂平交也.)

[雅量 2구]

《두보전집교주》에 인용된 오견사吳見思 설 넓은 도량이 있기에 받아들이지 않는 것이 없고, 맑은 흉금을 가지고 있기에 동료들이 모두 감복한다는 것이다.(雅量則無所不涵, 淸襟則同儕盡服.)

5 平生(평생) – 평소.

[平生 2구] 위균의 의기와 문재를 칭송하는 말이다. 두보가 평소 위균의 의기에 감동하였고, 그가 어려서부터 문사에 능함을 사랑하였다는 것이다.

《두보전집교주》에 인용된 오견사 설 평소에 이미 그 의기에 감동하였고, 젊어서부터 이미 그 문사를 사랑하였다는 것이다.(平生既感其意氣, 自小已愛其文辭矣.)

《독두심해》 '감의기'는 그의 열정을 말하고, '애문사'는 그의 청허淸虛한 마음을 말한다. 무릇 이 모든 것은 천성에서 나온 것이다.(感意氣, 言其熱腸, 愛文辭, 言其虛衷, 凡此皆出於天分者.)

[江海 2구] '강해' 구와 '풍운' 구는 각각 앞의 '의기'와 '문사'를 받아 비유적으로 표현한 것이다. 즉 '강해'는 위균과 두보의 의기가 투합했음을 말하고, '풍운'은 위균의 문운文運이 조만간 일어날 것임을 말한 것이다. 이와 달리 '강해'가 그의 문사를 비유하고, '풍운'이 그 의기를 비유한 것으로 보는 설도 있다.

《두시조차공선후해집교》 '하해' 구는 의기에 감동했음을 말한 것이다. …… '풍운' 구는 그의 문사가 반드시 드러날 것임을 말한 것이다.(河海由來合, 以言意氣之感也. …… 風雲若有期, 所以言其文辭之必效也.)

《두시설》 '하해' 구는 (〈관공손대낭제자무검기행병서觀公孫大娘弟子舞劍器行並序〉 시의 서문에 있는 "그 유래를 따져보고 춤사위가 다르지 않음을 알았다(既辨其由來, 知波瀾莫二)"라는 표현에서 온 것으로 보이는) '파도가 다르지 않다'라고 말하는 것과 같은데, 이 구는 문사를 가리켜 말한 것이다. '풍운' 구는 의기를 가리켜 말한 것이다. 두 구는 모두 기질이 서로 비슷하기에 홀로 자신을 알아줄 수 있음을 말한 것이다.(河海由來合, 猶言波瀾不二. 此句指文辭言. 風雲句, 指意氣言. 二句總言氣類相近, 故獨能知己.)

#《두시상주》: 위균으로부터 서술을 시작하였다. 공이 가난과 질병에 처해 있음을 위균만이 알아주었다. 그가 넓은 도량으로 품을 수 있고, 맑은 흉금으로 비춰줄 수 있었기 때문이다. 평소의 의기에 감동됨은 강과 바다가 쉽게 합류하는 것과 같다. 또한 그가 어리지만 글을 잘 짓는 것을 사랑하니, 바람과 구름이 틀림없이 만날 것을 알겠다.(從衛郎敍起. 公處貧病, 而衛獨知之. 由其雅量能涵, 淸襟能照也. 且感其平時意氣, 如江海之流易合. 又愛其少而能文, 知風雲之會有期也.)

6 形容(형용) – 육신. 형상. 勞(노) – 수고하다. 宇宙(우주) – 천지. 세계.
도연명陶淵明 〈귀거래사歸去來辭〉 이 육신을 세상에 맡길 날이 또 얼마나 될까.(寓形宇內復幾時.)
《두시설》 '형용' 구는 고단한 생활로 모습이 수척해졌음을 말한다.(形容勞宇宙, 言以勞生故, 形容枯槁也.)
《두억》 두보가 스스로 노쇠하고 병들었음을 읊은 구절은 많지만, "육신은 세상 속에서 수고롭다"라는 구절은 더욱 기이하다.(公自詠衰病多矣, 形容勞宇宙, 更奇.)

7 謝(사) – 작별하다. 軒墀(헌지) – 궁전 앞 계단. 조정을 의미한다.

[形容 2구]

《두시조차공선후해집교》 이 단락은 공이 스스로를 말한 것이다. 위 구는 초췌해져 세상에서 그저 늙어감을 말하였고, 아래 구는 다시 조정에 들어가 벼슬할 수 없음을 말하였다.(此則公自言也. 上句以言其憔悴而空老於世, 下句以言無復入仕於朝廷.)

8 幽人(유인) – 은자隱者.
《두시경전》 '질박' 구를 이었다.(承質樸句.)

9 壯士(장사) – 용사. 건장한 사람.

《두시경전》 '형용' 구를 이었다.(承形容句.)

[自古 2구]

《두억》 자고로 은자들이 우는 이유는 모두 같고, 흐르는 세월이 쉬 지나가기에 장사들이 슬퍼하는 것이다.(自古幽人, 所泣皆同, 流年易邁, 爲壯士所悲也.)

《두보전집교주》에 인용된 왕호汪灝 설 오랫동안 쓸쓸하게 지냈고, 날로 노쇠해졌다는 것이다.(長處寂寥, 日逐衰老.)

10 水烟(수연) – 물안개.

11 葵(규) – 아욱. 여기서는 일반적인 채소를 통칭하는 것으로 볼 수도 있다.

[水烟 2구]

《두시경전》 '경초'와 '원규'는 이주한 장소를 말한다.(徑草園葵, 移居之地也.)

《두억》 '수연' 2구는 나그네살이의 쓸쓸함을 말하였다.(水烟二句, 言客居蕭索.)

12 入邑(입읍) – 읍에 들어서다. 정확하게 어디를 말하는지 분명치 않다. 두보가 이주한 공안을 말하는 것으로 보이는데, 이전에 살던 강릉으로 보는 설이 있다. 豺狼(시랑) – 승냥이와 이리. 鬪(투) – 싸우다. 이 구는 성읍에서 관리들이 서로 다투는 것을 비유한 것이다. 성읍의 황량함을 말한 것으로 보는 설도 있다.

《두시경전》 성읍의 황량함을 말한다.(言城邑荒涼.)

《두시상주》에 인용된 노원창盧元昌 설 이 시의 "읍으로 들어서니 승냥이와 이리가 다툰다"라는 말은 틀림없이 가리키는 바가 있다.(此章入邑豺狼鬪, 必有所指矣.)

13 傷弓(상궁) – 화살에 상처를 입다. 鳥雀(조작) – 작은 새. 여러 곳을 떠도는 두보 자신을 비유한 것이다. 혹은 혼란한 상황 속에서 고통을 겪는 백성을 비유한 것으로 볼 수도 있다.

《두시조차공선후해집교》 화살을 맞은 작은 새가 상처로 병이 나서 굶주리는 것을 말한다.(言傷弓之鳥雀, 以創病而飢也.)

[入邑 2구]

《두시설》 '시랑'은 강릉의 여러 관리를 풍자한 것이다. '조작'은 스스로를 비유한 것이다. 여러 사람들이 불쌍히 여겨 도와주지 않는데, 오직 위균만이 자신의 병을 알아줄 수 있었음을 말한 것이다.(豺狼, 刺江陵諸官. 鳥雀, 自喩. 言諸人不相軫恤, 獨衛能知己病.)

《두시조차공선후해집교》 위 구는 도적을 비유하였고, 아래 구는 곤궁한 백성을 비유하였다.(上句以比盜賊, 下句以比窮困之民.)

#《두시상주》: 이 단락은 공안에서 나그네살이하는 정황을 서술하였다. '궁전 계단과 작별한다'라는 것은 은자가 되어 자취를 숨기는 것이다. '세상 속에서 수고롭다'라고 하였으니 흐르는 세월이 이미 지나간 것이다. '물안개'와 '가을 이슬'은 처량한 풍경을 말하였다. '이리가 다툰다'는 것은 세상의 난리를 개탄한 것이다. '작은 새가 굶주린다'는 것은 나그네살이의 궁핍함을 마음 아파한 것이다.(此敍公安旅況. 謝軒墀, 作幽人遁迹. 勞宇宙, 則流年已逝. 水烟秋露, 言風景淒涼. 狼鬪, 慨世亂. 雀飢, 傷旅窮也.)

14 白頭(백두) – 백발. 노인을 형용하는 말로 여기서는 두보 자신을 가리켜 말한 것이다. 供(공) – 제공하다. 받들다. 宴語(연어) – 한담.

《두시조차공선후해집교》 백두는 공이 스스로를 말한 것이다.(白頭, 公自言也.)

15 烏几(오궤) – 검은 염소 가죽을 씌운 안석. '오피궤烏皮几'라고도 한다. 伴(반) – 짝하다. 棲遲(서지) – 안식하다. 편안히 쉬다. 이 구는

두보가 안석만을 의지하여 조용히 지내고 있음을 말한 것이다. 이와 달리 위균이 찾아와 안석에 기대어 있는 두보가 편안히 지내도록 벗하여주었다고 보는 설도 있다.

두보 〈부성도초당도중유작선기엄정공赴成都草堂途中有作先寄嚴鄭公·기오其五〉 금관성 서쪽 사는 일 자질구레해도, 검은 가죽 안석이 있어 또한 돌아가려 하노라.(錦官城西生事微, 烏皮几在還思歸.)

《시경·진풍陳風·형문衡門》 오막살이 집일망정, 편안히 쉬리로다.(衡門之下, 可以棲遲.)

《두시조차공선후해집교》 '오궤'는 오피궤이다. '반서지'는 공안으로 이주하고서 오직 검은 안석만이 벗이 될 뿐이라는 것이다.(烏几, 烏皮几也. 伴棲遲, 則遷於公安, 惟有烏几爲伴耳.)

《두시경전》 집 안에 좋은 물건이 없음을 보여준다.(見家無長物.)

16 交態(교태) – 세태인정. 輕薄(경박) – 말과 행동에 조심성이 없고 가벼움.

《사기·급정열전汲鄭列傳》 한 번 가난하고 한 번 부유하여, 이에 세태인정을 알게 되었다.(一貧一富, 乃知交態.)

17 豁(활) – 열리다. 풀어주다. 이 구는 두보의 답답한 마음이 시원해졌다는 것이다.

《두시조차공선후해집교》 "오늘 그대가 내 마음을 활짝 열어주었다"라는 것은 위균을 칭찬하는 것이다.(今朝豁所思, 則以美衛鈞也.)

[交態 2구]

《두보전집교주》에 인용된 장진 설 세속의 경박함을 개탄하여 위균의 후덕함을 밝힌 것이다.(嗟世俗之薄, 以明衛之相厚也.)

#《두시상주》: 위균에게 드리는 내용으로 끝을 맺었다. 한담을 누가 건네랴, 오직 검은 안석을 짝한다고 하였으니, 경박한 세태인정을 알 수 있다. 그래서 위균을 얻어 근심이 한순간에 풀리게 되었다. 마지막

구는 여전히 '아량'과 '청금'에 호응한 것이다.(以贈衛意作結. 宴語誰供, 惟伴烏几, 則交態之薄可知, 故得衛郎而憂思頓豁耳. 末句, 仍應雅量淸襟.)

##《독두심해》: 처음 공안에 이르러 나그네살이하는 상황이 쓸쓸하였다. 위균은 나이는 어렸지만 도리어 공을 긍휼하고 존경할 줄 알아 홀연히 와서 문안하니 자신도 모르는 사이에 뜻밖의 기쁨을 느꼈다. 서두에서는 곧 나를 알아주었다는 한 마디 말을 제시하였고, 아래 6구는 모두 '나를 알아준다'라는 말로부터 위균의 성정을 그려내었는데, 붓으로 다 표현할 수 없는 지극함이 있다. '여병'은 질병만을 말하는 것이 아니다. 도량이 고아하여 사람을 품을 수 있고, 흉금이 맑기에 사람을 비출 수 있다. '감의기'는 그의 열정을 말하고, '애문사'는 그의 청허한 마음을 말한다. 무릇 이 모든 것은 천성에서 나온 것이다. '풍운'은 '강해'와 같은 뜻으로 운세를 가리켜 말한 것이 아니다. '약유기'는 서로 약속하여 나온 것 같다는 말이다. 2구로 상단을 마무리하였다. 가운데 8구는 나를 알아주는 벗에게 속마음을 털어놓는 내용이다. 의탁할 수 없기에 고생하였고, 손을 잡아주려 하지 않기에 작별하였던 것이다. 때로는 홀로 거처하며 울고, 때로는 경치를 마주하고 슬퍼하니, 이는 평소의 행적을 말한 것이다. 길에는 위문하여 찾아오는 자취가 끊어졌고, 마당은 하루 먹을 수요를 충당할 뿐이다. 들어갈 때마다 모두 무정한 것뿐이고, 상처를 입었으니 어찌 굶주림을 견디랴. 이는 이주한 경황과 감정이다. 이와 같으니 경박한 세태를 충분히 알 수 있다. 마지막 4구는 시상을 맺으면서 위균이 나를 알아준 내용으로 전환하였다. 여러 사람이 버린 늙은이인데 와서 한담을 건네고, 쓸쓸한 방인데 와서 편안히 거처하도록 벗하여주었다. 경박한 자들을 만난 가운데 이런 사람을 얻었으니, 이 마음이 활짝 열리지 않을 수 있겠는가. 모름지기 글의 흐름이 한 덩어리임을 알아야 할 것이다.(初至公安, 旅況蕭索. 衛郎年少, 乃知恤公慕公, 翩然來候, 不覺喜出望外

矣. 起手卽提出知我一語. 下六句, 都從知我上寫出衛郞性情, 有筆不能罄之致. 余病, 不專言病. 量雅, 故能涵物. 襟淸, 故能照人. 感意氣, 言其熱腸. 愛文詞, 言其虛衷. 凡此皆出於天分者. 風雲與江海同意, 不指運際言. 若有期, 言若出於彼此期會者. 二句束上. 中八句, 爲知己訴衷腸也. 無堪託庇, 故勞. 無肯援手, 故謝. 時或獨居而泣, 時或撫景而悲. 此言平日行踪. 徑絶問遣之蹟, 園資日給之需. 所入則盡無情, 受傷則寧忍餓. 此言移居況味. 如是而輕薄之態飽諳矣. 末四, 收轉衛郞之知我. 以衆棄之翁, 而來供宴語, 以蕭然之室, 而來伴棲遲. 在遭輕薄者得之, 此心能不爲之豁乎. 須識得神理一片.)

(박홍준)

39. 公安送韋二少府匡贊

공안에서 소부 위광찬을 전송하다

逍遙公後世多賢[1] 送爾維舟惜此筵[2]
念我能書數字至[3] 將詩不必萬人傳[4]
時危兵革黃塵裏[5] 日短江湖白髮前[6]
古往今來皆涕淚[7] 斷腸分手各風煙[8]

소요공의 후예는 대대로 어진 이가 많은데
그대 전송하려 배를 묶어두었으니 이 자리가 아쉽구나.
내 생각이 나면 다만 몇 자 적어 보내되
내 시를 여러 사람에게 전할 필요는 없다네.
전란의 누런 먼지 속에 시절이 위태롭고
강호의 백발 앞에 해가 짧구나.
예나 지금이나 모두 이별에 울지만
헤어지고 나면 각자 바람과 안개 속일 것이라 애달프구나.

이 시는 대력 3년 늦가을에 공안에서 위광찬을 전송하며 지은 것이다. 위광찬은 당시 소부 즉 현위 벼슬을 지내던 사람인데, 아마도 다른 곳으로 떠나게 되었던 것으로 보인다. 두보는 그를 전송하는 주연에 참석하여, 이별한 뒤에도 계속 소식을 전하자고 하면서 자신의 시는 여러 사람에게 보이지 말라고 당부하였다. 쓰는 시마다 어지러운 시절의 심란함이 짙게 묻어나는 내용이 많다고 생각되어 그랬을 것이다. 토번이 재차 침입하여 전란이 끊이지 않는 때에 강호에서 늙어가는 처지를 슬퍼하는 심사가 이별의 아쉬움에 더해져 끝 모를 애달픔으로 나아간 시라 하겠다.

《두시상주》 황학의 주에 "마땅히 대력 3년 늦가을에 지은 것이다. 이해에 토번이 침입하였다. 그래서 '전란의 누런 먼지'라고 한 것이다"라고 했다. 소보의 주에 "소부는 지금의 전사이다. 광찬은 위씨의 이름이다"라고 했다.(鶴注, 當是大曆三年秋晚作. 是年吐蕃入寇, 故詩云兵甲黃塵. 邵注, 少府, 今之典史. 匡贊, 韋名也.)

주 석

1 逍遙公(소요공) – 위광찬의 선조인 북주北周의 위형韋夐. 당 중종 때 사람인 위사립韋嗣立에게도 소요공이란 칭호가 있었으나 이 시에서는 위형을 가리킨다.

《두시상주》 주학령의 주에 "《당서》에 '위사립도 중종이 또한 소요공으로 봉했다'고 했는데, 위씨의 아홉 개 지파 가운데 위형의 후예를 소요공파라 하고, 위사립의 후예를 소소요공파라 한다"라고 했다. 두전杜田의 주에서는 "이 시에서 말하는 소요공은 위형을 가리킨다"라고 했다. 《북사》에서는 "북주의 위형은 은거하며 벼슬하지 않았는데 명제가 호를 내려 소요공이라 하였다"라고 했다.(朱注, 唐書, 韋嗣立, 中宗亦封爲逍遙公. 韋氏九房, 以夐後爲逍遙公房, 嗣立後爲小逍遙公房. 田注, 此詩所云逍遙公, 指韋夐也. 北史, 周韋夐, 養高不仕, 明帝號爲逍遙公.)

2 爾(이) – 그대. 維舟(유주) – 두보가 송별하기 위해 자신의 배를 묶어둔 것이다. 위광찬이 떠나기에 앞서 잠시 배를 묶어둔 것으로 보는 설도 있다. 此(차) – '別'로 된 판본도 있다. 筵(연) – 송별의 자리.

3 念我(염아) – 나를 생각하다. 能書(능서) – '常能'으로 된 판본도 있

다. '능能'은 '다만'의 뜻이다. 數字(수자) – 몇 글자. 至(지) – 보내오다.

《두시경전》 항상 소식을 전하자고 당부한 것이다.(囑其音問常通.)

4 將(장) – ~를. 詩(시) – 두보 자신의 시를 가리킨다.

두보 〈배를 띄워 경사로 돌아가는 위창조를 전송하고 그 편에 태자중윤 잠삼과 낭중 범계명에게 부치다(泛舟送魏十八倉曹還京因寄岑中允參范郎中季明)〉 술을 보거든 모름지기 날 기억해주고, 시는 함부로 전하지 마옵시기를.(見酒須相憶, 將詩莫浪傳.)

《두시경전》 공의 시에는 시절을 슬퍼하는 말이 많았기에 그래서 전하지 말라고 경계한 것이다. 이 구절은 곧 위광찬처럼 공을 아는 이가 적다는 말이다.(公詩多傷時語, 故戒其勿傳. 此句正言如韋之知公者少也.)

5 時危(시위) – 시절이 위태롭다. 兵革(병혁) – 본래 무기와 갑옷을 통칭하는 말이나 흔히 전란을 가리킨다. 여기서는 대력 3년 8월에 토번이 침입한 것을 말한다. 黃塵(황진) – 누런 먼지. 이 구절을 "시절이 위태로우니 전란이 누런 먼지 속에 있다"로 해석하기도 한다.

6 日短(일단) – 해가 짧다.

[時危 2구]

《구가집주두시》 조차공 주 위 구는 시절이 위태로운 때를 맞아 위광찬과 함께 모두 전란의 누런 먼지 속에 있다는 말로, 대개 전란이 있으면 누런 먼지가 있는 법이니 이것은 시절이 위태로운 일이다. 아래 구는 곧 머리카락이 이미 하얗게 세었는데 짧은 해 속의 강호가 그 앞에 있다는 말로, 대개 서로 모인 곳을 가리킨다.(上句言當時危之際, 與韋二皆在兵甲黃塵之裏, 蓋有兵甲則有黃塵, 此時危之事也. 下句則言髮已白矣, 而短景中之江湖在其前, 蓋指相聚之地也.)

7 古往今來(고왕금래) – 예로부터 지금까지. 涕淚(체루) – 콧물과 눈물이 모두 떨어지다. 곧 운다는 뜻이다. '눈물을 흘리다'로 풀이할 수도

있다.

8 斷腸(단장) – 애달프다. 分手(분수) – 헤어지다. 風煙(풍연) – 바람과 안개. 흔히 전란을 비유한다.

[時危 4구]

《두율계몽》 노쇠한 나이에 전란을 만났고 게다가 강호를 분주히 떠도니, 이는 본시 예로부터 지금까지 사람들이 함께 슬퍼하는 것이다. 하물며 이런 상황을 만나 친구와 헤어지게 되었으니, 애달프지 않을 수 있겠는가?(衰年遇亂, 而且奔走江湖, 固古今所同悲者, 況當此際而與故人分手, 能無腸斷乎.)

#《두시상주》: 위 4구는 위광찬을 전송하는 정이고, 아래 4구는 이별의 감회이다. 《두율연의》에서는 "위광찬은 대개 후배로서 공을 알아주고 흠모한 사람일 것이다. 그래서 첫 연에 질박하고 솔직한 말을 쓴 것이다"라고 했다. '시를 전할 필요가 없다'에 대해 옛 주석에서는 위광찬의 시를 가리킨다고 했는데, 《두율연의》에서는 공의 시에 시절을 슬퍼하는 말이 많아서 함부로 전하지 말 것을 당부한 것이라고 했다. 시절은 전란을 만났는데 자신은 강호에 머물고 있고, 백발의 나이는 가을날의 해처럼 짧기만 하다. 이러한 감정과 이러한 경물은 곧 예나 지금이나 다 같이 슬퍼한 것인데, 하물며 바람과 안개가 이는 때에 친구와 헤어진다면 그로 인해 상심하며 애달파하지 않을 수 있겠는가? 네 가지 말이 겹치며 나아가니 뜻이 지극히 슬프고 처량하다.(上四送韋之情, 下四別離之感. 演義, 韋蓋後輩而知慕公者, 故起用樸直之詞. 詩不必傳, 舊指韋詩. 演義謂公詩多傷時語, 故囑其不必浪傳. 時逢兵革, 身泊江湖, 白髮之年, 短如秋日. 此情此景, 乃今古所同悲者, 況故人分手於風烟之際, 能不爲之傷心而腸斷乎. 四語疊遞, 意極慘悽.)

《독두심해》: 위광찬이 장차 다른 곳으로 가려 해 공이 더불어 술을 마시며 이별한 것이다. 다음 구절은 급하게 떠나게 되어 연회가 끝나자마자 뱃줄을 풀 것이라는 말이다. 3, 4구는 쓸쓸한 감회로 송별의 말을 한 것이니 모두 위 두 글자 다음에서 한 번 끊어 읽어야 한다. 그대가 내 생각이 나면 언제라도 내게 편지를 쓰되, 내 시를 남에게 보여줄 필요는 없다는 것이다. 그대만큼 나를 아는 이가 지극히 드무니 함부로 내 이름을 알려서는 안 된다는 말이다. 5, 6구는 난리를 만나 쇠약해져 간다는 개탄이다. '예와 지금', '콧물과 눈물'로 이어 내려가서 마치 양호羊祜가 현산에서 한 차례 탄식한 것과 같으니, 이러하다면 오직 친구에 의지해 회포를 풀 따름이다. 그런데 또 바람과 안개 속에서 헤어지게 되었으니 애달프지 않을 수 있겠는가? 후반부에서는 위광찬을 전송하는 뜻이 떨어졌다 다시 합치되니 아득한 정이 끝이 없다.(韋將他適, 公與酌別. 次句言去之速, 筵竟則解維矣. 三四以寥落之感, 爲送別之詞, 俱上兩字一讀. 爾垂念則常簡我, 我之詩不必示人. 言如爾之知己者絶少, 不須浪以名通也. 五六値亂向衰之慨, 以古今涕淚接下, 正如羊公峴山一歎也, 如此, 則惟藉朋友遣懷耳. 況又風煙分手, 能無斷腸? 後半於送韋意, 離而復合, 無限遙情.)

(김준연)

40. 公安縣懷古

공안현에서 옛일을 떠올리다

野曠呂蒙營[1] 江深劉備城[2] 寒天催日短 風浪與雲平[3]
灑落君臣契[4] 飛騰戰伐名[5] 維舟倚前浦[6] 長嘯一含情[7]

들판이 탁 트인 여몽의 병영
강물이 깊은 유비의 성.
차가운 하늘이 해 짧아지기를 재촉하고
풍랑은 구름과 더불어 나란하다.
시원스러웠던 임금과 신하의 화합
날아올랐던 전쟁에서의 명성.
배를 매어 앞 포구에 기댄 채
길게 휘파람 불며 한번 감정을 품게 된다.

이 시는 대력 3년 늦가을 공안에서 지은 것이다. 공안은 유비의 성과 오나라 여몽의 병영이 번갈아 있던 곳이다. 두보는 공안에 도착해 배를 정박한 후 군신 간의 화합에 능했던 유비와 혁혁한 전공을 세운 여몽의 사적에서 떠오르는 감회를 경물 묘사와 더불어 펼쳐냈다.

《보주두시》 시에서 "차가운 하늘이 해 짧아지기를 재촉하고, 풍랑은 구름과 더불어 나란하다"라고 하였으니, 응당 대력 3년 늦가을에 지은 것이다.(詩云, 寒天催日短, 風浪與雲平, 當是大曆三年秋晚

作.)

《두율계몽》 공안현은 형주부에 속했다. 삼국시대에는 먼저 촉에 속했다가 나중에 오에 속했다.(公安縣, 屬荊州府. 三國時, 先屬蜀, 後屬吳.)

주 석

1 野曠(야광) – 들판이 넓다. 들판이 탁 트이다. 呂蒙營(여몽영) – 여몽의 병영. 여몽은 삼국시대 오나라의 장수로, 그의 병영이 공안현 북쪽에 있었다.

《두시상주》에 인용된 《명승지名勝志》 공안현 북쪽 25리 되는 곳에 여몽의 성이 있으니, 바로 여몽이 군대를 주둔시켰던 곳이다.(公安縣北二十五里, 有呂蒙城, 卽蒙所屯兵處.)

2 劉備城(유비성) – 유비의 성. 공안현의 잔릉성孱陵城을 가리킨다. 유비가 오나라에 의탁했을 당시에 좌장군 겸 형주목이 되어 이 성을 근거지로 삼았다.

《두시상주》에 인용된 《형주기荊州記》 오대제(손권)가 유비를 좌장군·형주목에 추천하자 유구에 진주하여 바로 이 성에 기거하였다. 당시 사람들이 좌공이라 불렀기에 그래서 그 성의 이름을 공안이라 하였다.(吳大帝推劉備爲左將軍, 荊州牧, 鎭油口, 卽居此城, 時人號爲左公, 故名其城公安也.)

육유陸游 《입촉기入蜀記》 14일에 공안에 정박하니 옛날의 이른바 유구이다. 한 소열제 유비가 군대를 주둔시키면서 비로소 지금의 이름으로 바뀌었다.(十四日, 次公安, 古所謂油口也. 漢昭烈駐軍, 始更今名.)

3 風浪(풍랑) 구 – 풍랑이 구름 높이로 치솟을 만큼 거세다는 뜻이다.

[寒天 2구] 늦가을이라 해가 점점 짧아지며 추워지고, 공안현 앞을 흐르

는 장강의 물살도 거세다는 말이다.

《두율계몽》 '한천' 구는 '언외에 영웅은 어디에 있는가'라는 감상이 있고, '풍랑' 구는 구절 사이에 '인물이 강물에 씻겨 사라졌다'라는 슬픔이 있으니, 그래서 경물에 감정을 기탁했다고 말한 것이다.(寒天催日, 言外有英雄安在之感, 風浪雲平, 句間有人物淘盡之悲, 故曰寓情于景.)

4 灑落(쇄락) – 시원스럽다. 거리낌이 없다. 君臣契(군신계) – 임금과 신하 간의 화합.

5 飛騰(비등) – 날아오르다. 대단히 뛰어나다는 말이다. 戰伐名(전벌명) – 전쟁에서의 공로로 얻은 명성.

[灑落 2구] 공안이라는 이름의 유래가 되었던 유비는 신하들과 잘 화합했고, 촉나라 땅이었던 공안을 공격해 차지한 오나라 여몽의 명성이 대단했다는 말이다.

《두억》 5, 6구에서 한 구는 유비를 말하고 한 구는 여몽을 말했다.(五六, 一謂劉, 一謂呂.)

《두보전집교주》에 인용된 고신顧宸 주 유비는 임금으로서 시원스런 성격이라 의심을 품은 채 사람을 대하지 않을 수 있었기에 제갈량, 관우, 장비와 더불어 군신 간에 가장 뜻이 잘 맞았다. 여몽은 오나라의 날랜 장수로서 그 전쟁에서의 명성이 매우 뚜렷했으니 이를테면 관우를 습격한 사례가 그러하다.(劉備之爲君灑落, 能不設疑以待人, 故與諸葛關張, 君臣最能契合. 呂蒙爲吳之驍將, 其戰伐之名甚著, 如襲關羽之類是也.)

《두시설》 5구에서 유비에게 '임금과 신하의 화합'이 있다고 했으니, 자신의 처지를 알 만하다. 6구에서 여몽에게 '전쟁에서의 명성'이 있다고 했으니, 자신의 불우함을 알 만하다.(五言劉有君臣契, 則己之遭際可知. 六言呂有戰伐名, 則己之轗軻可知.)

6 維舟(유주) – 배를 묶어 정박하다. 倚前浦(의전포) – 앞의 포구에 의

지하다.

7 長嘯(장소) – 길게 휘파람 불다. 含情(함정) – 감정을 품다.

《구가집주두시》 조차공 주 '함정'은 또한 옛일을 조상하는 뜻이다.(含情, 則亦弔古之意也.)

《두보전집교주》에 인용된 고신 주 "옛날의 영웅은 지금 모두 어디에 있는지, 오직 병영과 성만 어렴풋이 찾아볼 수 있을 뿐이어서 나는 이제 길게 휘파람 불어 그 기분을 펼쳐보려 하기에 그래서 한번 감정을 품게 된다"라는 말이다. 감정을 품는다고 한 것은 회고함이 지극하다는 것이다.(謂昔日之英雄今皆何在, 惟營與城依稀可尋耳. 我方欲長嘯而舒其氣, 乃爲一含情焉. 所云含情者, 懷之至也.)

[維舟 2구] 유비의 성과 여몽의 병영이 있었던 공안에 정박하니, 그들의 옛일을 떠올리며 감회에 젖게 된다는 말이다.

《두시경전》 두보가 늙도록 불우하고 당시에 훌륭한 장수가 적었던 것, 이것이 옛 자취를 바라보며 감회를 일으킨 까닭이다.(公老而不遇, 又時少良將, 此其所以望古而興懷也.)

#《두시상주》: 첫 2구는 남은 자취이고 3, 4구는 당시의 경물이다. 아래에서는 회고의 뜻을 서술하였다. 들판이 탁 트여 있으니 추위가 스며들고 강이 깊으니 물결이 거세며, 유비는 임금과 신하가 화합하고 여몽은 싸워서 정벌하기를 다투었으니, 네 구가 각각 나누어 받는 법을 활용한 것이다. 길게 휘파람 불며 감정을 품으니 자취는 그대로 있으나 사람은 이미 사라졌음을 슬퍼한 것이다. 호하객은 "이 휘파람은 (제갈량이) 무릎을 감싸고 〈양보음〉을 노래한 이야기로부터 변화해 나온 것이다. 선주 유비가 관우와 장비를 대함에 우의가 형제와 같았고 제갈량을 얻고는 물고기가 물을 만난 듯 기뻐했으니 이른바 '시원스러웠던 임금과 신하의 화합'이다. 여몽이 환성을 깨뜨릴 때 군사들이 모두 날아오르듯 올라갔다. 그가 여릉의 반란군 우두머리를 생포하자 손권은 백 마리 새가 한 마리 물수리만 못하다고 칭찬하였으니

이른바 '날아올랐던 전쟁에서의 명성'이다"라고 하였다. 황생의 주에서는 "결련에서는 '전포' 두 글자로 전반부를 묶어내고 '함정' 두 글자로 후반부까지 아울러 묶어내었으니 장법이 지극히 엄정하다"라고 하였다.(首二遺跡, 三四時景. 下述懷古之意. 野曠寒侵, 江深浪激, 劉合君臣, 呂爭戰伐, 四句各用分承, 長嘯含情, 傷跡在而人已亡矣. 胡夏客云, 此嘯, 從抱膝吟梁父化出. 先主之待關張, 誼同兄弟, 其得孔明, 歡如魚水, 所謂灑落君臣契也. 呂蒙之破皖城, 軍士皆騰躍而升. 其擒廬陵賊帥, 孫權稱其百鳥不如一鶚. 所謂飛騰戰伐名也. 黃生注, 結以前浦二字, 綰住前半, 以含情二字, 雙綰後半, 章法極整.)

《독두심해》: 위에서는 옛일을 말하고 아래에서는 감회를 말했다. 옛일을 말하는 곳에서는 경물과 교차시키고 감회를 말하는 곳에서는 감정과 교차시켰으니 장법이 서로 어울린다. 병영은 이미 존재하지 않기에 그래서 '들판이 넓다'고 했고, 성이 강변에 있기에 그래서 '강물이 깊다'고 했다. '한천' 구와 '풍랑' 구는 나누어 잇지 않았다. '군신'은 유비를 말하고 '전벌'은 여몽을 말하는데, 당시의 의기와 우의, 전공과 명성을 지적해내었으니 바로 감회의 부분이다. 결구에서 '한번 감정을 품게 된다'고 한 것은 이 때문이다. 그 사이에 '유주' 구를 끼워 넣었는데, 황생은 '전포' 두 글자로 전반부를 묶어냈다고 했다.(上言古, 下言懷也. 言古處接景, 言懷處接情, 章法相配. 營已無存, 故曰野曠. 城在江邊, 故曰江深. 寒天風浪不分頂. 君臣謂劉, 戰伐謂呂, 指出當年氣誼功名來, 正是懷處. 結云一含情, 爲此也. 其間夾入維舟句, 黃生謂以前浦二字綰住前半者也.)

(**김준연**)

41. 呀鶻行

입 벌린 송골매의 노래

病鶻孤飛俗眼醜[1]　每夜江邊宿衰柳
淸秋落日已側身[2]　過雁歸鴉錯迴首[3]
緊腦雄姿迷所向[4]　疏翮稀毛不可狀[5]
彊神非復皂雕前[6]　俊才早在蒼鷹上
風濤颯颯寒山陰[7]　熊羆欲蟄龍蛇深[8]
念爾此時有一擲[9]　失聲濺血非其心[10]

병든 송골매가 외로이 나는 것을 속인들이 추하게 보니
밤마다 강변의 쇠잔한 버드나무에서 잔다네.
맑은 가을 지는 해에 이미 몸이 기울어졌는데
지나가는 기러기와 돌아가는 까마귀가 착각하여 머리를 돌리네.
긴장한 머리와 씩씩한 자태로 어디로 갈지 모르겠고
성긴 날개 깃촉과 드문 깃털은 그 꼴이 말이 아니네.
강건한 정신은 더 이상 검은 수리 앞이 아니지만
뛰어난 재주는 일찍부터 푸른 매 위에 있었네.

풍랑이 쏴쏴 몰아치고 차가운 산이 어둑하여
곰이 겨울잠 자려 하고 용과 뱀이 깊이 숨네.
네가 이 시절 한 번 몸을 던져 공격하는 것을 생각하나니
울음소리도 막힌 채 피 흘리는 것은 그 본심이 아니라네.

이 시는 대력 3년 가을에 강릉 일대에서 지은 것으로 보는 설이 많지만 확실치 않다. 사용한 시어와 묘사한 풍경을 볼 때 대력 원년에 기주에서 지었을 가능성도 있다. 두보는 병들어 입을 벌리고 있는 송골매를 보고서 자신의 신세를 기탁하여 노래하고 있다. 송골매의 병든 모습을 보고 속인들은 무시하지만 두보는 그 본래 재주를 회상하며 가을이 되었는데도 상처를 입어 사냥을 하지 못하는 것을 안타까워하고 있다.

《두시상주》 채몽필은 대력 3년에 강릉에서 지은 시로 편재하고 있으니, 시에 '강변'과 '가을 해'라는 말이 있기 때문이다. 그러나 기주에서도 이런 말을 할 수 있다. 지금 잠시 채몽필의 편차에 따르지만 어느 해에 지은 것인지는 단정할 수 없다. 전겸익의 전에 따르면 이 시는 진호연 판본에 보이고, 또 《문원영화文苑英華》에도 보인다고 한다. '하'는 입을 벌린 모양이다.(蔡夢弼編在大曆三年江陵詩內, 以詩有江邊秋日語也. 然在夔州亦可言之, 今姑依蔡編, 未定何年耳. 錢箋, 此詩見陳浩然本, 又見英華. 呀, 張口貌.)

《독두심해》 두보 문집 외의 시이다.(集外詩.)

주 석

1 孤(고) – '卑'로 된 판본도 있다. 俗眼(속안) – 속인들의 안목.

2 日(일) – '月'로 된 판본도 있다. 側身(측신) – 몸을 기울이다. 여기서는 병들어 몸이 기울어진 것이다. 이와 달리 《두시언해》에서는 사냥하려고 몸을 기울이는 것으로 보고 있다.

《두시경전》에 인용된 장진張溍 주 '측신'은 병으로 똑바로 설 수 없는 것이다.(側身, 以病不能正立也.)

3 錯迴首(착회수) – 착각하여 머리를 돌리다. 송골매를 여전히 두려워하는 모양이다. 이와 달리 송골매를 더 이상 두려워하지 않는 것으로 보는 설도 있지만 합당하지 않다.

《두시경전》 '착회수'는 여전히 그를 두려워하는 것이다.(錯迴首, 尙畏之也.)

《두보전집교주》에 인용된 장원張遠 주 '착회수'는 까마귀와 기러기가 그가 병든지 모르기에 여전히 맹금의 공격을 피하는 것이다.(錯迴首, 鴉雁不知其病, 尙避鷙擊.)

《독두심해》 평범한 새들이 다시 겁먹지 않는 것을 말한다.(言凡鳥不復喫驚.)

4 緊腦(긴뇌) – 긴장한 머리. 위엄 있는 머리. 迷所向(미소향) – 향할 바를 잘 모르다.

5 不可狀(불가상) – 형용할 수 없다.

6 彊神(강신) – 강건한 정신. '정신을 강하게 하다', '정신을 고달프게 하다'로 보기도 한다. 非(비) – '迷'로 된 판본도 있다. 復(부) – 다시. 더 이상. '복'으로 읽고 '돌아가다'로 풀이하기도 한다. 皀雕(조조) – 검은색의 대형 맹금. 검은 수리.

[彊神 2구]

《독두심해》 '조조'와 '창응'도 송골매 종류이다.(皀雕蒼鷹, 亦鶻類.)

《두보전집교주》에 인용된 장원 주 송골매가 비록 병들었으나 그 강한 정신과 뛰어난 재주는 여전히 수리와 매의 위에 있다고 생각함을 말한다.(言鶻雖病, 而其神之强, 才之俊, 尙思在于雕鷹之上.)

[緊腦 4구]

《두시상주》 '미복' 두 자는 《주역·복괘》에 나오는데 돌아갈 바를 잘 알지 못함을 말한다. 위 문장에 '미소향'이 있는데 아래 구에 다시 '미복'을 쓸 수 없기에 마땅히 '비부'로 해야 옳다.(迷復二字, 出易復卦,

言迷於所復也. 上文有迷所向, 下句不應又用迷復, 當作非復爲是.)

#《두시상주》: 이 시는 '하골'을 보고 스스로를 슬퍼한 것이다. 첫 단락은 그 병든 모습을 묘사하고 있다. 속인들의 눈이 추하게 보는 것은 그 병들고 피폐함을 미워한 것이다. 기러기와 까마귀가 고개를 돌리는 것은 그 남은 위세를 두려워한 것이다. '긴뇌' 2구는 거듭 그 병든 상태를 묘사한 것이다. '강신' 2구는 그 용맹한 기운을 회상한 것이다.(此見呀鶻而自傷也. 首段, 寫其病憊之狀. 俗眼看醜, 憎其病廢. 雁鴉回首, 畏其餘威. 緊腦二句, 仍摹其病態. 彊神二句, 迴想其猛氣.)

7 颯颯(삽삽) – 바람이 부는 소리.

8 蟄(칩) – 숨다. 겨울잠을 자다. '縶'으로 된 판본도 있다.

9 爾(이) – 병든 송골매를 가리킨다. 一擲(일척) – 한 번 몸을 던지다. 몸을 던져 다른 새를 공격하는 것을 말한다.

《두시상주》 '척'은 '던진다'는 뜻이다. 맹금류가 사냥감을 칠 때 반드시 위에서 아래로 몸을 던진다.(擲, 投也, 鷙鳥搏物, 必自上投下.)

10 失聲(실성) – 슬픔이 과도하여 울어도 소리가 나지 않는 것이다. 병 때문에 울음소리가 나지 않는 것으로 보기도 한다.

《독두심해》 '실성천혈'은 '슬피 울며 피 흘리다'라고 말하는 것과 같다.(失聲濺血, 猶云哀鳴瀝血.)

[念爾 2구]

《두시경전》 '일척'은 일격이다. '실성'은 병으로 울음소리를 내지 못하는 것이다. '천혈'은 병으로 손상을 입어 피를 흘리는 것이다. 이 깊은 겨울을 맞이하여 한창 사냥감을 공격해야 하는 시기인데 병으로 피폐해진 것을 감내해야 하니 그 본심이 아님을 말한다.(一擲, 一擊也. 失聲, 以病無聲也. 濺血, 以病傷損流血也. 言當此深冬, 正搏擊之時, 而甘以病廢, 非其本心也.)

#《두시상주》: 아래 단락은 가련히 여기고 애석해하는 뜻을 깊이 드러내었다. '날씨가 차고 만물이 숨어 한창 송골매가 허공을 힘차게 나는 가을이 되었으니, 이때에는 응당 사냥감을 일격해야 하는데 이처럼 처참하게 슬피 울고 있으니 어찌 그 본심이겠는가'라고 말하고 있다. (下段深致憐惜之意. 言當此天寒物藏, 正鶻鳥凌厲之秋, 此時應有一擊, 而悲鳴悽慘如此, 豈其本心乎.)

##《독두심해》: '하골'은 송골매가 병들어 입을 벌린 것으로 이를 빌려 스스로를 비유한 것이다. 젊었을 때 〈화응〉 시에서 "어느 때에나 범상한 새들을 쳐서, 털과 피를 평원에 뿌릴까?"라고 했으니 그 기개를 상상할 수 있다. 그런데 지금은 병으로 강변에 정박하여 '속안'의 비웃음을 당하고 있기에 '하골'을 보고서 감개를 기탁한 것이다. 앞 4구는 그것이 병든 것을 애석해한 것이고, 가운데 4구는 그 재주를 밝힌 것이며, 뒤 4구는 그 마음을 유추한 것이다. '속안추' 3자에는 가련히 여기는 마음이 전혀 없다. 가운데 4구에서 지금 병들었지만 그 뛰어난 재주를 드러낸 것과 뒤 4구에서 가을이 되어 그 심사를 상상한 것은 모두 속인과는 다른 안목으로 본 것이니 바로 이 (속안추) 3자와는 대비된다. 이전의 화주에서 지은 시인 〈수마행〉과 같은 부류이다.(呀鶻, 鶻病而張口, 借以自況也. 少時畫鷹詩云, 何當擊凡鳥, 毛血灑平蕪, 其氣概可想. 乃今病泊江邊, 見嗤俗眼, 故見呀鶻而寄慨焉. 前四, 惜其病. 中四, 原其才. 後四, 推其心. 俗眼醜三字, 抹殺可憐. 中四之方病而顯其俊才, 後四之凌秋而想其心事, 都從另眼看出, 正對此三字. 與前華州詩瘦馬行一類.)

(**강민호**)

42. 宴王使君宅題二首

왕 사군의 집에서 연회하면서 짓다 2수

漢主追韓信[1] 蒼生起謝安[2] 吾徒自漂泊[3] 世事各艱難

逆旅招要近[4] 他鄉意緒寬[5] 不才甘朽質[6] 高臥豈泥蟠[7]

한나라 군주는 한신을 쫓았고
백성은 사안을 일으켰는데,
우리 무리는 절로 떠돌며
세상일에 각기 고생스럽네.
객사에서 초대하여 가까이하니
타향에서 심사가 느긋해지는데,
나는 재주 없어 썩은 자질을 달게 여기지만
그대는 높이 누웠으나 어찌 진흙에 웅크린 것이랴.

이 시는 왕 씨의 집에서 열린 연회에 참석하고 그 감회를 적은 것이다. 제1수에서는 자신의 신세를 한탄하면서 왕 씨가 재능이 있지만 쓰이지 못하고 있음을 안타까워하는 마음을 서술하였고 제2수에서는 그가 베풀어준 호의에 감사하는 마음을 표현하였다. '사군'은 자사刺史의 호칭이다. 왕 씨는 예전에 자사를 지내다가 지금은 지방에서 머무는 이로 보이며, 이름은 미상이다. 대체로 대력 3년에 지은 것으로 추정한다. 두보가 형주에서는 두위의 집에 있었기에 이 시는 공안에서 지은 것으로 보인다.

《보주두시》 시에서 "강과 호수에 맑은 달이 떨어진다"라고 하였으니 마땅히 이는 형남에서 지은 것이다. 양권도는 공안에서 지은 시에 편재하였다. 그러나 모두 대력 3년 가을을 벗어나지 않는다. 왕 사군은 마땅히 고을에 한거하고 있었을 것이니, 그래서 "한나라 군주는 한신을 쫓았고 백성은 사안을 일으켰다"라고 하였다.(詩云, 江湖墮淸月. 當是在荊南作. 梁權道編在公安詩內, 然均不出大曆三年秋. 王使君當是閑居邑中, 故云, 漢主追韓信, 蒼生起謝安.)

《두시상주》 황학의 주에서 "마땅히 대력 3년 가을에 지었을 것이다"라고 하였다. 소보의 주에서 "왕 씨는 필시 형주 사람으로 고을에 한거하는 자일 것이다"라고 하였다.(鶴注, 當是大曆三年秋作. 邵注, 王必荊州人, 閑居邑中者.)

주 석

1 漢主(한주) – 한나라 고조 유방을 가리킨다. 이 구는 유방이 유능한 신하인 한신을 중용하게 된 고사를 말한 것이다.

《한서·고조본기高祖本紀》 한왕이 남정에 도착하자 여러 장수와 군졸들은 모두 노래를 부르며 동쪽으로 돌아가고자 하였고 많은 이가 도중에 도망쳐 돌아갔다. 한신은 치속도위였는데 또한 도망갔다. 소하가 쫓아가서 돌아오게 한 뒤 한왕에게 천거하며 말하기를, "반드시 천하를 다투고자 하신다면 한신이 아니면 같이 일을 계획할 자가 없을 것입니다"라고 하였다. 이에 한왕은 재계하고 단을 만들어서 한신을 대장군에 배수하였다.(漢王旣至南鄭, 諸將及士卒皆歌謳思東歸, 多道亡還者. 韓信爲治粟都尉, 亦亡去, 蕭何追還之, 因薦於漢王曰, 必欲爭天下, 非信無可與計事者. 於是漢王齊戒設壇場, 拜信爲大將軍.)

2 蒼生(창생) – 백성. 謝安(사안) – 동진의 신하. 동산東山에 은거하다가 나라가 위급해지자 출사하였다. 이 구는 사안이 백성의 요청으로

출사하였다는 말이다.

《진서晉書·사안전謝安傳》 정서대장군 환온이 (사안에게) 사마가 되어달라고 청하여 신정을 출발하려 하자 조정의 인사들이 모두 그를 송별하였다. 중승 고숭이 그를 놀리며, "그대가 여러 번 조정의 명령을 어기고 동산에서 높이 누워 은거하였는데, 여러 사람이 매번 서로 말하기를, '사안이 나오려고 하지 않으니 장차 백성을 어찌하겠는가'라고 하였다. 백성들이 지금 또한 그대를 어찌하겠는가"라고 하니, 사안이 매우 부끄러워하였다.(征西大將軍桓溫請爲司馬, 將發新亭, 朝士咸送, 中丞高崧戲之曰, 卿累違朝旨, 高臥東山, 諸人每相與言, 安石不肯出, 將如蒼生何. 蒼生今亦將如卿何. 安甚有愧色.)

[漢主 2구]

《구가집주두시》 조차공 주 첫 두 구는 옛날 공명을 이룬 두 사람의 일을 가져와 말한 것으로 아래 구를 이끈다.(首兩句取古二人功名之事言之, 引下句也.)

《두보전집교주》에 인용된 왕호汪灝 주 뛰어난 자 중 떠나간 자는 오히려 쫓아가 돌아오게 하고자 하고, 뛰어난 자 중 숨어 있는 자는 오히려 초빙해 나오게 하려고 하니, 바로 조정에서 인재를 필요로 하는 때이다.(賢之去者, 尙欲追還, 賢之伏者, 尙思聘出, 正朝庭需才時也.)

3 吾徒(오도) – 우리. 두보와 왕 씨를 아울러 가리킨다. 이와 달리 두보만 가리킨다는 설도 있으나 취하지 않는다. 漂泊(표박) – 떠돌다.

[吾徒 2구]

《두율계몽》 3구의 '자' 자는 한신과 사안을 암암리에 받은 것으로 옛사람은 모두 기회를 만났는데 우리는 절로 떠돌고 있다는 말이다. 4구의 '각' 자는 안에 사군과 자기를 아우르고 있다.(三句自字, 暗承韓謝, 言古人皆遇合, 而吾徒自漂泊也. 四句各字, 兼使君與己在內.)

《두보전집교주》에 인용된 주전周甸 주 '자' 자를 완미하고 수련에서 임금과 장군 재상이 모두 난리를 없앨 인재라고 말한 것을 보면, 나와 왕 씨가 절로 때를 만나지 못하여 각기 어려워한다는 뜻이다.(玩自字, 見首聯言人君將相皆撥亂之才, 吾與王自不遭遇, 各艱難耳.)

《두시천》 '오도'는 두보가 자신을 말한 것이고, '각간난'은 세상으로 나가 당시의 어려움을 구제하지 못한다는 말이다.(吾徒, 公自道. 各艱難, 言不能出而濟時艱也.)

4 逆旅(역려) – 여관. 招要(초요) – 초대하다. '要'는 '邀'로 된 판본도 있다. 이 구는 왕 씨가 여관에 있는 두보를 초대하여 가까이했다는 말이다. 이와 달리 가까운 곳의 여관에 있는 두보를 초대했다고 풀이할 수도 있다.

5 意緖(의서) – 심사. 마음. '意'는 '思'로 된 판본도 있다. 寬(관) – 풀리다. 느긋해지다.

[逆旅 2구]

《구가집주두시》 조차공 주 모두 객살이 중에 있어서 서로 초대하여 심사를 풀 수 있다는 말이다.(言皆在逆旅之中, 以相招邀, 可以寬意緖也.)

《두보전집교주》에 인용된 고신顧宸 주 '역려'는 두보가 여관에 머물고 있다고 스스로 말한 것이다. 여관에 있는데 사군의 초대를 받았으니, 어느새 타향의 심사가 그 때문에 조금이나마 누그러졌다.(逆旅, 公自言處逆旅也. 在逆旅之中, 承使君之招邀, 不覺他鄕意緖爲之一寬.)

6 甘(감) – 달게 여기다. 朽質(후질) – 썩은 자질. 재능을 펼치지 못함을 말한다.

7 高臥(고와) – 편히 눕다. 은거의 삶을 가리킨다. 泥蟠(이반) – 진흙 속에 웅크리다. 재능을 펼치지 못하고 있음을 비유하는데, 이면에는 곧 떨쳐 일어날 것이라는 뜻이 있다.

양웅楊雄《방언方言》 아직 승천하지 않은 용을 '반'이라고 한다.(未

升天龍, 謂之蟠.)

《후한서·장형전張衡傳》 중도에 엎어짐을 당해서 용의 덕이 진흙에 웅크리고 있었지만, 지금 구름을 타고 높이 올라서 천제의 자리에서 서성인다.(中遭傾覆, 龍德泥蟠. 今乘雲高躋, 磐桓天位.)

[不才 2구] 두보 자신은 재주가 없지만 왕 씨는 은거하고 있더라도 언젠가는 기용될 것이라는 말이다. 이와 달리 두보 자신이 재주가 없음을 달게 여기며 은거할 뿐이지 다시 기용될 것을 바라지 않는다는 말로 보는 설도 있다.

《두시조차공선후해집교》 '고와기니반'은 용으로 비유한 것이다. 제갈량이 남양에서 높이 누워 있었는데 당시 그를 와룡이라고 불렀다. 양웅의 《법언》에서 "용이 진흙에 서려 있고 도롱뇽이 설친다"라고 하였다. 지금 '불재감후질'이라 한 것은 자처하는 말이고 '고와기니반'은 스스로 겸손해하는 것이다.(高臥豈泥蟠, 以龍爲喩, 諸葛亮高臥南陽, 而當時號之爲臥龍. 揚子, 龍蟠於泥, 蚖其肆矣. 今云不才甘朽質, 所以自處之語. 高臥豈泥蟠, 所以自謙也.)

《두율계몽》 마지막 연은 재능이 없어 높이 누워 있으니, 진흙에 웅크리고 있으며 펴기를 기다리는 자와 같지 않다는 말인데, 자신을 겸손하게 표현하면서 왕 씨를 칭송한 것이다.(末言不才高臥, 與蟠泥待伸者不同, 自謙以美王也.)

#《두억》: 재능이 한신과 같으면 절로 한나라 왕이 쫓을 일이 있고 명망이 사안과 같으면 절로 백성이 일으킬 일이 있다. 우리가 떠도는 것은 본디 세상일이 어려워서인데 마음이 절로 느긋해지는 것은 무엇 때문인가. 재능이 없고 썩은 자질이라 절로 마땅히 높이 누워 있어야 하니 어찌 진흙에 웅크리는 자이겠는가.(才如韓信, 自有漢主追之. 望如謝安, 自有蒼生起之. 吾徒之漂泊, 固以世事艱難, 然意緒自寬, 何也. 不才朽質, 自應高臥, 豈泥蟠者耶.)

《두시상주》: 첫째 수는 연회를 할 때의 감회이다. 옛사람은 모두 크게 쓰임을 얻었지만 사군은 떠돌며 어려움을 겪고 있다고 하였으니 그가 불우함을 애석해한 것이다. 자신이 타향의 여관에 있는 것과 같은 경우에는 또한 오직 술을 빌려 마음을 풀 뿐이고, 재주가 없이 높이 누웠으니 어찌 진흙에 웅크리다 다시 떨칠 것을 바라겠는가라고 한 것은 또한 스스로 달래는 것이다. 5, 6구는 시제의 '연회'를 말한 것이다.(首章, 宴中有感. 古人皆獲大用, 而使君乃漂泊艱難, 惜其不遇也. 若己之逆旅他鄉, 亦唯借酒寬懷耳. 不才高卧, 豈望泥蟠復奮乎. 又自解也. 五六點宴.)

《독두심해》: 첫째 수는 술을 마시면서 서로 느껴 탄식하는 말을 펼쳐 그려내었다. 시상을 일으키는 문세가 두 사람을 아우르면서 자부하는 기운이 매우 높아, 뛰어난 이가 군주를 만나는 일이 지금은 옛날만 못함을 보여준다. 5, 6구는 제목의 뜻을 대략 띠고 있다. 7, 8구는 시상이 나로부터 상대방에 이른 것으로 문세를 뒤집으며 두 사람을 아우른다. 언외에 '나는 끝났지만 그대 또한 오래 이렇게 버려지겠는가'라는 뜻이 보인다. 신묘한 맛이 그윽하다.(首章, 抒寫酒間相感歎之語, 起勢雙籠, 負氣絶高, 見賢豪遇主, 今不如古矣. 五六, 略帶題面. 七八, 由我及彼, 逆勢雙兜, 言外見我則已矣, 君亦長此廢棄耶. 神味悠然.)

其二

泛愛容霜鬢[1]　留歡卜夜閒[2]　自吟詩送老[3]　相對酒開顔[4]
戎馬今何地[5]　鄉園獨在山[6]　江湖墮淸月　酩酊任扶還[7]

널리 사랑하여 서리 내린 살쩍을 받아주어

머물러 즐기게 하려 한가한 밤을 택하였네.

스스로 읊조리며 시로 노년을 보냈는데

서로 마주하며 술이 얼굴을 펴게 하네.

전마는 지금 어디 있는가

고향 전원은 홀로 산에 있으리.

강과 호수에 맑은 달이 떨어지는데

얼큰해져 부축해 돌아가게 내버려두리라.

주 석

1 泛愛(범애) – 널리 사랑하다. 왕 씨의 인품을 말한 것이다. 容(용) – 받아들이다. 霜鬢(상빈) – 서리같이 하얀 귀밑털. 늙은 두보를 비유한다. '鬢'은 '髮'로 된 판본도 있다.

《두시상주》에 인용된 《두억》 두보의 시에서 매번 '범애'라는 말을 사용한 것은 대체로 평범한 사람으로 자처한 것이다.(公詩每用泛愛, 蓋以衆人自居也.)

2 留歡(유환) – 머물게 하여 즐겁게 하다. 卜夜閒(복야한) – 한가로운 밤으로 시간을 정하다. '上夜關'으로 된 판본도 있고, '閒'이 '闌'으로 된 판본도 있다.

《두시상주》 《문원영화변증文苑英華辨證》에서 "세상에 전해지길 두보는 집안 어른의 이름을 피하지 않았다고 하는데 기실 틀린 것이다. 변환이 모은 두보의 시와 다른 판본에는 원래 '유환상야관'으로 되어 있으니 손님들이 돌아가지 못하게 수레 비녀장을 우물에 던졌다는 뜻이다. 어떤 판본에서는 고쳐서 '야란'이라고 하였는데 또한 운자에 맞지 않는다"라고 하였다. 노원창의 주에서 "왕유의 〈등배적소루〉에서 좋은 객이 달빛을 타고 있으니 문에서 기다리며 빗장을 잠그지 말라고 했다"라고 하였다. 고염무는 "'한閒' 자는 한가하다는 뜻이니 '한閑' 자와 서로 저촉되지 않는다"라고 하였다.(英華辯證, 世傳杜公不避家諱, 其實非也. 卞圜集杜詩及別本自是留歡上夜關, 蓋有投轄之意. 或改作夜闌, 又不在韻. 盧注, 王維, 登裴迪小樓云, 好客作乘月, 應門莫上關. 顧炎武曰, 閒乃閑暇, 於閑字自不相犯.)

《구가집주두시》 조차공 주 지금 구는 마땅히 '상야관'을 옳은 것으로 한다. 대체로 첫 두 구가 대를 이루는데 '야관' 자여야 비로소 '상빈'과 대가 된다. 또 '유환'에 대해서도 서로 호응하는데, 대체로 진준이 문을 잠그고 수레 비녀장을 던져버린 것과 같다.(今句當以上夜關爲正. 蓋首兩句便對, 而夜關字方對霜鬢也. 又於留歡爲相應, 蓋如陳遵閉門投轄者矣.)

[泛愛 2구]

《두보전집교주》에 인용된 고신顧宸 주 사군의 사랑을 받음이 두루 노쇠한 이에게 미쳤다. 오늘 머물며 즐거워하다가 밤 시간을 점치게 되었다는 것이니 연회가 오래 지속되었다는 말이다.(承使君之愛, 泛及衰老之人, 今日留歡, 至于卜夜, 言宴之久也.)

3 送老(송로) – 노년을 보내다. 이 구는 평소 두보가 시를 읊조리며 노년을 보내고 있었다는 말이다.

4 開顔(개안) – 얼굴을 펴다. 편안하고 즐겁다는 말이다.

[自吟 2구] 《두시언해》에서는 "스스로 시를 읊조리며 노년을 보내다가 서로 술을 마주하며 얼굴을 편다"라고 풀이하였다.

5 戎馬(융마) – 전쟁터의 말. 이 구는 온통 전쟁 중이라는 말이다. 이와 달리 전쟁 중에 나는 객지를 떠돌고 있다는 뜻으로 보거나 이곳에서는 즐거워 전쟁을 잊는다는 내용으로 보기도 한다.

6 鄕園(향원) – 고향의 전원. 在山(재산) – 산에 있다. 황폐해졌음을 함축한다. '在'는 '舊'로 된 판본도 있다. 이 구는 두보의 고향 전원이

황폐해졌을 것이라는 말이다. 이와 달리 왕 씨가 유독 이곳에 전원을 가지고 편히 살고 있음을 말한 것이라고 보는 설도 있다.

7 酩酊(명정) – 술에 많이 취한 모양. 任(임) – 내버려두다. 扶還(부환) – 부축하여 돌아가다. 이 구는 부축받아 돌아갈 정도로 술에 취하겠다는 말이다.

[戎馬 4구]

《두율계몽》 전마가 이리저리 치달리는데 몸은 지금 어디에 있는가. 고향 산이 홀로 남았으니 고향 전원이 이미 황량해졌을 것이다. 두 구는 모두 자신을 말한 것이다. 달이 지고 취해서 돌아가니 이로써 고향에 대한 그리움을 누그러뜨리고자 하였을 따름이다.(戎馬交馳, 而身今居何地. 舊山獨存, 而鄕園已寥落矣. 二句皆自謂. 月落醉歸, 庶以緩鄕關之思耳.)

#《두억》: '범애'는 말이 슬픈데 '용' 자는 더욱 슬프다. '란' 자는 운자에 맞지 않는데, 양신楊愼이 말하기를, "옛 판본에는 '야관'으로 되어 있는데 이것이 옳다"라고 하였다. '향원독재산'은 필시 사군의 집을 말한 것으로, 전마에 대한 근심이 없으니 맘껏 취해도 무방하다는 말이다. '자음시송로'는 흥취를 얻었음을 상상할 수 있다.(泛愛, 語悲. 容字, 更悲. 闌字出韻, 用脩云, 古本作夜闕爲是. 鄕園獨在山, 必謂使君宅, 言無憂於戎馬也, 故不妨盡醉. 自吟詩送老, 其得趣可想.)

《두시설》: 은중문의 시(〈남주환공구정작南州桓公九井作〉)에서 "성대한 연회에서 두루 사랑함을 흩뿌린다"라고 하였다. 시의 첫 마디를 '범애' 2자로 하였는데 이 모임이 그가 즐거워할 바가 아님을 알 수 있다. 다만 집과 나라에 마음을 쓰고 회포를 펴기 어려웠기에 술을 빌려 스스로 위로하였을 뿐이다. 평소 그저 시를 읊으며 노년을 보내는데 오늘 아침 술을 권하기에 얼굴을 펴게 되었다. 전마가 분분함을 알지도 못하는데 누가 멀리 떨어진 고향 전원에 대해 물을까. 오래 머물다가 심성이 옆으로 흐르고 달이 지게 되었는데 술에 한껏 취한 뒤에 돌아가게 내버려둔다. 3, 4구는 1, 2구에 순순히 호응한다. 5, 6구는 '개안'을 받아서 말한 것이다. 7, 8구는 이끌어서 첫머리로 돌아갔다. 7구는 장소와 때를 보여주는데 오직 이 구만 경물을 지적하였다. 시 전체가 초솔草率하다고 느껴지지 않는 것은 글자마다 심혈을 기울였기 때문이다. 문의 잠금 장치를 '관'이라고 하는데 '상관'은 바로 수레 비녀장을 던져버린다는 말을 변형한 것이다. 세속의 판본에는 '복야란'이라고 되어 있는데 그런 이야기임을 알지 못하고 잘못 바꾼 것이다. 비록 운자에 맞지 않는 것은 고려하지 않더라도 비루함이 또한 심하다. 왕유의 시에서도 "문에서 기다리며 빗장을 잠그지 마라"라고 하였다.(殷仲文詩, 廣筵散泛愛. 開口作泛愛二字, 可知此會非其所樂矣, 但關心家國, 懷抱難開, 故借酒自遣. 平日惟吟詩送老, 今朝因勸酒開顔, 不知戎馬紛紜, 誰問鄕園遠隔. 留連之久, 至於參橫月落, 任其酩酊而後歸焉. 三四順應一二. 五六承開顔說. 七八, 挽回首處. 七, 見地見時, 只此句點景. 全詩不覺其率, 以字字匠心故. 門杜曰關, 上關卽變投轄字. 俗作卜夜闌, 蓋不知其說而謬改之, 雖出韻不顧, 陋亦甚矣. 王維詩亦云, 應門莫上關.)

《두시상주》: 둘째 수는 연회를 할 때의 감흥이다. 사랑하여 연회에 머물게 하였다고 한 것은 사군의 덕을 칭송한 것이다. '송로'는 '상빈'을 받은 것이고 '개안'은 '유환'을 이은 것이다. 지금 전마의 땅에서 사군은 홀로 고향 전원을 가지고 있으니 어느덧 오래 머물다 취해 돌아갈 따름이다. 5, 6구는 시제의 왕 씨 집을 말한 것이다.(次章, 宴時之興. 愛而留宴, 德使君也. 送老, 承霜鬢. 開顔, 頂留歡. 今當戎馬之地, 使君獨有故園, 不覺留連而醉歸耳. 五六, 點王宅.)

《독두심해》: 둘째 수는 머물며 연회함을 상세히 서술하였다. 일을 서술한 것 가운데 감정을 말하는 것이 깃들어 있다. '자음'은 누구도 나를 걱정하지 않는다는 것이고 '상대'는 교제의 즐거움을 다한다는 것이다. '금하지'는 발 둘 곳이 거의 없다는 말로 애달파한 것이고, '독구산'은 왕 씨에게 편안한 거처가 있다는 말로 부러워한 것이다. 7, 8구는 여전히 연회의 일로 돌아가 마무리한 것인데 집이 없는 상황이 절로 말 속에 있다.(次章, 乃詳敍留宴, 敍事之中, 言情寓焉. 自吟, 莫相恤也. 相對, 罄交歡也. 今何地, 幾無措足, 傷之也. 獨舊山, 王有寧居, 羨之也. 七八, 仍迴合宴事, 而無家之狀, 自在言下.)

(**임도현**)

43. 送覃二判官

담 판관을 보내다

先帝弓劍遠[1] 小臣餘此生[2] 蹉跎病江漢[3] 不復謁承明[4]
餞爾白頭日[5] 永懷丹鳳城[6] 遲遲戀屈宋[7] 渺渺臥荊衡[8]
魂斷航舸失[9] 天寒沙水淸 肺肝若稍愈 亦上赤霄行[10]

선제의 활과 칼은 멀어지고
소신의 이 삶만 남았다.
강한에서 병든 채 허송세월하며
다시는 승명전에서 알현하지 못했는데,
머리 허연 날에 너를 전별하며
길이 단봉성을 생각한다.

오래도록 굴원과 송옥을 그리워하면서
아득히 멀리 형문과 형산에 누워 있는데,
가는 배 사라져 혼이 끊길 때
하늘은 차고 모래의 물 맑구나.
폐와 간이 조금 낫게 되면
나 또한 붉은 하늘로 올라가야지.

대력 3년 강릉에서 지은 시이다. 당시 담 판관이 강릉을 떠나 장안으로 가게 되었기에 이 시를 지어 송별하였다. 장안으로 가는 담 판관의 모습을 보면서 두보는 장안으로 돌아갔으면 하는 평소의 바람을 다시 떠올리게 되었다. 그런 바람과 먼 객지에서의 고독감이 이 시에 짙게 배어 있다. 담 판관의 이름과 생애는 미상이다.

《보주두시》 시에서 "강한에서 병든 채 허송세월하며 다시는 승명려에서 알현하지 못했다"라고 하였으니, 의당 대력 원년 기주에서 지은 것이리라. 담 씨는 이때 장안으로 돌아갔다.(詩云, 蹉跎病江漢, 不復謁承明, 當是大曆元年夔州作. 覃是時歸長安也.)

《두시상주》 시에서 "형문과 형산에 누워 있다"라고 하였으니, 의당 대력 3년 강릉에서 지은 것이리라.(詩云, 臥荊衡, 當是大曆三年江陵作.)

주 석

1 先帝(선제) – 숙종을 가리킨다. 현종과 숙종을 아울러 가리킨다는 설도 있다. '帝'는 '皇'으로 된 판본도 있다. 弓劍遠(궁검원) – 활과 칼이 멀어지다. 황제黃帝의 전설에서 유래한 표현으로, 황제皇帝의 붕어崩御를 비유한다.

《두시상주》 《한서·교사지》에 의하면, 황제는 솥이 완성되자 용을 타고 하늘에 올랐는데, 지위가 낮은 신하들이 (따라 올라가려고) 용의 수염을 잡았지만 수염이 빠져 떨어지고 황제의 활도 떨어졌다고 한다. 《열선전》에 의하면, 황제를 교산에 묻었는데 산이 무너지자 관은 시신 없이 비어 있고 칼과 신만 있었다고 한다.(前漢郊祀志, 黃帝鼎成, 騎龍上天, 小臣持龍髯, 拔墮, 墮黃帝之弓. 列仙傳, 黃帝葬橋山, 山崩, 空棺無尸, 唯劍舄在焉.)

《독두심해》 ('선제'는) 현종과 숙종을 아울러 가리킨다.(統指玄肅.)

2 小臣(소신) – 두보 자신을 가리킨다.

3 蹉跎(차타) – 실의한 채 세월을 보내다. 江漢(강한) – 장강과 한수 일대.

4 謁(알) – 알현하다. 承明(승명) – 승명전承明殿 또는 승명려承明廬. 승명전은 한漢나라 때 미앙궁에 속한 전각. 승명려는 승명전의 부속 건물로 숙직하던 곳이다. 여기서는 당나라 조정을 대칭代稱한다.

《삼보황도三輔黃圖》 미앙궁에 승명전이 있는데, 저술하는 곳이다. (未央宮有承明殿, 著述之所也.)

5 爾(이) – 너. 담 판관을 가리킨다.

6 丹鳳城(단봉성) – 장안의 궁성을 뜻한다. 대명궁 정남방의 문을 단봉문이라 한다.

《구가집주두시》 조차공 주 '단봉성'은 장안에 있는 황제의 성을 가리켜 말한다.(丹鳳城, 指言長安帝城也.)

《두공부초당시전》 두보가 장안에 있는 황제의 성을 그리워한 것이다. 예전에 진목공秦穆公의 딸이 퉁소를 부니 봉황이 그 지붕에 모였다. 그래서 봉성이라 이름하였다.(公懷長安帝城也. 昔秦女吹簫, 鳳集其屋, 因名鳳城.)

《두공부시집집주》에 인용된 《장안지長安志》 동내 대명궁은 남쪽에 문이 다섯 있는데 정남에 있는 것을 단봉문이라 한다.(東內大明宮, 南面五門, 正南曰丹鳳門.)

《두시상주》 《당서》에 지덕 2재 11월에 황상이 단봉문에 행차하여 제명制命을 내렸다는 기록이 있는데, 바로 이 성문이다.(唐書, 至德二載十一月, 上御丹鳳門下制, 卽此城門.)

#《두시상주》: 이 단락은 담 씨를 전송하면서 조정으로 돌아가려는 흥취를 일으켰던 것이다. '선제'는 숙종을 가리킨다. '백두'는 두보가 자신을 말한 것이다.(此送覃而動歸朝之興. 先帝, 指肅宗. 白頭, 公自謂.)

7 遲遲(지지) – 오래도록 그리워하는 모양. 戀屈宋(연굴송) – 굴원屈原

과 송옥宋玉을 그리워하다. 굴원과 송옥의 문재文才를 사모하다. 굴원과 송옥은 모두 초사의 작가로, 현재 두보가 있는 강한 지역과 관련이 있다. 이 구에는 두보 자신도 굴원과 송옥 같은 시인이라는 자부심이 담겨 있다.

《두시상주》 '굴송'은 시 짓는 일을 스스로 견준 것이다.(屈宋, 自比賦詩.)

8 渺渺(묘묘) – 아득한 모양. 장안에서 멀리 떨어져 있음을 나타낸다. 荊衡(형형) – 형산荊山과 형산衡山, 또는 형문荊門과 형산. 여기서는 현재 두보가 있는 장강 지역을 뜻한다.

《두시상주》 '형형'은 형문과 형악을 말한다.(荊衡, 謂荊門衡岳.)

[遲遲 2구]

《구가집주두시》 조차공 주 '연굴송'과 '와형형'은 그가 초 땅에 있음을 말한 것이다.(戀屈宋臥荊衡, 所以言其在楚地也.)

9 航舸(항가) – 배. 담 씨가 타고 가는 배를 말한다. 이 구는 담 씨의 배가 사라지자 마음이 암울해진다는 뜻이다.

10 赤霄(적소) – 붉은 하늘. 곤륜산 위에 있다고 하는데, 여기서는 장안 궁성을 비유한다. 궁전 이름이기도 하다.

《두시상주》에 인용된 《태종실록太宗實錄》 정관 6년 2월에 구성궁 적소전에서 삼품 이상의 관리에게 잔치를 베풀었다.(貞觀六年二月, 宴三品已上於九成宮赤霄殿.)

[魂斷 4구]

《구가집주두시》 조차공 주 "가는 배 사라져 혼이 끊긴다"라는 것은 담 판관의 떠나가는 배를 바라보며 암담한 심사로 작별하니 혼이 끊김을 말한다. "나 또한 붉은 하늘로 올라가야겠다"라고 하니 장안으로 돌아가 군주를 뵙고자 하는 뜻이 있는 것이다.(魂斷航舸失, 言望覃二判官之去航, 黯然作別而魂斷也. 亦上赤霄行則有意于歸長

安而見君矣.)

#《두시상주》: 이 단락은 헤어진 뒤에 돌아가고 싶어하는 뜻을 거듭 말하였다. 자신은 형문과 형산에 누워 그가 배를 타고 멀리 가는 것을 보았으니, 어찌 다시 물가에 체류할 수 있겠는가? 그래서 추운 때에 옛 경사로 한번 돌아가고 싶어한 것이다. '승명'이라 하고, '단봉'이라 하고, '적소'라고 하여, 군주를 그리워하고 궁궐을 그리워하는 정성스러운 뜻을 한 편의 시 속에 대체로 세 번 드러내었다.(此申言別後思歸之意. 身臥荊衡而見乘舸遠去者, 何堪復滯水濱乎, 故欲寒時一返舊京也. 曰承明, 曰丹鳳, 曰赤霄, 懷君戀闕之誠, 篇中蓋三致意焉.)

##《독두심해》: 담 씨가 가는 것은 필시 경사로 돌아가는 것이리라. 그래서 송별하면서 궁궐을 그리워하는 뜻을 재삼 드러내었다. 첫 4구는 국도(장안)를 떠난 지 이미 오래여서 돌아가려는 마음이 점차 사라졌음을 스스로 말한 것이다. '전이' 2구는 돌아가는 사람을 보게 되어 돌아가려는 흥취를 촉발시켰다는 것이다. '지지' 4구는 체류하는 것이 슬프다는 것이다. 굴원과 송옥 역시 형문과 형산 지역에 추방된 신하로 군주와 나라에 마음이 매인 자였다. 그래서 그들로 자신을 견주었다. 결련은 거듭 돌아가려는 뜻을 드러내었다.(覃二之行, 必是歸京, 故送別而三致戀闕之思. 起四, 自言去國既久, 歸心漸歇. 餞爾二句, 見歸人而觸歸興也. 遲遲四句, 留滯之悲. 屈宋亦荊衡逐臣而繫心君國者, 故以自況. 結聯, 仍見歸志.)

(**이영주**)

44. 公安送李二十九弟晉肅入蜀余下沔鄂

공안에서 아우 이진숙이 촉으로 들어가는 것을 전송하고 나는 면주 악주로 내려가다

正解柴桑纜[1] 仍看蜀道行[2] 檣烏相背發[3] 塞雁一行鳴[4]
南紀連銅柱[5] 西江接錦城[6] 憑將百錢卜[7] 漂泊問君平[8]

바야흐로 시상 가는 뱃줄을 풀다가
또 촉도로 가는 그대 보게 되었거니와,
돛대의 까마귀 서로 등지고 떠나는데
변새의 기러기는 한 줄로 날아가며 운다.
남기는 동주에 이어지고
서강은 금성과 잇닿아 있으니,
그대 가는 김에 백전의 복채를 보내
떠도는 이 신세 군평에게 물어보리라.

이 시는 대력 3년 겨울 공안에서 지은 것이다. 당시 두보는 면주 악주로 내려가려 하였는데 이진숙이 공안을 출발하여 서쪽 촉으로 들어가려고 하여 이 시를 지어서 작별한 것이다. 시에서는 이별의 감정과 자신의 신세에 대하여 쓰고 있다. 시제의 '이이십구제진숙'은 이진숙으로, 이하李賀의 부친이며 두보와는 성이 다른 친척 동생이다. '면악'은 면주(지금의 한양)와 악주(지금의 무창)를 말한다.

《보주두시》 공은 대력 3년 겨울 공안을 출발하여 악양으로 갔다.

지금 시에 "돛대의 까마귀 서로 등지고 떠난다"라고 했으니 아마도 그때일 것이다. 그래서 시제에 "나는 면주 악주로 내려간다"라고 한 것이다. 뒤에 끝내 무창(악주)에 이르지는 못하였다.(公以大曆三年冬發公安, 往岳陽, 今詩云, 檣烏相背發, 蓋其時, 故題云余下沔鄂. 後不果至武昌.)

《두시상주》 이진숙은 이하의 부친으로 한유의 글 〈휘변〉에 보인다. 《당서》에 의하면 면주는 한양군이고 악주는 강하군으로 모두 강남서도에 속하였다. 뒤에 면주를 악주에 병합하여 넣었다.(晉肅李賀之父, 見韓文諱辯. 唐書, 沔州, 漢陽郡. 鄂州, 江夏郡. 俱屬江南西道, 後併沔州入鄂州.)

《두공부시집집주》 살펴보건대 공은 이해 겨울에 공안을 출발하여 악양에 이르렀다. 그런데 제목에서 면주와 악주로 내려간다고 말하고, 시에서 또 "바야흐로 시상 가는 뱃줄을 풀다"라고 하였으니 아마도 공은 이때에 면주와 악주를 거쳐 동쪽으로 내려가려 했던 것인데 뒤에 뜻대로 되지 않아 악양으로 갔던 것이다.(按, 公是年冬發公安, 至岳陽, 而題云下沔鄂, 詩又云正解柴桑纜, 蓋公是時欲由沔鄂東下, 後不果, 乃之岳陽也.)

주 석

1 柴桑(시상) – 현 이름. 강주에 속하였으며 당시 두보의 동생이 그곳에 살고 있었다.

《두시설》 시상은 강주에 있었다.(柴桑, 在江州.)

《두시상주》 (당 두우杜佑의) 《통전》에 "심양현 남쪽 초성역이 바로 한대 시상현이다"라고 하였고, 《일통지》에 의하면 지금 구강부 성 남쪽에 있었다.(通典, 潯陽縣南楚城驛, 卽漢柴桑縣也. 一統志, 在今九江府城南.)

2 蜀道行(촉도행) – 촉으로 난 길을 가다. 이진숙이 촉으로 가는 것을 말한다.

《구가집주두시》 조차공 주 진숙이 촉에 들어가는 것을 전송한 것이다.(送晉肅入蜀.)

3 檣烏(장오) – 돛대 위의 까마귀 모양의 풍향계. 보통 떠돌아다니며 일정한 거처가 없음을 비유한다. 여기서는 배를 가리킨다. 相背發(상배발) – 서로 등지고 떠나가다. 이진숙의 배는 촉으로, 두보의 배는 면주와 악주로 가는 것을 말한다.

《두시상주》 '장오'는 돛대 위에서 바람을 살피는 까마귀이다.(檣烏, 檣上相風烏.)

《구가집주두시》 조차공 주 배의 돛대 위에 까마귀 형상을 조각한 것이다.(船檣上刻爲烏形.)

4 塞雁(새안) – 변새의 기러기. 一行(일항) – 한 줄. 줄지어 날아가는 것을 말한다.

5 南紀(남기) – 남방의 벼리. 장강과 한수를 말한다. 銅柱(동주) – 구리 기둥. 형양현 성 북쪽에 있었다.

《시경·소아·사월四月》 도도히 흐르는 장강과 한수는 남방 나라의 벼리이다.(滔滔江漢, 南國之紀.)

《두시상주》 조차공의 주에 "남기는 장강과 한수로, 면주와 악주로 내려가면서 지나는 곳이다"라고 하였다. 《두억》에서 "《명승지》에 의하면 동주는 형양현 성 북쪽 120리에 있었는데, 오 황무 2년에 도독 정보와 촉장 관우가 경계를 나누고 함께 동주를 세워 맹세하였다고 한다. 공이 장차 형주로 내려가려 하면서 바로 이곳을 가리켰으니 마원의 교지에 있는 동주와는 같지 않은 것이다"라고 하였다.(趙注, 南紀, 江漢也, 下沔鄂所經. 杜臆, 名勝志, 銅柱在衡陽縣城北百二十里, 吳黃武二年, 都督程普與蜀將關羽分界, 共立銅柱爲誓. 公將下

衡州, 正指此處, 與馬援交阯之銅柱不同.)

6 西江(서강) – 강 이름. 장강을 가리킨다. 錦城(금성) – 성도. 옛날 성도에는 비단을 관장하는 관리가 있어서 금성이라 하였다. 이와 달리 성도에 연꽃이 많아 붙은 이름이라는 설도 있다.

《두시상주》 세상 사람들의 말에 의하면, 성도는 성에 모두 부용을 심어서 가을이 되면 꽃이 피는데 멀리서 바라보면 비단과 같았다.(世說, 成都城皆種芙蓉, 至秋開, 望之若錦.)

7 憑(빙) – 기대다. 이진숙이 성도로 가는 김에 그에게 부탁한다는 말이다. 將百錢卜(장백전복) – 백전을 가지고 가서 점을 치다. 이와 달리 '백전복'은 엄군평의 점을 뜻하는 것으로 볼 수도 있다.

8 漂泊(표박) – 표박하다. 떠돌다. 떠도는 두보 자신의 신세를 말한다. 君平(군평) – 엄군평. 성도에서 점치는 일을 생업으로 하였다고 한다.

[憑將 2구]

《두시상주》 옛 주석에 "엄군평은 성도에서 점을 쳐주고 복채를 받아 생활하였는데 매일 백전을 벌면 바로 점집을 닫고 발을 내렸다"라고 하였다.(舊注, 嚴君平賣卜成都, 日得百錢, 卽閉肆下簾.)

《두억》 이진숙이 금성으로 가는 김에 백전을 가지고 가서 군평에게 나의 표박 신세가 어느 때나 끝날 것인가 점을 치도록 부탁한 것이다.(因李錦城之便, 求將百錢向君平卜我漂泊何時已乎.)

#《두시상주》: 위 4구는 송별의 정이요, 아래 4구는 이별 뒤의 감개이다. 바야흐로 면주와 악주로 가면서 이진숙이 촉으로 들어가는 것을 전송하니 이는 두 배가 등지고 떠나는 것으로 기러기가 차례 지어 함께 가는 것만 못하다. '남기'와 '서강'은 위의 '배발'을 이어 받고 있다. 군평에게 점치는 것을 맡겨 어느 때에나 표박을 면할 수 있을까 물은 것이다. 이 씨를 동생이라고 칭하였기 때문에 기러기 줄지어 날아가는 것을 썼고, 촉으로 가기 때문에 군평을 인용하였다.(上四送別之情,

下四別後之慨. 方爲沔鄂之遊, 而送李入蜀, 是兩舟背發, 不如雁序同行矣. 南紀西江, 頂上背發. 寄卜君平, 問何時得免漂泊也. 李稱弟, 故用雁行. 往蜀中, 故引君平.)

《두시설》: 기련은 한 번은 자신에 대하여 한 번은 이 씨에 대하여 썼고, 차련은 합하여 묘사하였으며, 전련은 또 한 번은 자신에 대하여 한 번은 이 씨에 대하여 썼고, 결련은 부탁하는 말을 지어서 자신의 뜻을 담았다. (이 씨가) 성이 다른 친척 형제였으므로 제4구에서 '새안'으로 비유를 삼아 사람이 무리를 잃는 것이 기러기만 못함을 말하였다. 시상은 강주에 있었다. 앞 시(〈우시양아又示兩兒〉)의 구에 "강주 생각에 눈물을 금하지 못했다"라고 하였으니 아마도 공에게 이곳에 머무는 동생이 있어서 그를 찾아가고자 한 것이리라. 또 〈유자〉 시에 "파촉의 근심을 누구에게 말할까? 오문에서의 흥취는 아득하기만 하다. 구강은 봄풀 밖에 있고 삼협은 저녁 돛배 앞에 있다"라고 하였으니 공에게는 오랫동안 이런 흥치가 있었음을 알 수 있다. 그러나 이 시의 제목에 면주와 악주로 내려간다고 하였으나 그가 가는 것은 끝내 실현되지 않았다. 그런즉 공의 (〈속득관서영취당양거지정월중순정출삼협續得觀書迎就當陽居止正月中旬定出三峽〉) 시에 일찍이 "배는 남에게 의지하여 움직인다"라는 구가 있거니와 이번 가는 것이 실현되지 않았으니 또한 일이 자신의 뜻대로 되지 않아서일 것이다. (起聯一己一彼, 次聯合寫, 轉聯又一己一彼, 結聯作囑托語以寓己意. 因中表兄弟, 故四以塞雁爲比, 言人之失群不如物也. 柴桑在江州. 前有句云, 江州涕不禁, 豈公有弟客此而欲訪之耶. 又遊子詩云, 巴蜀愁誰語, 吳門興杳然. 九江春草外, 三峽暮帆前, 則公久有此興可知. 然此詩題云云, 而其行終不果, 則公詩嘗有舟楫因人動之句. 此行不果, 亦豈事不由己耶.)

《독두심해》: '시상람'은 가려는 곳을 들어 말한 것이다. 3, 4구는 만났다가 헤어지는 것이다. '동주'는 남쪽에 있고 '시상'과 길을 달리하니 '연' 자 하나를 쓴 것은 이번에 갈 때 동쪽으로 내려가지 않으면 남쪽으로 내려갈 것임을 보인 것이다. 이는 첫째 구를 거듭 말한 것으로, 바로 자신을 말한 것이다. '접금성'은 둘째 구를 거듭 말한 것으로, 진숙을 말한 것이다. 결련은 촉으로 들어가는 것을 전송한다는 이야기로 나아가면서 이를 빌려 자신이 갈 곳을 헤아리고 있으니 붓끝마다 생동감이 있다.(柴桑纜, 擧欲往之處言. 三四, 由合而分也. 銅柱在南, 與柴桑各路, 下一連字, 見此行不東下, 卽南下矣. 此申首句, 乃自謂. 接錦城, 申次句, 謂晉肅. 結就送入蜀邊, 借商己之所往, 筆筆活.)

(**이석형**)

45. 留別公安太易沙門

공안의 태역 스님과 이별하다

隱居欲就廬山遠[1] 麗藻初逢休上人[2]
數問舟航留製作[3] 長開篋笥擬心神[4]
沙村白雪仍含凍[5] 江縣紅梅已放春[6]
先踏罏峰置蘭若[7] 徐飛錫杖出風塵[8]

은거하여 여산의 혜원에게 나아가고자 했더니
글이 아름다운 탕혜휴 스님을 처음 만났어라.
자주 배를 방문하여 시를 남기시니
늘 상자를 열어 그 마음을 헤아렸다네.
모래밭 마을 흰 눈은 여전히 추위를 머금었어도
강가 고을의 붉은 매화는 벌써 봄꽃을 터트렸네.
먼저 향로봉 밟아 절을 지으시고
천천히 석장을 날려 풍진을 벗어나옵소서.

이 시는 대력 3년 겨울 공안을 떠나 악양으로 출발하면서 당시 공안에서 만난 태역 스님에게 준 이별시이다. 태역 스님의 문사가 뛰어남을 예찬하면서 훗날 크게 도를 이룰 것을 기대하였다. '사문沙門'은 승려의 통칭이다. '太易'을 '大易'으로 쓴 판본도 있다.

《보주두시》 사문은 승려의 통칭이다. 양나라 회계의 사문 혜교가 지은《고승전》에서 "한나라 때 비로소 사문이 있게 되었다"라고 하였다. 당 현장을 사문이라 칭한 것이 이것이다. 시에서 "모래밭 마을 흰 눈은 여전히 추위를 머금었어도, 강가 고을의 붉은 매화는 벌써 봄꽃을 터트렸다"라고 했으니 대력 3년 겨울 악양으로 출발하면서 지은 것이 분명하다.(沙門乃僧之通稱. 梁會稽沙門惠皎作高僧傳云, 漢始有沙門. 唐玄奘稱沙門是也. 詩云, 沙村白雪猶含凍, 江縣紅梅已放春, 當是大曆三年冬起岳陽時作.)

《두시상주》에 인용된 《후한서·교사지郊祀志》 사문은 한어로 잡념을 없앤다는 뜻이니, 머리를 깎고 출가하여 정을 끊고 욕망을 씻어 무위로 돌아간다는 것이다.(沙門, 漢言息心, 剃髮出家, 絶情洗慾, 而歸於無爲也.)

주 석

1 廬山遠(여산원) – 여산의 혜원惠遠. 여산에 절을 짓고 수련했던 진晉 혜원 스님을 가리킨다.

《두시조차공선후해집교》 '여산원'은 혜원 대사를 말한다.(廬山遠, 謂惠遠大師也.)

《두시상주》 여산은 강서 구강부에 있다. 주 무왕 때에 광속 선생 형제 7인이 이곳에 은거하였으므로 광여산으로 불렀다. 진나라 혜원은 성이 가씨로 여산이 청정한 것을 보고는 마침내 그곳에 살게 되었다. 공이 나아가고자 한다는 것은 아마도 가탁하는 말일 것이다.(廬山, 在江西九江府. 周武王時, 匡俗先生兄弟七人隱於此, 因號匡廬山. 晉惠遠, 姓賈氏, 見廬山淸淨, 遂居焉. 公欲就者, 蓋託言也.)

《두시경전》 공은 이전에 〈대각고승난야〉 시를 써서 "무산에서 여산의 혜원 스님을 뵙지 못했다"라고 했으니, 아마도 이 사람에게 나아가고자 한 것은 아닐까?(公前有大覺高僧蘭若詩, 巫山不見廬山遠, 豈卽欲就此人也.)

2 麗藻(여조) – 아름다운 글. 休上人(휴상인) – 탕혜휴湯惠休 스님.

《두시조차공선후해집교》 '휴상인'은 시승 탕혜휴이다.(休上人, 則詩僧湯惠休也.)

《두시상주》 '여조'는 문사가 아름다움을 말한다. 〈문부〉에 "아름다운 글이 훌륭함을 기뻐한다"라는 말이 있다. 남조 송나라 혜휴는 성이 탕씨로 시에 능하여 송 세조가 그에게 환속하라 명하였다.(麗藻, 謂文詞葩麗. 文賦, 嘉麗藻之彬彬. 宋惠休, 姓湯氏, 能詩, 宋世祖令其還俗.)

3 數問(삭문) – 자주 방문하다. 舟航(주항) – 배. 당시 두보가 머물고 있던 배를 가리킨다. 留製作(유제작) – 창작한 시문을 남기다. 이 구절은 태역 스님이 자주 두보의 배를 방문하여 시를 지었다는 말이다.

《두시조차공선후해집교》 공의 배에 방문하여 자신의 시문을 남겼음을 말한 것이다.(言來問公之舟航, 而留公之製作也.)

《두시경전》 태역에게는 아마도 두보에게 주는 시가 있었을 것이다.(太易蓋有贈詩.)

4 篋笥(협사) – 상자. 여기서는 시문을 넣어둔 상자를 가리킨다. 擬心神(의심신) – 마음과 정신을 헤아리다. 이 구절은 태역 스님이 남긴 시문을 자주 보면서 그것에 담긴 뜻을 헤아린다는 말이다.

《두시상주》 임방의 〈출군전사곡범복야시出郡傳舍哭范僕射詩〉에 "평생의 일을 그만두었나니, 시가 상자에 가득하네"라는 말이 있다. …… '의'라는 것은 태역 스님의 시에 화답하고자 한 것이다.(任昉詩, 已矣生平事, 咏歌盈篋笥. …… 擬者, 欲和其詩也.)

5 沙村(사촌) – 모래밭이 있는 강변 마을. 含凍(함동) – 추위를 머금다.

6 江縣(강현) – 강가 고을. 放春(방춘) – 봄날 싹과 꽃을 피우다. 봄기운을 터트리다.

[沙村 2구] 이 구절은 이별할 당시 공안의 날씨를 언급한 것이다. 이와 달리 '사촌' 구는 이곳 공안을 가리키고 '강현' 구는 앞으로 도착할 악양

지역을 가리키는 것으로 보기도 한다.

7 罏峰(노봉) – 여산의 향로봉香爐峰을 가리킨다. 蘭若(난야) – 절.

《두시상주》에 인용된 《변림辯林》 범어 아란야에서 '난'은 향초요, '야'는 건초이니 난야는 향기롭고 정결한 초가집이라는 뜻이다.(梵言阿蘭若, 蘭, 香草也, 若, 乾草也, 乃香潔草菴之意.)

《독두심해》 여산에 향로봉이 있다.(廬山有香罏峰.)

8 錫杖(석장) – 승려가 짚고 다니는 지팡이.

《두시조차공선후해집교》 손작이 〈유천태산부〉에서 말한 "나한이 석장을 날려 허공을 걸었다"라는 구절에 대해 주에서 "참도를 터득한 사람은 석장을 쥐고 허공을 거닐기 때문에 난다고 말한다"라고 적고 있다.(孫綽遊天台山賦云, 應眞飛錫而躡虛. 注云, 得眞道之人, 執錫杖而行於虛空, 故云飛也.)

《두시상주》에 인용된 진정경陳廷敬 주에서 인용한 담방생湛方生의 〈여산신선시서廬山神仙詩序〉 심양에 여산이란 곳이 있으니 팽려호의 서쪽에 자리하고 있다. 첩첩 험준하여 길이 끊기고 아득히 깊어서 신명의 구역이요 신선들의 동산이라 할 만하다. 태원 11년 나무꾼 하나가 산 남쪽에서 나무를 하였는데, 당시 아름다운 노을이 숲에 흩어지고 기우는 햇살이 산봉우리를 비추고 있었다. 승려 하나가 법의를 걸치고 홀로 바위 중에 있는 것이 보였다. 잠시 후 승려가 옷자락을 떨치고 석장을 휘둘러 절벽을 곧장 올라 붉은 하늘을 헤치고 가볍게 날아갔다.(潯陽有廬山者, 盤基彭蠡之西, 阻絶重險, 窈窕冲深, 可謂神明之區域, 列眞之苑囿. 太元十一年, 有樵採其陽者, 於時鮮霞褰林, 傾暉映岫, 見一沙門, 披法衣, 獨在巖中, 俄頃振裳揮錫, 陵崖直上, 排丹霄而輕擧.)

[先踏 2구] 이 구절은 태역 스님이 여산에 암자를 짓고 수련하여 득도할 것을 축원한 말이다. 두보가 먼저 가서 여산에 암자를 지어놓고 석장을 타고 올 태역 스님을 기다리겠다는 말로 보는 경우도 있다.

《두시조차공선후해집교》 마지막 구절은 공이 먼저 여산으로 가고 향로봉으로 길을 잡아 절을 지을 땅을 구하고 태역 스님이 석장을 날려 오기를 청한 것을 말한 것으로 보인다.(末句, 公蓋言我先往廬山路香爐峯求置蘭若之地, 請太易師飛錫而來也.)

《두시경전》 당시 공은 여산으로 가고자 했으므로 마땅히 먼저 그곳에 절을 지어 대역이 오기를 기다린다고 말한 것이다.(時公欲往廬山, 故言當先置寺於彼, 以待大易之來也.)

#《두시상주》: 위 4구는 태역 스님의 시사를 찬미한 것이다. 5, 6구는 서로 이별하는 때와 장소를 기록하였다. 마지막에서는 그가 여산에서 수도할 것을 바란 것이다. 택주 진정경陳廷敬이 말하기를 "마지막 2구는 태역이 응당 향로봉에 집을 짓고 도가 이루어져 날아오르기를 기다려야 함을 말한 것이다. 옛 주해에서는 공이 먼저 여산으로 가서 절을 세우고 태역이 오기를 기다리고자 한 것이라고 말하고는 마침내 지공이 산기슭을 다툰 일을 인용하여 석장을 날린 일을 증명하였으나 이 설은 틀린 것이다. 여기서는 본시 여산의 신선의 일을 활용한 것이다"라고 하였다.(上四, 贊太易詩詞. 五六誌相別時地. 末則望其修道廬山也. 澤州陳冢宰云, 末二句, 言太易當築室廬峰, 以俟道成飛擧. 舊解謂公欲先往廬山置寺, 以待太易之來, 遂引志公爭山麓事, 以證飛錫, 其說非也. 此本用廬山神仙事.)

《두억》: 공은 장차 여산으로 가서 은거하고자 했으므로 결련에서 스님과 약속하기를 먼저 향로봉으로 가서 절을 지어 함께 거처하며 후에 석장을 날려 떠나라고 한 것이다. 《두율연의杜律演義》에서는 공이 절을 짓고 스님이 석장을 날려 올 것을 기다린다고 하였으나 틀렸다.(公將就隱廬山, 故落句約僧先踏爐峰置蘭若以同居, 然後飛錫以去. 演義謂自置蘭若待其飛錫, 誤矣.)

《독두심해》: 그 당시에 〈송이진숙입촉여하면악〉 시에서 "바야흐로 시상으로 가는 뱃줄을 풀었다"라고 했으니 이번 여정의 뜻이 강주로 가는 것임을 이 시와 합쳐서 보면 더욱 믿을 수 있다. 후에 뜻을 이루지 못하고 호남으로 들어가게 되었을 뿐이다. 위 4구는 아직 이별하지 않았을 때의 일을 서술한 것으로 객중에서 시승을 만나 심히 기뻐하는 말이다. 그런데 첫 구에서 이미 강주로 가고자 하는 뜻을 드러내어 결련의 인맥引脈으로 삼고 있다. '삭문' 구절은 공의 출행 일정을 물으며 시로써 뜻을 표현한 것이다. '장개' 구절은 그가 와서 지은 시를 보고 그 마음에 감동한 것이다. 다섯째 구는 이곳의 경치를 드러낸 것이요, 여섯째 구는 저쪽의 경치를 헤아린 것이다. 결련에서는 그가 절을 짓고 자신을 기다릴 것을 언급하였지만 떠날 때 돌아보면서 정이 일어난 것이니 꼭 태역 스님이 여산으로 갈 것을 생각하여 한 말은 아니다.(其時有送李晉肅入蜀余下沔鄂詩云, 正解柴桑纜. 此行志在江州也. 合之此首益信, 後竟不果, 遂入湖南耳. 上四, 敍未別時事, 客中得遇詩僧, 乃深喜之詞. 而首句已透欲赴江州消息, 爲結聯引脈. 數問, 訪公行期而致以詩也. 長開, 觀彼來作而感其情也. 五, 見此地之景, 六, 擬彼地之景. 結言到彼築室相待, 回顧生情, 非必大易果往.)

(**김성곤**)

46. 久客
오랜 나그네

羇旅知交態[1] 淹留見俗情[2] 衰顏聊自哂[3] 小吏最相輕[4]
去國哀王粲[5] 傷時哭賈生[6] 狐狸何足道[7] 豺虎正縱橫[8]

떠돌아다녀서 교유의 실태를 알고
오래 머무르자 속인의 마음이 보인다.
시든 얼굴 그저 자신이 우습구나
조그만 서리들이 가장 깔본다.
서울 떠나 왕찬을 슬퍼하고
시절 아파 가의를 곡하노라.
여우와 이리야 말해 무엇하리
승냥이와 범이 막 날뛰거늘.

나그네로 오래 떠돌면 염량세태를 절로 알 수 있다. 늙어서 푸대접에 익숙해져 자조의 웃음도 나오지만 그 가운데서도 가장 견디기 힘든 것은 조그만 권세를 가졌다고 나대는 서리 소인배들이다. 옛날 왕찬은 서울(서경)에서 견디지 못하고 형주로 갔고, 가의는 시국을 바로잡고자 글을 올려 통곡하였다. 지금도 그때처럼 반군과 외적이 날뛴다. 그러니 나를 무시하는 저 소인배들이야 무어라 말할 게 있으랴. 광덕 2년 낭주에서 지었다고도 하지만, 대력 3년 강릉 공안 일대에서 지은 것으로 본다.

《보주두시》 시에서 "떠돌아다녀서 교유의 실태를 알고 오래 머무르자 속인의 마음이 보인다. 시든 얼굴 그저 자신이 우습구나, 조그만 서리들이 가장 깔본다"라고 했고, 또 "여우와 이리야 말해 무엇하리, 승냥이와 범이 막 날뛰는데"라고 했으니 당연히 광덕 2년 낭주에서 아무도 알아주는 사람이 없어서 이 시를 지었다.(詩云羈旅知交態, 淹留見俗情, 衰顔聊自哂, 小吏最相輕. 又云狐狸何足道, 豺虎正縱橫, 當是廣德二年在閬州, 莫有相知者, 故有此作.)

《두시상주》 황학은 광덕 2년 낭주 시에 넣었고, 채몽필은 대력 3년 강릉 시에 넣었다. 이해 정월, 공은 협곡을 나가 3월에 강릉에 닿았고, 가을이 저물 때 공안으로 옮겼으며, 겨울에 악양으로 갔다. 시에서 조그만 서리들이 깔본다고 하였으니 아마 그때 마음에 맞는 사람이 적어 쓸쓸하였을 것이다. 또 왕찬과 가의를 인용하였으니 모두 초 지역의 일이라서 협곡을 나간 이후가 맞다.(黃編在廣德二年閬州詩內. 蔡氏編在大曆三年江陵詩內. 是年正月, 公出峽, 三月至江陵, 秋晩遷公安, 冬之岳陽. 詩言小吏相輕, 蓋其時落落寡合也. 又引王粲賈生, 皆楚中事, 應在出峽以後.)

주 석

1 羈旅(기려) – 나그네로 떠돌다. 交態(교태) – 교유의 실태. 세태.

2 淹留(엄류) – 체류하다. 떠나지 못하고 한곳에 묶여 살다. 見(견 · 현) – 보이다. 드러나다. 나타나다. 俗情(속정) – 세상 사람들의 마음.

[羈旅 2구]

《한서·장풍급정전張馮汲鄭傳》 이에 앞서 하규의 적공이 정위가 되자 빈객이 문을 메웠고, 그만두자 문 밖에는 참새 그물을 칠 만하였다. 후에 다시 정위가 되자 빈객이 가려 하니 적공은 그 문에 크게 썼다. "죽을 뻔하다가 살면 교유의 정을 알게 되고, 가난하다가 부유해지면 세태를 알게 되고, 귀하다가 천해지면 교유의 정이 바로 드러난다."(先是下邽翟公爲廷尉, 賓客亦塡門, 及廢, 門外可設爵羅. 後復爲廷尉, 客欲往, 翟公大署其門曰, 一死一生, 乃知交情. 一貧一富, 乃知交態. 一貴一賤, 交情乃見.)

3 衰顔(쇠안) – 시든 얼굴. 노년을 말한다. 自哂(자신) – 자신을 비웃다.

4 小吏(소리) – 관아의 하급 서리胥吏. 相輕(상경) – 나를 무시하다, 깔보다.

명 방홍정方弘靜《천일록千一錄》 두보의 시(〈구객〉)에서 '소리최상경' 구는 속스러운 듯하면서 맛이 있다. 소리는 대부분 대체를 모르고 상관의 뜻만 잘 좇으니 높은 현자를 중시할 줄 어찌 알겠는가. 이광李廣 장군은 패릉위霸陵尉에게 곤욕을 당했고, 한장유는 옥리에게 모욕을 당했으니 다반사이다. 또 '호리하족도'라고 하였다. 말할 것도 못되니 마음에 둘 만하지 않다는 뜻이다.(杜, 小吏最相輕, 似俚而有味. 小吏多不知大體, 但能奔趨上官, 豈知重高賢乎. 李將軍困於陵尉, 韓長孺辱於獄吏, 乃恒態也. 又云狐狸何足道, 不足道則不足置意中.)

5 去國(거국) – 서울을 떠나다. 王粲(왕찬) – 후한 때의 문인.

《두시상주》 한나라 말기에 서경이 어지러워지자 왕찬은 떠나서 형주에서 유표에게 의탁하였다. 그래서 그의 시(〈칠애시七哀詩·기일其一〉)에서 "다시 서울을 버리고 떠나서 멀리 몸은 형만으로 간다네"라고 하였다.(漢末西京擾亂, 王粲去而依劉表於荊州. 故其詩云, 復棄中國去, 遠身適荊蠻.)

《두공부초당시전》 두보는 왕찬을 자신에 비유하였다.(甫以王粲自比也.)

6 傷時(상시) – 시절을 슬퍼하다. 賈生(가생) – 가의賈誼. 전한의 문인.

《두공부초당시전》 또 가의로 자신을 슬퍼하였다.(又以賈誼自悼也.)

《한서·가의전賈誼傳》 이때 흉노가 강성하여 변경을 침범하였다. 천하가 갓 평정되어 제도가 엉성하여 제후 왕이 참람한 짓을 하고 땅은 옛 제도를 초과하여 회남 제북의 왕은 모두 반역하다가 주살되었다. 가의는 여러 번 상소하여 정사를 진언하여 바로 세우려는 바가 많았다. 그 대략은 이러하다. "신이 사세를 살펴보니 통곡할 만한 것이 하나요, 눈물 흘릴 만한 것이 둘이요, 장탄식할 만한 것이 여섯이며, 그 밖에 이치에 어긋나 도를 해치는 것은 두루 열거하기가 어렵습니다."(是時, 匈奴彊, 侵邊. 天下初定, 制度疏闊. 諸侯王僭儗, 地過古制, 淮南濟北王皆爲逆誅. 誼數上疏陳政事, 多所欲匡建, 其大略曰, 臣竊惟事勢, 可爲痛哭者一, 可爲流涕者二, 可爲長太息者六, 若其它背理而傷道者, 難遍以疏擧.)

[去國 2구] 2구는 시인이 왕찬과 가의에 투영하여 표현한 자신의 처지와 현실 상황이다. 옛날 왕찬의 슬픔과 가의의 통곡을 시인도 통감하면서 그들처럼 슬퍼하고 통곡한다고 풀이한다. 또 왕찬이 서울을 떠나며 슬퍼하였고, 가의는 현실을 아파하며 통곡하였다고 풀이할 수도 있다.

7 狐狸(호리) – 여우와 이리. '소리'를 가리킨다. 何足道(하족도) – 말할 가치가 없다.

8 豺虎(시호) – 승냥이와 범. 반군 또는 외적을 비유한다. 광덕 2년에 지었다는 설은 이를 토번으로 본다. 正(정) – '亂'으로 된 판본도 있다. 縱橫(종횡) – 마구 날뛰다.

[狐狸 2구]

《한서·손보전孫寶傳》 후문侯文이 말하였다. "승냥이와 늑대가 길에서 날뛰면 여우와 이리를 다시 물어서는 안 됩니다."(文曰, 豺狼橫道, 不宜復問狐狸.)

장재張載 〈칠애시七哀詩〉 말세에 상란이 일어나 도적이 승냥이와 범 같다.(季世喪亂起, 賊盜如豺虎.)

《보주두시》에 인용된 조차공 주 당시 토번의 난이 끝나지 않았다.(時吐蕃之亂未息也.)

《두시천》 당시 양자림이 성도를 공격하였고, 토번은 빈주를 노략질하였으며, 주희채는 절도사 이회선을 죽였다. 그래서 승냥이와 범이 날뛴다고 하였다.(時楊子琳攻成都, 吐蕃寇邠州, 朱希彩殺節度李懷仙, 故曰豺虎有縱橫.)

#《두시상주》: 위 4구는 나그네 상황이요, 아래 4구는 감회이다. 《두억》에서 "세태와 물정은 세상 사람들이 비슷하지만 서리들이 가장 심하고, 무시당하는 것은 시든 얼굴 때문이다"라고 하였다. 고신의 주에서 "'호리'는 '소리'를 비유하고, '시호'는 난적을 비유한다. 내 한 몸이 모욕당하는 것은 그래도 스스로 풀 수 있지만 천하가 난리를 만났으니 시름을 풀 수 없다고 말한 것이다"라고 하였다. 공의 〈추일형남술회삼십운秋日荊南述懷三十韻〉 시에 "승냥이와 호랑이는 어지러이 의심이 많다"라고 하였으니 가리키는 바가 있는 듯하다. 당시 양자림과 최녕의 무리가 서로 공격하였으니 시에서 승냥이와 호랑이가 날뛴다고 말한 바이다. 황학은 토번이라고 여겼지만 틀렸다.(上四客況, 下四感懷. 杜臆, 交態俗情, 世人類然而小吏爲最, 其見輕者爲衰顔也. 顧注, 狐狸比小吏, 豺虎比亂賊, 言一己見侮, 猶可自解, 天下遭亂, 憂不能釋耳. 公述懷詩, 豺虎亂雄猜, 意有所指. 時楊子琳崔寧之徒互相攻擊, 所云豺虎縱橫也. 黃鶴以爲吐蕃, 誤矣.)

원 방회方回《영규율수瀛奎律髓》: 앞 4구는 소인에게 홀대받아 이런 한탄이 있는 듯하다. 뒤 4구는 나의 떠도는 상황이 왕찬의 슬픔, 가의의 통곡과 같은 것은 천하사를 평정할 수 없기 때문이니 승냥이와 범이 사라지지 않거늘 어찌 쥐새끼와 분촌을 따지겠는가 하는 말이다.(前四句, 似是爲小人所忽而有此歎, 後四句, 乃謂吾之客況, 如王粲之哀, 賈生之哭, 爲天下事不能平也. 豺虎未盡, 豈與鼠子較分寸乎.)

《독두심해》: 본래 각박한 풍속에 홀대받아 시상이 나왔으며, 후반에서는 다시 세상의 어지러움에 대해 한 발 더 뒤집어 나아갔다.(本爲薄俗相

輕而發, 下復就世亂翻開一步.)

명 당원횡唐元竑《두시군杜詩攟》: 〈구객〉 시에서 "시든 얼굴 그저 자신이 우습구나, 조그만 서리들이 가장 깔본다"라고 하였다. 공은 비록 늙고 곤궁하지만 이름을 날린 지가 오래라 명공 귀인들이 모두 아끼고 존중하였다. 유독 소인배는 무지하여 당시 썩은 쥐 같은 작은 이익을 빼앗길까 두려워하였다. 그래서 "여우와 이리야 말해 무엇하리"라고 하였다.(久客詩, 衰顔聊自哂, 小吏最相輕. 公雖老困, 然擅名已久, 名公貴人皆相愛重. 獨細人無知, 時以腐鼠相嚇耳. 故曰狐狸何足道.)

《두억》: 깔보기는 소리뿐만이 아니나 소리가 가장 심하였으니 바로 시든 얼굴 때문이다. 실제로 겪은 데서 나온 말이다.(相輕不止小吏, 而小吏爲最, 正因衰顔故也. 實歷語.)

《두율계몽》: 소리가 깔보는 것이 이른바 '교태'와 '속정'이다. 그러나 시든 얼굴로 바야흐로 스스로 비웃으니 소리가 깔보는 것이야 또 무엇을 탓하랴. 대개 왕찬의 슬픔, 가의의 통곡은 바로 승냥이와 범이 날뛰기 때문이다. 저 소리 하찮은 것들이야 어찌 가슴에 담아두겠는가. '시호'는 양자림과 최녕의 무리 같은 도적을 가리키고, '호리'는 '소리'를 가리킨다.(小吏相輕, 所謂交態俗情也. 然衰顔方且自哂, 而小吏之輕, 又何足怪乎. 蓋王粲之哀, 賈誼之哭, 正以豺虎之縱橫耳. 彼小吏小醜, 又烏足介介于胸中耶. 豺虎指盜賊, 如楊子林崔寧之徒. 狐狸指小吏.)

(**이창숙**)

47. 冬深
겨울이 깊다

花葉惟天意[1] 江溪共石根[2] 早霞隨類影[3] 寒水各依痕[4]
易下楊朱淚[5] 難招楚客魂[6] 風濤暮不穩[7] 捨棹宿誰門[8]

꽃과 잎은 오직 하늘의 뜻을 따르고
강과 시내는 모두 바위 밑동이 드러났네.
아침놀은 꽃과 잎을 따라 빛이 비슷하고
차가운 물은 각각 바위 밑동의 흔적에 의탁하네.
양주의 눈물은 쉬 흐르고
초객의 혼은 부르기 어렵구나.
풍랑이 저녁에도 잦아들지 않으니
노를 버리고 어느 집에서 묵을까.

이 시는 대력 3년 겨울 두보가 공안을 떠난 뒤에 지은 것이다. 저작 시기 및 장소와 관련하여 영태 원년 운안에서 지었다는 설과 대력 원년 기주에서 지었다는 설이 있다. 시제가 〈즉일卽日〉로 된 판본도 있다. 한겨울 주위의 경물을 묘사하면서, 이런 날씨에 종일 방황하며 헤매고 있는 자신을 가련히 여기며 상심하고 있다.

> 《두시상주》 황학은 (이 시를) 운안 시기의 시로 편재하였고, 채몽필은 기주 시기의 시로 편재하였다. 이제 살펴보건대 공이 운안에서 한 해 겨울을 보내고 기주에서 두 해 겨울을 보내면서 다른

지역으로는 간 적이 없는데, 어찌 "풍랑이 잦아들지 않으니, 밤에 어느 집에서 묵을까"라고 할 수 있겠는가? 마땅히 공안에서 출발한 이후의 시이다. 강과 시내의 바위 밑동이 (공안에서 출발한 후의) 경치와 본래 잘 어울리는 데다가, 마지막 두 마디 말과도 아주 잘 들어맞는다.(黃編在雲安, 蔡編在夔州. 今按公在雲安一冬, 在夔州兩冬, 未嘗他往, 何云風濤不穩, 夜宿誰門耶. 當是發公安後詩. 江溪石根, 景固相合, 於末二語, 尤爲切當矣.)

《보주두시》 시에서 "풍랑이 저녁에도 잦아들지 않으니, 노를 버리고 어느 집에서 묵을까"라고 하였으니, 마땅히 영태 원년 운안에서 지었다. 만약 양권도처럼 대력 원년에 편재한다면, 이때 공은 기주에서 이미 거처를 정하였을 것이니 시에서 그렇게 말할 수는 없다. 왕수는 "(시제가) 어떤 판본에서는 '즉일'이라고 되어 있다"라고 하였다.(詩云, 風濤暮不穩, 捨棹宿誰門, 當是永泰元年在雲安作. 若如梁權道編在大曆元年, 則是時公在夔已定居, 不應詩乃爾云. 洙曰, 一云卽日.)

《두보전집교주》에 인용된 소보邵寶 주 공이 남쪽으로 내려가려고 했지만, 세모여서 갈 수 없었기에 경치를 대하고서 상심한 것이다. (公欲南下, 以歲暮而未能行, 故對景傷情.)

주 석

1 花葉(화엽) – 꽃과 잎. '아침놀'의 모습을 비유한 것으로 보기도 한다. 惟(유) – 오직. 따르다. '隨'로 된 판본도 있다. 天意(천의) – 하늘의 뜻. 이 구는 식물의 꽃과 잎이 겨울이 되어 떨어졌다는 것이다. 이와 달리 노을의 빛이나 모습이 다양하게 변하여 꽃과 잎처럼 보이는 것으로 보는 설도 있다.

《두시상주》 여러 판본에서 '수' 자로 되어 있어 중복의 오류를 범하고 있다. 마땅히 '유' 자로 해야 할 것이니, 소리가 비슷하여 잘못된 것이다.(諸本作隨, 犯重, 當是惟字, 蓋聲近而訛.)

《두율계몽》 겨울이 깊어지면 꽃과 잎이 떨어지는 것이 곧 천도의 자연스러운 이치이다. 그래서 '하늘의 뜻을 따른다'라고 하였다.(冬深而花葉落, 乃天道之自然, 故曰隨天意.)

《두시조차공선후해집교》 "꽃과 잎은 하늘의 뜻을 따른다"는 겨울이 깊었음을 말하는 것 같다. 그 꽃과 잎이 봄과 여름의 무성한 때만은 못하지만, 또한 하늘의 뜻을 따를 뿐이다. …… 이 시에는 '수隨' 자가 두 번 사용되었는데, 공이 필시 중복해서 쓰지는 않았을 것이다. 하지만 모두 고칠 수 없으니, 밝은 식견을 지닌 시에 능통한 자를 기다리노라.(花葉隨天意, 似言冬深矣, 其花葉不若春夏之盛, 亦隨天意而已. …… 此篇有兩隨字, 公必不重用. 然皆不可改, 以俟明識之能詩者.)

《두시경전》 노을의 형상이 변화하여 꽃이나 잎의 모습을 한 것을 말한다.(謂霞狀變化, 如花如葉.)

2 江溪(강계) – 강과 시내. 石根(석근) – 바위의 밑동. 이 구는 겨울에 수위가 내려가 강 주변 바위의 밑동이 드러난 것을 말한다.

《두율계몽》 제2구는 강물과 시냇물이 함께 빠져서 모두 바위 밑동이 드러난 것을 말한다.(次句, 言江水溪水共落, 幷見石根也.)

《두시조차공선후해집교》 "강과 시내는 모두 바위 밑동이 드러났다"라는 것은 강과 시내가 모두 바위 밑동을 함께하며 흐르는 것이다.(江溪共石根, 則江與溪, 皆共石根而流也.)

[花葉 2구]

《두보전집교주》에 인용된 고신顧宸 주 강물과 시냇물이 모두 빠져서 바위 밑동이 함께 드러난 것일 뿐이니, 이른바 (구양수歐陽修의 〈취옹정기醉翁亭記〉에 보이는) "물이 빠져 바위가 드러난다"라는 것이 바로 이것이다. 2구는 깊은 겨울의 경관이다.(江水溪水俱退, 共見石根而已, 所云水落石出是也. 二句冬深之景.)

3 早霞(조하) – 아침놀. 隨類影(수류영) – 따라서 빛과 비슷해지다. 사물의 모양을 좇다. 이 구는 첫 구와 연관되어 황량한 겨울 경관 속에서 꽃과 잎의 모습과 빛으로 아침놀이 펼쳐지는 것을 말한다.

《두시조차공선후해집교》 "아침놀은 꽃과 잎을 따라 빛이 비슷하다"라는 것은 변화의 양상이 일정치 않고 비슷한 사물의 모양을 따라 드러남을 말한 것이다.(早霞隨類影, 言其變態不常, 隨所類之影而呈現也.)

《두율계몽》 아침놀이 만물이 본래 지닌 모양을 따른다는 것은 첫 구의 그곳을 가리는 꽃과 잎이 없다는 내용을 이어 받은 것이다.(早霞隨萬類自具之影, 承首句無花葉蔽之也.)

《두보전집교주》에 인용된 장진張溍 주 '수류영'은 아침놀이 비쳐 한 조각 빛이 사물에 따라 모두 노을의 광채로 빛난다는 것이다.(隨類影, 謂朝霞所照, 一片光明, 隨類皆映霞彩也.)

《두시상주》 ('類'는) '淚'로 된 판본도 있으나, 잘못이다.(一作淚, 非.)

4 各依痕(각의흔) – 각각 그 흔적에 의탁하다. 이 구는 두 번째 구와 연관되어 강물이 빠지고 바위 밑동이 드러나면서 예전에 만들어졌던 흔적을 따라 강물이 흘러감을 말한다. '依'는 '流'로 된 판본도 있다.

《두시조차공선후해집교》 "차가운 물은 각각 흔적에 의탁한다"라는 것은 옛 흔적이 일정한 곳에 나 있어서 그것에 의탁하는 것이다.(寒水各依痕, 則舊痕有定所而依之也.)

《두율계몽》 차가운 물이 각각 그 빠진 흔적에 의탁한다는 것은 두 번째 구의 강과 시내에 모두 흔적이 있다는 내용을 이었다.(寒水各依其所落之痕, 承次句江溪皆有痕也.)

5 楊朱淚(양주루) – 양주의 눈물. 양주가 갈림길에서 어디로 갈지 몰라 눈물을 흘렸다는 고사를 이용하였다. 여기서는 나그네로 떠돌고 있는 두보 자신의 신세를 한탄한 것으로 보인다.

《회남자淮南子·설림훈說林訓》 양주가 사통팔달의 큰길을 보고 곡을 한 것은 남쪽으로도 갈 수 있고 북쪽으로도 갈 수 있기 때문이다.(楊子見逵路而哭之, 爲其可以南, 可以北.)

《두시조차공선후해집교》 공의 떠도는 삶이 갈림길에서 곤경에 빠졌기에 이렇게 말한 것이다.(公之流落, 困於岐路, 故云爾.)

6 楚客(초객) – 초 땅의 나그네. 굴원을 지칭한 말인데, 여기서는 두보 자신을 가리켜 한 말이다. 이 구는 자신의 신세가 바깥으로 떠돌며 고향으로 돌아갈 수 없음을 말한 것이다.

《두시조차공선후해집교》 이제 "초객의 혼은 부르기 어렵다"라고 하였으니 굴원으로 자신을 비유한 것이다.(今云, 難招楚客魂, 則以屈原自比也.)

7 風濤(풍도) – 풍랑. 不穩(불온) – 평온하지 않다.

8 捨棹(사도) – 노를 버리다. 노를 내려놓다. 배를 정박하고 뭍으로 올라가는 것을 말한다.

《두보전집교주》에 인용된 고신 주 자신의 몸이 정처 없이 떠돌아다니는 것을 공이 스스로 슬퍼한 것이다.(公自傷此身漂泊無定.)

《두시조차공선후해집교》 마지막 구는 공이 남쪽으로 내려가고자 했으나 세모여서 성사되지 않았다는 것이다.(末句則公欲南下, 以歲暮而未成行也.)

[風濤 2구]

《두보전집교주》에 인용된 노원창盧元昌 주 이때가 되어 풍랑이 저녁에도 여전히 잦아들지 않으니, 오늘 노를 내려놓으면 다시 누구의 집으로 가서 묵을 것인가? 참으로 길이 꽉 막혔구나.(當此風濤暮猶不穩, 今日捨棹, 更宿誰門. 途眞窮矣.)

#《두시상주》: 위 4구는 깊은 겨울의 경치이고, 아래 4구는 배로 다니는 것에 대한 감회이다. 이 시는 전체가 도치법을 사용하고 있다. "꽃과 잎이 오직 하늘의 뜻을 따르는" 것은 "아침놀은 꽃과 잎을 따라 빛이

비슷하기" 때문이다. "강과 시내는 모두 바위 밑동이 드러난" 것은 "차가운 물은 각각 바위 밑동의 흔적에 의탁하기" 때문이다. "양주의 눈물 쉬 흐르는" 것은 "풍랑이 저녁에도 잦아들지 않기" 때문이다. "초객의 혼을 부르기 어려운" 것은 "노를 버리고 어느 집에서 묵을까" 하는 것 때문이다. 《두억》에서 이 시는 오언 율시 중에서 별도로 하나의 '기이한 격식'이라고 하였다. 처음에 '한수'와 '석근'은 서로 긴밀히 연결되지만 '조하'와 '화엽'은 서로 연결되지 않는 것 같다고 의심하였는데, 후에 《두억》을 보고서야 놀의 모양이 변하여 꽃이나 잎처럼 된 것을 깨닫게 되었다. 대개 놀에는 홍색, 자색, 청색의 여러 색이 있어서 그것을 꽃과 잎에 견준 것이다. 또한 '천의'라는 두 글자를 완상해보면 분명히 아침놀에 해당한다. 첫 구가 매우 기발하다.(上四冬深之景, 下四舟行有感. 此章全用倒挿. 花葉惟天意, 以早霞隨類影也. 江溪共石根, 以寒水各依痕也. 易下楊朱淚, 以風濤暮不穩也. 難招楚客魂, 以捨棹宿誰門也. 杜臆謂此在五律中, 另一奇格. 初疑寒水與石根緊承, 早霞與花葉似不相貫, 後見杜臆, 方悟霞狀變化, 如花如葉耳. 蓋霞有紅紫青諸色, 故比之花葉. 且玩天意二字, 明屬早霞矣. 起句特奇.)

《두억》: 앞 4구에는 언외에 차갑고 처량한 경색이 담겼으니, 이는 이 노시인이 장기를 드러내는 곳이다. 만약 자구字句로 뜻을 구한다면 '화엽' 구와 '조하' 구는 그 의미를 전혀 이해할 수 없다. 종성과 담원춘이 이 구를 대단히 칭찬하였는데 나는 이를 믿지 않았다. 제목에서 '동심'이라고 하였으니, 이때는 물이 말라 바위 밑동이 모두 드러나고, 공은 배에 있었기에 강이든 시내든 이 바위 밑동과 함께할 따름이었다. 물이 불어날 때는 그 흔적이 일정치 않지만, 수위가 낮아질 때는 강과 시내의 물이 각각 옛 흔적을 따르는 것이니 모두 깊은 겨울의 경색이다. 이 4구는 경물을 말하였다. 풍랑이 저녁에도 잦아들지 않기에 초객의 혼을 부르기 어려운 것이며, 노를 버리고 또한 묵을 집이 없기에 양주의 눈물이 쉽게 흐르는 것이니 역시 도치법을 사용하였다. 이 4구는 정감을 말하였다. 초객은 공이 스스로를 말한 것이다. 지리지에 따르면, 기주는 바로《서경·우공》에 나오는 형주와 양주 두 주의 땅인데, 전국시대에 초나라가 관문을 설치하였기에 기주는 초나라 땅이 되었다.(前四句言外有冷淡凄淸景象, 故是此老勝場. 若以句字求之, 花葉句早霞句殊不可解, 而鍾譚極取之, 余未之信. 題云冬深, 此時水涸, 石根盡露, 公在舟中, 或江或溪, 唯共此石根而已. 水漲時其痕不定, 水落則江溪之水各依舊痕, 皆冬深景象也. 四句言景. 風濤暮不穩, 故楚客之魂難招, 捨棹又無門可宿, 故楊朱之泣易下, 亦倒插法. 此四句言情. 楚客公自謂. 按志, 夔乃禹貢荊梁二州之域, 而戰國楚置扞關, 則夔爲楚地.)

《독두심해》: 배에서 표박하며 지은 시이다. 꽃은 모양과 광채가 마땅히 드날려야 하는데 바위 밑동 아래에 있고, 그림자가 시내 가운데로 떨어진 이유는 차가운 물과 서로 의지하고 있기 때문이다. 몸이 항상 물에서 자기에, 물 가까이에 있는 꽃을 대신해서 그를 위로하면서 "하늘의 뜻을 따른다"라고 말하였는데, 꽃을 가련히 여김으로써 스스로를 가련히 여긴 것이다. 이 ('유천의惟天意') 세 글자는 바로 후반부에 관통되고 있다. 눈물 또한 공연히 흘리는 것이고, 혼은 어디로 가는가, 마지막에서 다시 스스로 생각해보고 스스로 답하였는데, 대개 (물이) 안정되지 않으면 마땅히 노를 버려야 하고, 노를 버리면 또한 장차 누구에게 가서 묵을 것인가? 하나같이 하늘의 뜻으로 돌아갈 따름이라고 하였으니, (《장자·인간세人間世》에 나오는) "어찌할 수 없어 운명처럼 편안히 여기겠다"라는 말이다.(舟中漂泊之詩也. 花宜藻彩高揚, 乃在石根之下, 影落溪中者, 以與寒水相依耳. 身常水宿, 因代爲近水之花慰解之, 故曰惟天意, 以憐花者自憐也. 此三字正

與下截關通. 淚亦空垂, 魂其何往, 結復自商自答, 蓋不穩則宜捨棹矣, 捨棹又將誰宿乎, 一歸之天意而已, 所謂無可奈何, 而安之若命.)

(**박홍준**)

48. 曉發公安

새벽녘 공안을 떠나다

北城擊柝復欲罷[1] 東方明星亦不遲[2]
鄰雞野哭如昨日[3] 物色生態能幾時[4]
舟楫眇然自此去[5] 江湖遠適無前期[6]
出門轉眄已陳迹[7] 藥餌扶吾隨所之[8]

북성의 딱다기 소리 또 잦아들고
동방의 계명성 역시 지체치 않는구나.
이웃집 닭 울음, 들판의 통곡 소리 어제나 똑같은데
만물과 사람의 모습이여, 언제까지 계속될 수 있으려나.
배를 저어 아스라이 이곳을 떠나
아무런 기약도 없이 강호 멀리 가는구나.
문을 나서니 눈 깜짝할 사이 모두 지나간 자취
약물로 부지한 몸 가는 대로 내맡길 뿐이어라.

두보는 대력 3년 정월 삼협을 나와 강릉江陵에 머물면서 생계를 도모하다가 여의치 않아 강릉에서 남쪽으로 90리 떨어진 공안公安으로 이주한다. 그러나 공안에서의 삶도 강릉과 크게 다를 바가 없어서 그해 겨울 이른 새벽에 병든 몸을 배에 싣고 불안한 미래를 향해 공안을 떠난다. 이 시는 바로 그때 지은 것이다. 막막한 전도에 대한 불안감과 병들어 떠도는 신세에 대한 애달픔이 요체 칠율의 형식 속에 잘 구현되어 있다. 원주에 "수개월 동안 이 현에서 머물러 쉬었다(數月憩息此縣)"라는 기록이 있다.

《보주두시》 대력 3년 가을 공은 공안으로 이사하였다가 겨울이 깊어져 악양으로 들어갔는데, 이 시는 그 시기에 지은 것이다. 시에서 "북성의 딱다기 소리 또 잦아든다"라고 한 것은 이해 9월에 토번이 침입하였는데 경성의 계엄은 지금 이미 해제되었음을 말한 것이다.(大曆三年秋, 公移居公安, 冬深入岳陽, 此詩作於其時. 詩云, 北城擊柝復欲罷, 謂九月吐蕃入寇, 京城戒嚴今已罷矣.)

《두시상주》 육유의 《입촉기》에 "공의 시 〈이거공안경증위대랑균移居公安敬贈衛大郎鈞〉에서 '물안개는 샛길 풀로 통하고, 가을 이슬은 마당의 아욱에 내렸다'라고 하였고, 〈공안의 태역 스님과 이별하다〉에서 '모래밭 마을 흰 눈은 여전히 추위를 머금었어도, 강가 고을의 붉은 매화는 벌써 봄꽃을 터트렸네'라고 했으니 이해 가을 이곳에 이르렀다가 겨울 끝자락에 비로소 떠난 것이다. '수개월 동안 머물러 쉬었다'고 말한 것은 이를 말한 것이다"라고 적고 있다. 황학의 주에서는 "이 시는 대력 3년 겨울 공안에서 악양으로 가는 시기에 지었다"라고 하였다.(陸游入蜀記, 公移居公安詩, 水烟通徑草, 秋露接園葵. 而留別太易沙門詩, 沙村白雪仍含凍, 江縣紅梅已放春, 則以是秋至此, 暮冬始去, 其曰數月憩息, 蓋謂此也. 黃鶴注, 此大曆三年冬, 自公安往岳陽時作.)

주 석

1 北城(북성) – 두보가 수개월간 머물렀던 공안을 가리킨다. 북방의 경성을 가리킨다는 설도 있으나 취하지 않는다. 擊柝(격탁) – 딱다기. 야경夜警을 돌 때 서로 마주쳐서 소리를 내게 만든 한 짝의 나무토막을 가리킨다. 復欲罷(부욕파) – 또 끝나려 하다. 날이 점차 밝아지면

서 딱다기 소리가 잠잠해진다는 말이다. 수개월 동안 공안에 머물면서 자주 이러한 상황을 접했기에 '부復'를 쓴 것이다. 토번의 침입과 연관지어 이 구를 해석하는 설도 있으나 옳지 않다.

2 明星(명성) – 계명성. 샛별. 不遲(부지) – 늦지 않다. 새벽이 되자 동쪽에 샛별이 지체하지 않고 떠오른다는 말이다.

《두시상주》 《시경·대동大東》에 "동쪽에 계명이 있고, 서쪽에 장경이 있네"라는 구절이 있는데, 주에서 말하기를 "해가 나오면 명성을 계명이라 하고, 해가 저물면 명성을 장경이라고 한다"라고 하였다.(詩, 東有啓明, 西有長庚. 注曰, 旦出, 謂明星爲啓明, 日旣入, 謂明星爲長庚.)

3 鄰雞(인계) – 이웃집에서 들리는 닭 소리를 말한다. 野哭(야곡) – 들판에서 들리는 통곡 소리. '인계야곡鄰雞野哭'을 함께 묶어서 '이웃집 닭이 들판에서 운다'로 풀이하는 경우도 있다. '野哭'을 들판에서 오는 통곡이 아니라 법도를 잃을 정도로 슬피 우는 통곡으로 보는 견해도 있다. 여작일(如昨日) – 어제와 같다. 늘 그래왔다는 말이다.

《독두심해》 '곡'은 우는 것이다. 슬픈 마음으로 그것을 들었으므로 한 말이다.(哭, 卽啼也, 以哀心聽之, 故云.)

4 物色(물색) – 만물의 모습. 生態(생태) – 사람이 살아가는 모습. '生生'으로 쓴 판본도 있다. '물색생태物色生態'를 함께 묶어 '만물의 생동하는 모습'으로 풀이하는 경우도 있다. 能幾時(능기시) – 얼마나 계속될 수 있겠느냐는 말이다.

《두시상주》 '물색'은 만물을 가리키고, '생태'는 사람을 가리킨다.(物色指物, 生態指人.)

《두시경전》 바로 (〈이거공안경증위대랑균移居公安敬贈衛大郎鈞〉 시에 보이는) '샛길의 풀'과 '마당의 아욱' 같은 것들이 지금 벌써 시들어버렸음을 가리킨 것이다.(卽指徑草園葵之類, 今已凋落也.)

[鄰雞 2구]

《구가집주두시》 조차공 주 '인계야곡' 네 글자는 출처가 두 가지일 것이다. '인계'라는 말은 유견오의 시(〈잡시칠수雜詩七首〉)에 "이웃집 닭 소리 벌써 들리니, 수심에 찬 사람 끝내 잠들지 못하네"라는 표현이 보이는데, '야곡'이란 말은 보이지 않는다. …… '물색생태' 네 글자도 두 가지일 것이다. '물색'은 《문선》(안연년顏延年의 〈추호秋胡〉)에 "만물은 저문 때로다"라는 표현이 보이는데, '생태'라는 말은 보이지 않는다.(鄰雞野哭四字兩出. 鄰雞, 則庾肩吾詩云, 鄰雞聲已傳, 愁人竟不眠. 野哭字, 未見. …… 物色生態四字亦兩出, 物色, 如選詩, 物色桑榆時. 生態字, 未見.)

《두시언해》 '능기시'는 시간이 쉬이 흘러가버림을 말한 것이다.(能幾時, 言時光之易流也.)

5 舟楫(주즙) – 배. 眇然(묘연) – 아득히 먼 모양.

6 無前期(무전기) – 앞날의 기약이 없다. 어디로 가야 할지 모르겠다는 말이다.

《구가집주두시》 조차공 주 '무전기'는 정박할 곳을 모르겠으니 앞으로 기약된 노정도 없다는 말이다.(無前期, 謂不知所止泊, 無向前之期程也.)

《두시경전》 언제나 행적을 멈출 수 있을지 모르겠다는 말이다.(謂不知何時可以駐足.)

7 轉眄(전면) – 눈 깜짝할 사이. 짧은 순간. 已陳迹(이진적) – 이미 지나간 자취가 되었다. 공안에서 수개월 머물렀던 모든 일이 다 지나간 자취가 되었다는 말이다.

8 藥餌(약이) – 약물. 당시 두보는 여러 가지 병을 앓고 있었으므로 항시 약을 복용하고 있었다. 隨所之(수소지) – 가는 대로 따르다. 형편이 되는 대로 거기에 맞춰 살아갈 뿐이라는 말이다.

#《두시상주》: 위 4구는 새벽녘 경치로 세월이 쉬이 흘러감을 탄식하였고, 아래 4구는 배가 출발한 것으로 떠도는 자취의 정처 없음을 슬퍼하였다. 두보의 율시에는 어승법과 의승법이 있다. '부지'는 '욕파'를 잇고, '기시'는 '여작'을 이으니 이것이 바로 어승법(구승법)이요, '인계'가 '격탁'을 이은 것은 들리는 것으로 말함이요, '물색'이 '명성'을 이은 것은 보이는 것으로 말함이니 이것이 의승법이다.(上四曉景, 歎流光易逝. 下四發舟, 傷行踪莫定. 杜律有語承意承之法, 不遲承欲罷, 幾時承如昨, 此句承法也. 鄰雞承擊柝, 以所聞言, 物色承明星, 以所見言, 此意承法也.)

《독두심해》: 창망하게 출발하니 묘사한 것은 새벽 경치요, 느낀 것은 떠나는 정회이다. '이로부터 떠나간다'고 했으니 결국 가게 되었지만, '앞날의 기약이 없다'고 했으니 종내 누구에게 의지하리요. 약을 지니고 문을 나서니 잠깐 사이 모든 것은 지나간 자취가 되었고 앞날은 또 그저 인연을 따를 뿐이다. 머물러도 집착하지 않았으니 떠남에 또한 무슨 거리낌이 있으랴. 손 가는 대로 마음 가는 대로 한 번에 신속하게 써 내려가며 번거롭게 꾸미지 않았으니 절로 미묘한 최고의 경지라 할 것이다.(蒼茫而起, 所寫者曉之景, 所感者發之情也. 自此去, 則竟往矣. 無前期, 終誰依耶. 出門攜藥, 過眼總歸陳跡, 未來亦只隨緣. 留既無着, 行亦何妨. 信手信心, 一氣旋轉, 不煩繩削, 化境也.)

《두시설》: 이 시 역시 요체 율시이다.(此亦拗律也.)

(**김성곤**)

49. 發劉郎浦

유랑포에서 출발하다

掛帆早發劉郎浦[1] 疾風颯颯昏亭午[2]
舟中無日不沙塵 岸上空村盡豺虎[3]
十日北風風未迴[4] 客行歲晚晚相催[5]
白頭厭伴漁人宿[6] 黃帽靑鞋歸去來[7]

돛을 걸고 아침 일찍 유랑포에서 출발하니
빠른 바람 거세게 불어 한낮에도 어둑하네.
배 안에 모래와 먼지 없는 날이 없고
강 언덕 텅 빈 마을에는 온통 승냥이와 호랑이.
열흘간 북쪽에서 불어오는 바람, 바람은 돌아가지 않고
나그네 가는 길에 한 해 저물어, 저묾이 나를 재촉하네.
희끗한 머리로 어부를 짝하여 자는 것도 물린 터라
누런 모자와 푸른 신으로 돌아가리라.

이 시는 대력 3년 겨울 두보가 공안에서 악주로 가는 여정 중에 유랑포를 출발하며 지은 것이다. 당시 거센 북풍이 열흘이나 몰아쳐 자욱한 먼지로 인해 포구에 머물러 있기 어려운 형편이었다. 악주로 가는 남행에는 북풍이 순풍인 셈이고 한 해도 저물어가는 시점이라 두보는 뱃길을 서둘렀다. 도적들이 날뛰어 텅 빈 마을을 지켜보며 늘그막에 강호를 떠도는 자신의 처지를 탄식했다. 짐짓 돌아가야지 라고 다짐하면서 괴로운 심사를 애써 달래보고자 했다. 시제의 유랑포는 포구 이름으로, 형주부荊州府 석수현石首縣에 있었다. 유비劉備가 오나라 손권孫權의 여동생을 아내로 맞은 곳이라 하여 붙여진 이름이다.

《보주두시》《십도지》에 따르면 유랑포가 형주에 있었으므로 응당 대력 3년 공안으로 갈 때 지은 것이다.(按十道志, 劉郎浦在荊州, 當是大曆三年往公安時作.)

《두시상주》 응당 대력 3년 겨울에 지은 것이다. 조차공은 "두보가 공안현에서 악주로 갔기에 유랑포를 지난 것이다. 유랑포는 공안현 아래에 있다"라고 했다. 《강릉도경》에 "유랑포는 석수현에 있으며 선주 유비가 오나라 공주를 아내로 맞은 곳이다"라고 했다.(當是大曆三年冬作. 趙曰, 公自公安縣往岳州, 故經劉郎浦, 浦在公安之下. 江陵圖經, 劉郎浦, 在石首縣, 先主納吳女處.)

《구가집주두시》 설몽부薛夢符 주 《강릉도경》에 "유랑포는 석수현에 있으며, 손권(의 여동생)과 유비가 이곳에서 성혼한 까닭에 붙여진 이름이다"라고 하였다.(江陵圖經, 劉郎浦在石首縣, 孫權與劉備成婚於此, 因以得名.)

주 석

1 掛帆(괘범) – 돛을 걸다.

2 颯颯(삽삽) – 바람이 세게 부는 모양이나 소리. 昏亭午(혼정오) – 정오, 즉 낮 12시에도 어둡다는 말이다.

《보주두시》에 인용된 손孫 씨 주 '정'은 높은 모양으로, 해가 한창 높다는 말이다.(亭, 高貌, 謂日正高也.)

3 豺虎(시호) – 승냥이와 호랑이. 도적을 비유하는 것으로 보는 설도 있다.

《보주두시》에 인용된 왕수王洙 주 도적이 많다는 말이다.(言多盜賊也.)

4 風未迴(풍미회) – 북풍이 돌아가지 않고 계속 불어 남쪽으로 가기에는 적당하다는 말이다.

《두보전집교주》에 인용된 노원창盧元昌 주 이 열흘간의 북풍을 타니 남쪽으로 가기에 아주 유리하다.(乘此十日北風, 南行正利.)

5 晚(만) – '尤'로 된 판본도 있다.

6 厭(염) – 물리다. 싫증나다.

《두시택풍당비해》 표박하며 물길을 가느라 어부를 짝하는 것에 물렸다는 것이지 강호가 산림만 못하다는 말은 아니다.(漂泊水行, 所以厭伴漁人, 非謂江湖不及山林也.)

7 黃帽(황모) – 노란 모자. 靑鞋(청혜) – 푸른 신발. 짚신. 歸去來(귀거래) – 돌아가다. 도잠陶潛의 〈귀거래사歸去來辭〉에서 따온 말이다.

《보주두시》에 인용된 심沈 씨 주 '황모'는 대껍질 모자이고, '청혜'는 짚신이다.(黃帽乃籜冠, 靑鞋乃芒鞋也.)

[白頭 2구]

《구가집주두시》 조차공 주 비록 강호에 있지만 오히려 어부와 짝하는 것에 물려서 깊이 숨어 은거하고자 하는 것이다. '귀거래'는 도연명의 말이다.(雖在江湖而猶厭與漁人爲伴, 乃欲深藏高隱矣. 歸去來, 則陶淵明之詞.)

#《두시상주》: 위 4구는 경물을 묘사하며 포구에서 더 머물 수 없음을 보였다. 아래 4구는 회포를 서술하며 표류하는 가운데 아직 돌아갈 계책이 없음을 탄식하였다. 빈 마을에 사람이 적은지라 승냥이와 호랑이가 날뛴다. 북풍이 부니 남쪽으로 가기 편하고 한 해가 저무는 까닭에 배를 멈추지 않은 것이다. 노란 모자와 푸른 신은 촌사람의 복장이다.(上四寫景, 見浦中不可復留. 下四敘懷, 歎飄流未有歸計. 空

村人少, 故豺虎縱橫. 北風則南行便, 歲晩故舟不停. 黃帽靑鞋, 野人之服.)

《독두심해》: 이 시는 연일 배를 타고 가며 느낀 것이다. 마음과 달리 남쪽으로 가는데 바람이 재촉하며 방향이 바뀌지 않자 잠시 돌아가고자 하는 생각으로 바꾸어보지만 그것 또한 상상에 기대는 것일 따름이다.(此連日舟行所感. 拂意南行, 風催不轉, 聊以歸懷矯之, 然亦託之懸想而已.)

(**김준연**)

50. 別董頲

동정과 이별하다

窮冬急風水　逆浪開帆難[1]　士子甘旨闕[2]　不知道里寒[3]

有求彼樂土[4]　南適小長安[5]　別我舟檝去[6]　覺君衣裳單

素聞趙公節[7]　兼盡賓主歡　已結門閭望[8]　無令霜雪殘[9]

老夫纜亦解[10]　脫粟朝未餐[11]　飄蕩兵甲際[12]　幾時懷抱寬

漢陽頗寧靜[13]　峴首試考槃[14]　當念著皂帽[15]　采薇靑雲端[16]

한겨울에 바람과 물이 급하니
물결을 거슬러 돛 펼치기 어렵겠네.
선비가 부모 봉양할 달고 맛난 음식이 없으니
길 위의 추위는 아랑곳하지 않네.

저 낙토를 구하여
남쪽에서 소장안에 가려고,
나와 이별하여 배 타고 가는데
그대의 옷과 치마가 홑겹임을 알겠네.
평소 듣기로 조공의 절조는
손님과 주인의 기쁨을 다한다지.
이미 마을 입구 문에서 바라보고 계실 테니
서리와 눈 속에 쇠잔해지시게 하지 말게나.

이 노부도 뱃줄을 또한 풀었지만

거친 곡식의 아침밥도 아직 먹지 못했네.
병기와 갑옷 사이를 떠돌고 있으니
어느 때에 마음이 여유로워질까?
한수 북쪽은 자못 안정된 땅이라
현산 머리에서 짐짓 은거하리니,
마땅히 생각해주게, 검은 모자 쓰고서
푸른 구름 끝에서 고사리 캐는 이를.

이 시는 일반적으로 두보가 대력 3년 겨울에 공안公安을 떠나 악양岳陽으로 가는 도중에 지은 것으로 보고 있다. 조차공 등은 대력 4년에 담주潭州에서 지은 것으로 보았다. 동정董頲이 노모를 봉양하기 위해 한수漢水를 거슬러 등주鄧州로 가서 그곳 태수의 도움을 받으려고 하기에, 두보가 이 시로 이별하며 격려하고 자신의 감회를 표현하였다. 동정의 행적은 자세히 알 수 없으나 효심이 지극했던 사람으로 보인다.

> 《보주두시》 시에서 "한겨울에 바람과 물이 급하니, 물결을 거슬러 돛을 펼치기 어렵다"라고 하였으니, 아마도 동정이 악양에서부터 한수를 거슬러 등주로 가는 것을 말한다. 마땅히 대력 3년에 지은 것이다. 시에서 또 "노부도 뱃줄을 또한 풀었다"라고 하였으니, 두보는 이때에 또한 담주로 갈 기약이 있었던 것이다.(詩云窮冬急風水, 逆浪開船難, 蓋云董自岳陽泝漢水而之鄧也. 當在大曆三年作. 詩又云老夫纜亦解, 公是時亦有適潭之期矣.)

주 석

1 逆浪(역랑) – 물결을 거스르다. 여기서는 한수를 거슬러 올라가는 것을 말하는 것 같다.

《구가집주두시》 조차공 주 지금 두보가 시에서 "물결을 거슬러 돛을 펼치기 어렵다"라고 했으니, 만약 담주에서 말한 것이라면 '역랑'은 형주에 가려고 남으로 향하는 것이다. 두보의 뜻은 아마도 등주에 가려면 반드시 장강과 한수를 거슬러 올라가야 한다는 것이다. 담주에서 강물 흐름을 따라 악양에 이르러서는 장강과 한수를 거슬러 올라가야 하니 이에 그 어려움을 깊이 말한 것이다.(今公詩言逆浪開帆難, 若在潭州言之, 逆浪則往衡州而南矣. 公意蓋言往鄧州必泝江漢而上, 自潭順流至岳, 乃泝江漢, 於此深言其難者也.)

2 士子(사자) – 선비. 학자. 여기서는 동정을 가리킨다. 甘旨(감지) – 달고 맛난 음식. 부모를 봉양하는 음식을 뜻한다.

《예기·내칙內則》 동이 틀 때 문안하고, 달고 맛난 음식으로 공양供養한다.(昧爽而朝, 慈以甘旨.)

3 道里(도리) – 도로道路. 길.

[士子 2구]

《두보전집교주》에 인용된 사師 씨 주 효자는 달고 맛난 음식을 바쳐야 하는데 동정은 그런 음식이 없어 부모 봉양에 급하였기 때문에 길 위의 추위는 아랑곳하지 않은 것이다.(孝子薦其甘旨, 董以甘旨有闕, 急於奉親, 故不知道里之寒.)

#《두시상주》: 동정이 집을 나서 멀리 가는 이유를 서술하고 있다.(敍董生出遊之故.)

4 樂土(낙토) – 낙토. 낙원.

《시경·위풍魏風·석서碩鼠》 장차 너를 떠나 저 낙토로 가련다.(逝將去女, 適彼樂土.)

5 南適(남적) – 남쪽에서 가다. '남쪽으로 가다'로 번역하는 것이 일반적이지만 이 시구의 경우에는 문제가 있다. 小長安(소장안) – 지명. 등주鄧州 남양현南陽縣 남쪽에 있는 곳으로 지금의 하남성河南省 등현鄧縣 일대에 해당한다. 두보가 동정과 이별할 때 그들의 위치로 보면 등주는 북쪽에 있기에 '남적'을 '남쪽으로 가다'라고 보면 맞지 않다. 그래서 소척비蕭滌非는 장숙경張叔卿의 시를 근거로 그들의 이별 장소보다 남쪽에 있는 '계림桂林'을 소장안으로 보고 있는데 특수한 예로써 인증하였기에 수긍하기 쉽지 않다. 그래서 '남적'을 '남쪽에서 가다'로 해석하였지만 이 역시 일반적인 번역이 아니기 때문에 옳고 그름을 확정하기 어려운 구절이다.

《두시상주》에 인용된 **《후한서·광무기光武紀》** "戰於小長安"의 주 **《속한서》**에 "육양현에 소장안 촌락이 있는데 옛 성은 등주 남양현 남쪽에 있다"라고 한다.(續漢書, 淯陽縣有小長安聚, 古城在鄧州南陽縣南.)

《독두심해》 살펴보건대, '남적'은 아마도 틀린 것 같다. 등주는 강릉 서북쪽에 있다.(按, 南適恐誤, 鄧在江陵西北也.)

당唐 장숙경張叔卿 〈유계주流桂州〉 창오가 멀리 있냐고 묻지 마라, 지금 세상길 어려우니. 오랑캐 먼지가 이르지 않는 곳, 그곳이 곧 소장안이라네.(莫問蒼梧遠, 而今世路難. 胡塵不到處, 卽是小長安.)

6 別(별) – '到'로 된 판본도 있다.

7 趙公(조공) – 당시 등주태수를 가리킨다. '소장안'을 계림으로 보면 '계주자사桂州刺史'일 가능성이 있다.

《두시상주》 '조공'은 등주태수이다.(趙公, 鄧州守也.)

8 閭(여) – 마을 입구의 문.

《두시상주》 《전국책》에서 왕손가의 어머니가 말하길 "네가 아침에 나가 저녁에 돌아오면 나는 문에 기대 바라보고, 네가 저녁에 나가 돌아오지 않으면 나는 마을 문에 기대 바라본다"라고 하였다. '여'는 마을 문이다.(國策, 王孫賈之母曰, 汝朝出而暮歸, 則吾倚門而望. 汝暮出而不還, 則吾倚閭而望. 閭, 里門也.)

9 霜雪殘(상설잔) – 서리와 눈이 부모를 쇠잔하게 하다.

《두시상주》 '상설잔'은 노인이 겨울에 쉬 쇠잔해진다는 것이다.(霜雪殘, 老人易凋殘於冬日也.)

[素聞 4구]

《두공부시집집주》 '조공'은 등주태수이다. 동정은 달고 맛난 음식이 없기 때문에 조공을 찾아가는 것이다. 그래서 집 문과 마을 문에 기댄 고사를 써서 그가 일찍 돌아가 자모의 바람을 위로해주길 권하고 있다.(趙公, 鄧州守也. 董因闕甘旨而謁趙公, 故用倚門倚閭事, 勸其早歸以慰慈母之望也.)

#《두시상주》: 송별하면서 그가 빨리 돌아가기를 바라고 있다. '부지' 구는 그의 효심을 표현한 것이다. '각군' 구는 그가 겨울에 떠나는 것을 불쌍히 여긴 것이다. '무령' 구는 그가 돌아가 부모님 모시기를 면려한 것이다. 떠나는 이에게 시를 주며 충심 어린 말을 썼으니 곡진한 정이 지극하다고 이를 만하다.(送別而望其早旋. 曰不知道里寒, 表其孝思也. 曰覺君衣裳單, 憫其冬行也. 曰無令霜雪殘, 勉其歸侍也. 贈行而作衷語, 可謂委曲情至矣.)

10 老夫(노부) – 두보를 가리킨다.

11 脫粟(탈속) – 껍질만 벗기고 도정하지 않은 쌀.

12 兵甲(병갑) – 병기와 갑옷. 군대, 전쟁을 뜻한다.

13 漢陽(한양) – 한수漢水의 북쪽. 두보의 조적祖籍인 양양襄陽이 이곳에 있다.

14 峴首(현수) – 현산峴山의 머리. 현산을 가리킨다. 考槃(고반) – 즐기

다. 은거한다는 말이다.

《시경·위풍衛風·고반考槃》 산골짝 개울가에 은거하니, 크고 훌륭하신 분의 마음 넓다.(考槃在澗, 碩人之寬.)

[漢陽 2구] 동정이 가는 등주와 가까운 한수 북쪽의 현산에 은거하고 싶은 마음을 표현하였다. '소장안'을 계림으로 보면 동정은 남쪽으로 가지만 두보는 북쪽으로 가겠다는 것이다.

15 皂帽(조모) – 검은 모자.

16 采薇(채미) – 고사리를 캐다. 백이숙제伯夷叔齊의 고사를 쓴 것으로 은거하겠다는 의미이다.

#《두시상주》: (두보가) 갈 여정을 스스로 서술하며 결말을 맺었다.(以自敍行踪作結.)

《두공부시집집주》: 현산은 양양에 있는데 등주와 서로 가깝다. 두보는 평소 양양에 살 뜻이 있었기에 동정이 등주로 가는 것으로 인하여 그곳을 언급하였다. 나도 또한 장차 '한양'을 지나서 '현수'에 올라 끝내 은거할 계책으로 삼을 것이니, 그대는 마땅히 내가 구름 끝에서 고사리 캐는 것을 생각해야 한다고 말하고 있다. 황학은 '한양'과 '현수'가 모두 동정이 등주로 갈 때 지나가는 곳이라고 하였는데 시의 뜻은 그렇지 않다.(峴山在襄陽, 與鄧州相近. 公素有居襄陽之志, 故因董適鄧而及之. 言我亦將道漢陽, 登峴首, 爲終隱計, 子當念我之采薇於雲端也. 黃鶴謂漢陽峴首, 皆董適鄧所經, 詩意不然.)

##《독두심해》: 동정은 가난하여 노모를 봉양할 계책이 없어 애써 출유하고자 하였기에 두보가 이 시를 주면서 이별하였다. 앞 12구는 동정이 문을 나선 이유와 등주로 가는 사정을 서술하며 그가 빨리 돌아가 부모를 모실 것을 권유하고 있다. 뒤 8구는 목전의 발자취를 스스로 서술하면서 속마음이 향하는 바를 알리며 그가 관심 가져주기를 바라고 있으니, 또한 〈하상가河上歌〉의 이른바 '동병상련'이라는 것이다.

두보의 뜻이 비록 한수 북쪽에 있으나 이번 길은 결국 호남으로 가고 있음을 이 시를 읽는 사람은 모름지기 알아야 한다.(董貧, 無以爲奉養計, 黽勉出遊, 公贈此爲別. 前十二句, 敍董出門之故與之鄧之情, 而囑其及早歸侍. 後八句, 自敍目前行踪, 而告以意中所嚮, 冀其垂念. 亦河上之歌所云同病相憐者與. 公意雖在漢陽, 而此行竟適湖南, 讀者須曉.)

(**강민호**)

51. 夜聞觱篥

밤에 피리 소리를 듣다

夜聞觱篥滄江上[1] 衰年側耳情所嚮[2]
鄰舟一聽多感傷[3] 塞曲三更欻悲壯[4]
積雪飛霜此夜寒 孤燈急管復風湍[5]
君知天地干戈滿[6] 不見江湖行路難[7]

푸른 강가에서 밤에 피리 소리를 듣는데
노쇠한 나이에 귀를 기울임은 정이 향해서라네.
이웃 배에서 한번 듣고는 애달픈 느낌이 많아지고
변새의 노래 삼경에 문득 비장해지네.
쌓인 눈 날리는 서리 이 밤 추워
외로운 등불 급한 관악기 소리 게다가 바람 부는 여울.
그대는 천지에 전쟁 가득한 것은 알지만
강호에 갈 길 어려운 것은 보지 못하는구나.

이 시는 배를 정박한 밤에 옆에서 나는 피리 소리를 듣고 그 감회를 적은 것이다. 추위와 외로움 속에 애절한 음악 소리를 듣고는 앞길이 험난할 것을 걱정하였다. 대력 3년 악주에서 지은 것으로 보인다. 대력 2년 기주에서 지은 것이라는 설도 있다. '필률'은 피리이다.

《보주두시》 시에서 "푸른 강가(창강)에서 밤에 피리 소리를 듣는다"라고 하였으니 마땅히 대력 2년 기주에서 지은 것이다. 대체로 두보는 기주의 시에서 '창강'이라고 자주 말하였기 때문이다. 양권도는 대력 3년 공안을 떠나 악주에 머물 때의 시 안에 편재하였는데 "강호에 갈 길 어려운 것은 보지 못하였다"라는 구에 그저 현혹된 것이다. 시에서 또 "천지에 전쟁 가득하다"라고 한 것은 이해 주지광이 반란을 일으키고 토번이 두 차례 침입해 노략질하여 경사에 경계가 삼엄하였으며 계주의 산료가 또 반란을 일으켰기 때문에 그렇게 말한 것이다.(詩云, 夜聞觱篥滄江上, 當是大曆二年夔州作. 蓋公夔州詩屢云滄江也. 梁權道編在二(三의 잘못)年離公安次岳州詩內, 徒惑於不見江湖行路難之句. 詩又云天地干戈滿, 以是年周智光反, 吐蕃兩入寇, 京師戒嚴, 桂州山獠又反, 故云.)

《두시상주》 양권도는 대력 3년 공안을 떠나 악주에 머물 때의 시에 편재하였는데, 시에 "강호에 갈 길 어렵다"라는 구가 있기 때문이다. 시에서 "천지에 전쟁이 가득하다"라고 한 것은 지난해 토번이 두 차례 침입해 노략질하였고 계주의 산료가 반란을 일으켰으며 그해 여름 양자림이 성도에서 반란을 일으켰기 때문이다. 《악부잡록》에서 "필률은 본래 구자국의 악기인데 또한 비율이라고도 한다. 대나무로 관을 만들고 갈대로 머리를 만들었다. 그 소리가 슬프게 떨리며 호드기와 비슷하다"라고 하였다. 《악부》에서 "필률은 가관이다. 당나라 때 노부(출행할 때의 의장대)를 편재하면서 이름을 가관이라고 하였다"라고 하였다.(梁權道編在大曆三年離公安次岳州時, 以詩中有江湖行路難句也. 其云天地干戈滿者, 以去年吐蕃兩入寇, 桂州山獠反, 是年之夏楊子琳反成都也. 樂府雜錄, 觱篥者, 本龜兹國樂, 亦名悲栗. 以竹爲管, 以蘆爲首, 其聲悲栗, 有類於笳. 樂部, 觱篥者, 笳管也. 唐編鹵部, 名爲笳管.)

주 석

1 滄江(창강) - 푸른 강.

2 側耳(측이) - 귀를 기울이다. 자세히 듣는 모습이다. 情所嚮(정소향) - 감정이 향하는 곳. 피리 소리에 감정이 끌린다는 말이다.

《두시설》 '정' 자는 '심' 자가 되어야 할 듯하다.(情, 疑作尋.)

3 鄰舟(인주) - 옆에 있는 배. 두보가 타고 있는 배를 가리킨다. 이와 달리 또 다른 나그네가 탄 배로 여기는 설도 있다.

4 塞曲(새곡) - 변새의 곡조. 호가곡胡笳曲 중에 〈출새곡出塞曲〉과 〈입새곡入塞曲〉이 있다. 三更(삼경) - 한밤중을 뜻한다. 欻(훌) - 갑자기. 悲壯(비장) - 듣는 이의 감개를 말한 것이다. 이와 달리 곡조의 느낌으로 볼 수도 있다.

[夜聞 4구]

《두보전집교주》에 인용된 왕호汪灝 주 두보가 당시 강가에서 문득 피리 소리를 들어서 감정이 그쪽으로 옮겨갔다. 귀를 기울이고 자세히 듣다가 깊은 밤 삼경이 되었는데 대나무 관악기가 부는 변새의 곡이 더욱 급박해지니 갑자기 비장해져서 더욱 듣기 어려워졌다.(公於時在江上, 驟聞觱篥, 情以爲移. 側耳細聽到深夜三更, 而竹管所吹塞曲更急, 欻然悲壯, 益難聽矣.)

5 急管(급관) - 급박한 가락의 관악기. 피리의 빠른 가락을 가리킨다. 이와 달리 별개의 관악기 반주를 가리킨다는 설도 있다. 風湍(풍단) - 바람이 부는 여울. '風'은 '奔'으로 된 판본도 있다.

《구가집주두시》 조차공 주 '급관'은 다시 피리에 대해 말한 것이다. (急管, 復就觱篥言之也.)

6 君(군) - 그대. 피리 부는 이를 가리킨다. 이와 달리 이웃 배의 사람을 가리킨다는 설도 있으나 옳지 않다. 天地(천지) - 온 세상을 뜻한다.

'地'는 '下'로 된 판본도 있다. 干戈滿(간과만) – 방패와 창이 가득하다. 전란이 많다는 말이다.

7 湖(호) – '湘'으로 된 판본도 있다.

[君知 2구] 피리 부는 이가 변새곡을 불기에 전란은 알지만 강호를 떠도는 이의 근심은 헤아리지 못한다고 원망한 것이다.

《구가집주두시》 조차공 주 '군'은 피리 부는 사람을 가리켜 말한 것이고 '강호행로난'은 두보가 자신에 대해 말한 것이다. '행로난'은 악부시의 제목이다.(君則指言吹觱篥之人, 江湖行路難則公自謂也. 行路難, 樂府詩題.)

#《두억》: 이 시는 마땅히 배 안에서 지은 것이다. 문득 피리 소리를 듣고 또한 즐거운 마음을 느꼈다. 이웃 배에서 사람이 한번 듣고는 애달프게 느끼니 내심을 촉발함을 면치 못하였다. 삼경에 연주되는 변새의 곡을 듣다 보니 문득 비장함으로 바뀌었다. 5, 6구는 바로 그 슬픔을 그린 것이니 비통함이 극에 달한 표현이라 할 만하다. 그렇게 된 이유는 세상의 어지러움 때문이다. 만약 이웃 배에서 애달프게 느꼈다면 반드시 나그네의 고충 때문일 터이니 그래서 "그대가 만약 천하에 전쟁이 가득함을 안다면 다시는 강호에서 길 가는 어려움을 보지 못할 것이다"라고 말한 것이다. 대체로 애달픈 느낌은 한가지이지만 그 감정은 다르다.(此詩當是舟中作. 乍聞觱篥, 亦覺快心, 自鄰舟人一聽而感傷, 不免挑動私衷. 至塞曲起於三更, 聽之欻轉爲悲壯矣. 五六正寫其悲, 可謂淒慘之極. 所以然者, 以世之亂也. 若鄰舟感傷, 必因作客之苦, 因語之云, 君若知天地干戈之滿, 則不復見江湖行路之難矣. 蓋同一感傷, 而其情異也.)

《두시상주》: 밤에 피리를 불고 또 변새의 곡을 노래하며 또 급박한 관악기로 곁들이니 이것이 강가의 슬픈 음악이다. 두보는 이웃 배에 있으면서 갑자기 듣고는 이미 충분히 감상에 젖었으며 오래 듣자니 더욱 비참함이 더해졌다. 하물며 추운 밤에 외로운 등불을 켜놓았고 서리와 눈이 흩날리고 바람 속 여울이 거센데, 아울러 급박한 관악기가 슬피 우니 참절함을 이길 수 없게 되었다. 그래서 피리 부는 자에게 말하기를, "그대가 이 곡을 연주함에 있어서 그저 전쟁과 난리의 고충을 알 뿐, 배 타고 떠도는 자가 강호에서 길 가기가 어려운 것을 유독 보지 못하는가. 어찌하여 짐짓 이런 소리를 내서 사람을 뒤흔들어 근심스럽게 하는가"라고 말하였다. '정소향'은 나그네의 심사가 갑자기 일어났다는 말이다. '인주' 구는 바로 이를 받아서 아래를 일으킨다.(夜吹觱篥, 復歌塞曲, 而又佐以急管, 此江上哀音也. 公在鄰舟, 乍聽已足感傷, 久聞尤加悲慘, 況當寒夜孤燈, 霜雪零而風湍緊, 兼之急管悲鳴, 不勝慘絶矣. 故語觱篥者曰, 君爲此曲, 但知干戈離亂之苦, 獨不見舟中漂泊者, 江湖行路之難乎. 何爲故作此聲, 動人愁思也. 情所嚮, 謂旅情頓起. 鄰舟句, 卽承此起下.)

《독두심해》: 배 안에서 슬프고 다급한 음악을 듣고서 고충을 스스로 하소연한 것이다. '정소향'은 그 소리가 감정을 움직일 만해서 마음을 이끌어 갔다는 것이다. 황생이 '정' 자를 '심' 자로 바꾸고자 하는데 그러면 '所嚮' 자를 '所響' 자로 바꾸려는 것인가. 말이 되지 않는다. 결련은 '그대가 난리의 고통을 알기에 이러한 슬프고 다급한 음악을 연주하는데 유독 나그네가 떠도는 참담함이 쉽사리 근심을 증가시킴을 유독 보지 못했는가'라는 말이다. 구조오가 피리 부는 자에게 하는 말로 보았는데, 이는 시의를 제대로 파악한 것이다.(舟中聞悲急之音, 而自訴苦衷也. 情所嚮者, 其聲足以動情, 故引之而去. 黃生欲改情爲尋, 則將改所嚮爲所響乎. 不成語矣. 結聯, 謂君知亂離之苦, 爲此悲急矣, 獨不見行旅漂零之慘, 易增忉怛乎. 仇氏作語觱篥者之詞, 得之.)

(**임도현**)

52. 衡州送李大夫七丈赴廣州

광주로 부임하는 이 대부 어르신을 형주에서 전송하다

斧鉞下青冥[1] 樓船過洞庭[2] 北風隨爽氣[3] 南斗避文星[4]
日月籠中鳥[5] 乾坤水上萍[6] 王孫丈人行[7] 垂老見飄零[8]

부월이 푸른 하늘로부터 내려오니
누선이 동정호를 지났다.
북풍에 상쾌한 기운 따르고
남두성은 문성을 피한다.
해와 달 아래에서 새장 속의 새 같고
하늘과 땅 사이에서 물 위의 부평초 같은 신세.
왕손께선 내게 어르신뻘 되는 분인데
늘그막에 떠돌아다니는 내 모습 보시는군요.

이 시는 대력 4년 봄 형주에서 지은 것이다. 이 대부는 이면李勉이다. 이 시는 이면이 형주를 거쳐 광주로 부임할 때 두보가 전한 송별시인데, 앞 4구는 이면 행렬의 장관과 그 기세를 칭송하였고 뒤 4구는 두보 자신의 신세를 한탄하였다. 작시 시기에 대해 여러 설이 있지만 두보가 대력 4년 봄에 처음으로 형주에 갔다는 사실을 고려하여 주학령과 포기룡의 설을 따른다.

《보주두시》 사서를 살펴보면, 이면은 강서관찰사에서 입경하여 경조윤 겸 어사대부가 되었다. 지금 융흥에 있는 석당에 지방 장관의 이름과 관작이 기재되어 있는데, 이면은 장호의 뒤, 위소유의 앞에 기재되어 있다. 위소유가 대력 2년 이면을 대신해 갔고 장호는 광덕 2년 9월에 사망하였으니, 이면이 강서관찰사가 된 것은 의당 그해 9월 이후이고, 그가 경조윤이 된 것은 의당 대력 원년이다. 또 대력 4년 12월에 광주 사람 풍숭도가 반란을 일으키고 계주 사람 주제시가 반란을 일으켜 10여 고을을 해치고 어지럽혔는데, 이면이 장수 이관을 보내 용주자사 왕굉을 이끌고 토벌하게 하였으니 이면은 대력 4년 가을에서 겨울로 넘어가는 때에 광주에 부임했을 것이다. 그래서 이 시에 '북풍수상기' 구가 있다. 공은 이해에 형주에 있다가 더위가 무서워 담주로 돌아와서 그해 내내 배에서 살았고 이듬해에 또 담주에서 형주로 갔다. 이제 시제에서 '형주'라고 되어 있으나 이는 아마 잘못된 것이고 의당 '담주'라고 해야 할 것이다.(按史, 勉自江西觀察使入爲京兆尹兼御史大夫. 今隆興有石幢, 載牧守名爵, 勉在張鎬之後魏少游之前, 而少游以大曆二年代去, 鎬以廣德二年九月死. 則勉爲江西觀察使, 當是其年九月後, 其爲京兆尹, 當在大曆元年, 又四年十二月, 廣州人馮崇道反, 桂州人朱濟時反, 殘亂十餘州, 勉遣將李觀率容州刺史王翃討平之, 則勉是四年秋冬之交赴廣州, 故此詩有北風隨爽氣之句. 公是年在衡, 以畏熱歸潭, 終歲舟居. 明年又自潭之衡, 今題曰衡州, 蓋誤也, 當作潭州.)

《두공부시집집주》 이면은 강서관찰사에서 입경하여 경조윤 겸 어사대부가 되었다. 대력 3년 10월 광주자사에 배수되고 영남절도사 직을 맡았다. 공의 이 시는 의당 대력 4년 봄에 지었을 것이다.(李勉自江西觀察使, 入爲京兆尹兼御史大夫. 大曆三年十月, 拜廣州刺史, 充嶺南節度使. 公此詩應是四年春作.)

《두시상주》 주학령의 주에서 "이면은 강서관찰사에서 입경하여 경조윤 겸 어사대부가 되었다. 대력 3년 10월 광주자사에 배수되고 영남절도사 직을 맡았다. 이 시는 의당 그해 겨울에 지었을 것이다"

라고 하였다. 노원창의 주에서 "당시 영남 번우番禺의 장수인 풍숭도와 계주의 주제시가 반란을 일으켰다. 그래서 조정에서 이면을 보내 토벌했다"라고 하였다. 《당서》에 의하면 형주 형양군은 강남서도에 속한다.(朱注, 李勉自江西觀察使, 入爲京兆尹兼御史大夫. 大曆三年十月, 拜廣州刺史, 充嶺南節度使. 詩應是其年冬作. 盧注, 時嶺南番帥馮崇道與桂州朱濟時叛, 故朝廷遣勉討之. 唐書, 衡州衡陽郡, 屬江南西道.)

《독두심해》 살펴보건대 공이 형주에 간 것은 대력 4년 봄이니, 이면은 아마 대력 3년 겨울에 명을 받고서 이때에 이르러 비로소 취임했을 것이다.(按, 公至衡州在四年春, 李豈三年冬被命, 至是始就任歟.)

주 석

1 斧鉞(부월) – 의장용 도끼. 군사 지휘권을 상징한다. 靑冥(청명) – 푸른 하늘. 황제를 상징한다. 이 구는 이면이 황제로부터 군사 지휘권을 받았음을 말한다. 이와 달리 지휘권을 가지고 장안에서 내려오게 되었음을 말하는 것으로 보는 설도 있다.

《예기·왕제王制》 제후는 천자에게서 활과 화살을 하사받은 뒤라야 정벌을 하고, 부월을 하사받은 뒤라야 사람을 죽일 수 있다.(諸侯賜弓矢, 然後征. 賜鈇鉞, 然後殺.)

《구가집주두시》 조차공 주 《예기》에 "부월을 하사받은 뒤에 정벌을 한다"라고 하였다. 그래서 한위 이래로 장수가 되면 흔히 '부월을 손에 쥔다'고 말하였다. 지금 광주의 절도사가 되어 군대를 맡았으니 '부월' 자를 쓸 수 있게 되었다.(禮記云, 賜斧鉞, 然後征. 故漢魏以來爲將者多言仗斧鉞. 今廣州節度主兵, 得使斧鉞字矣.)

《두공부초당시전》 '청명'이란 하늘이다. 천자가 이면에게 부월을 하사했음을 말한다.(靑冥者, 天也. 言天子賜勉以斧鉞也.)

《두시상주》 '하청명'은 "하늘로부터 내려왔다"라고 말하는 것과 같다. 황생은 "광주에 들어가려면 오령五嶺을 넘어야 하니 하늘에서 내려오는 것과 같다"라고 하였는데, 틀린 풀이이다.(下青冥, 猶言自天而下. 黃生謂入廣度嶺, 如下青冥, 非也.)

《두시설》 광주에 들어가려면 반드시 오령을 넘어야 한다. 그래서 제1구가 있다.(入廣必度嶺, 故有起句.)

《두율계몽》 '청명'은 하늘이다. 황제의 경성에서 왔으니 하늘로부터 내려온 것과 같다.(青冥, 天也. 來自帝京, 猶自天而下也.)

2 樓船(누선) – 다락이 있는 배. 규모가 큰 배이다. 洞庭(동정) – 동정호. 이 구는 이면이 누선을 타고 동정호를 지나왔음을 말한다.

《구가집주두시》 조차공 주 '누선'은 응소가 큰 배에 다락을 설치한 것이라고 하였다. 한나라 무제가 곤명지를 크게 만들고 누선을 만들었는데 높이가 십여 장이었다. 무제의 〈추풍사〉에서 "누선을 띄워 분하를 건넌다"라고 하였다. 그리고 관직에 누선장군이 있다.(樓船者, 應劭云, 大船上施馬('樓'의 잘못)也. 漢武帝大修昆明池, 治樓船, 高十餘丈. 帝秋風辭云, 泛樓船兮濟汾河, 而官有樓船將軍焉.)

3 爽氣(상기) – 삽상颯爽한 기운. 이 구는 이면이 북쪽에서 삽상한 기운을 가지고 왔다는 뜻이다. 이 구에 나오는 '북풍'이라는 말 때문에 이 시를 겨울에 지은 것으로 보는 설이 있지만 옳지 않다. 다만 이면이 북쪽에서 왔음을 말할 뿐이다.

《구가집주두시》 조차공 주 '북풍'은 그 말로써 그 때를 말한다.(北風, 以言其時.)

《두공부초당시전》 북쪽에서부터 남쪽으로 오면서 삽상한 기운을 가지고 왔음을 말한다.(言自北而南, 帶爽氣而來也.)

《두시경전》 남방이 지대가 낮고 습하기에, 이 말을 빌려 때를 구제한다는 의미를 말한 것이다.(南方卑濕, 借此言救時意.)

4 南斗(남두) – 남두성. 남방에 있는 여섯 별로 구성된 별자리 이름. 그

모양이 '두', 즉 구기와 비슷하다. 文星(문성)－별 이름. 문창성文昌星이다. 벽수壁宿의 별을 가리킨다는 설도 있다. 이면이 옛것을 좋아하고 문아한 것을 숭상하였기에 문성에 비유한 것이다. 이 구는 이면의 문아한 면모가 광주 지역에서 빛을 발할 것임을 말한다.

《구가집주두시》 조차공 주 '남두'는 그 말로써 광남 지역임을 말한다. 살펴보건대 《진서·천문지》에서 "남두성 12도로부터 수녀성 7도까지가 성기인데, 오월에 해당하는 곳이다"라고 하였다. 《진서·천문지》에서 "벽수壁宿 두 별이 문장을 주관하니 그것이 밝으면 나라에 군자가 많다"라고 하였는데, 이를 문성이라 한다.(南斗, 以言廣南. 按晉天文志, 自南斗十二度至須女七度爲星紀, 爲吳越之分野也. 晉天文志, 東壁二星主文章, 明則國多君子, 是謂文星也.)

《두공부초당시전》 북두성 남쪽에서는 (이면) 공 한 사람뿐임을 말하니, 그를 찬미하는 말이다.(謂北斗以南, 有公一人而已, 美之之辭也.)

《두시상주》 노원창의 주에서 "이면이 옛것을 좋아하고 기이한 것을 숭상하였다. 그래서 '문성'이라 하였다"라고 하였다. 지금 살펴보건대 문창성은 원래 북두궁에 있는데, 이면이 북쪽에서 남쪽으로 왔으니 남두성은 의당 그를 피해야 할 것이다.(盧注, 勉好古尙奇. 故曰文星. 今按, 文昌本在北斗宮, 李自北至南, 故南斗應避之.)

[斧鉞 4구]

《두시천》 그가 청명에서 내려올 때 북쪽에서 오기에 북풍에 그 상쾌한 기운이 따르고 …… 그가 동정호를 지날 때 남쪽으로 가기에 남두성이 그 문성을 피한다.(方其下靑冥也, 自北故北風隨其爽氣 …… 及其過洞庭也, 往南故南斗避其文星.)

5 籠中鳥(농중조)－새장 속의 새. 두보 자신의 신세를 비유한다.

6 水上萍(수상평)－물 위의 부평초. 두보 자신의 신세를 비유한다.

[日月 2구] "해와 달 아래에서 두보 자신은 새장 속의 새 같고 하늘과

땅 사이에서 물 위의 부평초 같다"라는 뜻이다. "타향을 이리저리 떠돌면서 보니 해와 달이 새장 속의 새 같아 보이고, 천지가 물 위의 부평초 같아 보인다"라고 풀이하는 설도 있다.

《구가집주두시》 조차공 주 자신의 몸은 해와 달 아래에서 새장 속의 새 같아 움츠리고 있어 펼 수가 없고, 하늘과 땅 사이에서 물 위의 부평초 같아 떠다니며 정처가 없음을 말한 것이리라. "해와 달을 새장으로 삼으니 자신을 새로 삼고, 하늘과 땅을 물로 삼으니 자신을 부평초로 삼는다"라고 말하는 것이 아니다.(蓋言我身於日月之下, 如籠中之鳥, 局而不伸, 於天地之中, 如水上之萍, 泛而無定. 非謂言以日月爲籠而我爲鳥, 以天地爲水而我爲萍也.)

《두시상주》 방회가 "'일월'은 '해마다'라는 말이고 '건곤'은 '곳곳'이라는 말이다"라고 하였다. 장연의 주는 "세월을 헛되이 보낸다는 뜻으로 아래의 '수로'라는 말의 뜻을 일으키고, 천지 사이에서 이리저리 다닌다는 뜻으로 아래의 '표령'이라는 말의 뜻을 일으킨다"라고 하였다.(方回曰, 日月, 年年也. 乾坤, 處處也. 張綖注, 虛度日月, 起下垂老. 浪跡乾坤, 起下飄零.)

《두시상주》 지금 살펴보건대 '일월' 2구는 글자를 더하여 풀이해야만 문구의 뜻이 비로소 분명해진다.(今按, 日月籠中二句, 須添字注釋, 句義方明.)

《두율계몽》 살펴보건대 2구는 달관한 뜻을 담은 말로 볼 수 있다. 그러나 시의 뜻과는 맞지 않는다. 아마 해와 달이 하늘과 땅을 벗어나지 않기에 '농중조'라 하였고, 하늘과 땅이 그저 쌓인 물 안에 있기에 '수상평'이라 하였을 것이다.(按, 二句可作達觀語, 但與詩意不合. 蓋日月不出天地之外, 故曰籠中鳥, 乾坤只在積水之中, 故曰水上萍.)

7 王孫(왕손) – 이면이 황실의 일족이기에 이렇게 칭하였다. 行(항) – 항렬. 배분輩分.

《두시설》 당나라 사람은 내외종 친척을 아주 중시하여 그 친척을 언급할 때면 언제나 항렬을 밝힌다. 항렬이 같은 이는 형제라 칭하고 낮은 이는 조카라 칭하고 높은 이는 어르신이라 칭한다. …… 이 시에서 이면을 두고 '장인항'이라 하였으니 아마도 또한 내외종 가운데 항렬이 높은 사람일 것이다.(唐人極重中表親, 以及親, 皆叙行輩, 行輩同者稱兄弟, 卑者稱侄, 尊者稱丈. …… 此目勉爲丈人行, 蓋亦中表之尊屬也.)

8 垂老(수로) – 늘그막. 두보 자신을 두고 한 말이다. 이 구절을 이면에 대해 말한 것으로 보는 설이 있으나 옳지 않다. 飄零(표령) – 떠돌아다니다. 영락하다.

《두공부초당시전》 이 구는 이면이 만년에 영남절도사로 부임하는 것을 말한다.(此言李勉暮年赴嶺南節度也.)

[日月 4구]

《두억》 해와 달이 비치는 아래에서 나는 새장 속의 새가 되고, 하늘과 땅이 덮어주고 실어주는 가운데에서 나는 물 위의 부평초와 같으니, 이는 늘그막에 떠돌아다니는 모습이다. 왕손은 바로 나에게 어르신뻘 되는 분이니 차마 이 같은 나의 모습을 볼 수 있겠는가?(日月照臨之下, 而我爲籠中之鳥, 乾坤覆載之中, 而我同水上之萍, 此垂老之飄零也. 王孫乃我丈人行, 而忍見其若此耶.)

#《두시상주》: 위의 4구는 광주로 들어가는 이 씨를 전송하는 내용인데 번쩍번쩍 기세가 있다. 아래 4구는 떠돌아다니는 자신의 신세를 서술한 것인데 슬픔이 감정을 움직인다. 노원창의 주에 "'청명에서 내려올 때 북으로부터 오니 바람이 삽상한 기운을 따르게 하고 동정호를 지날 때 남으로 가니 남두성이 문성을 피한다'라고 하였으니 풍운을 질타하고 천지를 지휘하는 기상이 보인다"라고 하였다. 《두억》에 "해와 달이 비치는 아래에서 자신의 몸은 새장 속의 새가 되고, 하늘과 땅이 덮어주고 실어주는 가운데에서 자신의 행적은 물 위의 부평초와 같으니, 이는 늘그막에 떠돌아다니는 모습이다. 왕손은 바로 나에게

어르신뻘 되는 분이니 차마 이 같은 나의 모습을 볼 수 있겠는가?"라고 하였다. 아마도 도움의 손길을 기대했을 것이다.(上四送李入廣, 烜赫有勢. 下四自叙飄流, 悲惋動情. 盧注, 靑冥自北而來, 故風隨爽氣. 洞庭向南而往, 故斗避文星, 便見叱咤風雲, 指揮天地氣象. 杜臆, 日月照臨之下, 身如籠鳥, 乾坤覆載之中, 迹若浮萍, 此垂老飄零之狀. 王孫乃我丈人行, 忍見其若此耶. 蓋望之援手矣.)

《독두심해》: 윗부분은 이 씨가 올 때의 성세와 광채가 사람의 귀와 눈을 변화시켰다는 사실을 그렸다. 아래 4구에서는 도리어 떠도는 모습을 고하였다. '일월'은 지극히 부지런한데, 체류하는 이의 처지에서 이를 만나면 해마다 갇혀 있음을 깨닫게 되고, '건곤'은 지극히 한결같은 것인데, 떠도는 이의 처지에서 거기에 있게 되면 곳곳이 뿌리가 없음을 깨닫게 된다. 이런 괴로운 상황을 어른으로서 보겠는가? 이 말의 절묘함은 도움을 바라는 뜻을 다 드러내지 않았다는 데에 있다.(上寫李來聲勢光彩, 使人耳改目化. 下四, 乃以飄零之狀告之. 日月, 至勤也, 自留滯者値之, 覺年年坐困. 乾坤, 至常也, 自流離者處之, 覺在在無根. 似此苦況, 乃以丈人而見之耶. 妙在不說破望援意.)

《두시설》: 전반과 후반 두 부분으로 나뉘는 격식으로 상대와 자신을 나누어 서술하였다. 전반부에서는 그 호매함을 극도로 표현하였다. 5, 6구는 뜻은 슬프지만 말은 씩씩하니, 반드시 이래야만 전반부와 서로 어울린다. 결어 역시 쇠잔하게 느껴지지 않으니, 이것이 장법상 잘 맞추어내는 묘술妙術이다.(前後兩截格, 分敍彼己. 前半極其雄邁, 五六意悲而語則壯, 必得此始相稱. 結亦不覺衰颯, 此章法湊泊之妙.)

(이영주)

53. 歲晏行

세모의 노래

歲云暮矣多北風[1] 瀟湘洞庭白雪中[2]
漁父天寒網罟凍[3] 莫傜射雁鳴桑弓[4]
去年米貴闕軍食[5] 今年米賤太傷農[6]
高馬達官厭酒肉[7] 此輩杼柚茅茨空[8]
楚人重魚不重鳥[9] 汝休枉殺南飛鴻[10]
況聞處處鬻男女[11] 割慈忍愛還租庸[12]
往日用錢捉私鑄[13] 今許鉛鐵和靑銅[14]
刻泥爲之最易得[15] 好惡不合長相蒙[16]
萬國城頭吹畫角[17] 此曲哀怨何時終[18]

한 해가 저물어 북풍이 많이 불고
소상과 동정호는 흰 눈 가운데 있다.
날이 추워 어부의 그물은 얼어붙고
기러기 사냥에 막요는 뽕나무 활을 울려댄다.

지난해는 쌀이 귀하여 군대 식량이 모자랐는데
올해는 쌀이 흔하여 농가에 너무 손해를 끼쳤다.
큰 말 타는 고관대신들은 술과 고기에 물렸는데
이 사람들 북과 바디는 띠 집에 텅 비었다.

초 땅 사람은 물고기를 중히 여기고 새를 중히 여기지 아니하니 그대들은 남쪽에 나는 기러기를 잘못 죽이지 말라.
하물며 들리는 소문은 곳곳마다 아들딸을 팔아
자애를 잔인하게 끊어내고 세금을 바친다는데.

지난날 돈을 씀에 사적으로 주조한 것을 잡더니
이제는 납과 철로 청동과 섞는 것을 허가한다.
진흙을 새겨 동전을 만들면 아주 쉽게 얻는데
좋고 나쁨을 길이 서로 속일 수는 없다.

만국의 성 위에서 화각을 불어 대는데
이 곡의 애원은 어느 때에나 끝나려나.

이 시는 대력 3년 세모에 악주에 머물렀을 때 지은 것이다. 시에서는 당시 백성들의 곤궁한 삶의 모습과 전법錢法이 크게 붕괴된 사회 상황에 대하여 사실적으로 묘사하고 이에 대한 감개를 써냈다.

> 《보주두시》 시에서 "지난해는 쌀이 귀하여 군대 식량이 모자랐는데 올해는 쌀이 흔하여 농가에 너무 손해를 끼쳤다"라고 하였으니 마땅히 대력 3년 악주에 머물렀을 때 지은 것이다.(詩云, 去年米貴闕軍食, 今年米賤太傷農, 當是大曆三年次岳州作.)

주 석

1 歲云暮矣(세운모의) – 한 해가 저물다. '云'은 '爲'와 같다. 어조사로 볼 수도 있다.

2 瀟湘(소상)－ 소수와 상수. 雪(설)－ '雲'으로 된 판본도 있다.

3 網罟(망고)－ 그물.

4 莫徭(막요)－ 고대 중국 남방의 소수민족. 射(석)－ 쏘아 맞히다. 桑弓(상궁)－ 뽕나무로 만든 활.

《두시상주》 《수서·지리지》에 "장사군에는 이민족인 단족이 섞여 있는데 막요라고 한다. 그들의 말에 의하면 그들 조상에게 공이 있어서 일찍이 요역을 면제받았고 그래서 그런 이름을 갖게 된 것이라고 한다"라고 하였다. 《예기》에 "뽕나무 활과 쑥대 화살로 사방에 쏜다"라고 하였다. 《한서·오행지》의 "여동요에 '염호기복'이라고 하였다"에 대한 안사고의 주에서 "('염'은) 산 뽕나무 가운데 점무늬가 있는 것이다. 나무로 만든 활을 '호'라고 한다"라고 하였다.(隋地理志, 長沙郡雜有夷蜑, 名曰莫徭, 自言其先祖有功, 嘗免征役, 故以爲名. 記, 桑弧蓬矢, 以射四方. 漢五行志, 女童謠曰, 檿弧箕服. 顏師古注, 山桑之有點文者, 木弓曰弧.)

#《두시상주》: 첫 단락은 세모의 풍경과 일을 기록하면서 곤궁한 백성들이 고기 잡고 사냥하는 것을 슬퍼하였다.(首記歲晏景事, 傷窮民之漁獵者.)

5 去年(거년)－ 지난해. 대력 2년을 말한다. 米貴(미귀)－ 쌀이 귀하다. 쌀값이 비싸다.

《두공부시집집주》 《구당서》에 의하면 대력 2년 10월 갑신일에 경성 관리의 직전 삼 분의 일을 감하여 군량에 충당하였고 또 11월 기축일에는 백관과 경성의 백성들을 권고하여 돈을 내어 군대를 돕도록 하였다. 이 시는 대력 3년 겨울에 지어졌기 때문에 "지난해는 쌀이 귀하여 군대 식량이 모자랐다"라고 한 것이다.(舊唐書, 大曆二年十月甲申, 減京官職田三分之一充軍糧. 又十一月己丑率百官京城士庶, 出錢以助軍. 此詩作於三年之冬, 故云去年米貴闕軍食也.)

6 今年(금년) 구 – 올해는 쌀값이 싸서 농민들이 크게 손해를 보았다는 말이다.

《두시상주》에 인용된 《한서》 곡식 가격이 싸면 농민에게 손해를 끼친다.(穀賤傷農.)

7 高馬達官(고마달관) – 큰 말을 타는 고관대신.

《보주두시》 《구당서》에 의하면 대력 2년 2월 곽자의가 하동에서 내조하자 원재, 배면, 제오기, 여간이 각각 30만 전을 내어 곽자의의 집에서 연회를 베풀었다. 3월에는 어조은이 자신의 집에서 곽자의 재상, 절도사, 탁지사, 경조윤에게 연회를 베풀었고 곽자의 역시 자신의 집에서 연회를 베풀었으며 전신공도 자신의 집에서 연회를 베풀었다. 당시 곽자의는 원신이었고 난리도 점차 평정되어 술을 베풀어 연이어 연회를 한 것인데 공경대신 중 연석에 나란히 자리한 자가 백 명이나 되었다. 곽자의, 어조은, 전신공이 베푼 한 차례 연회 비용이 십만 관에 이르렀다. 아, 한 차례 연회 비용이 이와 같은 정도에 이르렀다니! 그래 민간의 북과 바디가 빈 것도 모르고 또한 왕의 교화를 경하하는 것으로 여겨 술에 취해 즐겼단 말인가? 어조은과 전신공은 진실로 꾸짖기도 부족하거니와 곽자의 역시 그런 일을 하였다니 애석하도다. 이것이 두공이 그것을 시로 그려낸 이유인 것이다.(舊史, 大曆二年二月, 郭子儀自河東來朝, 元載裴冕第五琦黎幹, 各出錢三十萬, 置宴於子儀之第. 三月, 魚朝恩宴子儀宰相節度度支使京兆尹於私第, 子儀亦置宴于其第, 田神功宴於其第. 時以子儀元臣, 寇難漸平, 乃置酒連宴, 公卿大臣列坐於席者百人. 子儀朝恩神功, 一宴費至十萬貫. 嗚呼, 一宴之費至於如此, 曾不知民間杼柚之空, 方且以爲蹈舞王化, 酣酒爲樂. 朝恩神功固不足責, 而子儀亦復爲之, 惜哉. 此杜公所以形之詩也.)

8 此輩(차배) – 이 무리. 농민을 가리킨다. 杼柚(저축) – 베틀의 북과 바디. 베틀을 가리킨다. 茅茨(모자) – 띠로 지붕을 이은 집.

《두시상주》 《시경·소아·대동大東》에 "북과 바디가 비었다"라고 하였다. 《옥편》에 "'축'은 베틀의 도구이고 '저'는 베틀의 씨실을 담는 것이다"라고 하였다.(詩, 杼柚其空. 玉篇, 柚, 機具也. 杼, 機之持緯者.)

《시경·소아·대동》 "杼柚其空"의 주희朱熹 집전集傳 '저'는 씨실을 담는 것이고 '축'은 날실을 받는 것이다.(杼, 持緯者也. 柚, 受經者也.)

#《두시상주》: 이 단락은 또 곤궁한 백성 가운데 밭 갈고 베 짜는 사람을 슬퍼하였다. '차배'는 농가의 부부를 가리킨다.(此又傷窮民之耕織者. 此輩, 指農家夫婦.)

9 鳥(조) – 새. '肉'으로 된 판본도 있다.

《두시상주》에 인용된 《풍속통風俗通》 오와 초 땅의 사람은 물고기와 소금을 좋아하고 새나 짐승의 고기를 중히 여기지 않는다.(吳楚之人嗜魚鹽, 不重禽獸之肉.)

10 汝(여) – 그대들. 막요를 가리킨다. 이와 달리 '달관'을 가리킨다는 설도 있다. 枉殺(왕살) – 잘못 죽이다.

11 鬻男女(육남녀) – 아들딸을 팔다.

12 割慈忍愛(할자인애) – 자애를 끊어내고 사랑에 잔인하다. 흔히 자식이 부모의 정을 끊어내는 것을 나타내는 말로 사용되나 여기서는 부모가 자식을 팔아야 하는 상황을 가리킨다. 還(환) – 상환하다. 내다. 租庸(조용) – 세금. 당의 수전법授田法에서 곡식을 납부하는 것을 '조'라 하고 부역을 하지 않은 사람이 명주를 짜서 내는 것을 '용'이라 한다.

《두시상주》 (강엄江淹의) 〈별부〉에 "어머니와 아내의 사랑을 끊어내고 고향을 떠나다"라고 하였다. 《구당서》에 "무릇 수전의 경우 정은 해마다 조와 벼를 납부하였는데 그것을 '조'라고 한다. 역을 하지 않는 사람은 하루에 명주 3척을 부과했는데 그것을 '용'이라고 한다"라고 하였다.(別賦, 割慈忍愛, 離鄕去里. 舊書, 凡授田者, 丁歲納粟稻, 謂之租. 不役者, 日爲絹三尺, 謂之庸.)

[況聞 2구]

《보주두시》에 인용된 왕수王洙 주 당의 제도에는 사람에게 구분전과 세업전을 주었다. 무릇 수전법의 경우에는 정이 해마다 조와 벼를 납부하는데 이를 '조'라 하였다. 인력을 쓰는 것은 한 해 20일을 넘지 않게 하였으며, 역을 하지 않은 사람은 매일 명주 3척을 부과하는데 이를 '용'이라 하였다. 당시 백성들의 힘이 곤궁하였으므로 이에 아들 딸을 팔아 부세를 상환한 자가 있었던 것이다.(唐制, 授人以口分世業田. 凡授田者, 丁歲納粟稻, 謂之租. 用人之力, 歲不過二十日, 不役者日爲絹三尺, 謂之庸. 時民力困, 故於是有鬻男賣女以還租庸調者.)

#《두시상주》: 이 단락은 당시 세금 징수의 곤고함을 탄식하였다. '어'와 '조'는 '어부'와 '막요'를 받은 것이다. '조'와 '용'은 농부와 '저축'을 받은 것이다. 이들은 모두 관청의 부세로 인해 핍박을 받은 자들이다.(此歎當時賦斂之困. 魚鳥, 承漁父莫徭. 租庸, 承農夫杼柚. 此皆迫於官賦者.)

13 捉私鑄(착사주) – 사적으로 주조하는 자를 잡아들이다.

14 許(허) – 허가하다. '來'로 된 판본도 있다. 鉛鐵(연철) – 납과 철. 和(화) – 섞다. 혼합하다.

《두시상주》《구당서·식화지食貨志》에 의하면 천보 여러 해 뒤에 부유한 상인과 간사한 이들은 점차 호전好錢을 거두어서 몰래 그것을 가지고 강회 남쪽으로 갔다. 호전 1문은 사적으로 주조한 악전 5문을 사들일 수 있어서 관전으로 가탁하여 경성으로 가지고 들어와 사적으로 사용하였다. 아안전, 철석전, 고문전, 연환전 같은 것들은 각 관의 중량이 서너 근에 불과하였다. 왕수가 말하기를 "당의 제도는 몰래 돈을 주조한 자는 사형에 처하고 그 집안을 적몰하였다. 천보 연간에 이르러 몰래 돈을 주조하는 일이 더욱 심해지고 납과 주석을 섞어 더 이상 돈의 형체가 없게 되었다. 공적으로 주조한 것을 관로전이라 불렀다"라고 하였다.(舊書, 天寶數載之後, 富商奸人, 漸收好錢, 潛將往江淮之南, 每錢貨得私鑄惡者五文, 假託官錢, 將入京私用, 鵝眼鐵錫古文綖環之類, 每貫重不過三四觔. 洙曰, 唐制盜鑄者死, 沒其家屬. 至天寶間, 盜鑄益甚, 雜以鉛錫, 無復錢形, 號公鑄者爲官鑪錢.)

《보주두시》 황희黃希 주 《신당서·식화지》에 의하면 덕종 때 강회 지역에는 연석전이 많았고 동으로 표면을 도금하였는데 근량을 채우지 않아서 천전을 녹이면 동 6근이 되었다. 대체로 강회 지역에 악전이 많았던 것은 그 유래가 이미 오래되어 덕종 때만 그런 것은 아니었다. 천보 초기의 경우 부상과 간인들이 이미 몰래 강회 지역으로 가서 양전 하나를 악전 다섯과 바꾸어 장안 저자로 들여왔다. 《신당서·식화지》에서 덕종 때라고 말한 것은 아마도 그 심한 것을 가리켜 말한 것일 뿐이다. 이 시는 사서에 빠진 것을 보충해줄 수 있다.(唐志, 德宗時, 江淮多鉛錫錢, 以銅盪外, 不盈斤兩, 銷千錢爲銅六斤. 大抵江淮多惡錢, 其來已久, 不獨德宗時爲然. 如天寶初, 富商奸人已潛往江淮, 以良錢一易惡錢五, 入長安市矣. 志云德宗時者, 殆指其甚者而言耳. 此詩可補史之闕.)

15 刻泥(각니) – 진흙에 새기다. 진흙으로 동전을 주조하는 틀을 만드는 것을 말한다. 爲之(위지) – 그것을 만들다. 동전을 주조하는 것을 말한다.

《두시상주》 '각니'는 진흙으로 동전 주조 틀을 만드는 것이다.(刻泥, 以泥爲錢模也.)

16 好惡(호악) – 좋음과 나쁨. 여기서는 호전好錢과 악전惡錢, 즉 관전官錢과 사전私錢을 말한다. 不合(불합) – 의당 ~할 수 없다. 《두시언해》에서는 '(좋고 나쁨이) 맞지 않다'로 풀이하였다. 長相蒙(장상몽) – 길이 서로 덮어주다. 오래도록 서로 속이다.

《보주두시》에 인용된 사師 씨 주 '장상몽'은 위아래가 서로 덮어주고 다시 규찰함이 없는 것을 말한다.(長相蒙, 謂上下相蒙蔽, 無復糾察也.)

[刻泥 2구]

《두보전집교주》에 인용된 장진張溍 주 '각니' 구는 극도의 비유를 들어 말한 것이다. '진흙에 새겨서 또한 돈의 형체가 있다고 해도 사용할 수 있는 것인가'라는 말로, 의당 납과 주석을 가지고 서로 속여서는 안 된다는 말이다.(刻泥句, 是推極比方言之, 卽刻泥亦有錢形, 可行使否. 言不宜以鉛錫相蒙也.)

#《두시상주》: 이 단락은 당시 전법이 붕괴되었음을 개탄하였다. 백성이 곤궁하고 재화가 다하여 악전이 남용되고 있는데 관리들은 어찌 그들이 서로 덮어주는 것을 용납하고 규찰하지 않을 수 있었는가?(此慨當時錢法之壞. 民窮財盡, 故惡錢濫用, 爲官者豈可聽其相蒙而不爲糾察乎.)

17 畫角(화각) – 관악기 이름. 서강西羌에서 전해졌으며 모양은 대나무 통처럼 생겼는데 대나무나 가죽으로 만든다. 표면에 그림이 있어서 붙여진 이름이다. 소리는 매우 슬프고 높고 낭랑하며 군대에서 주로 사용하여 어두운 새벽에 경각심을 불러일으키고 사기를 진작시키거나 군용軍容을 엄숙하게 하였다. 제왕이 순수巡狩하러 나갈 때에도 계엄을 알리는 데 사용되었다. 이 구는 아직도 전쟁이 끝나지 않았음을 말한다.

18 此曲(차곡) – 이 곡조. 화각의 곡조를 말한다. 두보가 지은 〈세안행〉 시를 가리키는 것으로 볼 수도 있다.

《두시상주》 화각을 부는 것은 가곡이 아니지만 악곡 가운데 보통 화각 소리를 사용하기 때문에 또한 곡이라고 할 수 있다. '애원'은 화각의 소리가 슬픈 것을 말한다. 《진서·악지》에서 "호각胡角은 본래 호가胡笳의 소리에 응하는 것이었는데 뒤에 점차로 그것을 횡취에 사용하였다. (횡취에) 쌍각이 있으니 바로 호악이다. 장건이 서역에 들어갔다가 서경에 그 법을 전하였는데 오직 〈마하두륵〉 한 곡만이 남아 있다"라고 하였다. 이에 근거하면 화각을 부는 데 곡을 사용한 것은 또한 서로 따라 한 일이었다. 그렇기 때문에 이것을 언급한 것이다.(吹角非歌曲, 以樂曲中常用角音, 故亦可云曲也. 哀怨, 謂角聲悲慘. 晉志, 角者, 本以應笳之聲, 後漸用之橫吹, 有雙角, 卽胡樂也. 張騫入西域, 傳其法於西京, 唯得摩訶兜勒一曲. 據此則吹角用曲, 亦相因之事, 故及之.)

《두보전집교주》 '차곡'은 화각이 부는 악곡인데, 또한 시인이 노래한 이 가행을 겸하고 있다.(此曲, 晝角所吹樂曲, 亦兼詩人所咏此歌行.)

#《두시상주》: 마지막 단락은 세모에 들리는 화각 소리로 난리를 걱정하는 뜻을 맺어내었다. 백성이 곤궁한 것은 난리로 말미암아 온 것인데 곤궁이 심해지면 다시 난리를 불러올 것이다. 그래서 "슬픔과 원망은 언제나 끝날까?"라고 말한 것이다.(末以歲晏所聞, 結出憂亂之意. 生民窮困, 由亂離所致, 而困窮之甚, 將復致亂離. 故云, 哀怨何時終.)

##《독두심해》: 〈세안행〉은 백성이 세금 징수에 곤고함을 슬퍼한 것이다. 첫 4구는 점제이다. 중간은 한 조각으로 내려간다. 구조오가 분절한 것처럼 마디마디 모두 끊어지게 하지 말라. 대체로 세금이 무거워진 것은 군대가 일어난 데서 말미암으니 전쟁이 그치지 않으면 세금도 가벼워지지 않는다. 그렇기 때문에 결련에서 이를 설파한 것이다. 시작하는 기세는 표연하다. 그물이 얼고 활이 울린다는 것은 본 바를 쓴 것인데 이미 백성이 곤궁하다는 뜻을 이끌어내고 있다. 가운데 단락은 모두 의론에 속한다. 군량 조달이 농민을 상하게 한다는 것으로 제필을 삼았다. '고마' 6구는 백성을 수탈하는 달관을 풍자한 것으로 이 시 전체의 핵심이다. 물고기를 중히 여기고 새를 중히 여기지 않는다는 것은 옛말을 빌려 시상을 일으킨 것이고 남쪽에 나는 기러기

는 곤궁한 백성을 비유한 것이다. '여'는 바로 달관을 가리킨다. 구조오는 이 두 마디 말이 '어부'와 '막요'를 이은 것이라고 하였는데 오류가 심하다. 자애를 끊고 세금을 상환한다는 것은 비참한 말로 윗사람의 측은지심을 자극하였다. 곤궁한 백성이 몰래 주조하는 것을 지난번에는 붙잡다가 이번에는 허가하고, 호전과 악전을 서로 덮어준다는 것은 범범하게 전법 때문에 감개를 일으킨 것은 아니다. 바로 백성의 위에 있는 자들이 백성에게 곤고함을 가중시키고 간사한 이익을 도모하도록 몰아가면서 제어하지 못하는 것을 꾸짖은 것이다. 결련에서 만국에서 화각을 불고 있다고 말한 것은 각처에서 군대를 쓰는 것이 이와 같으니 불합리한 징세가 그침이 없고 난리를 멈추게 하는 것은 더욱 어려울 것이라는 말이다. 이것이 '애원'이 길어지는 까닭이다. 두 구에서 말한 바는 그것이 생겨난 유래를 분별하고 그것을 미루어 가서 그 마지막 다하는 곳에 이른 것이다.(歲晏行, 哀民之困於徵斂也. 起四, 點題. 中間一片下. 勿如仇氏分截, 使節節俱斷. 蓋斂重由於軍興, 軍不息, 則斂不輕, 故結聯道破. 起勢飄然, 網凍弓鳴, 書所見也, 已引動民窮意. 中段俱屬議論, 以軍食傷農作提筆. 高馬六句, 諷朘民之達官也, 爲一篇之主. 重魚不重鳥, 借舊語爲興. 南飛鴻, 比窮民也. 汝, 卽指達官. 仇氏以此二語承漁父莫徭, 謬甚. 割慈還租, 以慘語動上之惻隱. 窮民盜鑄, 往捉今許, 好惡相蒙, 非泛爲錢法興慨, 正譏爲民上者, 致民重困, 驅爲奸利而不能制也. 結云萬國吹角, 言各處用兵如此, 則橫征無已, 而止亂益難. 此哀怨之所以長也. 二句所謂辨其所從生, 推之至於其所終極.)

(**이석형**)

54. 泊岳陽城下
악양성 아래 정박하다

江國踰千里[1] 山城近百層[2] 岸風翻夕浪[3] 舟雪灑寒燈[4]
留滯才難盡[5] 艱危氣益增[6] 圖南未可料[7] 變化有鵾鵬

강국은 천 리가 넘고
산성은 백 층에 가깝구나.
강기슭 바람은 저녁 물결을 뒤집고
배에 내리는 눈은 차가운 등불에 흩뿌려지네.
객지에 머물러 재주를 다하기 어려워도
어렵고 위험한 시절 기운은 한창 더하여졌네.
남으로 가려 함에 예측할 수는 없지만
장대하게 변화한 곤과 붕이 있다네.

이 시는 대력 3년 겨울 두보가 악양에 처음 도착했을 당시 지은 것이다. 전반부에서는 정박하여서 바라본 저녁 풍경을 묘사하였고, 후반부에서는 장엄한 주변 경물에 의해 촉발된 씩씩한 기상을 적었다.

《보주두시》 시에서 "배에 내리는 눈이 차가운 등불에 흩뿌려진다"라고 했으니 틀림없이 대력 3년 겨울이 깊었을 때에 지은 것이다. (詩云, 舟雪洒寒燈, 當是大曆三年冬深作.)
《두시상주》 악양은 악주이다. 천악산의 남쪽에 있어서 그렇게 이름하였다. 《당서》에 "악주 파릉군은 강남서도에 속한다"라는 기록이 있다.(岳陽, 卽岳州, 在天岳山之陽, 故名. 唐書, 岳州巴陵郡, 屬江南西道.)

주 석

1 江國(강국) – 강의 나라. 여기서는 동정호洞庭湖를 가리킨다. 踰(유) – 넘다.

2 山城(산성) – 악양성岳陽城을 가리킨다. 近(근) – '僅'으로 된 판본도 있다.

《두억》 '근백층'은 분명 '近' 자의 와전이니 지금 조주에는 '近'으로 되어 있다.(僅百層當是近字之譌, 今趙注作近.)

3 岸風(안풍) – 강기슭에 부는 바람. 翻(번) – 뒤집다.

《두시경전》 '안풍'은 성 아래에서 맴도는 바람을 말한 것으로, 배를 정박했을 때의 풍경이다.(岸風謂城下廻風, 是泊舟景.)

4 舟雪(주설) – 배에 내리는 눈. 灑(쇄) – 흩뿌리다.

5 留滯(유체) – 타지에 머물다.

6 艱危(간위) – 어렵고 위태롭다.

7 圖南(도남) – 남쪽으로 가려고 도모하다. 《장자·소요유》의 대붕 이야기에서 나온 말로, 원대한 이상을 가지고 앞으로 나아감을 비유한다. 未可料(미가료) – 예측할 수 없다. 앞으로 어떤 상황이 전개될지 알 수 없다는 말이다.

《두시조차공선후해집교》 이 구절은 본디 《장자》의 내용이다. 북쪽 바다에 물고기가 있어 그 이름을 곤이라 한다. 변하여 새가 되니 그 이름이 붕이다. 붕의 등은 태산과 같고 날개는 하늘에 드리운 구름과 같다. 양의 뿔과 같은 회오리바람을 타고 빙글빙글 돌며 9만 리를 날아올라 구름을 가르며 푸른 하늘을 등지고 그러한 이후에 남쪽으로 가려고 한다. 그런데 꼭 이것을 말한 것은 공이 바야흐로 남쪽으로 끝까지 가려 함에서이니, 그래서 '도남'의 뜻을 언급한 것이다.(句固是莊子. 北溟有魚, 其名爲鯤. 化而爲鳥, 其名爲鵬. 鵬背若太山, 翼若垂天之雲. 摶扶搖羊角而上者九萬里, 絶雲氣, 背靑天, 然後圖南. 然必言此者, 公方儘南而往, 所以及圖南之義矣.)

《두시상주》 '도남'은 남방으로 갈 것을 도모함이다. 공은 아마도 끝내 버려지는 것을 달가워하지 않았을 것이다.(圖南者, 圖往南方. 公蓋不甘終於廢棄也.)

#《두시상주》: 처음 2구는 악양성을 기록하였고 3, 4구는 배를 정박할 때 바라본 경치이다. 하반부에서는 배를 정박하고 느낀 감개이다. 고주에서는 천 리를 와서 겨우 이 백 층 성을 보게 되었다고 풀이하였으나 조주에서는 높이가 백 층에 가깝다고 풀이하였으니 이것이 더욱 온당하다.(首二句, 記岳陽城. 三四, 泊舟之景. 下則泊舟而有感也. 顧注, 謂千里而來, 僅見此百層. 趙注, 解作高近百層, 尤爲穩當.)

《두억》: 앞의 시(〈송고팔분문학적홍길주送顧八分文學適洪吉州〉)에서는 "재주가 다하여 몸을 슬퍼한다"라고 하면서 지금은 "객지에 머물러 있어 재주를 다하기 어렵다"라고 하였으며, 뒤의 시(〈상수견회上水遣懷〉)에서는 "궁박하여 옛날의 뜻을 꺾었다"라고 하면서 지금은 "어렵고 위험한 시절이니 기운은 한창 더해졌다"라고 했으니 서로 맞지 않는 듯하다. 하지만 담주와 형주 등지에서의 시를 읽어보면 정신이 왕성하고 기운이 씩씩한바 허언이 아님을 알 수 있다. 그런데 또한 배가 남쪽 바다를 향하므로 뜻이 곤과 붕의 변화한 이야기에서 격동된 것이다.(前詩才盡傷形體, 今云留滯才難盡. 後詩窮迫挫曩懷, 今云艱危氣益增, 似爲相左. 然讀潭衡等詩, 神王氣壯, 知非虛語. 然亦因舟向南溟而意激於鯤鵬之變化也.)

《독두심해》: 첫 구는 멀리 떠돎이요, 둘째 구는 우러러 바라보는 마음이다. 3, 4구의 경치는 바로 5, 6구의 객지에 머무는 어렵고 위험한 시절로부터 써낸 것인데, 갑자기 재주와 기운이 변화한다는 말로써 마지막에서 씩씩하게 나아가는 정취를 드러내었다. 대체로 남쪽으로 가는 것으로 인하여 감흥이 일어 잠시 자부심을 표한 것이다.(首句, 漂流之感. 次句, 仰眺之神. 三四之景, 正從五六之留滯艱危寫出, 而忽以才氣變化, 結出壯往興致. 蓋因向南觸起, 亦聊以自豪也.)

(김성곤)

55. 纜船苦風戲題四韻奉簡鄭十三判官

배를 묶고 바람에 시달리며 장난스레 네 운을 지어 정범 판관에게 받들어 편지하다

楚岸朔風疾[1] 天寒鶬鴰呼[2] 漲沙霾草樹[3] 舞雪渡江湖[4]
吹帽時時落[5] 維舟日日孤[6] 因聲置驛外[7] 爲覓酒家壚[8]

초 땅 강 언덕에 삭풍이 드세니
날은 추워 왜가리 부르짖고,
자욱한 모래는 초목을 뒤덮으며
춤추는 눈은 강호를 건넙니다.
모자는 날려서 때때로 떨어질 테고
배를 묶어서 날마다 외롭군요.
말을 전하니 치역하는 일 말고도
나를 위해 주막을 찾아주오.

대력 3년 겨울 악양에서 지었다고 하나 명확한 근거는 없다. 유랑포에서 모래 때문에 고생하였다는 시가 있어 유랑포 부근에서 지었을 가능성도 있다. 배를 몰아가노라니 거센 북풍에 왜가리도 울부짖고 모래는 비처럼 내린다. 눈발이 날려 강과 호수 위를 건너다가 배를 강 언덕에 매었다. 찾아오는 이 없이 며칠을 괴로이 지내다가 정범 판관에게 시를 부쳐 술을 보내주기를 부탁하였다. 겨울 강풍의 고난 속에 도움이 절실한 상황이다. 원주에 정 판관의 이름을 '범'이라고 하였다. 정범은 누구인지 알 수 없다. 정범과 성이 같은 한나라 때의 정장의 고사를 인용하여 자신을 도와달라고 부탁하였다. 이런 자신의 신세가 부끄러워 놀이 삼아 시로 편지를 쓴다고 에두르기 위해 제목에 '戲' 자를 넣었다.

《보주두시》 시에서 "자욱한 모래는 초목을 뒤덮으며, 춤추는 눈은 강호를 건넌다"라고 하였으니 당연히 대력 3년 악양에 있을 때 지은 것이다.(詩云, 漲沙霾草樹, 舞雪渡江湖, 當是大曆三年在岳陽時作.)

《두시상주》 황학의 주에 "이 시는 대력 3년 겨울 악양에서 지었다"라고 하였다.(鶴注, 此大曆三年冬在岳陽作.)

주 석

1 楚岸(초안) – 초 지역의 강 언덕. '楚'는 '東'으로 된 판본도 있다.

2 天寒(천한) – 날이 차다. 鶬鴰(창괄) – 왜가리. 또는 재두루미. 呼(호) – 울다. 부르짖다. 날이 추워 새가 서로 부른다고 보는 견해도 있다.

명 장자열張自烈 《정자통正字通》 '鶬' 자 크기는 학과 같고 푸른색이며, 회색인 것도 있다. 목과 다리가 길고 정수리에 빨간 점이 없고 두 볼이 붉다.(大如鶴, 靑蒼色, 亦有灰色者. 長頸高脚, 頂無丹, 兩頰紅.)

청 호소영胡紹煐 《문선전증文選箋證》의 "鶬鴰鸧鴰" 조 주에서 이선李善은 "《이아》에서는 창은 미괄이라고 하였고, 곽박은 곧 창괄이라고 하였다"라고 말하였다. 《후한서》 주에서 "지금 관서에서는 괄록이라고 부른다"라고 하였다. 《사기·사마상여전》 '雙鶬下' 구에서 《사기정의史記正義》는 사마표를 인용하여 "창은 기러기 비슷하며 검고 또 창괄이라고도 부른다"라고 하였다. 《한서》 안사고顔師古의 주에서 "창은 괄이다. 지금 관서에서는 괄록이라고 부르고, 산동에서는 통틀어 창이라고 이른다. 속명은 착락이며, 또 괄랄이라고도 하니 모두 그 우는 소리를 본떴다"라고 하였다. 살펴보건대 괄랄은 바로 괄록이다. '捋'과 '鹿'은 같은 소리가 변화한 것이다. 한 음절로 부르면 창이고, 두 음절로 말하면 창괄이다.(注, 善曰, 爾雅曰, 鶬麋鴰. 郭璞曰, 卽鶬鴰也. 後漢書注, 今關西呼爲鴰鹿. 史記司馬相如傳, 雙鶬下, 正義引司馬彪曰, 鶬似雁而黑, 亦呼爲鶬鴰. 漢書顔注, 鶬, 鴰也. 今關西呼爲鴰鹿, 山東通謂之鶬. 俗名爲錯落, 又謂鴰捋, 皆象其鳴聲也. 按, 鴰捋, 卽鴰鹿. 捋鹿, 一聲之轉. 單呼爲鶬, 重言之爲鶬鴰.)

《두율계몽》 '창괄'은 '창계'라고도 하며 세상에서는 재두루미라고 부른다.(鶬鴰, 一名鶬鷄, 俗稱灰鶴.)

《두율계몽》에 인용된 고신顧辰 주 삭풍이 드세니 날이 더욱 춥고 새도 서로 부른다.(惟朔風疾, 故天益寒, 而鳥亦相呼也.)

3 漲沙(창사) – 바람에 날려 떠다니는 모래. 霾(매) – 흙비. 흙비가 내리다.

《두시경전》 '창사'는 모래가 불어나는 듯함을 말한다.(漲沙, 謂沙如漲也.)

4 舞雪(무설) – 춤추는 눈. 바람에 휘날리는 눈을 말한다.

[漲沙 2구] 삭풍이 거세게 불어 모래가 날려 떠다니다가 초목에 내려앉고, 눈이 휘날려 춤추듯 강과 호수 위를 지나가는 광경을 표현하였다.

5 吹帽(취모) – 바람이 모자에 불다. 바람이 모자를 날리다. 바람에 날리는 모자. 정 판관의 모자가 술자리에서 날린다고 보기도 하고, 두보의 모자가 배 안에서 날린다고 보기도 한다.

도연명陶淵明 〈진고정서대장군장사맹부군전晉故征西大將軍長史孟府君傳〉 (그는) 또 강주별가, 파구령, 정서대장군 초국 (사람) 환온의 참군이 되었다. 맹부군은 안색이 온화하고 단정하여서 환온이 매우 중히 여겼다. 9월 9일 환온이 용산에서 유람하니 참모가 모두 모였다. (맹가의) 네 아우와 두 생질이 모두 자리에 있었다. 그때 보좌관들은 모두 융복을 입었다. 바람이 불어 군의 모자가 떨어졌다. 환온이 좌우와 빈객에게 말하지 말라고 눈짓하고, 그의 행동을 관찰하였다. 맹부군은 처음에는 깨닫지 못했고, 한참이 지난 뒤 측간에 갔다. 환온이 사람을 시켜 모자를 가져다 제자리에 놓으라고 명하였다. 정위인 태원 사람 손성이 자의참군이었는데 그때 자리에 있었다. 환온이 손성에게 지필을 주고 그를 조롱하는 글을 짓게 하였다. 글을 지어서 환온에게 보여주니 환온은 그것을 앉은 자리에 붙였다. 맹부군이 돌아와 조롱하는 글을 보고는 붓을 청해 답글을 지었다. 조금도 생각할 겨를 없이 다 써내려갔지만 문사가 빼어나니 자리에 있던 모두가 감탄하였다.(再爲江州別駕巴丘令征西大將軍譙國桓溫參軍, 君色和而正, 溫甚重之. 九月九日, 溫游龍山, 參佐畢集, 四弟二甥咸在坐. 時佐吏並著戎服, 有風吹君帽墮落. 溫目左右及賓客勿言, 以觀其擧止. 君初不自覺, 良久如厠. 溫命取以還之, 廷尉太原孫盛爲諮議參軍, 時在坐. 溫命紙筆令嘲之, 文成示溫, 溫以著坐處. 君歸見嘲笑而請筆作答, 了不容思, 文辭超卓, 四座歎之.)

6 維舟(유주) – 배를 묶다. 정박하다.

[吹帽 2구] 바람에 모자가 때때로 날리는 것을 정 판관의 일로 보면 정 판관과 맹가의 직책이 비슷하다는 점에서 전고의 사용이 적절해진다. 편지의 수신인인 정 판관은 지금 술자리를 열어 마시고 있지만, 시인은 강둑에 묶은 배에서 며칠째 외로이 지내고 있으니 대비되는 상황이 잘 드러난다.

7 因聲(인성) – 말을 전하다. 즉 편지를 부치다. 置驛(치역) – 역을 두다. 역참.

《두시상주》 '인성'은 말을 전한다는 뜻이다. …… 사람이 전달하는 것을 '치'라고 하고, 말이 전달하는 것을 '역'이라고 한다.(因聲, 猶云寄語. …… 人遞曰置, 馬遞曰驛.)

《보주두시》에 인용된 조차공 주 시제에 "정 판관에게 편지한다"라고 하였으므로 정장의 치역 고사를 이용하였다.(題云簡鄭十三判官, 故使鄭莊置驛事.)

《한서漢書·정당시전鄭當時傳》 정당시는 자가 장이며, 진 사람이다. …… 효경제 때 태자사인이 되었다. 닷새마다 주어지는 휴일에는 늘 장안의 여러 교외에 역마를 두고 빈객을 초청하여 대접하면서 밤으로 낮을 잇고 다음 날 아침까지 이르렀으며, 늘 두루 미치지 못할까 걱정하였다.(鄭當時字莊, 陳人也. …… 孝景時, 爲太子舍人. 每五日洗沐, 常置驛馬長安諸郊, 請謝賓客, 夜以繼日, 至明旦, 常恐不遍.)

8 爲(위) – 위하여. 酒家壚(주가로) – 주막에서 술독을 올려놓는 곳.

《한서·사마상여전司馬相如傳》 "乃令文君當盧" 구의 안사고顏師古 주 술을 파는 곳에 흙을 화로 모양으로 쌓아서 술독을 놓는다. 사면이 불룩하게 솟았으며, 그 한 면이 높아서 모양이 대장간 화로 같으므로 이름을 '노'라고 한다. 세속의 학자들은 모두 '당로'를 술을 데우는 화로를 마주한다는 뜻으로 풀이하니 그 뜻을 모르는 것이다.(賣酒之處, 累土爲盧以居酒瓮, 四邊隆起, 其一面高, 形如鍛盧, 故名盧耳. 而俗之學者, 皆謂當盧爲對溫酒火盧, 失其義矣.)

[因聲 2구]

《두시조차공선후해집교》(수정본) 결련에서 '치역외'라고 말한 것은 시제에 정 판관에게 편지한다는 뜻이므로 정장의 치역 고사를 사용하였다.(末句言置驛外, 則題是簡鄭十三判官, 使鄭莊置驛也.)

#《두시상주》: 앞 4구는 바람이 찬 광경이고, 아래 4구는 배를 대고 정 판관에게 편지를 쓰는 것이다. 모래비가 뒤덮고 눈이 (강호를) 건너는 것은 광풍의 소치이다. 이때 배 안에서 모자를 떨어뜨렸으므로 술을 찾아 추위를 막으려고 하니 이른바 '희제'이다.(上四, 風寒之景, 下四, 泊舟簡鄭. 沙霾雪渡, 風狂所致. 此時舟中落帽, 故欲索酒以禦寒, 所謂

戲題也.)

《독두심해》: 바람에 시달려서 정 판관에게 술을 청하였다. 시로써 척독을 대신하였다. 앞에서는 바람의 기세를 묘사하였는데 말마다 맹렬하니 확실히 배 안에서 하는 말이다. 그러나 아직 시의 주제에는 해당하지 않는다. 5, 6구를 비로소 시의 주제에 맞춰서 썼다. '인성'은 (무엇에) 의거하여 소식을 전한다는 뜻이다. '치역'의 일은 정 판관에게 맞다. 술을 요청한 일을 자못 부끄럽게 여겼기 때문에 제목에서 '장난스레'라고 하였다.(爲苦風而索酒於鄭. 以韻語代尺牘也. 上寫風勢, 筆筆猛厲, 確是船中語, 然未着身. 五六, 乃着身寫. 因聲, 因而寄聲也. 置驛, 切鄭, 頗以覓酒爲面靦. 故題曰戲.)

《두율계몽》: 첫 구에서 시상을 제기하였고, 2구에서 6구까지는 모두 풍력의 소치이다. 2, 3구는 먼 곳의 풍경이고 5, 6구는 가까이서 일어난 일이다. 결련은 장난스레 글을 지어서 술을 찾는다는 말이다.(首句提起, 二句至六句, 皆風威所致. 二三句是遠景, 五六句是近事, 末則戲題而索飮也.)

(이창숙)

56. 登岳陽樓

악양루에 오르다

昔聞洞庭水　今上岳陽樓　吳楚東南坼[1]　乾坤日夜浮[2]
親朋無一字[3]　老病有孤舟[4]　戎馬關山北[5]　憑軒涕泗流[6]

예전부터 동정호를 들었는데
지금에야 악양루에 올랐다.
오 땅과 초 땅은 동남으로 갈라졌고
하늘과 땅은 밤낮으로 떠 있구나.
친척과 친구는 한 글자 소식이 없고
늙고 병든 이 몸은 외로운 배만 있는데,
전마가 관산 북쪽에 있기에
난간에 기대어 눈물 콧물 흘리노라.

이 시는 대력 3년 겨울 악양루에 올라서 경관을 바라보며 지은 것이다. 악양루에서 바라본 천지는 드넓기만 한데 전쟁으로 인해 지인과 소식이 끊어진 채 외로워하는 심정을 표현하였다.

《보주두시》 당경唐庚(자서는 그의 자)이 말하기를, "악양루에 들러 두보의 시를 보았더니 40자에 불과하였지만, 기상이 광대하고 호방하며 함축적인 시상이 심원하여 거의 동정호와 자웅을 겨룰 만하였다. (《논어·안연》에서) 이른바 '풍성하도다, 그 말이'라는 것이다"라고 하였다. 내 생각에 전체 시 가운데 "오 땅과 초 땅은 동남으로 갈라졌고 하늘과 땅은 밤낮으로 떠 있다"라고 한 연은 더욱 웅장하니, 비록 동정호에 가지 않은 사람이라도 이를 읽으면 가슴을 탁 트이게 할 수 있다. 마땅히 대력 3년에 지은 것이다.(唐子西云, 過岳陽樓, 觀子美詩, 不過四十字耳, 氣象閎放, 涵蓄深遠, 殆與洞庭爭雄, 所謂富哉言乎者. 余謂一詩之中, 如吳楚東南拆, 乾坤日夜浮一聯, 尤爲雄偉. 雖不到洞庭者, 讀之, 可使胸次豁達. 當是大曆三年作.)

《두시상주》《악양풍토기》에 "악양루는 악양성 서문의 누각이다. 아래로 동정호를 내려다보면 경물이 광활하다"라고 하였다. 노원창의 주에서 "그해에 곽자의가 병사 5만 명을 거느리고 봉천에 주둔하며 토번에 대비하였고, 백원광과 이포옥이 각기 출병하여 그들을 공격하였다. 이것이 '전마가 관산 북쪽에 있다'는 것이다"라고 하였다.(岳陽風土記, 岳陽樓, 城西門樓也. 下瞰洞庭, 景物寬闊. 盧注, 是年郭子儀將兵五萬屯奉天, 備吐蕃. 白元光李抱玉各出兵擊之. 是戎馬關山北也.)

《두공부초당시전》 개원 4년 장열이 중서령으로 있다가 자사를 제수받은 뒤 늘 문인들과 이 누각에 올라 시 백 편을 지어서 벽에 남겼다.(開元四年, 張說自中書令除刺史, 常與才士登此樓, 有詩百篇列於壁.)

주 석

1 東南坼(동남탁) – 동쪽과 남쪽으로 갈라지다. 이 구는 오 땅과 초 땅이 동정호 동쪽과 남쪽으로 나뉘어 있다는 말이다. 이와 달리 동정호가 오 땅의 남쪽과 초 땅의 동쪽에 있다고 풀이하기도 한다.

《구가집주두시》 조차공 주 '오초동남탁'은 동정호의 광활한 형상을 사실적으로 말한 것이다.(吳楚東南坼, 實道洞庭闊遠之狀.)

《두시경전》에 인용된 고신顧宸 주 동정호는 오 땅의 남쪽, 초 땅의 동쪽에 있다.(湖在吳之南, 楚之東.)

《두공부시집집주》 '탁'은 땅이 갈라졌다는 말이다.(坼, 地裂也.)

2 乾坤(건곤) – 천지. 일월로 보는 설도 있다. 이 구는 동정호가 광활하여 그 안에 천지가 들어 있는 듯하다는 말이다.

《구가집주두시》 조차공 주 하늘과 땅 안에 그 물이 낮과 밤으로 떠 있다는 말이다.(言在乾坤之內, 其水日夜浮也.)

[吳楚 2구]

《두시설》 오 땅은 동쪽에 있고 초 땅은 남쪽에 있는데 동정호가 그 사이를 가르고 있어 하늘과 땅이 밤낮으로 물 위에 떠 있음을 느끼니, 그것이 우주 안의 큰 경관이라는 것은 진실로 헛된 말이 아니다.(吳在東, 楚在南, 而洞庭坼其間, 覺乾坤日夜浮於水上, 其爲宇內大觀, 信不虛矣.)

《두시경전》에 인용된 동사장董斯張 설 혹자는 동정호가 초 땅에 있는데 어찌 멀리 오 땅에 닿을 수 있는가 하고 의심한다. 《형주기》를 살펴보니 군산이 동정호 안에 있는데 위에 길이 있어 오 땅의 포산과 통한다고 하고, 지금 오 땅의 태호에 또한 동정산이 있는데 물속으로 군산과 통해 그런 이름을 얻었다고 한다. 혹자는 '건곤일야부'가 바다를 읊은 것 같다고 한다. 《수경주》를 살펴보니 동정호의 넓이는 5백 리이고 해와 달이 그 안에서 떴다 지는 것 같다고 하였고, 또 《습유기》에서는 동정산이 물 위에 떠 있다고 하였다. 그래서 두보 시에서 말한 것이 모두 동정호와 딱 맞음을 알겠으니 한 마디도 바꿔서는 안 된다.(或疑洞庭楚地, 何遠及於吳. 考荊州記, 君山在洞庭湖中, 上有道通吳之包山. 今吳之太湖亦有洞庭山, 而潛通君山, 故得名. 或疑乾坤日夜浮有似詠海. 考水經注, 洞庭湖廣圓五百里, 日月若出沒其中. 又拾遺記, 洞庭山浮於水中. 方知杜句所云, 皆是緊切洞庭, 一語移動不得.)

3 親朋(친붕) – 친척과 친구. '친한 벗'이라고 풀이하기도 하지만 틀렸다. 無一字(무일자) – 한 글자도 없다. 소식이 없다는 말이다.

4 老病(노병) – 늙고 병들다. 두보 자신을 가리킨다.

[親朋 2구]

《두시언해》 친구에게 소식도 없이 단지 이곳에서 외로운 배를 타고 있을 뿐이라는 말이다.(言朋友無問訊, 而但乘孤舟於此而已.)

5 戎馬(융마) – 전마戰馬. 전쟁을 상징한다. 關山北(관산북) – 관산의 북쪽. 여기서는 장안 일대를 가리킨다. '관산'은 관문이 있는 산이다.

《구가집주두시》 조차공 주 '관산북'은 장안 일대에 있다는 말이다.(關山北, 則言在長安一帶也.)

6 涕泗(체사) – 눈물과 콧물.

《시경·진풍陳風·택피澤陂》 "涕泗滂沱" 모전毛傳 눈에서 나오는 것을 '체'라고 하고, 코에서 나오는 것을 '사'라고 한다.(自目曰涕, 自鼻曰泗.)

[親朋 4구]

《두시설》 다만 난간에 기대어 북쪽을 바라보니 나라의 어려움이 한창 큰데, 비록 조정으로 돌아가고 싶은 생각이 간절해도 늙고 병들어 떠돌면서 친척과 친구에게 버림받았음을 어찌할 수 없으니 어찌 눈물 콧물이 마구 흘러내리는 것을 면할 수 있겠는가.(但憑軒北望, 國難方殷, 雖念切歸朝, 其如老病飄零, 親朋見棄, 其能免于涕泗之橫流乎.)

#《두시상주》: 위 4구는 경치를 그렸고 아래 4구는 정회를 말하였다. '예전에 듣다가' '지금 올랐다'는 것은 처음 오른 것을 기뻐한 것이다. 오 땅과 초 땅을 안았고 하늘과 땅을 담고 있다는 것은 누각 앞 호수의 형세를 묘사한 것이다. 하반부는 홀로 떠도는 감회와 만 리 고향에

대한 생각이 모두 여기에서 일어났다는 것이다. 《두억》에서는 "3, 4구에서 이미 거대한 경관을 다 표현하였으니 뒤에 오는 시인들이 어디에 손을 대겠는가. 아래 4구는 단지 정회를 그려서 비로소 자기의 시가 되었다. 악양루를 범연하게 읊은 것이 아니다"라고 하였다. 황생은 "마지막에 '빙헌' 두 자를 사용하여 '누각에 오르다'라는 시제와 연관하여 마무리하였다"라고 하였다.(上四寫景, 下四言情. 昔聞今上, 喜初登也. 包吳楚而浸乾坤, 此狀樓前水勢. 下則隻身漂泊之感, 萬里鄉關之思, 皆動於此矣. 杜臆, 三四已盡大觀, 後來詩人, 何處措手. 下四只寫情, 方是做自己詩, 非泛詠岳陽樓也. 黃生曰, 末以憑軒二字, 綰合登樓.)

《독두심해》: 황생은 "경치를 묘사한 것이 이처럼 광활하고 자신을 서술한 것이 이처럼 적막하여, 시의 의경이 넓어졌다 좁아졌다 하는 것이 갑자기 달라지기에 결말에서 시상을 모으기가 극도로 어려웠을 터인데, 도리어 '융마' 구의 다섯 자를 표현하여 흉금과 기상이 같은 등급으로 서로 어울리게 하였다"라고 하였다. 내가 살펴보건대 넓지 않으면 좁은 곳도 힘들지 않지만, 좁힐 수 있으면 광활한 경계는 더욱 공활해진다. 그런데 3, 4구를 음미해보면 역시 먼 곳을 떠도는 모습을 이미 은근히 이끌고 있다.(黃生云, 寫景如此闊大, 自敍如此落寞, 詩境闊狹頓異, 結語湊泊極難, 轉出戎馬五字, 胸襟氣象, 一等相稱. 愚按, 不闊則狹處不苦, 能狹則闊境愈空. 然玩三四, 亦已暗逗遼遠漂流之象.)

(**임도현**)

57. 陪裴使君登岳陽樓

배 사군을 모시고 악양루에 오르다

湖闊兼雲霧[1] 樓孤屬晚晴[2] 禮加徐孺子[3] 詩接謝宣城[4]
雪岸叢梅發[5] 春泥百草生[6] 敢違漁父問[7] 從此更南征[8]

광활한 호수는 운무를 겸하였고
외로운 누대는 맑은 저녁 하늘을 마주하였네.
예는 서치에게 했던 것처럼 해주고
시는 선성태수 사조에 닿았네.
눈 쌓인 언덕에 매화 무리 피어나고
봄날 진흙에 온갖 풀이 생겨나니,
감히 어부의 가르침을 어기고
여기서 다시 남쪽으로 내려가겠습니까?

이 시는 대력 4년 초봄 악주에서 지은 것이다. 당시 두보는 악주태수 배 사군을 모시고 악양루에 올랐는데, 누대 주변의 경치를 바라보며 배 사군의 환대와 시재를 칭찬하였다. 초봄을 맞아 피어난 매화와 온갖 풀들을 보며 어지럽게 떠도는 자신의 삶을 정리하고 이곳에 머물고 싶은 마음을 드러내었다. 하지만 이와 달리 원래 자신의 계획대로 담주로 내려가겠다는 의지를 표현한 것으로 보기도 한다. 배 사군이 누구인지 상세한 정보는 없다.

《보주두시》 시에서 "눈 쌓인 언덕에 매화 무리 피어나고, 봄날 진흙에 온갖 풀이 생겨난다"라고 하였으니, 마땅히 대력 4년 초봄에 지은 것이다. 배 사군은 필시 악주의 태수일 것이다. 그래서 진번의 고사를 인용하여, 시에서 "예는 서치에게 했던 것처럼 해준다"라고 하였다.(詩云, 雪岸叢梅發, 春泥百草生, 當是大曆四年初春作. 裴使君必岳守, 故用陳蕃事. 詩云, 禮加徐孺子.)

《두시상주》 황학의 주에서 "마땅히 대력 4년 봄에 지은 것이다. 사군은 필시 악주의 태수일 것이다. 그래서 시에서 진번의 고사를 인용하였다"라고 하였다.(鶴注, 當是大曆四年春作. 使君必岳州守, 故詩用陳蕃事.)

주 석

1 湖闊(호활) – 호수가 광활하다. 여기서 호수는 동정호洞庭湖를 가리킨다. 이 구는 동정호가 원래 광활한데, 주변의 운무까지 더해져 더욱 넓어 보인다는 말이다.

《두시조차공선후해집교》 위 구는 호수의 물만 광활한 것이 아니라 운무도 그와 더불어 광활하다고 말한 것이다.(上句蓋言非特水闊, 而雲霧與之俱闊也.)

《두보전집교주》에 인용된 이장상李長祥 설 강호를 노래한 시에서 운무를 이야기하는 것은 지극히 일반적인데, '겸' 자 한 자를 쓰니 흥취가 있다.(江湖詩說雲霧, 極是尋常, 下一兼字便有味.)

《두억》 "광활한 호수는 운무를 겸하였다"라는 것은 본래 잠깐 개었을 때의 경치인데, 함축된 의미가 풍성하여 (〈등악양루登岳陽樓〉의) "하늘과 땅이 밤낮으로 떠 있다"라는 구절에 뒤지지 않는다.(湖闊兼雲霧, 固一時初晴之景, 然涵蓄富厚, 不減乾坤日夜浮之句.)

2 樓孤(누고) – 누대가 외롭다. 누대가 높이 솟아 있는 것을 말한다. 여기서 누대는 시제의 악양루를 가리키는데, 악양성 서문에 있었다. 屬(촉) – 만나다. 마주하다. 晩晴(만청) – 해 질 녘 맑은 하늘.

《두시경전》 누대가 성의 서문에 있어 석양을 바로 마주하였다.(樓在城西門, 正當夕照.)

《두시조차공선후해집교》 아래 구는 마침 저녁놀을 마주하여 누대에서 바라보는 경치가 아득함을 말한 것이다.(下句蓋言恰當晩晴, 則樓上所見之遠也.)

[湖闊 2구]

《두시상주》 '활'은 '고'와 서로 조응한다. '촉'은 '만난다'는 뜻이다.(闊, 與孤相照. 屬, 當也.)

《두보전집교주》에 인용된 오견사吳見思 주 호수가 광활한데 운무가 더하였으니 더욱 아득하고, 누대가 높은데 마침 저녁의 맑은 하늘을 마주하였으니 더욱 말끔하게 보인다.(湖闊而加之雲霧, 益爲淼茫, 樓高而恰當晩晴, 益見澄鮮矣.)

3 徐孺子(서유자) – 동한 은사隱士 서치徐穉. 당시 예장태수였던 진번이 그를 극진히 대우하여 걸상을 걸어두었다가 그가 올 때만 내렸다는 고사가 있다. 여기서 서유자는 두보를 비유한다. 진번이 서유자를 극진히 대접한 것처럼 배 사군이 두보를 대한다는 말이다.

《후한서·서치전徐穉傳》 서치는 자가 유자이며 예장 남창 사람이다. …… 당시 진번이 태수로 있으면서 예로써 공조 벼슬을 맡아줄 것을 청하였다. 서치는 그 청을 피할 수 없어, 나아가 인사하고 그만두었다. 진번이 군에 있을 때는 빈객을 맞지 않았는데, 오직 서치가 올 때만 특별히 걸상을 내어놓았다가 그가 떠난 후에는 그것을 걸어두었다.(徐穉, 字孺子, 豫章南昌人也. …… 時陳蕃爲太守, 以禮請署功曹, 穉不免之, 旣謁而退. 蕃在郡不接賓客, 惟穉來特設一榻, 去則縣之.)

4 謝宣城(사선성) – 남조 제나라의 문인 사조謝朓. 그가 선성태수를 역임하였기에 사선성이라고 불리며, '소사小謝'라는 칭호도 있다. 여기서는 악주태수 배 사군을 비유한 것이다. 그가 지은 시가 사조의

수준에 근접한다는 칭찬을 한 것이다. 이와 달리 두보가 사조같이 뛰어난 배사군의 시를 접하게 되었다는 뜻으로 풀이하기도 한다.

《남제서南齊書·사조전謝脁傳》 사조는 자가 현휘이며 진군 양하 사람이다. …… 사조는 어려서부터 배우기를 좋아하여 좋은 명성이 있었고 문장이 청려하였다. …… 비서승에 제수되었으나 벼슬을 받지 못하였고, 이어 중서랑으로 옮겼다가 선성태수로 나갔다. 선발을 통해 다시 중서랑이 되었다.(謝脁, 字玄暉, 陳郡陽夏人也. …… 脁少好學, 有美名, 文章淸麗. …… 除秘書丞, 未拜, 仍轉中書郞. 出爲宣城太守. 以選復爲中書郞.)

《남사南史》 사조는 초서와 예서에 능하였고, 오언시에 뛰어났다. 심약이 일찍이 "2백 년 동안 이런 시는 없었다"라고 하였다.(脁善草隸, 長五言詩, 沈約嘗云二百年來無此詩也.)

[禮加 2구]

《두보전집교주》에 인용된 주전周甸 주 서유자는 자신을 비유한 것이고, 사선성은 배 사군을 비유한 것이다.(徐孺子, 自喩, 謝宣城, 喩裴.)

《두시설》 위에서 아래로 내려가기에 '가'라고 하였고, 아래에서 위로 올라가기에 '접'이라고 하였다.(自上而下曰加, 自下而上曰接.)

5 雪岸(설안) – 눈 쌓인 언덕. 이와 달리 매화가 하얗게 피어서 마치 눈이 쌓인 언덕처럼 보이는 것이라는 설이 있다. 叢梅(총매) – 무더기로 핀 매화.

《두시조차공선후해집교》 '총매발'은 새 봄에 활짝 핀 매화이다.(叢梅發, 則新春盛發之梅.)

6 春泥(춘니) – 봄날 진흙. 겨울에 얼었던 땅이 녹아 질척거리는 것을 말한다.

[雪岸 2구]

《두시조차공선후해집교》 두 구는 눈앞의 경물을 실제로 말한 것이다.(兩句實道眼前景物也.)

《두보전집교주》에 인용된 오견사吳見思 주 언덕 위에 눈 같은 것은 매화가 이미 핀 것이고, 강가에는 봄날 진흙 속에서 온갖 풀이 다 돋아난 것이다.(岸上如雪者, 梅花已發, 江上春泥而百草俱生.)

7 漁父問(어부문) – 어부의 책문責問. 자신만 깨끗하다는 굴원에게 주는 어부의 가르침으로 세속과 더불어 옮겨가라고 하였다. 여기서 어부는 배 사군을 가리키는 것으로 보인다.

《두보전집교주》에 인용된 왕호汪灝 설 '감히'라는 말은 '감히 하지 못한다'는 말이다.(敢者, 不敢也.)

〈어부〉 굴원은 추방당한 후로 강가를 다니고 못가에서 거닐며 노래를 읊조렸다. 안색은 초췌하고 모습은 수척했다. 어부가 그를 보고 "그대는 삼려대부가 아니십니까? 무슨 까닭으로 여기에 오셨습니까?"라고 물었다. 굴원은 "온 세상이 모두 혼탁한데 나 혼자 깨끗하고, 사람들이 모두 취했는데 나 혼자 깨어 있어 쫓겨났습니다"라고 하였다. 어부가 "성인은 외물에 얽매이지 않아 세상과 더불어 옮겨갈 수 있습니다. 세상 사람들이 모두 혼탁하다면 어찌 진흙을 휘저어 물결을 일으키지 않습니까? 사람들이 모두 취했다면 어찌 술지게미를 먹고 묽은 술을 마시지 않습니까? 어찌하여 깊이 생각하고 고상하게 행동하여 스스로 쫓겨나게 한단 말입니까?"라고 하였다.(屈原既放, 遊於江潭, 行吟澤畔, 顏色憔悴, 形容枯槁. 漁父見而問之曰, 子非三閭大夫與. 何故至於斯. 屈原曰, 擧世皆濁, 我獨淸, 衆人皆醉, 我獨醒, 是以見放. 漁父曰, 聖人不凝滯於物, 而能與世推移. 世人皆濁, 何不淈其泥而揚其波. 衆人皆醉, 何不餔其糟而歠其釃. 何故深思高擧, 自令放爲.)

8 南征(남정) – 남쪽으로 가다.

굴원 〈이소離騷〉 원수와 상수를 건너 남쪽으로 가다가, 순임금에게 나아가 말씀을 아뢴다.(濟沅湘以南征兮, 就重華而陳詞.)

굴원 〈초혼招魂〉 새로운 해가 오고 봄이 되니 나는 서둘러 남쪽으로 가네.(獻歲發春兮汨吾南征.)

[敢違 2구] 이 두 구는 한 구씩 해석하는 방법과 두 구를 합쳐 하나로 해석하는 방법이 있다. 한 구씩 해석하면 '감히 어부의 책문을 어기겠는가, 여기서 다시 남쪽으로 내려가겠다'라는 뜻이 되고, 두 구를 합쳐 해석하면 '감히 어부의 책문을 어기고 여기서 다시 남쪽으로 내려가겠는가'라는 뜻이 된다. 어부의 책문은 세상과 더불어 어우러지라는 것인데, 남쪽으로 내려가는 행위가 과연 어우러지는 행동인지 아니면 그것을 어기는 행동인지가 관건이다. 여기서는 두 구를 하나로 합쳐 해석한 것을 취하였다.

《두시조차공선후해집교》 공이 이제 '감위어부문'이라고 하였으니, 굴원의 죽음을 본받지 않고 어부의 말을 따라 세상과 섞여 남으로 가겠다는 것이다. '남정'은 남방으로 가는 것이다.(公今云, 敢違漁父問, 則不欲效屈原之死, 所以遵漁父之語, 且混世而南征矣. 南征者, 征往南方也.)

《두보전집교주》에 인용된 조성해趙星海 설 그대가 이제 '청안'으로 보아주시니 내가 어찌 감히 굴원의 괴팍함을 본받아 어부의 책문을 어기며 여기를 버리고 다시 남쪽으로 가겠습니까.(君今以青眼相看, 吾豈敢效屈原孤僻, 違漁父之問, 捨此而更南征乎.)

《두억》 마지막 연은 배사군에게 큰 기대를 한 것이리라. 자신의 처지가 방축된 굴원과 다르지 않은데, 어부가 만약 기꺼이 책문해준다면 어찌 감히 그것을 어기고 더 남쪽으로 가겠느냐는 말이다.(落句蓋深屬望於裴. 言己不異屈原之放逐, 漁父倘肯見問, 豈敢違之而更南征乎.)

#《두시상주》: 처음 두 구는 악양루에 오른 것이고, 3, 4구는 배 사군을 모신 것이며, 5, 6구는 누대 앞의 봄 경치이고, 7, 8구는 행적을 스스로 서술한 것이다. 이는 허실을 서로 섞어 쓴 구조이다. 하루 사이에 맑고 흐린 날씨가 번갈아 교체되니, 또한 누대에 올라 오래도록 바라

보았음을 알 수 있다. 황생은 악양루에 대한 그림으로 삼을 수 있다고 했는데, 정말 그러하다. 서치는 자신을 비유한 것이고, 사조는 배 사군을 비유하였다. 굴원이 강가에 이르렀을 때 어부가 그에게 세상과 더불어 옮겨갈 것을 권하였다. 공의 떠도는 상황이 다른 사람에게 의지하는 것이어서 감히 어부의 책문을 어기지 않고 다시 남쪽으로 가겠다는 것이다. '남정'은 담주를 가리킨다. 《두억》은 "마지막 연은 배 사군에게 크게 기대를 거는 것으로 자신의 처지가 방축된 굴원과 다르지 않은데 어부가 만약 기꺼이 책문해준다면 어찌 감히 그것을 어기고 다시 남쪽으로 가겠느냐는 말이다"라고 하였다. 이는 또 하나의 설이다.(首二登岳陽樓, 三四陪裴使君, 五六樓前春景, 七八自敍行踪, 此虛實相間格也. 一日之間, 陰晴迭換, 亦見登眺之久, 黃生謂可當岳陽樓圖是也. 徐穉自方, 謝脁比裴. 屈原至江濱, 漁父勸其與世推移. 公旅況依人, 故不敢違漁父之問而更欲南征. 南征, 指潭州. 杜臆, 落句深有意於裴, 言己不異屈原之放逐, 漁父倘肯見問, 豈敢違之而更南征乎. 此另一說.)

《두시설》: 처음 두 구의 말은 악양루에 대한 그림으로 삼을 수 있다. '겸운무'라고 하니 아득함이 끝이 없어 한 자의 화폭에 만 리가 담겼음을 더욱 깨닫게 된다. '촉만청'이라 하니 호수의 빛이 이미 저물었지만 오직 높은 누대만이 홀로 석양 가운데 마주하고 있음을 보여준다. 만약 '고高' 자로 '고孤' 자를 교체한다면 도리어 그 뜻을 드러낼 수 없게 된다. 어부는 굴원에게 세상과 더불어 옮겨가라는 말을 했는데, 지금 공이 정처 없이 떠돌고 있기에 세상과 더불어 옮겨 다닌다는 핑계를 대면서 '감히 어기겠는가'라는 말을 하는 것이다. 5, 6구에는 또한 은근히 비흥을 기탁하였다. 〈어부사〉 중에 '호', '백', '굴', '니' 등의 글자가 있기에 은밀히 그 뜻을 취해서 시에 담고서, 굴원은 어부의 책문을 어겼지만, 자신은 감히 그럴 수 없을 따름이라고 하였다. '남정'은 또한 초사에서 나온 말이다. 이 시는 허실을 서로 섞어 쓴 구조이다. 1, 2구는 눈앞의 경물로 3, 4구를 일으킨다. 5, 6구는 마음속의 경물로 7, 8구를 일으킨다. 구조가 엄정하고 구법이 정련되었으며, 어휘가 혼후하다. 종래 사람들의 입에 단지 앞 시(〈등악양루〉)만 회자되었는데, 저 시의 묘함은 쉽게 보이는 반면 이 시의 심오함은 보기 어렵기 때문일 것이다. 홍방주는 "1, 2구는 공간이고, 5, 6구는 시간이며, 3, 4구는 다른 사람이고, 7, 8구는 자기 자신이다. 시법의 엄정함이 이 작품만 한 것이 없다"라고 하였다.(起二語, 可當岳陽樓圖. 兼雲霧, 尤覺浩渺不窮, 尺幅萬里. 屬晚晴, 見湖光已暮, 惟高樓獨當夕陽之中. 若以高字易却孤字, 反不能發其意矣. 漁父對屈原, 有與世推移之語. 今公飄泊無定, 托言與世推移, 故曰敢違云云. 五六, 亦暗寓比興. 因篇中有浩(皓의 오자인 듯)白泊(涸의 오자인 듯)泥等字, 隱取其意入詩, 而言原違漁父之問, 己則不敢耳. 南征者, 亦出楚辭. 此虛實相間格. 一二目前景, 所以興三四. 五六意中景, 所以起七八. 格局莊整, 句法精煉, 詞旨深渾. 從來人止膾炙前作耳, 蓋彼詩之妙易見, 此詩之蘊難窺也. 洪方舟曰, 一二地, 五六時, 三四人, 七八己. 詩法之整, 無如此篇.)

《독두심해》: 황생이 이르기를 "1, 2구는 눈앞의 경물로 3, 4구를 일으킨다. 5, 6구는 마음속의 경물로 7, 8구를 일으킨다"라고 하였다. 내가 살펴보건대 3, 4구를 일으키는 방법은 반대로 일으키는 '반흥'이다. 경계가 광활한데 형세가 외로우니, 이에 저쪽이 해주고 이쪽이 접하는 느낌이 있다. 이는 쓸쓸함으로 친밀함을 일으킨 것이다. 7, 8구를 일으키는 방법은 순방향으로 일으키는 '순기'이다. 생기가 드러나기에 다시 남쪽으로 가지 않겠다는 생각을 가만히 움직인 것으로 이는 천기로써 인사를 일으킨 것이다. 결련은 열 자로 한 구를 이루었으니, 감히 하문한 바를 어기고 다시 가겠느냐는 말이다. 마음과 말이 서로 고려하는 표현을 하여, 배 사군에 대해서 너무 떨어지지도 너무 붙지도 않으면서 정의情誼와 신분이 다 드러나는 묘함이 있다. '어부'라는 말을 쓴 것은 두 가지 의도가 있는데, 하나는 자신을 방축된 삼려대부

굴원에 빗대려는 것이고, 다른 하나는 배 사군을 도화원으로 이끌어 주는 자로 비유하고자 한 것이다. 자신의 몸이 오랫동안 의탁할 바 없었는데, 만약 배사군이 의향이 있다면 스스로 물에 빠진 굴원의 처지에 이르지는 않을 것이니, 이곳이 곧 세상의 어지러움을 피할 수 있는 무릉도원인 것이다.(黃生云, 一二, 目前景, 所以興三四. 五六, 意中景, 所以起七八. 愚按, 興三四者, 反興也. 境闊勢孤, 而乃有彼加此接之情, 是以寥落興親熱. 起七八者, 順起也, 生趣發露, 而黙動不更南征之想, 是以天機起人事. 結聯十字成句, 言敢違垂問而更去乎, 作心口相商之詞, 於使君妙在不脫不黏, 情分身分俱見. 其用漁父字, 兼兩意, 一則自比於三閭之放逐, 一則比裴爲桃源之接引. 身久無依, 裴如有意, 不至爲自沈之屈子, 卽此是避世之武陵也.)

(**박홍준**)

58. 南征
남정

春岸桃花水[1] 雲帆楓樹林[2] 偷生長避地[3] 適遠更霑襟[4]
老病南征日[5] 君恩北望心[6] 百年歌自苦[7] 未見有知音[8]

봄 강둑에는 복사꽃 뜬 물
단풍나무 숲에는 구름 같은 돛.
살 곳 찾아 늘 피해 다니다가
멀리 가니 다시 옷깃 적신다.
늙고 병들어 남쪽으로 가는 날
임금 은혜 입어 북쪽을 바라보는 마음.
백 년토록 내 괴로이 노래했건만
지음은 보이지 않는구나.

대력 4년, 담주潭州에서 형주衡州로 가면서 지었다. 봄에 불어난 강물 위에 복사꽃이 떠서 흐르고, 강가의 단풍나무 숲에는 구름처럼 하얀 돛이 지나간다. 하필 몸을 맡긴 강물 위로 복사꽃이 떠가고, 그 언덕 위로는 단풍 숲이라니. 무릉도원武陵桃源은 다시 찾지 못하였고, 굴원은 쫓겨나 물가를 떠돌았다. 결국 꿈은 이루어지지 않고 처절한 현실만 눈앞에 닥치는가. 다시 몸은 남쪽으로 떠돌지만 마음만은 임금 곁에 두고 싶다. 한평생 얼마나 진지하게 시를 지었던가, 이를 알아주는 벗이 없다. 광덕 2년 봄, 촉에서 남쪽 오초 지역으로 가면서 지었다는 설도 있다.

《보주두시》 시에서 "봄 강둑에는 복사꽃 뜬 물 흐른다"라고 하고, 제목은 '남정'이라고 하였으니 광덕 2년 봄 낭주에서 지은 작품임에 틀림없다.(詩云, 春岸桃花水, 而題曰南征, 當是廣德二年春在閬州作.)

《두시상주》 이 시는 대력 4년 봄 담주潭州와 형주衡州 사이에 있을 때 지은 작품이니 앞의 시(〈배배사군등악양루陪裵使君登岳陽樓〉)에서 "여기서부터 다시 남쪽으로 가련다"라고 한 말로 증명할 수 있다. 채 씨의 편차를 따르는 것이 옳다.(此當是大曆四年春潭衡間作, 前詩從此更南征可證. 依蔡氏編次爲是.)

주 석

1 桃花水(도화수) – 복사꽃이 떠서 흐르는 물. 봄에 복사꽃이 필 때 얼음이 녹고 비가 내려 불어난 강물을 말한다. 무릉도원을 연상시킨다.

《한서漢書·구혁지溝洫志》 "來春桃華水盛" 구의 안사고顔師古 주 《예기·월령》에 "중춘에 비가 내리기 시작하고 복사꽃이 피기 시작한다"라고 하였다. 대개 복사꽃이 막 필 때는 이미 비가 내린 데다가 하천과 계곡의 얼음이 녹아서 여러 물줄기가 모여 물결이 크게 불어난다. 그러므로 이를 도화수라고 부른다.(月令, 仲春之月, 始雨水, 桃始華. 蓋桃方華時, 旣有雨水, 川谷冰泮, 衆流猥集, 波瀾盛長, 故謂之桃華水耳.)

《보주두시》에 인용된 사師 씨 주 삼협 사람들은 2월 복사꽃이 필 때 봄물이 불어나면 이를 '도화수'라고 부른다. 물이 불어나면 삼협을 따라 내려갈 수 있다. 두보는 촉에서 남쪽 오초 지역으로 가기에 이렇게 말하였다.(峽人以二月桃花發時春水生, 謂之桃花水. 水漲可以下峽. 甫自蜀南征吳楚, 故云.)

2 雲帆(운범) – 구름처럼 흰 돛. 배를 말한다. 楓樹林(풍수림) – 단풍나무 숲. 하얀 돛이 단풍나무 숲 앞을 지나간다는 뜻이다.

굴원 〈초혼招魂〉 새해 들어 피어나는 봄이여, 나는야 서둘러 남쪽으로 간다네. …… 맑고 맑은 강물, 위에는 단풍나무 있구나. 천 리 끝까지 바라보니 봄날 마음이 아프다네.(獻歲發春兮, 汩吾南征. …… 湛湛江水兮上有楓, 目極千里兮傷春心.)

3 偸生(투생) – 구차하게 살 길을 찾다. 避地(피지) – 재난을 피하여 다른 곳으로 가다. 은거하다.

《논어·헌문憲問》 공자께서 말씀하셨다. "현자는 세상을 피하고, 그다음은 땅을 피하고, 그다음은 낯을 피하고, 그다음은 말을 피한다." (子曰, 賢者辟世, 其次辟地, 其次辟色, 其次辟言.)

4 適遠(적원) – 먼 곳으로 가다. 霑襟(점금) – (눈물로) 옷깃을 적시다.

5 老病(노병) – 늙고 병들다. 시인 자신을 가리킨다. 南征(남정) – 남쪽으로 가다. 시인은 초의 남쪽 지역으로 가려고 하였다. 낭주에서 오초 지역으로 간다고 보기도 하고, 담주에서 형주로 간다고 보기도 한다.

《보주두시》에 인용된 조차공 주 장차 초 지역으로 가련다고 공은 말한다.(公言其將適楚也.)

6 君恩(군은) – 임금의 은혜. 대종代宗은 두보를 경조공조京兆功曹와 검교공부원외랑檢校工部員外郎에 임명하였다. 북망(北望) – 북쪽을 바라보다. 임금을 바라보다.

《보주두시》에 인용된 조차공 주 공은 이미 공조에 임명되어 임금의 은혜를 입었다고 여겨 북쪽으로 장안을 바라보는 것이다.(公旣有功曹之命, 爲頷君恩矣, 所以北望長安也.)

《보주두시》 세상에 나아가고 물러감이 모두 임금의 은혜를 받는 일인데 어찌 경조공조에 임명된 일로 임금의 은혜를 입었다고 여긴 후에 북쪽을 바라보겠는가. 하물며 이때는 공조에 나가지 않은 지도 벌써 오래였다.(出處皆荷君恩, 豈以京兆功曹之命爲頷君恩而後北望哉. 況是時, 不起功曹已久.)

7 百年(백년) – 사람의 한평생을 말한다. 歌(가) – 시를 짓다.

8 知音(지음) – 마음을 알아주는 벗.

[百年 2구] 한평생 각고의 노력으로 시를 지었지만 자신을 알아주는 사람이 없음을 슬퍼하는 내용이다.

《고시십구수古詩十九首》 노래하는 이 괴로움은 애석하지 않으나 다만 지음이 드물어 가슴 아파라.(不惜歌者苦, 但傷知音稀.)

#《두시상주》: 위 4구는 남쪽으로 떠나는 경물과 일이고, 아래에서는 정서를 다시 서술한다. 양신은 말하였다. "'복사꽃 뜬 물'은 진나라 사람들의 무릉도원 일을 이용했고, '단풍나무 숲'은 《초사·초혼》의 일을 이용하였다. '피지'는 '도화' 구를 잇고, '적원'은 '풍림' 구를 잇는다." 몸은 남쪽에 있고 마음은 북쪽에 있다고 하여 또 땅을 피하여 멀리 간다는 말을 이었다. 지음이 보이지 않는다고 하여 끝에서 남행을 결정한 까닭을 드러냈다.(上四, 南征景事, 下則申述情緒也. 楊愼曰, 桃水, 用秦人桃源事, 楓林, 用楚辭招魂事. 避地, 接桃花句. 適遠, 接楓樹句. 身南心北, 又承避地遠適. 未見知音, 結出南行之故.)

《독두심해》: 생각건대 앞 4구는 머뭇거리는 모습이다. 순순히 세상을 피할 수 있으면 결국에는 버리고 멀리 떠날 것이다. 5, 6구는 교유에서 뜻을 이루지 못하여 잠시 임금에게 생각이 맺혔다. 사람이 곤궁해지면 근본을 생각하니 이것이 〈이소〉의 뜻이다. 7, 8구에서 교유할 사람을 얻지 못하였음이 바로 드러나니 두 연을 도치시킨 것이다.(愚按, 此四句, 依違作態. 若可依而避世, 終將舍而適遠也. 五六, 緣不得於交遊, 聊結想於君父. 人窮反本, 離騷之志也. 七八, 正見不得於交遊處. 蓋以兩聯爲倒裝者.)

(**이창숙**)

59. 歸夢

돌아가는 꿈

道路時通塞[1] 江山日寂寥[2] 偷生唯一老[3] 伐叛已三朝[4]

雨急青楓暮[5] 雲深黑水遙[6] 夢魂歸未得[7] 不用楚辭招[8]

길이 때때로 뚫리기도 막히기도 하여

강산은 나날이 쓸쓸해지는구나.

구차하게 살아가는 건 오직 한 늙은이요

반란군을 토벌하는 일 벌써 세 조정이로다.

저물녘 푸른 단풍에 비는 급하고

아득한 검은 물에 구름이 깊다.

꿈속의 혼도 돌아가지 못하니

초사로 부를 필요 없노라.

이 시는 꿈에도 고향으로 돌아가지 못하는 안타까운 마음을 드러낸 것이다. 저작 시기에 대해 황학은 광덕 2년이라고 하였으나, 전체적인 시상으로 보아 구조오의 주장대로 대력 3년 또는 4년 호남에서 지은 것으로 추정된다. 시인은 비가 거세게 뿌리고 구름이 잔뜩 끼었다고 꿈속의 광경을 묘사하면서, 꿈속의 혼조차 귀향이 여의치 않다고 애타는 심사를 표출하였다.

《보주두시》 시에서 "반란군을 토벌하는 일 벌써 세 조정이다"라고 하고, 또 "저물녘 푸른 단풍에 비는 급하고, 아득한 검은 물에 구름이 깊다"라고 하였으니, 응당 광덕 2년 낭주에서 지은 것이다.(詩云, 伐叛已三朝, 又云, 雨急青楓暮, 雲深黑水遙, 當是廣德二年閬州作.)

《두시상주》 황학은 광덕 2년에 잘못 편재하였다. 채몽필은 호남시 가운데 편재하였으니, 응당 대력 3, 4년 사이에 지은 것이다.(黃鶴誤編廣德二年. 蔡氏編在湖南詩中, 應是大曆三四年間作.)

주 석

1 通塞(통색) – 통하고 막히다.

2 寂寥(적료) – 쓸쓸하다.

[道路 2구]

《두시조차공선후해집교》 당시에 전쟁 중이라 길이 뚫렸다 막혔다 했기에 강산의 기상이 날이 갈수록 쓸쓸해진 것이다.(以時當用兵, 道路或通或塞, 故江山氣象, 日轉蕭索.)

3 偷生(투생) – 삶을 훔치다. 구차하게 살다. 一老(일로) – 한 늙은이. 여기서는 두보 자신을 가리킨다.

4 伐叛(벌반) – 반란을 토벌하다. 三朝(삼조) – 세 조정. 현종, 숙종, 대종의 세 조정을 가리킨다.

[道路 4구]

《두율계몽》 길이 때로 뚫리기도 하고 막히기도 하는 까닭에 강산이 날로 쓸쓸함을 보이는 것이다. 한 늙은이가 구차하게 살아가는 것은 길이 많이 막혔기 때문이고, 세 조정에서 반란을 토벌하니 강산이 날로 쓸쓸함을 보이게 된 것이다.(惟道路有時通塞, 故江山日見寂寥. 一老偷生, 以道路之多塞也. 三朝伐叛, 則江山日見寂寥矣.)

5 雨急(우급) – 비가 거세게 쏟아지다. 青楓(청풍) – 푸른 단풍나무. 청

풍포青楓浦라는 지명을 가리킨다고 보는 설도 있다.

《두억》 청풍은 초 땅의 지명으로 곧 청풍포이다. 그러나 초 땅에 단풍이 많기에 여기서는 범연하게 초 땅을 말한 것일 뿐이다.(青楓, 楚地名, 卽青楓浦. 然楚地多楓, 此泛言楚爾.)

조선 홍여하洪汝河 《목재집木齋集·풍악만록楓嶽漫錄》 단풍나무는 두 종이 있다. 하나는 희미한 황색이고 하나는 매우 붉은 것으로 잎이 푸를 때는 분간할 수 없다. 매우 붉은 것은 잎의 결이 비교적 날카로우면서 성글다. 또 다른 한 종이 있는데 잎의 결이 짙게 붉은 단풍과 유사하지만 푸른색은 서리를 맞아도 변하지 않으니, 두공부杜工部가 말한 청풍이 이것인가.(楓樹有二種, 其一微黃, 其一深紅, 綠葉時不可辨. 深紅者, 葉理較尖峭蕭疏. 又有一種, 葉理與深紅者類, 而蔥翠經霜不變, 杜工部所謂青楓是耶.)

6 黑水(흑수) – 검은 물. 꿈속에서 아득히 보이는 물. 풍하灃河 등의 실제 지명으로 보는 설도 있다.

《두시상주》 《상서·우공》에서 "흑수와 서하 사이에 옹주가 있다"라고 했고, 채침의 전에서 "옹주의 강역은 서쪽으로 흑수에 닿고 동쪽으로 서하에 닿는다"라고 하였다. 또한 《상서·우공》에서 "흑수를 이끌어 삼위산에 이르니 (물들이) 남해로 들어가게 했다"라고 했고, 채침의 전에서 "옹주와 양주 두 주의 서쪽 경계는 모두 흑수를 경계로 삼는다. 이는 흑수가 옹주의 서북쪽에서 발원하여 양주의 서남쪽으로 곧장 나가기 때문이다"라고 하였다. 《환우기》에서 "수주 월수현에 흑수가 있다"라고 하였다. 주학령의 주에 "흑수의 원류는 하나가 아니다. 당대 수주 땅은 노수의 발원지인데 노수가 바로 흑수이다"라고 하였다. 조차공의 주에서 "흑수는 호현鄠縣과 두릉杜陵 사이에 있다"라고 하였다.(禹貢, 黑水西河惟雍州. 蔡傳, 雍州之域, 西據黑水, 東據西河. 又禹貢, 導黑水至於三危, 入於南海. 蔡傳, 雍梁二州西界, 皆以黑水爲界. 是黑水自雍之西北, 而直出梁之西南也. 寰宇記,

巂州越巂縣有黑水. 朱注, 黑水源流非一, 唐巂州地, 瀘水所出, 瀘水卽黑水也. 次公注, 黑水在鄠杜之間.)

《독두심해》 흑수는 천착하지 말아야 하니, 모두가 꿈속의 아득히 먼 경물로서 꿈속에 있기 때문에 검다고 말한 것이다.(黑水, 勿黏着, 總是夢中迢隔之景, 惟在夢境, 故言黑.)

[雨急 2구]

《구가집주두시》 조차공 주 초 땅에는 단풍이 많으니, 여기서는 남쪽으로 내려와서 본 경물을 말한다. 흑수는 호현과 두릉 사이에 있으며, 장안에서 가까운 곳이다.(楚地多楓, 此言南下之景. 黑水在鄠杜之間, 去長安爲近.)

《두율계몽》 5, 6구는 모두 꿈속의 몽롱한 경상으로, 이른바 "꿈속에서 돌아가려 해도 돌아가지 못한다"라는 것이다.(五六總是夢中迷離之象, 卽所謂夢歸歸未得者也.)

7 夢魂(몽혼) – 꿈속의 혼. '魂'이 '歸'로 된 판본도 있다. 歸未得(귀미득) – 아직 돌아가지 못하다. '未'가 '亦'으로 된 판본도 있다.

8 楚辭(초사) – 여기서는 초사 가운데 송옥宋玉이 지은 〈초혼招魂〉을 가리킨다. 招(초) – 부르다.

송옥宋玉 〈초혼招魂〉 혼이여 돌아오라, 옛집으로 돌아오라.(魂兮歸來, 反故居些.)

[夢魂 2구] 꿈에서도 혼이 돌아가지 못하니 초사로 불러서 혼이 돌아온들 무슨 소용이냐는 말이다. 이와 달리 혼이 꿈속에서 장안으로 돌아가지 못하고 초 땅에 머물러 있으니 굳이 초사를 노래하며 초 땅으로 돌아오라고 혼을 부를 필요가 없다고 보는 설도 있다.

#《두시상주》: 위 4구는 사실을 서술한 것으로 몸이 돌아가지 못한 것이다. 아래 4구는 꿈을 서술한 것으로 혼이 돌아가지 못한 것이다. 조차공의 주에서 "당시에 전쟁 중이라 길이 뚫렸다 막혔다 했기에 강산의

기상이 날이 갈수록 쓸쓸해진 것이다"라고 했다. '삼조'는 현종, 숙종, 대종을 말한다. '벌반'은 안녹산, 사사명, 복고회은, 토번을 말한다. '청풍'은 초 땅에 있고 '흑수'는 진 땅에 있는데, 대체로 꿈속에서 본 경물이다. 《두억》에서는 "꿈속에서 돌아가지 못해 혼이 여전히 초 땅에 있기에 부를 필요가 없는 것이다"라고 했다. '귀'는 장안을 가리켜 한 말이다. 황생은 "5, 6구는 (〈몽이백夢李白·기일其一〉의) 혼이 올 때 단풍나무 숲은 푸르고, 혼이 돌아갈 때 관새는 검다는 뜻이다. 7, 8구는 (〈산수이수散愁二首·기이其二〉의) 늙은 혼 불러들일 수 없으니, 돌아가는 길에 늘 길을 헤맬까 염려된다는 뜻이다"라고 했다. (上四敍事, 身未得歸. 下四述夢, 魂未得歸. 趙注, 當時用兵, 道路或通或塞, 故江山氣象, 日見蕭條. 三朝, 謂玄宗肅宗代宗. 伐叛, 謂安史僕固吐蕃也. 青楓在楚, 黑水在秦, 蓋夢中所見之景. 杜臆, 夢歸未得, 魂仍在楚, 故不用招. 歸, 指長安. 黃生曰, 五六, 卽魂來楓林青, 魂返關塞黑意. 七八, 卽老魂歸不得, 歸路恐長迷意.)

《독두심해》: 1구는 4구와 호응하고, 2구는 3구와 호응한다. 길이 뚫렸다 막혔다 하는 것은 반란자들이 겹쳐 일어났기 때문이다. 자신이 쓸쓸한 것은 삶에서 항상 자취를 숨겼기 때문이다. 늙어서도 나그네로서 자주 난리를 겪으니 이런 까닭에 꿈속의 혼이 언제나 경사에 매여 있는 것이다. 5, 6구는 바로 꿈속을 묘사한 것이고, 7, 8구는 꿈속에서도 돌아가지 못하니 혼을 불러도 별무소득이라며, 시제의 본 취지를 팽개쳐 버렸으니 더욱 심오하다.(一與四應, 二與三應. 路之通塞, 叛者疊起也. 身之寂寥, 生常匿迹也. 老矣羈人, 頻經喪亂, 是以夢魂長結京國. 五六, 正摹夢境, 七八, 幷夢亦不得歸, 魂雖招而無益, 撇開題面, 更深.)

(**김준연**)

60. 過南嶽入洞庭湖

남악에 들르려고 동정호에 들어가다

洪波忽爭道[1] 岸轉異江湖[2] 鄂渚分雲樹[3] 衡山引舳艫[4]
翠牙穿裛蔣[5] 碧節吐寒蒲[6] 病渴身何去[7] 春生力更無[8]
壤童犂雨雪[9] 漁屋架泥塗 攲側風帆滿[10] 微冥水驛孤
悠悠回赤壁[11] 浩浩略蒼梧[12] 帝子留遺恨[13] 曹公屈壯圖[14]
聖朝光御極[15] 殘孽駐艱虞[16] 才淑隨厮養[17] 名賢隱鍛罏[18]
邵平元入漢[19] 張翰後歸吳[20] 莫怪啼痕數 危檣逐夜烏[21]

큰 파도가 홀연히 길을 다투는데
언덕을 도니 강과 호수의 물 형세가 다르네.
악저는 구름과 나무에 나뉘었고
형산은 내 배를 이끄네.
비췻빛 싹은 향그런 줄풀을 뚫고 나왔고
푸른 마디를 차가운 부들이 토해냈네.
소갈병 걸린 몸으로 어디로 가려고 하나?
봄이 오니 힘이 더욱 없네.

젊은 농부는 눈비 속에 쟁기질하고
어부의 집은 진흙 속에 지어져 있네.
기울어진 돛에 바람이 가득하고
어두운 물가의 역참은 외롭네.
유유히 적벽을 돌아보다가

호탕하게 창오를 지나가려 하네.
요임금의 딸은 한을 남겼고
조조는 웅대한 계책을 굽혔지.

성명한 조정은 장안을 광복시켰으나
남은 도적 때문에 여전히 어렵고 근심스러우니,
재주 있고 현숙한 이들이 미친한 일을 하고
이름난 현자들은 쇠를 두드리며 은거하네.
소평은 원래 한나라로 들어갔고
장한은 후에 오나라로 돌아갔네.
눈물 자국이 잦다고 나무라지 말게나
높은 돛은 밤중의 까마귀를 쫓아가고 있네.

이 시는 대력 4년 봄에 남악에 가기 위해 동정호에 들어가 지은 것이다. '남악'은 악록산嶽麓山으로 동정호보다 남쪽에 있다. 제목만 보면 '남악에 들렀다가 동정호에 들어가다'로 보는 것이 자연스럽지만 시의 내용과 맞지 않다. 첫 단락에서 남쪽으로 가기 위해 동정호에 들어갔을 때의 험한 파도 묘사로 시작하여 동정호 근처의 봄 풍경과 이에 대비되는 자신의 병든 몸을 이야기하였고, 두 번째 단락에서는 동정호 근처의 민가의 모습과 인근의 유적에 대한 감회를 읊었으며, 마지막 단락에서는 어려운 시국에 대한 걱정과 고향으로 돌아가지 못하는 신세를 한탄하고 있다.

《보주두시》 제목에서 '남악에 들렀다가 동정호로 들어간다'라고 했으니 마땅히 담주에서 악양으로 돌아갈 때 지은 것이 된다. 그러나 시에서 이르길 "기울어진 돛에 바람이 가득하고, 어두운 물가의 역참은 외롭다"라고 하고, 또 "비췻빛 싹은 향그런 줄풀을 뚫고 나왔고, 푸른 마디를 차가운 부들이 토해냈다"라고 하였으니, 대력 4년 정월에 악양에서 담주로 갈 때 지은 것이다. 아마도 악양에서부터 남악을 들렀다가 동정호에 들어간 것이리라. 양권도 역시 그해 호남에 나아간 시 안에 편재하였다.(題云, 過南嶽入洞庭湖, 則當是自潭州回岳陽作. 而詩云, 攲側風帆滿, 微冥水驛孤, 又云, 翠牙穿裛槳, 碧節吐寒蒲, 正大曆四年正月自岳陽之潭州時作. 殆謂自岳陽過南嶽而入洞庭也. 梁權道亦編在其年赴湖南詩內.)

《두시상주》 황학의 주에 "이 시는 대력 4년 정월에 악양에서 담주로 갈 때 지은 것이다. 아마도 악양에서부터 남악을 들렀다가 동정호에 들어간 것이리라"라고 하였다. 남악은 곧 악록산이니 형산은 악록산을 발로 삼아서인데 (악록산은) 장사에 있다. 《당서》에 "담주 상담현에 형산이 있다"라고 하였다. 《산해경》 주석에 "장사 파릉현 서쪽에 동정피가 있는데 밑으로 흘러 장강과 통한다"라고 하였다. 《수경주》에 "호수가 넓고 둥글어 5백여 리며, 해와 달이 그 가운데에서 출몰하는 것 같다"라고 하였다. 《악양풍토기》에 "정수, 예수, 원수, 상수가 여러 서남방 검남의 물을 합쳐 동정호에 모였다가 파릉에 이르러 형강과 합쳐진다"라고 하였다.(鶴注, 此大曆四年正月自岳陽之潭州時作. 殆自岳陽過南岳而入洞庭也. 南嶽乃嶽麓, 衡山以嶽麓爲足, 在長沙. 唐書, 潭州湘潭縣有衡山. 山海經注, 長沙巴陵縣西有洞庭陂, 潛伏通江. 水經注, 湖水廣圓五百餘里, 日月若出没於其中. 岳陽風土記, 鼎澧沅湘, 合諸蠻黔南之水, 滙於洞庭, 至巴陵與荊江合.)

주석

1 洪波(홍파) – 큰 파도. 동정호洞庭湖의 파도를 가리킨다.

2 岸轉(안전) – 배가 언덕을 돌다. 물이 도는 것으로 볼 수도 있다. 異江湖(이강호) – 장강長江과 동정호의 물의 형세가 다르다.

3 鄂渚(악저) – 지금의 호북성湖北省 무창武昌과 한구漢口 일대, 동정호 북쪽에 있다. 分雲樹(분운수) – 멀리 구름과 나무 너머에 있다는 말이다.

《독두심해》에 인용된 《구주기九州記》 '악'은 지금의 무창이다.(鄂, 今武昌是也.)

4 衡山(형산) – 지금의 호남성湖南省 형산衡山. 동정호 남쪽에 있다. 舳艫(축로) – 선미船尾와 선두船頭. 여기서는 두보의 배를 가리킨다.

5 翠牙(취아) – 줄풀의 비췻빛 싹. '牙'는 '芽'와 통한다. 裛蔣(읍장) – 향기로운 줄풀. 가늘고 어린 줄풀. '蔣'은 '欒'으로 된 판본도 있다.

《두시경전》 '읍'은 향기가 옷에 스민 것이다.(裛, 香襲衣也.)

《두시상주》에 인용된 《당아唐雅》 '읍장'은 줄풀이 가늘고 다 자라지 않은 것이다.(裛蔣, 蔣之瘦而未壯者.)

《독두시설》 지금 살펴보건대 '읍'은 곧 '습襲' 자로 '십습什襲'의 '습'과 같으며 포개어 감싼다는 뜻이다. 줄풀의 밑부분은 겹겹이 싸여 있는데, 그 싹이 처음 나올 때에는 그 가운데를 뚫고 나오기에 '천읍장'이라고 하였다.(今按, 裛卽襲字, 猶什襲之襲, 包裹也. 蔣蒻重疊包裹, 其芽初生, 從中穿出, 故云穿裛蔣.)

6 吐(토) – '上'으로 된 판본도 있다. 寒蒲(한포) – 부들. 물가에서 많이 자라기에 이렇게 부른다.

[翠牙 2구]

《두시상주》에 인용된 조차공 주 '장'은 고장菰蔣의 '장'이다. 대개 부들에는 마디가 있고, 줄풀에는 싹이 있다.(蔣, 菰蔣之蔣. 蓋蒲有節, 而蔣有牙也.)

7 病渴(병갈) – 병으로 갈증나다. 소갈증을 앓다.

8 春生(춘생) – 봄기운이 생기다. 봄이 오다.

[病渴 2구]

《구가집주두시》 조차공 주 '병갈'은 두보가 실제로 그 자신을 말한 것이지만 글자는 사마상여가 소갈병이 있었다는 데서 따왔다. 그 대구인 '춘생'은 《문자》(문자는 춘추시대 도가로 분류되는 사상가)에서 말한 '봄기운이 생기는 것과 같다'와 동일한 용례이다. 대개 여름, 가을, 겨울의 경우에는 '생'이라고는 말하지 않는다.(病渴, 公實道其身, 而字則司馬相如有消渴病. 其對春生, 則如文子云若春氣而生, 蓋夏秋冬則未嘗言生也.)

#《두시상주》: 이 단락은 배로 '남악을 지나는 것'을 썼다. 동정호의 물이 길을 다투며 달리는 것은 강과 호수의 물 흐름이 다른 까닭이다. 악저는 북쪽에 있기에 그래서 '나뉘었다'고 하고, 형산은 남쪽에 있기에 '이끈다'고 하였다. 2구는 강과 호수가 다름을 말한다. 줄풀의 싹과 부들의 마디는 봄의 경물이다.(此舟過南嶽也. 湖水爭道而趨, 以江湖異流故也. 鄂在北, 故曰分, 衡在南, 故曰引. 二句言江湖之異. 蔣牙蒲節, 春時景物.)

9 壤童(양동) – 젊은 농부. 犁(이) – 쟁기질하다. 밭을 갈다.

[壤童 2구]

《구가집주두시》 조차공 주 '이' 자와 '가' 자는 기이하다고 할 수 있다. 이는 실자(명사)를 허자(동사)로 쓴 것이다.(犁字架字, 可謂奇矣. 此以實字爲虛字使也.)

10 攲側(기측) – 기울다. 風帆滿(풍범만) – 바람을 받아 돛이 가득 펼쳐진 것이다.

11 回(회) - (적벽 쪽으로) 돌아보다. 이전에 적벽을 돌아온 것으로 볼 수도 있다. 赤壁(적벽) - 조조曹操와 주유周瑜가 싸웠던 곳으로 지금의 호북성 적벽시赤壁市 서북부에 있다.

《구가집주두시》 조차공 주 적벽은 하구의 동쪽, 무창의 서쪽에 있다.(赤壁在夏口之東, 武昌之西.)

12 浩浩(호호) - 광대하고 끝이 없는 모양. 가슴이 탁 트인 모양. 蒼梧(창오) - 동정호 서남쪽에 있으며 순임금이 남순南巡하다가 죽은 곳이다.

《독두심해》 창오는 더욱 남쪽에 있다.(蒼梧更在南.)

13 帝子(제자) - 요임금의 딸로 순임금의 비가 되었던 아황娥皇과 여영女英. 그들은 순임금이 죽자 따라 죽었다고 한다. 遺恨(유한) - 죽은 뒤에도 남은 한.

14 曹公(조공) - 조조를 가리킨다. 壯圖(장도) - 웅대한 도모. 동오를 멸하고 통일하려던 계책을 말한다.

#《두시상주》: 이 단락은 '동정호에 들어가는 것'을 썼다. '양동' 2구는 언덕 가까이의 경물과 일이다. 바람이 세니 돛이 부풀어 올라서 배가 약간 기울어졌다. 가는 것이 빠르기에 돌아보게 되고 물가의 역도 작게 보인다. '제자'는 '창오'를 잇고, '조공'은 '적벽'을 잇는데, 이는 멀리 옛 유적을 바라본 것이다.(此入洞庭湖也. 壤童二句, 近岸景事. 風健, 則帆飽而舟帶攲斜. 行速, 故回顧而水驛微小. 帝子承蒼梧, 曹公承赤壁, 此遠覽古跡也.)

15 聖朝(성조) - 당시의 대종代宗 조정을 말한다. 숙종을 가리키는 것으로 보는 설도 있다. 御極(어극) - 황제의 등극, 즉위. 이 구는 장안을 회복했음을 말한다.

《두공부초당시전》 숙종이 이미 장안을 회복한 것을 말한다.(謂肅宗已恢復長安也.)

16 殘孽(잔얼) – 남아 있는 악한 무리. 토번을 가리킨다. 하북의 여러 장수를 가리키는 것으로 보기도 한다. 駐艱虞(주간우) – 간난과 우환을 남기다.

《두시경전》 (잔얼은) 하북의 여러 항복한 장수를 말한다.(謂河北諸降將.)

17 才淑(재숙) – 재주 있고 현숙賢淑한 사람. 廝養(시양) – 땔나무를 하고 말을 기르다. 또는 그런 일을 하는 사람. 이와 달리 '나무하고 요리하다'로 풀이하기도 한다. 이 구는 재주 있는 사람이 천한 일을 하며 은거하는 것을 의미한다.

《두보전집교주》에 인용된 장진張溍 주 '수시양'은 나무하고 말을 기르는 일을 하며 기꺼이 숨는 것을 말한다.(隨廝養, 言甘隱於廝養之役中.)

《사기·장이진여열전張耳陳餘列傳》의 배인裴駰 집해集解에 인용된 위소韋昭 주 장작을 패고 나무하는 것을 '시'라 하고, 불을 때고 요리하는 것을 '양'이라 한다.(析薪爲廝, 炊烹爲養.)

18 鍛鑪(단로) – 화로에 쇠를 두드리다. 혜강嵇康은 은거할 때 대장간에서 쇠를 두드렸다고 한다.

[聖朝 4구]

《구가집주두시》 조차공 주 이는 당시의 시사를 말하여 그 자신에게 이른 것이다. 대개 당시 황제가 비록 장안을 수복한 것이 이미 칠팔년이 되었으나 토번의 재앙이 그치지 않으니 간난과 근심이 남아 있게 된 것이다. 이에 재주 있는 이들 중에 천한 일을 하는 사람도 있고, 어질고 이름난 선비 중에 은거하며 쇠나 두드리는 이도 있게 된 것이다.(此所以言當時事而及其身也. 蓋時上雖復長安已七八年矣, 而吐蕃之孽未息, 是爲駐留艱虞. 於此才淑之人有隨廝養者, 名士之賢有隱鍛鑪者.)

《두시경전》 4구는 당시 한창 무인을 숭상하기에 유술이 존중받지 못했음을 말한다.(四句, 言時方用武, 故儒術不尊也.)

19 卲平(소평) – 진秦의 유로遺老로 한漢나라가 들어서자 은거하며 외를 심었다.

《두시상주》에 인용된《사기》 소평은 본래 진나라의 동릉후였다. 진나라가 망한 뒤 포의가 되어 장안성 동쪽에 외를 심었는데 외에 오색이 있고 아주 맛있었다. 그래서 세상에서 그것을 '동릉과'라고 하였다.(卲平, 故秦東陵侯, 秦滅後爲布衣, 種瓜長安城東. 瓜有五色, 甚美, 故世謂之東陵瓜.)

20 張翰(장한) – 진晉나라 때 사람으로, 낙양에서 관직 생활을 하다가 벼슬을 버리고 고향으로 돌아가 은거하였다.

《진서晉書·장한전張翰傳》 장한은 가을바람이 이는 것을 보고서 오 땅에서 먹던 줄풀과 순챗국 그리고 농어회가 생각나 "인생이란 마음에 흡족하게 사는 것이 귀중한 것이다. 어찌 수천 리 떨어진 타향에서 벼슬살이하며 명예와 작위를 찾을쏘냐?"라고 하며 마침내 수레를 몰게 하여 돌아갔다.(翰因見秋風起, 乃思吳中菰菜蓴羹鱸魚膾, 曰人生貴得適志, 何能羈宦數千里以要名爵乎. 遂命駕而歸.)

21 危檣(위장) – 높은 돛대. 두보의 배를 가리킨다.

《두억》 돛이 밤 까마귀를 쫓는 것은 그의 뜻이 아니기에 슬프다. '야오'는 (조조 〈단가행短歌行〉의) "까막까치가 남으로 날아간다"라는 말을 쓴 것이다.(檣逐夜烏, 非其志也, 故悲. 夜烏用烏鵲南飛語.)

[卲平 4구]

《두시경전》 소평과 장한은 모두 고향으로 돌아가 은거했는데 자신만 홀로 떠돌며 의지할 데가 없으니 수시로 눈물 자국을 띠는 것은 나무랄 게 못 됨을 말하고 있다.(言卲張皆歸隱故鄉, 而己獨漂泊無依, 時帶啼痕, 不足怪也.)

#《두시상주》: 마지막 단락은 시국을 생각한 감회이다. 조차공의 주석에 '성조' 2구는 대종이 비록 장안을 수복했으나 토번의 재앙이 여전히 그치지 않은 것을 말한다고 하였다. '재숙' 2구는 현명하고 재주 있는 이들이 버려짐을 탄식한 것이다. '소평' 2구는 자신도 고향으로 돌아가고 싶음을 말한다. 마지막 2구는 떠도는 것을 스스로 마음 아파한 것이다.(末乃撫時感懷. 趙注, 聖朝二句, 言代宗雖復長安, 而吐蕃猶未息也. 才淑名賢, 歎賢才淪棄. 卲平張翰, 謂身欲歸鄉. 末則自傷漂泊也.)

##《독두심해》: 황학은 "악주에서 담주로 갈 때 지은 것이다"라고 했는데 옳다. 살펴보건대 악주에서 남쪽으로 담주에 이를 때에는 저절로 응당 동정호에 들어간다. 다만 남악은 더욱 동정호의 남쪽에 있다. 제목에서 '과남악입동정'이라 했는데 옛 주석에서는 남악에 들른 후에 동정호에 들어간 것으로 여겼다. 구조오는 결국 앞 8구를 남악에 들른 것으로 여겼고, 중간 8구를 동정호에 들어간 것으로 여겼다. 그래서 시의 뜻과 지도의 경로가 모두 어긋나게 되었다. '들른다'는 것은 장차 그렇게 할 일이고 '들어간다'는 것은 현재의 일임을 몰랐던 것이다. 제목의 뜻은 대체로 장차 저 남악에 들르려고 이 호수에 들어감을 말한다. 앞 8구는 마음속이 향하는 바를 밝힌 것이다. 중간 8구는 바로 자신이 지나간 곳이다. 뒤 8구는 부득이해서 이 길을 떠난 까닭을 말하며 결말을 지었다. '홍파'는 곧 동정호를 가리킨다. '홀쟁도'는 처음 보고 한 말이다. '이강호'는 호수의 형세를 보고 그것이 장강과는 다름을 느낀 것이다. 악저가 구름에 나누어졌다는 것은 배가 출발한 곳이다. 악주는 북쪽으로 악저와 이어지기에 '나뉜다'고 하였다. 형산이 배를 이끈다는 것은 나아가고자 하는 곳이다. 이번 유행遊行은 장차 형산에 이르려고 하기에 '이끈다'고 하였다. '취아' 2구는 호수의 경물에서 봄기운을 이끌어낸 것이다. '병갈' 2구는 길 가는 데 급급함을 스스로 의아하게 여긴 것이다. '양동' 2구는 호숫가 지역의 습속이

다. '기측攲側' 2구는 동정호에 들어간 것에 대한 정면 묘사이다. '유유' 4구는 호수 형세의 광활함을 형상화하면서 그 지역에 나아갔기에 옛일을 조문한 것이다. '성조' 4구는 당시 한창 무인을 숭상하였기에 유술이 존중받지 못함을 말하였다. '소평' 4구는 옛사람들은 난리를 만나면 고향으로 돌아갈 수 있었는데 나는 집에서 더욱 멀어짐을 말하였다. 끝 2구는 동정호에 들어간 일과 부합한다.(鶴云, 自岳州之潭州作, 是也. 按自岳而南至潭, 自應入湖. 但南嶽更在湖南. 題曰過南嶽入洞庭, 舊注認爲過而後入. 仇氏遂以前八爲過南嶽, 中八爲入洞庭. 詩義圖經, 兩俱背戾矣. 不知過者, 將然之事, 入者, 現在之事. 題意蓋謂將欲過彼, 故入此湖也. 前八句, 明意中所嚮. 中八句, 正身之所經. 後八句, 結出不得已而爲此行之故. 洪波, 卽指洞庭. 忽爭道, 始見之詞也. 異江湖, 見湖勢而覺其與江異也. 鄂分雲, 發棹之處. 岳州北連鄂渚, 故言分. 衡引舳, 欲赴之處. 斯遊將抵衡山, 故言引. 翠芽碧節, 就湖景逗春意. 病渴力無, 自訝行踪汲汲也. 壤童漁屋, 湖邊土俗. 風帆水驛, 入湖正面. 悠悠四句, 狀湖勢之闊, 因卽地而弔古也. 聖朝四句, 言時方用武, 故儒術不尊. 邵平四句, 言古人値亂得歸, 而我乃去家益遠. 末句拍合入湖事.)

(**강민호**)

61. 宿青草湖

청초호에 묵다

洞庭猶在目　青草續爲名　宿槳依農事[1]　郵籤報水程[2]
寒冰爭倚薄[3]　雲月遞微明[4]　湖雁雙雙起　人來故北征[5]

동정호가 여전히 눈에 있는데
청초라고 이어서 이름을 지었네.
잠자는 배가 농사짓는 곳에 의지하는데
역참 물시계 소리가 수로 여정길에 알려오네.
차가운 얼음이 다투어 다가오고
구름 속 달이 희미하다 밝아지네.
호수의 기러기는 쌍쌍으로 날아오르는데
사람이 오자 짐짓 북쪽으로 가네.

이 시는 대력 4년 초봄 호남으로 가다가 청초호에서 묵으면서 감회를 적은 것이다. 낯선 곳에 이르러 배에서 묵는 정경과 북쪽으로 가지 못하는 애달픈 심사를 표현하였다.

《보주두시》 청초호는 악주에 있으며 동정호와 연결되어 있다. 마땅히 대력 4년 호남으로 갈 때 여기서 묵었을 것이다.(青草湖, 在岳州, 與洞庭湖相連. 當是大曆四年赴湖南時宿此.)

《두시상주》 《원화군현지》에서 "파구호는 또한 청초호라고도 하며 파릉현 남쪽에 있고 둘레가 265리이다. 세속에서는 바로 옛 운몽택이라고 한다"라고 하였다. 《십도지》에서 "호수는 악주에 있다"라고 하였다. 《명승지》에서 "호수는 북쪽으로 동정호와 이어지고 남쪽으로 소상과 이어지며 동쪽으로 멱라수를 받아들인다. 매번 여름과 가을에 물이 불어나면 동정호와 하나가 되고, 물이 줄어들면 이 호수가 먼저 말라서 푸른 풀이 자란다. 그래서 이렇게 이름하였다"라고 하였다. 《형주기》에서 "호수는 청초산으로 인해서 이름을 얻었다"라고 하였다.(元和郡縣志, 巴邱湖, 又名青草湖, 在巴陵縣南, 周迴二百六十五里. 俗云卽古雲夢澤. 十道志, 湖在岳州. 名勝志, 湖, 北連洞庭, 南接瀟湘, 東納汨羅之水. 每夏秋水泛, 與洞庭爲一. 水涸, 此湖先乾, 青草生焉, 故名. 荊州記, 湖因青草山得名.)

《독두심해》 대력 4년 담주로 갈 때의 시이다.(四年之潭州時詩.)

주 석

1 宿槳(숙장) – 잠자는 배. 배를 타고 묵는다는 말이다. '槳'은 상앗대.
農事(농사) – 여기서는 농가를 가리킨다.

《두시설》 강기슭 위에 역참이 있고 역참 옆에 농가가 있음을 보여준다.(見岸上有驛, 驛邊有農家.)

2 郵籤(우첨) – 역참에서 밤 시각을 알리는 물건이다. 이와 달리 역참 앞에 다음 역참까지의 거리를 적어 세워놓은 표식이라는 설도 있다.
水程(수정) – 수로로 가는 여정. 또는 수로로 가는 여정의 거리. 이 구는 밤에 묵고 있는 배에 역참의 물시계 소리가 들린다는 말이다. 이와 달리 역참의 이정표를 보고 수로의 여정길을 헤아린다는 뜻으로 풀이할 수도 있다.

《두공부시집집주》 '우첨'은 역관에서 시각을 알리는 댓조각이다. 물시계 시각 알리는 소리를 듣고서 여정을 계산하여 자니, 이것이 '보수정'이다.(郵籤, 驛館更籌也. 聽漏籌, 則計程而宿, 是報水程也.)

《두시설》 '우첨'은 바로 역사의 표지로 수로로 가는 여정의 거리를 적은 것이다.(郵籤, 乃驛舍所標, 以紀水程者.)

《두율계몽》 네 번째 구는 역리가 순행하는 관리에 관한 예로 대했다는 것을 말한다. 여러 주에서 모두 '첨'을 물시계의 화살로 여겼는데 '수정' 두 글자와 맞지 않는다.(四句謂驛吏待行官之禮, 諸注俱指籤爲籌, 則水程二字爲無着矣.)

3 倚薄(의박) – 가까이 다가온다는 말이다.

《두시상주》 '의박'의 '박'은 '뇌풍상박'의 '박'이니 다그쳐온다는 말이다.(倚薄之薄, 卽雷風相薄之薄, 言迫也.)

4 遞(체) – 번갈아. 微明(미명) – 희미해졌다가 다시 밝아지다.

《두보전집교주》에 인용된 고신顧宸 주 이는 배 안에서 잠들지 못하고 본 것이다.(此舟中不寐所見.)

5 故(고) – 일부러. 北征(북정) – 북쪽으로 가다.

《두억》《월령》에 따르면 정월에 철새 기러기가 북쪽으로 간다.(月令, 正月候雁北.)

[湖雁 2구]

《구가집주두시》 조차공 주 대체로 고향을 생각하는 마음이 있는데 기러기는 이내 북쪽으로 가지만 사람은 그것만 못하다.(蓋有念鄉之意, 雁乃北征, 人之不如也.)

《두공부시집집주》 자신이 북쪽으로 돌아가지 못함을 탄식한 것이다.(嘆己之未能北歸也.)

《두시설》 사람은 남쪽으로 가기에 북쪽으로 가는 기러기를 원망한다는 말로 이렇게 가는 것이 부득이함을 보여준다.(人南去, 故怨雁北征, 見此行非得已也.)

#《두시상주》: 위 4구는 호수에 묵은 일이고 아래 4구는 경물을 대하고 감정을 말한 것이다. 남쪽에 청초호가 있고 북쪽은 동정호인데 하나

의 호수에 두 개의 이름이 있어서 '속위명'이라고 하였다. 외로운 배가 도둑을 막으려니 반드시 농지에 의지하여 묵어야 하고, 물로 가는 여정에서 밤에 묵으니 역참에서 알리는 물시계 소리를 듣는다. '의박'에 대해서 '쟁'이라고 말한 것은 차가운 얼음이 서로 침범하여 다투어 바짝 다가듦을 보여주고, '미명'에 대해서 '체'라고 말한 것은 구름 속 달이 가렸다가 건혔다가 함을 보여준다. 황생의 주에서 "마지막에 시제의 '호' 자를 점제하여 앞의 '청초'가 비로소 근거 없는 것이 되지 않는다. 이는 시율의 섬세함을 보여준다"라고 하였다. 고신의 주에서 "호수의 기러기가 쌍으로 날아오르는데 아마도 내가 남쪽으로 가기에 고의로 북쪽으로 날아가는 것을 사람에게 보여주는 것이리라. 이는 남행이 본래 원한 바가 아님을 보여준다"라고 하였다.(上四, 宿湖之事. 下四, 對景言情. 南有青草, 北爲洞庭, 一湖兩名, 故曰續爲名. 孤舟防盜, 故須宿依農畔. 水程夜泊, 故聞驛報更籌. 倚薄曰爭, 見寒冰交侵而競迫. 微明曰遞, 見雲月迭掩而迭開. 黃生注, 末點湖字, 前面青草, 方不落空, 此見詩律之細. 顧注, 湖雁雙飛而起, 豈爲我之南征, 故意以北征示人耶. 見南行非本願矣.)

《독두심해》: 1, 2구는 위치를 점제한 것이고 3, 4구는 묵는다는 사실을 점제한 것이다. '의농사'라는 것은 의지하여 정박한 곳이 마침 농장 옆이라는 것이고, '보수정'이라는 것은 시각을 알리는 소리가 때에 맞춰 수로의 역참에 이르렀다는 것이다. 결련에 대해 고신은 "호수의 기러기가 아마도 내가 남쪽으로 가기에 고의로 북쪽으로 날아가는 것을 사람에게 보여주는 것이리라. 이는 남행이 본래 원한 바가 아님을 보여준다"라고 하였다.(一二, 點地. 三四, 點宿. 依農事者, 依泊之處, 適傍農莊. 報水程者, 報更之聲, 時到水驛也. 結聯, 顧宸云, 湖雁豈爲我南征, 故意以北征示人耶. 見南行非本願矣.)

(**임도현**)

62. 宿白沙驛

백사역에서 묵다

水宿仍餘照[1] 人烟復此亭[2] 驛邊沙舊白[3] 湖外草新青[4]
萬象皆春氣 孤槎自客星[5] 隨波無限月[6] 的的近南溟[7]

물에서 묵는데 또 남은 석양빛 비치고
인가의 연기가 다시 이 역정에 자욱하다.
역 주변 모래는 예부터 희고
호수 밖 풀은 새로 푸르다.
삼라만상은 모두 봄기운
외로운 배는 절로 나그네 별.
물결 따르는 다함없는 달이
밝디밝게 남해로 다가간다.

대력 4년 이른 봄 형악 쪽으로 갈 때 지은 것이다. 백사역은 역참 이름이다. 배를 정박하고 보니 청초호青草湖에서 묵을 때와 마찬가지로 석양의 시점이고 인가가 있는 곳이다. 역 이름처럼 역 주위에는 흰 모래사장이 있고, 청초호에서 가까운 곳이다 보니 푸른 풀이 보인다. 전반부에서 역 주위의 경물을 묘사한 뒤 후반부에서는 자신의 감개를 읊었다. 삼라만상이 모두 봄기운을 받아 생동하는데 두보 자신은 외로운 배 한 척으로 객성처럼 떠돌다가 이제는 달빛이 비치는 물결을 따라 남으로 가야 한다. 원주에 "막 청초호를 5리 지났다.(初過湖五里.)"라고 하였다.

《보주두시》 시에서 "호수 밖 풀은 새로 푸르다"라고 하였고, 또 "삼라만상은 모두 봄기운"이라고 하였으니 의당 대력 4년 봄 호남에 갈 때 여기를 경유한 것이다.(詩云, 湖外草新青, 又云, 萬象皆春氣, 當是大曆四年春赴湖南時經此.)

《두시상주》 왕수의 주에는 "막 청초호를 5리 지났다"라고 하였다. 고신의 주에는 "《상중기》에 의하면, 상천은 맑아서 5, 6장 아래로 바닥이 보이고, 돌은 저포같이 생겼고 오색이 선명하며, 흰 모래는 서리와 눈 같고 붉은 벼랑은 아침노을 같다"라고 하였다.(洙曰, 初過湖五里. 顧注, 湘中記, 湘川清照, 五六丈下見底, 石如樗蒲, 五色鮮明, 白沙如霜雪, 赤崖如朝霞.)

《두공부시집집주》 살펴보건대 《상중기》에서 "흰 모래가 서리와 눈과 같다"라고 하였는데, 역은 혹 이 때문에 이렇게 이름을 지었을 것이다.(按, 湘中記, 白沙如霜雪, 驛或以此名.)

주 석

1 餘照(여조) – 남은 석양빛.

2 亭(정) – 역정驛亭. 백사역을 말한다.

3 沙舊白(사구백) – 모래가 오래전부터 희다. 모래가 옛날처럼 희다. 《두공부초당시전》 《상수기(상중기의 잘못)》에서 "상수는 지극히 맑아 깊이가 5, 6장인데 바닥이 또렷하게 보인다. …… 흰 모래가 눈과 같다"라고 하였다.(湘水記, 湘水至淸, 深五六丈, 見底了然. …… 白沙如雪.)

4 湖(호) – 청초호를 가리킨다. 이 구는 백사역이 청초호를 막 벗어난 지역에 있는데 청초호처럼 풀이 푸르다는 뜻이다.

[驛邊 2구]

《두억》 역이 청초호 가까이에 있다. 3구와 4구는 역 이름과 호수 이름을 녹여서 썼으니, 묘하다.(驛近青草湖, 三四將驛名湖名化用, 妙.)

5 孤槎(고사) – 외로운 배. '사'는 뗏목이지만 여기서는 배를 대칭한다. 客星(객성) – 하늘에 새로 나타난 별, 또는 갑자기 나타났다 사라지는 별을 뜻한다. 여기서는 정착하지 못하고 떠돌아다니는 두보 자신을 비유한다. '사'와 '객성'이 한 구절에 동시에 나오는 것으로 보아 《박물지》에 나오는 견우를 만난 사람의 이야기에 나온 어휘를 이용한 것으로 보인다. 두보가 한때 황제의 근신이었다는 사실과 관련지어 본다면 '객성'을 후한 엄광嚴光의 고사에서 유래한 것으로 볼 수도 있다.

장화張華 《박물지博物志》 옛말에 은하는 바다와 통한다고 하였다. 근세에 어떤 사람이 바닷가에 살았는데 매년 8월에 뗏목이 때를 어기지 않고 오가는 것을 보고는 호기심이 있어 뗏목 위에 높은 누각을 짓고 양식을 잔뜩 싣고는 뗏목을 타고 갔다. 10여 일 동안에는 해와 달, 별들을 볼 수 있었으나 그 후로는 아득하고 흐릿하여 또한 밤인지 낮인지도 알 수 없었다. 10여 일쯤 가서 홀연 어떤 곳에 이르자 성곽의 형상이 보였는데 집들이 매우 정연하였다. 멀리서 바라보니 궁 안에 베를 짜는 아낙들이 많이 있었으며, 한 사나이를 만났는데 소를 끌고 물가에서 물을 먹이고 있었다. 소를 끌던 사람이 놀라 묻기를, "어떻게 여기에 오셨습니까?"라고 하였다. 그 사람은 자기가 오게 된 의도를 갖추어 말하고는 아울러 "여기는 어딥니까?"라고 물었더니 대답하기를, "그대는 돌아가 촉군에 가서 엄군평을 찾아가면 알게 될 것입니다"라고 하였다. 그 사람은 결국 강둑에 오르지 않았고, 그대로 돌아오니 그 기한대로였다. 후일 촉군에 가서 군평에게 물어보니, "모년 모월 모일에 객성이 견우성牽牛星을 범한 적이 있었소"라고 하였다. 그 시기를 헤아려보니 바로 이 사람이 은하에 이르렀을 때였다.(舊說云, 天河與海通. 近世有人居海濱者, 年年八月有浮槎去來不失期, 人有奇志, 立飛閣於槎上, 多齎糧, 乘槎而去. 十餘日中, 猶觀星月日辰, 自後茫茫忽忽, 亦不覺晝夜. 去十餘日, 奄至一處, 有城郭狀, 居舍甚嚴. 遙望宮中多織婦, 見一丈夫牽牛渚次飮之. 牽牛人乃驚問曰, 何由至此. 此人具說來意, 幷問, 此是何處. 答曰, 君還至蜀郡訪嚴君平則知之. 竟不上岸, 因還如期. 後至蜀, 問君平, 曰, 某年月日有客星犯牽牛宿. 計年月, 正是此人到天河時也.)

《후한서·엄광전嚴光傳》 (광무제가 엄광과) 함께 누워 자는데 엄광이 발을 황제의 배 위에 올렸다. 다음 날 태사가 상주하기를 객성이 제왕의 별자리를 아주 가까이 범하였다고 하니, 황제가 웃으면서 "짐의 친구인 엄자릉이 함께 잤을 뿐이다"라고 하였다.(共偃臥, 光以足加帝腹上, 明日太史奏, 客星犯御座甚急. 帝笑曰, 朕故人嚴子陵共臥耳.)

《두시택풍당비해》 택당澤堂 설 이 외로운 배 자체가 객성임을 말한다.(言此孤舟自是星客('客星'의 잘못)也.)

6 月(월) – 어떤 판본에는 '景'으로 되어 있고 어떤 판본에는 '好'로 되어 있다.

7 的的(적적) – 밝게 빛나는 모습. 南溟(남명) – 남해.

《구가집주두시》 조차공 주 '적적'은 달빛이 또렷한 것이다.(的的者, 月色之明的也.)

《두시경전》 '적적'에는 놀라며 알아보았다는 의미가 들어 있다. '밝게 빛나다'라는 뜻만 말하는 게 아니다.(的的有驚認意, 非止言的皪.)

《두억》 '남명'은 천지이다. 이 어휘는 《장자》의 우언으로 가상의 이야기에 쓰인 것인데, 여기서는 실제 지명으로 썼으니 묘한 점이 '적적' 두 자에 있다. 이 또한 옛것을 사용하는 방법 중 하나이다.(南溟, 天池也. 莊子寓言, 虛語而實用之, 妙在的的二字. 此亦用古之一法.)

[萬象 4구]

《두율계몽》 5구는 시상이 앞 연의 둘째 구(4구)와 이어지고, 6구는 7, 8구의 시상을 일으킨다.(五句頂次句, 六句起七八.)

#《두시상주》: 전반 4구는 백사역의 경물이고 후반 4구는 역에서 자면서 느낀 것이다. 황생의 주에서 "'잉'이라고 하고 '부'라고 하여 물길 여정이 하루에 그친 것이 아님을 보여준다. 3, 4구는 경물을 말하면서 장소로 때를 보여주고 5, 6구는 경물을 말하면서 외물을 빌려 자신을 그리니, 교묘한 수법을 아울러 갖추었다. 앞의 (〈숙청초호宿青草湖〉) 시는 먼저 지점을 보여주고 뒤에 (시제의) '숙' 자의 뜻을 드러내었는데, 이 시는 그와 반대로 하였으니, 이는 장법을 변화시킨 것이다"라고 하였다. 물이 낙조를 머금고 역정驛亭에 저녁 연기가 이니, 이는 해가 지려고 할 때의 모습이다. '백사'는 역 이름이고 '청초'는 호수 이름이다. 쪼개어 사용하였는데, 도치하여 운을 맞추었을 뿐이다. 조방의 주에서 "'개춘기'라 하여 만물이 각각 생기가 있음을 보여주고, '자객성'이라 하여 자기 홀로 떠돎을 보여준다. 살펴보건대 이 두 구는 바로 '한 번 나아가고 한 번 물러나는 방식'이다"라고 하였다. 누약은 "'적적'은 밝게 드러나는 모습이니, 달의 밝은 빛을 이용하여 남명에 가겠다는 것을 말한다"라고 하였다.(上四, 白沙驛景. 下四, 宿驛有感. 黃生注, 曰仍, 曰復, 見水程非止一日. 三四卽景, 因地見時. 五六卽景, 借物形己, 巧法兼備. 前詩先見地, 後點宿字. 此詩反之, 是章法變化處. 水含殘照, 亭起夕烟, 此將晩之候. 白沙, 驛名. 靑草, 湖名. 拆開用之, 倒裝以協韻耳. 趙汸注, 皆春氣, 見各有生意. 自客星, 見己獨飄零. 按, 二句乃一進一退格. 樓鑰云, 的的, 昭著貌, 謂乘月之明以到南溟也.)

《독두심해》: 1, 2구는 자려고 할 때의 주위 상황을 드러내었다. 3, 4구는 지명을 쪼개어 드러내었다. '모래가 옛날 그대로 희다'는 사실로 '풀이 새로 푸른' 것을 형용하였으니, 봄기운이 이미 나타났다는 것이다.

5, 6구에서는 만물이 봄기운을 얻어 그 모습을 드러내었음을 보고 자신만 나그네 신세가 되어 유독 외로운 것에 감개하고 있다. 마지막 연 또한 슬프다. 황생은 "앞의 시는 먼저 지점을 보여주고 뒤에 '묵었다'는 사실을 드러내었는데, 이 시는 이와 반대로 하였으니, 이는 장법을 변화시킨 것이다"라고 하였다. 내가 살펴보건대 앞 시에서는 기러기가 고의로 북으로 간다고 여겨서 자신이 남으로 가는 것을 마음 아파하였는데, 이 시는 또 달이 남해로 다가간다고 여겨서 자신이 북에서 멀어지는 것을 마음 아파하였으니, 이 또한 변화시키는 작법이다. '적적' 자는 '밝다'와 '확실하다' 두 가지 뜻을 담고 있어서 마음이 혼미한 상태에서 깨어난 것 같은 느낌이 있으니, 아마도 이때에 이르러 다시 돌아올 리가 없음을 비로소 깨달았기 때문이다.(一二, 點宿之候, 三四, 坼點地名. 以沙舊白形起草新靑, 春意已逗矣. 五六, 卽物之得春呈象, 慨己之作客偏孤. 結又悄然. 黃生云, 前詩先見地, 後點宿. 此詩反之, 是章法變化處. 愚按, 前詩以雁故北征, 傷己之向南, 此詩又以月近南溟, 傷己之遠北, 亦變化法也. 的的字, 含的爍的確兩意, 有若從迷而得醒者, 蓋至是始悟無還理也.)

《두시설》: 유신의 〈애강남부〉에 "배가 가는 길이 막혔는데, 은하수는 뗏목 타고 올라갈 수 있는 데가 아니다"라는 말이 있다. '잉'이라고 하고 '부'라고 하여 물길 여정이 하루에 그친 것이 아님을 보여준다. 결련의 '무한호'는 바로 이 말과 호응한다. 3, 4구는 경물을 말하면서 장소와 때를 보여주고 5, 6구는 경물을 말하면서 일과 뜻을 보여주니, 교묘한 수법을 아울러 갖추었다. 마른나무로 배를 만들었기에 봄기운을 입지 않았다고 하여 하늘의 은택이 자신에게 베풀어지지 않음을 비유하였다. 7, 8구는 바로 '고사' 구를 이어받으면서 몰래 유신이 부에서 사용한 말을 뒤집어 사용했다. 그러나 이 또한 억지로 자신을 위로하는 말이다. 앞의 (〈숙청초호宿靑草湖〉) 시는 먼저 지점을 보여주고 뒤에 (시제의) '숙' 자의 뜻을 드러내었는데, 이 시는 그와 반대로 하였으니, 이는 장법을 변화시킨 것이다.(庾信哀江南賦, 舟楫路窮, 星漢非乘槎可上. 曰仍, 曰復, 見水程非止一日. 結無限好, 正應此. 三四卽景, 見地見時. 五六卽景, 見事見意, 巧法兼備. 枯木爲槎, 故不被春氣, 喩天澤之不己沾也. 七八, 卽承孤槎句, 暗反庾賦語, 然亦勉强自寬之詞. 前詩先見地, 後點宿字. 此詩反之, 是章法變化處.)

(이영주)

63. 湘夫人祠
상부인 사당

肅肅湘妃廟[1]　空牆碧水春[2]　蟲書玉佩蘚[3]　燕舞翠帷塵
晩泊登汀樹[4]　微馨借渚蘋[5]　蒼梧恨不盡[6]　染淚在叢筠[7]

숙연한 상비의 사당은
텅 빈 담에 푸른 물이 봄빛이다.
벌레는 옥패의 이끼에 글을 쓰고
제비는 푸른 휘장 먼지에서 춤춘다.
저녁에 배를 대고 나무 있는 물가에 올라
작은 제물 향으로 물가 마름을 빌리는데,
창오에 한이 다하지 않아
눈물 얼룩이 무더기로 난 대나무에 남아 있다.

이 시는 대력 4년 봄 상음현湘陰縣에 있는 상부인의 사당에 들러 지은 것이다. 시에서는 사당 안팎의 황량한 모습을 묘사하고 상부인을 추모하는 마음을 써내었다. 결련에서는 상비가 지아비 순임금을 만나지 못한 한이 아직도 대나무 눈물 자국에 남아 있다는 말로 임금을 그리는 자신의 마음을 담아내었다. '상부인'은 순임금의 두 아내 아황娥皇과 여영女英이 상수湘水에서 익사하여 그곳의 수신水神으로 모셔진 뒤에 붙여진 이름이다. 상부인의 사당은 상음현 경내의 황릉산黃陵山 부근에 있었고 백사역白沙驛과는 거리가 멀지 않았다.

《보주두시》 살펴보건대 《구역지》에 의하면 두 비의 사당은 전주에 있었다. 그런데 전주는 당대에는 영주였다. 그래서 지금 전주에 영릉군 고성이 있다. 또 관양현도 옛날에 영주에 속하였다. 공은 악주에서 담주로 갔으므로 배가 이곳에 나갈 수는 없었으니 마땅히 따로 사당이 동정의 상류에 있었을 것이다. 《산해경》에 이르기를 "동정의 산에는 제의 두 딸이 거하였다"라고 하였으니 의당 사당이 있어야 한다. 시에서 "저녁에 배를 대고 나무 있는 물가에 올라 작은 제물 향으로 물가 마름을 빌린다"라고 하였고 다음 편 〈사남석망〉 시에서 "백 장의 밧줄로 강 빛을 끌면서 해 저무는 때 외로운 배 띄웠다"라고 하였는데 모두 배가 지난 곳을 말하고 있으니 사당이 동정의 상류, 장사의 아래에 있었다는 것은 의심할 것이 없다. …… 이 시는 마땅히 대력 4년 봄에 지은 것이다.(按, 九域志, 二妃廟在全州, 而全在唐爲永州, 故今全有零陵郡古城. 又灌陽縣舊屬永, 公自岳之潭, 不應舟出此, 當是別有祠, 在洞庭之上流. 山海經云, 洞庭之山, 帝之二女居之, 宜有祠也. 詩云, 晩泊登汀樹, 微馨借渚蘋. 後篇祠南夕望云, 百丈牽江色, 孤舟汎日斜. 皆謂舟之所經, 則祠在洞庭之上長沙之下無疑. …… 此詩當是大曆四年春作.)

《두시상주》 황학의 주에 "이는 대력 4년 봄에 지었다"라고 하였다. 사당은 장사부 상음현에 있었다. 《산해경》에서 "동정의 산에는 제의 두 딸이 거하였다"라고 하였다. 《예기·단궁》에서 "순이 창오의 들에 묻혔는데 세 비가 미처 그를 따라가지 못하였다"라고 하였고, 진호의 주에 "순의 첫째 비는 아황이고 둘째 비는 여영이고 셋째 비는 계비이다"라고 하였다. 요와의 관계로 말하면 모두 제의 딸이라고 하고 순과의 관계로 말하면 모두 비라고 한다. 상군 상부인이라고 말하는 것은 후인들이 상수와의 관계로부터 착상한 것으로 물의 신으로 그들을 높인 것이다. 《수경주》에 "태호의 물은 서쪽으로 흘러 두 비의 사당 남쪽을 지나는데 사람들은 그것을 황릉묘라고 한다. 위대한 순이 승하하자 두 비가 좇아서 갔다가 상강에 빠져 죽었고, 그 혼은 동정의 호수에 노닐고 소상의 포구에 출입하니 백성들이 그들을 위하여 물가에 사당을 세웠다"라고 하였다.(鶴注, 此大曆四年春作, 祠在長沙府湘陰縣. 山海經, 洞庭之山, 帝之二女居之. 檀弓, 舜葬於蒼梧之野, 三妃未之從也. 陳澔注, 舜長妃娥皇, 次妃女英, 三妃癸比. 從堯而言, 皆謂帝子, 從舜而言, 皆謂之妃. 其曰湘君湘夫人者, 後人從湘起見, 以水神尊之. 水經注, 太湖水西流, 逕二妃廟南, 世謂之黃陵廟. 大舜之陟方也, 二妃從征, 溺於湘江, 神遊洞庭之淵, 出入瀟湘之浦, 民爲立祠水側焉.)

주 석

1 肅肅(숙숙) – 엄숙한 모양. 湘妃廟(상비묘) – 상비를 모신 사당. '상비'는 순임금의 두 아내 아황과 여영을 말한다.

2 空牆(공장) – 텅 빈 담. 담장 안 사당이 텅 비었다는 말이다. 碧水春(벽수춘) – 푸른 강물에 봄빛이 감돈다.

3 蟲書(충서) – 벌레가 글자를 쓰다. 이와 달리 서체의 하나로 보는 견해도 있다. 玉佩蘚(옥패선) – 옥패에 낀 이끼. 이 구는 벌레가 옥패에 낀 이끼 위를 기어다니거나 이끼를 먹어 남긴 흔적이 마치 글자를 쓴 것 같다는 말이다.

《두시상주》 '충서'는 벌레가 먹은 것이 글자의 서체와 같은 것이다. (서진西晉) 위항의 〈사체서세四體書勢〉에 "넷째는 충서이다"라고 하였다.(蟲書, 蟲蝕如字書. 衛恒, 書勢, 四曰蟲書.)

[蟲書 2구]

《두시상주》 이 시의 '충서'·'연무' 2구는 다만 사당 가운데의 경물을 그려내었을 뿐인데 절로 장중함과 우아함이 드러났다.(此詩蟲書燕舞二句, 只摹寫祠中景物, 自見莊雅.)

4 登汀樹(등정수) – 나무가 있는 물가로 오르다. '정'은 물이 평평하다는 뜻으로 물가나 섬의 평평한 곳을 가리킨다.

5 微馨(미형) 구 – '형'은 제물의 향기를 의미하며, 자신이 바치는 제물이므로 '미형'이라 한 것이다. 이 구는 상부인 사당에 바칠 제물로 마름을 딴다는 말이다. 향로에 향을 태우는 연기가 없음을 보여주는 것이라는 견해도 있다. '馨借'는 '香惜'으로 된 판본도 있다.

《두억》 '미형' 구는 향로에 연기가 없음을 보여준다.(微馨借渚蘋, 見香爐無煙矣.)

6 蒼梧(창오) – 순임금이 죽어 묻힌 곳.

7 叢筠(총균) – 무더기로 자란 대나무. 이 구는 순임금의 두 아내가 흘린 눈물 자국이 남아 있다는 반죽斑竹이 아직도 자라고 있음을 말한다.

[蒼梧 2구]

《두시상주》에 인용된 《박물지博物志》 순임금이 남순하여 창오에서 붕어하였고, 두 비의 눈물이 흘러내려서 대나무를 물들여 얼룩을 만들었다.(舜南巡, 崩於蒼梧, 二妃淚下, 染竹成斑.)

《두시경전》 결련은 또한 임금을 생각하는 마음을 담았다.(結亦寓思君意.)

#《두시상주》: 위 4구는 사당 가운데의 풍경으로 그 처량함을 기록하였다. 아래 4구는 사당 밖의 풍경으로 그 감개를 말한 것이다. 첫 구는 시제 '사'를 드러낸 것이고 다음 구는 때를 기록한 것이다. 마름과 나무, 얼룩진 대나무는 모두 사당을 나온 뒤 눈에 보여 거기서 배회한 것이다. 《두억》에 "신하가 임금을 바라보는 것은 아내가 남편을 바라보는 것 못지않으니, 창오의 한은 부인 때문에 발한 것이 아니다"라고 하였다.(上四, 祠中之景, 記其淒涼. 下四, 祠外之景, 致其感慨. 首句點祠, 次句記時. 蘋樹斑筠, 皆出祠後所觸目而徘徊者. 杜臆, 臣望君, 不減妻望夫, 蒼梧之恨, 不爲夫人發也.)

《두시설》: 이는 근체시 가운데의 〈구가〉이다. 결말에서 부부로 군신을 비유하였으니 뜻이 쉽게 드러난다. 봄철인데 겨우 빈 담장과 푸른 물뿐이니 그 황량한 모습을 상상할 수 있다. 3, 4구는 다시 제2구의 말을 그려내었는데 경치는 비록 황량하나 말은 도리어 농려하다. 5구는 일을 쓴 것으로 실에 해당하고 6구는 뜻을 쓴 것으로 허에 해당한다. '미형'은 '서직형향(제물로 바치는 조와 기장이 향기로운 것이 아니라 밝은 덕이 향내 나는 것이다)'의 전고를 썼고 '저빈'은 '빈번가천(마름과 쑥도 제물로 바칠 수 있다)'의 전고를 썼다. '바친다'라고 말하지 않고 '빌린다'라고 말하여 자신이 제물을 바치고자 하는 정성을 표현했을 뿐이다. 결말은 거꾸로 서술하였으니, 얼룩진 눈물 자국이 무더기로 자란 대나무에 남아 있음으로 인하여 창오의 원망이 얕지 않음을 알았다는 것이다. 창오에 무엇을 한스러워하는가? 순임금을 따르지 못한 것을 한스러워한 것이다. 본색을 사용하여 시상을 거두어들였는데 작가가 자신을 비유하는 뜻이 저절로 드러났다. 처음 '숙숙' 두 자는 바로 사람으로 하여금 엄숙하게 공경심을 일으키게 한다. 이군옥의 (〈황릉묘黃陵廟〉의) "두 여인이 울며 화장한다"와 "구의산이 먹으로 그린 눈썹 같다"라는 시어가 문사의 경박한 말투를 벗어나지 못하여 신에 대한 모독이 심한 것과 비교하면 공의 시는 초사에서 발원하여 파란이 광활한 까닭에 절로 노성하다. 그 자취가 삼당을 바탕으로 하고 있음은 바로 이 두 자에서 볼 수가 있다. 어찌 하나의 결말이 함의가 심후하기를 기다린 연후에 백 척 누각 위에 높이 올라앉겠는가? 제4구는 순임금의 일이었기 때문에 직접 《서·순전舜典》의 '백수솔무(온갖 짐승이 함께 춤추다)' 글자를 취하여 구에 집어넣었거니와, '벌레가 나뭇잎을 갉아먹어 글자를 만들었다(蟲食樹葉成文字)'는 고사 역시 《한서·수량하후경익리전眭兩夏侯京翼李傳》에서 나왔으니 대구 역시 구차하지 않다. 이 시를 자세히 읽어보면 바로 〈우묘〉 율시와 나란히 놓을 수 있다.(此近體中之九歌也. 結以夫婦喻君臣, 意

易見. 春時僅空墻碧水, 其荒涼之狀可想矣. 三四再寫二語. 景雖荒涼, 語轉濃麗. 五事實, 六意虛. 微馨, 用黍稷馨香. 渚蘋, 用蘋蘩可薦. 不曰薦而曰借, 表己欲薦之誠而已. 結倒敍, 因染淚在叢筠, 故知蒼梧恨不淺, 蒼梧何恨. 恨不得從舜也. 用本色作收, 而作者自喩之旨自見. 開口肅肅二字, 卽令人凜然起敬. 較李群玉之二女啼妝, 九疑如黛, 不離文士輕薄口角, 瀆神甚矣. 公詩發源于楚辭, 波闊故自老成. 其迹藉三唐, 卽此二字可見, 豈待一結含蘊深厚, 然後高踞百尺樓上哉. 四因舜事, 直取虞書百獸率舞字入句, 蟲書葉成字事, 亦出漢書, 對亦不苟. 細讀此詩, 正可方駕禹廟一律也.)

《독두심해》: 위 4구에 대하여 황생은 "본래 황량함에 속하나 말은 도리어 농려하다"라고 하였다. 아래 4구는 하나의 기운으로 번갈아 나왔다. 이번에 와서 사당에 올라 참배하는데 따로 좋은 물건은 없으니 물가 마름을 빌려 제물의 향으로 올리겠다는 말이다. 대체로 상비의 한은 나의 한과 같은 것이니, 《두억》에서 말한 "신하가 임금을 바라보는 것은 아내가 남편을 바라보는 것에 못지않다"라는 것이 이것이다.(上四, 黃生謂, 本屬荒涼, 語轉濃麗也. 下四, 一氣遞出, 言此來登謁, 別無長物, 惟借渚蘋薦馨. 蓋妃之恨, 猶我之恨. 杜臆所云臣望君, 不減妻望夫, 是也.)

(**이석형**)

64. 祠南夕望
사당 남쪽에서 저물녘 바라보다

百丈牽江色[1] 孤舟泛日斜 興來猶杖屨[2] 目斷更雲沙[3]
山鬼迷春竹[4] 湘娥倚暮花[5] 湖南清絕地[6] 萬古一長嗟[7]

백장 밧줄로 강의 물빛 당기며
외로운 배를 저물녘에 띄웠노라.
흥이 일어 또 지팡이 짚고 신발을 신었건만
눈길 끝나는 곳에 다시 구름과 모래로구나.
산신은 봄 대숲에 가려 어른거리고
상비는 저물녘 꽃에 기대어 있구나.
호남의 지극히 맑은 땅이여
만고 세월에 함께 길게 탄식한다네.

이 시는 대력 4년 봄에 지었다. 악양을 출발하여 담주로 가는 노정에서 처음 상음현湘陰縣에 들어왔을 때 두보는 먼저 상부인을 모신 사당을 배알하며 〈상부인사湘夫人祠〉를 지었고, 이튿날 저녁 배가 사당 남쪽에 이르렀을 즈음 강기슭에 올라 사당 쪽을 바라보며 이 시를 지었다. 호남의 맑고 그윽한 풍경에 아름답고 슬픈 여신에 대한 상상이 더해져 청신하고 미려한 시가 되었다.

《보주두시》 앞의 시(〈상부인사湘夫人祠〉)와 같은 때(대력 4년)에 지은 것이다.(與前篇同一時作.)

《두시상주》 공은 상부인의 사당을 배알하고 다음 날 저녁 사당 남쪽에서 고개를 돌려 멀리 바라보았다.(公旣謁湘夫人祠, 次夕在祠南回望也.)

주 석

1 百丈(백장) – 대나무를 얇게 쪼개서 꼬아 만든 밧줄로, 배를 끌어당기는 데 쓴다.

《두시상주》 배가 상류로 거슬러 올라가니 대나무 밧줄 백장을 쓴다.(舟行上水, 故用百丈竹索.)

2 杖屨(장구) – 지팡이와 신발. 여기서는 지팡이를 짚고 걷는다는 뜻이다.

3 目斷(목단) – 눈길이 끝나는 곳까지 멀리 바라보다.

4 山鬼(산귀) – 산중의 여신. 굴원의 초사 〈산귀山鬼〉에 나오는 산중의 여신을 가리킨다. 迷(미) – 어른거리다. 보일 듯 말 듯 하다.

《두시상주》 〈구가九歌·산귀山鬼〉 글에 "나는 깊은 대숲에 살아 종일 하늘을 보지 못하네"라는 말이 있다. '미'는 (대숲에) 가려서 희미하다는 뜻이다.(楚辭山鬼, 余處幽篁兮, 終不見天. 迷, 遮迷也.)

5 湘娥(상아) – 상수의 여신 상비湘妃.

《두시상주》 곽박의 〈강부〉에 "상비와 정기가 화합한다"라는 말이 있다. '상아'는 바로 굴원이 말한 상비이다.(郭璞江賦, 協靈爽於湘娥. 湘娥, 卽屈平所謂湘妃也.)

6 湖南(호남) – 동정호 이남 지역을 가리킨다. 淸絶(청절) – 지극히 맑다. 지극히 아름답다.

7 萬古(만고) – 만고 세월. 기나긴 세월. 一(일) – 함께. 嗟(차) – 탄식하다. 이 구절은 만고의 긴 세월 동안 수많은 사람들이 함께 탄식했다는 말이다. 만고의 세월을 격하여 굴원과 두보가 함께 탄식함을 말한

것으로 보기도 한다.

#《두시상주》: 위 4구는 상부인 사당을 저물녘에 바라본 것이요, 아래 4구는 바라보는 중에 생긴 마음이다. 햇살 기우는 저물녘 배를 띄워 지나온 길이 이미 멀어졌기에, 지팡이를 짚고 신을 신고 강기슭을 오르니 여전히 어제 일 같다. 그런데 눈길 닿는 데까지 멀리 상부인 사당을 바라보아도 아득히 구름과 모래 너머로 떨어져 있다. 그래서 꽃과 대나무 그윽하고 어둑한 그곳을 회상하니 옛사람 생각에 쓸쓸함이 배가될 뿐이다. 장연이 말하기를 "이처럼 지극히 맑은 땅이 그저 유배가는 관리와 떠도는 나그네가 지나는 곳이 되었으니 이것이 만고의 세월에 걸쳐 사람들이 함께 탄식한 이유인 것이다. 결어는 지극히 함축적이다"라고 하였다.(上四日夕望祠, 下四望中之情. 舟泛日斜, 來途已遠, 故杖屨登岸, 猶如昨日, 而目斷湘祠, 渺隔雲沙矣. 回想花竹幽冥, 倍覺弔古淒涼耳. 張綖曰, 如此淸絶之地, 徒爲遷客羈人之所歷, 此萬古所以同嗟也. 結語極有含蓄.)

《두시상주》에 인용된 황생 주: 이 작품은 근체시 중의 〈조굴원부〉인데, 결어에서 또한 자신을 말하였다. 저물녘 사당을 바라보니 '산귀'와 '상아'가 있는 듯한 것이 마치 굴원이 읊었던 것을 보는 듯하다. 이로 인하여 탄식하기를, 땅은 비록 지극히 맑지만 잠깐 사이에 정회가 일어 만고 세월 함께 길게 탄식한다고 한 것이다. 이것은 술잔을 빌려 가슴속에 쌓인 울분을 씻어낸 것이니, '산귀'와 '상아'가 바로 굴원이요, 굴원이 바로 두보 자신이다.(此近體中弔屈原賦也, 結亦自喩. 日夕望祠, 髣髴山鬼湘娥, 如見靈均所賦者. 因歎地雖淸絶, 而俯仰興懷, 萬古共一長嗟, 此借酒杯以澆塊磊. 山鬼湘娥, 卽屈原也. 屈原, 卽少陵也.)

《두억》: 담원춘이 말하기를 "자주 '산귀'와 '상아'를 활용하였는데, 모두 실제로 형체와 그림자, 소리와 울림이 있는 듯 말해서 진정 사람을 놀라게 한다"라고 했다. 종성은 "실재하는 일을 쓸 때 묘함은 환상적인 표현에 달려 있고, 환상의 일을 쓸 때 묘함은 실제적인 표현에 달려 있다"라고 했다. 나는 소인이 뜻을 얻고 바른 선비가 홀로 된 것을 비유한 것으로 생각한다.(譚云, 頻用山鬼湘娥, 皆說得實有形影聲響, 的的驚人. 鍾云, 使實事妙在幻, 使幻事妙在實. 余謂乃宵人得志貞士孤立之比.)

《독두심해》: 위 4구는 깔끔하게 제목의 일을 적고 있다. 아래 4구에 대해 황생은 굴원이 지은 것을 보는 듯하다고 했는데, 묘하게 은미한 만남이 있다. '산귀'와 '상아'는 모두 굴원이 지은 부의 우언인데, 지금 저물녘 지극히 맑은 땅을 바라는 중에 어렴풋이 만나게 되었다. 이날에 품은 감정은 당년에 기탁했던 흥이니 그래서 "만고 세월 속에 함께 길게 탄식한다"라고 말한 것이다. 이와 같은 만남이 아니라면 마지막 부분에서 바로 감흥이 사라지게 된다.(上四, 清還題事. 下四, 黃生謂如見靈均所賦, 妙有微會. 蓋山鬼湘娥, 皆屈賦寓言, 今於夕望清絕之餘, 恍然遇之. 此日之含情, 卽當年之託興, 故曰, 萬古一長嗟. 不如此會, 結便索然.)

(**김성곤**)

65. 上水遣懷

물을 거슬러 가며 시름을 풀다

我衰太平時[1] 身病戎馬後[2] 蹭蹬多拙爲[3] 安得不皓首[4]

驅馳四海內[5] 童稚日餬口[6] 但遇新少年[7] 少逢舊親友[8]

低頭下邑地[9] 故人知善誘[10] 後生血氣豪[11] 擧動見老醜[12]

窮迫挫曩懷[13] 常如中風走[14] 一紀出西蜀[15] 於今向南斗[16]

孤舟亂春華[17] 暮齒依蒲柳[18] 冥冥九疑葬[19] 聖者骨已朽[20]

蹉跎陶唐人[21] 鞭撻日月久[22] 中間屈賈輩[23] 讒毁竟自取[24]

鬱悒二悲魂[25] 蕭條猶在否[26] 崷崒淸湘石[27] 逆行雜林藪[28]

篙工密逞巧[29] 氣若酣杯酒[30] 歌謳互激越[31] 回斡明受授[32]

善知應觸類[33] 各藉穎脫手[34] 古來經濟才[35] 何事獨罕有[36]

蒼蒼衆色晚[37] 熊掛玄蛇吼[38] 黃羆在樹顚[39] 正爲群虎守[40]

羸骸將何適[41] 履險顔益厚[42] 庶與達者論[43] 呑聲混瑕垢[44]

나는 태평 시절에도 늙었고
몸은 전란 이후에 병도 들었네.
비틀거리며 졸렬한 행위 많으니
어찌 머리 세지 않을 수 있으랴.
사해 안을 치달리니
아이들은 날마다 입에 풀칠.
새 젊은이들만 마주치고
옛 친우는 거의 만나지 못하네.

고개 숙이고 고을 땅으로 내려가면
벗들은 잘 이끌어줄 줄 아는데,
후생은 혈기가 드세어서
거동이 늙고 추하게 보이리라.
쪼들려 지난날 포부는 꺾였고
늘 미치광이처럼 다녔다.
일기 만에 서촉을 나와서
이제 남두를 향한다.

외로운 배에 봄꽃이 어지럽고
만년에 수양버들에 기댄다.
아득히 구의산에 장사 지내서
성인은 뼈가 이미 썩었고,
세월 빨라 도당 사람이
해와 달 본 지가 오래구나.
그사이 굴원과 가의 무리는
참언과 훼방을 결국 자초하였지.
울적하구나, 두 슬픈 혼령은
쓸쓸히 아직도 있을까.

높고 험하구나, 맑은 상수의 바위
거슬러 가니 우거진 숲과 덤불.
사공은 몰래 재주를 자랑하여
기세가 술잔에 취한 듯.
노래 불러 서로 소리 격렬하고

빙글 돌리매 호응이 분명하다.
잘 알면 반드시 유추하여
각각 뛰어난 솜씨에 기댈 것인데,
예부터 경국제민 인재는
무슨 일로 유독 드문가.

어둑어둑 만물 빛이 저물어
곰은 매달리고 검은 뱀은 소리치고,
누런 큰곰은 나무 꼭대기에서
바로 범 떼를 기다린다.
여윈 형해는 장차 어디로 갈까
험지를 밟으니 얼굴 더욱 두껍다.
통달한 사람과만 논할 수 있으니
소리 삼켜 치욕 속에 섞이리라.

대력 4년 봄 동정호에서 담주로 가면서 지었다. 상수를 거슬러 올라가는 물길은 험하고, 가는 곳마다 벗은 없고 혈기 왕성한 젊은 이들이 늙고 추하다고 업신여긴다. 순임금이 묻힌 구의산이 아득히 있고, 세월은 물처럼 흘렀다. 이전에 여기서 굴원이 물에 몸을 던졌고, 가의가 유배생활을 하였다. 그들의 혼이 있는지 없는지 맑은 상수에는 바위가 험준하고 강 언덕에는 숲이 무성하다. 배를 모는 사공은 앞뒤에서 호응하며 노래하면서 거친 물길을 잘도 헤쳐나간다. 저런 솜씨를 확대하여 다른 일에도 적용할 수 있을 테지만 세상을 구제할 인재는 왜 적을까. 날이 저무니 맹수가 출몰한다. 이

파리한 몸은 어디로 가야 하나. 얼굴 두껍게 험한 곳을 밟으며 속세에 섞여 들어갈 수밖에.

《보주두시》 시에서 "일기 만에 서촉을 나와서 이제 남두를 향한다"라고 했으니 당연히 대력 4년 담주로 들어갈 때 지은 작품이다. 그러므로 "물을 거슬러 올라간다"라고 하였다. 살펴보건대 공은 천보 14년 겨울에 난을 피하여 장안을 떠나 관중關中과 농우隴右에서 촉으로 들어갔고, 대력 3년 봄에 이르러 협곡을 나갔다. 그래서 '일기'라고 하였지, 촉에서 일기를 지내고 비로소 나갔음을 말하는 것이 아니다. 조차공의 주에 공은 건원 2년에 촉에 들어간 이후로 대력 5년에 촉을 떠나 초 땅에 있기까지 꼭 12년이라고 여겼으나 전혀 그렇지 않다. 공이 대력 5년에 촉을 나간 것이 아니기 때문이다. 노은의《연보》에서는 오히려 대력 4년에 악주에서 담주로 들어갈 때 지었다고 여겼다.(詩云, 一紀出西蜀, 于今向南斗, 當是大曆四年入潭州時作, 故曰上水. 按, 公以天寶十四載冬, 避亂離長安, 自關隴入蜀, 至大曆三年春出峽, 故曰一紀, 非謂在蜀一紀而始出也. 趙注, 以爲公自乾元二年入蜀, 至大曆五年離蜀而在楚地, 恰十二年, 大非. 蓋公不是大曆五年出蜀. 魯訔年譜, 却以爲四年自岳入潭時作.)

《두시조차공선후해집교》(수정본) 이 시는 동정호에서 상강을 거슬러 담주로 간다는 내용이다. 어떻게 아는가? 시에 "높고 험하구나, 맑은 상수의 바위, 우거진 숲이 있는 곳을 거슬러간다"라고 하였으니 알 수 있다. 살펴보건대 상흠의《수경》에 "상강은 영릉 시안현 양해산에서 나온다"라고 하였고, 역도원의 주에서는 상수는 원수, 미수, 풍수와 함께 동정호로 흘러든다고 하였다. 이 시는 담주로 가는 것이므로 동정호에서 상강을 거슬러 올라간다. 거슬러 올라가는 때는 봄이다. 어떻게 아는가? 공의 근체시 〈배배사군등악양루陪裵使君登岳陽樓〉에서 "봄날 진흙에 온갖 풀이 돋는다"라고 하였으니 동정호에서 상수를 거슬러 올라가는 때는 바로 봄이다. 구본에는 이 〈상수견회〉 시 아래에 〈견우〉 시가 있어 "돛을 펴서 큰 파도를 몰아간다"라고 하였고, 또 "봄물은 남국에 가득하다"라고 하였다. 〈해우〉 시가 있어 소용돌이 여울 일을 말한바, 시절을 드러내는 말은 없지만 물을 거슬러 올라가야 소용돌이 여울이 있을 수 있다. 〈숙착석포〉 시가 있어 "중춘이라 강과 산이 아름답다"라고 하였고, 〈조행〉 시가 있어 "푸른 마름이 무성하지 않은 것은 아니다"라고 하였으니 또한 봄이라고 말할 수 있다. 〈과진구〉 시가 있어 "남악이 이로부터 가까우니 상강이 동쪽으로 깊이 흘러간다"라고 하였으니 장차 담주에 닿으면 남악이 가까워진다. 형산은 담주의 서남쪽에 있기 때문이다. 또 "봄 강은 구름 낀 봉우리에 넘친다"라고 하여 그때가 봄임을 분명히 말하였다. 〈차공령안〉 시가 있어 "푸른 봄은 오히려 사심이 없다"라고 하였고, 〈숙화석수〉 시가 있어 "서쪽 해 저물어가도 봄날은 덥다"라고 하였으며, 〈조발〉 시가 있어 "숲의 꽃 무성해 우러러 부끄럽다"라고 하였고, 〈차만주〉 시가 있어 "높은 모래 둑은 꽃 꺾기 편하다"라고 하였다. 이에 또 근체시로는 〈등백마담〉 이하로 〈쌍풍포〉 시가 그 다음이다. 그리고 비로소 〈망악〉이 그 다음이 된다. 담주에 이르면 형산이 나오는 모습이 보이기 때문이다. 따라서 모두 옛 편차를 따른다.(此洞庭湖上湘江往潭州也. 何以明之. 句云, 崷崒清湘石, 逆行雜林藪, 可見矣. 按, 桑欽水經, 湘江出零陵始安縣陽海山, 而酈道元注, 湘水與沅水微水澧水同注洞庭. 此則往潭州者, 自洞庭上湘江水矣. 其上水也, 是春時. 何以明之. 公陪裵使君登岳陽樓近體詩曰, 春泥百草生, 則自洞庭上湘水, 乃春時矣. 舊本於此上水遣懷詩下有遣遇云, 開帆駕洪濤, 又曰, 春水滿南國, 有解憂詩言盤灘事, 雖無時節之語, 而上水應有盤灘者矣. 有宿鑿石浦詩云, 仲春江山麗, 有早行詩云,

碧藻非不茂, 亦可以言春. 有過津口詩云, 南嶽自玆近, 湘流東逝深, 則將至潭州爲近南嶽, 蓋衡山在潭州之西南也. 又曰春江漲雲岑, 乃明言其春. 有次空靈岸詩云, 靑春猶無私, 有宿花石戍云, 春熱西日暮, 有早發詩云, 仰慚林花盛, 有次晩洲詩云, 危沙折花當. 於是却以近體詩登白馬潭而下, 至雙楓浦次之, 乃始次以望嶽. 蓋至潭州, 則見衡山出矣, 故皆從舊次.)

《두시상주》 양권도는 이 시가 대력 4년 악주에서 담주로 들어갈 때 지은 것이라고 하였다. 조자력의 《연보》에는 "악주에서 담주를 거쳐 형주로 가면 물을 거슬러 올라가고, 형주에서 담주로 돌아가면 물을 따라 내려간다"라고 하였다.(梁權道謂, 是大曆四年自岳入潭時作. 趙子櫟譜, 自岳之潭之衡爲上水, 自衡回潭爲下水.)

《두시천》 악주에서 담주로 가면 물 흐름을 거슬러 올라가므로 가는 길 내내 물길을 올라가니 배 운행이 매우 어렵다. 이하 몇 편과 함께 모두 배 운행의 험함을 묘사하였다.(由岳之潭, 溯洄而上, 一路上水, 舟行最艱. 合下數章, 皆寫舟行之險.)

《두보전집교주》에 인용된 왕호汪灝 설 악주에서 담주, 형주로 가는 길은 배를 끌어 물길을 올라가므로 무한히 지체되고 무한히 여유롭다. 길을 따라 간간이 놀면서 길을 따라 감개하니 따로 일종의 나그네 시름이 생긴다.(由岳至潭州衡州之程, 牽舟上水, 無限遲滯, 無限從容, 沿道間玩, 沿道感慨, 別有一種旅思.)

주 석

1 太平時(태평시) – 태평한 시절. 여기서는 천보天寶 이전, 즉 안사의 난이 일어나기 전의 시절을 가리킨다. 또 안사의 난이 평정된 이후로 보기도 하나 옳지 않다.

2 戎馬後(융마후) – 전란이 일어난 뒤. 여기서는 지덕至德 이후를 가리

킨다.

3 蹭蹬(층등) – 세력을 잃고 비틀거리다. 길이 험하여 걷기 힘들다. 拙爲(졸위) – 졸렬한 행위. 졸렬하여 생계를 잘 꾸리지 못함을 뜻하기도 한다. 이 구는 관직을 버리고 힘들게 살면서 졸렬한 행위를 많이 함을 말한다. 거꾸로 졸렬한 행위가 많아 비틀거린다고 볼 수도 있다.

《보주두시》에 인용된 왕수王洙 주 '층등'은 기세를 잃은 모습이다.(蹭蹬, 失勢貌.)

4 皓首(호수) – 머리가 세다.

[蹭蹬 2구]

《두시천》 생계가 또 졸렬하니 머리가 세지 않을 수 있겠는가.(謀生又拙, 能不皓首.)

[我衰 4구]

《두공부초당시전》 두보는 난리 중에 병을 얻었으며 난이 그치고 시절이 태평해지자 또한 나이가 들어 쇠약해졌음을 한탄하였다. 언행의 졸렬함이 충분히 보이니 그 세력을 잃고 비틀거리기가 이와 같았다.(甫恨於亂中得病, 及亂息時平, 年又衰老. 足見云爲乖拙, 其蹭蹬失勢如此也.)

5 驅馳(구치) – 달리다.

6 童稚(동치) – 아이들. 日(일) – 매일. 날마다. 餬口(호구) – 기식하다. 입에 풀칠하다.

《설문해자》 '호'는 기식이다.(餬, 寄食也.)

《구가집주두시》 조차공 주 온 집안이 길을 떠나 자식들이 겨우 죽만 먹음을 말한다.(言盡室征行, 諸子止食粥而已.)

7 新少年(신소년) – 신진 젊은이. 그 지역의 젊은 유력자를 말한다.

《두공부초당시전》 당권자가 모두 신진임을 말한다.(言當權者皆新

進也.)

8 少逢(소봉) – 만나지 않다. 또는 적게 만나다. 舊親友(구친우) – 오랜 벗.

#《두시상주》: 이 단락은 늙고 병들어 떠돌아다님을 아파하였으니, 속마음을 서술하는 데서부터 말을 시작하였다. '태평'은 천보 이전을 가리키고, '융마'는 지덕 이후를 가리킨다. '층등' 구는 좌천되어 막부로 들어갔음을 말하고, '동치' 구는 자식을 데리고 멀리 떠돎을 말한다. 《좌전》에 "사방을 떠돌며 입에 풀칠한다"라고 하였다.(此傷老病飄流, 從敍懷說起. 太平, 指天寶以前, 戎馬, 指至德以後. 蹭蹬, 謂貶官入幕, 童稚, 謂攜子遠遊. 左傳, 餬其口於四方.)

9 低頭(저두) – 고개를 숙이다. 공손하다. '頭'는 '顔'으로 된 판본도 있다. 下邑地(하읍지) – 고을 땅으로 내려가다. '邑'은 '色'으로 된 판본도 있다. '低顔下色地'는 '고개 숙이고 낮빛 낮추는 곳'이라는 뜻이다.

10 故人(고인) – 오랜 벗. 앞의 '구친우'를 말한다. 知(지) – 알다. 善誘(선유) – 잘 이끌다. 이 구는 벗들이 두보를 잘 이끌어줄 줄 안다는 뜻이다. 이와 달리 두보가 젊은이들을 잘 이끌어준다고 풀이하기도 한다. 또 벗들이 두보를 잘 이끌어주는 줄 두보가 안다고 풀이하기도 한다.

《구가집주두시》 조차공 주 '고인' 2자는 '구친우'를 다시 말한 것이다.(故人兩字, 申言舊親友者.)

《논어·자한子罕》 스승님은 차근차근 사람을 잘 이끌어주신다.(夫子循循然善誘人.)

[低頭 2구]

《두시조차공선후해집교》(수정본) 새 젊은이와 마주치면 매번 고개를 숙이고 낯빛을 낮추어 함부로 맞서지 않는데, 벗들 중에 이를 본 자는 또한 내가 잘 이끌어주기로 마음 먹었다고 알아줌을 말한다.(言遇新少年, 每低顔下色, 不敢介亢, 故人見之者, 亦知我以善誘爲心耳.)

장진張溍《독서당두공부시집주해讀書堂杜工部詩集注解》 '지선유'는 옛 벗들이 정성을 다해 차근차근 맞아들이니 후생들과는 반대로 그 정이 유독 두터움을 안다는 말이다.(知善誘, 言知故人能盡款曲循循延進, 與後生相反, 其情獨厚.)

11 後生(후생) – 젊은이. 신진. 앞의 '신소년'을 말한다. 豪(호) – 사납다. 거칠다. 씩씩하다.

12 擧動(거동) – 행동. 두보가 고개를 숙이고 다니는 행동거지를 말한다. 고개를 숙이고 젊은이들에게 함부로 대하지 않는 행동을 가리킨다는 설도 있다. 老醜(노추) – 늙고 추함. 늙고 추한 모습 또는 늙고 추한 사람.

[後生 2구]

《두시조차공선후해집교》(수정본) 또 '신소년'이 이와 같음을 말한다.(又以言新少年如此.)

[低頭 4구] 두보가 공손한 자세로 타향에 들어서면 벗들은 그 마음을 알아서 잘 이끌어준다. 반면 후생들은 두보의 이런 거동을 보고 노추라고 무시한다. 또 두보가 고개를 숙이고 타향에 들어서는 거동을 벗들은 두보가 후생을 잘 이끌어주는 것이라고 알아주지만, 후생은 오히려 노추라고 여겨 무시한다는 뜻으로 보기도 한다.

《두억》 빈한하여 나그네가 되어서 늘 스스로 고개를 숙이고 낯빛을 낮추니 오직 벗들은 내 마음을 알아서 잘 이끌어줄 수 있지만 후생 같으면 혈기가 사나워 이런 거동을 보고 거꾸로 노추라고 여겨 경시한다.(貧而作客, 恒自低顏下色, 唯故人能知吾心而善誘之. 若後生氣豪, 見此擧動, 反謂老醜而輕之矣.)

[但遇 6구]

《두시천》 하물며 신진들은 날로 나오고, 노성한 이들은 모두 사라지니 오직 고개를 숙이고 사람을 대할 뿐이다. 벗들의 경우는 내가 고생하는 때를 불쌍히 여겨 잘 이끌어주는 말이 있지만 저 후생 같으면 내게서 늙고 추함을 보고서 오히려 사람을 능멸하는 기세가 있다.(況新進日生, 老成都謝, 惟有低顔向人耳. 其在故人, 憐我困頓時, 有善誘之詞, 若彼後生, 見我老醜, 反有凌人之氣.)

13 窮迫(궁박) – 쪼들리다. 궁색하다. 挫(좌) – 꺾다. 꺾이다. 曩懷(낭회) – 지난날의 정회.

14 中風走(중풍주) – 중풍광주中風狂走. 미쳐 날뛰다. 행동거지가 방종하다.

[後生 4구]

《후한서·주부전朱浮傳》 주부가 편지로 그(팽총彭寵)를 질책하여 말하기를, "…… 백통(팽총의 자)만이 미쳐 날뛰며 스스로 태평 시절을 버리는구나"라고 하였다.(浮以書質責之曰, …… 而伯通獨中風狂走, 自捐盛時.)

《보주두시》 젊은이들은 몰라주며, 늙고 추하다고 깔보려고만 한다는 말이다.(言少年不相知, 但以老醜見欺而已.)

《보주두시》에 인용된 왕수 주 세태의 각박함을 아파하였다.(傷世態之薄也.)

《두시조차공선후해집교》(수정본) '좌낭회'라고 하였으니 그의 평소의 호기가 꺾인 것이고, '여중풍주'라고 하였으니 미치광이가 된 것이다.(挫曩懷, 則挫其平生之豪氣也, 如中風走, 則爲風狂之人矣.)

15 一紀(일기) – 12년. 세성歲星(목성)이 지구를 한 바퀴 도는 데 12년이 걸린다. 따라서 12년을 일기라고 한다.

《두시상주》 공이 건원 원년에 촉으로 들어간 이후 대력 3년에 협곡을 나오기까지 모두 11년이니 거의 일기에 가깝다.(公自乾元元年入蜀, 至大曆三年出峽, 凡十一年, 殆將近一紀也.)

16 於今(어금) – 이제. 南斗(남두) – 별자리 이름. 여섯 개의 별로 구성되

며, 국자 모양이다. 분야分野는 옛 초나라 지역에 해당한다.

[一紀 2구] 건원 원년에 촉으로 들어갔다가 이후 협곡을 나서서 대력 4년 초 지역으로 오기까지 12년이 걸렸음을 말한다. 대력 5년에 이 시를 지었다는 설도 있으나 옳지 않다.

《두시조차공선후해집교》(수정본) 공은 건원 2년 기해년에 촉으로 들어가 산 이후로 지금 대력 5년 경술년 촉을 떠나 초 땅, 바로 남두의 분야에 있기까지 꼭 12년이 되었다. 이에 통틀어 말하였다. 그래서 "일기 만에 서촉을 나와서 이제 남두를 향한다"라고 하였다.(公自乾元二歲在己亥入蜀以居, 至今大曆五年歲在庚戌離蜀而在楚地, 乃南斗之分, 恰十二年矣. 於是通言之, 故云一紀出西蜀, 於今向南斗.)

#《두시상주》: 이 단락에서는 기댈 만한 교우가 없음을 한탄하니 바로 물을 거슬러 올라가는 까닭이다. 친우들은 알아주어서 잘 이끌어주니 옛 사귐은 친밀하고, 젊은이들은 노추로 보니 새 사귐은 경박하다. 막다른 길에서 이미 기댈 만한 사람이 없으니 달려 남쪽으로 가는 것은 실로 부득이해서이다. 기주에서 지은 시(〈희작배해체견민이수戲作俳諧體遣悶二首·기일其一〉)에서 "새로 알게 된 이는 이미 속으로는 멀리한다"라고 하였으니 후생들의 교제 행태를 알 수 있다.(此歎無交可依, 乃上水之故. 親友知而善誘, 舊交款洽也. 少年視爲老醜, 新知輕薄也. 窮途既無可仗之人, 則奔走南行, 實非得已矣. 夔州詩云, 新知已暗疏, 後生之交態可知.)

17 孤舟(고주) – 외로운 배. 두보의 배를 말한다. 春華(춘화) – 봄꽃. '華'는 '草'로 된 판본도 있다.

18 暮齒(모치) – 모년. 만년. 蒲柳(포류) – 수양버들.

《세설신어世說新語》 고열은 간문제와 나이가 같으나 머리가 먼저 세었다. 간문제가 물었다. "경은 왜 먼저 세었소?" (고열이) 대답하기를, "수양버들의 자질은 가을이 오기 전에 시듭니다. 송백의 자질은 서리를 맞으면 더욱 무성합니다"라고 하였다.(顧悅與簡文同年而髮蚤白. 簡文曰, 卿何以先白. 對曰, 蒲柳之姿, 望秋而落, 松栢之質, 經霜彌茂.)

19 冥冥(명명) – 아득하다. 九疑(구의) – 구의산九嶷山.

《산해경山海經》 남방 창오의 언덕과 창오의 못이 있고, 그 지역에 구의산이 있다. 순임금을 장사 지낸 곳으로 장사 영릉 지역에 있다.(南方蒼梧之丘蒼梧之淵, 其中有九嶷山. 舜之所葬, 在長沙零陵界中.)

곽박郭璞《산해경전山海經傳》 (구의)산은 지금 영릉 영도현 남쪽에 있으며, 그 산의 아홉 계곡이 모두 서로 비슷하여 구의라고 부른다. 옛날에는 그 땅을 통틀어 창오라고 하였다.(山今在零陵營道縣南, 其山九谿皆相似, 故云九疑. 古者總名其地爲蒼梧也.)

임방任昉《술이기述異記》 형주 구의산에 순임금의 사당이 있다. 군수가 부임하면 늘 공경히 제사를 올린다. 그러면 공중에서 현가 소리가 나는 듯하였다. 일설에 구의산은 상강 너머 창오의 들에 걸쳐서 영도현 구역에 이어지며, 아홉 개의 산이 서로 비슷하여 행인이 바라보면 모두 혼동하였으므로 구의산이라는 이름이 붙었다고 한다.(衡州九疑山有舜廟, 郡守至官, 常致敬修祀, 則空中如有絃歌之聲. 一說, 九疑山隔湘江跨蒼梧野連營道縣界, 九山相似, 行者望之皆疑, 因名曰九疑山.)

20 聖者(성자) – 성스러운 인물. 여기서는 순舜임금을 말한다. 已(이) – '亦'으로 된 판본도 있다.

21 蹉跎(차타) – 세월이 부질없이 흐르다. 陶唐人(도당인) – 도당 시대의 사람. 희화羲和를 가리킨다. 두보 자신을 말한다고 보기도 하나 취하지 않는다.

《원화군현지·하남도河南道·조주曹州·제음현濟陰縣》 옛 조나라가 현 동북쪽 47리에 있었으니 옛 정도가 여기이다. 정도 고성은 요임금이 살던 곳이다. 요임금은 먼저 당에 살았고, 후에 도에 살아서 도당

씨라고 한다.(古曹國在縣東北四十七里, 故定陶是也. 定陶故城, 堯所居也. 堯先居唐, 後居陶, 故曰陶唐氏.)

《두시천》 공의 〈당고만년현군경조두씨묘지唐故萬年縣君京兆杜氏墓誌〉에 (조상은) 이기씨伊祁氏(요임금)의 계통으로서 당씨와 두씨로 성이 나뉘었다고 하였고, 〈경기족제당십팔사군敬寄族弟唐十八使君〉 시에서 "그대와 더불어 도당씨의 후예이다"라고 하였으니 '도당인'은 공 자신을 말한다.(公杜氏墓誌稱統系伊祁, 分姓唐杜, 送唐使君云, 與君陶唐後, 陶唐人, 公自謂也.)

22 鞭撻(편달) – 채찍과 회초리. 채찍과 회초리로 때리다. 수레를 끄는 말을 채찍과 회초리로 몬다는 말이다. 또는 '매질하다, 착취하다'라는 뜻으로 보기도 한다. 日月(일월) – 해와 달. 세월. 해를 모는 마부는 희화이고, 달을 모는 마부는 망서이다. '편달'을 희화와 망서가 해와 달을 모는 행위로 보아 이 구는 세월이 장구하게 흘렀음을 말한다. 또는 '편달'을 매질이나 착취의 뜻으로 보아 요순 이후로 백성들이 가렴주구에 시달린 세월이 오래라고 풀이하기도 한다.

[蹉跎 2구] 이 연은 세월이 빨리 흘렀음을 말한다. 또 요임금 이래 오랜 세월 동안 백성들이 가렴주구에 시달렸다고 보는 설도 있다.

《두공부시집집주》 공의 〈동제공등자은사탑同諸公登慈恩寺塔〉 시에서 "희화가 해와 달을 채찍질한다"라고 하였다.(公慈恩寺詩, 羲和鞭日月.)

《두시상주》 '편달일월'은 세월을 몰아서 보낸다는 말과 같다. 주학령의 주에 '도당인'을 희화라고 하면서 공의 시(〈동제공등자은사탑同諸公登慈恩寺塔〉)의 "희화는 밝은 해를 채찍질한다"라는 구절을 인용하여 증거로 삼았으니 옳다. 혹은 요임금을 가리킨다고 하고, 혹은 상비를 가리킨다고 하고, 혹은 공이 당씨와 두씨는 모두 요임금의 후예라고 스스로 말하였다고 여기지만, 모두 틀렸다.(鞭撻日月, 猶云驅送歲月. 朱注, 以陶唐人爲羲和, 引公詩羲和鞭白日爲證, 是也.

或謂指唐堯, 或謂指湘妃, 或謂公自言唐杜皆唐堯之後, 俱非.)

《두공부초당시전》 '도당인'은 희화와 망서를 가리킨다. 해와 달의 마부로서 해와 달을 채찍질한다. 그러므로 세월이 빠르게 흘렀다. 순임금은 대성인이기는 하지만 죽어서 뼈가 역시 썩었다. 사람이 살면서 분주하느라 얼마나 시달리는지 자신이 스스로 느끼지 못함을 슬퍼하였다. 《광아》에 "해의 마부는 희화라고 하고, 달의 마부는 망서라고 한다"라고 하였다.(陶唐人, 指羲和望舒也. 爲日月之御, 鞭撻日月, 故年華蹉跎也. 舜雖大聖, 死骨亦朽. 人生何苦奔波, 傷己之不自覺也. 廣雅, 日御謂之羲和, 月御謂之望舒.)

[冥冥 4구]

《구가집주두시》 조차공 주 '성자'는 순임금을 가리키고, '도당'은 요임금을 가리킨다. '차타도당인'은 순임금을 장사 지냈다는 말의 뒤를 이어 도당 이래로 세월이 빨리 흘러갔음을 말한다. 천하 사람들이 매 맞는 고난을 당했는데 그 세월이 오래되었다. 아마도 나라에 기한을 정해 강제로 징수하는 급무가 있고, 백성들에게는 분쟁과 침해의 변고가 있어 이에 매질하기에 이르렀을 것이다.(聖者, 指虞舜也, 陶唐, 帝堯氏也. 蹉跎陶唐人, 則承舜葬之下, 言自陶唐以來時歲蹉跎. 天下之人遭鞭撻之苦, 其爲日月也久矣. 蓋在國有誅求期會之急, 在民有乖爭陵犯之變, 斯所以致鞭撻也.)

23 中間(중간) – 사이의 시대. 여기서는 요순과 당나라 사이를 말한다. 屈賈輩(굴가배) – 굴원屈原, 가의賈誼 등 재능은 있으나 뜻을 펴지 못한 사람들을 가리킨다.

24 讒毁(참훼) – 참소讒疏와 훼방. 모함하고 훼방하다. 自取(자취) – 스스로 취하다. 자초하다.

[中間 2구]

《구가집주두시》 조차공 주 굴은 굴원이고, 가는 가의이다. 굴원은 상관대부 근상의 모함으로 멱라수에 투신했고, 가의는 강후 주발周勃과 관영의 해코지 때문에 장사로 폄적되었으니 모두가 눈앞의 초나라 땅에서 슬퍼할 만한 일이다.(屈則屈原, 賈則賈誼. 屈以大夫上官靳尙之譖沈于汨羅, 賈以絳侯勃灌嬰之害謫于長沙, 皆眼前楚地之可弔者也.)

《두시상주》 참소와 훼방을 자초하였다는 것은 충직하여 시기를 받았음을 말한다.(讒毁自取, 言忠直取忌.)

25 鬱悒(울읍) – 번민. 우울. '悒'은 '沒'로 된 판본도 있다. 二悲魂(이비혼) – 두 슬픈 혼령. 굴원과 가의의 혼령을 가리킨다.

《두공부시집집주》 '이비혼'은 굴원과 가의이다.(二悲魂, 屈原賈誼也.)

26 蕭條(소조) – 쓸쓸하다.

#《두시상주》: 이 단락에서는 물을 거슬러 가며 옛날을 슬퍼하는 생각이 났다. '춘화'와 '포류'는 본 바로써 감정을 일으켰다. 순임금을 구의산에 장사 지내 그 뼈는 이미 썩었다고 말하고, 그리하여 도당 시절부터 지금까지 사람이 나고 죽는 대사代謝가 오래되었고, 그 사이 굴원과 가의 같은 충혼이 아직도 거기에 존재할까라고 생각하였다. 이는 나이 늙은 데서부터 한탄하여 여기까지 이른 것이다.(此上水而動弔古之思. 春華蒲柳, 卽所見以興感. 言舜葬九疑, 其骨已朽, 因思陶唐至今, 人生代謝久矣, 中間如屈賈忠魂, 尙有存焉者乎. 此從暮齒而傷歎及之.)

27 崷崒(추줄) – 높다. 淸湘石(청상석) – 맑은 상수의 바위.

오증吳曾 〈상수기湘水記〉 영릉군은 한 무제 때 처음으로 현이 되었으며, 이름은 조양이었다. 수나라 때는 상원이라고 하였고, 후진後晉 천복 4년에 이르러 (호남절도사湖南節度使) 마희악馬希萼이 청상으로 이름을 바꾸었다. 두보의 시에 '추줄청상석'이라고 한 것이 아마 그 이름을 붙인 연유인 듯하다.(零陵郡, 自漢武始而縣, 名洮陽. 隋名

湘源, 至晉天福四年, 馬氏改爲淸湘. 杜子美詩, 崷崒淸湘石, 疑其所自云.)

《두공부초당시전》 '추줄'은 산이 높은 모양이다.(崷崒, 山峻貌.)

28 雜林藪(잡림수) – 우거진 숲이 있는 곳.

29 篙工(고공) – 사공. 密逞巧(밀령교) – 몰래 솜씨를 자랑하다.

《구가집주두시》 '영교'는 배를 모는 자가 그 솜씨를 뽐낸다는 뜻이다.(逞巧, 操舟者矜其能也.)

30 酣杯酒(감주배) – 술잔을 즐기다. 술잔에 취하다.

31 歌謳(가구) – 노래하다. 激越(격월) – 격렬하다. '越'은 '遠'으로 된 판본도 있다.

32 回斡(회알) – 빙글 돌리다. 明受授(명수수) – 호응 또는 전달하는 내용을 분명히 하다. '수수'는 배의 이물과 고물에 각각 조종하는 사공이 있고, 이들이 서로 운항에 대한 정보와 명령을 주고받음을 말한다. '明'은 '相'으로 된 판본도 있다.

《두시조차공선후해집교》(수정본) '회알'이란 그 배를 돌려 회전시키는 것이다. …… '명수수'는 배의 이물과 고물에 모두 조작하는 담당자가 있어 서로 부르며 서로 명령하면서 물길을 찾으니, 이를 일러 '수수'라고 한다.(回斡者, 回動斡轉其船也. …… 明受授, 則船之首尾皆有所操之職, 而相呼相命, 以求水脈, 此之謂受授.)

33 善知(선지) – 잘 알다. '善'은 '蓋'로 된 판본도 있다. 應(응) – 반드시. 觸類(촉류) – 서로 비슷한 사물을 접하다. 유추하다.

34 藉(자) – 기대다. 穎脫手(영탈수) – 뛰어난 솜씨. 뛰어난 인재.

《구가집주두시》 '영탈'은 민첩함을 비유한다.(穎脫, 喩敏捷.)

[善知 2구]

《두보전집교주》에 인용된 왕호汪灝 설 뱃사공이 물을 민첩하게 거슬러 감을 형용하였을 뿐만 아니라 또한 물을 거슬러 가기 어려움도 은연중에 묘사하였다. …… 물을 거슬러 가면 배가 느리고, 하얀 파도가 세게 쳐서 돌 틈에 분사하며, 한 길 안에서도 여러 번 꺾고 돌아서 배가 숨었다 나타났다 하니 뱃꾼은 온갖 노력을 다하여 한 줄기 물길을 다툰다. 괴석이 삐쭉삐쭉 날카로운 칼날 같아서 터럭만큼이라도 잘못하면 반드시 배가 부서진다. 앞에서 부르고 뒤에서 답하니 바로 '회알명수수'이다. 수시로 옮겨가며 지척간에 서로 닿으니 바로 '각자영탈수'이다. 직접 눈으로 보고 그 재주 드러냄을 조용히 깨닫지 않았다면 또한 어찌 이를 알 수 있겠는가.(非獨形舟師上水便捷, 亦暗狀上水之難. …… 上水舟遲. 銀濤激湍, 噴射石罅, 丈尺間數曲折迴環, 舟時隱時現, 舟子百端盡力, 爭一線水道, 怪石巉巖如利刃, 毫釐誤, 必碎舟. 前者呼後者答, 卽迴斡明受授也. 隨時轉移, 相觸咫尺, 卽各藉穎脫手也. 非親寓目, 靜會其逞巧, 亦何足以知之.)

35 經濟才(경제재) – 경국제민經國濟民할 수 있는 인재.

36 何事(하사) – 무슨 일로. 무엇 때문에. 罕有(한유) – 드물다.

[善知 4구]

《두시조차공선후해집교》(수정본) 4구는 경국제민을 제기하는 비유이다. 이를 잘 알 수 있는 자는 반드시 유추할 수 있으니 범사에 모두 탁월한 인재에 기대어야만 절묘해질 수 있다. 그러나 천하를 경영하고 구제할 자를 찾으려니 배를 잘 모는 자 같은 이가 왜 유독 드문가. 인재를 얻기 어렵다는 탄식이 나온다.(四句, 所以起經濟之譬也. 善能知此者, 應能觸類以推, 凡事皆藉鋒穎脫見之手, 乃能妙絶也. 然欲求經濟天下者, 如操舟之妙, 何獨罕有乎. 蓋有才難之歎矣.)

#《두시상주》: 이 단락은 물을 거슬러 올라가며 배를 운행하는 일을 서술하였다. 수중에 바위가 드러나 있으니 배가 험한 곳을 지나가며, 언덕에 숲과 덤불이 많으니 길을 쉬 잃는다. 물을 거슬러 올라가므로 '역행'이라고 하였다. '구가' 구는 그 기세가 씩씩함을 말하고, '회알'

구는 그 힘이 교묘함을 말한다.(此上水而述行舟之事. 水中石露則舟經險, 岸多林藪則路易迷. 上水, 故曰逆行. 謳歌句, 言其氣壯, 回斡句, 言其力巧.)

37 蒼蒼(창창) – 어둑어둑. 어슴푸레. 衆色晚(중색만) – 모든 사물의 빛이 저물다. 날이 어두워짐을 말한다.

38 熊掛(웅괘) – 곰이 나무에 매달리다. 玄蛇(현사) – 검은 뱀. 큰 뱀.
《산해경》 흑수의 남쪽에 검은 뱀이 있어 큰사슴을 잡아먹는다.(黑水之南, 有玄蛇, 食麈.)

39 黃羆(황비) – 누런 큰곰. 樹顚(수전) – 나무 꼭대기.
《이아爾雅》 '비'는 곰과 비슷하고, 누렇고 흰 무늬가 있다.(羆, 如熊, 黃白文.)

40 守(수) – 지키다. 기다리다.

[蒼蒼 4구] 거슬러 올라가는 물길 주위에 곰과 큰곰 등 맹수가 출몰함을 말한다. 맹수는 도적을 비유한다고 보기도 하고, 날이 저문 숲과 봉우리의 모습을 비유한다고 보기도 한다.

《두공부초당시전》 곰과 큰곰, 뱀과 범은 모두 도적을 비유한다. 안녹산의 난에 천하의 군도가 틈을 타서 일어나 없는 곳이 없었다. 시에 담긴 뜻을 살펴보니 범은 큰곰을 두려워하므로 큰곰은 나무에 올라가서 범을 기다린다.(熊羆蛇虎, 皆喩盜賊. 祿山之亂, 天下羣盜, 乘隙而起, 无地无之也. 攷詩之寓意, 虎畏羆, 故羆升樹而守虎也.)

《두시조차공선후해집교》(수정본) '중색만'은 해가 저물었다는 것이다. 유종원柳宗元이 (〈시득서산연유기始得西山宴游記〉에서) "창연한 모색이 멀리서 온다"라고 하였으니 바로 이 '창창'의 뜻이다. 곰에 대해 매달렸다고 말하였으니 나무에 매달리기를 좋아한다는 뜻이다. 《시의소》(육기陸璣《모시초목조수충어소毛詩草木鳥獸蟲魚疏》)에 "곰은 높은 나무를 잘 타고 올라가서 사람을 보면 거꾸로 땅으로 뛰어내린다"라고 하였다. 아래 구에서 또 "누런 큰곰은 나무 꼭대기에 있다"라고 하였으니 오로지 범이 지나가기를 기다렸다가 잡아먹는 것이다. 유종원이 〈비설羆說〉을 지어 말하였다. "사슴은 추를 두려워하고, 추는 범을 두려워하고, 범은 큰곰을 두려워한다. 큰곰의 모습은 털을 늘어뜨리고 사람처럼 서며, 힘이 매우 강하고 사람을 잘 해친다. 초나라 남쪽에 사냥꾼이 있어 대나무를 불어 여러 짐승의 소리를 낼 수 있었다. 이전에 (누군가 내게) '(사냥꾼이) 활과 화살, 항아리와 불씨를 가지고 바로 산으로 가서 사슴 소리를 내서 그 무리를 꼬드겼소. 사슴이 오기를 기다려 불을 붙여 맞혔소. 추가 그 사슴 소리를 듣고 달려오니 그 사람은 두려워서 범 소리를 내서 겁을 주었소. 추가 달아나니 범이 왔소. 더욱 두려워 또 큰곰 소리를 내니 범도 달아났소. 큰곰이 듣고서 그 무리를 찾아서 이르니 사람이라서 붙잡아 치고 찢어서 잡아먹었소'라고 말하였다. 지금 마음을 잘 닦지 않으면서 외양을 믿는 자는 큰곰의 먹이가 되지 않은 적이 없다." 유종원의 〈비설〉을 보건대 공의 시의 말뜻은 큰곰이 나무에 올라가 범을 기다리는 것이 분명하다. 누런 큰곰이라고 한 것은《이아》에 "'비'는 곰과 비슷하고, 누렇고 흰 무늬가 있다"라고 하였기 때문이다. '爲虎守'에서 '爲'는 음이 '于僞'의 반절로 거성去聲이다. '爲作'의 '爲'(평성平聲)로 읽으면 거꾸로 범이 큰곰을 기다린다는 뜻이 된다.(衆色晚, 則日暮矣. 柳子厚亦云, 蒼然暮色, 自遠而至, 乃此蒼蒼之義也. 熊言掛, 好掛於樹上也. 詩義疏曰, 熊能攀緣上高樹, 見人顚倒投地而下也. 下文又云黃羆在樹顚, 却專爲守虎過往而食之. 柳子厚作羆說云, 鹿畏貙, 貙畏虎, 虎畏羆, 羆之狀披髮人立, 絶有力而善害人焉. 楚之南有獵者, 能吹竹爲百獸之音. 昔云, 持弓矢罌火而即之山, 爲鹿鳴 以感其類, 伺其至, 發火而射之. 貙聞其鹿也, 趨而至, 其人恐, 因爲虎而駭之. 貙走而虎至, 愈恐, 則又爲羆, 虎亦亡去. 羆聞而求其類, 至則人也. 捽搏挽裂而食之. 今夫不善內而恃外者, 未有不爲羆之食也. 以子厚之說觀之, 則公詩語意以羆升樹而守虎, 明矣. 謂

之黃羆, 爾雅曰, 羆, 如熊, 黃白文. 爲虎守, 爲音于僞反, 若讀從爲作之爲, 則反是虎守羆矣.)

《두보전집교주》 또 한 가지 풀이가 있으니 교억이 말하였다. "배가 저녁 이내 가운데로 가면 양안의 봉우리와 숲이 희미하여 모습이 두려운 물체 같음을 말한다. 이렇게 많은 짐승을 실제로 보았다는 것이 아니다.(又有一解, 喬億曰, 言舟行暮靄中, 兩岸峰巒林木恍惚, 形似可畏也. 非實見異類衆多有如此者.)

41 羸骸(이해) – 여윈 형해形骸. 두보 자신의 몸을 말한다. 將何適(장하적) – 장차 어디로 갈 것인가.

42 履險(이험) – 위험을 겪다. 顔益厚(안익후) – 얼굴이 갈수록 두껍다.

《시경·소아·교언巧言》 생황처럼 간사한 말, 얼굴 두꺼워라.(巧言如簧, 顔之厚矣.)

《두공부초당시전》 두보는 위험을 무릅쓰고 바삐 움직이다가 그 까닭을 돌이켜 생각하였으니 더욱 얼굴이 두꺼워진 것이다.(甫冒險奔走, 反思其故, 益厚顔也.)

43 庶(서) – 바라다. 達者(달자) – 통달한 사람. 論(논) – 논하다.

44 呑聲(탄성) – 소리를 삼키다. 말을 하지 않다. 瑕垢(하구) – 치욕. 더러운 것.

소보邵寶《각두소릉선생시분류집주》 옥에 흠이 있는 것을 '하'라고 하고, 흙먼지 찌꺼기를 '구'라고 한다.(玉有玷缺曰瑕, 塵土滓汚曰垢.)

《좌전·선공宣公15년》 아름다운 옥도 흠을 감추고 있으니 나랏님도 치욕을 받아들이는 것이 하늘의 도입니다.(瑾瑜匿瑕, 國君含垢, 天之道也.)

《두공부초당시전》 유속에 매몰됨을 말한다.(言汨沒流俗也.)

[羸骸 4구]

소보《각두소릉선생시분류집주》 이렇게 험하고 머니 어찌 사람이 견딜 수 있는가. 그리하여 '연약한 몸으로 여전히 산 넘고 물 건너니 얼굴이 얼마나 두꺼운가'라고 탄식한다. 이런 사정은 거의 지자와 논할 수 있을 뿐이니, 다만 세상과 부침하여 소리를 삼키고 진세에 섞여 들어가야만 할 뿐이다.(如此險阻, 豈人能堪, 因嘆羸弱之軀, 猶然跋涉, 顏何厚乎. 此情庶可與知者論, 但當與世浮沈, 呑聲混于塵俗而已.)

장진張溍《독서당두공부시집주해》 위험을 겪으므로 더욱 굽혀서 자신을 보전하기에 얼굴이 두껍다. 처세술이 당연히 그러함을 말한다. 모르는 사람에게는 말하기 어려우니 오직 소리를 삼켜 침묵하면서 세속의 더러움 속에 섞여 들어가 서로 편안하기를 추구할 뿐이다.(履險, 益委曲自全, 故顏厚, 言處世之道宜爾. 難與不知者言, 惟呑聲緘默混入世俗瑕垢之中, 以求相安耳.)

#《두시상주》: 마지막 단락에서는 경물을 접하여 시름이 생겼고, 끝에서 시름을 푸는 뜻을 드러냈다. 곰과 뱀, 큰곰과 범은 보고 들은 바에서 두려운 것이다. 여윈 몸은 또 험지를 밟으니 모두가 궁박한 소치이다. 두보가 달관하여 세속에 섞이고 싶어하니 앞길에 또한 지음이 반드시 있지는 않을 것임을 보여준다.(末乃觸景生愁, 結出遣懷之意. 熊蛇羆虎, 見聞可畏. 羸軀又且履險, 總緣窮迫所致. 其欲達觀以混塵俗, 見前途亦未必有知音也.)

##《두억》: 악주에서 담주로 가고 형주로 가면 모두 물을 거슬러 간다. 기세를 잃고 졸렬하게 행동하므로 자신을 썩은 선비라고 부른다. 빈한하여 나그네가 되어서 늘 스스로 고개를 숙이고 낯빛을 낮추니 오직 벗들은 내 마음을 알아서 잘 이끌어줄 수 있지만 후생 같으면 혈기가 사나워 이런 거동을 보고 거꾸로 노추라고 여겨 경시한다. 이렇게 괴로운 심정은 실제로 겪지 않으면 모른다. 사공이 위험을 두려워하지 않는 것은 익숙함이지 재주가 아니다. 공이 잠깐 보고서 재주를 자랑한다고 여겼을 뿐이다. 그러니 경국제민의 인재도 익숙해

야 한다. 범은 사납고, 누런 큰곰이 나무 꼭대기에서 범을 기다린다는 말은 난적이 사라지지 않음을 비유한다.(自岳之潭之衡, 俱上水. 蹭蹬拙爲, 所以自謂腐儒也. 貧而作客, 恒自低顏下色, 唯故人能知吾心而善誘之. 若後生氣豪, 見此舉動, 反謂老醜而輕之矣. 如此苦情, 非實歷者不知. 篙工之不畏險, 習也, 非巧也, 公乍見以爲逞巧耳. 然經濟者亦須習. 虎之暴, 有黃羆在樹顚守之, 喩亂賊之不終也.)

《두시상주》: 공이 처음 촉에 들어가서는 (〈수고사군상증酬高使君相贈〉 시에서) "친구는 봉록 쌀을 보내온다"라고 하였고, 재주·낭주에 있을 때는 (〈객야客夜〉 시에서) "삶의 길 궁박해져 친구에게 기댄다"라고 하였으며, 다시 촉으로 돌아와서는 (〈춘일강촌오수春日江村五首·기이其二〉 시에서) "나그네 몸으로 옛 벗을 만난다"라고 하였고, 처음 기주에 도착하여 "친척과 벗들이 자주 방문한다"라고 하였다. 그런데 여기 와서는 친붕이 매우 적다고 하였으니 여행 형편이 갈수록 어려워진 것이다. 그래서 시에 우울하고 슬퍼하는 말이 많다.(公初入蜀, 則曰故人供祿米, 在梓閬, 則曰途窮仗友生, 再還蜀, 則曰客身逢故舊, 初到夔, 則曰親故時相問, 至此則親朋絶少, 旅况益艱. 故篇中多抑鬱悲傷之語.)

《독두심해》: 이 시는 물길에 표류하면서 거슬러 올라가는 험한 상황을 읊었다. 중간은 지형을 접하고 일을 접하여 만난 바를 섞어 썼고, 끝에서는 세속에 섞여들겠다는 말로 귀결하면서 시름을 풀었다. '아쇠' 8구는 표류하며 늙음에 이른 감회로서 이전의 인생을 통할하여 서술하였다. '저두' 8구는 나그넷길의 교제 행태를 서술하였으니 종래 그 몸이 안주하지 못하고 날리듯 멀리 가는 까닭이다. 대개 벗들이 인도하여 받아들이는 고장이 있어도 매번 경박한 후생 무리가 많아서 오래 기댈 곳이 없는 것이다. '고주' 12구(10구의 잘못)는 그 지역에서 접촉한 바이다. 구조오는 물을 거슬러 가며 옛일을 슬퍼하는 생각을 일으켰다고 말하였으니 옳다. '추줄' 10구는 그 일에서 접촉한 바로서, 물을 거슬러 가며 뱃사공의 익숙함을 보고 범사에 바꾸어 적용하면 신령 같은 작용이 있음을 깨달았다는 뜻이다. '명수수'는 머리에서 움직이면 꼬리에서 호응한다는 말로 아무 일 없는 듯 행동하며 말이 없어도 알아서 이해하는 묘함을 지극히 형용하였다. '창창' 8구는 세상길은 험악하고 노년에 멀리 떠도니 그래서 장차 소리를 삼키고 세속에 섞여 함부로 범하지 않을 것임을 비유적으로 말하였다. 이는 더욱 세태를 겪은 말이며, 또한 바로 후생의 혈기와 서로 조응한다. 곰과 범 등의 구는 〈초혼〉에서 탈태해 나왔다.(此因水路漂流, 而歷溯惡況. 中間卽地卽事, 雜書所觸, 末乃歸之混俗以遣懷也. 我衰八句, 漂流至老之感, 乃統述從前. 低頭八句, 敍客途交態, 乃歷來所以不安其身, 而飄飄遠適之故. 蓋卽有故人誘接之邦, 每多後生輕薄之輩, 是以無處可長依也. 孤舟十二句, 卽地所觸. 仇云上水而動弔古之思, 是也. 嵤崒十句, 卽事所觸. 上水而見舟師之習熟. 因悟凡事皆有動變, 如神之用. 明授受者, 首動尾應, 極形容行所無事, 喻於不言之妙. 蒼蒼八句, 喻言世途險惡而衰年遠涉, 故將呑聲混俗, 不敢相犯也. 此更歷世態語, 亦正與後生血氣相關照. 熊虎等句, 奪胎招魂.)

(**이창숙**)

66. 遣遇

시름을 풀다

磬折辭主人[1] 開帆駕洪濤 春水滿南國 朱崖雲日高[2]
舟子廢寢食 飄風爭所操[3] 我行匪利涉[4] 謝爾從者勞[5]
石間采蕨女 鬻市輸官曹[6] 丈夫死百役[7] 暮返空村號
聞見事略同 刻剝及錐刀[8] 貴人豈不仁 視汝如莠蒿[9]
索錢多門戶[10] 喪亂紛嗷嗷[11] 奈何黠吏徒[12] 漁奪成逋逃[13]
自喜遂生理[14] 花時甘緼袍[15]

허리 굽혀 주인에게 작별하고
돛을 펴서 큰 파도를 몰아가는데,
봄물은 남국에 가득하고
붉은 벼랑에 구름 낀 해가 높다.
선부船夫가 자지도 먹지도 않고
회오리바람에 다투어 배를 조종한다.
내 행정行程이 순탄하지 못한 처지라
그대 선부의 노고에 감사한다.

돌 사이에서 고사리 캐는 여인
저자에 내다 팔아 관청에 세금 내는데,
지아비가 갖가지 부역으로 죽어
저녁에 빈 마을로 돌아가면 통곡을 한다지.
듣고 본 일 대충 비슷하니

수탈이 추도錐刀에까지 미치는구나.
귀하신 분들이 어찌 어질지 않으랴만
너희들 보기를 가라지나 쑥처럼 여겨,
돈 내놓으라는 명목이 많으니
난리에 어지러이 통곡한다.
어쩌랴, 교활한 관리들이
빼앗아서 백성들을 도망가게 하였으니.
내 스스로야 삶을 영위하는 것만도 기뻐하는 터라
꽃 피는 시절에 솜옷도 달가워한다.

대력 4년 봄 담주潭州에서 형주衡州로 가는 도중에 지은 것으로 추정된다. 고사리를 따서 팔아 세금을 내야 하는 과부의 비참한 상황을 목도하고 시인 자신의 어려운 형편은 이에 비해 아무것도 아니라고 자위하는 내용이다. 수탈하는 관청에 대한 분노와 고초를 겪는 인민에 대한 동정심을 직설적으로 드러낸 이 시는 두보가 만년에도 한결같이 나라와 백성을 걱정하고 있었다는 사실을 잘 보여준다. 악양岳陽에서 담주로 가는 도중에 지은 것이라는 설도 있지만, '朱崖' 등의 표현으로 보아 공령안空靈岸 일대를 지나는 때로 보는 것이 합당할 것이다.

시제인 '견우遣遇'는 '만난 상황에 대해 마음을 풀다'라는 뜻이다.

> 《보주두시》 시에서 "돛을 펴서 큰 파도를 몰아간다"라고 하였는데, 물길을 거슬러 올라가며 쓴 시임을 알 수 있으니 의당 대력 4년 봄 악양에서 담주로 가며 쓴 것이다. 그래서 "봄물이 남국에 가득하

다”라고 한 것이다.(詩云, 開帆駕洪濤, 見其爲上水而作, 當是大曆四年春自岳之潭作. 故又曰春水滿南國.)

《두시설》 시제에서 ‘견우’라고 한 것은, 자신이 비록 바람과 파도의 험한 상황을 만났으나 그래도 생계를 꾸려갈 수 있어서 호적에 있는 일반 백성이 원정과 부역에 몰려서 죽고 헤어지는 것이 더욱 슬픈 것과는 다르니, 이 일로 스스로 마음을 푼다는 것을 말한다.(題曰遣遇, 蓋謂己雖遇風濤之險, 猶得遂其生理, 不若編戶迫於征役, 死亡離散, 更爲可哀, 故以此自遣也.)

주 석

1 磬折(경절) – 경쇠 모양으로 허리를 굽혀 절하다. 공손한 모습이다. 主人(주인) – 당시 두보가 만났던 그 지역의 사람일 것이다.

《두시상주》 ‘주인’은 중도에서 만난 사람이다.(主人, 中途所遇者.)

2 朱崖(주애) – 붉은빛이 나는 벼랑. 지명이라는 설도 있으나 취하지 않는다. 雲日(운일) – 구름이 낀 태양.

《두시상주》 《상중기》에서 “붉은 벼랑이 아침노을 같다”라고 하였는데 ‘주애’는 바로 이것을 가리킨다.(湘中記, 赤崖若朝霞, 朱崖正指此.)

《구가집주두시》 ‘주애’는 남해의 지명이다.(朱崖, 南海地名.)

3 飄風(표풍) – 회오리바람. 거센 바람을 뜻한다. 이 구는 거센 바람 부는 가운데 배를 힘껏 모는 것을 말한다. 바람과 다투며 배를 몬다는 뜻으로 풀이하는 설도 있다.

《구가집주두시》 바람을 타고 간 것이다. 《이아》에 “회오리바람이 ‘표’이다”라고 하였다.(乘風而行. 爾雅, 回風爲飄.)

《두시택풍당비해》 바람이 선부가 모는 것과 다툰다는 것이니 위태로움을 말한다.(風爭舟子所操, 言其危也.)

4 利涉(이섭) – 건너기가 이롭다. 이 구는 이번 뱃길 여행이 순조롭지 않다는 말이다.

《주역·수괘需卦》 큰 시내를 건너는 데 이롭다.(利涉大川.)

5 從者(종자) – 앞의 '주자舟子'를 말한다.

《두시상주》 '종자'는 배를 모는 사람을 가리킨다.(從者, 指操舟之人.)

#《두시상주》: 이 단락은 배를 타고 갈 때의 경물과 일을 서술하였다.(此敍舟行景事.)

6 鬻市(육시) – 저자에서 팔다. '市'가 '菜'로 된 판본도 있다. 輸(수) – 세금 내는 것을 뜻한다. 官曹(관조) – 관청.

7 百役(백역) – 백 가지 부역. 많은 부역을 뜻한다.

《구가집주두시》 부역과 세금이 번다함을 풍자한 것이다.(譏役歛煩重也.)

8 錐刀(추도) – 작은 칼. 아주 작은 이익을 비유한다.

[聞見 2구]

《구가집주두시》 조차공 주 듣고 본 것이 모두 이와 같으니 관청의 가렴주구에 응함 때문이다. '추도'에까지 미친다고 하였으니 큰 것만 취하는 것이 아니라 비록 추도 같은 자잘한 것에까지도 미친 것이다.(所聞所見皆似此, 應官曹之誅求也. 及錐刀, 非止取其大者, 雖錐刀瑣末, 猶及之.)

9 莠蒿(유호) – 가라지와 쑥. 나쁜 풀을 대칭한다. 이 구절은 이런 여인을 하찮게 본다는 뜻이다.

[貴人 2구] 조차공은 '不仁' 이하 7자가 의미상 연결되는 것으로 보았다.

《구가집주두시》 조차공 주 두 구 전체의 뜻은 귀인이 어찌 어질지 않아 너희를 가라지와 쑥으로 보겠느냐는 말이다.(兩句通義, 言爲貴人者, 豈是不仁而以莠蒿視汝等耶.)

10 索錢(색전) – 돈을 요구하다. 수탈하는 것을 뜻한다. 多門戶(다문호) – 명목이 여러 가지이다.

《두공부초당시전》 수탈하는 것이 한 가지가 아니다.(誅求不一也.)

《두시언해》 '다문호'는 세금을 걷는 것이 여러 가지임을 말한다.(多門戶, 言徵歛多端也.)

11 嗷嗷(오오) – 슬피 우는 소리. 원망하는 소리.

12 黠吏徒(힐리도) – 교활한 하급 관리 무리.

13 漁奪(어탈) – 빼앗다. 逋逃(포도) – 도망가다. 이 구절은 교활한 관리가 백성의 재산을 빼앗기 때문에 백성들이 달아나는 사태가 일어났음을 말한다.

14 遂生理(수생리) – 생계를 꾸려가다. 삶을 영위하다.

15 花時(화시) – 꽃 피는 시절. 따뜻한 봄날을 가리킨다. 甘(감) – '貫'로 된 판본도 있다.

[自喜 2구] 살아가는 것만으로도 즐거운 일이라 옷이 없어 봄에 겨울 솜옷을 입어도 달가워한다는 뜻이다.

#《두시상주》: 이 단락은 백성의 곤궁함을 보고 개탄한 것이다. 6구는 사안이고 8구는 그것에 대한 판단이다. 고사리를 팔아 관에 세금을 낸 일은 공이 스스로 본 것이고 빈 마을에 여인이 운 것은 들은 바를 아울러 든 것이다. 난리에 징세하는 것이야 귀인이 어쩔 수 없겠지만, 포악한 관리가 빼앗은 것을 귀인이 유독 좌시할 수 있겠는가? '어찌 어질지 않으랴'라고 한 말은 은근히 풍자한 것이다. 공이 솜옷을 달가워한 것, 이것이 '조우한 상황에 대해 마음을 푼' 말이며 또한 곤궁한 상황을 보여준다.(此見民困而慨歎. 六句爲案, 八句爲斷, 鬻蕨輸官, 公所目見, 空村女號, 兼擧所聞也. 喪亂征求, 貴人無可如何, 豪吏侵奪, 貴人獨可坐視乎. 曰豈不仁, 諷刺隱然. 公之甘心縕袍, 此遣遇之詞, 亦

見窮途之狀.)

##《독두심해》: 이 시는 중간의 태반이 모두 백성의 곤궁한 상황을 목격하고 권력자를 규간하는 말이다. 그리고 앞뒤에서 간략하게 행적과 여행 상황을 언급하였으니, 세상사를 규간하는 것이 주主이고 자기 신세를 감개한 것이 종從인 것 같다. 그러나 자신의 일로 시상을 일으키고 자신의 일로 끝맺으며 중간에서 다만 곤궁한 백성 중 더욱 곤궁한 자를 빌려 자기 이야기에 변화를 준 것이니, 여전히 만난 일을 편히 받아들이는 이야기가 주가 되고 시절을 마음 아파하는 것은 종이 된다. 첫 8구에서 배가 바람 치는 파도를 만난 험한 상황이 원래 어쩔 수 없는 것임을 말하고는 갑자기 이야기를 끊었다. 가운데 12구는 고사리 따는 과부에서 촉발되어 나왔다가 '듣고 본 일이 대충 비슷하다'는 구로 잇고 논의를 마음껏 넓혀가서 측은하게 여기는 뜻을 극도로 다하였다. 결미에서는 단지 2구로 시상을 맺으면서 전환하여, 내가 파도를 타고 먼 강을 건너는 것도 심히 곤궁한 일이나 저 곤궁한 백성과 비교하면 그래도 생계를 꾸려갈 수 있으니 솜옷도 달갑게 받아들일 뿐이라고 말하였다. 전편의 맥락이 하나로 이어졌는데 예전 주석은 모두 이를 잘못 보았다.(此篇中間大半, 皆目擊民窮規切當事語. 前後略及行踪旅況. 則似規世爲主, 慨己爲賓. 然以身事起, 以身事結, 中間特借窮民之尤困者, 作自己波瀾翻剔, 則仍是安遇爲主, 傷時爲賓. 起八句, 言舟楫風濤之險, 原非得已, 忽然截住. 中十二句, 從采蕨寡婦觸發出來, 隨以聞見略同句, 推廣暢論, 極淋漓愷惻之致. 結只兩句收轉, 言我駕濤遠涉, 困亦甚矣, 然較彼窮民, 猶爲生理克遂, 則亦甘心緼袍而已. 通身神理一片, 舊俱失之.)

(**이영주**)

67. 解憂

근심을 풀다

減米散同舟[1] 路難思共濟[2] 向來雲濤盤[3] 衆力亦不細

呀坑瞥眼過[4] 飛櫓本無蒂[5] 得失瞬息間[6] 致遠宜恐泥[7]

百慮視安危[8] 分明曩賢計[9] 玆理庶可廣[10] 拳拳期勿替[11]

쌀을 덜어 같은 배 탄 이들에게 나누어준 것은
길이 험난하여 함께 건널 것을 생각해서라네.
방금 전 구름 같은 파도 소용돌이쳤지만
여럿의 힘도 정말 약하지 않았다네.
입 벌린 웅덩이를 별안간 지났는데
나는 듯한 노는 원래 매인 데가 없다네.
일의 성패가 순식간이니
멀리 가려면 마땅히 난관을 두려워해야지.

여러 가지 생각으로 안위를 살피니
분명 예전 현인의 계책이라.
이러한 이치는 넓혀갈 수 있으니
폐하지 않기를 간절한 마음으로 바라노라.

이 시는 두보가 대력 4년 악주에서 담주로 갈 때 지은 것이다. 당시 배를 타고 물을 거슬러 올라가면서 급류가 흐르는 소용돌이를 만났지만 여러 사람의 힘으로 위험한 곳을 벗어날 수 있었다. 여기에는 함께 배를 탄 사람에게 쌀을 나누어주며 도움을 끌어낸 것이 주효했는데, 이러한 이치를 확장하면 개인의 인생사는 물론이고 국가의 대소사에도 두루 적용할 수 있다. 편안한 때 마땅히 위기를 생각하는 '거안사위居安思危'의 지혜를 시인의 실제 경험에 비추어 설파한 것이다.

《보주두시》 이 시는 마땅히 대력 4년 악주에서 담주로 들어갈 때 지은 것이다. 시에서 "방금 전 구름 같은 파도 소용돌이쳤지만, 여럿의 힘도 정말 약하지 않았다"라고 하였으니, 배를 타고 가다 장애를 만났는데 여러 사람의 힘으로 견인하여 통과한 것이다. 만약 물결을 따라 내려가는 것이었다면 당연히 여러 사람의 힘을 쓸 필요가 없었을 것이다. 양권도 역시 이 시기에 편재하였다.(此詩當是大曆四年, 自岳入潭時作. 詩云, 向來雲濤盤, 衆力亦不細, 乃舟行有所阻礙, 藉衆力牽挽而過. 若是順流, 自不勞衆力. 梁權道亦編在其時.)

《두시상주》 황학은 "이 시는 또한 악주에서 담주로 갈 때 지은 것이다"라고 하였다. 《두억》은 "제목이 다른 곳과는 다른데, 근심을 풀 수 있었던 것을 다행스럽게 여겨 그 일을 되짚어 기록하고 사람들이 여기에서 비슷한 일들을 유추할 수 있기를 바란 것이다"라고 하였다.(鶴注, 此亦自岳之潭時作. 杜臆, 題與他處異, 乃幸憂之得解, 而追記其事, 欲人觸類於玆也.)

주 석

1 減米(감미) – 쌀을 덜다. 이 구는 자신의 쌀을 같은 배를 탄 사람에게 나누어준 것을 말한다.

2 共濟(공제) – 함께 건너다. 함께 돕다.

[減米 2구] 이 2구는 두보가 함께 배를 탄 사람에게 쌀을 미리 나누어 주어 어려운 일이 생길 것을 대비하였는데, 과연 그러한 일이 생겨 큰 도움을 받았다는 것이다. 하지만 이와 달리 두보가 탄 배에서 생긴 어려운 일을 해결한 후 도와준 사람들에게 쌀을 나누어주며 답례하였다고 보는 설도 있다.

3 向來(향래) – 방금 전. 雲濤(운도) – 구름처럼 흰 파도. 큰 파도를 의미한다. 盤(반) – 소용돌이치다. 이 구는 배가 강을 거슬러 올라가며 큰 파도를 만난 것을 말한다. '운도반'을 여울 이름으로 보는 설도 있으나 취하지 않는다.

《두시상주》에 인용된 조차공 주 구름 같은 파도에서 소용돌이치며 빠져나오지 못한 것이다. 방언에서 '반탄'이라고 부르는 것이다. 옛 주석에서는 '운도반'을 여울의 이름이라고 하였는데, 견강부회인 듯하다.(雲濤之間盤轉未出, 方言所謂盤灘也. 舊注以雲濤盤爲灘名, 恐是附會.)

《구가집주두시》 운도반은 여울의 이름으로 매우 험난한 곳이다.(雲濤盤, 灘石, 極爲險阻.)

[減米 4구]

《두시조차공선후해집교》 시의 서두에서 "쌀을 덜어 같은 배 탄 이들에게 나누어주었다"라고 한 것을 또한 보니, 배의 쌀을 덜어 같은 배 탄 사람에게 나누어준 것으로 그들이 힘을 쓴 것에 대해 사례한 것이다. 힘을 쓴 것에 대해 사례하였으니, 어찌 소용돌이 때문이 아니겠는가.(且觀詩句首云, 減米散同舟, 則減舟中之米而散與同舟之人, 乃所以謝其用力也. 謝其用力, 豈不以盤灘之故耶.)

4 呀坑(하갱) – 입 벌린 웅덩이. '坑'은 '帆' 혹은 '吭'으로 된 판본도 있다. 瞥眼(별안) – 순식간. 눈을 잠깐 돌리는 정도의 아주 짧은 시간을 말한다.

《두시조차공선후해집교》 '하갱'은 소용돌이의 웅덩이가 마치 입을 쩍 벌린 것과 같다는 것이다.(呀坑者, 漩坑如口之呀開也.)

5 飛櫓(비로) – 나는 듯한 노. 노를 빨리 젓는 것을 말한다. 無蒂(무체) – 꼭지가 없다. '체蒂'는 식물의 꽃을 받쳐주는 꼭지이다. 여기서는 배가 풍랑에 흔들리며 다른 것에 붙어 있을 수 없음을 말한 것이다.

《두보전집교주》에 인용된 소보邵寶 주 '본무체'는 배가 물 가운데 있으면 본래 붙잡아줄 것이 없어 아주 쉽게 뒤집어질 수 있음을 말하는 것이다.(本無蒂, 言船在水中, 本無根蒂, 甚易覆也.)

6 得失(득실) – 득과 실. 일의 성패를 가리키는데, 여기서 '득'은 배가 무사히 소용돌이를 벗어나는 것이고 '실'은 배가 파도에 뒤집어지는 것을 가리킨다.

7 致遠(치원) 구 – 이 구는 멀리 가려면 장차 닥칠지 모르는 위험에 마땅히 대비해야 한다는 것이다. 《논어》에 나오는 '치원공니致遠恐泥' 구를 활용하였다.

《논어·자장子張》 자하가 말하였다. "비록 작은 기예라도 반드시 볼 만한 것이 있으나 원대함에 이르는 데 장애가 될까 두렵다. 이 때문에 군자는 하지 않는 것이다."(子夏曰, 雖小道, 必有可觀者焉, 致遠恐泥, 是以君子不爲也.)

《두보전집교주》에 인용된 장진張溍 주 멀리 가려면 길이 막히고 끊어지는 경우가 많을 것이니 마땅히 스스로 염려해야 한다는 말이다.(言遠行恐多阻隔, 自所宜慮.)

#《두시상주》: 이 단락은 위험을 벗어난 뒤에 위기를 방비하고자 하는 뜻이다. 쌀을 나눔은 본래 여러 사람을 구제하고자 하는 것인데, 위험을 만나 마침내 그들의 힘을 빌리게 된 것이다. 이는 종전의 일을 돌이켜 말한 것이다. 웅덩이를 건너 비록 풍파는 면했지만, 먼 길을 가는 동안 여전히 난관을 만날까 걱정이다. 이는 장래의 일을 염려한

것이다.(此脫險防危之意. 散米本期濟衆, 而遇險終藉其力, 此遡從前之事. 渡坑雖免風波, 而涉遠尙恐沮滯, 此慮將來之事.)

8 百慮(백려) – 갖은 사려思慮. 여러 가지 방법을 생각해보는 것이다. 視安危(시안위) – 안위를 살피다. 여기서는 '거안사위居安思危'의 뜻이다.

9 曩賢計(낭현계) – 전현前賢의 계책. 예전 현인의 방법이라는 뜻이다.

[百慮 2구]

《두시경전》 편안한 때를 위기로 여기는 것이 바로 전현이 환난을 염려하는 심원한 도임을 말한다.(言視安如危, 乃前賢慮患深遠之道.)

10 玆理(자리) – 이러한 이치. 앞 구에서 말한 '시안위視安危'의 이치를 말하는 것이다.

11 拳拳(권권) – 간절한 모양. 勿替(물체) – 버리지 말라.

#《두시상주》: 이 단락은 조심스럽게 처세하는 도를 말한 것이다. 편안한 때를 위기로 여기는 것, 이것이 곧 일을 염려하는 전현의 깊은 계책이다. 만약 이러한 이치를 미루어 행할 수 있다면 모든 일에서 낭패를 면할 수 있을 것이니, 마땅히 삼가고 잊지 말아야 할 것이다. 《두억》에서 "이는 《주역·계사하》에서 말한 '두려움으로 시종하면, 그 구하는 것에 허물이 없을 것이다'의 뜻이다"라고 하였다.(此小心處世之道. 視安若危, 此卽前賢慮事深計. 若能推此以行, 凡事可免傾覆. 所宜拳拳而勿忘者. 杜臆云, 此易傳所謂懼以終始, 其要无咎也.)

##《두시경전》: 물을 거슬러 오르다 위험을 벗어날 수 있었기에 지은 것이다.(上水得脫危險而作.)

《두억》: 이 시의 제목이 다른 곳과는 다른데, 근심을 풀 수 있었던 것을 다행스럽게 여겨 그 일을 되짚어 기록하고 사람들이 여기에서 비슷한 일들을 유추할 수 있기를 바란 것이다. "길이 험난하여 함께 건널 것을 생각하다"라는 구는 스스로 쌀을 나눈 뜻을 밝혀 장래의 일을 근심하였음을 드러내었다. '운도반'의 위험에 이르러 과연 여럿의 힘을 빌려 건널 수 있었으니, 쌀을 나누어 여러 사람의 마음을 얻은 효과가 벌써 드러났다. '하갱별안과, 비로본무체' 구는 여럿의 힘이 아니면 불가함을 보인 것이다. 이제 구름 같은 파도는 비록 건널 수 있었지만, 성패가 순식간에 달려 있기에 멀리 가려면 여전히 실패를 두려워해야 하니 어찌 마침내 평안하게 있을 수 있겠는가. 여러 사람의 힘을 빌릴 일이 아직 끝나지 않은 것이다. 내가 이제 여러 가지를 생각하며 안위의 요체를 살피니, 쌀을 나눈 일이 분명 전현의 계책임을 알겠다. 그래서 이 이치를 미루어 넓혀가면 가까이는 한 몸에서 멀리로는 천하에 이르기까지 무릇 위기를 도와 뒤집어지는 것을 바로잡는 데 안 되는 일이 없을 것인데, 그 요체는 간절한 마음으로 폐하지 않는 것에 달려 있을 따름이다. 쌀을 나누는 일은 '인仁'에 근거한 것이나 도리어 '지智'로 그것을 사용하니 인과 지가 한 가지 도리임을 보였다. 종성이 이르기를 "좋은 발상이고 좋은 해결이니, 여러 사람의 힘을 쓸 수 있고 어려운 일도 해결할 수 있다"라고 하였다.(此題與他處異, 喜憂之得解, 而追紀其事, 欲人觸類於玆也. 路難思共濟, 自發散米之意, 以見其慮遠. 至雲濤盤之險, 果藉衆力以濟, 而散米以收衆心, 效已見矣. 呀坑瞥眼過, 飛櫓本無蒂, 見非衆力不可也. 今雲濤雖濟, 然得失在瞬息間, 而致遠尚恐失事, 豈得遂宴然哉. 所藉於衆力者, 猶未已也. 吾今百慮以視安危之竅, 知散米一事, 分明前賢之計, 推此理而廣之, 近而一身, 遠而天下, 凡扶危定傾, 無之不可, 要在拳拳勿替而已. 散米本仁, 而却以智用之, 見仁智一道. 鍾云, 好念頭, 好處分, 可以用衆, 可以濟難.)

《두시설》: 이 시는 대체로 비용에 인색한 사람들을 위한 설법이다. 고금의 일이 대부분 작은 비용을 아까워하다가 큰 계책을 그르쳤다. "이러한 이치는 넓혀갈 수 있다"라고 하였으니, 군국軍國의 일도 또한 이와 같음을 말한 것이다.(此詩蓋爲吝費者說法. 古今之事多以惜小費而壞大計. 曰玆理庶可廣, 言軍國之事亦若此矣.)

《독두심해》: 이 시는 물을 거슬러 올라가다 위험을 만나게 되었고, 요행히 벗어날 수 있어, 이를 들어 과거의 교훈으로 삼고 세상을 살아가는 사람들을 위해 알려준 것이다. 주학령은 "바로 편안할 때 위험을 잊지 않고, 있을 때 없어질 것을 잊지 말자는 뜻이다"라고 하였다.(此上水遇險, 僥倖得脫, 而擧爲前事之鑒, 爲處世者告也. 朱云, 卽安不忘危, 存不忘亡意.)

(박홍준)

68. 宿鑿石浦

착석포에 묵다

早宿賓從勞[1] 仲春江山麗 飄風過無時[2] 舟楫不敢繫[3]
廻塘澹暮色[4] 日沒衆星嘒[5] 闕月殊未生[6] 青燈死分翳[7]
窮途多俊異[8] 亂世少恩惠[9] 鄙夫亦放蕩[10] 草草頻年歲[11]
斯文憂患餘[12] 聖哲垂彖繫[13]

일찍 묵는 것은 선객船客과 수종隨從이 고단해서인데
중춘이라 강과 산이 아름답다.
회오리바람이 시도 때도 없이 지나가기에
배를 감히 매어둘 수가 없다.
굽이진 제방에 저녁 빛이 옅고
해 지니 뭇별들이 가물거린다.
달은 빈 채 아직 생겨나지 않았는데
가물거리던 등불도 꺼져서 어둠을 나눈다.

막힌 길에 뛰어난 인물이 많고
어지러운 세상에 은혜는 적은데,
비천한 사람이 또한 떠돌아다니며
수고로이 여러 해를 보냈다.
사문은 우환 끝에 나온 것이거니와
성인께서는 〈단전〉과 〈계사전〉을 드리웠지.

이 시는 대력 4년 봄 두보가 상강을 거슬러 악주에서 형주衡州로 가는 길에 착석포라는 곳에 머물며 지은 것이다. 착석포는 지금의 주주株洲시 경내 상강 서안에 있었다. 두보 일행은 거센 바람으로 인해 애를 먹은 모양인데, 그래서 일찍 배를 정박하고 주변 경치를 둘러보며 상념에 잠긴 듯하다. 뱃길의 고단함으로 인해 불우한 자신의 인생 여정을 떠올리면서, 그러한 우환 속에서 성인의 글이 나왔다는 생각으로 위안을 삼고 시작詩作에 대한 자부심도 내비쳤다.

> 《보주두시》 시에서 "중춘이라 강과 산이 아름답다"라고 했으니, 바로 대력 4년 악주에서 담주로 들어갈 때 이곳에 묵으면서 시를 짓게 된 것이다.(詩云, 仲春江山麗, 正是大曆四年自岳入潭時宿此, 遂賦詩.)
>
> 《두시상주》 이 시는 대력 4년 2월 초에 지은 것이다. 황학의 주에 "포구는 응당 동정호에 있으며 담주에 가깝다"라고 했다. 소보는 "착석포는 지금의 장사부 상담현 서쪽에 있다"라고 했다. 조자력의 《연보》에 "담주에 올라 상강을 거슬러 올라가다 착석포에 묵고, 진구를 지나고, 공령안에 머물고, 화석수에서 묵고, 형산을 지났다"라고 했다.(此大曆四年二月初作. 鶴注, 浦當在洞庭之上, 近於潭州. 邵寶曰, 鑿石浦, 在今長沙府湘潭縣西. 趙子櫟年譜, 登潭州, 泝湘, 宿鑿石浦, 過津口, 次空靈岸, 宿花石戍, 過衡山.)

주 석

1 早宿(조숙) – 일찍 묵다. 賓從(빈종) – 선객船客과 수종隨從. '從'은 〈견우遣遇〉 시의 '謝爾從者勞' 구를 참고할 때 선부船夫로 풀이할 수도 있을 듯하다. 勞(노) – 수고롭다. 고단하다.

2 飄風(표풍) – 회오리바람. 거센 바람. 過無時(과무시) – 지나감에 때가 없다. 수시로 회오리바람이 분다는 말이다.

3 舟楫(주즙) – 배와 노. 배를 가리킨다. 不敢繫(불감계) – 감히 매어두지 못하다. 구조오는 '不敢'이 '敢不'로 된 판본이 옳지 않다고 했으나, '敢不繫'로 된 판본을 따라 '감히 매어두지 않겠는가'로 옮기는 것이 더 자연스럽다.

[飄風 2구] 수시로 회오리바람이 부는데 감히 배를 강안에 매어두지 않겠느냐는 말이다. 이와 달리 감히 배를 강안에 매어두지 못하고 굽이진 제방까지 끌어와 정박했다고 보는 설도 있다.

《두시조차공선후해집교》 바람이 부는데도 매어두지 않으면 제멋대로 떠다니게 된다.(風而不繫, 則流蕩矣.)

4 洄塘(회당) – 굽이진 제방. 澹(담) – 옅다. 고요하다.

5 嘒(혜) – 가물거리다. 희미하다.

《시경·소남召南·소성小星》 가물거리는 저 작은 별.(嘒彼小星.)

[早宿 6구]

《두보전집교주》에 인용된 왕호汪灝 주 일찍 묵었기에 오후부터 강과 산을 감상하였다. 그런 뒤에 해가 지고 별이 뜬 것이다.(早宿, 故自下午賞江山, 然後日暮星出.)

6 闕月(궐월) – 비어 있는 달. 이지러진 달. 보름을 지난 달을 칭하는 말이다. 殊未生(수미생) – 아직 생겨나지 않다. '殊'를 '죽다'로 풀이하는 설도 있다.

《독두심해》 '수'는《설문해자》에서 '죽다'로 풀이했다.《좌전·소공昭公 23년》에 "나무를 베어도 죽지 않는다"라고 했다. '월수'는《서경·무성武成》에서 말한바 '사백(달의 어두운 부분이 사라진다. 초하루를 가리킨다)'이다. 바로 아래 구의 '등사'와 대를 이룬다.(殊, 說文云,

死也. 左傳, 斬其木而弗殊. 月殊, 書所云死魄也. 正與下燈死對.)

7 靑燈(청등) – 가물거리는 등불. 死分翳(사분예) – 꺼져서 밤의 어둠을 나누어 가지다.

《보주두시》에 인용된 왕수王洙 주 '청'은 빛이 없다는 말이다.(靑, 言無光也.)

《독두심해》 '등사'는 등불을 아직 밝히지 않은 것이다. '분예'는 별빛의 어둠을 나누는 것이다.(燈死, 燈未燃也. 分翳, 分星光之陰翳.)

《두시경전》에 인용된 장진張溍 주 또한 위의 '회오리바람'을 이어받아 나온 것으로, 등불이 바람에 눌려 꺼진 것이다.(亦承上飄風來, 燈光爲風掩抑也.)

#《두시상주》: 이 단락은 포구에 묵을 때의 풍경과 일이다. 물을 거슬러 바람을 맞아 선객과 수종이 모두 힘을 모아 배를 운행했기에 고단해서 일찍 묵은 것이다. 강변에 바람이 거세고 물살이 급해서 감히 배를 묶어두지 못하고 굽이진 제방으로 옮겨 들어가 그것을 피한 것이다. 다른 판본에서 "감히 배를 매어두지 않겠는가"라고 한 것은 옳지 않다. 초사흘 달을 두고 처음 밝음이 생겼다고 한다. '빠져서 생기지 않았다'고 했으니 필시 초이틀이다. 등불이 꺼져 빛이 없기에 밤빛의 그늘을 나누는 것이다.(此宿浦景事. 上水逆風, 賓從皆助力行舟, 故勞而早宿. 江邊風狂浪急, 故不敢繫舟, 而移入回塘以避之. 他本作敢不繫舟者, 非是. 初三之月, 爲哉生明. 闕未生, 必初二也. 燈死無光, 故分夜色之陰翳.)

8 窮途(궁도) – 막다른 길. 俊異(준이) – 뛰어난 인물. 구체적으로 지칭하는 대상에 대해 조차공은 '뛰어난 문사'로 보았고, 구조오는 배에 함께 탄 '선객과 수종'으로 보았다.

9 恩惠(은혜) – 인애仁愛. 타인에게 호의나 보살핌을 제공하는 것을 가리킨다.

[窮途 2구]

《두시조차공선후해집교》 뛰어난 문사文士가 이미 많이 막힌 길에 있으니 은택이 백성에까지 내려오지 않고 난세라 그 은혜를 입는 경우가 적은 것이다.(俊異之士旣多在窮途, 則膏澤不下於民, 而亂世少蒙其恩惠.)

10 鄙夫(비부) – 비천한 사람. 여기서는 두보 자신을 가리키는 겸칭이다. 放蕩(방탕) – 떠돌아다니다.

11 草草(초초) – 애를 쓰는 모습. 고생하는 모습. 頻年歲(빈년세) – 해가 이어지다. 여러 해가 흘렀다는 뜻이다. '年'이 '卒'로 된 판본도 있다.

12 斯文(사문) – 유가에서 말하는 모범적인 글. 또는 글을 짓는 문사文士. 憂患餘(우환여) – 우환 끝에 나오다. 우환을 겪고 난 뒤에 글을 지었다는 말이다.

13 聖哲(성철) – 성인과 철인. 垂彖繫(수단계) – 〈단전彖傳〉과 〈계사전繫辭傳〉을 드리우다. 성인이 《역》의 〈단전〉과 〈계사전〉을 지어 후세에 전했다는 말이다.

[斯文 2구] 고대의 성인들은 우환을 겪은 후에 경전으로 추앙받는 글을 남겼는데, 두보 자신도 이처럼 고단한 여정 뒤에 시를 짓는다는 말이다.

《두시조차공선후해집교》 《역·계사전하》에서 "《역》을 지은 자는 우환이 있었을 것이다"라고 했다. '사문' 가운데 우환의 나머지로서 세상을 드리운 것이 《역》이니, 〈단전〉과 〈계사전〉에서 볼 수 있다.(易曰, 作易者其有憂患乎. 斯文之中, 以憂患之餘而垂世者, 易也, 彖繫之間可見矣.)

《보주두시》에 인용된 사師 씨 주 〈단전〉과 〈계사전〉을 지은 때는 공자가 불우했던 시절이었다는 말이다. 예로부터 문사들은 대개 우환에 처함으로 인하여 글을 지었다. 두보가 이 시를 지은 것도 대체로 또한 분만으로 인해 격발된 바가 있었던 것이다.(言象繫之作, 在仲尼不遇之日. 自古文士多因憂患中而作文. 甫是詩之作, 蓋亦憤懣而有所激耳.)

#《두시상주》: 이 단락은 포구에서 묵으며 감정을 서술한 것이다. '뛰어난 인물이 많다'는 것은 선객과 수종을 가리킨다. '은혜가 적다'는 것은 도중에 응대하는 자가 없다는 것이다. 《두억》에서는 "뛰어난 인물이 막다른 길로 인해 더 많이 드러난다는 것으로 곤궁함이 사람에게 유익함을 보였고, 은혜가 난세로 인해 줄어든다는 것으로 은혜가 적은 것을 두고 남을 탓해서는 안 된다는 것을 보였다"라고 했다. 말련은 두보의 자부심이 얕지 않아서 곤궁함에도 스스로 즐길 수 있었다는 것이다. 도를 아는 것이 아니라면 어찌 이런 말을 할 수 있겠는가? 한 부의 시를 두보는 〈단전〉과 〈계사전〉에 견주었는데 평범한 시라면 그리 평가할 수 있겠는가?(此宿浦敍情. 多俊異, 指賓從. 少恩惠, 中路乏周旋者. 杜臆, 俊異因窮途而多, 見窮之有益於人. 恩惠因亂世而少, 見少惠不當責備於人. 末聯, 公之自負不淺, 窮而有以自樂矣. 非知道, 安能作此語. 一部詩章, 公以當象繫, 可以尋常韻語目之乎.)

##《두억》: 착석포는 상담에 있다. 회오리바람으로 감히 배를 매지 못하는 상황이라 뱃사공이 본디 배를 몰아야 하지만, 배에 탄 사람들이 모두 힘을 모아야 했다. 그래서 "선객과 수종이 고단하다"라고 한 것이다. 뛰어난 인물이 막다른 길로 인해 많아진다는 것으로 곤궁함이 사람에게 유익함을 보였고, 은혜가 난세로 인해 줄어드는 것으로 막다른 길에 놓인 사람이 또한 마땅히 스스로 편안히 여겨야지 은혜가 적다고 남을 탓해서는 안 된다는 것을 보였다. 비천한 사람이 날마다 막다른 길에 있는 것도 바로 하늘이 그 자신을 이롭게 하려는 것인데, 자중자애를 알지 못하면 떠돌아다니며 고생하다 해를 보내게 된다.

우환이 있고 난 뒤라야 사문이 있음을 어찌 알겠는가? 사문은 곧 우환의 나머지이니, 성인이 우환을 겪으며 〈단전〉과 〈계사전〉을 드리운 것을 혼자만 보지 못하였는가? 두보의 자부심이 이와 같았기에 비록 곤궁하면서도 스스로 즐거워할 수 있었음을 알게 된다. 만약 종신토록 부귀했다면 어찌 두시 한 부가 해와 달에 걸려 있겠는가?(浦在湘潭. 飄風不敢繫舟, 則舟子固須操舟, 而舟中之人俱須助力, 故云賓從勞. 俊異因窮途而多, 見窮之有益於人, 恩惠因亂世而少, 見處窮途者又當自安, 不應以少恩責備乎人. 鄙夫日在窮途, 正天之所以益我, 而不知自愛, 放蕩草草以卒歲. 豈知有憂患後有斯文, 斯文乃憂患之餘, 獨不觀聖哲以憂患而垂象繫乎. 公之自負如此, 乃知其雖窮而有以自樂也. 向使終身富貴, 安有一部杜詩懸於日月乎.)

《독두심해》: 앞 8구에서 4구는 바람을 만나 일찍 묵은 일을 서술하였다. '감히 매어두지 않겠는가'는 곧 일찍 묵은 것이다. 구조오의 판본에서 ('敢不'을) '不敢'으로 고친 것은 틀렸다. (다음) 4구는 일찍 묵을 때의 경치를 서술했는데, 필력이 예리하다. 뒤 6구에서는 본래 불평하는 마음을 가지고 있었지만 도리어 도에 통달한 말을 하였다. 쓸쓸한 가운데 매양 기이한 문사가 많이 나오고 쪼개지고 무너질 때 반드시 고상한 정이 적어지는 것, 이는 고금에 같이 탄식하는 것이다. 2구는 범연한 감개로 아래 시상을 일으킨 것이다. 떠돌아다닌 것이 여러 해지만 또한 뛰어난 인물로 자부하며 남에게 은혜를 기대하지 않는다는 것이다. 결어는 도로 나아간 것이다. 전배를 예로 들면 왕수인王守仁에게 그가 폄적되었던 용장과 고반룡高攀龍에게 그가 폄적되었던 게양은 모두 종신토록 힘을 얻었던 곳이다.(前八句, 四敍遇風早宿事. 敢不繫, 卽早宿也. 仇本改作不敢, 非. 四敍早宿時之景, 筆力雋刻. 後六句, 本抱不平之懷, 轉爲見道之語. 落寞之中, 每多奇士, 分崩之際, 定少高情, 此古今同歎者. 二句, 泛慨以起下. 放蕩頻年, 亦以俊異自負,

不以恩惠期人也. 結語, 進乎道矣. 前輩如王文成之於龍場, 高景逸之於揭陽, 皆終身得力處.)

(**김준연**)

69. 早行

아침 일찍 길을 떠나다

歌哭俱在曉　行邁有期程[1]　孤舟似昨日[2]　聞見同一聲[3]

飛鳥數求食[4]　潛魚何獨驚[5]　前王作網罟[6]　設法害生成[7]

碧藻非不茂　高帆終日征[8]　干戈未揖讓[9]　崩迫關其情[10]

노래와 통곡 소리가 모두 새벽에 들리는데
멀리 떠남에 기한과 노정이 있네.
외로운 배는 어제 같고
듣고 보는 것이 다 같은 소리네.

나는 새는 자주 먹이를 구하거니와
물속의 물고기는 어찌 그리 유독 놀라는지.
이전의 왕이 그물을 만들었더니
잡는 법을 설정하여 생물을 해쳐서라네.
푸른 마름이 무성하지 않은 것은 아니지만
돛을 높여 종일토록 가야 하리.
전쟁 중이라 읍양을 못 할 시절이고
다급한 상황이라 그런 마음이 쓰이네.

이 시는 대력 4년 봄에 담주潭州에서 형주衡州로 가는 도중에 지은 것이다. 매일 아침 일찍 출발할 때 들은 노래와 통곡 소리로 시상을 일으키고, 새와 물고기로 자신과 백성들의 처지를 비유하면서 전쟁으로 인한 다급하고 불안한 심리를 표현하고 있다.

《보주두시》 시에서 "돛을 높여 종일토록 가야 하리"라고 했으니 응당 물결을 거슬러 호남으로 갈 때 지은 시이다. 또 "전쟁 중이라 읍양을 못 할 시절이다"라고 했으니 아마도 지난해 9월에 토번이 침입하자 백원광이 (임진壬辰일에) 영무에서 토번의 2만 병사를 격파했고 (무술戊戌일에) 영무에서 다시 6만 병사를 격파했다고 상주한 것을 말하는 것 같다. 대력 4년에 지었다.(詩云, 高帆終日征, 當是泝流赴湖南時詩. 又云, 干戈未揖讓, 蓋謂隔年九月吐蕃入寇, 白元光破吐蕃二萬於靈武, 靈武又奏破六萬也. 大曆四年作.)

《두시상주》 황학의 주에 "이 시는 대력 4년에 지었다. 대력 3년 9월에 토번이 침입하자 백원광이 영무에서 토번을 격파했다"라고 하였는데, 이 시에서 말하는 '간과'이다.(鶴注, 此大曆四年作. 三年九月, 吐蕃入寇, 白元光破吐蕃於靈武, 所謂干戈也.)

주 석

1 行邁(행매) - 멀리 떠나다. 期程(기정) - 정해진 노정路程.

[歌哭 2구]

《두보전집교주》에 인용된 소보邵寶 주 아침 일찍 떠날 때 노래를 하는 자도 있고 통곡을 하는 자도 있지만 멀리 떠남에 각각 정해진 노정이 있음을 말하고 있다.(言早行之時, 有歌者焉, 有哭者焉, 然行邁各有期程.)

2 孤舟(고주) 구 - 오늘도 어제처럼 정처 없이 떠다님을 말한다. 배가 부지불식간에 나아간다는 뜻으로 보기도 한다.

《두공부초당시전》 물길을 가는데 부지불식간에 나아감을 말한다.(言水行不覺進也.)

3 同一聲(동일성) – 매일 듣는 노래와 통곡 소리를 가리킨다. 이와 달리 바람이나 물 소리 등으로 보는 경우도 있는데 틀렸다.

《두보전집교주》에 인용된 소보 주 '동일성'은 듣고 본 것이 다 같은 풍속과 습기習氣임을 말한다.(同一聲, 謂所聞見者, 同一風聲習氣也.)

《두보전집교주》에 인용된 장진張溍 주 '동일성'은 배가 갈 때 바람 소리, 물 소리, 사람과 새 소리가 다 같기 때문이다. '견' 자를 '성' 자 위에 쓴 것이 허황된 것 같지만 배가 갈 때 실제로 이러한 상황이 있다.(同一聲, 以舟行風聲水聲人鳥聲皆同也. 見字著聲字上似幻, 然舟行實有此景.)

#《두시상주》: 이 단락은 아침 일찍 떠난 일을 기록하고 있다. 《두억》에서 "통곡은 병란으로 인한 것이니 노래는 또한 슬픈 노래이다. 멀리 떠남에 노정이 있었기에 새벽에 결국 배를 띄운다. 매일 노래와 통곡을 만났기에 '동일성'이라고 하였다"라고 하였다.(此記早行之事. 杜臆, 哭因兵亂, 歌亦悲歌, 行邁有程, 故曉遂開舟. 每日俱逢歌哭, 故曰同一聲.)

4 數(삭) – 자주. '散'으로 된 판본도 있다.

5 何(하) – '亦'으로 된 판본도 있다.

6 網罟(망고) – 물고기 잡는 그물. 물고기와 조수鳥獸를 잡는 그물을 통칭한 것으로 보기도 한다.

7 設法(설법) – 물고기 잡는 법. 가렴주구하는 수법을 비유한다. 生成(생성) – 생물生物을 뜻한다.

[飛鳥 4구]

《두공부초당시전》 새가 자주 나와 먹이를 구함은 스스로 배를 채우려는 것이고, 물고기가 이미 물에 잠겼는데 오히려 놀라는 것은 살기를 구함이다. 그런데 일반 백성들이 이익을 추구하여 그 새를 그물로 잡고 그 물고기를 그물질하여 생물의 살고자 하는 본성을 해치고 있다. 두보는 이를 대하고 느낌이 있어, 전왕이 법을 설정하여 그물을 만든 것은 본래 백성들을 기르고자 함인데 후세에 도리어 이로써 생물을 해침을 가슴 아파하고 있다. 세금을 제정한 것도 본래 백성들을 평화롭게 하고자 함인데 후세에 도리어 이로써 멋대로 해를 끼침을 비유하고 있다.(鳥數出而求食, 所以自飽, 魚旣潛而猶驚, 所以求活, 而小民利之, 網羅其鳥, 罟罩其魚, 害物生成之性. 甫觸而感之, 反傷前王之設法, 作爲網罟, 本欲以養民, 後世反以此而害物也. 喩制爲賦斂本欲以平民, 後世反以此而肆暴也.)

8 高帆(고범) – 돛을 높이 단 배.

[碧藻 2구]

《두보전집교주》에 인용된 왕호汪灝 주 수초가 비록 즐길 만한데도 배 타고 가기를 그치지 않는 것이다.(水草雖可玩, 而舟行不息.)

9 未(미) – '異'로 된 판본도 있다. 揖讓(읍양) – 읍하며 사양하다. 예절을 지키다.

10 崩迫(붕박) – 절박切迫. 전쟁으로 다급하고 절박한 백성들의 상황을 말한다. 두보의 상황으로 보기도 한다. 關(관) – 관련되다. 끌리다. '開'로 된 판본도 있다. 其情(기정) – 그런 마음. 두보의 심정을 가리킨다.

#《두시상주》: 이 단락은 물고기와 새를 빌려 난리를 두려워하는 뜻을 일으켰다. 황생의 주에 "새는 먹이를 구하느라 편안하게 거처할 수 없고, 물고기는 비록 물에서 편안하나 또한 그물에 걸리는 근심이 있다. 지금 이 푸른 마름을 대하고도 오히려 이처럼 돛을 걸고 빨리 가고 있으니, 이는 먹이를 구하는 새이면서 또한 그물에 걸린 물고기 신세가 된 것이다"라고 하였다. '붕박'은 '노래와 통곡'하는 자를 가리키고, '그런 마음이 쓰이는 것'은 '듣고 본 것'에서 촉발된 것이다.(此借

魚鳥以興畏亂之意. 黃生注, 鳥以求食, 不能安居. 魚雖安水, 而又有網罟之患. 今對此碧藻, 猶然挂帆亟征, 是求食之鳥, 兼爲罹網之魚矣. 崩迫, 指歌哭者. 關情, 觸於聞見也.)

《두시경전》: 사람들이 전쟁을 피하는 것은 물고기가 그물을 두려워하는 것과 꼭 같음을 말한다. 지금 푸른 마름이 즐길 만한데 배 타고 가느라 머물러 놀 수 없다. 이는 한창 세상의 난리가 성하고 마음속이 절박하기에 사물에 촉발되어 마음이 쓰이지 않을 수 없기 때문이다.(言人之避干戈, 一如魚之畏網罟. 今碧藻可娛, 而征帆不能留玩, 正以世亂方殷, 中懷崩迫, 故不免觸物關情耳.)

##《두억》: 통곡은 병란 때문이며 노래도 슬픈 노래이지 즐거워서 부른 것이 아니다. 해가 뜬 후에는 각각 일이 있기에 "노래와 통곡 소리가 모두 새벽에 들린다"라고 하였고, "멀리 떠남에 정해진 노정이 있으니" 새벽에 또한 배를 띄워 노래 통곡 소리와 함께 출발한 것이다. 다음 날이 되어도 다시 그러하니 어지럽지 않은 곳이 없다. '듣고 본' 것이 모두 '노래와 통곡'이기에 '동일성'이라 하였다. 종성鍾惺은 소리를 '듣고 보았다'고 한 것을 선리禪理라고 여겼는데 우활한 것 같다. 새와 물고기도 각각 그 생을 아끼기에 선왕이 그물을 설치한 것을 탓하고 있다. 이는 살인에서 격발된 것이기에 끝에 이르러 비로소 '간과'라는 글자를 드러내었다. 다만 '간과'를 움직이며 '읍양'할 줄 모르고 '붕박'으로 인하여 '그런 마음을 여니' 그래서 '전왕'에게 한탄한 것이다. '벽조'는 즐길 만한데도 '고범'으로 멀리 가는 것은 '간과'가 핍박했기 때문이니 이른바 (〈주출강릉남포봉기정소윤심舟出江陵南浦奉寄鄭少尹審〉의) "전쟁 속에 늙은 유자를 보낸다"라는 것이다. 담원춘譚元春은 "탁월한 식견과 슬픈 마음이 핍박하여 기이한 울림을 만들어내니 읊는 자로 하여금 배회하게 한다"라고 하였다.(哭因兵亂, 歌亦悲歌, 非樂而歌也. 日出後各有所事, 故歌哭俱在曉, 而行邁有期程, 曉亦開舟, 與歌哭同發也. 至明日復然, 則無處不亂矣. 聞

見俱是歌哭, 故同一聲. 鍾以聲該聞見爲禪理, 似迂. 鳥魚各愛其生, 故追咎先王設網罟, 此激於殺人而發, 故至末始露干戈字. 止動干戈, 不知揖讓, 因崩迫以開其情, 所以致恨於前王也. 碧藻可悅而高帆遠征, 亦緣干戈迫之, 所謂干戈送老儒也. 譚云, 卓識愁腸, 迫成奇響, 使誦者徘徊.)

《독두심해》: 앞 8구는 곤궁한 백성들의 근심과 고통의 소리를 자주 듣고서 개탄한 것이다. 4구는 서술이고 4구는 비유인데 노래와 통곡은 다 슬픈 소리로 풀이한다. '구재효'는 이 슬픈 소리가 날마다 아침에 떠날 때 모두 있음을 말한다. '비조'는 자신을 비유하며, '잠어'는 백성들을 비유하니 '나의 거처가 불안정한 것은 먹을 것을 구하기 위함이지만 저 백성들은 각각 그 거처가 안정되어 있는데 어찌하여 또 이처럼 놀라고 두려워하는가'라는 말이다. 이는 가렴주구의 법이 촘촘하여 저들의 삶을 해치기 때문이니 곧 앞 시(〈견우遣遇〉)의 "돈 내놓으라는 일이 많으니, 난리에 어지러이 통곡한다"라는 뜻이다. 뒤 4구는 배에서 일찍 떠나는 것을 맺어내면서 탄식한 이유를 스스로 밝히고 있다. 아마도 앞에서 개탄한 이유는 내가 난리를 만나 '붕박'하기 때문인데, 내 마음이 몹시 슬프기에 슬픈 소리를 들으면 곧 마음이 쓰이는 것이다.(前八句, 疊聞窮民愁苦之聲而發慨也. 四敘述, 四比擬, 歌哭皆作悲聲解. 俱在曉, 謂此悲聲, 日日曉行俱有也. 飛鳥自喻, 潛魚喻民, 言我之棲止不定, 爲求食耳, 彼民各安其居, 何亦驚恐乃爾. 祇緣誅求法密, 害彼生成之故, 卽前詩索錢多門戶, 喪亂紛嗷嗷意. 後四句, 結出舟中早行, 而自明發歎之由, 蓋前所爲慨者, 由我之値亂崩迫, 我心孔悲, 故聞悲聲卽關情焉.)

(강민호)

70. 過津口
나루터 입구를 지나다

南岳自兹近[1] 湘流東逝深[2] 和風引桂楫[3] 春日漲雲岑[4]
回道過津口[5] 而多楓樹林 白魚困密網[6] 黃鳥喧嘉音[7]
物微限通塞[8] 惻隱仁者心[9] 瓮餘不盡酒[10] 膝有無聲琴[11]
聖賢兩寂寞[12] 眇眇獨開襟[13]

남악이 이로부터 가까우니
상강이 동쪽으로 깊이 흘러가는데,
온화한 바람은 계수나무 노를 이끌고
봄 햇살은 구름 낀 봉우리에 넘치네.

길을 돌아 나루터 입구를 지나니
단풍나무 숲이 많은데,
흰 물고기는 빽빽한 그물에 힘겨워하고
누런 새는 고운 노래를 지저귀네.
사물이 미미해도 궁통에 제한받으니
슬피 여기는 것이 어진 이의 마음이리라.

동이에는 다 마시지 않은 술이 남았고
무릎에는 소리 없는 금이 있는데,
성인과 현인 둘 다 적막하니
아득히 홀로 흉금을 열어보네.

이 시는 나루터를 지나면서 본 경물을 묘사하고 자신의 감회를 적은 것이다. 봄날 나루터 주변을 보며 여유를 즐기면서 궁통의 제약을 애써 벗어나려 하는 심사를 표현하였다. 저작 시기는 대체로 대력 4년 봄 담주에서 상강을 거슬러 형주衡州로 가던 도중으로 추정한다.

《보주두시》 시에서 "남악은 이로부터 가까우니 상강이 동쪽으로 깊이 흘러간다"라고 하였으니 마땅히 (〈조행早行〉과) 마찬가지로 대력 4년 봄에 지은 것이다.(詩云, 南岳自玆近, 湘流東逝深. 當同是大曆四年春作.)
《두시상주》 황학의 주에서 이 시는 대력 4년 봄에 지은 것이라고 하였다. '나루터 입구'는 마땅히 형산 근처에 있었을 것이다. 채몽필은 강릉에서 지은 시에 속한다고 하였다.(鶴注, 此大曆四年春作. 津口, 當在衡山相近之處. 夢弼, 謂屬江陵.)

주 석

1 南岳(남악) – 형산衡山을 가리킨다.

2 湘流(상류) – 상수湘水를 가리킨다. 東逝(동서) – 동쪽으로 흘러가다.
《두억》 배가 물길을 거슬러 서쪽으로 올라가니 상수는 동쪽으로 흘러간다.(舟泝流西上, 而湘流則東逝也.)

[南岳 2구]
《보주두시》에 인용된 왕수王洙 주 '남악'은 형산이고 '상류'는 상강이다.(南岳, 衡山也. 湘流, 湘江也.)
《구가집주두시》 조차공 주 역도원의 《수경주》에서 "상수는 또 북쪽으로 흘러 형산현 동쪽을 지나는데 형산은 서남쪽에 있으며 세 봉우리가 있다. 《산해경》에서는 구루산이라고 불렀으며 남악으로 삼았다"라고 하였고, 또 "형산은 동쪽과 남쪽 두 면이 상수를 굽어보며 비추는데 장사에서 이곳까지 상수 7백 리에 아홉 번 굽이진다. 그래서 어부가 '돛이 상수를 따라 휘도는데 형산을 바라보며 아홉 번 돈다'라고 노래했다"라고 하였다. 지금 두보의 시에서 남악이 가깝고 이어서 상수가 깊다고 하였으니 이것을 말한 것이다.(酈道元注水經云, 湘水又北, 逕衡山縣東, 山在西南, 有三峰. 山經謂之岣嶁山, 爲南岳也. 又云, 衡山東南二面臨映湘川, 自長沙至此, 江湘七百里中有九背. 故漁者歌曰, 帆隨湘轉, 望衡九回. 今公詩言南岳近而繼以湘流深, 則此之謂矣.)

3 桂楫(계즙) – 계수나무로 만든 노. 배의 미칭이다.

4 漲(창) – 넘쳐나다. 여기서는 봄기운이 가득함을 형용한 말이다. 이와 달리 상수의 물이 불었다는 뜻으로 보는 설도 있지만 취하지 않는다. 雲岑(운잠) – 구름 덮인 높은 산.

《두시상주》 '운잠'은 바로 운봉이다. '창'은 햇빛이 구름 위에 떠 있다는 말이다.(雲岑, 卽雲峰. 漲, 謂日光浮於雲上.)

#《두시상주》: 이 단락은 배를 타고 갈 때의 경물이다. 남악이 서남쪽에 있기에 상수는 동쪽으로 흘러가게 된다. 바람과 햇빛에 관한 2구는 봄기운이 온화한 기상을 그렸다.(此舟行之景. 南岳在西南, 則湘水屬東流矣. 風日二句, 寫春氣融和之象.)

5 回道(회도) – 길을 돌아가다. 굽이져 흐르는 강물을 따라간다는 말이다. '道'는 '首'로 된 판본도 있다.

6 白魚(백어) – 흰 물고기. 피라미로 보기도 한다. 密網(밀망) – 빽빽한 물고기 그물.

《구가집주두시》 조차공 주 '백어'는 피라미이다.(白魚, 鯈魚也.)

7 喧(훤) – 시끄럽다. 嘉音(가음) – 아름다운 소리.

8 限通塞(한통색) – 통함과 막힘에 제한을 받다. 이 구는 미물도 모두 궁통의 제약을 받는다는 말로, 위의 2구를 이어 받아서 한 말이다.

9 惻隱(측은) – 불쌍하게 여기다.

[白魚 4구]

《두시조차공선후해집교》 피라미가 무리를 지었지만 작기에 빽빽한 그물에 힘들어하는 것은 사물이 궁색하게 된 경우이다. 황조가 바람이 온화한 봄날이기에 아름다운 소리가 시끄러운 것은 사물이 순통하게 된 경우이다. 사물의 순통함과 궁색함은 비록 그 미미함이 말할 만하지 않더라도 어진 이는 그 사물에 대해 매번 그 궁색함을 불쌍하게 여긴다. 《맹자》에서 말하기를, "불쌍히 여기는 마음은 어짊의 단서이다"라고 하였다.(白魚以群而小, 困於密網, 物之所以塞者也. 黃鳥以和風春日之際而嘉音喧然, 物之所以通者也. 物之通塞, 雖微不足道, 而仁者於物, 每惻隱其困塞矣. 孟子曰, 惻隱之心, 仁之端也.)

《보주두시》에 인용된 사師 씨 주 새가 아름다운 소리로 지저귀고 물고기가 빽빽한 그물에 힘겨워하여, 어떤 것은 궁색하고 어떤 것은 순통하니 또한 사람에게 행복과 불행이 있는 것과 같다. 이것이 어진 자의 마음을 측은하게 하는 까닭이다.(鳥喧嘉音, 魚困密網, 或塞或通, 亦猶人有幸有不幸. 此所以惻隱仁者之心也.)

#《두시상주》: 이 단락은 사물에 대한 정을 읊은 것이다. '회도'는 길을 돌아간다는 말과 같다. 황생의 주에서 "물고기는 힘겨워하고 새는 지저귀어서 사물의 궁통이 비록 다르더라도 어진 이라면 스스로 마땅히 똑같이 대해야 한다. 어찌하여 유독 물고기를 빽빽한 그물에서 힘들게 하는가"라고 하였다.(此咏物之情. 回道, 猶言紆道. 黃生注, 魚困鳥喧, 物之通塞雖異, 在仁者自宜一視, 何獨使魚困於密網乎.)

10 瓮(옹) – 항아리. 不盡酒(불진주) – 다 마시지 않고 남겨놓은 술.

11 膝(슬) – 무릎. 無聲琴(무성금) – 소리가 나지 않는 금. 금을 연주하지

않고 그 흥취를 즐기는 것으로 도연명의 고사를 활용한 것이다.

《송서宋書·도잠전陶潛傳》 도연명은 음악을 알지 못했지만 소박한 금 한 대를 소장하고 있었는데 줄이 없었다. 매번 술을 마셔 즐거워지면 그때마다 어루만지면서 그의 뜻을 기탁하였다.(潛不解音聲而畜素琴一張, 無絃. 每有酒適, 輒撫弄以寄其意.)

《두보전집교주》에 인용된 소보邵寶 주 '무성금'은 무릎에 금을 가로로 놓고는 연주하지 않는 것이다.(無聲琴, 橫琴在膝, 未及鼓也.)

12 寂寞(적막) – 현재 없다는 말이다.

13 眇眇(묘묘) – 아득한 모양. 의지할 데 없는 모양. 開襟(개금) – 흉금을 열다.

《두보전집교주》에 인용된 소보 주 '묘묘'는 고독한 모양이다.(眇眇, 孤獨貌.)

#《두시조차공선후해집교》: 여기에 술이 있어 마실 만하고 금이 있어 즐길 만한데, 성인과 현인을 생각하니 둘 다 모두 적막해져 더불어 말할 자가 없다. 그러니 또한 홀로 흉금을 열며 자적할 뿐이다.(於此有酒可飮, 有琴可玩, 而思聖與賢, 兩皆寂寞, 無與言者, 則亦獨開襟而自適耳.)

《두시상주》: 이 단락은 자신의 감회를 스스로 서술한 것이다. 술을 따르고 금을 대한다는 것은 배 안에서 자득한 흥취이다. 왕수가 말하기를, "당시 군자가 없음을 마음 아파하여 홀로 흉금을 풀 따름이다"라고 하였다. 《두억》에서 "두보가 길이 막혔을 때 평순한 바람과 순조로운 뱃길을 만나자 이내 스스로 기분이 좋아졌으니 그 가슴속에 묵은 것이 없어졌음을 알게 된다"라고 하였다.(此自敍己懷. 酌酒對琴, 舟中自得之趣. 洙云, 傷時無君子, 故獨開襟而已. 杜臆, 公在窮途, 遇風平舟利, 便自怡神, 知其胸中無宿物矣.)

##《독두심해》: 바람과 물이 평순하게 되었음을 기뻐하면서 즐거워하

는 말을 하였고 뜻밖에 도연명의 풍취로 길이 막혔음을 잊게 되었다. 구조오는 "앞 4구는 배를 타고 갈 때의 경물이고 가운데 6구는 사물에 대한 정을 읊은 것이며 뒤의 4구는 자신의 감회를 스스로 서술한 것이다"라고 하였는데 내가 생각하기에 분단할 필요가 없다. 바람이 이끈다는 것은 역풍인데 봄에는 남풍이 많이 분다. 물이 불었다는 것은 역류인데 남행은 강을 거슬러 간다. 바람과 물이 비록 거꾸로 이지만 봄기운이 이미 풀렸기에 고충이 없다.(喜遇風水平和, 而爲怡神之語, 居然靖節風味, 忘乎其爲窮途矣. 仇云, 前四, 舟行之景. 中六, 詠物之情. 後四, 自敍己懷. 愚謂不必分段. 風引, 逆風也, 春多南風. 水漲, 逆流也, 南行爲上水. 風水雖逆, 而春氣已融, 故無苦趣.)

(**임도현**)

71. 次空靈岸

공령안에 머물다

沄沄逆素浪[1] 落落展淸眺[2] 幸有舟楫遲[3] 得盡所歷妙[4]
空靈霞石峻[5] 楓枯隱奔峭[6] 靑春猶無私[7] 白日已偏照[8]
可使營吾居[9] 終焉托長嘯[10] 毒瘴未足憂[11] 兵戈滿邊徼[12]
嚮者留遺恨[13] 恥爲達人誚[14] 迴帆覬賞延[15] 佳處領其要[16]

출렁이는 흰 물결을 거슬러 가며
저 멀리 한가로운 시선을 펼쳐본다.
다행히 배가 천천히 움직여
지나는 곳의 기묘한 모습을 다 볼 수 있다.

공령안은 노을같이 붉은 바위가 높고
단풍나무와 괄나무가 치달리는 벼랑을 가린다.
푸른 봄은 오히려 사심이 없는데
흰 태양은 한 곳에만 치우쳐 비추는구나.
내 거처를 경영할 수 있다면
끝내 여기 살며 길게 휘파람 불리라.
장독瘴毒이야 근심할 만한 게 아니니
변방에는 병기兵器가 가득해서라네.

지난날 아쉬움을 남겨
통달한 사람에게 비난받은 게 부끄럽다.

돛을 돌려 더 오래 감상하기를 바라니
아름다운 곳 그 요체를 파악해야지.

대력 4년 봄 배를 타고 형주衡州로 가는 도중 공령안에 배를 정박하고 지은 시이다. 공령안에 정박하면서 주위의 아름다운 경물을 보게 되었다. 그런 곳이라면 은거지로 삼을 만하니 떠돌이 생활을 그만두고 그곳에 정착해도 좋겠다고 하였는데, 노년에 이리저리 떠돌던 두보의 고단한 심사가 엿보인다. 공령안은 상강湘江에 있는 지명이다. '空靈岸'의 '靈' 자가 '舲' 자의 오기誤記라는 설이 있다.

《보주두시》 《환우기》에 '공령협空舲峽이 자귀현 동쪽 125리에 있다'는 말이 있지만, 다음 시(〈숙화석수宿花石戍〉)에서 "정오에 공령안空靈岸의 산을 떠났더니 저녁에 화석수에 도달할 수 있었다"라고 하였으니 정오에 (자귀현이 있는) 귀주에 있다가 저녁에 담주에 도달할 수는 없다. 하물며 제1구에서 "출렁이는 흰 물결을 거슬러 간다"라고 하였으니 악주로부터 담주로 거슬러 올라가는 것임이 아주 분명하다. 만약 기주에서 삼협을 내려왔다면 그것은 강물을 따라 내려오는 것이 된다. 의당 대력 4년 봄에 지은 것이다. 담주에는 본래 공령탄空靈灘이 있다. 하물며 시와 시제가 모두 '空靈'으로 되어 있으니 '空舲'과는 당연히 다른 것이다.(雖寰宇記云, 空舲峽在秭歸縣東百二十五里, 然後篇云, 午辭空舲('靈'의 오자)岑, 夕得花石戍, 則無容午在歸州而夕至潭州也. 況首句云, 沄沄逆素浪, 則是自岳遡潭甚明. 若是自夔下峽, 則爲順流矣. 當是大曆四年春作. 潭州自有空靈灘也. 況詩與題俱爲空靈, 與空舲自不同.)
《두시상주》 황학의 주에 "의당 대력 4년 봄에 지은 것이다"라고 하였다. 채몽필蔡夢弼은 "'空靈'은 당연히 '空舲'이 되어야 한다. 글자를 잘못 쓴 것이다"라고 하였다.(鶴注, 當是大曆四年春作. 蔡曰, 空靈, 當作空舲, 刀筆誤耳.)

《두공부초당시전》 '空靈'은 당연히 '空舲'이 되어야 한다. 글자를 잘못 쓴 것이다. 역도원酈道元의 《수경주》에 "상수현에 공령협이 있다. 격랑이 우레처럼 치달리니 그 험함이 삼협과 같다"라고 하였다.(空靈, 當作空舲, 刀筆誤耳. 酈元水經, 湘水縣有空舲峽, 驚浪雷奔, 險同三峽.)

《독두시설》 《두시상주》는 채몽필이 "'空靈'은 당연히 '空舲'이 되어야 한다. 글자를 잘못 쓴 것이다"라고 한 말을 인용하였다. 지금 이 설을 살펴보면 대체로 지리지에 '空舲'으로 된 것에 근거하였다. 그러나 이 시에서 '空靈霞石峻'이라 하였고 다음의 〈숙화석수〉 시에서도 '午辭空靈岑'이라 하여, 모두 '靈' 자를 썼다. '靈' 자는 필획이 많고 '舲' 자는 필획이 적으니, 만약 잘못 쓴 것이라면 ('舲' 자를) 도리어 '靈' 자로 쓸 리는 없다. 의당 일반 사람이 '靈' 자는 늘 쓰고 '舲' 자를 쓰는 경우는 드물어 모두 '舲'을 '靈'이라고 생각했을 것이다. 두보가 이곳에 들렀을 때 어찌 지리지를 상세히 살필 수 있었겠는가? 그래서 그 또한 전해지는 대로 '靈'으로 했던 것일 뿐이다.(注引蔡夢弼說, 空靈, 當作空舲, 刀筆誤耳. 今按此說, 蓋據地志作空舲也. 然詩云, 空靈霞石峻, 下宿花石戍云, 午辭空靈岑, 皆作靈字. 靈字筆數多, 舲字筆數少, 若刀筆誤, 不應反作靈字. 當是時俗常用靈字, 罕用舲字, 故皆以舲爲靈. 公過時, 豈能詳考地志, 故亦承作靈耳.)

《독두심해》 《십도사번지》에 "상수에 '空舲灘'이 있다"라는 기록이 있다. 《일통지》에 "'空舲岸'은 상담 서쪽 160리에 있다"라는 기록이 있다. 채몽필의 주에 "'靈' 자는 글자를 잘못 쓴 것이다"라고 하였다.(十道四蕃志, 湘水有空舲灘. 一統志, 空舲岸, 在湘潭西一百

六十里. 蔡注, 靈, 刀筆誤耳.)

주 석

1 沄沄(운운) – 물결이 일렁이는 모습. 물이 세차게 흐르는 모습. 파문波紋을 뜻하는 것으로 보는 설도 있다. 逆素浪(역소랑) – 흰 물결을 거스르다. 물결을 거슬러 올라가는 것을 뜻한다.

《두시언해》 '운운'은 흐르는 모습이다.(沄沄, 流貌.)

《두공부초당시전》 '역랑'은 물결을 거슬러 올라가는 것을 말한다.(逆浪, 謂泝流也.)

2 落落(낙락) – 시원한 모습. 멀리까지 탁 트인 모습. 展淸眺(전청조) – 한가로운 시선을 펼치다. '청조'는 한가롭게 멀리 바라보는 것을 뜻한다.

[沄沄 2구]

《두시상주》에 인용된 양덕주楊德周 설 '운운'은 물결의 무늬이다. '낙락'은 멀리까지 탁 트였다는 뜻이다.(沄沄, 浪紋也. 落落, 曠遠意.)

3 舟楫(주집) – 배.

4 所歷妙(소력묘) – 지나는 곳의 기묘함. 이 구는 지나는 곳에 있는 기묘한 풍경을 다 볼 수 있다는 뜻이다.

#《두시상주》: 공령안에 머문 이야기로부터 시상을 일으켰다. 신함광은 "배를 정박하면서 두루 다닌다고 하여, 또한 나그넷길에서의 운치 있는 일을 드러내었다"라고 하였다.(從次岸敍起. 申涵光曰, 停舟遍歷, 亦見客途韻事.)

5 霞石(하석) – 노을같이 붉은 바위. 공령안 일대 강가의 벼랑이 붉은빛임을 말한다.

《두공부시집집주》 살펴보건대 《상중기》에서 "상수는 아래로 바닥의 돌이 보이는데 저포처럼 생겼다. 흰 모래가 서리와 눈 같고 붉은 벼랑은 아침노을 같다"라고 하였다. 앞의 시(〈견우遣遇〉)에서 "붉은 벼랑에 구름 낀 해가 높다"라고 하였고 이 시에서 "공령안은 노을같이 붉은 바위가 높다"라고 하였는데 모두 《상중기》 안에 나오는 말을 쓴 것이다.(按, 湘中記, 湘川下見底石, 如樗蒱. 白沙如霜雪. 赤崖如朝霞. 前詩, 朱崖雲日高, 此詩, 空靈霞石峻, 皆用記中語也.)

6 楓栝(풍괄) – 단풍나무와 괄나무. '괄'은 몸통은 소나무 같고 잎은 측백나무 같다. 회檜나무의 일종이다. '栝'이 '枯'로 된 판본도 있다. 奔峭(분초) – 달려가는 가파른 비탈. 강 언덕의 가파른 벼랑이나 강가의 높은 산이 달리는 듯한 모습임을 말한다.

《두공부시집집주》 《서경》의 소疏에 의하면 '괄'은 나무 이름인데 잎은 측백나무 같고 몸통은 소나무 같다.(書疏, 栝, 木名, 柏葉松身.)

《구가집주두시》 조차공 주 단풍나무와 괄나무가 달리는 듯한 비탈 언덕 일대를 가린다고 말한 것이다.(謂楓栝之木, 遮隱欲奔之峭岸間耳.)

7 無私(무사) – 사심이 없다. '無'가 '有'로 된 판본도 있다.

8 已(이) – 심히. 아주. '亦'으로 된 판본도 있다. 偏照(편조) – 한 곳만 치우쳐 비추다. '偏'은 '徧'과 통용되므로 '두루 비춘다'라고 풀이할 수도 있다.

《두시설》 가파른 벼랑이 하늘을 가린다. 그래서 흰 태양이 치우쳐 비춘다는 표현을 하였다.(峭壁隱天, 故有白日偏照之語.)

[靑春 2구] 이 구는 일반적으로 '푸른 봄은 오히려 사심이 없는데 흰 태양은 이와 달리 이 공령안 일대만 비추어준다'라는 뜻으로 풀이한다. 그러나 '偏'을 '두루'의 뜻으로 보아 '푸른 봄도 오히려 사심이 없고 흰 태양도 이미 두루 비춘다'라고 풀이할 수도 있다. '백일' 구의 '已' 자가 '亦' 자로 된 판본이 있는데, 이 판본을 따르면 글의 이러한 뜻은 더욱 분명해진다. 반면에 '청춘' 구의 '無' 자가 '有' 자로 된 판본

이 있는데 이 판본이 맞는 것이라면, 이 2구는 '푸른 봄도 오히려 사심이 있고 흰 태양도 한쪽에 치우쳐 비추니, 이 공령안 일대만 봄빛이고 이곳에만 해가 비치어 좋다'라는 뜻이 될 것이다.

9 居(거) – '屋'으로 된 판본도 있다.

10 終焉(종언) – 마침내.

11 毒瘴(독장) – 독이 있는 장기瘴氣.

12 邊徼(변교) – 변방 지역. 여기서는 북쪽 변방을 가리킨다. 공령안이 있는 상담湘潭 일대를 가리킨다는 설도 있으나 합당하지 않다.

《두시상주》 중원의 관점에서 말하면 호남은 변방의 땅이다.(就中原而言, 湖南爲邊徼之地.)

《독두시설》 시에서 "독장미족우, 병과만변교"라고 한 것에 대해 《두시상주》에서 "중원의 관점에서 말하면 호남은 변방의 땅이다"라고 하였다. 지금 살펴보건대 이 주대로라면 병기가 가득한 곳은 호남을 가리킨다. 황학의 설에 의거하면 이 시는 대력 4년 봄에 지은 것인데, 장개의 난은 대력 5년에 있었고 대력 4년 봄에는 호남에 난이 없었다. 그래서 다음 〈숙화석수〉 시에서 "산동에 반역의 기운이 남아 있지만, 오초의 사람은 왕의 법도를 지킨다"라고 하였다. 초 지역이 호남이니 산동의 여러 곳에 아직도 반군의 노략질이 많은 것과는 다르다는 사실을 바로 말하였는데, 어찌 이 시에서 병기가 많다고 말할 수 있겠는가? '변교'는 의당 진 지역과 촉 지역에 가까운 변경을 가리킬 것이다. 당시 토번이 누차 빈주와 영주를 침략했고 촉에서는 양자림과 최간이 서로 난을 함부로 일으켰다. 앞에서 "가사영오거, 종언탁장소"라고 하였는데, 이 역시 호남이 편안하고 고요하기에 거처를 경영하겠다는 뜻을 말하였다. 이 2구는 비록 호남에 장독이 있긴 하지만 그래도 변방에 병기가 가득한 것 같은 나쁜 지경에는 이르지 않았다고 말한 것일 뿐이다. 《두시상주》의 풀이는 틀렸다.(詩云, 毒瘴未足憂, 兵戈滿邊徼. 注, 就中原而言, 則湖南爲邊徼矣. 今按此注, 則兵戈滿是指湖南. 據黃鶴說, 此詩大曆四年春作. 臧玠之亂, 在大曆五年, 四年春, 湖南無事也, 故下宿花石戍云, 山東殘逆氣, 吳楚守王度. 楚是湖南, 正言不若山東諸處, 猶多寇盜, 何以此云兵戈滿乎. 邊徼當指秦蜀近邊處, 其時吐蕃屢叩邠靈州, 蜀中楊子琳崔旰, 相縱亂也. 上云, 可使營吾居, 終焉托長嘯, 亦言湖南安靜, 故欲營居. 此二句則言湖南雖有毒瘴, 尙不至如邊徼之兵戈滿耳. 注非.)

《독두심해》 유주, 계주, 하황 일대가 모두 이에 해당한다. 옛 주석에서는 공령안 이곳을 변방의 전장으로 보았는데 아주 틀린 설이다.(如幽薊河湟皆是, 舊即以本處爲邊徼兵戈地, 謬甚.)

#《두시상주》: 이 단락은 공령안의 경치를 부러워한 것이다. 바위 벼랑이 달리는 듯하니 그 높은 모습을 기뻐하고, 흰 태양이 치우쳐 비추니 그 탁 트인 것을 기뻐한다. 그래서 이곳에 의탁해 휘파람 불고 노래하고자 한다. 다만 병기가 땅에 가득한 것이 두려우니, 거처를 정해 일생을 마치는 일은 아직 해내기가 어렵다.(此羨空靈岸景. 石峭如奔, 喜其高聳. 白日偏照, 喜其軒敞. 故欲托此以嘯歌, 但恐兵戈滿地, 未堪卜居終身耳.)

13 嚮者(향자) – 지난날. 접때. 留遺恨(유유한) – 남은 한을 남기다. 좋은 곳을 두루 찾아보지 못해 유감스럽다는 뜻이다.

《두억》 '향자류유한'은 좋은 곳을 가려서 은거할 수 없었음을 말한다.(向者留遺恨, 謂不能擇勝地而隱也.)

《두공부시집집주》 '유유한'은 산수의 승경을 다 볼 수 없었음을 한스럽게 생각한다는 것이다.(留遺恨, 恨未盡山水之勝也.)

14 達人(달인) – 통달한 사람. 사리를 깨우친 사람. 誚(초) – 꾸짖다.

[嚮者 2구] 기존의 두보 연보를 따르면, 두보는 대력 4년 봄에 처음으로

공령안을 지났다. 그렇다면 이 2구는 두보가 이전에 여러 명승지를 두루 다니며 감상하지 못하여 비난받은 것을 부끄럽게 생각한다는 뜻일 것이다. 그러나 기존의 연보와 달리 이 시를 지을 때 이미 공령안을 지난 적이 있다고 가정한다면 두보가 전에 공령안을 지날 때 제대로 감상하지 못했다는 사실을 말하는 것이 된다. 기존의 두보 연보의 정확성에 대해 아직도 의문이 있기에 어느 해석이 맞는지는 현재 확정하기 어렵다.

15 覬(기) – 바라다. 賞延(상연) – 감상을 늘리다. 감상하는 시간을 길게 가지는 것을 뜻한다.

16 領其要(영기요) – 그 요체를 이해하다. 그 중요한 부분을 터득하다.
《두억》 '아름다운 곳의 요체를 파악하려면' 별도로 뛰어난 안목을 갖추어야 한다. 그러나 (두보는) 어떤 한 곳을 지날 때마다 경물을 보고 시를 지었는데, 그것이 뛰어나지 않은 게 없으니 대체로 그 요체를 파악했던 것이다.(佳處領其要, 須別具隻眼. 但經一處, 卽景賦詩, 無不夐絶, 蓋所領得其要也.)

[嚮者 4구]

《구가집주두시》 조차공 주 아마도 두보가 지난날 이곳을 지나면서 오래 머물 수 없어 아쉬움이 있었기에 통달한 사람에게 꾸지람을 받게 되었다는 부끄러움을 품었을 것이다. 그래서 지금은 비록 물을 거슬러 올라가지만 오히려 돛을 돌려 감상의 시간을 늘리고 아름다운 곳의 요체를 파악하기를 희망하였다.(豈公前日經此而不能久住, 故有遺恨之留, 懷達者所誚之恥, 故今則雖上水矣, 仍回帆以覬望賞玩之遷延, 而領佳處之要也.)

#《두시상주》: 마지막 단락은 명승지를 두루 유람하기를 기대한 것이다. '유한'은 아직 유람하지 못했음을 말하는데, 아름다운 곳의 요체를 파악하는 일은 이 공령안에서 지나는 곳만이 아니다. 《두억》은 "요체

를 파악한다는 말 한 마디는 별도로 뛰어난 안목을 갖춘 것이다. 두보는 한 곳을 지날 때마다 경물을 보고 시를 지었는데, 그것이 뛰어나지 않은 게 없으니 대체로 그 요체를 터득했던 것이다"라고 하였다.(末期遍覽名勝也. 遺恨, 謂遊踪未到, 佳處領要, 不但斯岸所歷矣. 杜臆, 領要一語, 此別具隻眼者. 公每經一處, 必卽景賦詩, 無不敻絶, 蓋所領得其要也.)

##《두시설》: 도중에 비록 길 가는 일이 괴롭지만 그래도 산수의 흥취가 있다. 촉 지역에 들어갔을 시기와 호남 시기의 여러 시는 한편으로는 길 가는 일을 서술하면서 또 한편으로는 감상에 뜻을 두고 있어, 흉금이 이미 속류를 초월하였다. 그런데도 '치위달인초'라고 하였으니 오히려 급하게 지나가는 것을 유감스럽게 생각한 것이다.(道途雖苦征役, 然有山水之趣. 入蜀及湖南諸詩, 一邊述征行, 一邊志賞眺, 襟次已越俗流, 然猶云耻爲達人誚, 尙有經過草草之憾.)

《독두심해》: 내가 대충 구조오 본에 따라 분단分段을 하고 풀이도 마쳤는데, 아우 인麟이 이를 바꾸면서 "의당 제8구에서 나누어야 하니 앞부분은 일을 서술한 것이고 뒷부분은 뜻을 그린 것이다"라고 하였다. 첫 4구는 시제 이전에 해당한다. '물결을 거슬러 간다'와 '배가 천천히 움직인다'는 표현은 묘한 경계境界를 잘 얻어 착수한 수법이 그윽하고 빼어나다. 다음 4구는 바로 공령안의 새벽 정취를 말하였으니, 시제에 대한 서술은 이미 끝났다. '가사' 이하는 은거하려는 생각을 설정하였는데, 감정이 경물로 인하여 생겼다. 남방이 비록 더위와 장기가 많지만 그래도 북쪽 지역의 전쟁보다는 나으니, 이곳에 이르자 지난날 분만憤懣하여 시름겹던 심사가 순식간에 사라짐을 깨닫는다. 돛을 돌려 자세히 파악할 것을 기약하니 여운이 넉넉하여, 천천히 가면서 기묘한 경치를 두루 보겠다는 말과 딱 어우러져 아름다운 느낌을 만들어낸다.(余率依仇本分截, 解旣就, 弟麟易之云, 當八句截, 前敍事, 後寫意也. 起四在題前, 逆浪, 舟遲, 偏得妙境, 入手幽秀. 次四,

正言空靈曉趣, 敍題已畢. 可使以下設爲卜隱之思, 情從景生也. 南方雖多炎瘴, 猶勝北地兵爭, 至此覺嚮來憤亂愁腸, 頓然消釋. 期以迴帆細領, 綽有餘韻, 恰與行遲歷妙, 縈拂生姿.)

(이영주)

72. 宿花石戍

화석 수자리에서 묵다

午辭空靈岑[1] 夕得花石戍[2] 岸疏開闢水[3] 木雜古今樹[4]
地蒸南風盛[5] 春熱西日暮[6] 四序本平分[7] 氣候何迴互[8]
茫茫天造間[9] 理亂豈恒數[10] 繫舟盤藤輪[11] 杖策古樵路[12]
罷人不在村[13] 野圃泉自注[14] 柴扉雖蕪沒[15] 農器尙牢固[16]
山東殘逆氣[17] 吳楚守王度[18] 誰能叩君門[19] 下令減征賦[20]

한낮에 공령 봉우리를 떠나
저녁에 화석 수자리에 도착하였다.
언덕에는 개벽할 때의 강물이 흐르고
나무는 옛날과 지금의 나무가 섞여 있다.
땅이 찌는 가운데 남풍이 많이 불고
봄 열기 속에 서쪽 해 저물어간다.
사계가 본래 고르게 나뉜 것인데
절기는 어찌하여 뒤얽혀버렸나.
넓고 아득한 천지 사이에서
치란治亂이 어찌 상수常數이겠는가?

등나무 서려 있는 바퀴에 배를 매고
오래된 나무꾼 길에 지팡이를 짚었다.
지친 사람들은 마을에 있지 않고
들밭엔 샘물이 스스로 물을 댄다.

사립문은 거친 풀에 묻혔지만
농기구는 아직도 견고하다.
산동에는 반역의 기운이 잔존하지만
오초는 왕의 법도를 지키고 있으니,
누가 능히 임금의 궁문을 두드려
명령 내려 부세를 덜게 해줄까?

이 시는 대력 4년 봄 담주에서 형주衡州로 갈 때 지은 것이다. '화석'은 지명으로 담주 장사군長沙郡 남쪽에 있었는데 담주에서 형주로 가는 뱃길에 이곳을 거쳐 간 것으로 보인다. '수'는 군대가 주둔한 곳을 말한다. 두보는 화석 수자리에 정박하여 그 지역 상황을 살피고서 그 일대의 경물과 기후에 대한 묘사와 그곳 마을의 고통받는 백성의 삶에 대한 자신의 감개를 시에 써내었다.

《보주두시》 살펴보건대 《신당서·지리지》에 담주에 녹구, 화석 두 수자리가 있다고 하였고, 또 시에서 "땅이 찌는 가운데 남풍이 많이 불고, 봄 열기 속에 서쪽 해 저물어간다"라고 하였으니 마땅히 대력 4년 봄 담주에 들어가 지었다는 것에 의심의 여지가 없다. 시에 "누가 능히 임금의 궁문을 두드려 명령 내려 부세를 덜게 해줄까?"라고 한 것은 그해 2월 어사를 파견하여 상전에 대하여 과세한 것을 말한다. 또 "산동에 반역의 기운이 잔존한다"라고 한 것은 양자림이 반란을 일으켜 기주별가 장충을 죽인 것을 말한다.(按, 唐地理志, 潭州有淥口花石二戍. 又詩云, 地蒸南風盛, 春熱西日暮. 當是大曆四年春入潭州作, 無疑. 詩云, 誰能扣君門, 下令減租賦, 謂其年二月遣御史税商錢. 又云, 山東殘逆氣, 謂楊子琳反, 殺夔州別

駕張忠.)

《두시상주》 황학의 주에 “이는 대력 4년 봄 담주에 들어가서 지은 것이다”라고 하였다. 《신당서·지리지》에 의하면 담주 장사군에 녹구, 화석 두 수자리가 있었다.(鶴注, 此大曆四年春入潭州作. 唐書, 潭州長沙, 有淥口花石二戍.)

《두공부시집집주》에 인용된 《일통지一統志》 화석성은 장사부 상담현 서쪽 160리에 있다.(花石城, 在長沙府湘潭縣西一百六十里.)

《두억》 화석수도 역시 상담에 있었다.(花石戍, 亦在湘潭.)

주 석

1 辭(사) – 떠나다. 空靈岑(공령잠) – 공령 봉우리.

2 得(득) – 도달하다. 花石戍(화석수) – 화석 수자리.

[午辭 2구]

《두보전집교주》에 인용된 오견사吳見思 주 공령안에서 이곳 화석수까지는 반나절 여정일 뿐이다.(自空靈岸至此, 半日程耳.)

3 疏(소) – 트여 있다. 開闢水(개벽수) – 천지개벽할 때의 강. ‘水’는 ‘山’으로 된 판본도 있다. 이 구는 언덕 아래에 개벽 이래의 강물이 흐르고 있다는 말이다.

4 古今樹(고금수) – 옛날과 지금의 나무. 오래된 나무와 새로 자란 나무를 말한다.

[岸疏 2구]

《두보전집교주》에 인용된 오견사 주 다만 강 언덕이 탁 트여 개벽할 때의 강물이 흐르고 있는 것이 보이는데 예로부터 이와 같았다. 나무는 뒤섞여서 지금의 나무와 옛날의 나무가 있는데 크기가 같지 않다.(但見岸開而流開闢之水, 自古如斯也. 木雜而有今古之樹, 大小不

同也.)

5 地蒸(지증) – 땅이 찌는 듯하다. 이 구는 화석수 지역이 남풍이 많이 불어 찌는 듯 덥다는 말이다.

6 春熱(춘열) – 봄이 덥다. 이 구는 서쪽 해가 저물어 가는데도 봄날 더위가 가시지 않는다는 말이다.

[地蒸 2구]

《구가집주두시》 조차공 주 위 구는 남쪽 땅의 찌는 듯한 무더위가 남풍이 부는 가운데 성하다는 말이고, 아래 구는 무릇 뜨거운 해도 날이 저물면 시원해져야 하는데 지금은 남쪽 땅이라서 봄의 더위가 서쪽으로 해가 저무는 때에도 그치지 않는다는 말이다.(上句言炎方之地蒸鬱在南風之中爲盛, 次句言凡暑熱之日至日暮則須涼, 今以炎方之地, 故春熱在西日暮而不息也.)

7 四序(사서) – 사계절. 平分(평분) – 고르게 분배하다.

송옥宋玉 〈구변九辯〉 하느님이 사시를 고르게 나누었다.(皇天平分四時兮.)

8 氣候(기후) – 절기. 1년은 24기와 72후로 나뉜다. 迴互(회호) – 어지럽게 뒤얽히다.

[四序 2구]

《구가집주두시》 조차공 주 시절이 바야흐로 봄인데 다른 곳에 있다면 또한 어찌 더위가 있겠는가마는 지금 이곳은 더우니 사계절의 질서에 있어 뒤얽혀 있는 상황이라고 이제 공은 말하는 것이리라.(今公蓋言時方當春, 在他處亦豈有熱, 而今此地熱, 則於四序爲回互矣.)

9 茫茫(망망) – 광대하고 아득하다. 天造間(천조간) – 하늘이 창조한 세상. 천지간. 또는 천운天運이나 시운時運으로 볼 수도 있다. '造'는 '地'로 된 판본도 있다. '間'은 '開'로 된 판본도 있다.

《역·준屯》 천조가 초매하다.(天造草昧.)

10 理亂(이란) – 치란治亂. 당 고종 이치李治의 휘를 피하여 '治'를 '理'로 한 것이다. 恒數(항수) – 변하지 않는 이치. 상수常數.

[四序 4구] 춘하추동 사계절은 본래 고르게 배분된 것인데 이곳 화석수 지역은 절기가 뒤얽힌 듯 봄철인데도 한여름의 찌는 듯한 무더위가 맹위를 떨치는 것을 보니 이 인간 세상에서 치란이 어찌 일정할 수 있겠는가라는 말이다.

《두보전집교주》에 인용된 진식陳式 설 절기가 가지런하지 않다는 것에 대한 감회가 있어서 말한 것으로, 절기가 가지런하지 않음은 바로 오초 산동의 치란이 가지런하지 않다는 뜻을 일으키고 있다.(有感氣候之不齊說起, 氣候不齊, 正興起吳楚山東理亂不齊.)

#《두시상주》: 이 단락은 수자리 앞의 경물과 시후를 기록하였다. 주학령의 주는 이 '지증'·'춘열'에 있어서도 추위와 더위의 고르게 분배된 기운이 오히려 뒤얽혀 가지런하지 않은데 치란이 무상함을 어찌 이상하게 여기겠는가라고 하였다. 이 2구는 아래의 뜻을 끌어 일으켰다.(此記戍前景物時候. 朱注, 卽此地蒸春熱, 寒暑平分之氣, 猶迴互不齊, 何怪理亂之無常耶. 二句引起下意.)

11 盤藤輪(반등륜) – 등나무가 서려 있는 바퀴. 물을 퍼 올리는 수차水車의 바퀴가 오랫동안 버려져 등나무가 그 위에 뻗어 얽혀 있는 것을 말한다. 이와 달리 강 언덕에 휘감아놓은 뱃줄이 등륜(등나무로 만든 포단)처럼 둥근 것, 또는 서려 있는 등나무가 바퀴 모양을 하고 있는 것으로 풀이하는 설도 있다.

《두시상주》 배의 뱃줄을 강 언덕에 휘감아놓으니 둥근 것이 등륜과 같다.(舟纜盤岸, 圓若藤輪也.)

《두억》 '반등륜'은 서린 등나무가 바퀴 모양을 하고 있어 거기에 배를 맨 것을 말한다.(盤藤輪, 謂盤藤作輪以繫舟.)

12 杖策(장책) – 지팡이를 짚다. 古樵路(고초로) – 오래된 나무꾼 길. 사람들이 잘 다니지 않는 외지고 좁은 길을 말한다.

13 罷人(피인) – 지친 사람. 不在村(부재촌) – 마을에 있지 않다. 이 구는 정역에 지친 사람들이 도망가서 마을이 비었다는 말이다.

《보주두시》에 인용된 왕수王洙 주 '피인'은 백성이 정역에 고생하여 피폐하였다는 말이다. '부재촌'은 그들이 편안하게 살지 못함을 말한 것이다.(罷人, 言民困於征役而罷敝. 不在村, 謂其不安居也.)

《두공부시집집주》 '부재촌'은 모두 도망갔다는 말이다.(不在村, 言皆逃亡.)

14 野圃(야포) – 들의 채전. 泉自注(천자주) – 샘이 스스로 물을 대다. 이 구는 채전을 돌보는 사람이 없는데도 샘물이 밭으로 흘러들고 있다는 말이다.

15 柴扉(시비) – 사립문. 蕪没(무몰) – 풀이 우거져 매몰되다.

16 牢固(뇌고) – 견고하다.

17 山東(산동) – 효산崤山 함곡函谷 동쪽 땅으로, 여기서는 하북河北 지역을 말한다. 殘逆氣(잔역기) – 반역의 기운이 잔존하다. 이 구는 하북 지역의 항장降將에게 여전히 반역의 기운이 남아 있다는 말이다. 양자림의 반란을 두고 한 말이라는 설도 있으나 합당하지 않다.

《구가집주두시》 조차공 주 '산동'은 지금의 하북이다. …… 지금 반역의 기운이 잔존한다고 말한 것은 안사의 난이 비록 벌써 평정되었지만 대력 3년 6월 병마사 주희채가 그 절도사 이회선을 죽여 여전히 반역의 기운이 그곳에 남아 있었기 때문이다.(山東, 今之河北也. …… 今言殘逆氣, 則以安史之亂雖已定, 而大曆三年六月, 兵馬使朱希彩殺其節度使李懷仙, 猶有逆氣存焉.)

18 吳楚(오초) – 오초 지역. 守王度(수왕도) – 왕의 법도를 지키다.

19 君門(군문) – 임금이 있는 궁문.

20 減征賦(감정부) – 부세를 감하다.

[誰能 2구]

《구가집주두시》 아래의 사정이 위에 전달되지 않음을 안타까워한 것이다.(憫下情不上達也.)

《구가집주두시》 조차공 주 오직 오초 지역만 왕의 법도를 지켰기 때문에 임금의 궁문을 두드려 그들을 위하여 부세를 덜어주고자 한 것이다.(惟吳楚守王度, 故欲叩君門而與之減征賦也.)

#《두시상주》: 이 단락은 강 언덕에 올라 백성의 곤고함을 슬퍼하였다. 배를 매어둔 뒤에 지팡이를 짚고 길을 가면서 그 백성들이 수자리 나가는 것에 지쳐 있고 마을의 들판이 황량한 것을 보았다. 이리하여 오초 사람들이 반군의 반역을 겪지 않았음에도 어찌하여 궁박함이 이 지경에 이르렀으며, 누가 천자의 궁문을 두드려 부세를 너그럽게 하는 명령을 내릴 수 있을 것인가 탄식한 것이다. 《두억》에 "'피인' 4구는 읽으면 처연해지니 조정에 들어가 이 사실을 알릴 만하다"라고 하였다. 주학령의 주에 "'산동'은 하북의 여러 항장을 말한다. 당사에 의하면 대력 4년 3월 어사를 파견하여 상전에 대하여 과세하였는데 당시 필시 오초가 심하였을 것이다. 그렇기 때문에 마지막 시어에 그렇게 말한 것이다"라고 하였다.(此登岸而傷民困也. 繫舟之後, 杖策而行, 見其民罷征戍, 村野荒涼, 因歎吳楚之人, 未經寇逆, 奈何窮迫至此, 誰能一叩帝閽, 而下寬賦之令乎. 杜臆, 罷人四句, 讀之悽然, 便堪入告. 朱注, 山東, 謂河北諸降將. 唐史, 大曆四年三月, 遣御史稅商錢, 時必吳楚爲甚, 故末語云然.)

##《독두심해》: 수자리 지역의 백성들이 정역을 괴로워하여 도망한 것을 보고서 이로 인하여 흥을 일으켰다. 첫 4구는 수자리 앞의 경물이다. '지증' 6구는 절기를 빌려 맥락을 이끈 것으로 절기가 여전히 가지

런하지 않고 게다가 치란에 일정함이 없으니 어찌 그것이 멈출 바를 헤아릴 수 있겠는가라는 말이다. 이와 같이 하여 아래를 통괄하니 의미심장하다. '계주' 6구는 백성들이 사방으로 흩어져 마을이 황량한 모습을 정면으로 서술하였다. '바퀴'는 아마도 물을 퍼 올리는 기구일 것이니 바로 아래에서 말한 '농기'이다. '반등'은 오랫동안 버려져서 등나무가 그 위에 서려 있는 것이다. 이것은 바로 나무꾼의 길가에서 본 것이다. '피인'은 정역에 지친 사람이다. '부재촌'은 사람들이 떠나 마을이 빈 것이다. 결말 4구는 반역으로써 순응을 형용하여 너그러운 정치가 백성에게 시행되기를 급히 바랐는데, 전화를 입지 않은 곳을 바라봐도 백성의 곤궁함이 역시 마찬가지여서 천하에 발붙일 땅이 거의 없게 되었던 것이다.(見戍間之民, 困征役而逃亡, 緣此發興. 起四, 戍前之景. 地蒸六句, 借氣候引脈, 言氣候尙且不齊, 何況理亂無恒, 豈能料其所止耶. 如此冒下, 意味深長. 繫舟六句, 正敍流散荒涼之象. 輪, 疑卽轉水之具, 卽下所云農器也. 盤藤, 久廢而藤盤其上. 此正樵路旁所見者. 罷人, 罷於征役之人. 不在村, 人去而村空也. 結四句, 以逆形順, 急望寬政之及, 見未被兵處, 民窮亦然, 天下幾無容足之地矣.)

《두억》: '이란' 구는 일을 조정하는 것이 사람에게 달려 있음을 말한 것으로 마지막의 '감정부'를 끌어 일으킨다. "오초는 왕의 법도를 지키고 있다"라고 하였으니 이곳은 일찍이 반란한 적이 없는데도 그 도망한 이들이 많은 것은 단지 부세가 번다하고 과중하였기 때문이다.(理亂豈恒數, 謂斡旋在人, 引起末後減征賦. 吳楚守王度, 是不曾叛亂, 其逃亡多者, 止是賦斂煩重耳.)

(**이석형**)

73. 早發

아침 일찍 출발하다

有求常百慮[1] 斯文亦吾病[2] 以玆朋故多[3] 窮老驅馳倂[4]
早行篙師怠[5] 席掛風不正[6] 昔人戒垂堂[7] 今則奚奔命[8]
濤翻黑蛟躍[9] 日出黃霧映 煩促瘴豈侵[10] 頹倚睡未醒[11]
僕夫問盥櫛[12] 暮顔靦靑鏡[13] 隨意簪葛巾[14] 仰慚林花盛
側聞夜來寇[15] 幸喜囊中淨[16] 艱危作遠客[17] 干請傷直性[18]
薇蕨餓首陽[19] 粟馬資歷聘[20] 賤子欲適從[21] 疑誤此二柄[22]

구함이 있으면 으레 백 가지 염려를 하는 법
사문은 또한 나의 병이로다.
이로 인하여 벗들이 많으니
가난하고 늙은 몸이 분주히 치달림까지 겸하였구나.
일찍 떠나는데 뱃사공은 태만하고
돛은 걸렸어도 바람이 바르지 않구나.
옛사람은 마루 끝자락에 앉는 것도 삼갔거늘
지금은 어째서 죽도록 뛰어다니는가.

파도가 일렁이니 검은 교룡이 뛰어오르고
해가 떠올라 누런 안개가 비치네.
장독瘴毒이 침범했는지 초조하고 불안하며
잠이 덜 깬 채로 고개를 떨구고 기대어 있네.
종은 세수하고 빗질하는 일을 묻는데

거울에 비친 늙은 얼굴이 부끄럽구나.
멋대로 갈건에 비녀를 꽂고
올려 보니 한창 핀 숲 꽃에 부끄럽구나.

밤새 도적이 들었다는 소문을 듣고는
주머니가 깨끗이 비어 있었음을 다행으로 여긴다네.
어렵고 위태로운 시절에 먼 나그네가 되어
남에게 도움을 청하니 곧은 본성을 해치누나.
고사리로 수양산에서 주리던 이도 있었고
곡식 먹인 말로 천하를 다니며 초빙을 구하던 이도 있었네.
천한 몸은 누구를 따르랴
의혹하다가 이 두 길을 다 그르쳤네.

이 시는 대력 4년 늦봄 두보가 탄 배가 남쪽으로 형산 부근에 들었을 때 지은 것으로 보인다. 아침 일찍 배를 출발할 당시의 정경과 심사를 적었다. 만년에 생계를 위해 이리저리 떠돌며 남에게 도움을 청해야 하는 고달픈 마음이 잘 드러나 있다.

《보주두시》 시에서 "일찍 떠나는데 뱃사공은 태만하고, 돛은 걸렸어도 바람이 바르지 않구나"라고 했으니 역시 물길을 거슬러 올라감으로 인해 말한 것이다. 마찬가지로 대력 4년에 지은 것이 분명하다.(詩云, 早行篙師怠, 席挂風不正, 亦以上水而言, 當同是大曆四年作.)
《두시상주》 황학의 주에 "이 작품 역시 물길을 거슬러 올라감으로 인하여 지은 것이다. 그래서 시에서 '일찍 떠나는데 뱃사공은 태만하고, 돛은 걸렸어도 바람이 바르지 않구나'라고 하였다"라는 기록이 있다.(鶴注, 此亦以上水而作, 故詩云, 早行篙師怠, 席挂風不正.)

주 석

1 有求(유구) – 구함이 있다. 누군가에게 도움을 청한다는 말이다. 百慮(백려) – 백 가지 근심. 온갖 생각.

2 斯文(사문) – 이 글. 문인. 유자儒者.

3 玆(자) – 이것. 여기서는 두보가 쓴 글을 가리킨다. 朋故(붕고) – 벗. 오랜 친구. '붕우고구朋友故舊'의 준말.

《두시상주》 '붕고'는 벗과 오랜 친구이다.(朋故, 朋友故舊也.)

《두보전집교주》에 인용된 사師 씨 주 군자는 글로써 벗과 어울리니, 이런 까닭에 벗이 많게 된다.(君子以文會友, 以此故多朋友也.)

4 窮老(궁로) – 곤궁과 늙음. 곤궁한 노인. 驅馳(구치) – 분주히 다니다. 수고하다. 倂(병) – 아우르다. 겸하다. 이 구절은 곤궁하고 늙은 몸으로 분주히 다니기까지 한다는 뜻이다.

[有求 4구] 이 구절은 글 때문에 친구가 많아졌고 그래서 그 친구들에게 도움을 청하러 동분서주하게 되었다는 말이다. 남에게 도움을 요청하는 것이 괴로워 자신의 글쓰는 것을 탓하고 있는 두보의 착잡한 마음을 읽을 수 있다. 이것과는 달리 '사문'을 '유자儒者'의 의미로 해석하고 이런 유자의 도리에 매여서 세상과 야합하지 못해 늘그막에도 여러 친구를 찾아 동분서주하고 있는 고달픈 모습을 설명한 것으로 보기도 한다.

《두시조차공선후해집교》 공의 생각에 남에게 구하는 바가 있으면 반드시 사려가 많아지는 법이다. 그런데 내가 사문으로 자임하고 있음을 사람들이 모두 알고 있는 것인데 (공이) 또한 '나의 병'이라고 한 것은 어째서인가? 바로 아래 구절에서 "이로 인하여 벗이 많아서 가난하고 늙은 몸이 분주히 치달림까지 겸하고 있다"라고 하였다. 대개 사람 중에 내가 사문을 자임한다고 여기는 자는 대부분 친구와 오랜 벗들이다. 그 많은 친구와 오랜 벗들이 각기 다른 곳에 흩어져 있으니, 그들을 보고자 하여 절로 자주 분주히 다니게 되는 것이다. (公之意以爲有所求人, 必多爲思慮, 然吾以斯文自任, 衆所共知, 而亦爲吾病, 何也. 乃下句云, 以玆朋故多, 窮老驅馳倂也. 蓋人以吾任斯文者, 多是朋友故舊也. 朋友故舊之多, 散在他處, 則欲見之, 自是驅馳頻倂矣.)

5 篙師(고사) – 뱃사공.

6 席掛(석괘) – 돛이 걸리다. '석席'은 자리를 말한다. 자리를 돛으로 사용하기도 해서 쓴 말이다. 이 구절은 바람이 심하게 불어 뱃길이 위험함을 말한 것이다.

《두시조차공선후해집교》 대개 자리를 돛으로 사용하기 때문이다. (蓋以席爲帆故也.)

[早行 2구]

《두시경전》 뱃사람이 게으르다는 말에서 촉박하게 떠나고자 했음이 바로 드러난다. 바람이 바르지 않다는 말은 위험을 무릅쓰고 배를 띄운 것을 말한다.(篙師怠, 正見迫促欲行. 風不正, 謂冒險放船也.)

7 垂堂(수당) – 마루 끝자락에 앉다. 위험한 곳에 처하다.

《사기·원앙조착열전袁盎晁錯列傳》 신은 천금의 아들은 마루 끝자락에 앉지 않고, 백금의 아들은 건물 난간을 타지 않는다 들었습니다.(臣聞千金之子不垂堂, 百金之子不騎衡.)

《사기·원앙조착열전》의 "臣聞千金之子不垂堂"에 대한 안사고顔師古 주 '수당'은 건물 가장자리에 앉는 것으로 떨어질까 걱정한다.(垂堂, 謂坐堂外邊, 恐墜墮也.)

8 奔命(분명) – 분주히 다니다. 필사적으로 일하다.

#《두시상주》: 첫 단락에서는 일찍 출발한 이유를 서술하였다. 《두억》에서 "글을 쓰는 이 일로 인해 벗이 많아졌고, 벗이 많아져서 분주히 치달림을 겸하게 되었으니, 의도가 남에게 구하려는 데 있어서이다. 한번 구하게 되면 반드시 백 가지 근심이 생기는 법인데, 이 경우에는 도리어 이 글쓰는 일로 인해 병이 든 꼴이다. 말을 심히 돌려서 하고 있지만, 결국은 남에게 구함을 괴로워함이다. 이로 인해 스스로 병들어 벗어날 길이 없어 이 글 탓으로 돌린 것이다. 하지만 이 글쓰는 것이 병을 책임질 수는 없는 것이니 그 고충을 엿볼 수가 있다"라고 하였다. 공이 죽도록 뛰어다니는 것은 생계를 도모하기 위해서이다. (首叙早發之故. 杜臆, 以斯文而朋故多, 以朋多而驅馳併, 意在有求, 一有求便須百慮, 是反以斯文受病也. 語極曲折, 總爲苦於有求, 以此自病, 不能解脫, 而遷病於斯文, 然斯文不任受病也, 可以窺其苦衷矣. 公之奔命, 爲謀生計也.)

9 濤翻(도번) – 파도가 출렁이다.

10 煩促(번촉) – 초조하고 불안하다.

11 頹倚(퇴의) – 고개를 떨구고 기대다. 未醒(미성) – 잠 깨지 않다. '未'를 '還'으로 쓴 판본도 있다.

12 盥櫛(관즐) – 세수하고 빗질하다.

13 暮顔(모안) – 늙은 얼굴. '顔'을 '未'로 쓴 판본도 있다. 靦(전) – 부끄러워하다. 青鏡(청경) – 청동 거울.

14 簪葛巾(잠갈건) – 갈건에 비녀를 꽂다.

[隨意 2구]

《두보전집교주》에 인용된 소보邵寶 주 갈건에 비녀를 꽂고 대충 머리를 묶고서 고개 들어 숲 꽃이 흐드러지게 핀 것을 보니 감상할 마음이 없음이 부끄럽다.(聊簪葛巾, 權以束髮, 仰視林花爛熳, 則慚無心遊賞矣.)

#《두시상주》: 이 단락은 아침 일찍 출발할 때의 경치와 일을 기록한 것이다. 위 4구는 풍토의 사나움을 괴로워한 것이고, 아래 4구는 나이가 늙어감을 슬퍼한 것이다.(此記早發景事. 上四, 苦風土之惡. 下四, 傷年齒之衰.)

15 側聞(측문) – 옆에서 얻어 듣다. 寇(구) – 도적.

《독두심해》 여기서 '구'는 큰 도적이 아니라 그저 좀도둑일 뿐이다.(寇, 非巨寇, 止是偸兒.)

16 囊中淨(낭중정) – 주머니 속이 깨끗하다. 원래 가진 것이 없었다는 말이다.

17 艱危(간위) – 어렵고 위태롭다.

18 干請(간청) – 남에게 도움을 청하다. 청탁하다.

19 薇蕨(미궐) 구 – 절개를 지키기 위해 수양산에서 고사리로 연명하다 죽은 백이와 숙제의 이야기이다.

《두시상주》에 인용된 《사기·백이열전伯夷列傳》 주나라 곡식을 먹지 않음을 의롭다 여기고 수양산에 숨어서 고사리를 캐서 먹었다. 굶주려 곧 죽게 되자 노래를 지어 불렀다. "저 서산에 올라가 고사리를 캔다네."(義不食周粟, 隱於首陽山, 採薇而食之, 及餓且死, 乃作歌曰, 登彼西山兮, 採其薇矣.)

20 粟馬(속마) – 곡식을 먹여서 키운 말. 혹은 말에게 곡식을 먹이다. 혹은 곡식과 말. 資(자) – 돕다. 歷聘(역빙) – 천하를 두루 다니며 초빙을 구하는 일을 말한다.

《두시상주》 옛 주석에서는 "소진과 장의가 육국을 두루 다니며 초빙을 구하니 제후가 모두 곡식 먹여 기른 말로 그들을 맞이하였다"라고 하였다. 《두억》에서는 맹자가 제후국을 전전하면서 밥을 먹은 일을 인용하고 있는데 틀렸다.(舊注, 蘇秦張儀, 歷聘六國, 諸侯皆以粟馬迎之. 杜臆, 引孟子傳食諸侯事, 非也.)

21 賤子(천자) – 천한 몸. 두보 자신을 가리키는 말이다. 適從(적종) – 따르다. '따르는 것을 주로 하다'로 보는 설도 있다. 이 경우 '적適'은 '주主'의 뜻이다.

22 疑誤(의오) – 의혹하며 그르치다. 此二柄(차이병) – 이 두 자루. 여기서는 두 가지 서로 다른 길을 비유한 것으로 절개를 지키며 수양산에서 굶주려 죽은 백이·숙제의 길과 자신을 굽혀 남에게 영합하며 부귀영화를 누리던 장의·소진의 길을 말한다. 이와 달리 벼슬과 은거의 두 길을 말한 것으로 보기도 한다.

《두시상주》에 인용된 장원張遠 주 《한비자》에 〈이병〉 편이 있는데, 여기서는 그 일을 차용하였다.(韓非子有二柄篇, 此借用其事.)

《두시경전》 '이병'은 고사리를 따는 것과 초빙을 위해 두루 다니는 것이다. 《한비자》에 〈이병〉 편이 있어서 그 글자를 차용한 것이다. 백이와 숙제처럼 절개를 굳게 지키려 해도 심히 어렵고 장의와 소진을 본받아 세상에 영합하려 해도 그럴 수 없으니, 그 거취를 정하려 함에 진실로 주인 삼아 따를 바가 없음을 말한 것이다.(二柄, 采薇及歷聘也. 韓非子有二柄篇, 借用其字. 言欲如夷齊抗節而甚難, 欲效儀秦逢世而不可, 去就之際, 眞靡所適從矣.)

《한비자·이병二柄》 명군이 그 신하를 제어하는 것은 두 가지 자루가 있을 뿐이다. 두 가지 자루는 형벌과 은덕이다.(明主之所導制其臣者, 二柄而已矣. 二柄者, 刑德也.)

#《두시상주》: 마지막 단락은 아침 일찍 출발할 당시의 슬픈 감개이다. 위태로운 시절에 나그네가 되었으니 남에게 도움을 청하지 않을 수 없다. 한번 남에게 도움을 청하게 되면 본성이 아님에 절로 부끄러워진다. 이것이 남에게 구하면 으레 백 가지로 근심하게 되는 까닭이다.

아래 글에서는 이 뜻을 정히 거듭 밝혀 말하였으니, 곤궁하고 굶주린 백이·숙제처럼 절조를 굳게 지켜 고상하게 숨어 살 수도 없고, 또 천하를 두루 다니며 초빙을 구하던 장의·소진처럼 자신을 굽혀 남에게 영합하는 것도 달갑지 않다. 진퇴양난이니 이 두 길도 다 그르친 것 같다.(末乃早發傷感. 艱危作客, 不得不干請, 一涉干請, 自慚非本性, 此所以有求常百慮也. 下文正申明此意, 言不能抗節高隱, 如夷齊之窮餓, 又不屑屈己逢人, 如儀秦之歷聘. 進退兩無所適, 幾疑誤於此二途矣.)

##《두억》: 글을 쓰는 이 일로 인해 벗이 많아졌고, 벗이 많아져서 분주히 치달림을 겸하게 되었으니, 의도가 남에게 구하려는 데 있어서이다. 한번 구하게 되면 반드시 백 가지 근심이 생기는 법인데, 이 경우에는 도리어 이 글 쓰는 일로 인해 병이 든 꼴이다. 말을 심히 돌려서 하고 있지만, 결국은 남에게 구함을 괴로워함이다. 이로 인해 스스로 병들어 벗어날 길이 없어 이 글 탓으로 돌린 것이다. 하지만 이 글 쓰는 것이 병을 책임질 수는 없는 것이니 그 고충을 엿볼 수가 있다. 바람이 바르지 않은데도 돛을 달면 위험에 빠지기 마련이니 뱃사공이 태만한 것이다. 종성은 이 무리의 성정을 곡진하게 표현하였다고 했는데 정말 우습다. 검은 교룡이 위험을 드러내고, 누런 안개에는 장기가 서려 있으니 심정이 즐겁지 않다. 그래서 고개를 떨구고 기대어 앉아 정신을 차리지 못하다 저물녘이 되어서야 세수하고 빗질을 하였다. 종성은 고개를 떨구고 기울어져 잠이 드는 표정이라고 했는데 또 정말 우습다. "어렵고 위태로운 시절에 먼 나그네가 되어 남에게 도움을 청하니 정직한 본성을 해친다"라고 하여 비로소 시의 첫 4구의 뜻을 분명히 밝혔다. '적종'의 '적'은 음이 '적'이다(뜻을 '주主'로 본다는 말이다). '의오'는 평소 의심하여 스스로 결단할 수 없는 데서 그르쳤음을 말한다. "곡식 먹인 말로 천하를 다니며 초빙을 구하였다"라는 것은 맹자가 제후국을 전전하며 밥을 먹었다는 것과 같다. 주석에서

소진을 인용한 것은 잘못이니, 공이 어찌 유세객이란 말인가.(以斯文而朋故多, 以朋多而驅馳倂, 意在有求, 一有求便須百慮, 是反以斯文受病也. 語極曲折, 總爲苦於有求, 以此自病, 不能解脫, 而遷病於斯文, 然斯文不任受病也, 可以窺其苦衷矣. 風不正而挂席, 不免犯險, 故篙師怠. 鍾謂曲盡此輩性情, 可笑. 黑蛟狀險, 黃霧有瘴, 神情不快, 所以頹倚未醒, 至暮而盥櫛. 鍾謂頹倚得睡之神, 又可笑. 艱危作遠客, 干請傷直性, 才明發篇首四句之意. 適從, 音的. 疑誤謂素疑之而誤於不能自決也. 粟馬資歷聘, 如孟子之傳食于諸侯者. 注引蘇秦, 誤, 公豈遊說者.)

《독두심해》: 이 시는 총총히 아침 일찍 출발함으로 인하여 분주히 다니며 생계를 도모해야 하는 탄식을 발한 것이다. 앞 8구와 뒤 8구가 서로 호응하여 모두 자문자답의 형식으로 진퇴양난의 글을 쓰고 있다. 가운데 8구는 견디기 힘든 뱃길 풍경과 늙은 모습을 서술한 것으로 전후와 서로 호응한다. 처음 4구는 세상과 어울리기 어려운 이유를 스스로 밝힌 것으로, "남에게 구함이 있으면 백번을 생각함"은 자신을 가볍게 여기지 않음이다. "사문은 나의 병"이라고 한 것은 "유자의 관이 나를 그르쳤다"라고 말하는 것과 같다. 스스로 가벼이 여길 수 없는 것은 내 몸이 사문에 매여 있기 때문이니, 아부하는 작태가 내키지 않는 것이다. 이런 까닭으로 벗과 오랜 친구들이 비록 많아도 분주히 치달림이 끝나지 않는다. 말이 본시 조리가 반듯한데 해설하는 자가 도리어 매우 지리멸렬하여 갈피를 잡지 못하게 하였다. "뱃사람이 게으르다"라는 말에서 촉박하게 떠나고자 했음이 바로 드러난다. "바람이 바르지 않다"라는 말은 위험을 무릅쓰고 배를 띄운 것을 말한다. '석계' 구와 '금분' 구는 무엇 때문에 이렇게 바쁜가 스스로 물은 것이다. "장기가 침범한 것 같다"라는 것은 마음이 절로 초조함이요, "잠에서 깨지 않는다"라는 것은 성미가 급하여 서둘러 일어나려고 해도 몸은 여전히 피곤하여 기대고 있다는 것이다. '복부' 4구는 모두 늙고 피곤하여 무료한 모습이다. 보따리 속에는 훔칠 만한 것이 없으므로 오히려 다행이라고 말했다. 그 가난함이 이와 같으니 어렵고 위태로움의 정도가 심한 것이다. 하지만 남에게 청하는 것은 또한 본성이 아니니, 이런 까닭에 백이와 숙제처럼 절조를 굳게 지키고자 해도 매우 어렵고, 소진과 장의를 본받아 세상에 영합해 살고자 해도 불가하다. 거취의 사이에서 갈피를 잃어 나아갈 바가 없다. 그런즉 앞서 제기한 "어째서 죽도록 뛰어다니는가"라는 질문에 대해 자기 역시 스스로 풀어낼 수가 없게 되었다. 이것은 굴원의 〈복거〉로부터 변화되어 나온 것이다.(此因怱怱早發, 而爲奔逐謀生之歎. 前八後八相呼應, 皆作自問自答, 去就兩難之詞. 中八, 述途景老態之不堪, 與前後相耀. 起四, 自明難合之故, 有求百慮, 不輕身也. 斯文吾病, 猶云儒冠誤我也. 所以不敢輕身者, 緣身繫斯文, 不肯爲脂韋之態. 以玆之故, 朋舊雖多, 而驅馳不止, 語本條直, 解者乃極支離. 篙師怠, 正見迫促欲行. 風不正, 冒險放船也. 昔戒今奔, 自問何以怱遽若此. 瘴豈侵, 心自焦躁也. 睡未醒, 性急起促, 身仍倦倚也. 僕夫四句, 皆老倦無聊之態. 囊無可偸, 故反言以爲幸. 其貧如此, 艱危甚矣. 而干請又非本性, 是以欲如夷齊抗節而甚難, 欲效蘇張逢世而不可, 去就之間, 疑誤無適. 然則前所謂奚奔命者, 己亦無以自解矣. 此從屈原卜居化出.)

(**김성곤**)

74. 次晩洲

만주에서 묵다

參錯雲石稠[1]　坡陀風濤壯[2]　晩洲適知名[3]　秀色固異狀[4]
棹經垂猿把[5]　身在度鳥上[6]　擺浪散帙妨[7]　危沙折花當[8]
羈離暫愉悅[9]　羸老反惆悵[10]　中原未解兵[11]　吾得終疏放[12]

뒤섞여 구름 속 바위 빽빽하고
오르내리며 바람 앞 파도 거세다.
만주는 마침 그 이름을 알았거니
빼어난 경색 참으로 모양이 다르네.
노는 매달린 원숭이 손아귀를 거치고
몸은 지나는 새 위에 있도다.
출렁이는 물결 독서를 훼방하고
높은 모래 둑은 꽃 꺾기 편하구나.
떠돌다가 잠시 기쁘더니
노쇠하여 도로 서글프다.
중원에 전쟁 끝나지 않았으니
나는 거리낌 없이 살다가 마칠 수 있을까.

대력 4년 봄, 담주에서 형주로 갈 때 만주라는 섬에서 묵으며 지었다. 섬에는 풍랑이 거세게 일고 구름과 돌이 뒤섞여 장관을 이루었다. 나무에 원숭이가 매달려 있고, 새는 배 아래로 날아간다. 출렁이는 파도가 독서를 방해하니 모래 둑에 핀 꽃을 꺾는다. 섬의 경물을 대하여 잠시 즐겁다가 쇠약한 자신의 처지에 다시 서글퍼진다. 중원에는 아직 전쟁이 끝나지 않았으니 거리낌 없이 살다가 죽을 수 있을까. 과거에는 담주로 들어갈 때 지었다고 하였으나 잘못이다. 만주는 상담현 상강 가운데 있는 섬이다.

《보주두시》 시에서 "노는 매달린 원숭이 손아귀를 거치고 몸은 지나는 새 위에 있도다"라고 하였으니 대력 4년 담주에 들어갔을 때 봄물이 이처럼 불었음에 틀림없다. 그래서 시의 서두에 "바람 앞 파도 거세다"라고 하였다. 또 "중원에 전쟁 끝나지 않았다"라고 하여 토번이 전 해에 쳐들어와 노략질하였음을 말하였다.(詩云, 棹經垂猿把, 身在度鳥上, 當是大曆四年入潭時, 春漲如此. 故詩首云, 坡陁風濤壯. 又云, 中原未解兵, 謂吐蕃去年入寇.)

《두시상주》 황학의 주에서 이 시 역시 대력 4년 봄 담주에 들어갈 때 지었다고 하였다. 《두억》에서 만주는 상담에 있다고 하였다.(鶴注, 此亦四年春入潭時所作. 杜臆, 洲在湘潭.)

《독두심해》 (만주는) 당연히 역시 담주와 형주 사이에 있다.(當亦在潭衡之間.)

청 증국전曾國荃《(광서光緖)호남통지湖南通志·장사부長沙府·상담현湘潭縣》 만주는 현 남쪽 110리 석주의 북쪽에 있다.(晩洲, 在縣南百一十里石洲之北.)

주 석

1 參錯(참착) – 뒤섞이다. 雲石(운석) – 구름 낀 바위. 구름 위의 바위. 稠(조) – 빽빽하다.

《구가집주두시》 '참착'은 구름과 돌이 섞여 있음을 말한다.(參錯, 雲石相互雜也.)

2 坡陁(파타) – 풍랑이 범람하는 모양. 높고 큰 모양이라고도 한다. 風濤(풍도) – 풍랑. 바람과 파도. 풍랑이 출렁이는 모양.

《분문집주두공부시分門集注杜工部詩》에 인용된 왕수王洙 주 '파타'는 풍랑이 범람하는 것이다.(坡陁, 泛濫風浪也.)

《분문집주두공부시》에 인용된 매梅 씨 주 '파타'는 높고 큰 모양이다.(坡陁, 高大貌.)

3 晚洲(만주) – 지명. 지금은 만주挽洲라고도 한다. 適(적) – 마침. 바로. 知名(지명) – 이름 난 곳임을 알다.

《분문집주두공부시》에 인용된 매梅 씨 주 만주는 평소 잘 알려진 이름이 아니었으나 자미 때문에 이름이 널리 알려졌다.(晚洲非素有名, 因子美而名彰也.)

4 秀色(수색) – 빼어난 경색. 固(고) – 참으로. 異狀(이상) – 형상을 달리하다.

《구가집주두시》 그 모양이 하나가 아님을 말한다.(言其狀不一也.)

5 棹(도) – 노. 배를 뜻한다. 垂猿(수원) – 매달린 원숭이. 把(파) – 쥐다. 손아귀. 원숭이가 매달리기 위해 나뭇가지 등을 붙잡고 있음을 말한다.

《두시상주》 '수원파'는 원숭이가 나뭇가지를 잡고 매달려 물을 마신다는 뜻이다.(垂猿把, 猿把樹枝而垂飮也.)

6 身(신) – 두보의 몸을 말한다. 度鳥(도조) – 지나가는 새.

《구가집주두시》 물이 불어 배가 지나가는 곳이 높다.(水漲而船所經者高也.)

[棹經 2구]

《집천가주두시》에 인용된 진陳 씨 주 "노는 매달린 원숭이 손아귀를 거치고 몸은 지나는 새 위에 있다"는 봄물이 불어서 배가 지나는 곳이 높음을 말한다.(棹經垂猿把, 身在度鳥上, 言春水漲而船所經者

高也.)

7 擺浪(파랑) – 출렁이는 물결. 散帙(산질) – 책을 펼쳐 놓다. 독서를 뜻한다. 妨(방) – 방해하다. 출렁이는 파도가 독서를 방해한다는 뜻이다.

8 危沙(위사) – 높은 모래. 강안의 높은 모래 둑. 또는 강 가운데 쌓인 모래. 折花當(절화당) – 꽃을 꺾기에 편하다. '화당'의 '당'을 물건의 밑부분으로 보아 '화당'을 꽃의 뿌리로 보면 꽃을 꺾는다는 뜻이 된다. 그러나 '당'은 위 구의 '妨' 자와 짝이 되므로 뿌리로 풀이해서는 아니되고, '편하다'의 뜻으로 보아야 한다. '折'은 '拆'으로 된 판본도 있다.

《보주두시》에 인용된 사師 씨 주 '화당'은 꽃의 뿌리이다.(花當, 乃花根也.)

《집천가주두시》 '당'은 꽃의 뿌리로서 '옥치무당(옥 술잔에 바닥이 없다)'의 '당'과 같기는 하지만 그러나 위 구의 '방' 자와 짝을 맞추어 보면 동등하지 않다. 유순경이 나에게 "높은 모래 둑은 위험하다고 표시해야 하지만 다른 표지가 없어서 꽃을 꽂아서 표지로 삼은 것이다"라고 하였다. 그럴듯하다.(當雖花根與玉巵無當同, 然對上文妨字則不等. 兪舜卿謂予言, 危沙記險, 無他標識, 故揷花以當之. 似有理.)

《두시상주》에 인용된 장원張遠 주 공덕소의 〈부득섭강채부용賦得涉江採芙蓉〉 시에 "물결 거스르니 꽃 얻기가 어렵다"라고 하였으니 "높은 모래 둑은 꽃 꺾기에 편하다"라는 구를 거꾸로 증명할 수 있다.(孔德紹詩, 逆浪取花難, 與危沙折花當, 可以反證.)

《두공부시집집주》 살펴보건대 《한비자》에 "옥 술잔은 바닥이 없다"라고 하였고, 《광운》에 '당'은 '저(바닥)'라고 하였다. 사 씨의 주에 "'화당'은 꽃의 뿌리다"라고 하였으니 바로 이 뜻이다. 그러나 위 구의 '방' 자에 짝을 지으면 동등하지 않다. 유순경은 모래에 꽃을 꽂아 표지로 삼는다고 하였으나 역시 그렇지 않다. 내 생각에 '위사'는 모래가 솟았음을 말하니 지금 강 가운데 늘 있으며, 배가 다님에 위험할까 걱정하여 꽃을 꺾어 스스로 시름을 풀어야 함을 말하니,

즉 아래서 말한 "잠시 기쁘다"라는 뜻이다.(按韓非子, 玉巵無當. 廣韻, 當, 底也. 師注, 花當, 乃花根, 正此義, 但對上妨字不等. 俞舜卿謂, 挿花沙上, 以當標識. 亦未然. 余意危沙謂沙漲, 今江中常有之, 言舟行慮險, 惟當以折花自遣, 卽下所云暫愉悅也.)

《전주두시》 유순경은 "높은 모래 둑은 위험하나 다른 표지가 없어 꽃을 꽂아 표지로 삼은 것이지 '옥치무당'의 '당' 자가 아니다"라고 말하였다. 《광운》에서 '당'은 '저(바닥)'라고 하였다. 금체시(〈장부성도초당도중유작선기엄정공오수將赴成都草堂途中有作先寄嚴鄭公五首〉 중 제4수)에서 "모래 무너져 약초밭 울타리가 망가질까 항상 고심했다"라고 했으니 높은 모래 둑은 쉬 무너진다. 그래서 꽃을 꺾어 그 표지로 삼았다. 이 역시 가까운 강의 경색을 우연히 묘사한 것이다.(俞舜卿云, 危沙旣險, 無他標識, 插花以當之, 非玉巵無當之當字也. 廣韻, 當, 底也. 今體詩云, 常苦沙崩損藥闌, 危沙易崩. 故折花以爲之當. 此亦偶寫近江之景色也.)

[擺浪 2구]

《보주두시》에 인용된 사師 씨 주 '파랑' 구는 흩어진 책을 펼쳐 보는데 방해를 받음을 말하고, '위사' 구는 (높은 모래 둑은) 지나가면 꽃을 꺾기에 꼭 맞음을 말하니 모두 배가 운항할 때의 사실을 기록하였다.(擺浪, 有妨于散帙, 危沙, 相過則折花相値, 皆紀舟行之實.)

#《두시상주》: 이 단락은 만주에 묵는 정경이다. '수색이상'은 구름과 돌이 섞여 있다는 말을 받는다. 이는 만주의 아름다운 경치이다. '도경' 4구는 봄물이 불어 배의 위치가 높음을 말한다. 배에서 책을 펼쳐 보는데 물결이 출렁이면 책 읽기에 방해를 받고, 꽃이 모래 앞에 피어 배가 다가가면 꺾기에 편하다. '당'으로 '방'에 짝을 지었으니 '편당(편리하다)'의 당이다. 《두억》의 설이 옳다. 옛 주석에서 '화당'을 꽃의 뿌리라고 여긴 것은 잘못이다.(此, 次洲之景. 秀色異狀, 承雲石參錯. 此, 晩洲佳勝也. 棹經四句, 言春水漲而船勢高也. 散帙在船, 浪動則看

書有礙, 花發沙前, 舟近則拆之爲便. 以當對妨, 乃便當之當. 杜臆說是. 舊注, 以花當爲花根, 誤.)

9 羈離(기리) – 타향을 떠돌다. 愉悅(유열) – 즐겁다. 기쁘다.

10 羸老(이로) – 쇠로하다. 惆悵(추창) – 슬프다.

[羈離 2구]

《구가집주두시》 '잠시 기쁘다'는 만주에 묵음을 말하고, '도리어 슬프다'는 행역을 탄식한다는 뜻이다.(暫愉悅, 次晩洲也, 反惆悵, 歎行役也.)

11 未解兵(미해병) – 전쟁이 끝나지 않다.

12 吾得(오득) – 나는 ~할 수 있다. 나는 ~할 수 있으랴. 終(종) – 끝나다. 죽다. 또는 끝내, 결국. 疏放(소방) – 거리낌 없이 행동하다. 구속받지 않다.

《독두심해》 '오득'은 '나는 어찌할 수 있으랴'라는 뜻이다.(吾得, 吾豈得也.)

《두시경전》 깃들어 숨어 살기에 편안할 수 없음을 걱정한다.(恐不能安於棲隱也.)

[中原 2구] 이 연은 '전쟁이 끝나지 않아서 거리낌 없이 살다가 죽을 수 있을까'라는 뜻이다. 또 '등용되지 못하고 죽다'라는 뜻으로 볼 수도 있다.

《보주두시》에 인용된 왕수 주 전쟁이 끝나지 않아서 거리낌 없이 살 수 있는 것은 세상에 쓰이지 않기 때문이다.(兵未解而得疏放, 以不見用於世也.)

《두시조차공선후해집교》(수정본) 마지막 연 "중원에 전쟁 끝나지 않아서 나는 끝내 거리낌 없이 살다가 끝낼 수 있을까"는 시절의 혼란을 아파함이니, 내가 어찌 끝내 거리낌 없이 살며 시름하고 두려워하지 않고 또 떠돌아다닐 수 있을까라는 뜻이다. 옛 주석에 "전쟁이 끝나지 않아서 거리낌 없이 살 수 있는 것은 세상에 쓰이지 않기 때문이다"라고 하였다. 옳지 않다.(末句, 中原未解兵, 吾得終疏放, 正傷時之擾攘, 吾豈得終疏放而不憂懼且流落乎. 舊注云, 兵未解而得疏放, 以不見用於世. 非是.)

#《두시상주》: 이 단락은 만주에 묵는 심정이다. 경물을 대하여 잠시 기쁘다가 문득 서글퍼지는 것은 중원에 변고가 많으니 강호에서 거리낌 없이 사는 삶을 제대로 마칠 수 있을지를 생각해서이다.(此, 次洲之情. 對景暫喜而忽然惆悵者, 思及中原多故, 得終疏放於江湖否耶.)

##《두억》: 만주는 상담에 있다. '참착운석조'는 만주의 경색이니 이른바 "빼어난 경색이 모양을 달리하다"라는 것이다. 배가 물을 거슬러 올라가니 "노는 매달린 원숭이 손아귀를 거치고 몸은 지나는 새 위에 있다." '파랑'은 바람과 파도로부터 와서 생겼고 독서에 방해를 하였다는 말은 공이 책을 보지 않을 때가 없음을 드러낸다. '위사'는 사람이 이를 수 없는 곳이다. 배가 물이 높아 그곳을 지나가니 모래 위에 있는 꽃을 꺾기에 매우 편하다. 세속에서 '편당'이라고 말하는 것과 같다. 이렇게 풀이해야 비로소 통한다. 꽃의 뿌리라는 풀이는 근거가 없고, 꽃을 꽂아 위험을 표시한다는 말은 더욱 통하지 않는다. 떠돌아 다니는 어려움에 이를 얻었으니 잠시 기쁘다가 쇠약한 노인이라 도리어 더욱 서글퍼진다. 지금 중원에는 아직 전쟁이 끝나지 않았으니 나는 거리낌 없는 삶을 제대로 마칠 수 있겠는가. 그 서글픔은 이 때문이다.(晚洲, 在湘潭. 參錯雲石稠, 便是晚洲之景, 所謂秀色異狀者也. 舟行上水, 故棹經垂猿把, 身在度鳥上. 擺浪, 從風濤來, 致妨散帙, 見公無時不對書也. 危沙, 人所不能到者, 舟因水高而過之. 沙上有花, 折之最便, 猶俗言便當. 如此解稍通. 花根無據, 插花記險, 尤不通. 羈艱, 得之暫爲愉悅, 羸老之人轉加惆悵. 今中原尚未解兵, 吾得終於疏放耶. 其惆悵以此.)

《독두심해》: 첫 4구는 만주에 묵는 어려움이고, 가운데 4구는 파도가 세고 빼어난 경색을 거듭 말하였다. 마지막 4구는 경물을 대하여 기뻤다가 기쁨에서 슬픔으로 바뀌었으니 시절을 걱정하는 마음은 끝내 풀 수도 없고 또한 잘라낼 필요도 없다. 구름과 돌이 빽빽함은 강 언덕이 높다는 뜻이고, 바람과 물결이 셈은 물이 높다는 뜻이다. 가운데 4구에 대해 구조오는 봄물이 불어서 배의 위치가 높은 것이라고 말하였다.(起四, 次洲之困. 中四, 申濤壯秀色之景. 結四, 卽景而悅, 由悅轉悲. 憂時之情, 終無可遣也, 亦不必截. 雲石稠, 岸之高, 風濤壯, 水之高. 中四, 仇云, 春水漲而船勢高也.)

《두시경전》: 호남 기행시는 촉도에서 지은 시가 정련된 데 비해 약간 못하니 나이와 힘이 쇠약하고 씩씩한 차이이다. 그러나 그 가운데 명언이 많아 한결같이 노성한 기운의 경계를 보이니 이는 또한 절로 다르다. 포기룡浦起龍은 말하였다. "진주에서 지은 시에는 경물을 보고 감정을 일으킨 것이 많고, 여기서는 시절을 생각하며 일을 느낀 것이 많다. 대개 세상을 오래 겪을수록 비탄은 더욱 많아진다."(湖南紀行詩, 較蜀道詩刻鍊少遜, 則年力衰壯之異. 而中多名言, 一味老氣境界, 又自不同. 浦二田云, 秦州詩多卽景生情, 此多撫時感事. 蓋涉歷愈久, 則悲歎愈多.)

(**이창숙**)

75. 清明二首

청명 2수

朝來新火起新烟[1] 湖色春光淨客船[2]

繡羽銜花他自得[3] 紅顔騎竹我無緣[4]

胡童結束還難有[5] 楚女腰肢亦可憐[6]

不見定王城舊處[7] 長懷賈傅井依然[8]

虛霑周擧爲寒食[9] 實藉君平賣卜錢[10]

鐘鼎山林各天性[11] 濁醪粗飯任吾年[12]

아침에 새 불에서 새 연기 피어오르고

호수의 색과 봄빛이 나그네 배를 맑게 씻어주네.

화려한 새는 꽃을 머금고 저들끼리 자득하는데

홍안의 소년이 죽마 타는 것은 나와는 상관없구나.

이족異族 아이의 차림새는 또 희한하고

초 지역 여인의 몸매도 역시 어여쁘구나.

정왕성 옛터는 보이지 않거니와

여전한 가의賈誼의 우물을 길이 생각하노라.

주거周擧가 한식날 베푼 은혜를 헛되이 받았으니

엄군평이 점복 판 돈을 실제로 의지해야지.

종정과 산림은 각기 천성을 따르는 것이니

막걸리와 거친 밥에 내 세월을 맡기노라.

이 시는 두보가 대력 4년 봄 담주에서 지은 것이다. 청명절을 맞아 주변의 경물을 생동감 있게 묘사하면서 객지를 떠도는 자신의 처량한 신세를 대조적으로 표현하였다. 두보의 시가 아닌 것 같다는 의견도 있지만, 청명절과 자신의 신세를 엮어 시상을 풀어가는 능력이 탁월하다는 평가도 있다.

《보주두시》 시에서 "정왕성 옛터는 보이지 않거니와, 여전한 가의의 우물을 길이 생각한다"라고 하였으니, 마땅히 대력 4년 담주에 처음 도착했을 때 지은 것이다. 그래서 시에서 또 "호수의 색과 봄빛이 나그네 배를 맑게 씻어준다"라고 하였다.(詩云, 不見定王城舊處, 長懷賈傅井依然, 當是大曆四年初到潭州時作. 故詩又云, 湖色春光淨客船.)

《두시상주》 황학의 주에서 "마땅히 대력 4년 봄 담주에 처음 도착했을 때 지은 것이다"라고 하였다.(鶴注, 當是大曆四年春初到潭州時作.)

주 석

1 新火(신화) – 새 불. 한식에 불을 피우지 않다가 청명에 다시 새 불을 사용하는 것을 두고 한 말이다.

《두시상주》 당나라 제도에 청명일에 백관에게 새 불을 하사하였다.(唐制, 淸明日賜百官新火.)

2 湖色(호색) – 호수의 빛깔. 淨(정) – 깨끗하게 하다.

《두시조차공선후해집교》 두보가 배를 상수가에 정박하고 있었기에 "호수의 색과 봄빛이 나그네 배를 맑게 씻어준다"라고 하였다.(以其繫舟在湘岸, 故云湖色春光淨客船.)

[朝來 2구]

《두시경전》 첫 구는 때를 드러내고, 다음 구는 장소를 밝힌 것이다.(首句見時, 次句見地.)

3 繡羽(수우) – 화려한 새. 깃털이 수를 놓은 듯 아름다운 새를 말한다. 銜(함) – 머금다. 물다. '銜'으로 된 판본도 있다. 이 구는 실제 새가 노는 것을 보고 묘사한 것이다.

《두시조차공선후해집교》 '수우'는 눈앞에서 본 화려한 새이다. '함화' 또한 새에게 실제 있었던 일이다.(繡羽者, 眼前所見文禽也. 銜花, 亦是禽之實事.)

4 紅顔(홍안) – 붉은 얼굴. 소년을 말한다. 騎竹(기죽) – 죽마를 타다. 죽마는 아이들이 타고 노는 놀이 도구이다.

《두시조차공선후해집교》 홍안이라고 한 것은 소년의 얼굴이다.(若紅顔者, 少年之顔.)

《두시상주》에 인용된 《세설신어世說新語》 환온이 소싯적에 은호와 함께 죽마를 타고 놀았다.(桓溫少時, 與殷浩共騎竹馬.)

[繡羽 2구]

《두시조차공선후해집교》 '수우함화'와 '홍안기죽', 이는 청명 때의 경물이다. 그런데 그 묘처는 '타자득'과 '아무연' 여섯 자에 있다. 새가 꽃을 머금고 자득하는데 사람은 그만 못하다는 것이고, 어린아이는 죽마를 타고 노는데 나는 다시 그럴 수 없어 늙은이는 그만 못하다는 것이다.(繡羽銜花, 紅顔騎竹, 此淸明之景, 而妙處在他自得我無緣六字. 蓋鳥銜花而自得, 人之弗如也, 稚者騎竹之戲, 我不復然, 則老者之弗如也.)

5 胡童(호동) – 이민족 아이. 묘족의 아이를 말한다. 섬서 지역 이민족의 아이를 가리킨다는 설도 있으나, 옳지 않다. 結束(결속) – 옷 따위를 입거나 꾸민 모양. 차림새. 이 구는 두보가 새로 도착한 지역에 묘족이

살고 있는데, 그 아이들의 옷차림이 보기 드문 것이라는 뜻이다.

《독두심해》 호남 지방에 묘족이 많아서 '호동'이라고 한 것이다.(湖南多苗種, 故曰胡童.)

《두시상주》 초 지역에 묘족이 섞여 있어서 이민족 아이의 차림이 있는 것이다.(楚雜苗蠻, 故有胡童之服.)

《두보전집교주》에 인용된 장진張溍 주 '호동'은 담주가 남방 이민족 지역과 가까워 이민족 아이가 있는 것이다. '환난유'는 그 특이한 차림을 항상 볼 수 있는 것이 아니라는 말이다.(胡童, 潭近蠻夷, 故有胡童. 還難有, 言其結束之異, 不常見也.)

6 楚女(초녀) – 초 지역 여인. 腰肢(요지) – 허리와 사지四肢. 여인의 몸매를 말한다.

《후한서·마원전馬援傳》 마료가 전을 인용하여 말하기를 "오나라 왕은 검객을 좋아하여 백성 가운데 흉터 있는 자가 많았고, 초나라 왕은 가는 허리를 좋아하여 궁중에서 굶어 죽는 이가 많았다"라고 하였다.(馬廖瘳引傳曰, 吳王好劍客, 百姓多瘡瘢. 楚王好細腰, 宮中多餓死.)

[胡童 2구]

《두시조차공선후해집교》 '호동결속'은 섬서의 일을 가리키는 것 같다. 대개 그 섬서 쪽에는 오랑캐 상인이 거주하고 있어서 마땅히 그런 일이 있는 것이고, 지금 형호 지역에서는 있기 어려운 것이니, 어여뻐할 만한 것은 초 지역 여인의 몸매일 따름이다.(胡童結束, 似指言陜西之事, 蓋彼中有胡商居焉, 則宜有之矣. 今於荊湖, 旣難有矣, 而可憐者, 楚女腰支而已.)

[繡羽 4구] 3구에서 6구까지 내용이 연결된 것으로 보는 설도 있고, 4구에서 의미가 나뉜 것으로 보는 설도 있다.

《두억》 '호동'은 '기죽'을 이었고, '초녀'는 '수우'를 이었는데 이는 장사 지역의 풍속이다. 다음 권에 〈청명〉 시가 있으니 참고해서 볼 수 있다.(胡童頂騎竹來, 楚女頂繡羽來, 此長沙之習俗也. 後卷有淸明詩可參看.)

《두시상주》《두억》은 "'호동'이 '죽마'를 이었고, '초녀'가 '수우'를 이었다"라고 하였으나, 중복을 면할 수 없으니 네 가지 항목으로 나누어 보는 것이 좋겠다.(杜臆以胡童承竹馬, 楚女頂繡羽, 未免重出, 不如分作四項.)

《독두심해》 각 4구마다 뜻을 바꾸었다. 구조오의 《두시상주》에서는 6구에서 끊었는데, 옳지 않다.(各四句轉意. 仇本六句截, 未是.)

7 定王(정왕) – 한 경제景帝의 아들 유발劉發. 장사왕에 봉해졌고, 시호로 '정定'을 받아 장사정왕이라 불린다.

《두시조차공선후해집교》 정왕은 바로 장사정왕이다.(定王, 則長沙定王.)

《두시경전》《한서》에 "장사정왕 유발은 한 경제 전원前元 2년에 옹립되었고, 재위 28년에 세상을 떠났다"라고 하였다.(漢書, 長沙定王發, 以孝景前二年立, 二十八年薨.)

《두시상주》《수경주》에 "한 고조 5년에 오예를 장사왕에 봉했고, 성은 바로 오예가 축조하였다. 한 경제 2년에 당희의 아들 유발을 왕으로 삼았는데, 이곳에 도읍을 정했다"라고 하였다. 《태평환우기》에 "담주 장사현 정왕 사당은 현의 동쪽 1리에 있다. 사당은 언덕과 이어졌는데, 높이가 7장이고 세속에서는 정왕강이라고 한다"라고 하였다.(水經注, 高祖五年, 封吳芮爲長沙王, 城卽芮築. 景帝二年, 封唐姬子發爲王, 都此. 寰宇記, 潭州長沙縣定王廟, 在縣東一里, 廟連岡, 高七丈, 俗謂之定王岡.)

8 賈傅(가부) – 가의賈誼. 한나라 때 문인.

《두시조차공선후해집교》 가부는 가의이다. 장사왕의 태부를 지냈다.(賈傅, 賈誼也, 爲長沙王太傅.)

《두시상주》에 인용된 성홍지盛弘之《형주기荊州記》 상주 남쪽 저자의 동쪽에 가의의 집이 있다. 집 안에 우물이 있는데, 작고 깊으며 위는 좁고 아래는 넓어서 병 모양으로 가의가 판 것이다. 우물 옆에 돌이 있고, 다리에 굴곡이 있는 식탁이 있는데 한 사람이 앉을 수 있으며 모양이 매우 고풍스럽다.(湘州南市之東, 有賈誼宅, 宅中有井, 小而深, 上斂下大, 狀似壺, 卽誼所穿也. 井旁有石, 有局脚食牀, 可容一人坐, 形制甚古.)

9 虛霑(허점) – 헛되이 은택을 입다. 은택을 받지 못했다는 뜻이다. 周擧(주거) – 한나라 때 병주자사를 지낸 인물. '周'는 '焦'로 된 판본도 있다.
《후한서·주거전周擧傳》 주거가 얼마 후 병주자사로 옮겼다. 그런데 태원군은 옛 풍습에 개자추의 뼈를 태웠다고 하여 불을 피하는 금기가 있었다. 그가 죽은 달이 되면 신령이 불 피우는 것을 좋아하지 않는다고 하여 백성들은 모두 매년 겨울이면 한 달 동안 차가운 음식을 먹으면서 감히 불을 때려고 하지 않았다. 노인과 어린아이들은 견딜 수 없어 해마다 죽는 이가 많았다. 주거가 주에 도착하여 마침내 조문을 지어 개자추의 사당에 두고, 한겨울에 불을 없애서 백성들의 목숨을 상하게 하는 것이 현자의 뜻은 아니라고 하였다. 이를 우매한 백성에게 선포하고 따뜻한 음식을 다시 먹게 하니, 대중의 의혹이 점차 해소되고 풍속이 자못 바뀌었다.(擧稍遷幷州刺史. 太原一郡, 舊俗以介子推焚骸, 有龍忌之禁. 至其亡月, 咸言神靈不樂擧火, 由是士民每冬中輒一月寒食, 莫敢煙爨, 老小不堪, 歲多死者. 擧旣到州, 乃作弔書以置子推之廟, 言盛冬去火, 殘損民命, 非賢者之意. 以宣示愚民, 使還溫食, 於是衆惑稍解, 風俗頗革.)
《두시경전》에 인용된 《업중기鄴中記》 병주 풍속은 동지 후 105일이 되면 개자추를 위해 불을 끊고서 3일 동안 음식을 차게 먹는다.(幷州俗, 冬至後一百五日, 爲子推斷火, 冷食三日.)
《두시조차공선후해집교》 공의 시에서도 또한 이러한 의미를 사용하여, 한식에 불을 피워 음식을 따뜻하게 먹는 것이 매우 마땅하지만, 나그네로 떠돌고 있어 음식을 준비하기에 여의치 않으니 은혜를 헛되이 입었을 뿐이라고 말하는 것 같다. 그래서 아래 구에서 '백전'이 필요하다는 말을 하게 된 것이다.(公詩意亦是用此, 似言寒食擧火而得溫食, 甚爲所宜. 然當客寄, 不足於饌, 爲虛霑耳. 故有下句百錢之須.)

10 君平(군평) – 서한의 도학가 엄군평. '嚴君'으로 된 판본도 있다. 卜錢(복전) – 점을 봐주고 얻는 돈.

《두보전집교주》에 인용된 《한서·왕공전王貢傳》 그 후에 곡구에는 정자진이 있었고 촉에는 엄군평이 있었는데, 모두 수신하여 스스로 지킬 수 있었고 입을 옷이 아니면 입지 않았고 먹을 음식이 아니면 먹지 않았다. …… 엄군평은 성도 저자에서 점을 보았다. …… 하루에 단지 몇 사람만 봐주고 백전을 얻어 자급할 수 있으면 곧 가게를 닫고 발을 내리고서 《노자》를 가르쳤다.(其後谷口有鄭子眞, 蜀有嚴君平, 皆修身自保, 非其服弗服, 非其食弗食. …… 君平卜筮於成都市. …… 裁日閱數人, 得百錢足自養, 則閉肆下簾而授老子.)

[虛霑 2구]

《두시경전》 두 구는 불을 금하던 일이 비록 풀렸으나 주머니가 비어 매우 근심된다는 말이다.(二句言火禁雖開, 而囊空足患也.)

《두억》 예전 풍속에서 한 달 넘게 불을 금하던 것을 주거가 3일로 정하여 백성들이 편안하게 여겼지만 3일 전에 미리 익힌 음식을 준비해야만 했다. …… 두보는 이를 해결할 수 없어 '허점'을 운운하였고, 해결할 수 없는 것은 돈이 없어서이니 다음 구를 둔 것이다. 대개 농사를 짓지 않으면 쌀이 없고, 벼슬을 살지 않으면 봉록이 없기에 반드시 점술을 팔아 돈을 얻어야 하는 것이다.(舊俗禁火彌月, 周擧定以三日, 而民便之. 然於三日前須預辦熟食. …… 公不能辦, 故云虛霑云云, 不能辦者以無錢, 故有下句. 蓋不耕則無米, 不仕則無祿, 必須賣卜而得錢也.)

11 鐘鼎(종정) – 종과 솥. 부귀한 사람을 비유한 것이다. 山林(산림) – 산

과 숲. 자연에 은거하여 소박하게 사는 것을 말한다.

《두시조차공선후해집교》 종을 치고서 먹고, 솥을 늘어놓고 음식을 하는 것이 '종정'의 뜻이며 부귀한 사람의 일이다. '산림'은 곧 은거하는 사람인데, 비록 빈천에 처해서도 이를 달게 여기니, 부귀를 좋아하는 자들과 더불어 모두 천성일 따름이다.(擊鍾而食, 列鼎而烹, 此鍾鼎之義, 富貴人之事也. 山林, 則隱逸之人, 雖處貧賤而甘之, 則與好富貴者皆天性耳.)

《두보전집교주》에 인용된 《두시언지杜詩言志》 '종정'과 '산림'은 비록 차이는 있지만 각각 본래의 천성을 완성하여 스스로 부끄러움을 없게 한다는 점에서는 마찬가지이다.(蓋鍾鼎山林, 雖有不同, 而各完天性之本然, 使自無愧怍則一.)

12 濁醪(탁료) – 탁주. 粗飯(조반) – 거친 밥. 任吾年(임오년) – 나의 세월을 맡기다.

《두시조차공선후해집교》 풍성한 음식이 없기에 애오라지 거친 밥을 먹을 뿐이다. '탁료'는 백전의 일을 마치고서 마신다는 뜻이다.(既無盛饌, 姑爲麤飯而已. 濁醪, 則以終百錢爲飲之義.)

#《두시상주》: 이 장은 먼저 장사의 경물과 일을 노래하고, 뒤에 청명의 감회를 언급하였다. 제6구에서 나뉜다. '신화'와 '춘광'은 청명을 드러내어 서술한 것이다. 새가 꽃을 머금고 아이가 죽마를 타며, 어린아이가 호복을 입고 여인이 가는 허리를 하는 것은 모두 배 앞으로 보이는 것들이다. '정왕성'과 '가부정'은 장사의 유적을 생각한 것이다. 한식 때에 주거가 비록 불을 금하던 일을 풀었으나 배에는 익힌 음식이 적어서 '허점'이라 한 것이고, 이 모든 것이 돈이 없기 때문이라서 엄군평이 점술을 팔아 자급하던 것을 생각하였다. 탁주와 거친 밥은 곧 배에서 먹는 음식이다. 《두억》은 "'호동'이 '죽마'를 잇고, '초녀'가 '수우'를 이었다"라고 하였으나, 중복을 면할 수 없으니 네 가지 항목으로 나누어 보는 것이 좋겠다.(此章, 先咏長沙景事, 後及清明感懷, 在

六句分截. 新火春光, 點敍清明. 烏銜花兒騎竹童裝胡服女作細腰, 此皆舟前所見者. 定王城賈傅井, 思長沙遺跡也. 寒食之時, 周擧雖開火禁, 而舟鮮熟食, 故曰虛霑, 此皆無錢之故, 因思君平賣卜以自給. 濁酒麤飯, 卽舟中飮食. 杜臆以胡童承竹馬, 楚女頂纖羽, 未免重出, 不如分作四項.)

《독두심해》: 첫 수는 청명에 대하여 감흥을 일으켰다. 1구는 때이고 2구는 장소이며, 3구와 4구는 유수대이다. 몸이 늙어 노는 일이 피곤함을 말한 것으로 여기서 한 번 마무리가 된다. '호동'과 '초녀'는 현지의 놀이 나온 사람이다. '정왕'과 '가부'는 현지의 옛 유적이다. 네 구의 말은 때와 장소 양쪽으로 관련을 맺고 있으며, (여기서) 또 한 번 마무리된다. '허점'과 '실자'는 절기에 관한 내용을 곁들여 가난한 상황을 서술하였고, 이로 인해 운명에 맡긴다는 뜻으로 끝을 맺었다. 앞과 뒤는 자신과 결부해 서술하였고, 중간 4구는 자신과 떨어뜨려 서술한 것이다. 이는 분리와 결합을 섞어 사용한 체이다.(首章, 就淸明興感. 一點時, 二點地, 三四流對. 謂身老而倦遊. 此處一頓. 胡童楚女, 本地遊人. 定王賈傅, 本地古跡. 四語, 時地雙關. 又一頓. 虛霑實藉, 帶節候而述貧況. 因以任運意作結. 蓋前後着身寫, 中四不着身寫. 此離合相間格.)

《두시상주》에 인용된 주한朱瀚 설: '조래'는 대충 쓴 느낌이고, '신화'와 '신연'은 중복이다. '수우'는 표현이 속되고, '함화'와 '기죽'은 대가 어울리지 않는다. '타자득'과 '아무연', '환난유'와 '역가련'은 활력이 없는 표현이니 어찌 돈좌를 중시하는 두보 시의 본색이겠는가. 외로운 배에서 늙고 병들어 있는 상태인데도 초 지역 여인의 가는 허리에 마음이 끌렸다는 것은 정말로 말이 되지 않는다. 말을 꺼내면 바로 글이 되는 (두보 같은) 사람이라면 응당 이렇게 하지는 않았을 것이다. '성구처'와 '정의연'은 맥락이 어디에 있는가? '종정'과 '산림', '탁료'와 '조반'은 진부한 표현을 쌓아놓은 것이다. '각천성'과 '임오년'은 '타자득', '역가련' 등과 마찬가지로 평범하고 맥없는 표현일 따름이다.(朝來, 率爾. 新火新烟, 重複. 繡羽, 字面塵坌. 銜花騎竹, 屬對不倫. 他自得我無緣還難有亦可憐, 純是暮氣, 豈少陵頓挫本色. 正自孤舟老病, 牽情楚女腰肢, 甚無謂矣. 出言有章者, 不應如是. 城舊處井依然, 神理安在. 鐘鼎山林濁醪麤飯, 堆積陳腐. 各天性任吾年與他自得亦可憐等, 同一庸軟耳.)

其二

此身飄泊苦西東[1]　　右臂偏枯半耳聾[2]
寂寂繫舟雙下淚[3]　　悠悠伏枕左書空[4]
十年蹴踘將雛遠[5]　　萬里鞦韆習俗同[6]
旅雁上雲歸紫塞[7]　　家人鑽火用青楓[8]
秦城樓閣烟花裏[9]　　漢主山河錦繡中[10]
春水春來洞庭闊[11]　　白蘋愁殺白頭翁[12]

이 몸 떠돌며 동서로 괴롭게 다니다 보니
오른팔은 마비되고 귀는 반이 먹었네.
적적하게 배를 매어두니 두 눈에서 눈물이 흐르고
상심한 채 베개에 엎드려 왼손으로 허공에 글자를 쓰네.
십 년 동안 공 차며 아이들 데리고 먼 곳을 떠돌았는데
만리타향에서도 그네 타는 풍습은 고향과 마찬가지구나.
나그네 기러기는 구름에 올라 자줏빛 변새로 돌아가고

집안사람은 청풍나무로 불을 피우네.
진나라 성의 누각은 연무가 낀 꽃 속에 있을 터
한나라 군주의 산하는 수놓은 비단 가운데 있으리라.
봄물이 봄이 되어 동정호에 가득하니
흰 부평초 백두옹을 몹시도 시름겹게 하는구나.

주 석

1 苦西東(고서동) – 동서로 다니며 고생하는 것을 말한다.

2 右臂(우비) – 오른팔. 偏枯(편고) – 편마비. 몸의 한쪽이 마비된 것을 말한다. 半耳聾(반이롱) – 귀의 반이 먹다. 두보의 경우 왼쪽 귀가 들리지 않는 것을 말한다.

《두시상주》에 인용된 《황제소문黃帝素問》 중풍이 걸리면 편마비가 되기도 한다.(風疾或爲偏枯.)

두보 〈부음復陰〉 그대 보지 못했는가, 기자국의 두릉옹이 이는 절반이나 빠지고 왼쪽 귀 먹은 것을.(君不見夔子之國杜陵翁, 牙齒半落左耳聾.)

3 寂寂(적적) – 외롭고 쓸쓸한 모양. 繫舟(계주) – 배를 정박하다.

《두보전집교주》에 인용된 오견사吳見思 주 이렇게 좋은 절기를 만났는데 배에서 적막하게 지내며 눈물만 흘리고 있다.(遇此佳節, 而舟中寂寞, 惟有淚下.)

4 悠悠(유유) – 근심하는 모양. 또는 시간이 오래된 모양. 伏枕(복침) – 베개에 엎드리다. 침상에 엎드려 있음을 말한다. 書空(서공) – 허공에 글자를 쓰다.

《두보전집교주》에 인용된 사師 씨 주 오른팔에 이미 마비가 왔으니 허공에 글자를 쓰는 것은 오직 왼팔일 따름이다.(右臂旣偏枯, 書空者唯左而已.)

《세설신어·출면黜免》 은중군(은호殷浩)이 쫓겨나 신안에 있을 때 하루 종일 늘 허공에 글자만 쓰고 지냈다. 양주의 관리와 백성들이 뜻을 알고자 그를 따라가 몰래 엿보니 오직 '돌돌괴사(咄咄 괴이하다)'라는 네 글자뿐이었다.(殷中軍被廢在信安, 終日恒書空作字, 揚州吏民尋義逐之, 竊視, 唯作咄咄怪事四字而已.)

5 蹴踘(축국) – 공차기. 가죽으로 만든 공을 차며 노는 놀이의 일종. 將雛(장추) – 어린 자녀를 데리고 다니다. 이 구는 두보가 건원 2년 12월 촉으로 들어간 때부터 이 시를 짓고 있는 대력 4년 청명 때까지 여기저기를 떠돌며 10년의 세월을 보냈음을 말하는 것이다.

《보주두시》 황희黃希 주 《한서·예문지》에서 "《축국》 25편이 있다"라고 하였는데, 안사고의 주에서 "'국'은 가죽으로 만들어 물건을 채워 넣고 발로 차면서 노는 것이다"라고 하였다.(漢藝文志, 蹴踘二十五篇. 師古曰, 鞠, 以韋爲之, 實以物, 蹵蹋之以爲戲也.)

《두공부시집집주》 '장추원'은 자녀를 데리고 먼 곳을 돌아다니는 것을 말한다. 악부에 〈봉장추〉라는 작품이 있다.(將雛遠, 言攜子遠游. 樂府有鳳將雛.)

《두시조차공선후해집교》 지금 위 구는 처자를 데리고 타지에서 청명절을 본 것이 10년이 되었음을 말한다.(今上句言, 攜妻子在外見淸明者十年矣.)

6 鞦韆(추천) – 그네.

《두공부시집집주》 《고금예술도》에서 "비단줄을 나무에 매달아 기둥을 세우고 젊은 남자나 여자가 그 위에 앉거나 서서 그 줄을 밀고 당기는 것을 추천이라고 한다"라고 하였다.(古今藝術圖, 以綵繩懸木立架, 士女坐立其上, 推引之, 謂之鞦韆.)

《두시조차공선후해집교》 아래 구는 그가 고향에서 멀리 떨어져 있음을 말한다.(下句則言其去鄕之遠也.)

[十年 2구]

《두보전집교주》에 인용된 장연張綖 주 '축국'과 '추천'은 모두 청명의 경물로 장안의 젊은 남녀들 사이에서 성행하던 것들이다. 한유가 (〈한식직귀우우寒食直歸遇雨〉 시에서) 말한 '홍담'과 '채삭'이 바로 그것이다. 지금 초 지역의 풍속도 또한 그러하기에 공이 그것들을 생각한 것이다.(蹴踘鞦韆, 皆淸明景物, 長安士女所尙, 韓昌黎所謂紅毯彩索是也. 今楚俗亦然, 故公思之.)

《두보전집교주》에 인용된 《두시언지》 10년 동안 어린 자녀를 데리고 멀리 만리타향 떠돈 일을 추억해보니, 그 분주하게 다니며 편안치 못했던 것이 마치 '축국'과 같았고 허공에 매달린 듯 안정치 못했던 것이 '추천'과 같았다는 것이다.(追憶十年以來, 將挈雛稚, 遠遊萬里, 其奔走不寧也, 有如蹴鞠, 其懸虛靡定也, 有似鞦韆.)

7 紫塞(자새) – 자줏빛 변새. 북방의 변새를 말하는 것이다.

《두보전집교주》에 인용된 효상孝祥 주 최표의 《고금주》에서 "진나라가 쌓은 장성은 흙이 모두 자주색이었다. 한나라 변새도 또한 그러했기에 '자새'라고 한 것이다"라고 하였다.(崔豹古今注, 秦所築長城, 土皆紫色, 漢塞亦然, 故稱紫塞.)

《두시조차공선후해집교》 철새 기러기가 돌아가는 것도 청명 때의 일이다.(旅雁之歸, 亦淸明時事.)

《두억》 청명절에 기러기는 이미 북쪽 자줏빛 변새로 돌아간다고 하였으니, 사람은 그만 못함을 보인 것이다.(淸明雁已北歸紫塞, 見人不如也.)

8 鑽火(찬화) – 나무를 비벼 불을 피우는 일. 靑楓(청풍) – 청풍나무. 나무의 한 종류이다.

《두시경전》 봄에는 느릅나무와 버드나무의 불을 취하는데, (여기서는) 청풍나무를 사용한다고 하였으니 또한 기이한 풍속을 보여주는 것이다.(春取楡柳之火, 用青楓, 亦見異俗.)

《두억》 상수와 담수 지역에는 단풍나무가 많아 불을 피우는 데 이를 사용하니 그 습속을 따른 것이다.(湘潭楓樹多, 鑽火用之, 從其俗也.)

[旅雁 2구]

《독두심해》 '귀자새'로 인하여 북쪽으로 가는 새에 부끄러움을 느낀 것이고, '용청풍'은 일을 남쪽 풍속과 같이 한다는 것이다.(歸紫塞, 因慚北鳥, 用青楓, 事同南俗.)

9 秦城(진성) – 진나라 성. 장안을 가리킨다. 烟花(연화) – 안개 속 꽃. '烟'은 '鶯'으로 된 판본도 있다. 이 구는 장안에 꽃이 가득 피었을 것이라고 상상한 것이다.

《두보전집교주》에 인용된 장진張溍 주 '진성'은 장안을 말하는 것으로 공의 고향이다.(秦城, 謂長安, 公故鄕也.)

10 漢主(한주) – 한나라 군주. 여기서는 당 황제를 가리키는 것이다. 이 구 역시 장안을 그리워하는 것이다. 옛 주석에서는 형주를 가리키는 것으로 보았다.

《구가집주두시》 형주는 유비가 일어난 곳이어서 '한주산하'라고 말하였다.(荊州, 劉備所自起, 故言漢主山河.)

《두보전집교주》에 인용된 장진 주 '한주'는 형주를 말하는데 바로 유비가 일어난 곳이다.(漢主, 謂荊州, 乃劉先主發迹地也.)

《보주두시》 황희 주 옛 판본의 주석에서 "형주는 유비가 일어난 곳이어서, 두보가 '한주산하'라고 하였다"라고 하였다. 지금 판본에는 이런 내용이 없다. 하지만 시의 뜻을 자세히 살펴보면 이는 아마도 장안을 가리켜 말한 것으로 공이 고향을 그리워한 것이리라.(舊本注云荊州, 劉備所自起, 故子美言漢主山河, 今本不載. 然詳詩意, 此蓋指長安而云, 公思故鄕也.)

[秦城 2구]

《두시상주》 '진성'과 '한주'는 장안을 생각하여도 볼 수 없다는 것이다.(秦城漢主, 思長安而不見也.)

《두억》 '진성' 2구는 기러기가 북방 변새로 돌아가는 것으로 인하여 생각이 미친 것이다.(秦城二句, 因雁歸紫塞而想及.)

《두보전집교주》에 인용된 왕호汪灝 주 지금 장안의 누각을 어찌 볼 수 있겠는가. 장안의 산천을 어찌 볼 수 있겠는가.(今長安樓閣, 何可見也, 長安山川, 何可見也.)

《두보전집교주》에 인용된 소보邵寶 주 진성의 누각을 멀리 바라보니 안개 낀 꽃 무더기 속에 아득하고, 형주의 산하를 지금 바라보니 수놓은 비단 더미 가운데 아련하다.(遠望秦城樓閣, 杳在煙花叢內, 今望荊州山河, 恍若錦繡堆中.)

11 春水(춘수) – 봄물. '風水'로 된 판본도 있다.

《두시상주》 《전당시화》에서 유우석이 '춘수' 2구를 극찬하면서 "'춘' 자를 두 번 거듭 사용한 것에서 빼어남을 드러내었다"라고 하였다. (全唐詩話, 劉禹錫盛稱春水二句, 謂兩春字疊用見妙.)

12 白蘋(백빈) – 흰 부평초. 愁殺(수살) – 몹시 시름겹게 하다. 白頭翁(백두옹) – 흰머리 늙은이. 두보 자신을 가리킨다.

《두억》 《초목고》에서 "'빈'은 큰 부평초로 5월에 흰꽃이 피어서 이를 '백빈'이라고 한다"라고 하였다. 청명에는 아직 꽃이 피지 않았으나 여기서는 늘 쓰던 말을 썼을 따름이다.(草木考云, 蘋, 大萍也, 五月有花白色, 謂之白蘋. 清明未花, 此用成語耳.)

[秦城 4구]

《두시조차공선후해집교》 4구는 곧 장안을 그리워하며 상담 지역에 머물고 있음을 탄식한 것이다.(四句則懷長安而歎其在湘潭也.)

#《두시상주》: 다음 수는 먼저 표류하는 행적을 개탄하였고 뒤에 청명의

경물과 일을 탄식하였다. 역시 제6구에서 나뉜다. '계주'는 '표박'을 이었고, '좌서공'은 '우비고'에 호응한 것이다. '장추원'은 멀리 초 땅에 있다는 것이고, '습속동'은 장안과 같다는 것이다. '자새안'은 장안을 거듭 가리키고, '청풍화'는 초 땅을 다시 가리킨다. '진성'과 '한주'는 장안을 그리워해도 볼 수 없다는 것이다. '동정'과 '백빈'은 초 땅에 오래 머물러 있음을 탄식한 것이다.(次章, 先慨飄流之迹, 後歎清明景事, 亦六句分截. 繫舟, 承飄泊. 左書空, 應右臂枯. 將雛遠, 遠在楚中. 習俗同, 同於長安. 紫塞雁, 仍指長安. 青楓火, 又指楚中. 秦城漢主, 思長安而不見也. 洞庭白蘋, 歎楚中之淹滯也.)

《독두심해》: 둘째 수는 전체가 표박의 감회이고 청명은 단지 실마리로 사용되었다. 처음 4구는 표박하여서 병들어 피폐해진 사실을 말한 것인데, 시상을 나누어 받아 말해갔다. 다만 '왼손으로 허공에 글자를 쓴다'는 말은 유치한 것 같다. 가운데 4구는 절기에 대한 이야기를 하며 표박함을 보인 것이다. '십 년'은 시간이 오래된 것을 말하고, '만 리'는 거리가 먼 것을 말한다. '귀자새'는 그로 인하여 북쪽으로 가는 새에 부끄러움을 느낀 것이고, '용청풍'은 하는 일을 남쪽 풍속과 같이 한다는 것이다. 뒤 4구는 수도를 아득히 생각하며 표박의 시름으로 마무리하였다. '진성'과 '한주'는 마음이 장안에 있다는 것이다. 동정의 물이 가득하다는 말은 몸이 호남에 있기에 그 가로막혀 떨어져 있음을 싫어한 것이다. '앵화'와 '금수'는 또한 청명을 곁들여 반영한 것이다.(次章, 全乎飄泊之感, 淸明只用點逗. 起四, 言飄泊而病廢, 分承說下. 但左書空似穉. 中四, 就節候上見漂泊. 十年言久, 萬里言遠. 歸紫塞, 因慚北鳥. 用青楓, 事同南俗. 後四, 遙想京國, 結出飄泊之愁. 秦城漢主, 心在長安. 洞庭水闊, 身在湖南, 嫌其阻隔也. 而鶯花錦繡, 亦映帶清明.)

《두시상주》에 인용된 주한朱瀚 설: 처음 4구는 마치 가난하고 병든 채 배를 끌고 치사한 음식을 구걸하는 것 같으니, 한 자라도 두보의 풍골에 가까운 말이 있는가? 오른팔에 마비가 와서 왼팔로 허공에 글자를 쓴다는 것은 우스워서 거의 밥을 뿜을 만한 말인데, 왼쪽이라는 글자만 밝혀 더욱 괴이하게 되었다. '축국'과 '추천'은 항간에서 쓰는 대구의 부류이고, '장추'와 '습속'은 대구를 이루기 대단히 어렵다. '찬화' 구는 또한 (제1수의) '조래신화'의 뜻을 중복하였다. '진성' 2구는 시내거리의 등불에 쓰는 대련일 뿐이다. '한주'라는 말은 더구나 이해하기 어렵다. '풍수(춘수)' 구는 역시 오가풍吳歌風이고, 결구는 무료하다. 감정과 일을 펼쳐서 늘어놓는 것으로는 5언 백운과 같은 작품이 있고, 격률이 엄정한 것으로는 7언 율시가 있다. 두보의 시집 중에 지금 이 시와 같은 체재만이 빠졌는데, 사족은 쓸 필요가 없기 때문일 것이다. 고기를 먹을 때 말의 간을 먹지 않는 것은 맛을 모르기 때문이 아니다.(起四句, 竟似貧病挐舟, 乞嗟來之食者, 有一字近少陵風骨否. 因右臂偏枯, 而以左臂書空, 旣可噴飯, 只點左字尤爲險怪. 蹴踘秋韆, 坊間對類. 將雛習俗, 屬對殊難. 鑽火句, 又犯朝來新火. 秦城二句, 街市燈聯耳. 漢主更不可解. 風水句, 亦是吳歌. 結句無聊. 鋪陳情事, 則有五言百韻等作. 格律精嚴, 則有七言八句. 集中偏缺此體, 無須蛇足, 食肉不食馬肝, 未爲不知味也.)

##《독두심해》: 이 두 수의 작품은 평이한 표현이 많지만, 장법은 절로 온당하다. 각 4구마다 뜻을 바꾸었다. 구조오의 《두시상주》에서는 6구에서 끊었는데, 옳지 않다.(二詩多平調, 然章法自穩. 各四句轉意. 仇本六句截, 未是.)

《두시경전》: 앞의 수는 호남의 풍경에서 서술을 시작하여 자신에게까지 언급이 미쳤고, 뒤의 수는 자신이 늙고 병든 것에서 이야기를 시작하여 호남 이야기로 끝맺고 있으니 또한 순환 장법을 보여준다.(前首從湖南風景敍起, 說到自家, 後首從自家老病說起, 結到湖南, 亦見迴環章法.)

《두보전집교주》에 인용된 《두시언지》: 두 수는 구구절절 청명과 관련을 짓고 구구절절 자신과 대비하고 있다. 한 번은 순방향으로 한 번은 역방향으로 써서 행문 변화의 재주를 다하면서도 또한 근체 장구에 잘 들어맞는다. 이른바 시율의 세밀함은 참으로 두보가 아니면 해낼 수 없는 일이다.(二首句句綰定淸明, 句句對照自己. 而一順一逆, 極行文變化之能事. 乃又恰是近體長句, 所謂詩律之細, 洵非老杜不辦也.)

(박홍준)

76. 發潭州

담주에서 출발하다

夜醉長沙酒[1] 曉行湘水春[2] 岸花飛送客 檣燕語留人[3]
賈傅才未有[4] 褚公書絶倫[5] 名高前後事[6] 回首一傷神[7]

간밤에 장사의 술에 취하였다가
새벽에 봄날의 상수를 가노라니,
강 언덕의 꽃이 날며 나그네를 전송하고
돛대의 제비가 재잘거리며 사람을 만류하네.
가의는 재주가 미증유의 것이고
저수량은 글씨가 출중했건만,
명성 높은 이들 앞뒤에서의 일에
고개 돌리며 한바탕 마음 아파하노라.

이 시는 대력 4년 봄 두보가 형주衡州로 가기 위해 담주를 떠나며 지은 것이다. 떠나기 전날 밤 술에 취했다지만 동석자에 대한 언급이 없고 이튿날 새벽 전송하는 이의 역할을 꽃과 제비가 도맡았다고 표현한 데서 시인의 쓸쓸한 심사를 엿볼 수 있다. 명성이 높은 인물로서 담주로 좌천되었던 가의와 저수량을 언급한 것은 그들과 같은 재주와 글씨 솜씨를 지녔다고 자부하는 시인의 동병상련으로 풀이된다.

《보주두시》 시에서 "새벽에 봄날의 상수를 간다"라고 하였으니 응당 대력 4년 봄 담주에서 형주로 갈 때 지은 것이다. 이듬해(대력 5년)에 비록 또한 담주를 떠나 형주로 간 적이 있지만 그때는 이미 여름이었으므로 올해(대력 4년)에 지은 것임을 알 수 있다.(詩云, 曉行湘水春, 當是大曆四年春自潭之衡時作. 明年雖亦嘗去潭之衡, 然是時已夏, 故知其爲今年作.)

주 석

1 長沙酒(장사주) – 장사의 술. 담주에서 빚은 술을 가리킨다. 담주는 천보 원년에 장사군長沙郡으로 변경되었다가 지덕 원년에 다시 담주로 복원되었다.

《문선文選》 사혜련謝惠連 〈설부雪賦〉 "酌湘吳之醇酎" 주에 인용된 《오록吳錄》 상수 영릉현의 물은 술을 빚으면서 유명해졌다.(湘川酃陵縣水, 以作酒, 有名.)

2 湘水春(상수춘) – 봄날의 상수.

《두시상주》에 인용된 《명승지名勝志》 상수는 담주의 서쪽에 있으며 성을 두르고 내려간다.(湘水, 在潭州之西, 環城而下.)

《두보전집교주》에 인용된 오견사吳見思 주 장사의 술에 취했으니 밤에는 아직 담주에 있었던 것이다. 봄날의 상수를 가니 새벽에 이곳을 떠난 것이다.(醉長沙之酒, 夜猶在潭州也. 行湘水之春, 曉從此去也.)

[夜醉 2구]

《두시조차공선후해집교》 위 두 구는 곧 그 일을 있는 그대로 말한 것인데, 옛 주석에서는 사령운(사혜련의 잘못)의 〈설부〉에 보이는 술 이름을 억지로 끌어들였으니 얼마나 어지러운가.(上兩句乃實道其事, 而舊注强引謝靈運雪賦中酒名, 何其紛紛邪.)

3 檣燕(장연) – 돛대 위의 제비. 語(어) – 재잘거리다. 留人(유인) – 사

람을 만류하다. 여기서 '사람'은 시인 자신을 가리킨다.

하손何遜 〈증제유구시贈諸遊舊詩〉 강 언덕의 꽃이 물 옆에서 피고, 강가 제비가 돛대를 감돌며 난다.(岸花臨水發, 江燕繞檣飛.)

《두시조차공선후해집교》 '장연'은 배의 돛대 위에 머무는 제비이다. 두보의 시(〈대력삼년춘백제성방선출구당협구거기부장적강릉표박유시범사십운大曆三年春白帝城放船出瞿唐峽久居夔府將適江陵漂泊有詩凡四十韻〉)에서 또한 "제비는 돛대 위 까마귀를 쫓네"라고 하였다.(檣燕者, 帆檣上之泊燕也. 公詩又曰, 燕子逐檣烏.)

《두율계몽》 3, 4구는 경물로 나아가 뜻을 기탁한 것으로, 나그네를 전송하는 것이 꽃뿐이고 사람을 만류하는 것이 제비뿐이라고 함으로써 인정의 각박함을 보인 것이다.(三四卽景寓意, 送客唯花, 留人只燕, 以見人情之薄也.)

4 賈傅(가부) – 한나라의 문인인 가의賈誼. 그가 장사왕의 태부太傅를 지냈기에 '가부'라고 한다. 才未有(재미유) – 재주가 미증유의 것이다. 이제까지 가의만 한 재주를 가진 이가 나오지 않았다는 말이다. 속본에는 '未'가 '何'로 되어 있다.

5 褚公(저공) – 당나라의 관료인 저수량褚遂良. 고종 때 측천무후의 책립을 반대하다가 담주도독潭州都督으로 좌천되었다. 서예에 능해 초당 4대가의 한 사람으로 일컬어졌다. 絶倫(절륜) – 남들보다 월등히 뛰어나다. 출중하다.

《구당서·저수량전褚遂良傳》 저수량은 널리 문장과 역사를 섭렵하였고 특히 예서에 뛰어나 부친의 벗인 구양순이 그를 매우 아꼈다. 태종이 일찍이 시중 위징에게 "우세남이 죽은 뒤로 글씨를 논할 만한 사람이 없다"라고 말하자, 위징이 "저수량이 붓을 대면 굳세고 힘찬 것이 왕희지의 서체를 충분히 습득하였습니다"라고 했다. 태종이 그날로 불러와 곁에서 글씨를 쓰게 했다.(遂良博涉文史, 尤工隸書, 父友歐陽詢甚重之. 太宗嘗謂侍中魏徵曰, 虞世南死後, 無人可論

書. 徵曰, 褚遂良下筆遒勁, 甚得王逸少體. 太宗卽日召令侍書.)

[賈傅 2구] 가의와 같은 재주를 가진 이가 아직 없고 저수량의 글씨는 출중하다는 말인데, 가의와 저수량은 모두 담주로 좌천되었던 사람들이다. 두보가 자신을 이들에게 빗댄 것으로 보인다.

[岸花 4구]

《두시상주》에 인용된 홍중洪仲 주 이 시의 3, 4구는 사물에 의탁해 사람을 보였고, 5, 6구는 사람을 빌려 자신을 드러냈다. 이는 모두 언외에 뜻을 기탁한 것으로, 사실대로 말하면 함축이 적어진다.(此詩三四托物見人, 五六借人形己. 此皆言外寓意, 實說便少含蓄矣.)

6 名高(명고) – 이름이 높다. '高名'으로 된 판본도 있다. 前後事(전후사) – 전후의 일. 가의와 저수량이 각각 시대를 달리하여 담주로 좌천된 일을 가리킨다.

《두시조차공선후해집교》 두 사람은 모두 이름난 자들로, 가의의 일이 앞에 있고 저수량의 일이 뒤에 있었다.(二公皆有名者, 賈在前而褚在後也.)

7 傷神(상신) – 마음이 상하다.

[名高 2구] 이름난 인물인 가의와 저수량이 전후로 담주에 좌천되어 온 적이 있는데, 두보가 담주를 떠나며 그들의 처지를 동정한다는 말이다. 은근히 자신을 그들과 비견한 두보의 자부심을 엿볼 수 있다.

#《두시상주》: 위 4구는 담주의 풍경과 일이고, 아래(4구)는 배를 출발시키며 감회가 있는 것이다. 나그네를 전송함에 다만 꽃이 날고 사람을 만류함에 오직 제비가 재잘대는 것은 본래 쓸쓸한 감정에 속하는데 오히려 신선하고 뛰어난 말로 표출할 수 있었다. 가의와 저수량이 조정에 들어가 각기 강직하고 성실한 절조가 있었지만 단지 재명과 서법만 거론한 것은 대체로 이를 빌려 자신을 빗대려 한 것이다. (가의

와 저수량) 두 사람이 본디 전후가 되는데 두보도 두 현인과 또한 전후의 일이기에 그래서 고개 돌리며 마음 아파한다는 탄식이 있는 것이다.(上四潭州景事, 下則發舟而有感也. 送客但花飛, 留人惟燕語, 本屬寥落之感, 卻能出以鮮俊之辭. 賈褚立朝, 各有鯁亮之節, 但擧才名書法者, 蓋借以自方耳. 二人固爲前後, 公於二賢, 亦前後事也, 故有回首傷神之歎.)

《두억》: 지금 상담현 남쪽에는 안화정이 있다. 당시 아직 형주에 도착하지 않았기에 이 시는 응당 〈망악〉 시의 앞에 두어야 한다. '안화'와 '장연'은 인정의 각박함을 반영한 것이다. 가의와 저수량은 모두 자신을 빗댄 것이니, 내가 두보가 글씨에 뛰어났다고 한 것에 이것이 또 하나의 증거가 된다. 조방趙汸은 "앞의 (〈입교구入喬口〉) 시에서는 장사로 가까이 가며 가의를 그리워했고 여기에서는 담주를 떠나며 가의와 저수량을 겸하여 그리워했으니, 떠돌며 곤궁해져서 여정 속에 마주친 것들에 대한 회포와 (두보가 〈과곽대공고택過郭代公故宅〉 시에서 말한바) 정신으로 저승과 사귀는 감회는 고사를 주워 모아 만든 시에 비할 바가 아니다"라고 하였다. 저수량은 일찍이 담주도독으로 좌천된 적이 있다.(今湘潭縣南有岸花亭. 時未到衡, 詩當寘望嶽之前. 岸花檣燕, 影人情之薄. 賈褚皆以自況, 余謂公善書, 此又一證. 趙子常云, 前詩以近長沙而懷賈誼, 此以去潭州而兼懷賈褚, 羈窮旅遇之懷, 神交冥漠之感, 非掇拾故事以成詩之比. 褚嘗謫爲潭州都督.)

《독두심해》: 3, 4구는 배를 출발시키는 광경으로 홍중이 말한바 '사물에 의탁해 사람을 보인' 것이다. 대체로 인정의 냉담함이 언외에 있다. 5, 6구는 '가부'와 '저공'에서 잠깐 끊어 읽는다. '재하유'는 그런데 지금 어디에 있느냐는 말이다. '서절륜'은 다만 여기에서 전해질 뿐이라는 말이다. 위 두 글자는 예전에 모두 명신이었음을 보인 것이고, 아래 세 글자는 그 사람들이 이미 가버렸음을 보인 것이다. 정확히 7, 8구와 호응한다. 홍중이 "사람을 빌려 자신을 드러냈다"라고 한 것이 이것이다. 대체로 '전후사' 안에 자신 또한 포함되어 있다. 예전에는 다만 찬미하는 말로 풀이하여 마침내 '하' 자를 '미' 자로 고쳤는데, 성운상 조화롭지 않게 만들었을 뿐만 아니라 말련과도 연결성이 적어졌다. (三四, 發船之景, 洪仲所謂託物見人者也. 蓋人情冷淡, 在言下也. 五六, 賈傳褚公略讀. 才何有, 謂而今安在. 書絶倫, 謂只此流傳. 上二字, 見昔皆名臣, 下三字, 見其人已往. 正與七八呼應. 洪仲云借人形己, 是也. 蓋前後事內, 己亦包含也. 舊但作贊詞解, 遂將何字改作未字, 旣使聲韻不諧, 復與末聯少會.)

(김준연)

77. 發白馬潭

백마담에서 출발하다

水生春纜沒[1] 日出野船開[2] 宿鳥行猶去[3] 叢花笑不來[4]
人人傷白首 處處接金杯[5] 莫道新知要[6] 南征且未廻[7]

물이 불어 봄 뱃줄이 잠기고
해가 떠서 들 배를 출발시켰네.
자던 새는 줄지어 오히려 떠나고
무리 지은 꽃은 웃으며 오지 않네.
사람마다 흰머리를 슬퍼하여
곳곳에서 금 술잔으로 접대해주었지만,
새로운 친구가 부른다고 말하지 마라
남으로 가서 장차 돌아오지 않으리라.

이 시는 대력 4년 봄에 백마담에서 남쪽으로 떠날 때 지은 것으로 보인다. 백마담은 담주潭州에 있는 호수로 보는 설도 있고, 악주岳州 파릉현巴陵縣에 있는 백마기白馬磯를 가리키는 것으로 보기도 하지만 모두 확실치 않다. 전반부에서 백마담에서 배를 출발시킬 때의 경물을 묘사하였고, 후반부에서 배를 타고 남쪽으로 가는 심정을 말하였다. '發'은 '登'으로 된 판본도 있다.

《보주두시》 시에서 "물이 불어 봄 뱃줄이 잠긴다"고 하고, 또 "남으로 가서 장차 돌아오지 않으리라"고 하여 예전에 〈사남석망〉의 뒤에 편차하였으니, 마땅히 대력 4년 호남에 갈 때에 지은 것이다.(詩云, 水生春纜沒, 又云, 南征且未迴, 舊次在祠南夕望之後, 當是大曆四年赴湖南時作.)

《두시상주》 조방趙汸의 주에 "백마담은 담주에 있다"라고 하였다. 고신顧宸의 주에 "악주 파릉현에 백마호가 있다. 《수경주》에서 '상강湘江 물이 또 동으로 팽성기를 지나고 북으로 은기를 마주하고 있다. 그 두 기磯 사이에 큰 돌이 있어 강 가운데 외로이 서 있는데 (산의) 동쪽 강 포구를 세상에서 그것을 일러 백마구라고 한다'라고 하였다. 이백의 시(〈지압란역상백마기증배시어至鴨欄驛上白馬磯贈裴侍御〉)에서 '기울어져 겹쳐진 만고의 바위가, 가로 놓여 백마기가 되었다'라고 하였다"라고 하였다. 시에서 "해가 떠서 들 배를 출발시켰다"라고 했으니 분명히 백마담 앞에서 배를 출발시킨 것이다. 《두억》에 이르길 "백마담은 물을 거슬러 올라가는 쪽에 있기에 '등'이라 일컫는다"라고 하였는데 시와 맞지 않다.(趙注, 白馬潭, 在潭州. 顧注, 岳州巴陵縣, 有白馬湖. 水經注, 江水又東逕彭城口(磯의 잘못), 北對隱磯, 二磯之間有巨石, 孤立大江中, 東江浦, 世謂之白馬口. 李白詩, 側疊萬古石, 橫爲白馬磯. 詩云, 日出野船開, 明是潭前發舟. 杜臆, 謂潭在上水, 故云登, 於詩不合.)

《독두심해》 《일통지》에 "악주 파릉현에 백마기가 있다"라고 하였다. 살펴보건대 예전에 〈발담주〉 뒤에 편차하였는데 잘못이다.(一統志, 岳州巴陵縣, 有白馬磯. 按, 舊編發潭州後, 誤.)

주 석

1 春纜(춘람) – 봄 배의 뱃줄.

2 野船(야선) – 들에 정박한 배.

《두보전집교주》에 인용된 고신顧宸 주 해가 막 뜨자 들에 정박한 배가 곧 출발한 것은 속히 가려고 함을 보여준다.(乃日方出, 而野泊之船卽開, 見欲行之速也.)

3 行(항) – 줄을 짓다. 猶去(유거) – 머물지 않고 오히려 떠난다는 말이다.

4 叢花(총화) – '花叢'으로 된 판본도 있다. 笑不來(소불래) – 웃으며 다가오지 않다. 강 언덕에 꽃이 활짝 피었으나 떠나는 배에 다가오지 않음을 말한다.

《두시상주》 두시에서 (〈송이팔비서부두상공막送李八秘書赴杜相公幕〉의 노가 요동하니) "등 뒤로 국화꽃 핀 곳을 가리키겠지"는 물을 따라가는 빠른 모습을 형상화한 것이고, "물 꽃이 웃으며 오지 않는다"는 물을 거슬러 가는 더딘 모습을 가리킨다.(杜詩, 背指菊花開, 狀順流之速, 水花笑不來, 指逆流之遲.)

《두시경전》에 인용된 장진張溍 주 언덕 위의 꽃이 배를 바라보며 웃는 것 같다. 그러나 내 배는 절로 가기에 그것을 불러오게 할 수 없다.(岸上花若望舟而笑, 然我舟自行, 不能招之使來也.)

[宿鳥 2구]

《두보전집교주》에 인용된 왕호王灝 주 어젯밤에 숲에서 자던 새는 배가 출발하니 또한 줄을 지어 떠나고, 밤에 정박한 언덕의 꽃은 배가 출발해도 웃으며 오지 않는다.(昨夜林宿之鳥, 船開, 亦成行而去, 夜泊岸之花, 船開則笑而不來.)

5 接金杯(접금배) – 금 술잔을 접하다. 금 술잔으로 접대하다.

[人人 2구] 지금까지 두보를 접대한 사람들에 대한 언급으로 보인다. 앞으로 두보가 만날 사람들에 대한 언급으로 보기도 한다.

《두보전집교주》 노원창은 "내가 떠나지 않고 무엇 하겠는가? 대개 머리 흰 사람은 누구나 가엾게 여기니 금 술잔의 술이 도처에 있을 텐데"라고 하였다. 오견사는 "흰머리를 다른 사람이 불쌍히 여김을 탄식하니 설령 금 술잔으로 도처에서 나를 접대해주어도 또한 무슨 이익이 있겠는가?"라고 하였다.(盧元昌曰, 我不發爲何. 蓋白首之人, 何人不惜, 金杯之酒, 到處有之. 吳見思曰, 歎白首爲人所憐, 卽金杯到處相接, 亦何益哉.)

6 新知(신지) – 새로 사귄 친구. 백마담 근처나 담주에서 사귄 친구를 말한다. 要(요) – 초청하다. '중요하다'로 보기도 한다. 《두시상주》에서 "뜻은 평성을 따르고, 독음은 거성을 쓴다(義從平聲, 讀用去聲)"라고 하였는데 이를 따르면 '초청하다'라는 뜻이다.

《두시상주》 옛 주해에서 '요'는 '중요한 일'로 보았는데, 새로운 설에서는 '초청하다'로 풀이하였다.(舊解要爲要事, 新說作招要解.)

《두시경전》 ('신지요'는) 나와 밀접함을 말한다.(言與我切也.)

7 且(차) – 잠시. 장차. 잠차暫且.

[莫道 2구]

《구가집주두시》 조차공 주 남쪽으로 가서 잠시 돌아오지 않을 것이라고 하였으니, 공이 결국 남쪽으로 가버려 새 친구에게 초청을 받아 머무를 수 없었던 것이다.(南征且未回, 則公遂南征, 不得爲新知所要而留耳.)

《두보전집교주》에 인용된 장원張遠 주 '신지요'는 요령要領의 '요'이니, 곧 두보의 〈미피서남대〉 시의 "새 경물을 마음에 품어 눈이 부딪친 듯하였는데, 종요로운 곳을 접하게 되자 마음에 이미 깨닫게 되었다"의 뜻이다. 곧 명산을 두루 떠돌며 그 뜻을 마치려고 함을 말하니 그래서 "남쪽으로 가서 장차 돌아오지 않겠다"라고 이어서 말했다. 여러 주해들은 자못 틀렸다.(新知要, 乃要領之要, 卽公渼陂西南臺詩, 懷新目似擊, 接要心已領意. 言欲遍遊名山以終其志, 故接云南征且未迴耳. 諸解頗謬.)

#《두시상주》: 위 4구는 배를 출발할 때의 경물을 기록하였고, 아래 4구는 못을 지날 때의 정황과 일을 서술하였다. 위는 실경 묘사이고 아래는 생각을 표현한 격식이다. 《두억》에서 다음과 같이 말하였다. "봄물

이 한창 불어나기에 맨 뱃줄이 잠기고 물결을 거슬러 올라가기 어렵기에 해가 뜰 때 바야흐로 출발한다. 이때 자던 새들은 줄 지어 오히려 나보다 먼저 떠나고, 물 꽃은 웃음 띠며 배를 향해 오려고 하지 않으니 물을 거슬러 가는 배의 어려움을 보여준다. 나그네 배의 나아가기 어려움이 이와 같으니, 설령 사람마다 내 흰머리를 슬퍼하며 곳곳에서 나를 술잔으로 접대해주어도 새 친구 사귀는 것이 요긴한 일이라고 말하지 말지니 다만 남쪽으로 가서 돌아오지 않을 것이다. 후반부는 상상한 말을 쓴 것이니 그렇지 않다면 어려움 속에 멀리 가는 나그네가 어찌 도처에서 좋은 술잔을 접할 수 있겠는가."(上四記發舟景物, 下四敍經潭情事. 上實下虛格. 杜臆, 春水方生, 故繫纜浸沒, 逆流難上, 故日出方開. 此時宿鳥之成行者, 猶且先我而去, 水花之帶笑者, 不肯向舟而來, 見逆水行舟之難也. 客舟難進如此, 縱使人人傷我白首, 處處接我金杯, 亦莫道新知爲要事, 只管南征而未迴也. 後半作虛擬之詞, 不然, 艱危作遠客, 安得到處金杯乎.)

《두억》: 못은 물을 거슬러 올라가는 쪽에 있기에 '등'이라고 하였다. 봄물이 한창 불어날 때 물을 거슬러 올라가기에 뱃줄이 잠긴다. 배가 해 뜬 이후에 출발한 것은 또한 물을 거슬러야 하기 때문이다. '숙조'는 필시 물에서 잔 새이다. 새가 비록 걸어가도 오히려 내 배보다 앞서간다. 언덕의 떨기 꽃은 나를 대하고 웃으며 곧장 오려고 하지 않으니 물을 거슬러 가는 배의 어려움을 형상화한 것이다. 배가 나아가기 어려움이 이와 같으니, 설령 사람마다 나의 흰머리를 슬퍼하며 곳곳에서 술잔으로 나를 접대해주어도 또한 새 친구에게 나아가는 것이 요긴한 일이라고 말하지 마라. 다만 남쪽으로 가려고 할 뿐 돌아오리라는 생각은 잠시 하지 않으련다. 아마도 배가 나아가기 어려움으로 인해 돌아갈까 생각해봤을 것이다. 뒤 4구는 상상한 말이다. 그렇지 않다면 어찌 도처에서 술잔을 접하겠는가? 대저 물을 올라가는 배는 바람을 타는 경우는 편하고 뱃줄을 끌게 되면 불편한데 하물며 물이 불어나는 때는 더욱 어렵다. 뱃줄이 잠긴 것은 실제 풍경인데 다른 사람이라면 반드시 시에 그려넣지는 못했을 것이다.(潭在上水, 故云登. 春水方生, 逆流而上, 故纜沒. 船日出而後開, 亦以逆流故. 宿鳥必水宿之鳥, 鳥雖步行, 猶先我舟而去. 岸有叢花, 對我而笑, 不肯便來, 狀逆水行舟之難也. 舟之難進如此, 縱使人人傷我之白首, 處處接我以金杯, 亦莫道赴新知爲緊要事, 只管南征, 且未思迴也. 蓋因行舟之難而思返也. 後四句虛說, 不然安得到處金杯乎. 大抵上水之舟, 便於使風, 不便於牽纜, 況水生時更難. 纜沒眞景, 他人未必寫入詩者.)

《독두심해》: 이 시는 주석가들의 견해가 다양한데 모두 마음에 들지 않는다. 내 생각에는 응당 나그넷길의 상황이 의지할 만하지 않아서 말한 것으로 보인다. 수련은 일을 서술했고, 다음 연은 흥이다. 자던 새 중에 줄 지은 것은 오히려 나를 등지고 떠나고, 무리 지은 꽃 중에 웃음을 머금은 것은 나를 따라오지 않음을 말한다. 사물의 정황도 또한 그러한데 하물며 세상의 정황이랴! 세 번째 연은 일탕지필을 써서 만나는 사람 중에 또한 나의 흰머리를 슬퍼하는 자가 많고 이르는 곳에서 또한 때때로 금 술잔으로 나를 접대해주었음을 말한다. 그러나 새 친구가 긴요하여 경솔하게 미련을 둔다고 말하지 마라. 나는 잠시 버려두고 남으로 향하리니 아직 노를 멈추지 말아야 할 따름이다. 차가운 눈빛과 외로운 감정이 그 사이에서 읽혀진다. 이 시를 읽으면 위 작품(〈배배사군등악양루陪裴使君登岳陽樓〉)에서 어부의 이야기로써 생각한 말이 진실로 인정에서 기대할 수 없는 것임을 알 수 있다.(此詩注家不一, 俱未愜心. 愚謂當由客途情面不可倚恃而發. 首聯敍事, 次聯興也. 謂宿鳥之成行者, 猶背我而去, 叢花之含笑者, 不隨我而來. 物情且然, 而況世情乎. 三聯作宕筆, 言所值之人, 亦多傷我白首也, 所到之處, 亦時接我金杯也. 然莫道新知爲有關緊要, 而輕於留戀, 我姑舍然南向, 且未須停棹耳. 冷眼孤情, 閒中閱破. 讀此知上篇漁父相商之語, 誠不得穩靠人情.)

《두율계몽》: 첫 2구에서 제목의 사항을 다 표현했다. 3, 4구는 경물에 나아가서 감정을 기탁했으니 새가 떠나고 꽃이 오지 않는 것으로 인정의 박함을 일으켰다. 아래 4구는 흰머리를 슬퍼하고 술잔으로 접대하기에 새 친구는 의지할 수 있을 것 같으나, 아주 범연하여 긴요한 정이 없으니 잠시 남쪽으로 가서 돌아오지 않을 따름이라고 말했다. 3구의 '유' 자, 7구의 '요' 자, 8구의 '미회' 자는 모두 적절한 표현이 아니다.(首二, 題事已畢. 三四, 卽景寓情, 以鳥去而花不來, 興人情之薄也. 下四言傷白頭而接金杯, 新知似可恃矣, 然殊泛泛而無緊要也, 且南征而不回耳. 三句猶字, 七句要字, 八句未回字, 俱不妥.)

(**강민호**)

78. 野望

들에서 바라보다

納納乾坤大[1] 行行郡國遙[2] 雲山兼五嶺[3] 風壤帶三苗[4]
野樹侵江闊[5] 春蒲長雪消[6] 扁舟空老去[7] 無補聖明朝

넉넉한 하늘과 땅은 커서
가고 가도 군국은 머니,
구름 낀 산은 오령을 아울렀고
바람 부는 땅은 삼묘를 둘렀네.
들의 나무는 너른 강을 침범하고
봄의 부들은 녹은 눈 속에서 자라는데,
일엽편주로 부질없이 늙어가니
성명한 조정에 보탬이 없구나.

이 시는 뱃길을 가다가 내려서 들의 경관과 봄날의 경물을 보고 느낀 감회를 적은 것이다. 막막한 남쪽 지역을 정처 없이 가다가 어느덧 봄이 왔는데 자신은 늙어가면서 조정에 보탬이 되지 못함을 한탄하였다. 대력 4년 봄 상강을 떠돌 때 지은 것으로 추정한다.

《보주두시》 시에서 "구름 낀 산은 오령을 아울렀고 바람 부는 땅은 삼묘를 둘렀다. 들의 나무는 너른 강을 침범하고 봄의 부들은 녹은 눈 속에서 자란다"라고 하였으니 마땅히 대력 4년 봄에 지은 것이다.(詩云, 雲山兼五嶺. 風壤帶三苗, 野樹侵江闊, 春蒲長雪消.

當是大曆四年春作.)

주석

1 納納(납납) – 포용하는 모양.

《두보전집교주》에 인용된 고신顧宸 주 '납납'은 광대하게 포용하는 모양이다.(納納, 廣大包容之貌.)

2 郡國(군국) – 군과 국. 한나라 때 천하를 군과 국으로 나누어 군은 중앙에서 관할하였고 국은 왕을 분봉하였다. 모두 지방의 구역 단위인데, 여기서는 담주 일대를 가리킨다.

[納納 2구]

《두보전집교주》에 인용된 선복單復 주 떠도는 것이 멀기에 천지의 넓음을 알겠다는 말이다.(言流寓之遠, 乃知乾坤之大.)

3 雲山(운산) – 구름 낀 산. 높은 산을 가리킨다. 五嶺(오령) – 중원에서 남방으로 넘어갈 때 경계에 있는 다섯 고개인데 지칭하는 바에는 여러 설이 있다.

《원화군현지元和郡縣志》 (진晉나라) 회제가 형주와 상중의 여러 군을 나누어 상주를 두었는데 남쪽으로는 오령을 경계로 하였고 북쪽으로는 동정호를 경계로 하였다.(懷帝分荊州湘中諸郡, 置湘州, 南以五嶺爲界, 北以洞庭爲界.)

4 風壤(풍양) – 바람 부는 땅. 帶(대) – 두르다. 여기서는 접해 있다는 말이다. 三苗(삼묘) – 옛 나라 이름으로 동정호와 팽려호 사이에 있었다. '풍양'을 풍토로 보는 설도 있는데, 이를 따르면 이 지역은 남방 국가인 삼묘의 풍토가 있다는 말이다.

《두시상주》 《서경·순전舜典》에서 "삼위산으로 삼묘를 쫓아냈다"라고 하였고 주에서 "삼묘국은 왼쪽에는 동정호가 있고 오른쪽에는 팽려호가 있었다"라고 하였다. 《담주도경》에서 "담주는 삼묘국의 남쪽 지역이다"라고 하였다.(書, 竄三苗於三危. 注, 三苗之國, 左洞庭, 右彭蠡. 潭州圖經, 潭州爲三苗國之南境.)

5 侵(침) – 침범하다. '적시다'라는 뜻으로 풀이할 수도 있다. 闊(활) – 넓다. 이 구는 들판의 나무가 넓은 강가까지 이어져 있다는 말이다. 또는 강물이 불어서 들판의 나무까지 이어졌다는 말이다.

《두시조차공선후해집교》 나무가 너른 강 옆을 침범한다는 말이다. (言樹侵江闊之旁.)

《두보전집교주》에 인용된 고신 주 들의 나무가 물에 잠기니 도리어 강의 넓음을 깨닫는다.(野樹浸而反覺江之闊.)

6 長(장) – 자라다. 雪消(설소) – 눈이 녹다.

《두시조차공선후해집교》 부들이 눈이 녹은 뒤에 자랐다는 말이다. (言蒲長於雪消之後.)

7 扁舟(편주) – 두보의 배를 가리킨다. 老去(노거) – 늙어가다.

#《두시상주》: 3, 4구는 멀리 바라본 것으로 위의 '건곤'과 '군국'을 이어받고 5, 6구는 가까이 바라본 것으로 아래의 '편주'와 '공거'를 일으킨다. 가운데 두 연이 비록 모두 경물을 말한 것에 속하지만 말의 뜻을 자세히 완미하면 여전히 네 구로 분절된다. '오령'은 남쪽에 있고 '삼묘'는 북쪽에 있다. 강물이 불어 곧장 들의 나무를 침범하고 눈이 녹아서 비로소 봄 부들을 자라게 한다. 5, 6구는 도치법을 사용하였다. 고신의 주에서 "미련은 포부가 심히 크기에 감개가 심히 깊다"라고 하였다.(三四遠望, 承上乾坤郡國. 五六近望, 起下扁舟空去. 中二聯雖俱屬言景, 然細玩語意, 仍是四句分截. 五嶺, 在南, 三苗, 在北. 江漲直侵野樹, 雪消始長春蒲. 五六, 倒裝句法. 顧注, 尾聯抱負甚大, 感慨甚深.)

《독두심해》: 갑자기 왔다가 표연히 가버리니 풍격과 기세가 매우 훌륭하다. 그 맥락을 보자면 제1구는 허공에 걸려 있는 듯하고 제2구가 아래

여섯 구를 모두 아우른다. 3, 4구가 바로 들에서 바라본 것이고 5, 6구는 바로 아래에 있는 배로 가는 이야기를 이끈다.(斗然而來, 飄然而去, 格勢絶佳. 其脈理則首句虛懸, 次句總含下六. 三四, 正是野望, 五六, 乃引下舟行.)

(**임도현**)

79. 入喬口

교구에 들어가다

漠漠舊京遠[1] 遲遲歸路賖[2] 殘年傍水國[3] 落日對春華[4]
樹蜜早蜂亂[5] 江泥輕燕斜[6] 賈生骨已朽[7] 悽惻近長沙[8]

옛 경사는 아득히 멀고
돌아가는 길 점점 멀어지는데,
만년에 수국水國을 가까이하고
해질녘 봄꽃을 마주한다.
나무의 꿀에 이른 벌이 어지럽고
강가 진흙에 가벼운 제비가 비껴 난다.
가생의 뼈 이미 썩었을 터
처연한 심사로 장사에 다가간다.

대력 4년 봄 배를 타고 악양岳陽에서 담주潭州로 갈 때 교구에 들면서 지은 시이다. 만년에 객지를 떠도는 서글픈 심사가 드러나 있다. 교구는 진鎭 이름으로, 교강喬江이 상강湘江에 유입하는 곳이다. 장사에 속한 지역이면서 북쪽의 끝에 위치하기 때문에 이곳에서부터 형남절도사荊南節度使의 관할 지역을 벗어나 호남湖南 지역에 들게 된다.

《보주두시》《당서·지리지》에 의하면, 담주에 교구진의 군대가 있었다.《구역지》에 의하면, 교구진은 장사현에 있었다. 의당 대력

4년 봄에 지은 것이다.(唐志, 潭州有喬口鎭兵. 九域志, 喬口鎭在長沙縣. 當是大曆四年春作.)

《두시상주》 원주에 "('교구'는) 장사의 북쪽 지역이다"라고 하였다. 《당서》에 의하면, 담주에 교구진의 군대가 있었다. 《일통지》에 의하면, 교구진이 장사부의 성 북서쪽 90리에 있었다.(原注, 長沙北界. 唐書, 潭州有喬口鎭兵. 一統志, 喬口鎭, 在長沙府城西北九十里.)

주 석

1 漠漠(막막) – 아득한 모양. 舊京(구경) – 오래된 경사. 장안을 가리킨다.

2 遲遲(지지) – 점점. 길고 먼 모양을 뜻하는 것으로 볼 수도 있다. 賒(사) – 멀다.

3 傍(방) – 가까이에 있다. 따라서 가다. 水國(수국) – 강이나 호수가 많은 지역을 뜻한다.

4 春華(춘화) – '봄날의 꽃'이란 뜻으로 아름다운 봄 시절을 말한다.
《두시경전》에 인용된 《두억》 이 구 또한 노년에 느끼는 감정과 관련된다.(句亦涉桑楡之感.)

5 樹蜜(수밀) – 나무에 달린 벌집의 꿀. 나무 이름이란 설도 있다. '蜜'을 '密'의 오자로 보는 설이 있으나 합당하지 않다.
《두시상주》 최표의 《고금주》에 "목밀은 남방에서 자란다. 나무 전체가 모두 달고, 부드러운 가지 및 잎은 생으로 먹을 수 있는데 맛이 꿀과 같다. 늙은 가지와 뿌리, 줄기는 딱딱해서 먹을 수 없는데 잘게 쪼개어서 불로 끓이고 달여서 꿀을 만들면, 그 맛이 배로 달고 진하다"라고 하였다. 도홍경陶弘景의 《본초》에 "목밀은 (벌이) 나뭇가지에 (벌집을) 매달고서 그것을 만드는데, 빛이 청백색이다"라고 하였다. 황희는 "이른 벌을 말하면서 나무의 꿀을 언급했고 가벼운 제비를 말하면서 강가 진흙을 언급했으니 모두 그 관련 있는 것을 취한 것이다. 이것은 〈망도솔사〉 시의 '나무 빽빽이 자라 산길에 있고, 강 깊어 절 문을 격하였다'와는 다르다"라고 하였다.(崔豹古今注, 木蜜生南方, 合體皆甜, 嫩枝及葉皆可生噉, 味如蜜. 其老枝及根幹, 堅不可食, 細破煮之, 煎以爲蜜, 味倍甜濃. 陶隱居本草, 木蜜懸樹枝作之, 色青白. 黃希曰, 言早蜂而及樹蜜, 言輕燕而及江泥, 皆取其類. 此與望兜率寺詩樹密當山逕, 江深隔寺門不同.)

《독두시설》 《두시상주》는 《고금주》와 《본초》를 인용하여, '수밀'은 바로 '목밀'로 남방에서 자라는 나무이며 벌이 만드는 꿀이 아니라고 하였다. 지금 살펴보건대 시에서 벌이 나무 사이에서 꿀을 만드느라 어지럽고 제비가 강가에서 진흙을 물고 비껴 나는 것을 말하고 있어, 그 뜻이 본시 명백하다. 만약 벌이 만드는 꿀이 아니라고 하면 '조봉란' 세 글자는 연결할 맥락이 없어진다.(注引古今注及本草, 言樹蜜卽木蜜, 南方所生, 非蜂釀之蜜. 今按, 詩言蜂在樹間釀蜜而亂, 燕於江上銜泥而斜, 意本明白, 若謂非蜂釀之蜜, 則早蜂亂三字無着矣.)

《구가집주두시》 조차공 주 '수밀' 자에 대해서 두전은 '수밀'은 '구(호깨나무)'라고 하였다. 그리고 최표 《고금주》의 "'구'는 일명 '수밀'이라고도 하고 일명 '목당'이라고도 한다. 열매 모양이 굽었고 씨가 열매 밖에 있다. 형상 지역에 이 나무가 많다"라는 기록을 인용하면서, 두보가 그것으로 그 지역 식물을 기록한 것이라고 하였는데, 그의 설이 옳다. 그는 또 "해설가들이 '蜜'은 '密'로 해야 한다고 하는데 틀린 이야기이다. 〈망도솔사〉 시의 '나무 빽빽이 자라 이 길에 있다'의 경우 당연히 '密'이어야 한다"라고 하였다. 나 차공은 (나무가 빽빽하다는 뜻의) '樹密'로 (강가 진흙이라는 뜻인) '江泥'와 짝을 맞출 수 없다고 생각한다.(樹蜜字, 杜田云, 樹蜜, 椇也. 引崔豹古今註曰, 椇一名樹蜜, 一名木餳. 實形拳曲, 核在實外, 荊湘多此木, 子美以記土地之所有也. 其說是. 且云, 說者謂蜜作密, 非是. 若望兜率寺詩, 樹密當此徑, 自當作密. 次公謂豈有樹密對江泥邪.)

《두공부시집집주》 살펴보건대 《본초》에 '석밀'과 '목밀'이 있는데,

도은거가 "목밀은 나뭇가지에 매달고서 만든 것으로, 빛이 청백색이다"라고 하였다. '수밀'이 바로 그 '목밀'이다. 채몽필은 《고금주》의 "'지구자(호깨나무)'를 일명 '수밀'이라고도 하고 일명 '목당'이라고도 한다"라는 기록을 인용하였는데, 그러면 '조봉란'과 서로 맞지 않는다.(按, 本草有石蜜木蜜. 陶隱居曰, 木蜜, 懸樹枝作之, 色青白. 樹密, 卽木蜜也. 夢弼引古今注, 枳椇子, 一名樹蜜, 一名木餳, 與早蜂亂不應.)

《두시택풍당비해》 택당澤堂 설 '密'로 하는 것에 의문이 없다. 두보 시에 오자가 많은데 모두 주석가의 왜곡된 설 때문이다.(作密無疑, 杜多誤字, 皆由註者曲說.)

6 江泥(강니) – 강가의 진흙.

《두시택풍당비해》 택당 설 물이 얕아 진흙이 생긴 것이다. '密' 자와 짝을 맞추는 데 문제가 없다.(水淺而生泥, 與密不妨相對.)

7 賈生(가생) – 한나라 때의 문인인 가의를 가리킨다. 그는 장사왕의 태부를 지냈다.

《두시조차공선후해집교》 말련을 보면, '가생'은 바로 담주와 관련된 사안이다. 가의는 주발周勃과 관영灌嬰 등에게 해를 입어, 천자가 그를 멀리하고 장사왕 태부로 삼았다. 가의는 폄적된 데다가 또 양왕이 말에서 떨어져 죽은 일까지 만나자 태부로서 제대로 한 일이 없음을 스스로 마음 아파하여 늘 통곡하다가, 한 해쯤 뒤에 그 또한 죽었다.(末句, 賈生正是潭州事. 賈誼以絳灌之害, 天子疏之, 用爲長沙王傅. 誼既以謫去, 又值梁王墮馬死, 自傷爲傅無狀, 常哭泣, 後歲餘亦死也.)

《두시경전》 가의 또한 경도京都를 떠난 사람이니, 그래서 장사에 가까워질수록 더욱 처연함을 느낀 것이다.(賈生亦去國之人, 故近長沙而益覺悽惻也.)

8 悽惻(처측) – 마음이 처연하다. 長沙(장사) – 지명. 담주潭州로 가의

가 폄적된 곳이다.

#《두시상주》: 앞의 4구는 행적을 스스로 서술한 것이고, 뒤의 4구는 떠도는 것에 대한 느낌이다. "고향을 멀리 두고 타향에서 늙도록 나그네 삶을 사니, 도리어 벌레와 새가 자적함만도 못하다. 하물며 장사 땅이 가까우니 옛날과 지금 사람이 함께하는 슬픔이 없을 수 있겠는가?"라고 말한 것이다. 호하객은 "이는 가의 사후에 또 장사에 가까이 가면서 처연해하는 사람이 있다는 것이지 가의에 대해 탄식하는 게 아니다"라고 하였다. 조방의 주에서 "공이 호남에 이르러 매번 가의를 생각하였으니, 아마 나그네로 시름겨워하는 감정과 죽은 이와 뜻이 통하는 느낌이 모두 이에 있었기 때문이지 범연하게 고사를 취하여 시를 지은 것이 아니다"라고 하였다.(上四自敍行踪, 下四流落之感. 言故鄕遙隔, 而老客他方, 曾不如蟲鳥之自適矣. 況長沙地近, 能無今古同悲乎. 胡夏客曰, 此言賈生没後, 又有近長沙而悽惻者, 非歎賈也. 趙汸注, 公至湖南, 每懷賈誼, 蓋羈旅窮愁之感, 神交冥漠之情, 皆在於此, 非泛拾故事成詩也.)

《두억》: 옛 경사가 멀리 있는 데다가 돌아갈 길이 또한 멀다. 만년의 나이에 물 많은 지역을 가까이하는데 이 지역은 이른바 낮고 습한 땅이다. 해질녘에 봄꽃을 마주하는데, 이 봄꽃은 만년의 경치와는 관계가 없다. 벌은 꿀을 만들고 제비는 진흙을 물어 미물도 좋은 봄기운을 타고 자적하는데, 나는 어찌 그러할 수 있겠는가? 가의의 재주로도 장사에 버려져 땅이 낮고 습하여 울적해하다가 죽었음을 홀로 생각하는데, 이제 그 땅은 가까워지고 그의 뼈는 이미 썩어버렸으니 뒤에 죽을 사람이 처연한 심사가 없을 수 있겠는가? 공의 지향이 가의와 같고 그 겪은 상황도 또 비슷하다. 그래서 서글픔을 유독 깊이 느낀 것이다.(舊京旣遠, 歸路又賒. 以殘年而傍水國, 所謂卑濕之地也. 以落日而對春華, 無與於桑榆之景也. 蜂釀蜜, 燕銜泥, 微物乘春華以自適, 而我安能如之. 獨念賈生之才, 棄置長沙, 以地卑濕, 鬱鬱以死.

今其地將近, 其骨已朽, 而後死者能無悽惻耶. 公之志與賈同, 而所遭亦相似, 故感愴獨深.)

《두시설》: 《사기》에서 굴원과 가의를 같은 열전에 수록하였다. 가의의 지향이 굴원의 지향과 같아서인데, 두보 자신의 지향도 가의의 지향과 같다. 그래서 굴원을 조상弔喪할 때면 반드시 가의도 조상하였다. 1, 2구는 한 걸음 한 걸음 남방으로 들어가면서 마음이 늘 북쪽을 그리워한다고 하여 이번 길이 만부득이한 것임을 그려내었다. 3구는 앞부분의 뜻을 채워주고 4구는 뒷부분을 일으킨다. 5, 6구는 또 3, 4구에 도치되어 붙는다. 마지막 연에서 지역을 드러내 보이는데 수련과 호응하면서 시상을 전환하였다. 가운데 연에서 이런 생물이 모두 생기가 있음을 말하였다. 그런데 자신은 유독 만년의 나이에 몰렸으면서 이 가의가 뼈를 묻은 땅에 가까이 가고 있다. 그는 젊은 나이인데도 그랬으니 내가 이런 죽음을 면할 수 있겠는가? '처측' 2자에서 신색이 처참하다는 뜻을 보는 듯하다. 이 한 수의 시는 마침내 그의 운명에 대한 예언이 되었으니, 슬픈 일이구나.(史記, 屈賈同傳. 賈之志, 猶屈志, 己之志, 猶賈志也, 故弔屈必弔賈也. 一二, 步步入南, 心心懷北, 寫出此行萬非得已. 三足上, 四起下, 五六又倒貼三四, 結見地, 應轉起語. 中聯言是物皆有生意, 而己獨迫殘年, 近此賈生葬骨之地, 彼少年且爾, 吾其能免乎. 凄惻二字, 如見其神色慘沮之意, 而此一詩, 竟成己讖, 可哀也矣.)

《두율계몽》: 전반은 행적을 범연하게 서술하였는데 4구에서 그때의 경물을 지적해내었다. 5, 6구는 위의 '춘화'를 이어받아 만물은 각자에게 맞는 상황을 얻었음을 말하고, 이를 통해 거꾸로 결련의 뜻을 일으킨다. 마지막 부분은 장사와 가까워지기에 가의에 대해 느끼게 되었고, 바로 이 때문에 자신의 신세를 느낀 것이다.(前半泛敍行踪, 於四句點出時景. 五六頂上春華, 以物情得所, 反興結聯. 末因近長沙而感賈生,

卽以自感也.)

《독두심해》: 앞부분은 단지 일을 서술하고 경물을 그린 글일 뿐이다. 결련에 대해 호하객은 "가의 사후에 또 장사에 가까이 가면서 처연해 하는 사람이 있다는 것이지 가의에 대해 탄식하는 게 아니다"라고 하였다.(前只敍事寫景之文. 結聯, 胡夏客曰, 賈生沒後, 又有近長沙而悽惻者, 非歎賈也.)

(**이영주**)

80. 銅官渚守風

동관저에서 바람 잦아들기를 기다리다

不夜楚帆落[1] 避風湘渚間[2] 水耕先浸草[3] 春火更燒山[4]
早泊雲物晦[5] 逆行波浪慳[6] 飛來雙白鶴 過去杳難攀[7]

밤이 되지 않았는데 초 땅에 돛을 내리고
상수의 물가 지역에서 바람을 피한다.
무논갈이로 먼저 풀을 잠기게 하고
봄에 불을 놓아 다시 산을 태운다.
일찍 정박하는데 구름이 어둡고
거슬러 감에 물결이 가로막는다.
한 쌍의 백학이 날아왔다
지나가버리니 아득하여 따라잡기 어렵다.

이 시는 대력 4년 봄에 지은 것이다. 당시 두보는 교구에서 상수를 거슬러 남쪽으로 향하고 있었는데 동관저에 이르렀을 때 풍랑이 심하여 잠시 그곳에 머무르게 되었고 이리하여 그곳의 경치와 감회를 이 시로 담아낸 것이다. 동관저는 장사 북쪽 60리 되는 곳에 있었다. '수풍'은 배 운행에 적합하게 바람이 잦아들기를 기다린다는 말이다.

《보주두시》 살펴보건대 《태평환우기太平寰宇記》에 의하면 재주 동산현 서남 58리에 또한 동관산이 있었고, 또 (양梁나라) 이응의 《촉기》에 재주 현무현과 간주 금수현이 동관갱을 다투었다고 하였으니 재주에 또한 원래 동관산이 있었다. 공은 또 일찍이 재주에 간 적이 있었다. 그러나 이 시에 "밤이 되지 않았는데 초 땅에 돛을 내리고 상수의 물가 지역에서 바람을 피한다"라고 하였으니 담주에 있었던 것이 분명하다. 마땅히 대력 4년 봄에 지은 것이다. (按, 寰宇記, 梓州銅山縣西南五十八里, 亦有銅官山. 又李膺蜀記云, 梓州玄武縣, 簡州金水縣, 競銅官坑, 則梓州亦自有銅官山. 公又嘗至梓, 然此詩不夜楚帆落, 避風湘渚間, 則在潭州明矣. 當是大曆四年春作.)

《두시상주》 지어진 시기는 위 시(〈입교구入喬口〉)와 같다. 조차공의 주에서는 "담주 장사에 동관산이 있는데 초나라 때 돈을 주조하던 곳이라 한다. 이 동관저는 아마도 이 때문에 이름을 얻은 것이리라"라고 하였다. 《수경주》에 "상수 오른쪽 강 언덕에 동관포가 툭 튀어나와 있다"라고 하였다. 《일통지》에 "동관저는 장사부 성북쪽 60리에 있다"라고 하였다.(年月同上. 趙注, 潭州長沙有銅官山, 云是楚鑄錢處, 此渚蓋以是得名乎. 水經注, 湘水右岸, 銅官浦出焉. 一統志, 銅官渚, 在長沙府城北六十里.)

주 석

1 不夜(불야) – 밤이 되지 않다. '不'은 '亦'으로 된 판본도 있다. 楚帆落(초범락) – 초 지역을 지나던 배의 돛이 떨어지다. 초 지역에서 배를 멈춘 것을 말한다.

2 湘渚間(상저간) – 상수의 물가 지역.

3 水耕(수경) – 물을 대어 경작하는 농사법. 무논갈이. 浸草(침초) – 풀을 잠기게 하다. 잡초를 제거하기 위해 논에 물을 대는 것을 말한다.
《두시상주》 한 무제의 조서에 "강남 땅은 '화경수누'이다"라고 하였는데 응소의 주에서 "풀을 태우고 물을 대어 벼를 파종하고 풀과

벼가 함께 자라 높이가 7, 8촌이 되면 모두 베어버리고 다시 물을 대어 거기에 관개를 하면 풀은 죽고 벼만 자라게 되는데 이것이 이른바 '화경수누'이다"라고 하였다.(漢武詔, 江南之地, 火耕水耨. 應劭注, 燒草下水種稻, 草與稻俱生, 高七八寸, 因悉芟去, 復下水灌之, 草死而稻獨長, 所謂火耕水耨.)

4 春火(춘화) – 봄 불. 이 구는 봄에 화전을 일구기 위해 다시 산을 태우는 것을 말한다.

《두시상주》 산을 태우는 일은 겨울에 하는데 봄 불로 다시 태우기 때문에 이상하게 여긴 것이다.(燒山在冬, 而春火更燒, 故以爲異.)

5 雲物(운물) – 구름.

6 逆行(역행) – 강물을 거슬러 올라가다. 당시 교구에서 상수를 거슬러 형주로 가는 것을 말한다. 慳(간) – 막다. 인색하다. 야박하다.

《두시상주》 '간'은 막혀서 나아가기 어려운 것이다.(慳, 沮滯難行也.)

7 杳難攀(묘난반) – 멀어서 따라잡기 어렵다.

#《두시상주》: 첫 2구는 동관저에서 바람이 잦아들기를 기다리는 것이다. 3, 4구는 동관저 앞의 경물이다. 아래 4구는 바람이 잦아들기를 기다리며 감회가 생긴 것이다. 아직 밤이 되지 않았는데 돛을 거둔 것은 바람을 피하기 위해서이다. 물에 잠긴 풀로 거름을 삼고 불에 태운 재로 밭을 덮는 것은 모두 초 지역의 봄 농사이다. 구름이 어둡고 풍랑이 가는 배를 막으니 나는 학이 바람을 타고 자적한 것만 못하다. (首二, 銅渚守風. 三四, 渚前之景. 下四, 守風有感. 未夜收帆, 爲避風也. 浸草作糞, 燒灰擁田, 皆楚地春農事. 雲物冥晦, 而浪沮行舟, 不若飛鶴之乘風自適矣.)

《독두심해》: 수련은 시제의 '수풍'을 분명히 드러내었다. 3, 4구는 그 당시 본 것이다. 5, 6구는 수련을 좇아 막혀 있다는 뜻을 거듭 말해낸 것으로 이로써 아래 글을 일으켰다. 결련은 바로 경물을 빌려 자신의 처지를 슬퍼하였다. 날아오자마자 곧 이미 지나가버렸으니 나의 막혀 있음은 백학보다 훨씬 못한 것이다. 아래 4구는 모두 '수' 자로부터 시의를 만든 것이다.(首聯, 淸還守風. 三四, 其時所見. 五六, 從首聯申說出阻滯意來, 以起下文. 結乃借物慨己, 纔飛來, 便已過去, 我之阻滯, 不如白鶴遠矣. 下四, 都從守字作意.)

《두시설》: '불야' 자는 아주 노성하다. (제1구의) 다섯 글자가 (제5구와) 중복됨을 범한 것 같으나 사실은 그렇지 않다. 1, 2구는 일을 서술한 것이고 5, 6구는 뜻을 그린 것이다. 강을 거슬러 올라가는데 파랑이 굳게 막고, 일찍 정박하는데 구름이 또 어둡다는 것은 바람이 잦아들기를 기다리면서 답답하게 앉아 있어 즐겁게 구경할 수 없는 심사를 다 표현하였다. 3, 4구는 일을 풍경으로 삼았다. (〈숙청초호宿青草湖〉 시의) "호수의 기러기는 쌍쌍으로 날아오르는데 사람이 오자 짐짓 북쪽으로 간다"라는 것은 남으로 가는 것이 그만둘 수 있는 것이 아님을 보였고, "한 쌍의 백학이 날아왔다 지나가버리니 아득하여 따라잡기 어렵다"라는 것은 바람에 막힌 것이 나로 말미암지 않음을 보였는데 모두 경물로 인하여 뜻을 깃들인 것이다.(不夜字老甚. 五語似犯重, 其實不然. 一二乃叙事, 五六則寫意. 逆行波浪固慳, 早泊雲物又晦, 極盡守風悶坐, 無可娛目之懷. 三四以事爲景. 湖雁雙雙起, 人來故北征, 見南行之非得已. 飛來雙白鶴, 過去杳難攀, 見阻風之不自由, 皆因物以寓意也.)

(**이석형**)

81. 北風
북풍

春生南國瘴[1] 氣待北風蘇[2] 向晚霾殘日[3] 初宵鼓大爐[4]
爽攜卑濕地[5] 聲拔洞庭湖[6] 萬里魚龍伏 三更鳥獸呼
滌除貪破浪[7] 愁絶付摧枯[8] 執熱沉沉在[9] 凌寒往往須[10]
且知寬病肺[11] 不敢恨危途 再宿煩舟子[12] 衰容問僕夫[13]
今晨非盛怒[14] 便道却長驅[15] 隱几看帆席[16] 雲山湧坐隅[17]

봄날 남국의 장기가 생기니
날씨가 북풍을 기다려 소생한다네.
저물녘 지는 해가 어둑하더니
초경에 바람이 천지를 두드리네.
낮고 습한 땅에 상쾌함을 가져오고
동정호에서 소리를 뽑아올리는 듯.
만 리에 어룡은 엎드리고
삼경에 조수는 울부짖네.

장기를 씻어주니 물결을 깨치며 나아갈까 욕심내지만
뱃길이 심히 걱정되나니 마른나무 꺾이는 정도로 치부할 수 있으랴.
지독한 더위가 무겁게 남아 있으니
서늘한 기운이 왕왕 필요하다네.
잠시 폐병이 누그러졌음을 알겠거니
위험한 뱃길을 원망할 수 있겠는가.

이틀을 묵어 뱃사람을 귀찮게 하고
노쇠한 얼굴이 어떠냐 종에게 묻네.

오늘 새벽 풍랑이 그리 심하지 않으니
편한 길을 외려 길게 달려가게 되리라.
안석에 기대어 돛을 바라보니
구름 낀 산이 자리 옆에서 솟아나네.

이 시는 대력 4년 봄 악주에서 장사로 가던 두보가 동관저銅官渚를 출발하여 남으로 신강강新康江 어귀에 이르러 거센 바람을 피하던 때에 지은 작품으로 보인다. 《두시상주》에서는 장사에서 형주로 가는 것으로 설명하고 있는데 '신강강구新康江口'라는 원주에 의거하면 옳지 않다. 신강강은 위수潙水가 상강湘江에 합류하는 부근의 강을 가리키는 말로 강구江口는 장사長沙의 북쪽으로 조금 떨어진 곳에 자리하고 있다. 바람을 피하여 정박한 정황과 바람이 누그러진 후 배를 떠나는 정경을 기술하고 있다. 원주에 "신강강 어귀에서 이틀을 묵고 비로소 출발하다(新康江口信宿方行)"라는 기록이 있다.

《보주두시》 시에서 "봄날 남국의 장기가 생기니, 날씨가 북풍을 기다려 소생한다"라고 했으니 분명 대력 4년 봄 따뜻할 때 북풍을 얻어 기뻐하여 지은 것이다.(詩云, 春生南國瘴, 氣待北風蘇, 當是大曆四年春暖, 喜得北風而作也.)

《두시상주》《수경주》에 "진나라 때 익양을 신강으로 바꿔 불렀다"라는 기록이 있다. 공은 담주에서 형주로 갔는데, 북풍 때문에 순조로웠으므로 기뻐하여 이 시를 지었다.(水經注, 晉改益陽曰新康. 公自潭至衡, 於北風爲順, 故喜而有作.)

주 석

1 瘴(장) – 장기瘴氣. 습하고 무더운 땅에서 나는 독한 기운.

2 氣(기) – 날씨. 이 구절은 북풍이 불면 공기가 맑아진다는 뜻이다. '氣'를 '생기'로 보고 두보의 생기가 시원한 북풍에 의해 소생되었다고 풀이하기도 한다.

3 向晩(향만) – 저물녘. 霾(매) – 흙비. 하늘이 뿌옇게 되는 현상.

《두시상주》에 인용된 《시경·국풍·패풍邶風·종풍終風》 "終風且霾"에 대한 주 '매'는 흙비가 날리고 안개가 자욱한 것이다.(霾, 雨土蒙霧也.)

4 初宵(초소) – 초경初更. 鼓(고) – 두드리다. 진동하다. 大鑪(대로) – 천지. 이 구절은 초경부터 거센 바람이 천지를 세차게 두들기듯 불어간다는 말이다. '대로'의 원래 뜻을 살려 화로의 불처럼 날씨가 무더움을 말한 것으로 보기도 한다.

《두시상주》에 인용된 《장자·대종사大宗師》 천지를 큰 화로로 삼다.(以天地爲大鑪.)

《두보전집교주》에 인용된 오견사吳見思 주 저물녘 지는 해가 구름에 잠긴 것은 먼저 바람의 조짐을 보인 것으로 초경에 이르러 바람이 불게 되었다.(向晩而落日沈雲, 先是風兆, 至初宵而風起矣.)

《두시조차공선후해집교》 큰 화로의 불과 같다고 했으니 무더운 열기가 심하게 된 것이다.(言如大鑪之火, 則蒸熱甚矣.)

[向晩 2구]

《두시조차공선후해집교》 해가 저문 후의 찌는 듯한 더위를 말한 것이다. 그래서 "봄에 남국의 장기가 생긴다"라는 구절이 있게 되었다.(言日晩之後蒸鬱也, 所以成春生南國瘴之句.)

5 爽(상) – 상쾌하다. 시원하다. 攜(휴) – 끌고 오다. 卑濕地(비습지) – 낮고 습한 땅. 여기서는 장사 일대를 가리킨다. 이 구절은 북풍이 끌고 온 시원한 기운이 장사 일대에 이어지고 있다는 말이다.

《두시상주》에 인용된 《한서·가의전賈誼傳》 장사는 지대가 낮고 습하다.(長沙卑濕.)

《두보전집교주》에 인용된 장진張溍 주 '휴'는 상쾌한 기운이 서로 따른다는 것이다. 바람이 일어나니 낮고 습한 땅이 모두 시원해져 마치 상쾌한 기운이 함께 더불어 있는 것 같다.(攜, 爽氣相依也. 風起, 而卑濕之地皆爽, 若爽氣與偕也.)

《두억》 낮고 습한 기운이 사람을 답답하게 하는데, 상쾌한 기운으로 그 답답함을 뚫어 통하게 하는 듯하다. 기묘함이 '휴' 자에 있다.(卑濕之氣彌人, 若以爽氣疏通之, 妙在攜字.)

6 聲(성) – 바람 소리를 뜻한다. 拔(발) – 뽑다. 이 구절은 세찬 소리를 내며 불어가는 바람이 동정호에서 뽑아 올린 듯하다는 말이다.

[爽攜 2구]

《두시조차공선후해집교》 바람이 청량하고 웅대함이 이와 같음을 말하였다. 그래서 "날씨가 북풍을 기다려 소생한다"라는 구절이 만들어진 것이다. 그 낮고 습한 땅은 《한서》에서 말한 "장사는 지대가 낮고 습하다"라고 한 것이니, 실제 상황으로써 동정호와 대를 맞춘 것이다. '휴'는 끌고 온 듯하다는 것이요, '발'은 큰 나무를 뽑아버리는 듯하다는 것이다.(言風之清爽雄大如此也, 所以成氣待北風蘇之句. 其卑濕地, 則漢書云長沙地卑濕, 故用實對洞庭湖. 攜者, 若提攜之而去. 拔者, 若拔大木之拔.)

#《두시상주》: 이 단락은 북풍의 기세를 묘사하였다. 뿌옇게 먼지가 일더니 바람이 이르게 되었다. 낮고 습한 땅은 시원한 것이 마치 바람이 시원함을 끌고 온 듯하고 동정호 가운데서 바람 소리를 뽑아 올린

듯하다. 바람이 가까운 곳으로부터 멀어짐을 묘사한 것이다. '어룡'은 동정호를 받고, '조수'는 낮고 습한 땅을 받는다.(此寫北風之勢. 霾生則風至矣. 卑濕之處, 爽若攜來, 洞庭之中, 聲如拔起, 狀風之自近而遠. 魚龍承湖, 鳥獸承地.)

7 滌除(척제) – 씻어내다. 破浪(파랑) – 물결을 헤치며 용감히 나아가다.

8 愁絶(수절) – 심하게 걱정하다. 付(부) – ~라고 여기고 말다. 치부하다. 摧枯(최고) – 마른나무가 부러지다.

[滌除 2구] 날씨가 시원해져서 뱃길을 가고 싶어도 거센 풍랑에 배가 부서질까 염려된다는 말이다.

《두시경전》 이것은 대풍이 나무를 뽑아 올릴 듯 거세게 부니 잠시 순응해야 할 뿐임을 말한 것이다.(此言大風拔木, 亦姑聽之而已.)

《두보전집교주》에 인용된 장진 주 남은 열기를 씻어가니 바람을 타고 물결을 헤치며 나아감을 욕심내는 것도 마땅하다. 그런데 또 바람에 배가 전복됨이 마치 마른나무가 꺾이듯 할까 두려워하였다.(滌除餘熱, 宜貪乘風破浪而行, 又恐傾覆, 如摧枯拉朽爲可愁.)

《두억》 장기가 씻겨 사라지니 물결을 헤치고 나아갈 것을 더욱 탐하게 되었다. 일정이 지체됨을 걱정하여 마른나무를 부러뜨리는 것 정도로 치부하게 된 것이다. 대개 봄바람이 비록 사나워도 마른나무를 부러뜨리는 정도로 그칠 뿐이지 살아 있는 목숨을 해치지는 않기 때문이다.(瘴氣滌除, 更貪破浪, 卽愁停滯, 付之摧枯. 蓋春風雖暴, 止摧枯而不殺生也.)

《두시조차공선후해집교》 답답증이 사라졌음을 기뻐하여 물결을 헤치고 나아갈 것을 탐하게 되었다. 그래서 그 걱정스러운 일을 그저 썩은 것이 부러지는 것 정도로 치부하게 되었으니 일에 큰 지장이 없기 때문이다.(喜於滌除煩鬱, 則貪其破浪, 然其所可愁絶, 但付之摧枯耳, 無害於事也.)

9 執熱(집열) – 심한 더위. 沉沉(침침) – 무겁다. 심하다.

《시경·대아大雅·상유桑柔》 누가 뜨거운 것을 잡고도 물로 씻지 않겠는가.(誰能執熱, 逝不以濯.)

10 凌寒(능한) – 심한 추위.

[執熱 2구]

《두시조차공선후해집교》 이 두 구절은 또 아직도 더위가 심하니 반대로 추위가 필요하다는 것이다.(兩句則又尙苦熱, 反須凌寒也.)

11 寬病肺(관병폐) – 폐병이 누그러지다.

12 煩舟子(번주자) – 뱃사공을 귀찮게 하다. 이 구절은 뱃사공을 시켜 바람을 피하여 이틀 동안 배를 정박하게 했다는 말이다.

13 衰容(쇠용) – 노쇠한 얼굴. 問僕夫(문복부) – 종에게 묻다. 이 구절은 시원한 바람으로 장기가 사라지고 폐병이 누그러지면서 얼굴색이 좋아진 것을 종에게 물어 확인한다는 말이다.

#《두시상주》: 이 단락은 바람을 피한 일이다. 장기가 사라져 비로소 파도를 헤치며 남쪽으로 갈 것을 생각하였으나 바람이 급하여 실로 걱정스러움을 어쩌랴. 마른나무 꺾이는 정도로 치부할 수는 없다. 이 시기 추위가 몰려와 더위를 해소하니 폐병이 치유되어 안색이 갑자기 살아나게 되었다.(此避風之事. 滌除瘴氣, 方思破浪南行, 奈風急可愁, 不敢付之摧枯也. 此時驟寒解熱, 肺病得蘇, 而容色頓起矣.)

14 盛怒(성노) – 대노大怒. 대풍을 비유한 말이다.

15 便道(편도) – 편한 길. 북풍이 불어 강을 거슬러 올라가는 배를 밀어주니 편한 길이라고 한 것이다. '즉시로 떠나다'로 해석하기도 한다. 却(각) – 오히려. '卽'으로 쓴 판본도 있다.

《두시조차공선후해집교》 '편도'라는 용어는 사서에서 말하는 '편도지관(곧장 길을 떠나 관에 부임하다)'의 '편도'의 뜻이다.(便道字,

史云, 便道之官.)

[今晨 2구]

《두보전집교주》에 인용된 노원창盧元昌 주 오늘 새벽바람이 거세게 불지만 않는다면 앞길이 편해서 마침내 길게 달려갈 수가 있을 것이다.(今晨之風, 苟不盛怒, 前途之便, 遂可長驅.)

16 隱几(은궤) – 안석에 기대다.

《두보전집교주》에 인용된 노원창 주 배 안에서 안석에 기대어 편편이 오는 배들을 바라본다.(隱几舟中, 看來帆之片片.)

17 雲山(운산) – 구름 낀 산. 물결이 높이 일어 산과 같음을 묘사한 것으로 보기도 하나 합당치 않다. 坐隅(좌우) – 자리 옆.

《구가집주두시》 왕수王洙 주 물결이 구름 낀 산과 같음을 말한다.(言浪若雲山也.)

[隱几 2구]

《두억》 구름 낀 산이 자리 옆에서 솟아난다고 한 것은 배가 빨리 나아감을 묘사한 것이다.(雲山湧坐隅, 狀舟行之速.)

《두시경전》 마지막에서는 바람이 누그러져서 배가 운행하게 됨을 말하였다.(末言風緩舟行也.)

#《두시상주》: 이 단락은 바람이 누그러져 배를 운행한 것을 적었다. 호하객이 말하기를 "마지막 두 구는 뱃길의 경치로 인해 흥이 일었음을 적었다"라고 하였다.(此記風緩行舟也. 胡夏客曰, 末二寫舟行之景有興.)

##《두억》: 대풍을 형용함에 신비로운 힘을 다 드러내었다. 낮고 습한 기운이 사람을 답답하게 하는데, 상쾌한 기운으로 그 답답함을 뚫어 통하게 하는 듯하다. 기묘함이 '휴' 자에 있다. 장기가 씻겨 사라지니 더욱 물결을 헤치고 나아갈 것을 탐하게 되었다. 머물러 지체됨을 걱정하여 (풍랑이 심한 것을) 마르고 썩은 나무를 부러뜨리는 것 정도

로 치부하게 된 것이다. 대개 봄바람이 비록 사나워도 썩은 것을 부러뜨리는 정도로 그칠 뿐이지 목숨을 해치지는 않기 때문이다. 폐병에는 습하고 더운 것이 가장 무서우니 무더위가 심한 시기에는 왕왕 차가움으로 무더위를 해소해야 한다. 그래서 폐병이 누그러졌다. 위태로운 길에 지체됨을 달갑게 여기며 뱃사람을 번거롭게 하여 이틀을 묵게 하였다. 그리고 종에게 노쇠한 얼굴을 물었으니 아마도 분명 안색에 생기가 돌았을 것이다. 구름 산이 자리 옆에서 솟아난다고 한 것은 배가 빨리 나아감을 묘사한 것이다.(形容大風, 具見神力. 卑濕之氣嬔人, 若以爽氣疏通之, 妙在携字. 瘴氣滌除, 更貪破浪, 即愁停滯, 付之摧枯. 蓋春風雖暴, 止摧枯而不殺生也. 病肺最畏濕熱, 當執熱沉沉之際, 往往須寒解之, 故得寬肺疾. 甘滯危途, 寧煩舟人之再宿, 而問衰容於僕夫, 似當有起色也. 雲山湧坐隅, 狀舟行之速.)

《독두심해》: 구조오는 "담주에서 형주로 가는 동안 북풍으로 인해 순조로웠다"라고 했는데, 내가 보기에 시의 뜻은 본디 그 순조로움을 기뻐하면서도 동시에 바람이 너무 세서 잠시 머물게 되어 두 가지 감정이 함께 이르게 된 것이다. 앞 8구는 바람의 기세이다. 본시 북풍을 기다렸는데 바람이 너무 급하게 불었으니, 이것이 이틀이나 정박하게 된 이유이다. 가운데 6구는 급히 가려는 마음을 미리 드러낸 것으로, 이틀 정박한 일을 위한 실마리로 삼았다. '집열'은 심중의 조급함을 말한 것이니 오로지 기후만을 가리켜 말한 것은 아니다. 뒤 6구는 이틀 정박한 후에 비로소 출항하게 된 상황을 정면으로 적은 것이다. 아마도 이틀 정박하는 사이에 속마음은 이미 두 밤 내내 애가 탔을 것이다.(仇云, 自潭至衡, 於北風爲順. 愚按, 詩意固喜其順, 亦因其太大而稍停, 兩情交迫. 前八句, 風勢也. 本待北風, 而風來太急, 此信宿之由也. 中六句, 預透急行之情. 爲信宿作開勢. 執熱, 謂心中躁急, 不專指氣候言. 後六句, 乃是信宿方行正面. 蓋一信宿間, 中腸已兩夜煎迫.)

(김성곤)

82. 雙楓浦
쌍풍포

輟棹靑楓浦[1] 雙楓舊已摧[2] 自驚衰謝力[3] 不道棟梁材[4]
浪足浮紗帽[5] 皮須截錦苔[6] 江邊地有主[7] 暫借上天廻[8]

청풍 나루에서 노를 멈추었더니
청풍 두 그루는 옛날에 하마 꺾였구나.
늙어 힘 빠진 것에 절로 놀라면서
동량의 재목이라 말하지 않는다.
물결은 깁 모자 띄울 만하니
껍질은 비단 이끼 걷어내야 하리.
강가 땅에 주인 있으니
잠시 빌려 하늘에 올랐다 오리.

대력 4년 담주를 떠날 때 청풍포라는 나루에 도착하여 지었다. 청풍포는 쌍풍포라고도 한다. 청풍나무 두 그루가 있어 이런 이름이 붙었지만, 정작 그 청풍나무는 오래전에 꺾이고 말았다. 꺾이기 전에는 동량으로 쓰일 재목이었겠지만 지금은 쓰러져 누웠으니 꼭 자신을 보는 듯하다. 계절은 봄이라 나루에 물이 불었고, 청풍나무 그루터기에는 고운 이끼가 끼었다. 문득 옛날 바닷가에서 뗏목을 타고 은하수에 올랐던 이가 생각난다. 나도 이 청풍나무를 뗏목 삼아 그렇게 한번 하늘에 올랐다가 오면 이 또한 시원한 일이 아닌가.

《보주두시》 대력 4년 담주를 떠날 때 지었다. 시에서 "늙어 힘 빠진 것에 절로 놀라면서 동량의 재목이라 말하지 않는다"라고 하였으니 대개 청풍나무 때문에 스스로 마음 아파하였던 것이다. (大曆四年, 去潭州時作. 詩云, 自驚衰謝力, 不道棟梁材, 蓋因楓而自傷也.)

《두시상주》 황학의 주에서 "이 시도 담주를 떠나며 지은 것이다"라고 하였다. 《두억》에서 "앞(〈귀몽歸夢〉)의 주에서 청풍은 초 땅의 지명이라고 하였으니 이제 곧 쌍풍포임을 알겠다"라고 하였다. 《방여승람》에서 "청풍포는 담주 유양현에 있다"라고 하였고, 《명승지》에서 "유수는 (유양)현 남쪽 35리에 이르러 청풍포가 되고, 현에 8경이 있으며, 풍포어초가 그 하나이다"라고 하였다.(鶴注, 此詩亦去潭時所作. 杜臆, 前注, 靑楓爲楚地名, 今知卽雙楓浦. 方輿勝覽, 靑楓浦, 在潭州瀏陽縣. 名勝志, 瀏水至縣南三十五里爲靑楓浦, 縣有八景, 楓浦漁樵其一.)

《두시조차공선후해집교》(수정본) 이 시는 제목이 쌍풍포로서 공은 첫 구에서 그 일을 사실대로 말하였지만, 옛 주에서는 (《초사·초혼招魂》의) "강물은 맑고 맑구나, 물가에 청풍나무가 있네"라는 구절을 인용하였으니 두공을 왜곡한 잘못이 그 얼마인가.(此詩, 題是雙楓浦, 公首句實道其事, 而舊注引江水湛湛兮上有楓, 何其誣杜公之謬邪.)

《방여승람方輿勝覽·호남로湖南路·담주潭州》 청풍포는 유양현에 있다.(靑楓浦, 在瀏陽縣.)

《(가경嘉慶)대청일통지大淸一統志》 쌍풍포는 유양현瀏陽縣 남쪽 30리 유수에 있으며, 청풍포라고도 한다.(雙楓浦, 在縣南三十里瀏水中, 一名靑楓浦.)

주 석

1 輟棹(철도) – 노 젓기를 그치다. 배를 멈추다. 青楓浦(청풍포) – 포구 이름. 쌍풍포의 다른 이름.

소보邵寶《각두소릉선생시분류집주》 '철도'는 삿대를 멈추는 것이다.(輟棹, 歇槳也.)

2 雙楓(쌍풍) – 두 그루의 청풍나무. 摧(최) – 꺾이다.

3 自(자) – 절로. 스스로. 또는 '~로부터'라는 뜻으로 볼 수도 있다. 衰謝力(쇠사력) – 힘이 쇠퇴하다.

4 不道(부도) – ~라고 말하지 않다. ~라고 생각지 않다. 또는 '~라고 말하지 않는가, ~라고 생각지 않는가'라고 풀이할 수도 있다. 棟梁材(동량재) – 기둥과 들보로 쓸 수 있는 목재. 큰 일을 맡을 수 있는 인재.

소보《각두소릉선생시분류집주》 '동량재'에는 청풍나무가 재목이 되는 것만 못함을 스스로 부끄러워하는 뜻이 있다.(棟梁材, 自愧不如楓樹之成材也.)

장진張溍《독서당두공부시집주해》 '부도'는 '어찌 ~이 아니겠는가'라는 말과 같다. 두시에는 왕왕 이런 구가 있다.(不道, 猶豈非也. 杜詩往往有此等句.)

[自驚 2구] 꺾인 두 그루 청풍나무를 보고 자신을 투영하였다. 나무도 사람도 꺾이고 늙기 전에는 동량재였지만 이제는 그렇지 않다. 이와 달리 자신은 힘이 이미 빠져버려 스스로 놀라지만, 청풍나무는 아직 동량의 재목이 될 만하다고 생각한다는 뜻으로 보기도 한다. 또 2구 모두 청풍나무 자체를 읊었다고 보는 견해도 있다.

《두시조차공선후해집교》(수정본) 2구는 청풍나무를 가리켜 말하였다. 대개 바로 청풍나무를 사람으로 여기고 자기(단풍나무)를 비유하는 방식으로 말을 만든 것이다. 나무는 늙어 꺾여서 (나무) 스스로 놀라는 듯하지만, 그 힘은 빠졌어도 재목은 동량으로 쓸 수 있다고 오히려 말하지 않는가.(兩句, 指言楓也. 蓋直以楓爲人而自比以爲言矣. 樹老而摧, 如自驚駭, 其力衰謝, 却不道材可充棟梁也.)

장진《독서당두공부시집주해》'자경' 2구에서는 자신의 힘이 빠진 데에 스스로 놀랐고, 두 그루 청풍나무는 아직 동량의 쓸모를 갖추었음을 알고서는 그것이 함부로 베여서 애석하다고 말하였다.(自驚二句, 言自驚己力已衰謝, 覺雙楓尙具棟梁之用, 惜其輕伐也.)

명明 당원횡唐元竑《두시군杜詩攟》'자경쇠사력, 부도동량재'는 피차(시인과 청풍나무)에게 적합하니 그것을 마주하여 개탄하였다.(自驚衰謝力, 不道棟梁才, 彼此適合, 相對慨然.)

5 浪(낭) – 물결. 청풍포의 물결을 말한다. 紗帽(사모) – 은자가 쓰는 모자. 두보 자신을 말한다. 청풍나무 끝을 비유한다고도 한다.

소보《각두소릉선생시분류집주》'부사모'에는 물결 빛이 위로 사모에 비친다는 뜻이 있다.(浮紗帽, 浪光上映紗帽也.)

6 皮(피) – 껍질. 청풍나무의 껍질을 말한다. 截(절) – 끊다. 자르다. 이끼를 제거하는 것을 말한다. 이와 달리 나무를 자르는 것으로 보기도 한다. 錦苔(금태) – 비단처럼 고운 이끼.

명明 주간朱諫《이시선주李詩選注·추포가秋浦歌·기구其九》"綠字錦苔生" 구의 주 '녹자'는 이끼가 글자 위에 자란 것이다. '금태'는 이끼에 푸른 무늬가 있어 비단 같다는 말이다.(綠字者, 苔生於字上也. 錦苔者, 苔有綠紋如錦也.)

《두공부시집집주》'금태'는 청풍나무 껍질에 이끼가 있고, 알록달록하기가 비단 같음을 말한다.(錦苔, 楓皮有苔蘚, 斑駁如錦也.)

[浪足 2구] 나루의 물이 불어 청풍나무로 만든 뗏목을 충분히 띄울 수 있음을 말한다. 또 나루의 물이 불어 꺾인 청풍나무의 끝만 보인다고 보는 견해도 있다.

《두시경전》위 구는 나루를 말하고, 아래 구는 청풍나무를 말한다. 구조오의 주는 너무 천착하였다.(上句言浦, 下句言楓, 仇注太鑿.)

《두보전집교주》에 인용된 고신顧宸 설 물결은 사모를 띄울 수 있다고 하여 물결이 높음을 말하였다. 물결이 높기에 노를 멈추었으니 수구와 호응한다. 껍질은 오래되었지만 비단 같은 이끼를 자를 만하다고 하였으니 그 재목이 이미 쓸모없어졌음을 말하였다. 바로 나무가 이전에 꺾였음을 마음 아파하는 것이다.(浪足以浮紗帽, 言浪之高也. 惟浪高, 故輟棹, 應首句. 皮雖古, 止錦苔堪截, 言其材已無用矣, 正傷其舊摧也.)

7 主(주) – 주인. 청풍나무가 있는 땅의 주인.

8 暫借(잠차) – 잠시 빌리다. 청풍나무를 빌린다는 뜻이다. 上天廻(상천회) – 하늘에 올랐다가 돌아오다.

《두공부시집집주》 살펴보건대《이원》에 오상 진 씨에게 딸이 있어 혼인하기 전에 신발을 신고 곧장 큰 청풍나무 꼭대기에 올라 아무런 두려움도 없이 손을 들어 가족과 이별하고 떠나 훌쩍 솟아 가벼이 날아 이윽고 사라졌다고 하였다. '잠차상천회'는 청풍나무 이야기를 이용한 것이다.(按, 異苑, 烏傷陳氏有女, 未醮, 著履, 徑上大楓樹巓, 了無危怖, 擧手辭訣家人而去, 飄聳輕越, 移時乃沒. 暫借上天回, 卽用楓樹事也.)

유경숙劉敬叔《이원異苑》 오상 진 씨에게 딸이 있어 혼인하기 전에 나막신을 신고 곧장 큰 청풍나무 꼭대기에 올라 아무런 두려움도 없이 돌아보며 말하였다. "나는 신이 되어야 합니다. 이제 곧 멀리 떠납니다. 오직 왼쪽은 회백색이고 오른쪽이 황색이면 잠시 돌아올 것입니다." 집안사람들이 모두 나와 그를 보니 손을 들어 이별하였다. 이에 훌쩍 솟아 가벼이 날아갔다. 눈길 닿는 데까지 보니 이내 사라졌다. 사람들은 회백색과 누런색의 뜻을 몰라서 해마다 봄에는 회백색 개, 가을에는 황색 개로 청풍나무 아래에서 제사를 지냈다.(烏傷陳氏有女, 未醮, 著屐徑上大楓樹顚, 了無危懼, 顧曰, 我應爲神, 今便長去. 惟左蒼右黃, 當暫歸耳. 家人悉出見之, 擧手辭訣. 於是飄

聳輕越, 極睇乃沒. 人不了蒼黃之意, 每春輒以蒼狗秋黃犬設祀於樹下.)

《보주두시》에 인용된 조차공 주 이 구는 뗏목 탄 일을 사용하였다.(此用乘槎事也.)

장화張華《박물지博物志》 옛말에 은하수는 바다와 통한다고 한다. 근세에 바닷가에 사는 사람이 있었다. 해마다 8월에 뗏목이 왔다가 가는데 시기가 일정하였다. 이 사람은 기이한 뜻이 있어 뗏목 위에 높은 누각을 짓고 식량을 많이 가지고 뗏목을 타고 떠났다. 10여 일 동안은 그래도 일월성신을 보았는데 그 후로는 정신이 혼미해져 밤낮도 구분하지 못하였다. 10여 일을 가서 문득 한 곳에 이르니 성곽 같은 것이 있고, 가옥이 매우 가지런하였다. 멀리서 보니 궁 안에 베 짜는 아낙이 많고, 소를 끌고 물가에서 물을 먹이는 한 사내가 보였다. 소를 끄는 사람이 놀라 물었다. "어떻게 이곳에 오셨소?" 이 사람이 온 뜻을 갖추어 말하고, 아울러 여기가 어딘지 물으니 답하였다. "그대는 돌아가 촉군으로 가서 엄군평을 찾아가 물으면 알 것이오." 결국 강둑에 오르지 않고 그대로 돌아오니 예년의 기한과 같았다. 후에 촉으로 가서 엄군평에게 물으니 말하였다. "모년 모월 모일에 객성이 견우성을 침범하였소." 연월을 따져 보니 바로 이 사람이 은하수에 이른 때였다.(舊說云天河與海通. 近世有人居海渚者, 年年八月有浮槎去來, 不失期. 人有奇志, 立飛閣於槎上, 多賷糧, 乘槎而去. 十餘日中, 猶觀星月日辰, 自後茫茫忽忽, 亦不覺晝夜. 去十餘日, 奄至一處, 有城郭狀, 屋舍甚嚴. 遙望宮中多織婦, 見一丈夫牽牛渚次飲之. 牽牛人乃驚問曰, 何由至此. 此人具說來意, 幷問, 此是何處. 答曰, 君還至蜀郡訪嚴君平則知之. 竟不上岸, 因還如期. 後至蜀, 問君平, 曰, 某年月日有客星犯牽牛宿. 計年月, 正是此人到天河時也.)

[浪足 4구]

《두시조차공선후해집교》(수정본) 4구가 통틀어 한 단락이다. '낭족

부사모'로 포구의 물을 말하였고, '피수절금태'로 청풍나무의 껍질을 말하였다. 2구로 말구의 뜻을 이끌었다. 대개 두 그루 청풍나무가 꺾였지만 포구 옆에 있으니 지금 이 청풍나무를 타고 강물에 떠서 하늘에 오르고 싶다. 이에 사모를 쓰고 그 위에 뜨면 포구의 물결이 사모를 띄우기에 절로 족하다. 청풍나무 껍질에 이끼가 있어 미끄럽지 않을 수 없으니 그래서 반드시 고운 이끼를 제거한 뒤에야 탈 수 있다.(四句通是一段. 浪足浮紗帽, 以言浦水之浪. 皮須截錦苔, 以言楓樹之皮. 兩句用引末句之意, 蓋雙楓雖摧而在浦旁, 今欲乘此楓泛江而上天. 於此戴紗帽而浮其上, 則浦水之浪自足浮之. 楓皮上有苔蘚, 不能不滑, 故須截去錦苔而後可乘也.)

《두시설》 뒤 4구는 하나의 뜻이다. 두 그루 청풍나무는 꺾였지만 그 들쭉날쭉한 가지는 여전히 땅에 누워 있어 공이 그리하여 장난스레 말하기를, 이 나무는 당연히 주인이 있을 터, 만약 기꺼이 빌려준다면 그 껍질을 벗기고 뗏목을 만들어 사모를 쓰고 물결을 따라 하늘로 올랐다가 돌아올 수 있으리라 하였다. 바람 때문에 뗏목을 생각했고, 뗏목 때문에 장건의 일을 생각했으니 아마 스스로 마음을 푸는 말을 쏟아낸 것이다.(後四句一意. 雙楓雖摧, 其槎枒者猶臥于地, 公因戲言, 此樹當有主者, 如肯相借, 則截其皮以爲槎, 紗帽隨波, 上天而回可耳. 因風及槎, 因槎及張騫事, 蓋放言自遣之詞耳.)

#《두시상주》: 이 시는 전체가 사물에 기탁하여 뜻을 드러내 이렇게 말한다. 쌍풍포에 배를 멈추니 오래전에 꺾인 두 나무가 보인다. 쇠락한 이후로 사람들은 다만 그 정력이 이미 다하였음에만 놀랄 뿐, 시들기 전에는 동량이 될 만한 재목이었음을 누가 또 생각하겠는가. 지금 강 언덕에 우뚝 서서 물결이 높으면 나무 꼭대기가 살짝 드러나 사모를 띄운 것 같고, 물결이 가라앉으면 껍질의 이끼가 반쯤 드러나 고운 이끼를 자른 듯하다. 그 꺾이고 썩음이 이와 같으니 나는 강가의 땅 주인에게 물어서 (나무를) 빌려 하늘에 오르는 뗏목으로 삼아 끝내 쓸모없이 버려지지 않게 하련다.(此, 全是託物喩意, 言停舟楓浦, 見雙

樹久摧. 自從衰謝以後, 人但驚其精力已竭, 又誰道未衰之先材堪棟梁乎. 今兀立江干, 浪高而楓頂微露, 似浮沙帽, 波平而皮蘚半呈, 如截錦苔. 其摧朽若此, 我欲問江邊地主, 借作上天浮槎, 庶不終棄於無用耶.)

《독두심해》: 시 전체가 모두 청풍나무가 꺾인 것을 따라서 뜻을 기탁하였으니 대개 자신을 비유하였다. 지명은 청풍이라고 부르지만 사실 두 그루 청풍나무는 이미 마른나무가 되어버려 대략 뗏목 모양과 비슷하다. 이 뜻을 깨쳐 알면 이 시의 오묘한 구상이 의아하지 않다. 둘째 구는 시 한 편의 뿌리이다. 3, 4구는 나는 늙고 시들었지만 큰 나무도 또한 그러리라고는 생각지 않았다는 말이다. 아래 4구는 전환하여 마른 그루터기로부터 묘한 시상을 펴내, 봄 호수의 물결이 넉넉하니 집을 띄우기에 마침 좋고, 청풍나무 껍질을 벗기면 뗏목으로 삼아 띄울 수 있으니 이 땅에서 그것을 빌려 바로 높은 하늘로 올라가면 또한 유쾌한 일이라고 말하였다. 바다의 뗏목이라는 말을 점화한 것이 절묘하다. 옛 풀이를 보니 답답해진다.(全章都從楓摧託意, 蓋自寓也. 地名雖號青楓, 其實雙楓已成枯樹, 略似槎形. 會得此意, 便不訝此詩設想奇奧矣. 次句, 一篇之根, 三四, 言我則成老朽耳, 不道大材亦然也. 下四, 轉從枯株上發出妙想, 言春湖浪足, 正好浮家, 截去楓皮, 可當槎泛, 借之此地, 直上高天, 亦快事也. 點化海槎字絶妙. 閱舊解, 令人悶悶.)

《두시군》: 청풍나무는 이미 꺾였지만 반드시 누운 뿌리가 포구에 있었을 것이다. 그래서 잘라서 뗏목을 만들고 그것을 빌려서 하늘에 오르려고 하였다.(楓雖已摧, 必有臥根在浦口. 故欲截爲槎, 借之上天也.)

(**이창숙**)

83. 詠懷二首

영회 2수

人生貴是男[1] 丈夫重天機[2] 未達善一身 得志行所爲

嗟余竟轗軻[3] 將老逢艱危[4] 胡雛逼神器[5] 逆節同所歸[6]

河洛化爲血[7] 公侯草間啼[8] 西京復陷沒[9] 翠蓋蒙塵飛[10]

萬姓悲赤子[11] 兩宮棄紫微[12] 倏忽向二紀[13] 奸雄多是非[14]

本朝再樹立[15] 未及貞觀時[16] 日給在軍儲[17] 上官督有司[18]

高賢迫形勢[19] 豈暇相扶持[20] 疲苶苟懷策[21] 棲屑無所施[22]

先王實罪己[23] 愁痛正爲玆 歲月不我與[24] 蹉跎病于斯[25]

夜看酆城氣[26] 回首蛟龍池[27] 齒髮已自料[28] 意深陳苦詞[29]

사람으로 태어나 남자인 것이 귀한데
장부는 하늘의 기회를 중시한다네.
영달하지 못하면 자기 한 몸을 수양하고
뜻을 얻으면 해야 할 일을 하는 것이지.

한탄스럽게도 내가 결국 뜻을 얻지 못하였고
늙어서 어렵고 위험한 시절을 만났네.
오랑캐 아이가 우리 황제를 핍박하고
반역자들이 이에 동조하였네.
황하와 낙수는 변하여 피가 되었고
공후는 풀숲에서 울었다네.

서경이 또 함락되어
황제의 수레는 먼지를 뒤집어쓰고 나는 듯 달렸네.
백성들은 어린아이처럼 슬퍼하였고
두 황제는 궁궐을 버리고 떠났네.
순식간에 두 기紀로 접어드는데
간웅들은 시비가 분분하구나.

우리 조정이 다시 세워졌으나
정관의 시절에는 미치지 못하고,
날마다 군수를 공급하느라
상관은 담당 관리를 독촉하네.
고매하고 어진 이가 형세에 몰렸으니
어찌 나를 도와줄 겨를이 있겠는가.
지치고 피곤하여 참으로 계책을 품었어도
황망하여 펼칠 데가 없구나.
선왕께서 실로 자책하셨으니
비통한 마음은 바로 이 때문이라.
세월이 나와 함께하지 않으니
때를 놓치고 여기에서 병들었다네.

밤에 풍성의 검기劍氣를 보고
교룡 사는 못으로 고개를 돌리지만,
내 나이를 이미 헤아려보고서
생각이 깊어져 괴로운 언사를 펼치노라.

이 시는 대력 4년 봄 담주에서 형주로 뱃길을 올라가며 쓴 것이다. 힘든 여정에 지난 세월에 대한 상념에 잠겨, 나라에 대한 근심과 자신의 처지에 대한 회한을 펼쳐내었다. 제1수에서는 안사의 난으로 혼란에 빠진 나라의 상황을 자세히 서술하고, 그 후 혼란을 수습하는 과정에서 여전히 어려움을 겪고 있는 시대상을 그리고 있다. 또한 그 과정에서 남아로 태어나 세상에 뜻을 펼쳐보지도 못한 채 늙고 병들어버린 자신의 처지를 한탄하였다. 제2수에서는 혼란을 피해 남쪽을 향해 가면서 생계 문제에 구속되고 지인과도 교류가 끊긴 처지를 한탄하였다. 또한 봄날 좋은 때를 만났어도 그저 허송하며 덧없이 살아가는 자신의 상황을 돌아보고, 다시 행장을 꾸려 옛날 은자들을 따라 복잡한 속세를 떠나서 자신의 수양을 완성하고 싶은 마음을 피력하였다. 이 시를 악주에서 담주로 가며 쓴 것이라고 보는 설도 있고, 대력 5년 담주에서 형주를 지나 더 남쪽으로 갈 때 쓴 것이라고 보는 설도 있다.

《보주두시》 시에서 "이리저리 계수를 떠돌다", "남방에서 축융을 떠도는 나그네 되다"라고 하였고, 또한 "풍랑이 봄날 물가로 올라오다", "거슬러 오르는데 길일이 적다"라고 하였다. 마땅히 대력 4년 봄 악주에서 담주로 올라갈 때 쓴 것이다.(詩云, 飄颻桂水遊, 南爲祝融客. 又云, 風濤上春沙, 逆行少吉日. 當是大曆四年春自岳州上潭州時作.)

《두시상주》 이 시는 마땅히 대력 4년 봄 담주에서 형주로 올라갈 때 쓴 것이다.(此當是大曆四年春自潭州上衡州時作.)

《구가집주두시》 조차공 주 이 시는 공이 담주에서 출발하여 간 것으로, 다만 형주에서 멈추려고 했던 것이 아니라 남쪽 끝까지 가려고 했던 것이리라. 어떻게 그렇게 말할 수 있는가? 제1수에서

"밤에 풍성의 검기를 보고, 교룡 사는 못으로 고개를 돌린다"라고 하였고, 제2수에서 "이리저리 계수를 떠돌다가 창오의 저녁을 슬프게 바라본다"라고 하였으며, 또한 "많은 근심으로 도화원을 더럽힐 것인데, 살아가는 일에 서툴러 동주에 집착하고 있다"라고 하였다. 또한 "노인성에 의지하여 나부산에서 노쇠한 걸음을 걸으리라"라고 하였고, 또한 "풍랑이 봄날 물가로 올라오다"라고 하였으니, 2월에 담주를 떠나서 올라간 것이 더욱 분명하다.(此公自潭而往, 非特止於衡, 蓋欲儘南往矣. 何以言之. 第一篇曰, 夜看酆城氣, 回首蛟龍池. 第二篇曰, 飄飄桂水遊, 悵望蒼梧暮. 又曰, 多憂汙桃源, 拙計泥銅柱. 又曰, 結託老人星, 羅浮展衰步. 又有云, 風濤上春沙, 則二月離潭而上尤明.)

주 석

1 人生(인생) 구 – 사람으로 태어나 남자로 살아갈 기회를 얻은 것이 귀하다는 것이다.

《두시상주》에 인용된 《열자列子》 영계기가 "남자는 존귀하고 여자는 비천하니, 남자를 귀하게 여긴다. 내가 이미 남자가 될 수 있었으니 이것이 두 번째 낙이다"라고 하였다.(榮啓期曰, 男尊女卑, 故以男爲貴, 吾旣得爲男, 是二樂也.)

2 天機(천기) – 하늘이 준 기회.

《두시경전》 공의 시(〈감림甘林〉)에서 "출사와 은거는 각각 하늘의 뜻에 달렸다"라고 하였으니, 마땅히 자연의 순리에 맡긴다는 말이다.(公詩, 出處各天機. 謂當任其自然也.)

[未達 2구]

《두시조차공선후해집교》 두 구는 《맹자·진심상盡心上》에서 말한 "곤궁할 때는 홀로 자신을 수양하고, 영달하면 아울러 천하를 이롭게 한다"라는 뜻이다.(兩句則孟子云窮則獨善其身, 達則兼善天下也.)

[人生 4구]

《두시상주》《장자·대종사大宗師》에서 "좋아하고 즐기려는 욕심이 큰 자는 '천기(타고난 지혜, 영성)'가 얕다"라고 하였다. 장연張綖의 주에서 "'천기'는 천시天時의 기회이다"라고 하였는데, 바로《맹자·공손추하公孫丑下》의 '시세를 타다', '때를 기다리다'의 뜻으로, 이는《장자》와 그 풀이를 달리한다. (이 시의) '몸을 닦고' '뜻을 얻는다'는 말은《맹자》에서 온 것이다.(莊子, 嗜欲深者天機淺. 綖注, 天機, 謂天時之機會, 卽孟子乘勢待時之意, 此與莊子異解. 善身得志, 本孟子.)

#《두시상주》: 첫 단락은 회포를 노래한 발단이다. 장부가 세상을 살 때 '홀로 수양하는 것'과 '큰 성취를 거두는 것'에서 각기 하늘이 준 기회를 이루는 것을 귀하게 여기니, 이 때문에 자신이 출사와 은거 두 가지에 모두 지장이 있음을 상심한 것이다.(首爲咏懷發端. 丈夫處世, 貴乎獨善大行, 各遂天機, 以傷己之出處兩妨耳.)

《두억》: 처음 4구는 곧 두 수 전체의 모두冒頭이다. 시작하는 말이 고상하고 명랑하다. 그 뜻은 다음과 같다. 사람은 남자로 사는 것이 귀한데, 바로 장부라는 것이다. 장부는 하늘의 기회를 중시하기에 반드시 하늘이 부여한 사명을 저버리려 하지 않는다. 그러므로 영달하지 못하면 홀로 수양하고, 뜻을 얻으면 아울러 이롭게 하는 것, 이것이 장부의 일이다. 이런 뜻의 말은 크게 학문을 이룬 사람이 아니면 할 수 없다.(起四句, 乃二章總冒也. 起得超朗, 言人貴爲男者, 乃丈夫也. 丈夫重天機, 必不肯負天之所予. 故未達則獨善, 得志則兼善, 此丈夫事也. 非大學問人, 不能作此語.)

3 轗軻(감가) – 곤궁함. 뜻을 얻지 못한 모양.

《두보전집교주》에 인용된 사師 씨 주 '감가'는 뜻을 얻지 못한 모양이다.(轗軻, 不得志之貌.)

4 艱危(간위) – 어렵고 위험한 상황.

5 胡雛(호추) – 오랑캐 아이. 호인胡人에 대한 멸칭蔑稱이다. 여기서는 안녹산을 가리킨다. 원래 진晉나라 왕연王衍이 후조後趙의 석륵石勒을 경멸하여 부를 때 이 말을 사용하였다. 神器(신기) – 옥새玉璽와 같이 정권을 상징하는 보물. 제위帝位 혹은 정권政權을 가리킨다.

《두시조차공선후해집교》 '호추' 구는 안녹산을 가리켜 말한 것이다.(胡雛逼神器, 指言安祿山.)

《구가집주두시》 '호추'는 안녹산과 사사명이다. '핍신기'는 장안을 함락했다는 것이다.(胡鶵, 安史也. 逼神器, 陷長安也.)

6 逆節(역절) – 절의節義를 역행하다. 반역자를 말한다.

《두시조차공선후해집교》 '역절' 구는 추종하여 신하가 되고 장수가 되었다는 것이다.(逆節同所歸, 則所從其爲臣爲將者也.)

7 河洛(하락) – 황하와 낙수. 흔히 낙양을 가리킨다.

8 公侯(공후) – 공작公爵과 후작侯爵. 높은 신분의 귀족을 의미한다. '侯'는 '卿'으로 된 판본도 있다.

[河洛 2구]

《구가집주두시》 안사의 난은 황하와 낙수 지역에서 싸움이 더욱 격렬하였기에 '변하여 피가 되었다'라고 하였다. 공경들이 달아나 숨었기에 '풀숲에서 울었다'라고 하였다.(安史亂, 河洛之間格鬪尤甚, 故云化爲血. 公卿奔竄, 故啼於草間也.)

9 西京(서경) – 서쪽 경사. 장안을 말한다. 復陷沒(부함몰) – 또 함락되다.

《두시조차공선후해집교》 '서경'은 장안을 말한다. '또 함락되다'라는 것은 '황하와 낙수는 변하여 피가 되었다'라는 구절에 짝하는 말이기에 '또'라는 말을 한 것이다. 먼저 하북을 함락하고 다시 동경을 함락하였으며, 이제 또 서경을 함락하였기 때문이다.(西京, 言長安也.

復陷沒, 則對河洛化血之辭, 故言復焉. 以其先陷河北, 又陷東京, 於此又陷西京也.)

10 翠蓋(취개) – 비취색 깃털로 장식한 수레. 황제의 수레를 가리킨다. 蒙塵(몽진) – 먼지를 덮어쓰다. 황제가 피난 가는 것을 말한다.

《두시조차공선후해집교》 '취개'는 천자의 수레 덮개이다. …… '몽진'은 천자가 피난을 가는 것이다. …… 이는 바로 명황을 가리켜 말한 것이다. 옛 주석에서 "토번이 경사를 함락시켜, 천자가 섬주로 행차하였다"라고 하였는데, 이는 본래 대종 광덕 원년의 일이다. 아래에서 또 '양궁'의 이야기를 하고 있으니, 명황과 숙종을 가리키는 것이 더욱 분명하다. 옛 주석이 잘못된 것이다.(翠蓋, 天子之車蓋. …… 蒙塵, 天子出狩也. …… 此正指言明皇. 舊注云, 吐蕃陷京師, 天子幸陜. 自是代宗廣德元年事, 下又言兩宮, 蓋指明皇與肅宗尤明, 舊注謬矣.)

[西京 2구]

《보주두시》 황희 주 낙양이 이미 함락되고, 경사가 또 안녹산에 의해 파괴되었기에 '또 함락되다'라고 한 것이다. 대종 때 토번에게 다시 함락된 것을 말하는 것이 아니다.(河洛旣陷, 而京師亦爲祿山所破, 故曰復陷, 非謂代宗時, 再陷於吐蕃.)

11 悲赤子(비적자) – 어린아이처럼 슬퍼하다.

《두시상주》 '비적자'는 슬프게 울부짖는 것이 어린아이와 같다는 것이다.(悲赤子, 悲號同於赤子.)

《두보전집교주》에 인용된 장연張綖 주 '비적자'는 곧 부모를 여읜 슬픔이 있음을 말하는 것이다.(悲赤子, 卽謂有考妣之悲也.)

12 兩宮(양궁) – 두 황제. 여기서는 당 현종과 숙종을 말한다. '양궁'은 황제와 태자를 가리키거나, 태상황과 황제를 가리키는 말이다. 紫微(자미) – 황제의 궁궐.

《두보전집교주》에 인용된 장연 주 '양궁'은 현종과 숙종이다. '자미'는 제왕의 궁궐이다.(兩宮, 玄宗肅宗. 紫微, 帝垣也.)

[萬姓 2구]

《두시논문》 온 백성이 슬퍼하고, 두 황제가 피난하였음이다.(萬姓悲淒, 兩宮出走.)

13 倏忽(숙홀) – 순식간에. 二紀(이기) – 24년. '기'는 시간을 세는 단위로, 목성이 한 번 공전하는 12년을 가리킨다. 십이지가 한 번 돌아오는 기간이기도 하다.

《두시조차공선후해집교》 천보 14년에 안녹산이 난을 일으킨 때부터 지금 대력 5년까지 모두 16년이 되었기에 '두 기로 접어든다'라고 할 수 있는 것이다.(自天寶十四載祿山亂, 至今大曆五年, 凡十六年, 故得以向二紀爲稱.)

14 多是非(다시비) – 시비가 많다. 반군들의 행동이 일정치 않고 반복무상함을 말한다. 즉 반군 가운데 여전히 자신들의 세력을 믿고 후회하지 않는 자가 있는가 하면 황제에게 귀순한 자가 있음을 두고 말하는 것이다.

《두시조차공선후해집교》 '간웅' 구는 그중에 임금을 높이는 자도 있고 발호하는 자도 있으니, 이런 상황이 '다시비'가 된다는 것이다.(姦雄多是非, 則其間有尊君者, 有跋扈者, 斯爲多是非矣.)

《두보전집교주》에 인용된 장진張溍 주 '다시비'는 당시 반군의 무리 중에 세력을 믿고 끝까지 후회하지 않는 자도 있고, 왕에게 돌아오는 자도 있어서, 시비가 일정하지 않았다는 것이다.(多是非, 謂當時逆黨有怙終者, 有歸王者, 是非不一.)

《두시경전》 또한 여러 반란의 무리를 총괄하여 말한 것이다.(又統言諸叛亂之徒.)

#《두시상주》: 공의 곤궁함은 힘들고 위험한 시절에서 비롯한 것으로, 이 두 구가 아래 두 단락을 이끈다. 이 단락에서는 세상이 어지러워 힘들고 위험한 원인에 대해 기술하였다. '호추'는 안녹산을 가리킨다. '역절'은 반군에 부역한 자들이다. '하락' 구와 '서경' 구는 두 도읍이

모두 파괴되었다는 것이다. '적비자'는 슬프게 울부짖는 것이 어린아이와 같다는 것이다. '거자미'는 현종과 숙종, 두 황제가 궁을 나가 달아난 것이다. 간웅의 시비 운운한 것은 항복한 장수들의 향배가 일정치 않았음을 말한다.(公之轗軻, 由艱危所致. 二句, 領起兩段, 此條記世亂艱危之故. 胡雛, 指安祿山. 逆節, 指附賊者. 河洛西京, 兩都俱破也. 悲赤子, 悲號同於赤子. 去紫微, 玄肅二宗出奔也. 奸雄是非, 謂降將向背不常.)

15 本朝(본조) 구 – 안사의 난을 겪고, 당나라 조정이 다시 세워졌음을 말한다. 이 구는 대종을 두고 한 말로 보인다. 이와 달리 대종 이후의 상황을 두루 말한 것으로 보는 설도 있다.

《두시조차공선후해집교》 '본조' 구는 비로소 대종을 말하는 것이다.(本朝再樹立, 方言代宗也.)

《독두심해》 나라를 되찾고 경사를 수복한 이후를 두루 말하는 것이지, 꼭 대종만을 전적으로 말하는 것이 아니다.(泛指復國收京以來, 未必專謂代宗.)

16 貞觀(정관) – 당 태종太宗의 연호. 정관지치貞觀之治를 말한다. 이 구는 안사의 난 이후 나라의 상황이 회복되었지만, 당 태종의 정관지치에는 미치지 못하였음을 말하는 것이다.

17 日給(일급) – 날마다 공급하다. 軍儲(군저) – 군수軍需. 군대에 필요한 물자.

《두시조차공선후해집교》 대력 5년에 토번과의 싸움이 끝나지 않았기 때문이다. 전년에 바로 빈주와 영주에서 노략질이 있었다.(大曆五年吐蕃之兵未息故也. 前年方寇邠州靈州矣.)

18 上官(상관) 구 – 나라의 재정이 부족하여, 상관이 담당 실무자를 독촉하는 상황을 말하는 것이다.

[本朝 4구]

《두보전집교주》에 인용된 사師씨 주 정관 연간에는 쌀 한 말에 3전이어서 나그네가 양식을 가지고 다니지 않았는데, 지금(대종)은 나라의 재정이 여전히 부족하여 상하의 관리들이 독촉하였기에 '정관의 시절에는 미치지 못한다'라고 한 것이다.(貞觀時米斗三錢, 行旅不齎糧, 今國用尙乏, 上下督責, 故云未及貞觀時.)

19 高賢(고현) – 고매하고 어진 이. 이 구는 일을 맡은 책임자들이 전쟁을 치르는 당시의 어려운 상황에 영향을 받는다는 것이다.

《두시조차공선후해집교》 '고현' 구는 전쟁을 치르는 형세에 압박을 받았다는 것이다.(高賢迫形勢, 則迫於用兵之形勢也.)

20 扶持(부지) – 돕다.

[高賢 2구] 여기서는 두보 자신에게 도움을 주지 않은 사람들의 사정을 이해한다는 뜻으로 쓰였다.

《두시상주》 일을 맡은 책임자들이 군수를 공급하는 일에 압박을 받아, 곤고한 나그네를 도와줄 여유가 없는 것이다.(當事迫於軍儲, 不暇扶持旅困.)

21 疲苶(피날) – 지치고 피곤하다.

《두보전집교주》에 인용된 동양성董養性 주 '피날'은 노쇠한 것이다. '구'는 '참으로'라는 뜻이다.(疲苶, 衰老也. 苟, 誠也.)

《두시조차공선후해집교》 '피날'은 공이 스스로를 말한 것이다.(疲苶, 公自言也.)

22 棲屑(서설) – 바쁘고 불안한 모습. 분주하게 떠돌아다니는 상황을 말한 것이다.

[疲苶 2구]

《두시상주》 '피날'은 쇠약한 모습이다. '서서설설'은 분주하게 돌아다니는 것을 말한다.(疲苶, 孱弱貌. 棲棲屑屑, 謂奔走道途.)

《두시조차공선후해집교》 육신이 피로하고 곤고하여 비록 좋은 계책이 있다고 하여도 한창 외지를 떠돌아다니며 분주하니 그것을 펼칠 수 없다고 지금 공이 말하는 것이다.(今公言其疲勞困苦之身, 雖有良策, 方在流落棲屑間, 無所施展也.)

23 先王(선왕) – 선대의 왕. 우임금과 탕왕의 고사를 빌려 숙종을 두고 한 말이다. 罪己(죄기) – 자책하다. 자신에게 책임을 돌리다.

《좌전·장공莊公13년》 우임금과 탕왕이 자신에게 책임을 돌리니, (나라가) 성대하게 흥했다.(禹湯罪己, 其興也悖焉.)

《두공부시집집주》 '선왕'은 아마도 '선황'이라고 써야 할 것인데, 숙종을 말한다. 사서에 따르면 숙종이 즉위한 후에 반군의 잔당들을 아직 평정하지 못하였기에 누차 자신에게 책임을 돌리는 조서를 내렸다고 한다.(先王, 疑作先皇, 謂肅宗也. 按史, 肅宗卽位後, 以寇孽未平, 屢下罪己之詔.)

[先王 2구] 황제가 스스로를 책망하였으니 신하된 자로서 두보가 비통한 마음을 느꼈다는 것이다.

24 歲月(세월) 구 – 세월이 나를 기다리지 않고 빨리 흘렀다는 말이다.

《논어·양화陽貨》 해와 달이 흘러가니, 세월이 나를 위하여 기다려주지 않는다.(日月逝矣, 歲不我與.)

25 蹉跎(차타) – 실족하다. 때를 놓치다.

[歲月 2구]

《구가집주두시》 조차공 주 '세월' 구는 바로 《논어》의 "세월이 나를 위하여 기다려주지 않는다"라는 말이다. 공이 때를 놓치고 병들어 등용될 수 없는 것을 한탄한 것이다.(歲月不我與, 卽論語歲不我與. 公嘆其蹉跎疾病而不得進用.)

《두보전집교주》에 인용된 장연 주 세월이 기다려주지 않는다는 것은 마침내 먼 곳에서 때를 놓친 채 늙고 병들었다는 것이다.(歲月不留,

遂蹉跎老病於遐方矣.)

#《두시상주》: 이 단락은 곤궁함을 만난 상황을 스스로 술회한 것이다. 대종이 하북 지역을 평정하고 토번을 쫓아냈으니, 이에 우리 조정이 다시 세워졌다. 일을 맡은 책임자들은 군수에 쫓겨 곤고한 나그네를 도와줄 여유가 없었는데, 이것은 또한 당시의 형세가 그렇게 만든 것이니 탓할 것이 없다. 다만 세상을 구할 방책을 이미 품고 있어도 한번 펼쳐볼 길이 없고, 선대 황제가 자신에게 책임을 돌린 뜻을 저버리게 되었으니 이에 비통할 따름이다. 이제 세월마저 놓쳤으니 더 무엇을 기대하겠는가.(此自述遭遇轗軻之狀. 代宗平河北, 逐吐蕃, 是本朝再立也. 當事迫於軍儲, 不暇扶持旅困, 此亦時勢使然, 無足責者. 但已懷濟世之略, 而無從一施, 有負先朝罪己之意, 用是愁痛耳. 今歲月蹉跎, 尙何望乎.)

26 豐城氣(풍성기) – 풍성의 검기劍氣. 장화張華가 하늘의 기운을 보고 보검을 얻은 일을 가리키는데, 여기서는 두보 자신의 포부가 아직 식지 않았음을 말하는 것이다.

《진서晉書·장화전張華傳》 뇌환雷煥이 "제가 살펴본 것이 오래되었는데, 오직 남두성과 견우성 사이에 이상한 기운이 꽤 있습니다"라고 하였다. 장화가 "이는 무슨 징조인가?"라고 물었다. 뇌환이 "보검의 정기가 위로 뻗쳐서 하늘에 미친 것입니다"라고 하였다. …… (장화가) 이어서 "어느 군에 있는가?"라고 물었더니, 뇌환이 "예장군 풍성에 있습니다"라고 하였다. 장화가 "내 그대를 낮추어 현령으로 삼아 함께 그것을 몰래 찾고 싶은데 가능하겠는가?"라고 하니, 뇌환이 이를 허락하였다. 장화가 크게 기뻐하며 바로 뇌환을 풍성령으로 임명하였다. 뇌환이 현에 도착하여 감옥의 터를 팠는데, 4장 정도의 땅을 파고 들어가서 석함 하나를 얻었다. 그 빛의 기운이 대단하였고 그 가운데 쌍검이 들어 있었는데 모두 글자가 새겨져 있었다. 하나는 용천이었고, 다른 하나는 태아였다. 그날 저녁 남두성과 견우성 사이에서 기운이 다시 보이지 않았다.(煥曰, 僕察之久矣, 惟斗牛之間, 頗有異氣. 華曰, 是何祥也. 煥曰, 寶劍之精, 上徹於天耳. …… 因問曰, 在何郡. 煥曰, 在豫章酆城. 華曰, 欲屈君爲宰, 密共尋之, 可乎. 煥許之. 華大喜, 卽補煥爲酆城令. 煥到縣, 掘獄屋基, 入地四丈餘, 得一石函, 光氣非常, 中有雙劍, 並刻題, 一曰龍泉, 一曰太阿. 其夕, 斗牛間氣不復見焉.)

27 蛟龍池(교룡지) – 교룡이 사는 못. 이 구도 두보가 여전히 포부를 지니고 있음을 말한 것이다.

《두보전집교주》에 인용된 《삼국지三國志·오서吳書·주유전周瑜傳》 주유가 이르기를 "유비와 같은 이가 관우와 장비를 얻었으니, 이는 마치 교룡이 구름과 비를 얻은 형국이어서 결국에는 못 속에 사는 생물에 머물지 않을 것입니다"라고 하였다.(瑜曰, 以劉備而有關羽張飛, 恐蛟龍得雲雨, 終非池中物.)

[夜看 2구]

《구가집주두시》 보검과 교룡으로 자신을 비유하였다.(以寶劍蛟龍自比也.)

《두시경전》 큰 포부가 식지 않았음을 말한다.(謂壯心不已.)

《두보전집교주》에 인용된 장연 주 뜻있는 선비가 말년에 이르러서도 큰 포부가 식지 않아, 밤에 견우성과 남두성 사이에 아직 사그라지지 않은 용검의 빛을 보고, 여전히 풍운의 뜻을 지닌 교룡이 사는 못에 고개를 돌린다는 것이다.(志士暮年, 壯心不已, 夜看龍劍未銷牛斗之光, 回首龍池尙有風雲之意.)

《구가집주두시》 조차공 주 이 구절은 남방의 일이니, 공이 이미 담주를 떠나 끝까지 가고자 하였기에 이렇게 언급한 것이다.(此乃南方事, 公旣離潭而欲儘往, 故及之.)

28 齒髮(치발) – 치아와 두발. 사람의 나이를 가리키는 표현이다. 이 구는 두보가 자신의 나이를 스스로 헤아려본다는 말이다.

29 苦詞(고사) – 괴로운 말. 이 시를 가리키는 것으로 보인다. '苦'는 '昔'으로 된 판본도 있다.

[齒髮 2구]

《구가집주두시》 조차공 주 치아가 빠지고 머리털이 빠진 것을 스스로 헤아리면서도 뜻이 깊고 말이 괴로운 것은, 이를 스스로 그만둘 수 없기 때문이라는 말이다.(言自料其齒落髮脫, 但意深詞苦, 爲不能自已耳.)

《두보전집교주》에 인용된 장연 주 비록 기개가 여전하여도 치아와 두발이 이미 쇠하였으니 어찌하겠는가, 할 수 없음을 스스로 헤아려 알지만, 간절한 마음 다할 수 없어 다만 이 괴로운 언사를 펼칠 따름이다.(奈志氣雖在, 齒髮已衰, 自料無能爲矣, 委曲之衷, 所難盡者, 惟陳此苦辭耳.)

#《두시상주》: 마지막 단락은 자신의 감회를 스스로 말하여 서두의 "뜻을 얻으면 해야 할 일을 한다"라는 말의 의미와 역으로 호응하였다. 풍성의 검기와 못의 교룡은 큰 포부가 여전히 존재함을 말한 것인데, 몸이 늙어 다시 할 수 있는 바가 없기에 오직 문사를 펼쳐서 뜻을 드러낼 따름이라는 것이다.(末自寫己懷, 反應起首得志行所爲意. 酆城劍氣, 池水蛟龍, 言壯志猶存, 而身老不復可爲, 唯有陳詞見意而已.)

##《두억》: 처음 4구는 곧 두 수 전체의 모두冒頭이다. 시작하는 말이 고상하고 명랑하다. 그 뜻은 다음과 같다. 사람은 남자로 사는 것이 귀한데, 바로 장부라는 것이다. 장부는 하늘의 기회를 중시하기에 반드시 하늘이 부여한 사명을 저버리려 하지 않는다. 그러므로 영달하지 못하면 홀로 수양하고, 뜻을 얻으면 아울러 이롭게 하는 것, 이것이 장부의 일이다. 이런 뜻의 말은 크게 학문을 이룬 사람이 아니면 할 수 없다. '역절' 구는 도적의 무리가 반란에 동조한다는 것이다. '간웅' 구는 그 사이에서도 또한 저것이 이것보다 나은 경우가 있다는

것이다. '고현' 2구에서는 다른 사람에게 요구하는 것이 심하지 않은데, '선왕' 2구에 이르러 비로소 일을 이룰 것을 요구하였으니 당사자들이 진실한 마음으로 보좌하여 선왕의 참회에 맞추기를 바란 것이다. '피날' 2구는 공이 스스로를 말한 것인데, 세월을 놓쳐 이제 이곳에서 병들었다는 것이다. 밤에 풍성을 보고 용지를 돌아보면 이 뜻은 실로 감히 해이할 수 없다. 그러나 자신의 나이를 스스로 헤아려보매 "뜻을 얻으면 해야 할 일을 하고자" 하여도 기대하기 어려우니 어찌 장부라 이름하겠는가. 생각이 깊어져 이 괴로운 언사를 펼쳐낼 따름이다.(起四句, 乃二章總冒也. 起得超朗, 言人貴爲男者, 乃丈夫也. 丈夫重天機, 必不肯負天之所予. 故未達則獨善, 得志則兼善, 此丈夫事也. 非大學問人, 不能作此語. 逆節同所歸, 謂賊徒和之. 姦雄多是非, 蓋間亦有彼善於此者. 高賢迫形勢, 豈暇相扶持, 其責人不苛, 至先王實罪己, 愁痛正爲斯, 方加責成. 欲其委曲補救, 以副先王之悔也. 疲苶二句, 公自謂. 歲月蹉跎, 今病於此, 夜看酆城, 回顧龍池, 此志誠不敢懈, 而齒髮已自料, 欲得志行所爲, 恐難冀矣, 奚名丈夫. 意念甚深而陳此苦詞耳.)

《독두심해》: 첫 수는 평소의 뜻을 서술하여 다음 수의 발단으로 삼았으니, 공은 세상에 쓰임받고자 하는 포부를 지니고 있었던 것 같다. 처음 4구는 인생에서 뜻을 세우는 내용을 범연하게 말하면서, "뜻을 얻으면 해야 할 일을 한다"라는 한 구에 중점을 두어 전편의 주지로 삼았다. '차여' 일단은 환란의 시말을 두루 서술하였으니, 이는 뜻을 얻지 못한 까닭이다. '본조' 일단은 당시의 폐해가 만회하기 어렵다고 극단적으로 말하였으니, 이는 해야 할 일을 할 수 없는 탄식이다. 마지막 4구는 비록 뜻은 지니고 있지만 몸이 이미 늙었음을 보이면서, "뜻을 얻으면 해야 할 일을 한다"라는 시의를 뒤집어서 맺고 있다. 대저 이미 이런 세상을 만나 뜻을 얻어 크게 행할 수 없다면, 곧 오직 이리저리 떠돌며 멀리 갈 따름이다. 이것이 다음 수를 끌어내는 단초가 된다.(首章, 述素志也, 爲後首引端, 公蓋有志用世者. 起四句, 泛以

人生立志言，重得志行所爲一句，爲全篇之主．嗟余一段，歷述禍亂始末，此不得志之由也．本朝一段，極言時弊難挽，此不能行所爲之歎也．末四句，見志雖在而身已老，反結得志行所爲意．夫旣値此時世，不能得志大行，則惟有飄颻遠適而已．此所以爲後首之引也.)

其二

邦危壞法則[1] 聖遠益愁慕[2] 飄颻柱水遊[3] 悵望蒼梧暮[4]
潛魚不銜鉤[5] 走鹿無反顧[6] 皦皦幽曠心[7] 拳拳異平素[8]
衣食相拘閡[9] 朋知限流寓[10] 風濤上春沙[11] 千里侵江樹[12]
逆行値吉日[13] 時節空復度[14] 井竈任塵埃[15] 舟航煩數具[16]
牽纏加老病[17] 瑣細隘俗務[18] 萬古一死生[19] 胡爲足名數[20]
多憂汙桃源[21] 拙計泥銅柱[22] 未辭炎瘴毒[23] 擺落跋涉懼[24]
虎狼窺中原[25] 焉得所歷住[26] 葛洪及許靖[27] 避世常此路[28]
賢愚誠等差[29] 自合受馳鶩[30] 羸瘠且如何[31] 魄奪鍼灸屢[32]
擁滯僮僕慵[33] 稽留篙師怒[34] 終當掛帆席[35] 天意難告訴[36]
南爲祝融客[37] 勉强親杖屨[38] 結託老人星[39] 羅浮展衰步[40]

나라가 위태하여 기강이 무너졌으니
성인은 아득하여 더욱 근심하며 그리워하네.
이리저리 계수를 떠돌다가
창오의 저녁을 슬프게 바라보네.

숨은 물고기는 낚싯바늘을 물지 않고
달아나는 사슴은 뒤돌아보지 않는다네.
환하게 깊고 넓은 마음이었는데
절절매며 평소와 다르니,
의식 문제에 구속되어
벗들과 떨어져 타향을 떠도는 때문이라.
풍랑이 봄날 물가로 올라오니
천 리 강가의 나무들 물에 잠겼구나.
거슬러 오르며 길일을 만났으나
좋은 시절을 공연히 다시 보내는구나.
우물과 부엌은 먼지에 맡겨두고
배를 타고 자주 출항하니,
나를 얽어매는 노환이 더해지고
자질구레한 잡무는 쌓여만 가는구나.
영원한 시간 속 한 번 살다 가는 인생
무엇 하러 명예와 지위를 중히 여기리오.

많은 근심으로 도화원을 더럽힐 것인데
살아가는 일에 서툴러 동주에 집착하고 있네.
뜨거운 장기瘴氣의 독도 마다하지 않고
산 넘고 물 건너는 두려움도 떨쳐버렸네.
범과 이리 중원을 엿보고 있으니
어찌 지나가는 곳에서 머물 수 있겠는가.
갈홍과 허정도
일찍이 난세를 피하여 이 길을 지났었지.

어질고 어리석음에 진실로 차이가 있으니
분주하게 다니는 것을 받아들임이 절로 마땅하다.
마르고 여위었으니 또한 어이하리
넋이 나가 자주 침과 뜸을 맞는다.
지체하다 보니 하인은 게을러지고
오래 머무니 뱃사람은 성을 낸다.
끝내 배의 돛을 걸겠지만
하늘의 뜻은 알려주기 어렵구나.

남방에서 축융을 떠도는 나그네 되어
애써 지팡이와 신을 가까이하고,
노인성에 의지하여
나부산에서 노쇠한 걸음을 걸으리라.

주 석

1 邦危(방위) 구 – 안사의 난으로 나라의 기강이 허물어졌음을 말한다. 《보주두시》에 인용된 師 씨 설 안녹산이 기강을 어지럽혔음을 말한 것이다.(言祿山紊紀綱也.)

2 聖遠(성원) – 성인이 아득하다. 성인의 시대와 멀리 떨어져 있음을 말한다. 愁慕(수모) – 근심하며 그리워하다.
《두공부초당시전》 성인이 이미 멀리 있어, 삼대의 치세를 사모하더라도 다시 볼 수 없다는 말이다.(言聖人已遠, 思慕三代之治, 不可復見也.)

3 飄颻(표요) – 떠돌다. 유랑하다. 桂水(계수) – 물 이름.

《두시상주》 《원화군현지》에서 "계강은 일명 이수라고도 하는데, 임계현 동쪽을 지난다"라고 하였다. 주학령의 주에서 "이수와 상수는 지금의 계림부 흥안현 해양산에서 함께 발원하여, 이수는 남쪽으로 흐르고 상수는 북쪽으로 흐른다. 이수는 또한 계수라고도 한다. 공이 이때 아직 계림에 이르지 않았으나 이 시에서 또 '이리저리 계수를 떠돌다'라고 하였고, 다른 시(〈천추절유감이수千秋節有感二首〉)에서 '계강이 북쪽으로 향하니, 눈 가득히 파도를 보낸다'라고 하였는데, 아마 상수가 임계현에서부터 왔으므로 또한 계수라고 부를 수 있었을 것이다"라고 하였다.(元和郡縣志, 桂江一名灕水, 經臨桂縣東. 朱注, 灕水與湘水, 同出今桂林府興安縣海陽山, 灕南流而湘北流, 灕水又名桂水. 公時未嘗至桂林, 而此又言飄颻桂水遊, 他詩又云桂江流向北, 滿眼送波濤, 蓋湘水自臨桂而來, 亦得稱桂水也.)

4 悵望(창망) – 슬프게 바라보다. 蒼梧(창오) – 지명. 순임금의 무덤이 있는 곳이다.

#《두시상주》: 앞 수는 세상일을 두루 기록하였고, 이 수는 행적을 전적으로 서술하였다. 기강이 이미 무너졌기에, 태평 시절을 보기 어려운 것이다. 그래서 성인이 아득하여 근심하며 그리워하는 한탄을 하였다. 계수를 건너 창오를 바라본다는 것은 성인과 떨어진 세월이 오랜 것을 가슴 아파한 것이다. 앞의 2구는 위의 '정관'을 잇고, 뒤의 2구는 아래 남쪽 여정을 일으킨다.(上章歷記世事, 此則專敍行踪也. 法制旣壞. 則太平難見矣. 故有聖遠愁慕之嘆. 涉桂水而望蒼梧, 傷去聖年遠也. 前二, 承上貞觀. 後二, 起下南遊.)

5 潛魚(잠어) – 숨은 물고기. 물에 잠긴 물고기.

6 走鹿(주록) – 달아나는 사슴.

[潛魚 2구]

《두보전집교주》에 인용된 주학령 주 '잠어'와 '주록'으로 자신이 난리를 피해 분주하게 다니게 되어 평소의 큰 뜻을 이룰 수 없게 된 것을 비유하였다.(以潛魚走鹿, 況己之避難奔走, 不得遂生平幽曠之志也.)

7 皦皦(교교) – 밝게 빛나는 모양. 幽曠心(유광심) – 깊고 넓은 마음. 커다란 포부를 뜻한다.

8 拳拳(권권) – 절절매다.

《두시경전》에 인용된 〈도잠전陶潛傳〉 나는 다섯 말의 쌀 때문에 허리를 굽히고, 마을의 어린아이에게 절절맬 수는 없다.(吾不能爲五斗米折腰, 拳拳向鄕里小兒.)

[皦皦 2구] 평소 환하고 큰 포부를 지니고 있었는데, 이제는 절절매며 평소와는 다르다는 것이다. '권권'을 진지한 모습을 가리키는 것으로 볼 수도 있다.

《구가집주두시》 조차공 주 '교교'의 의미는 태양과 같은 밝음이 있다는 것으로, 깊고 넓은 마음이 절로 분명한 것을 말한다. 그런데 절절매며 몸을 굽혀 살기를 구하니 이것이 평소와 다르다는 것이다.(皦皦, 蓋有如皦日之皦, 言幽曠心自分明也. 而乃拳拳屈身全生, 此所以異乎素矣.)

《보주두시》에 인용된 왕수王洙 주 난리를 만나 그 평소의 큰 뜻을 이룰 수 없고 도리어 절절맨다는 것이니, 몸을 굽혀 목숨이 보전되기를 구한다는 말이다.(亂離之際, 不得遂其平昔幽曠之心, 而反拳拳然, 言屈身以求其全也.)

9 拘閡(구애) – 구애되다.

《두보전집교주》에 인용된 장진張溍 주 '상구애'는 생계를 도모할 계책을 구하느라 구속되어 자유로울 수 없는 것이다.(相拘閡, 因求資生之計, 拘礙不得脫然也.)

10 朋知(붕지) – 친구. 限(한) – 막히다. 제한되다. 流寓(유우) – 타향을

떠돌며 지내다. 이 구는 떠돌아다니느라 친구들과의 사귐도 막혔다는 것이다.

11 風濤(풍도) – 풍랑. 上(상) – 오르다. 또는 거슬러 오르다. '오르다'의 뜻으로 보는 경우 강 물결이 물가 사주로 차오르는 것이다. 이와 달리 '거슬러 오르다'의 뜻으로 보는 경우는 사람이 주체가 되어 풍랑 속에서 배를 타고 봄날 물가를 거슬러 오르는 것이다.

《독두심해》 담주에서 형주로 가는 것은 물을 거슬러 가는 길이다.(自潭之衡爲上水.)

12 千里(천리) – 천 리. '千'은 '十'으로 된 판본도 있다. 侵江樹(침강수) – 강의 나무가 물에 잠기다. '侵'은 '浸'으로 된 판본도 있다.

[風濤 2구]

《두억》 형주로 가며 물을 거슬러 오르기에 "풍랑 속에 봄날 사주를 거슬러 올라간다"라고 한 것이다. 봄물이 한창 불어났기에 "천 리 강가의 나무들 물에 잠겼다"라고 하였다.(往衡州逆水而上, 故云風濤上春沙, 春水方漲, 故千里侵江樹.)

13 逆行(역행) – 거슬러 가다. 値(치) – 만나다. '少'로 된 판본도 있다. 吉日(길일) – 좋은 날. 이 구는 다니는 중에 청명절을 만났다는 것이다. 이와 달리 '値'를 '少'로 보는 판본에서는 다니는 중에 좋은 날이 적다, 혹은 길일을 택하여 다닐 수 없다는 뜻으로 풀이하였다.

《두보전집교주》에 인용된 안사고顏師古 주 험한 풍파를 겪었다는 말이다.(謂經歷風波之險也.)

《두보전집교주》에 인용된 장진 주 '소길일'은 피난하여 다닐 때에 길일을 가릴 수 없다는 말이다.(少吉日, 謂避亂而行, 不擇吉也.)

14 時節(시절) 구 – 이 구는 청명절처럼 좋은 때를 만났지만 그저 흘려보낼 수밖에 없다는 말이다.

《두시경전》 이때에 마침 청명절을 만난 것이다.(時方値淸明.)

15 井竈(정조) – 우물과 부엌. 이와 달리 고향에서의 생활을 가리키는 것으로 보는 설도 있다. 이 구는 계속 배를 타고 다니느라, 뭍에서 물을 긷고 불을 때는 생활을 하지 못했다는 말이다.

《구가집주두시》 조차공 주 '임진애'는 곧 주거하는 곳에 우물물을 긷지 않고 부엌에 불을 때지 않아 먼지가 낀 것을 말한 것이다.(任塵埃, 則言其居止之處, 井與竈不汲不爨, 所以塵埃.)

16 舟航(주항) – 배. 煩數具(번삭구) – 자주 준비하는 것이 번거롭다. 이 구는 피난하느라 배를 타고 자주 이동했음을 말한다. '번삭'은 '자주'라는 뜻으로 풀이할 수도 있다.

《두보전집교주》에 인용된 장진 주 '번삭구'는 편안하게 거처하지 못하고, 자주 배를 타고 옮겨 다니며 피난하였음을 말한 것이다.(煩數具, 言不能安居, 屢乘舟遷移避亂也.)

17 牽纏(견전) – 얽어매다. 이 구는 노환이 자신을 더욱 얽어맨다는 말이다.

18 瑣細(쇄세) – 자질구레하다. 隘(애) – 쌓이다. 축적되다. 이 구는 일상의 소소한 일들이 번다해졌음을 말한다.

[牽纏 2구]

《두보전집교주》에 인용된 오견사吳見思 주 게다가 노환이 날로 심해지고, 속된 일들이 쓸데없이 쌓이는 것이다.(加以老病日深, 俗務冗集.)

19 萬古(만고) 구 – 이 구는 어떤 삶을 살더라도 결국 한 번 살다 가는 인생이라는 말이다.

《구가집주두시》 조차공 주 귀함과 천함, 장수와 요절도 마찬가지로 한 번 살다 죽는다는 말이다.(言貴賤壽夭, 同一死生.)

20 名數(명수) – 명예와 지위. 이 구는 굳이 명예와 지위에 집착할 필요가 없다는 것이다.

《독두심해》 옛 주석에서 만고의 세월 속 한 번 죽는 것은 매한가지이니 굳이 명수를 많이 취할 것이 있겠는가라고 하였는데, 대체로 분개한 말이다.(舊說, 萬古同歸一死, 何必取足於名數, 蓋憤詞也.)

《두보전집교주》에 인용된 옹방강翁方綱 설 '호위족명수'는 계산할 가치가 없다는 말이다. 후직과 설이라고 자부하던 기개가 극단적으로 전도되었다.(胡爲足名數, 言不值得算數也. 自許稷契之意氣翻到極矣.)

#《두시상주》: 이 단락은 배 타고 다니는 궁박한 상황을 서술하였다. '숨은 물고기'와 '달아나는 사슴'도 모두 기미를 보면 피해를 멀리할 것을 아는데, 나 또한 본래 큰 포부를 지니고 있었지만 지금은 사람에게 절절매며 몸을 굽혀 평소의 뜻과 다르게 된 것은 다만 의식 문제에 쫓겨서 친구들과 소원해졌기 때문임을 말하였다. 강의 물결을 역행하는 것은 형주는 거슬러 올라가야 하기 때문이다. '길일'은 청명 좋은 절기를 말한다. 우물과 부엌은 멀리 떨어져 있고 배는 자주 건너는데, 늙고 병든 몸에 여러 잡무가 마음을 붙잡으니 막다른 길 생사의 근심에서 벗어날 수 있겠는가. 《두억》에서 "만고의 시간 속 생사의 길에서 분망하니, 또한 어찌 인간 세상의 명수에 들기에 족하겠는가라고 하였으니, 바로 앞 수의 장부에 대한 말과 상응한다"라고 하였다. 어떤 이는 "만고의 세월 속 한 번 죽는 것은 매한가지인데, 굳이 명수를 많이 취할 필요가 있겠는가"라고 하였다.(此述舟行窮迫之況. 言潛魚走鹿, 皆知見幾遠害, 我亦本有幽曠之心, 今拳拳屈身于人, 而異於素志者, 祇爲衣食所驅, 朋知遠隔耳. 江濤逆行, 衡爲上水也. 吉日, 謂淸明令節. 井竈遠離, 舟航屢涉, 以老病之身, 而嬰心俗務, 能免窮途生死之患乎. 杜臆, 萬古之中, 碌碌死生, 亦何足當人間名數. 正與前章丈夫語相應. 或云, 萬古同歸一死, 何必取足於名數乎.)

21 汙(우) – 더럽히다. 桃源(도원) – 도화원桃花源의 약칭. 무릉도원. 도연명이 〈도화원기桃花源記〉에서 언급한 이상향.

《구가집주두시》 조차공 주 '도원'은 지금 정주 땅에 있다. …… 크게 근심하며 가니 곧 그곳을 더럽히는 것이다.(桃源, 在今之鼎州. …… 多憂而往, 則亦汙之矣.)

22 拙計(졸계) - 졸렬한 계책. 살아가는 일에 서툴다는 말이다. '計拙'로 된 판본도 있다. 泥(이) - 집착하다. 매여 있다. 체류하다. 銅柱(동주) - 동으로 만든 기둥. 경계를 표시하기 위한 목적으로 만들었다. 여기서는 형양에 있는 '동주'를 가리키는 것이다.

《구가집주두시》 조차공 주 '동주'는 후한 마원이 세운 것으로 애주 서남 모서리 끝에 있다. …… 지금 공의 시에서 '살아가는 일에 서툴러서' '그것에 집착하다'라고 하였으니, 반드시 가고자 한 것이다.(銅柱, 馬伏波所建, 於愛州西南角之極處. …… 今公詩云, 拙計而泥之, 則欲必往也.)

《두보전집교주》에 인용된 장원張遠 주 《비목》에 이르기를 "동주는 형양현 성 북쪽 20리에 있다"라고 하였다. 오나라 황무 2년에 도독 정보와 촉나라 관우가 경계를 나누고 함께 동주를 세워 서약을 하였으니, 마원의 동주가 아니다.(碑目云, 銅柱在衡陽縣城北二十里. 吳黃武二年, 都督程普與蜀關公分界, 共立銅柱爲誓, 非馬援之銅柱也.)

[多憂 2구]

《두보전집교주》에 인용된 안사고 주 옛날 진나라 사람들은 도화원으로 난리를 피해 갔는데, 이제 나는 동주산에 집착하고 있으니 그 계책이 심히 졸렬하다. 또한 많은 근심이 있으니 도화원을 더럽히지 않을 수 있겠는가.(昔秦人避亂於桃花源, 今我泥於銅柱山, 其計甚拙, 又且多憂, 得無汚辱於桃源乎.)

23 炎瘴毒(염장독) - 뜨거운 장기瘴氣의 독. 장기는 중국 남방 숲의 습윤한 환경에서 발생하여 질병을 일으키는 나쁜 독이다.

24 擺落(파락) - 벗어나다. 떨치다. 跋涉(발섭) - 산을 넘고 물을 건너

다. 힘든 여정을 비유한다.

[未辭 2구] 본문은 '뜨거운 장기의 독도 마다하지 않고, 산 넘고 물 건너는 두려움도 떨쳐버렸다'라는 뜻이다. 이와 달리 '뜨거운 장기의 독에서 벗어날 수도 없고, 산 넘고 물 건너는 두려움을 그칠 수도 없다'의 뜻으로 보는 설도 있다.

《구가집주두시》 조차공 주 두 구는 뜻이 하나로 통해 있는데, 뜨거운 장기의 독에서 벗어날 수도 없고, 산 넘고 물 건너는 두려움을 그칠 수도 없다는 말이다.(兩句通義, 言未得遂辭去炎瘴之毒, 與未停息跋山涉水之恐懼.)

25 虎狼(호랑) – 범과 이리. 흉포한 자를 비유한다. 窺(규) – 엿보다.

26 所歷住(소역주) – 거치는 곳에서 머물다. 이 구는 어찌 지나가는 곳에서 머물 수 있겠는가라는 말이다.

《구가집주두시》 도적이 가득하니 오래 머물 수 없는 것이다.(盜賊充斥, 不可爲久住計.)

27 葛洪(갈홍) – 은자. 연단술로 유명하며, 《포박자》를 지었다. 許靖(허정) – 촉의 대신.

《두보전집교주》에 인용된 안사고 주 갈홍과 허정은 모두 난세를 피한 은자이다.(葛洪許靖, 皆避世之士.)

28 避世(피세) 구 – 갈홍과 허정도 지금 자신이 가고 있는 이 길을 갔을 것이라는 말이다.

[葛洪 2구]

《구가집주두시》 조차공 주 《진서·갈홍전》에서 "갈홍이 연로함에 연단하여 수명을 늘리고자 하였는데, 교지에서 단사가 나온다는 말을 듣고 구루령이 되기를 구하였다. 갈홍이 마침내 아들과 조카를 거느리고 함께 가서, 나부산에 머물며 연단하였다"라고 하였다. 이 기록이 바로 갈홍이 남행할 때 이 길을 거쳤다는 증거이다. 《삼국지·

촉서》에 말하였다. "허정의 자는 문휴이고, 한 영제 때 어사중승을 지냈다. 동탁의 살육을 피하여 교지로 달아났다. 후에 유장이 불러 촉으로 들어왔고, 선주를 섬겼다. 위왕 낭이 일찍이 서신을 보내어 '그대는 강호를 주유하며 남해까지 미쳤고, 이방의 풍속을 낱낱이 보았으니 가히 두루 다녔다고 할 것이다'라고 하였다." 이러하니 허정의 남행도 또한 이 길을 따른 것이다.(晉書葛洪傳, 洪以年老欲鍊丹以祈壽, 聞交趾出丹, 求爲句漏令. 洪遂將子侄俱行, 乃止羅浮山鍊丹. 此洪南行由此路之證也. 三國志蜀書, 許靖字文休, 漢靈帝時, 爲御史中丞. 避董卓之誅, 走至交趾. 後以劉璋所招, 入蜀, 仕先主. 魏王朗嘗與書曰, 足下周游江湖以曁南海, 歷觀夷俗, 可謂偏矣. 此許靖南行, 亦由此路也.)

29 賢愚(현우) – '현'은 갈홍과 허정을 가리키고, '우'는 두보 자신을 가리킨다. 이 구는 두보 자신이 그들에 비해 한참 부족하다는 말이다.

《두보전집교주》에 인용된 안사고 주 '현우'는 허정, 갈홍과 자기 자신이다.(賢愚, 許葛及已.)

30 合受(합수) – 받는 것이 마땅하다. 분주하게 다니는 것이 마땅하다는 말이다. '受合' 혹은 '愛各'으로 된 판본도 있다. 馳騖(치무) – 분주奔走하다.

[賢愚 2구]

《두보전집교주》에 인용된 안사고 주 그들의 현명함이 저와 같은데, 나는 어리석어 분주하게 다니며 고생하니 부끄럽다.(其賢如彼, 愧吾之愚, 困於馳騖.)

31 羸瘠(이척) – 여위다.

32 魄奪(백탈) – 넋이 나가다. 탈진하다. 鍼灸(침구) – 침과 뜸. 屢(누) – 자주.

《두보전집교주》에 인용된 소보邵寶 주 늙고 병들었으니 어찌하겠는가, 침과 뜸을 자주 쓰게 된다.(奈何老病相侵, 屢事針灸.)

《두보전집교주》에 인용된 주전周篆 주 여위고 말라서 자주 침과 뜸을 쓰는데, 그 통증에 넋이 나간다.(因羸瘠而數數針灸, 痛楚奪魄也.)

33 擁滯(옹체) – 지체하다. 막히다. 慵(용) – 게으르다.

34 稽留(계류) – 지연되다. 늦춰지다. 篙師(고사) – 뱃사람. 사공.

《보주두시》에 인용된 왕수王洙 주 '계류'는 지연되는 것이다. '고사'는 뱃사람이다.(稽留, 遲滯也. 篙師, 舟人也.)

[擁滯 2구]

《두보전집교주》에 인용된 오견사 주 길이 오래 지체되니 하인이 또한 게을러지고, 오래 머물다 보니 뱃사람도 매번 화를 낸다.(擁滯久而童僕亦慵, 羈留久而篙師每怒.)

35 帆席(범석) – 돛.

36 天意(천의) 구 – 이 구는 길을 나서는 것이 결국 하늘의 뜻인데, 그것을 알 수 없으니 말하기 어렵다는 것이다.

《두보전집교주》에 인용된 주전周篆 주 '천의' 구는 지체되고 오래 머무는 것도 모두 일정한 천명이 있는데, 이를 노복과 하인에게 깨우쳐주기가 쉽지 않다는 말이다.(天意難告訴, 言擁滯羈留皆有一定之數, 然未易以諭僕隸下人也.)

#《두시상주》: 이 단락은 형산으로 가는 뜻을 서술하였다. 《두억》에서 "공의 〈수숙견흥봉정군공水宿遣興奉呈羣公〉 시에 '무릉의 시내를 찾고자 합니다'라고 하였는데, 지금 그곳을 한 번도 들르지 못하였기에 도화원을 더럽힐까 두렵고, 살아가는 일에 서툴러 동주에 집착한다고 핑계대어 말한 것이다. 뜨거운 장독을 마다하지 않고, 산 넘고 물 건너는 두려움도 떨쳐버렸으니, 아마도 범과 이리가 한창 횡행하여 지금 지나는 곳에서 편하게 머물 수 없어서 장차 갈홍과 허정의 피세

를 배우려는 것이다. 그렇지만 또한 내 어짊이 고인에 미치지 못함을 헤아려보니 이렇게 분주하게 다녀도 마땅하다"라고 하였다. 여위고 병들어 침과 뜸을 쓰니 몸이 피곤한 것이고, 지체하고 오래 머무니 사람들이 지친 것이다. 돛을 걸고 바람을 타려니 하늘은 예측하기 어렵다. 이 단락은 중도의 어려운 상황을 갖추어 진술하였다.(此述前往衡山之意. 杜臆, 公水宿詩, 欲訪武陵溪, 今不得一經其地, 故託云恐汚桃源也, 乃計拙而滯銅柱. 不辭炎瘴, 不懼跋涉, 蓋以虎狼方横, 卽今所歷, 未可便住, 將學葛許之避世矣, 又度賢不如古人, 則合受此馳騖耳. 羸病針灸, 則身困. 擁滯稽留, 則人倦. 掛帆乘風, 則天難測. 此段備陳中途偃蹇情狀.)

37 祝融(축융) – 축융봉. 혹은 남방의 신. 두보가 축융봉에 가는 이유가 동연사를 만나기 위함이라는 설도 있다.

《두보전집교주》에 인용된 노원창盧元昌 주 형산에 축융봉이 있는데, 동연사가 거기에 살고 있다. 그도 또한 갈홍이나 허정의 무리이니, 내가 장차 지팡이를 짚고 찾아가서 가까이할 것이다.(衡山有祝融峯, 董鍊師在焉, 是亦葛洪許靖之徒, 我將策杖往親.)

《두시경전》 남방의 신은 축융이다.(南方其神祝融.)

38 杖屨(장구) – 지팡이와 신.

39 老人星(노인성) – 남방 별자리 이름. 이 구는 두보가 장차 남방으로 갈 것임을 말한다. 노인성이 장수를 상징하기 때문에, 본인이 장수하기를 바라는 뜻을 피력한 것으로 볼 수도 있다.

《두보전집교주》에 인용된 주학령 주 노인성은 남극성이다. 공이 남방에서 떠도는 것에 상심하여 이렇게 말한 것이다.(老人星, 南極星也. 公傷流落于南, 故云.)

40 羅浮(나부) – 산 이름.

《두시상주》에 인용된 〈나부산기羅浮山記〉 두 산을 합쳐서 나부라고 부른다. 증성과 박라, 두 현 지역에 있으며, 신선이 사는 곳이다.(二山合體謂之羅浮, 在增城博羅二縣之境, 神仙所居.)

[南爲 4구] '축융'을 형산에 있는 산이 아닌 남방의 신을 가리키는 것으로 보고, 더 남쪽으로 내려가려는 뜻으로 보는 설도 있다.

《두시조차공선후해집교》 축융은 신의 이름이다. '남위축융객'은 곧 남방이 축융의 땅이라는 뜻에다가 아래 구 노인성이 또한 남방의 별이라는 점을 합쳐서 말한 것이다. 옛 주석에서는 축융봉을 인용하였는데, 이렇게 되면 도리어 형산 지역이 된다.(祝融, 神名. 南爲祝融客, 則以南方祝融之地, 與下句老人星, 又取南方之星爲言. 舊注引祝融峯, 却是衡山矣.)

#《두시상주》: 마지막 단락은 형산으로 도인을 방문하고자 한다는 것으로, 앞 수의 "영달하지 못하면 자기 한 몸을 수양한다"라는 뜻과 멀리 호응한다. 노원창의 주에서 "형산에 축융봉이 있는데, 동연사가 거기에 살고 있다. 그래서 그의 지팡이와 신을 한 번 가까이할 것을 생각한 것이다"라고 하였다. '노인성'은 남극에 있다. 나부산은 신선이 사는 곳으로, 장차 이곳에 의지하여 장수를 구하겠다는 것이다.(末欲訪道衡山, 遙應前章未達善一身意. 盧注, 衡山有祝融峯, 董鍊師在焉, 故思一親其杖屨. 老人星, 在南極. 羅浮山爲仙洞. 蓋將託此以求長年耳.)

##《두억》: "나라가 위태하여 기강이 무너졌다"라는 처음 한 마디는 바로 병의 급소를 찌르는 말이니, 어찌 공이 치국의 요체를 모른다고 할 수 있겠는가. 성인이 아득하여 근심하며 그리워한다는 것은 좋은 때에 태어나지 못하였다는 말로써, 아래 창오의 저녁이라는 말을 일으킨다. '잠어' 4구는 자신의 고상한 뜻을 표출한 것으로, 바로 앞 수의 '자기 한 몸을 수양한다'는 것과 조응한다. '의식' 아래로 끝까지는 나그네살이의 위험함과 곤궁한 정황을 두루 서술하였는데, 부득불 멀리 은거하는 계책을 도모하는 이유를 드러내었다. 형주로 갈 때

물을 거슬러 올라가기에, “풍랑 속에 봄날 사주를 거슬러 오른다”라고 하였다. 봄물이 한창 불어나기에, “십리 강가의 나무들 물에 잠겼다” 라고 하였다. ‘만고’ 구는 한 번 죽으면 다시 살 수 없으니, 장차 무엇을 가지고 사람이라 불릴 것이며 사람의 명예와 지위에 들기에 족하겠느냐는 것이다. 이 말이 매우 심오하여 깊은 생각을 하게 한다. 하지만 공과 같은 이는 참으로 인물에 들 만한 훌륭한 사람이다. 공이 처음 강릉으로 내려왔을 때 도화원을 방문하려고 하였으니, 공의 〈수숙견흥봉정군공水宿遣興奉呈羣公〉 시에서 이를 확인할 수 있다. 지금 많은 근심으로 도화원을 더럽힐까 두렵고, 살아가는 일에 서툴러 동주에 집착하고 있다고 장난삼아 말하였는데, 이 동주는 또한 형주의 동주산이니, 그것에 대한 주석은 앞에서 볼 수 있다. 뜨거운 장독도 마다하지 않고 산 넘고 물 건너는 것을 달게 여기니 호랑이와 이리가 횡행하여 지금 거치는 곳에서 편히 거처할 수 없어서이다. 인하여 갈홍과 허정 같은 옛사람을 추모해보는데, 모두 이 길을 통해 난세를 피한 자들이다. 갈홍이 구루령을 구한 것은 단사가 나오기 때문이라지만 난세를 피하기 위한 핑계에 불과하니, 공이 깊게 살핀 것이다. 지금 비록 감히 저 두 사람과 나란할 수 없지만, 마침 이때를 만났으니 이처럼 분주하게 다니는 것도 절로 받아들일 수 있다. 또한 종당에는 돛을 내걸고 축융산을 방문할 것이고, 만약 하늘이 장수를 허락한다면 다시 나부산을 방문하여 돌아오지 않을 것이다.(邦危壞法則, 起來一語, 便刺膏肓, 可謂公非識治體者乎. 聖遠愁慕, 言生非其時, 引下蒼梧暮. 潛魚四句, 發己高尙之意, 正與前章善一身相照. 衣食以下至末, 歷敍羈危窮迫之情, 見不得不爲遠遁之計也. 往衡州逆水而上, 故云風濤上春沙, 春水方漲, 故十里浸江樹. 萬古一死生, 一死不復生矣, 將胡以號爲人, 而足當人之名數乎. 懿哉斯言, 令人深省. 然如公者, 眞可列於人數矣. 公初下江陵, 欲訪桃源, 其水宿遣懷詩可見, 今戲言多憂而恐汙桃源, 拙計而泥於铜柱. 此亦衡州之銅柱, 註已見前. 不辭炎瘴, 甘

心跋涉, 蓋以虎狼方橫, 卽今所歷, 未可便住, 因追思古人如葛洪許靖, 皆避世於此路者也. 洪求勾漏令, 爲出丹砂, 蓋避世之託辭, 公窺之深矣. 今雖不敢與二公並, 而適丁斯時, 自合受此馳騖也. 且終當掛一帆, 訪祝融, 若天假長年, 再訪羅浮而不返矣.)

《독두심해》: 다음 수는 근래의 행적을 서술하여 앞 수의 결말이 된다. 처음 4구에서 두 구는 앞 수의 뜻을 개괄하고, 다음 두 구는 남행을 제기하였다. 남행이 곧 전편의 주지이다. '잠어' 한 단락은 급하게 남쪽을 향하는 내용을 서술하면서 생사의 감개를 스스로 마무리하였다. '다우' 한 단락은 힘들게 다니는 것을 사양하지 않는 이유가 바로 호랑이와 이리로부터 급하게 떨어져 난세를 피할 수 있는 곳으로 가고자 해서이니, 비록 몸이 피곤하여도 결국 한 번 가겠다는 것을 말한다. 마지막 4구는 난세를 피하고자 하는 뜻을 충분히 표현하였다. 구조오의 주에서 "앞 수의 '영달하지 못하면 자기 한 몸을 수양한다'라는 뜻과 멀리 호응한다"라고 하였다. 내용 중에 있는 '계수'와 '나부' 등은 형주에서 더욱 남쪽에 있는데, 반드시 그곳에 가겠다는 것이 아니라 앞길에 있는 신선의 지역을 빌려서 몸을 보전하고 은거하고자 하는 생각을 기탁한 것이다.(次章, 敍近履也, 爲前首結局. 起四句, 兩括上意, 兩提南行, 南行乃一篇之主. 潛魚一段, 述汲汲向南, 自了生死之概. 多憂一段, 言所以不辭勞涉者, 爲欲急遠虎狼, 希踪避世, 雖身憊役疲, 終當一行也. 結四句, 足避世之意. 仇云遙應前章未達善一身句. 篇中桂水羅浮等, 更在衡州之南, 非遂往彼也, 蓋借前路神仙之境, 以寄全身棲隱之思.)

###《두억》: 이 두 시는 공의 출사와 은거에 대한 고상한 절조를 보여준다. 앞 수는 세상을 구제할 뜻을 품었으나 노쇠하고 병들어 뜻을 굽혔다는 것이고, 뒤 수는 아울러 이롭게 할 수 없기에 홀로 수양해야 하니, 난세를 피해 은거하는 계책을 생각하게 되었음을 말한다. 앞

수의 도입부 4구는 곧 두 수 전체의 모두冒頭이다.(此二詩見公出處大節. 前章謂志期濟世而詘於衰病, 後章謂旣不能兼善便當獨善, 思爲避世長往之計. 前首引起四句, 乃二章總冒也.)

(**박홍준**)

84. 杜員外兄垂示詩因作此寄上
두 원외 형이 시를 보내준 것으로 인하여 이 시를 지어 부쳐 올리다

新詩海內流傳遍[1] 舊德朝中屬望勞[2]
郡邑地卑饒霧雨[3] 江湖天濶足風濤[4]
松花酒熟旁看醉[5] 蓮葉舟輕自學操[6]
春興不知凡幾首 衡陽紙價頓能高[7]

새로운 시는 온나라에 전해져 두루 미쳤고
오랜 덕업은 조정에서 기대가 컸습니다.
고을은 땅이 낮아 안개와 비가 많고
강호는 하늘이 넓어 바람과 파도가 넘칩니다.
송화주가 익으니 취한 이를 옆에서 보고
연잎배는 가벼워 모는 법을 스스로 배우셨겠지요.
봄 흥취에 지은 시가 모두 몇 수나 되는지 모르겠습니다만
형양의 종잇값이 갑자기 오를 수 있겠습니다.

이 시는 대력 4년 봄 두보의 시를 받은 곽수郭受가 화답한 것이다. 두보의 원시는 현재 전해지지 않는다. 곽수는 당시 형주에 있던 호남관찰사 막부에서 판관을 지낸 인물로 알려져 있다. 그는 이 시에서 담주를 출발해 형주로 향하는 두보가 배에서 맞게 될 경관과 풍물을 묘사하면서, 시인으로서의 명성이 대단한 두보가 형주에

도착하면 시인 묵객들의 큰 환영을 받게 될 것이라고 추켜세웠다. 두보가 형주에 있을 때 곽수가 답한 것일 가능성이 크다.

> **《두시상주》** 두보가 필시 먼저 곽수에게 부친 시가 있어서 곽수가 이 시를 지어 화답했을 터이지만, 원시는 (두보의) 시집에 실려 있지 않다.(公必先有詩寄郭, 故受作此以答, 但原詩未載集中.)

주 석

1 流傳遍(유전편) – 전해져 두루 미치다. 두루 전해지다.

2 舊德(구덕) – 오랜 덕업. 朝中(조중) – '中朝'로 된 판본도 있다. 屬望(촉망) – 기대하다. 勞(노) – 빈번하다. 많다.

3 地卑(지비) – 땅이 낮다. 饒(요) – 많다. 霧雨(무우) – 안개와 비.

4 風濤(풍도) – 바람과 파도. 풍랑.

5 松花酒(송화주) – 송화주. 소나무의 꽃으로 빚은 술. '花'가 '醪'로 된 판본도 있다.

6 蓮葉舟(연엽주) – 연잎을 따는 배. 작은 배를 가리킨다. 操(조) – 조종하다. 연잎을 따는 배를 몬다는 말이다.

> **《두시상주》에 인용된 소보邵寶 주** 연엽주는 작은 배이다.(邵注, 蓮葉舟, 小舟也.)

7 衡陽(형양) – 형주衡州의 치소. 頓(돈) – 갑자기.

> **《진서·좌사전左思傳》** 부가 완성된 뒤에도 당시 사람들은 아직 그를 중시하지 않았다. …… 사공인 장화가 (〈삼도부〉를) 보고 찬탄하며 "(좌사는) 반고나 장형의 부류이니, 읽는 이로 하여금 다 읽고도 여운을 느끼게 하고 오래되어도 다시 새로워진다"라고 하였다. 이로부터 호족 귀인들이 다투어 서로 전하며 베끼니, 낙양에서는 이로

인해 종잇값이 올랐다.(及賦成, 時人未之重. …… 司空張華見而歎曰, 班張之流也. 使讀之者盡而有餘, 久而更新. 於是豪貴之家競相傳寫, 洛陽爲之紙貴.)

《세설신어·문학》 유천庾闡이 〈양도부〉를 지어 완성하여 유량에게 바치자 유량이 친족의 마음에서 크게 명성과 가치를 인정하며 "'이경부'가 '삼경부'가 되고, '삼도부'가 '사도부'가 되겠다"라고 하였다. 이로부터 사람들이 다투어 베끼니 경사의 종잇값이 이로 인해 올랐다.(庾仲初作揚都賦成, 以呈庾亮, 亮以親族之懷, 大爲其名價云, 可三二京, 四三都. 於此人人競寫, 都下紙爲之貴.)

[春興 2구] 두보가 봄을 맞아 흥취가 일어 지은 시가 몇 수나 되는지 모르겠지만, 사람들이 두보가 지은 시를 베끼느라 종잇값이 오를 것이라는 말이다. 이와 달리 미련이 경련의 시상을 이어받는다고 보고 두보가 형양에서 지은 시를 사람들이 다투어 베낄 것이라고 풀이할 수도 있다.

#《두시상주》: 수련과 미련에서는 두보의 시재를 찬미했다. 가운데 네 구는 배를 정박한 곳의 경치와 일을 기록한 것이다. 두보 시의 명성은 오랫동안 조정에서 추앙되었는데, 지금 안개와 비, 바람과 파도 속에 있으면서 술을 마시고 배에 올라 감흥이 일어 시가 이루어지니 형양의 종잇값을 비싸게 만들 수 있겠다는 것이다. 여덟 구가 단지 한 구인 듯하다.(首尾, 贊杜公詩才. 中四, 記舟次景事. 少陵詩名, 久爲朝中推重, 今於霧雨風濤中, 酌酒乘舟, 興到詩成, 能令衡陽紙貴矣. 八句只如一句.)

(**김준연**)

85. 酬郭十五判官受
판관 곽수에게 수답하다

才微歲晚尙虛名[1] 臥病江湖春復生
藥裹關心詩總廢[2] 花枝照眼句還成
只同燕石能星隕[3] 自得隋珠覺夜明[4]
喬口橘洲風浪促[5] 繫帆何惜片時程[6]

재주는 적고 늙은 나이에 오히려 헛된 명성만 있나니
강호에 병들어 누워 있는데 봄이 또 찾아왔네.
약에만 마음 쓰느라 시 짓는 일은 아예 그만두었는데
꽃 가지가 눈에 비치니 시구가 다시 이루어지네.
그저 연나라 돌처럼 하찮은 내 시는 별똥이나 될 수 있겠지만
수나라 제후의 진주 같은 그대 시를 얻으니 밤에도 빛남을 알겠네.
교구와 귤주에는 바람과 파도가 재촉하니
빠른 돛단배가 어찌 짧은 여정을 아끼겠는가.

이 시는 대력 4년 봄에 담주潭州에서 남쪽으로 가면서 형주衡州에 가까워졌을 때 곽수郭受가 보내온 시에 화답한 것으로 보인다. 먼저 자신에 대해 겸손하게 말하고 곽수의 시를 칭찬하면서 그를 그리워하는 마음을 표현하였다. 곽수는 당시 형주에서 형양판관衡陽判官을 맡고 있었던 것으로 보인다. 이와 달리 곽수는 담주에 있고 두보가 형주에서 담주로 돌아갈 때 지은 것으로 보는 설도

있다. 또한 두보와 곽수 둘 다 형주에 있을 때 지었다는 설, 둘 다 담주에 있을 때 지은 것으로 보는 설도 있다.

《보주두시》 곽수의 시에서 "형양의 종잇값이 갑자기 오를 수 있겠습니다"라고 했고, 이 시에서 "교구와 귤주에는 바람과 파도가 재촉하니, 돛단배를 묶어놓고 어찌 짧은 여정을 아끼겠는가"라고 했으니, 마땅히 두보는 형주에 있었고 곽수는 담주에 있었으며, 대력 4년이다. 교구와 귤주는 다 담주에 있다.(郭詩云, 衡陽紙價頓能高, 而此詩云, 喬口橘洲風浪促, 繫帆何惜片時程, 當是公在衡, 郭在潭, 大曆四年也. 喬口橘洲, 並在潭州.)

《두시상주》《당시기사》에 의하면, 곽수는 대력 연간에 형양판관이 되었다고 한다. 이에 근거하면 마땅히 담주를 출발한 이후, 아직 형주에 도착하지 않았을 때에 지은 것이다. 황학은 두보는 형주에 있었고 곽수는 담주에 있었다고 했는데 잘못된 것이다.(唐詩紀事, 郭受, 大曆間爲衡陽判官. 據此, 當是發潭以後, 未到衡州時作. 黃鶴謂公在衡, 郭在潭, 誤矣.)

《두시경전》《당시기사》에 곽수는 대력 연간에 형양판관이었다고 하니, 이 시는 마땅히 (두보가) 형주에서 장차 담주로 돌아갈 때에 지은 것이다. 끝 2구는 대체로 시에 화답한 것이면서 아울러 증별하는 것이다. 옛 주석은 모두 분명하지 않다.(唐詩紀事, 郭受大曆間爲衡陽判官, 此詩當是自衡將回潭時作. 末二句蓋和詩而兼以贈別也. 舊注俱未明.)

《두율계몽》 곽수는 당시 형양판관이었고 두보는 당시 담주에 있었다. 두보가 일찍이 시를 주었는데 지금은 일실되었다. 곽수가 이 때문에 시를 지어 부쳐 올리자 두보가 다시 그 시에 수답한 것이다.(郭時爲衡陽判官, 公時在潭州, 曾贈以詩, 而今逸之矣. 郭因作詩寄上, 而公復酬之也.)

《두보전집교주》에 인용된 고신顧宸 주 당시 두보는 담주에 있었으며 머지않아 형주로 들어갔고, 곽수는 담주에 있었는데 두보가 먼저 시를 지어 보여주었다. 곽수가 이 때문에 시를 지어 부쳐 올리자 두보가 다시 그 시에 수답한 것이다.(時公在潭州, 未幾入衡州, 郭在潭, 公先示以詩. 郭因作詩寄上, 而公復酬之也.)

주 석

1 歲晚(세만) – 나이가 저물다. '晩'은 '老'로 된 판본도 있다.

2 藥裹(약과) – 약 보자기. 약 꾸러미.

3 燕石(연석) – 연나라 돌. 값어치 없는 물건을 가리키는 말로서, 여기서는 두보 자신이 지은 시에 대한 겸양의 표현이다.

《두시상주》에 인용된 《한비자韓非子》 송나라의 어리석은 사람이 오대의 곁에서 연석을 얻어 감추어두고서 큰 보물인 양 여겼다. 주나라 나그네가 듣고서 그것을 보고는 입을 막고 웃으며 "이것은 연나라 돌멩이다. 기와나 벽돌과 같다"라고 말했다.(宋之愚人得燕石於梧臺之側, 藏之以爲大寶, 周客聞而觀焉, 掩口笑曰, 此燕石也, 與瓦甓等.)

《좌전左傳·희공僖公16년》 운석이 송나라에 다섯 개 떨어졌는데 별똥이다.(隕石於宋五, 隕星也.)

4 隋珠(수주) – 수나라 제후의 귀한 진주. 여기서는 곽수의 시를 비유한다. 여기서 수나라는 춘추시대에 한수漢水 동쪽에 위치한 나라로서 희성姬姓의 제후가 다스리던 곳이다. '隋'는 '隨'로 된 판본도 있다.

《두시상주》에 인용된 《수신기搜神記》 수나라 제후가 출행했다가 큰 뱀이 상처를 입고 몸이 중간에 끊겨 있는 것을 보고서 사람을 시켜 약을 발라 봉합하게 하였다. 한 해쯤 뒤에 그 뱀이 밝은 진주를 물고 와서 보답했다. 진주는 지름이 한 치에 달하고 밤에 밝은 빛이 나서 방을 비출 수 있었다.(隋侯出行, 見大蛇被傷中斷, 使人以藥封

之. 歲餘, 蛇銜明珠以報. 珠盈徑寸, 夜有光明, 可以燭室.)

5 喬口(교구) – 진鎭 이름으로, 장사長沙의 입구에 있으며 교강喬江이 상강湘江에 유입하는 곳이다. 橘洲(귤주) – 귤자주橘子洲. 장사의 서남쪽 상강에 있는 사주沙洲이다.

《두억》 '교구'는 장사의 입구에 있고 '귤주'는 이미 군의 성에 가까운데 모두 두보가 형주로 가면서 지나간 곳이다.(喬口乃長沙入境, 而橘洲已近郡城, 皆公去衡所經.)

6 驚帆(경범) – 빠른 배를 말한다. '繫舟', '繫帆'으로 된 판본도 있다.

[喬口 2구] 바람과 파도가 재촉하기에 두보가 곽수가 있는 곳(형양[형주] 또는 담주)에 빨리 도착할 수 있음을 말한다. 이와 달리 '繫舟'나 '繫帆'으로 된 판본에 근거하면서 곽수가 있는 곳(형양 또는 담주)을 떠나기 아쉽다거나, 곽수가 두보 자신이 있는 곳에 방문해줄 것을 요청하는 것으로 보기도 한다.

《두억》 곽수는 장사에 있는데 두보는 그가 부친 시가 아름다웠기에 이전에 교구와 귤주를 지나간 것을 돌이켜 생각하며 말하길, 비록 풍랑이 재촉하지만 어찌 잠시 배를 묶고서 한 번 만나 마주하며 글을 논하는 것을 아까워하겠는가라고 하였다.(郭在長沙, 公因其寄詩之佳, 因追言昨過喬口橘洲, 雖爲風浪所促, 何惜繫帆片時, 一晤對以論文耶.)

《두시경전》 이곳(형양)에서 떠남에 돌아가는 배가 심히 편하지만 지기를 만났기 때문에 연연하지 않을 수 없음을 말하였다.(言此去歸帆甚便, 特以知己相逢, 不能無戀戀耳.)

《두율계몽》 끝에서는 다시 (형양의) 곽수가 (담주의) 자신을 방문해 줄 것을 요청하였다.(末復邀郭見訪也.)

#《두시상주》: 위 4구는 자신을 겸손하게 표현한 것이고, 아래 4구는 곽수를 생각한 것이다. '약과'는 '와병'을 이어 받고 '화지'는 '봄이 온 것'을 이어 받으며, '연석'은 자기의 시를 비유하고 '수주'는 곽수의

시를 칭찬한 것이다. '교구귤주'는 형양에서 멀지 않고 또한 바람과 파도도 심히 빠르니 앞으로 돛을 걸고 떠나면 단번에 이를 것이다. '연석'은 송나라 사람의 일과 관계되는데 송나라에 떨어진 운석으로 함께 말을 엮어 자기의 시는 별똥이 땅에 떨어진 것 같아 광채가 보이지 않음을 말하였다. 그러나 두 가지 일을 하나의 구절 속에 끌어다 합쳤으니 대구에서 쓴 말의 자연스러움만 못하다.(上四自謙, 下四懷郭. 藥裹承臥病, 花枝承春生, 燕石比己詩, 隋珠贊郭詩. 喬口橘洲, 去衡不遠, 且風浪甚速, 行當掛帆一至耳. 燕石係宋人事, 并綴以隕石於宋, 言己詩如星隕於地, 不見光彩, 然兩事牽合在一句中, 不如對語自然.)

《두시상주》: (두보의) 문집 중에 수답한 여러 시는 모두 보내온 시에 의거하여 화답한 뜻이지 범연하게 한 말은 없다. 이 시 같은 경우에 첫째 구는 '구덕'에 수답한 것이고 둘째 구는 '강호'에 수답한 것이며, 3, 4구는 '신시'와 '춘흥'에 수답한 것이며, 5, 6구는 '형양지가'에 수답한 것이며, 7, 8구는 '천활'과 '풍도' 및 '연엽'과 배 모는 것에 수답하였다. 구절을 좇아 수답하였으나 도리어 하나의 기운으로 꿰뚫었기에 그래서 아름답다.(集中酬答諸詩, 皆據來詩和意, 語無泛設. 如此章, 首句酬舊德, 次句酬江湖, 三四酬新詩春興, 五六酬衡陽紙價, 七八酬天濶風濤及蓮葉操舟, 逐句酬答, 却能一氣貫注, 所以爲佳.)

《독두심해》: 구조오는 "화답한 뜻과 말을 범연하게 설정한 것이 없으며, '연석'은 자기의 시를 비유하고 '수주'는 곽수의 시를 찬미한다"라고 하였다. 내가 살펴보건대 7, 8구는 그 뜻이 다 보내온 시의 밖으로 나왔으며, 감정이 뒤에 만날 일로 은근하니 더욱 곡진하고 주도면밀하다.(仇云, 和意語無泛設. 燕石, 比己詩. 隋珠, 贊郭詩. 愚按, 七八, 更出來詩之外, 情殷後會也, 尤曲到.)

(**강민호**)

86. 望嶽

남악을 바라보다

南嶽配朱鳥[1] 秩禮自百王[2] 欻吸領地靈[3] 鴻洞半炎方[4]

邦家用祀典[5] 在德非馨香[6] 巡狩何寂寥[7] 有虞今則亡[8]

洎吾隘世網[9] 行邁越瀟湘[10] 渴日絶壁出[11] 漾舟清光旁[12]

祝融五峰尊[13] 峰峰次低昂[14] 紫蓋獨不朝[15] 爭長嶫相望[16]

恭聞魏夫人[17] 羣仙夾翺翔[18] 有時五峰氣[19] 散風如飛霜

牽迫限脩途[20] 未暇杖崇岡[21] 歸來覬命駕[22] 沐浴休玉堂[23]

三嘆問府主[24] 曷以贊我皇[25] 牲壁忍衰俗[26] 神其思降祥[27]

남악은 주조에 해당하니
등급의 예가 역대 제왕에서 시작되었는데,
재빨리 땅의 영험함을 거느리고
서로 이어져 더운 지역 절반을 차지하고 있다.
나라에서 제사를 지내는 것은
그 덕에 있지 제수에 있는 것이 아닌데,
순수하던 일 어찌하여 적막해졌는가
순임금이 지금은 없구나.

내가 세상의 그물에 군박해져서
멀리 다니다 소상강을 지나가는데,
목마른 해가 깎아지른 절벽에서 솟고
물에 뜬 배가 맑은 빛 옆에 있다.

축융봉은 다섯 봉우리 중 가장 높은데
봉우리마다 차례대로 숙이고 우러르지만,
자개봉은 홀로 조회하지 않고서
존귀함을 다투며 높이 솟아 서로 바라본다.
공손히 듣자니 위부인이
여러 신선과 함께 날아다니면,
때때로 다섯 봉우리의 기운이
서리가 날리듯 바람에 흩어진다지.

긴 여정에 막혀 촉급하니
높은 산에 지팡이 짚고 오를 겨를이 없지만,
돌아올 때는 바라건대 수레를 몰아
목욕하고 옥당에서 쉬리라.
세 번 탄식하고 태수께 물을 것이니
"무엇으로 우리 황제를 도우실 건가?
희생과 옥벽이 쇠락한 세속적임을 참으시고
신이 어찌 상서로움을 내려주길 생각하겠는가?"

이 시는 남악인 형산을 바라보며 느낀 감회를 적은 것이다. 순임금이 순수巡狩하면서 이곳에서 덕으로 제례를 지냈는데 지금은 그렇지 못함을 한탄하였다. 멀리서 바라본 형산의 높다랗고 신령한 모습을 서술하고는 일정에 쫓겨 형산에 오르지 못하는 아쉬움을 토로하였다. 대체로 대력 4년 봄에 지은 것으로 추정한다.

《보주두시》 시에서 "남악은 주조에 해당한다"라고 했고 또 "멀리 다니다 소상강을 지나간다"라고 했으니 마땅히 대력 4년 초 담주에 도착하여 멀리 바라보다가 마침내 이를 읊은 것이다.(詩云南嶽配朱鳥, 又云行邁越瀟湘, 當是大曆四年初至潭望見, 遂賦此.)

《두시상주》 마땅히 대력 4년 늦봄 담주에서 형주로 가면서 지은 것이다. 《수경주》 형산 조목에 따르면, 《산해경》에서 구루산이라고 하며 남악이라고 했다고 한다. 서령기의 《남악기》에서 남악은 둘레가 8백 리이고 회안봉이 첫머리이고 악려봉이 끝이라고 하였다. 《원화군국지》에서 형악묘는 형주 형산현 서쪽 30리에 있다고 하였다.(當是大曆四年春晚自潭之衡州作. 水經注, 衡山, 山海經謂之岣嶁山, 南岳也. 徐靈期南嶽記, 南嶽周圍八百里, 回雁爲首, 岳麓爲足. 元和郡國志, 衡嶽廟, 在衡州衡山縣西三十里.)

《독두심해》 형산은 담주 남쪽, 형주 북쪽에 있다.(衡山在潭州之南, 衡州之北.)

주 석

1 南嶽(남악) – 형산衡山을 가리킨다. 配(배) – 해당하다. 朱鳥(주조) – 남방의 신이다. 또한 28수 중 남방 8수를 가리키기도 한다.

《회남자淮南子·천문훈天文訓》 남방은 화성이다. 그 제왕은 염제이고 그 보좌는 주명이며 저울을 쥐고 여름을 다스린다. 그 신은 형혹이며 그 짐승은 주조이다.(南方, 火也. 其帝炎帝, 其佐朱明, 執衡而治夏, 其神爲熒惑, 其獸朱鳥.)

《구가집주두시》 조차공 주 지금 '배주조'라고 말한 것은 주조가 남방의 별자리이기 때문이다.(今云配朱鳥者, 朱鳥, 南方之宿, 故也.)

2 秩禮(질례) – 고대에 상하귀천을 구분하는 예를 말한다. 百王(백왕) – 역대 선조 왕을 말한다.

《두시조차공선후해집교》 '질' 자는 등급이다. 이른바 오악은 삼공으로 간주하고 사독은 제후로 간주한다는 것이 그것이다. 등급을 두는 예는 그 유래가 오래되었기에 그래서 '자백왕'이라고 하였다.(秩者, 等也. 所謂五嶽視三公, 四瀆視諸侯, 是已. 等秩之禮, 其來久矣, 故云自百王.)

3 欻吸(훌흡) – 아주 짧은 시간을 가리켜서 신속함을 뜻한다. 이와 달리 '깊숙하고 동탕하다', '기이하고 황홀하다'로 풀이하는 설이 있다. 領(영) – 거느리다. 地靈(지령) – 땅의 신령스러운 기운.

《두시상주》 강엄의 시(〈잡체시雜體詩〉)에서 '훌흡곤계명'이라고 했고 (《문선》의) 주에서 "훌흡은 아주 짧은 시간이라는 말과 같다"라고 하였다.(江淹詩, 欻吸鵾雞鳴. 注, 欻吸, 猶俄頃也.)

《독두시설》 《문선·상림부》 '유리훼흡'에 대해 주에서 "(훼흡은) 나무를 쳐서 움직이게 하는 소리이다"라고 했고 〈노영광전부〉 '헐훌유애'에 대해 주에서 "(헐훌은) 깊숙한 모양이다"라고 하였다. 이 시 또한 마땅히 이 두 해설을 따라야 하니 바로 깊숙하고 동탕하다는 뜻이라야 아래의 '홍동'과 어울린다.(文選上林賦, 藰莅芔歙. 注, 林木鼓動聲. 魯靈光殿賦, 歇欻幽藹. 注, 深邃貌. 此詩亦當從此二解, 乃幽邃動蕩意, 與下澒洞合.)

《두시경전》 '훌흡'은 신령하고 기이하며 황홀함의 뜻을 말하는 것과 같다.(欻吸, 猶言神異恍惚之意.)

4 鴻洞(홍동) – 서로 이어진 모양. '鴻'은 '澒'으로 된 판본도 있다. 炎方(염방) – 더운 지역. 남방을 가리킨다.

5 邦家(방가) – 나라. 祀典(사전) – 제사.

6 馨香(형향) – 원래는 제사에 올리는 곡식을 뜻하는데 이로부터 제수를 가리키게 되었다. 이 구는 남악에 올리는 제사는 임금의 덕을 다해야 하는 것이지 제수의 고귀함이 중요한 것이 아니라는 말이다.

《서경·군진君陳》 곡식이 제수가 아니라 밝은 덕이 오직 제수이다. (黍稷非馨, 明德惟馨.)

7 巡狩(순수) – 고대 제왕이 지역을 둘러보는 것. 寂寥(적료) – 쓸쓸하다.
《서경·순전舜典》 (순임금이) 5월에 남방을 순수하다가 남악에 이르러서 태산의 예와 같게 했다.(五月南巡狩, 至於南岳, 如岱禮.)

8 虞(우) – 순임금이 봉해진 지역으로, 순임금을 지칭한다.
《두억》 시절을 가슴 아파한 말이지, 순수하지 않음을 말한 것이 아니다.(傷時語, 非謂不巡狩也.)

#《두시상주》: 남악으로부터 기술하기 시작했다. 남악에 제사 지낸 전례는 그 유래가 이미 오래되었기에 순임금이 남순한 일을 생각하였다. (從南嶽敘起. 祀嶽之典, 其來已久, 因思帝舜南巡之事.)

9 洎(기) – 이래로. '汨'로 된 판본도 있다. 隘世網(애세망) – 세상의 그물에 군박되다. 두보가 관직에서 쫓겨나 생계를 위해 떠도는 것을 말한다.
《구가집주두시》 '애'는 세상의 그물에 구속된다는 말이다.(隘, 言世網所拘迫也.)

10 行邁(행매) – 멀리 떠돌다.
《시경·서리黍離》 먼 길 가니 느릿느릿 마음속은 흔들흔들.(行邁靡靡, 中心搖搖.)
《수경주》 형산은 동쪽과 남쪽 두 면이 상수를 굽어보며 비추는데 장사에서 이곳까지 장강과 상수 7백 리에 아홉 번 굽이진다. 그래서 어부의 노래에서 "돛이 상수를 따라 휘도는데 형산을 바라보며 아홉 번 돈다"라고 하였다.(衡山東南二面臨映湘川, 自長沙至此, 江湘七百里中有九背. 故漁者歌曰, 帆隨湘轉, 望衡九回.)
《구가집주두시》 조차공 주 먼 길을 돌아다니는 이유는 세속의 그물에 구속받아서이니 그래서 강호에서 가슴을 탁 트이게 하고자 했다.

(所以行邁者, 以世網隘窄, 故欲曠懷於江湖之上也.)

11 渴日(갈일) – 목마른 해. 이와 달리 햇빛을 갈망한다고 풀이하는 설도 있다.

《구가집주두시》 조차공 주 날이 갠 날을 만나기 어려우니 그 봉우리를 바라보면서 햇빛에 대해 갈망하는 듯하다. 대체로 '갈우(비를 갈망하다)'의 '갈'과 같다.(難逢日霽, 以望其峰, 於日如渴也. 蓋如渴雨之渴.)

《두시경전》 '갈일'은 '갈홍(목마른 무지개)'의 '갈'과 같다. 장 씨가 말하기를, "깊은 산에 햇빛이 적고 절벽이 가장 높기에 해가 그 위를 비추면 해그림자가 물속에 거꾸로 비치는데 마치 물을 마시는 듯하기에 그래서 '갈'이라고 했다"라고 하였다.(渴日, 猶渴虹之渴. 蔣云, 深山少日, 絶壁最高, 故日照其上, 日影倒暎水中, 如飮水然, 故曰渴.)

12 漾舟(양주) – 물에 떠 있는 배. 淸光(청광) – 맑은 빛. 물에 비친 햇빛을 가리킨다.

《구가집주두시》 조차공 주 '청광'은 해의 맑은 빛이다.(淸光, 則日之淸光也.)

13 祝融(축융) – 형산의 최고봉이다. 五峰(오봉) – 형산에서 가장 높은 다섯 봉우리로 축융봉祝融峰, 자개봉紫蓋峰, 천주봉天柱峰, 부용봉芙蓉峰, 석름봉石廩峰을 가리킨다. '五'는 '三'으로 된 판본도 있다. 尊(존) – 높다. 존엄하다.

14 次(차) – 차례대로. 低昂(저앙) – 숙이거나 우러르다.

《두공부시집집주》에 인용된 《장사기長沙記》 형산은 날 듯이 우뚝 9천여 장을 솟았으며 높고 낮은 순서로 72봉우리가 있다. 가장 큰 것이 다섯인데, 부용봉, 자개봉, 석름봉, 천주봉, 축융봉이 가장 높다.(衡山軒翔, 聳拔九千餘丈, 尊卑差次七十二峰, 最大者五, 芙蓉紫蓋石廩天柱祝融爲最高.)

15 紫蓋(자개)– 형산의 봉우리 이름. 不朝(불조)– 조회하지 않다. 자개봉이 다른 봉우리와 달리 축융봉과 상대하여 유달리 우뚝하다는 말이다.

16 爭長(쟁장)– 우두머리를 다투다. 嶫(업)– 높다.

《구가집주두시》 '쟁장'은 서로 대치하고 서 있어서 우두머리를 다투는 것 같다는 말이다.(爭長, 言相峙而立, 有如爭長也.)

《두공부시집집주》 '업'은 산이 높은 모양이다.(嶫, 山高貌.)

17 魏夫人(위부인)– 진晉나라 위서魏舒의 딸인데 신선이 되어서 남악부인南嶽夫人에 봉해졌다고 한다.

《구가집주두시》 위부인은 신선으로 형산을 주재한다.(魏夫人, 神仙也, 主衡山.)

《두시상주》에 인용된《남악위부인전南嶽魏夫人傳》 부인의 이름은 화존이고 자는 현안이다. 진晉나라 사도 위서의 딸인데 남양 사람 유문에게 시집을 가서 자식 둘을 낳았다. 부인은 어려서 도를 좋아했는데 참됨을 맛보고 오묘함을 탐닉하여 늘 호마산과 복령환을 복용하였다. 홀연 태극의 여러 진인이 선경 33권을 주었고 또《황정내경경》을 주면서 밤낮으로 유념하도록 했는데 마침내 속념을 끊고 마음이 깨끗해졌으며 진정한 신령을 누차 감응하게 되었다. 세상에서 83년을 살았으며 진나라 성제 함화 9년에 검에 의탁하여 신선이 되어 떠났다. 북쪽으로 상청궁 왕궐 아래에 가니 여러 진군이 부인에게 옥찰과 금문을 주었다. 지위는 자허원군령상진사명남악부인이 되었으며 품계는 선공이었다.(夫人名華存, 字賢安, 晉司徒魏舒之女, 適南陽劉文, 生二子. 夫人幼而好道, 味眞耽玄, 常服胡麻散茯苓丸, 忽太極諸眞人, 授以仙經三十三卷, 又授黃庭內景經, 令晝夜存念, 遂得冥心齋靜, 眞靈累感, 凡在世八十三年, 以晉成帝咸和九年託劍化形而去. 北詣上淸宮王闕之下, 諸眞君授夫人玉札金文, 位爲紫虛元君領上眞司命南嶽夫人, 比秩仙公.)

18 夾(협) – 끼다. '來'로 된 판본도 있다. 翺翔(고상) – 날아다니다.

19 五峰(오봉) – 형산에서 가장 높은 다섯 봉우리를 가리킨다.

#《두시상주》: 이 단락은 남악의 경관을 적은 것이다. 장연의 주에서 "'기오' 4구는 남악을 지나가는 정황을 기술한 것이고, '축융' 4구는 남악 앞에서 본 형세를 말한 것이며, '공문' 4구는 남악 내의 신령함과 기이함을 말한 것이다"라고 하였다. '애세망'은 관직에서 쫓겨나 몸을 숨기고 있음을 기억한 것이다. 《두억》에서 "'산풍' 구는 신령이 재빠른 것을 말했다"라고 하였다.(此記南嶽之景. 綖注, 洎吾四句, 述過嶽情事. 祝融四句, 言嶽前形勢. 恭聞四句, 言嶽內神奇. 隘世網, 憶貶官竄身也. 杜臆, 散風如飛霜, 說得神靈颯然.)

20 牽迫(견박) – 재촉당하다. 脩途(수도) – 긴 여정.

21 未暇(미가) – 겨를이 없다. 杖(장) – 지팡이를 짚다. 여기서는 산에 오르는 것을 말한다. 崇岡(숭강) – 높은 산. 형산을 가리킨다.

《두보전집교주》에 인용된 주전周篆 주 '장'은 지팡이를 짚고 올라간다는 말이다.(杖, 杖策而上也.)

22 覬(기) – 바라다. 命駕(명가) – 수레를 몰 것을 명령하다. 형산에 가는 것을 말한다.

23 玉堂(옥당) – 신선의 거처를 말한다. 여기서는 형악묘를 가리킨다.

《두시천》 '옥당'은 신선이 머무는 곳이다.(玉堂, 神仙所居也.)

《두억》 '옥당'은 바로 위부인의 사당이다.(玉堂, 卽夫人之祠.)

《두보전집교주》에 인용된 왕호汪灝 주 《원화군현지》에 형악묘는 형주 형산현 서쪽에 있다고 기록되어 있다. 아마도 바로 시에서 가리킨 옥당일 것이다. 두보는 형악묘를 배알하고자 했기에 그래서 자사에게 한번 물어보는 일이 있었던 것이다.(元和郡縣志載, 衡嶽廟在衡州衡山縣西. 意卽詩所指玉堂. 公擬拜衡嶽廟, 所以有府主一問耳.)

《구가집주두시》 조차공 주 옥당을 부주가 머무는 곳이라고 말하면 절로 현혹되어 어지러워지게 된다. 옥당에서 쉬고 난 뒤 이로부터 부주에게 가서 묻는다고 하면 절로 서로 저촉되지 않는다.(云玉堂府主所居, 自爲惑亂矣. 旣休玉堂, 由此往問府主, 自不相妨.)

24 府主(부주) – 주州의 책임자인 자사를 가리킨다. 이와 달리 형산의 신이나 형악묘의 담당자를 가리킨다는 설도 있다.

《독두심해》 마땅히 구조오가 형주 태수를 가리킨다고 하는 것을 따른다. 주학령은 형악묘의 담당자라고 말했는데 틀렸다.(當依仇氏指衡州守. 朱氏謂洞府之主, 非.)

《두공부시집집주》 '부주'는 남악의 신을 가리킨다. '선부'나 '동부'의 '부'와 같다. 산에 신의 사당이 있기에 상서로움을 내려달라고 기원한 것이다. 첫 부분의 '질례'와 서로 호응한다.(府主, 指岳神, 如仙府洞府之府. 因山有神祠, 故以降祥祈之, 如起秩禮語相應.)

《두억》 '부주'는 바로 위부인이다.(府主, 卽夫人.)

25 曷(갈) – 무엇. 어떻게. 贊(찬) – 보좌하다. 我皇(아황) – 우리 황제. 남악의 신을 가리키는 것으로 볼 수도 있다.

26 牲璧(생벽) – 희생과 옥. 남악의 신에게 올리는 제례에 바치는 물건이다. 忍(인) – '感'으로 된 판본도 있다. 衰俗(쇠속) – 쇠락한 세속. 세속의 비루한 제례 의식을 말한다.

《구가집주두시》 희생과 옥의 비용을 쇠락한 세속에서는 차마 갖추려고 하지 않는데, 부주는 쇠락한 세속 중에서도 기꺼이 비용을 치른다는 말이다.(牲與璧之費, 衰俗不忍具之, 而府主忍費於衰俗之中也.)

《두억》 '생벽' 구는 앞의 '재덕' 구와 호응한다.(牲璧忍衰俗, 應前在德非馨香.)

27 降祥(강상) – 상서로움을 내리다.

[牲璧 2구] 형악묘에 대한 제례를 화려함을 내세운 방식으로 하면 신이

복을 내려주지 않을 것이라는 말로, 정성을 다하고 덕을 쌓아야 함을 상대적으로 강조한 것이다. 이와 달리 여러 가지 해설이 있지만 함의는 대동소이하다.

《두시설》 쇠락한 세속의 제례는 옛날의 예에 맞지 않는데 하물며 또 덕이 없음으로 봉헌함에랴. 신이 상서로움을 내리게 하려면 마땅히 군주가 덕을 수양하도록 도와야 한다. 예가 세속을 따르면 혹 신이 또한 이를 살펴본다.(衰俗祀典不中古禮, 況又無德以將之乎. 欲神降祥, 當贊人主以修德, 禮之從俗, 或者神亦鑒之耳.)

[三嘆 4구]

《두보전집교주》에 인용된 왕호 주 그래서 형주자사에게 묻기를, "그대의 직분은 봉지 안의 산천에 제사 지내는 것인데 어찌 정성을 다해서 희생과 옥을 정갈히 하여 황제의 책략을 우러러 보좌하기를 바라지 않을 수 있겠는가? 만약 겨우 옛 세속의 상례에 따른다면 신이 어찌 오겠는가?"라고 하였다.(因問衡州刺史曰, 爾職祭封內山川, 豈可不竭誠潔牲璧, 冀其仰贊皇猷, 若僅應故俗, 神其來格乎.)

#《두시상주》: 마지막 단락은 남악에 제사를 지내는 뜻으로 맺었다. 봉지 내의 산천에 자사가 마땅히 제사를 지낼 터인데 어떻게 제왕의 책략에 우러러 보좌할 것이냐고 물었다. 희생과 옥을 바침에 기꺼이 쇠락한 세속에서 옛 전례를 지내듯이 하면 신이 평강을 내려줄 것이라고 생각하는가. 마땅히 정성으로 오게 해야 할 것이다. '옥당'은 신묘를 가리키고 '부주'는 형산 태수를 가리킨다. 앞의 재주에서 지은 시(〈단가행송기록사귀합주인기소사군短歌行送祁錄事歸合州因寄蘇使君〉)에서 "어진 태수에게 편지를 전하다"라고 했고 기주에서 지은 시(〈과벌목병서課伐木幷序〉)에서 "성안의 어진 태수"라고 한 것으로 증명할 수 있다. 주학령의 주에서 동부의 주인으로 풀이했는데 그러면 형악의 신을 가리키게 되니, 아래 구 '생벽인쇠속'이 신령을 탓하는

것에 가까워서 이치상 합당하지 않다.(末以祀嶽之意作結. 封內山川, 府主當祭, 問何以仰贊皇猷. 其牲璧之薦, 忍如衰俗之循行故事, 而謂神其降康乎, 是當精誠以格之矣. 玉堂, 指神廟. 府主, 指衡山太守. 前梓州詩, 達書賢府主. 夔州詩, 城中賢府主, 可證. 朱注解作洞府之主, 卽指嶽神, 下句牲璧忍衰俗, 幾於責備神靈矣, 於理不合.)

##《두시상주》에 인용된 종성鍾惺 주: 태산과 높은 산에 만약 산수가 맑고 오묘하다는 말과 경관이 기묘하고 장엄하다는 말을 붙인다면 바로 하나의 동산이나 하나의 골짜기가 되고 만다. 문인이 올라가 임하여 보면서 반드시 가슴속의 전고가 붓 아래서 거침없이 표현되어 교외 제단에 올라 노래하는 기상이 있어야 비로소 서로 걸맞게 된다. (岱宗喬嶽, 若著山水清妙語及景狀奇壯語, 便是一邱一壑, 文人登臨眼孔. 須胸中典故, 筆下雍容, 有郊壇登歌氣象, 始爲相稱.)

《독두심해》: 옛 해설에서는 시가 제례를 펼치는 것으로 뜻을 세웠기에 교외 제단에 올라 노래하는 기상이 있다고 했다. 내가 상세히 음미해 보니 시의 주지가 당시 임금이 군주의 덕을 더욱 닦는 데 힘쓰고 일을 맡은 이들이 황제의 계책을 보위하는 데 힘쓰는 것이 바로 밝은 신령을 환히 오게 하는 근본이 된다는 것에 있다. 앞에서 "나라에서 제사를 지내는 것은 그 덕에 있지 제수에 있는 것이 아니다"라고 했고 뒤에서 "희생과 옥벽이 쇠락한 세속적임을 참으시고 신이 어찌 상서로움을 내려주길 생각하겠는가"라고 했으니 그 뜻을 알 수 있다. 그저 제사를 받드는 것으로 입론한다면 오히려 한 뜸 빗나간 것이다. 처음 8구에서 4구는 남악에 대해서 말했고 4구는 남악에 제사 지내는 것에 대해 말하였다. '유우'라고 거론한 것은 마땅히 순수를 거행해야 함을 말한 것이 아니라 순임금의 덕을 가진 자가 드물다는 말이다. 가운데 16구는 남악을 바라보는 내용의 본론이다. 4구는 남쪽으로 와서 바라보게 된 이유를 서술했고 4구는 남악의 형세를 모사했으며

4구는 남악의 신령을 상상했고 4구는 후에 다시 와서 볼 것을 기약하는 바람을 맹세하였다. '목욕' 구가 바로 맺는 뜻을 이끌어 일으킨다. 맺는 4구는 첫 부분과 조응한다. '갈이찬'은 앞에서 말한 '덕에 있다'는 뜻을 포함한다. '인쇠속'은 그저 세속에서 옛 의례를 거행하는 것과 같은 것은 덕을 닦는 것이 아니고 헛되이 제수를 바치는 것이라는 말이다. '신기' 구는 결코 상서로움을 내릴 수 없음을 뒤집어 말한 것이다. 양쪽 끝에서 뜻을 드러내었고 중간에서는 일을 서술하였다. (舊說, 詩以修祀典立意, 有郊壇登歌氣象. 愚詳味, 詩旨在勖時君以增修主德, 勖當事以翊贊皇猷, 乃爲昭格明神之本. 其前曰, 邦家用祀典, 在德非馨香, 其後曰, 牲璧忍衰俗, 神其思降祥, 意可識矣. 徒以崇祀立論, 尙隔一鍼. 起八句, 四就嶽言, 四就祀嶽者言. 擧有虞者, 非謂當擧行巡狩, 謂如有虞之德者鮮也. 中十六句, 望嶽正面. 四述南來望見之由, 四摹擬嶽之形勢, 四想像嶽之仙靈, 四矢後期續覲之願. 而沐浴句, 便拖起結意. 結四句, 與起處照應, 曷以贊, 含前所云在德意. 忍衰俗, 謂但如末俗之奉行故事, 是不修德而徒薦馨者. 神其句, 反言以決其不能降祥也. 兩頭發義, 中間敍事.)

(임도현)

87. 嶽麓山道林二寺行

악록산사와 도림사 두 절의 노래

玉泉之南麓山殊[1] 道林林壑爭盤紆[2]
寺門高開洞庭野[3] 殿脚插入赤沙湖[4]
五月寒風冷佛骨[5] 六時天樂朝香爐[6]
地靈步步雪山草[7] 僧寶人人滄海珠[8]
塔劫宮牆壯麗敵[9] 香廚松道淸涼俱[10]
蓮花交響共命鳥[11] 金牓雙廻三足烏[12]
方丈涉海費時節[13] 懸圃尋河知有無[14]
暮年且喜經行近[15] 春日兼蒙暄暖扶[16]
飄然斑白身奚適[17] 傍此烟霞茅可誅[18]
桃源人家易制度[19] 橘洲田土仍膏腴[20]
潭府邑中甚淳古[21] 太守庭內不喧呼[22]
昔遭衰世皆晦迹[23] 今幸樂國養微軀[24]
依止老宿亦未晚[25] 富貴功名焉足圖[26]
久爲謝客尋幽慣[27] 細學何顒免興孤[28]
一重一掩吾肺腑[29] 山鳥山花共友于[30]
宋公放逐曾題壁[31] 物色分留待老夫[32]

옥천사의 남쪽 녹산사는 특별하고
도림사의 임학林壑은 다투어 구불구불 얽혀 있다.

절 문은 동정의 들을 향해 높이 열려 있고
불전의 다리는 적사호에 꽂혀 들어가 있다.
오월에도 찬 바람이 불골佛骨을 서늘하게 하고
여섯 시각 내내 하늘의 음악이 향로를 향한다.
땅의 영기靈氣로 걸음걸음에 설산의 풀이요
스님은 사람 사람마다 창해의 구슬이다.
탑의 계단과 절집의 담장은 장려함이 필적하고
향기로운 주방과 솔 길은 모두 청량하다.
연꽃에는 공명조가 여기저기 울고
금 편액에는 삼족오가 쌍으로 돌아 난다.

방장산에 가려고 바다를 건너려면 시일을 들여야 하고
현포에 가려고 황하의 수원水源 찾지만 있는지 없는지 모르겠는데,
만년에 경행經行을 가까이하게 되어 잠시 기쁘거니와
봄날이라 따뜻한 기운의 부축을 받게도 되었다.
반백 머리 희끗희끗한 몸이 어디로 갈 것인가?
이 연하煙霞 옆에서 풀을 베어내고 집을 지을 수 있으리라.
도원의 인가는 짓기가 쉽고
귤주의 밭은 또 기름지구나.
담부 고을은 풍속이 아주 순박하고 예스러워
태수의 관청 뜰은 소란하지 않다.

예전에는 난세를 만나면 모두 자취를 감추었는데
오늘 나는 다행히도 낙원에서 미친한 몸을 기르게 되었다.
노승에게 의지하는 일이 또한 아직 늦지 않았으니

부귀공명이야 무슨 도모할 게 있겠느냐?
오래도록 사영운謝靈運 노릇하여 그윽한 곳 찾는 일이 버릇되었으니
주옹도 섬세하게 배워 흥이 적막해지는 것을 면해야지.
한 번은 겹치고 한 번은 가린 산이 나의 폐부요
산새와 산꽃이 모두 형제라.
송지문宋之問 공이 쫓겨나서 절벽에 시를 쓴 적이 있었는데
물색을 남겨 놓아 이 노부를 기다렸구나.

대력 5년 봄 담주潭州에서 악록산에 있는 악록산사와 도림사를 유람하고 지은 시이다. 두 절의 승경勝景을 묘사하고 그 일대의 산천과 풍속의 아름다움을 서술한 뒤, 그곳에서 집을 짓고 살고 싶다는 뜻을 피력하였다. 대력 4년 지인인 위지진韋之晉에게 의탁하기 위해서 형주衡州로 가던 도중에 담주潭州를 지나게 되었는데, 그때 지은 것으로 보는 설도 있다. 그러나 몸을 의탁하기 위해 형주로 가던 중 잠시 들렀기 때문에 절이 있는 담주에서 살고 싶다는 시의 내용과 부합하지 않는다. '악록산'은 담주에 있는 산으로 상강湘江 서안西岸에 있다. 악록산사는 여러 문헌 기록에 의하면 '악록사岳麓寺'라고도 불렸음을 알 수 있다. 유장경劉長卿의 시에 〈자도림사서입석로지록산사과법숭선사고거自道林寺西入石路至麓山寺過法崇禪師故居〉가 있는 것으로 보아 '녹산사'라고도 불렸을 것이다.

《보주두시》 시에서 "담부 고을은 풍속이 아주 순박하고 예스러워, 태수의 관청 뜰은 소란하지 않다", "오늘 나는 다행히도 낙원에서 미천한 몸을 기르게 되었다"라고 하였기에 모두들 대력 4년

공이 처음 담주에 이르렀을 때 그곳에 노닐었던 것이라고 생각하였다. 채흥종의 연보에서도 또한 이해에 편재하였다. 그러나 시를 자세히 살펴보면, "만년에 경행을 가까이하게 되어 잠시 기쁘거니와, 봄날이라 따뜻한 기운의 부축을 받게도 되었다", "반백 머리 희끗희끗한 몸이 어디로 갈 것인가? 이 연하 옆에서 풀을 베어내고 집을 지을 수 있으리라"라는 말도 하였는데, 만약 대력 4년에 이곳에 노닐었다면 필시 바로 형주로 가지는 않았을 것이다. 그리고 형주에 가서는 더위가 무서워 담주로 돌아왔으니, 당연히 '솔 길이 청량하고' '오월에도 찬 기운이 이는' 것을 생각하고 당연히 '풀을 베어내고 집을 짓겠다'라는 바람을 실현했을 것인데, 어찌하여 다시 이곳에 오지 않았는가? 아마도 대력 5년 봄에 이 시를 짓고 '낙원에서 몸을 기를 수 있게 된' 것을 다행스럽게 여겼을 터인데 장개가 난을 일으켰기에 이 뜻을 이루지 못했을 것이다.(詩云, 潭府邑中甚純古, 太守庭中不喧呼, 今幸樂國養微軀, 皆以爲是大曆四年, 公初到潭時遊之. 蔡興宗年譜亦編在是年. 詳考詩, 又云, 暮年且喜經行近, 春日兼蒙暄暖扶. 飄然班白身奚適, 旁此煙霞茅可誅. 若是四年遊之, 則必不便如衡矣. 及其如衡, 則畏熱還潭, 當思松道淸涼, 寒生五月, 當遂誅茅之願. 何爲不復再來. 意是五月('年'의 잘못)春題此, 方幸樂國可以養軀, 而臧玠之亂, 故不償此意也.)

《두시상주》 채흥종의 연보는 대력 4년 처음 담주에 이르렀을 때에 편재하였다. 시에서 '봄날이 따뜻하다'라고 한 것이 바로 그때이다. 《원화군현지》에 "악록산은 장사현 남서쪽에 있는데 상강과 6리 떨어져 있다"라고 하였다. 《방여승람》에 "상강 서쪽의 옛 나루에서 강안江岸에 오르면, 길 양쪽으로 키 큰 소나무가 있고 시내가 감돌아 흐르며 여러 봉우리가 첩첩으로 빼어나며 아래로 상강이 내려다 보인다. 악록사는 산 위로 난 100여 계단 위에 있다"라고 하였고, 또 "도림사는 악록사 아래에 있으며 선화현과 8리 떨어져 있다"라고 하였다.(蔡興宗年譜編在大曆四年春初到潭時, 詩云春日暄煖, 正其時也. 元和郡縣志, 嶽麓山, 在長沙縣西南, 隔湘江六里. 方輿勝覽, 自湘西古渡登岸, 夾徑喬松, 泉澗盤遶, 諸峯疊秀, 下瞰湘江, 嶽麓寺在山上百餘級. 又曰, 道林寺在嶽麓之下, 距善化縣八里.)

주 석

1 玉泉(옥천) – 절 이름. 호북성에 있다. 麓山(녹산) – 절 이름. 악록산사를 말한다. 악록산을 지칭하는 것으로 보는 설도 있다. 殊(수) – 특별하다.

《두공부시집집주》 《술이기》에서 "형주와 청계 등 여러 산의 산 동혈洞穴에 종종 종유석 굴이 있고, 굴 안은 맑은 샘물이 이리저리 흐르는 게 많다"라고 하였다. 《수양제집》에서 "개황 12년 12월에 지의선사가 형주에 이르러 옥천사를 창립하였다"라고 하였다. 《구당서》에서 "신수대사가 형주 옥천사에 거처하였다"라고 하였다. 살펴보건대 절이 악록산의 북쪽에 있었으니, 이른바 "옥천의 남쪽 악록산은 특별하다"라는 것이다. 옛 주에 옥천을 지명이라 하였는데, 크게 잘못이다.(述異記, 荊州靑溪諸山, 山洞往往有乳窟, 窟中多玉泉交流. 隋煬帝集, 開皇十二年十二月, 智顗禪師至荊州, 創立玉泉寺. 舊唐書, 神秀大師居荊州玉泉寺. 按, 寺在麓山之北, 所謂玉泉之南麓山殊也. 舊注, 玉泉, 地名, 大誤.)

《두시조차공선후해집교》 '녹산'이란 형산의 산기슭이라는 뜻이다. 산기슭을 '녹'이라 한다.(麓山者, 衡山之麓也. 山足曰麓.)

《두시경전》에 인용된 《방여승람方輿勝覽》 (악록산은) 일명 영록봉이라 하는데, 형산 72봉에 속한다.(又名靈麓峰, 乃岳山七十二峰之數.)

2 道林(도림) – 절 이름. 盤紆(반우) – 구불구불 얽혀 있다.

3 洞庭野(동정야) – 《장자》에 나오는 '동정지야洞庭之野'에 근거한 표현으로, 여기서는 동정호 일대를 뜻한다.

4 殿脚(전각) – 불전의 다리. 절이 있는 산의 아래 지역을 비유하는 말이다. 赤沙湖(적사호) – 호수 이름. 호남성 화용현에 있다. 이 구절은 절이 있는 산이 적사호까지 뻗어 있음을 말한다.

《두시상주》 《악양풍토기》에서 "적사호는 화용현 남쪽에 있는데 여름과 가을에 물이 불면 동정호와 통한다"라고 하였다. 호하객이 "적사호는 지금 여호라고 하는데 용양현 서쪽에 있고 완강현 지역에 이어진다"라고 하였다.(岳陽風土記, 赤沙湖在華容縣南, 夏秋水漲, 與洞庭湖通. 胡夏客曰, 赤沙湖, 今名蠡湖, 在龍陽縣西, 跨沅江縣界.)

[寺門 2구]

《구가집주두시》 조차공 주 '적사호'로 '동정야'와 짝을 지은 것은 《장자·천운天運》에 "황제黃帝가 동정의 들에서 음악 공연을 펼쳤다"라는 말이 있기 때문이다.(赤沙湖對洞庭野, 以莊子有云黃帝張樂於洞庭之野也.)

《두억》 절의 문이 높은 곳에 열려 있어 바로 동정호의 들에 이어지는데, 다시 동정호의 물을 말하지 않았으니 묘하다. 호수에 삽입된 것은 산기슭인데 불전의 다리라고 하였으니 묘하다.(寺門高開, 徑連洞庭野, 而又不說洞庭水, 妙. 揷入湖者, 山脚也, 而云殿脚, 妙.)

《두시경전》 두 구는 절이 이어져 있고 높고 넓은 것을 말한다.(二句言寺之綿亘高廣.)

5 佛骨(불골) – 부처의 뼈. '佛'이 '拂'로 된 판본도 있다.

6 六時(육시) – 불교에서는 하루의 낮과 밤을 각각 세 시간대로 나누고 이를 합쳐서 육시라고 한다. 신조晨朝, 일중日中, 일몰日沒, 초야初夜, 중야中夜, 후야後夜가 그것이다. 天樂(천악) – 천상의 음악. 여기서는 범패 소리를 미화한 말이다. 朝香爐(조향로) – 향로를 향하다. 향

로가 있는 곳으로 소리가 들려온다는 뜻이다.

《두시상주》에 인용된《아미타경阿彌陀經》 극락국의 땅에서는 언제나 천상의 음악이 연주되고 주야 여섯 시각에 하늘에서 만다라 꽃비가 내린다.(極樂國土, 常作天樂, 晝夜六時, 天雨曼陀羅華.)

《두시택풍당비해》 택당澤堂 설 (이 구는) 지상에서 아주 떨어져 하늘에 가깝다는 뜻이다.(絶地近天之意.)

7 地靈(지령) – 땅의 신령한 기운. '땅이 신령하다'라고 풀이할 수도 있다. 雪山草(설산초) – 설산의 풀. 설산은 히말라야의 여러 산을 말하며, 흔히 불교의 성지를 뜻한다.

《두시상주》에 인용된《능엄경楞嚴經》 설산의 큰 힘을 가진 흰 소가 그 산속의 기름진 향초를 먹는다. 이 소는 오직 설산의 맑은 물만 마시는데, 그 똥이 미세하여 전단과 배합할 수 있다.(雪山大力白牛, 食其山中肥膩香草, 此牛惟飮雪山淸水, 其糞微細, 可和合旃檀.)

8 僧寶(승보) – 불교의 삼보三寶 중 하나. 승려를 뜻한다. 滄海珠(창해주) – 창해의 진주.

《두시상주》에 인용된《비유경譬喩經》 왕사국의 사람이 절을 짓고자 했는데, 돈이 부족하여 바다에 들어가 명보주를 얻었다.(王舍國人欲作寺, 錢不足, 入海得名寶珠.)

《구가집주두시》 (창해주는) 성품이 원만하고 밝아 흠이 없음을 말한다.(言性圓明而無瑕纇也.)

9 塔劫(탑겁) – 사탑寺塔을 뜻한다. '劫'은 '級'이어야 한다는 설이 있다. 宮牆(궁장) – 절의 전각을 말한다. '牆'이 '壇'으로 된 판본도 있다. 壯麗敵(장려적) – 장려함이 필적하다. 두 절의 탑과 전각이 모두 훌륭함을 말한다.

《구가집주두시》 조차공 주 '탑겁'은 탑의 층계이다.(塔刼, 則塔之層劫也.)

10 香廚(향주) – 절의 주방을 미화한 말이다. '香'이 '石'으로 된 판본도 있다. 松道(송도) – 소나무 숲에 난 길. 소나무가 자란 길. 淸涼俱(청량구) – 두 절이 모두 청량하다는 뜻이다. '涼'이 '崇'으로 된 판본도 있다.

《두공부시집집주》 '향주'는 향적주이다. 《유마경》에 "위쪽에 나라가 있는데 그곳 부처를 향적여래라 한다. 하나의 발우에 향기로운 밥을 담아 중생을 늘 배불리 먹인다"라고 하였다.(香廚, 香積廚也. 維摩經, 上方有國, 佛號香積如來, 以一鉢盛香飯, 恒飽衆生.)

《두시상주》에 인용된 《열반경涅槃經》 청량한 바람이 많은 나라가 있어서 모든 번뇌를 제거해줄 수 있다.(有國多淸涼風, 能除一切鬱蒸之惱.)

11 蓮花(연화) – 연꽃. '花'가 '池'로 된 판본도 있다. '연지蓮池'는 극락국의 땅에 있는 칠보지七寶池에 핀 연꽃을 두고 한 표현이다. 그 연은 크기가 수레바퀴만 하다고 한다. 交響(교향) – 여기저기에서 울리다. 두 절에서 서로 함께 우는 것을 말한다. 共命鳥(공명조) – 불교의 설화에 나오는 새로 머리가 둘이 달렸다고 한다. 이심동체二心同體로 함께 우는 새인데 그 우는 소리가 '명命'을 뜻하는 범어와 유사하다고 한다. '共名鳥'라고도 한다.

《두시상주》 《아미타경》에 "극락국의 땅에 칠보지가 있다. 못 속에 연꽃이 크기가 수레바퀴만 하다. 또 가릉빈가공명조가 있는데 주야 여섯 시각에 나와서 우아한 소리로 화창한다"라고 하였다. 《보장경》에 "설산에 새가 있는데 이름이 공명조이다. 한 몸에 머리가 둘이 있어 심식心識이 각기 다른데 함께 '명'을 뜻하는 소리를 알리기에 '공명'이라 한다"라고 하였다.(阿彌陀經, 極樂國土, 有七寶池, 池中蓮花大如車輪. 又有伽陵頻伽共名之鳥, 晝夜六時, 出和雅音. 寶藏經, 雪山有鳥, 名爲共命, 一身二頭, 識神各異, 同共報命, 曰共命.)

12 金牓(금방) – 황금으로 장식한 편액. 雙迴(쌍회) – 쌍으로 돌다. 짝지어 날아서 돌다. 三足烏(삼족오) – 발이 셋인 까마귀. 해를 비유한다.

《두시설》 '금방' 구는 해를 말한다. '회'는 돌면서 비춤을 말한다. 절이 둘이기에 '쌍'이라고 하였다.(金牓雙回三足烏, 謂日也. 回, 謂回轉照映之也. 二寺, 故曰雙.)

#《두시상주》: 첫 단락에서는 두 절의 승경을 서술하였다. 수련에서 나누어 제기하였고, '절문' 이야기는 악록사와 조응하고 들의 '전각' 이야기는 도림사와 조응한다. 동정야와 적사호는 멀리서 서로를 드러내준다. 산이 깊으니 여름에도 차다. '불골'은 아마 유적일 것이다. '천악'은 바로 범패 소리이다. 오견사의 《두시논문》에 "'보보'라고 하고 '인인'이라 하였으며, '장려적'이라 하고 '청량구'라고 하였으며, '교향'이라 하고 '쌍회'라고 한 것은 모두 두 절의 뛰어난 면을 나란히 그린 것이다"라고 하였다.(首敍兩寺勝景. 首聯分提, 寺門應嶽麓, 野殿應道林, 洞庭赤沙, 遙相掩映也. 山深, 故夏寒. 佛骨, 蓋遺迹. 天樂, 乃梵音也. 吳論, 曰步步, 曰人人, 曰壯麗敵, 曰淸涼俱, 曰交響, 曰雙迴, 皆並摹二寺之勝.)

13 方丈(방장) – 방장산. 바다에 있는 선인이 산다는 산이다. 費時節(비시절) – 시일을 쓰다. 많은 시간이 필요하다는 뜻이다.

《독두심해》 ('방장'은) 바다 동쪽에 있다.(在海東.)

14 懸圃(현포) – 곤륜산에 있다는 전설상의 지명. 尋河(심하) – 황하를 찾다. 곤륜산에서 황하가 발원한다고 생각하여 이런 표현을 한 것이다. 知有無(지유무) – 있는지 없는지 알 수 없다는 뜻이다.

《독두심해》 ('현포'는) 서역에 있다.(在西域.)

[方丈 2구]

《구가집주두시》 조차공 주 《사기》에 의하면 바다 가운데 삼신산이 있는데 그중 하나가 방장이다. 손작의 〈천태부〉 서문에 이르기를 "바다를 건너면 방장산이고 봉래산이다"라고 하였다. '현포'는 곤륜산의 다른 이름으로 《갈선옹전》에 나온다. 황하를 찾는다는 이야기는 《사기·우본기》에서 황하가 곤륜산에서 나온다고 한 말, 장건이 대하에 사신으로 간 이후로 황하의 발원지를 끝까지 찾았던 일 등을 두고 한 말일 터인데, 어찌 이른바 곤륜을 보았겠는가? 두 구절로 방장과 현포가 멀리 어딘가에 있지만 모두 갈 수가 없으니, 지금 악록사가 가까이 있어 거기에 가서 거처할 수 있음만 못하다는 사실을 말한다. 그래서 아래에 '도원'과 '귤주'에 대한 흥취가 나오는 것이다.(史記, 海中有三神山, 一曰方丈. 而孫興公天台賦序云, 涉海則方丈蓬萊也. 玄圃, 崑崙山之別名, 見葛仙翁傳. 而尋河事, 則禹本紀言河出崑崙, 自張騫使大夏之後, 窮河源, 烏覩所謂崑崙者乎. 兩句以言方丈玄圃, 遠在何處, 皆不可得往, 不若今岳麓寺之傍近, 可卽而居也, 故有下句桃源橘洲之興.)

15 經行近(경행근) – 경행을 가까이하다. '경행'은 수행자가 이리저리 걸어 다니며 수행하는 것을 뜻한다.

16 兼蒙暄㬈扶(겸몽훤애부) – 따뜻한 기운의 도움을 아울러 받다.

17 飄然斑白(표연반백) – 머리칼이 희끗희끗한 것을 뜻한다. '표연'은 쇠한 모습이다. 身(신) – '將'으로 된 판본도 있다. 奚適(해적) – 어디로 가는가?

18 傍此烟霞(방차연하) – 이 연하가 있는 곳을 옆에 두다. '연하'는 산수자연을 뜻한다. 茅可誅(모가주) – 띠풀을 베어 없앨 수 있다. '띠풀을 벤다'는 말은 그렇게 하여 집을 짓고 편히 사는 것을 뜻한다.

19 桃源人家(도원인가) – 도화원桃花源의 집. 선경仙境의 집이다. 易制度(이제도) – 집을 짓는 것이 쉬움을 말한다. '제도'는 양식이나 제작 방법을 뜻한다.

《구가집주두시》 '역제도'는 세상이 바뀌었음을 말한다.(易制度, 言世更變也.)

《구가집주두시》 조차공 주 '이제도'는 그 집이 소박하고 간단하여 짓는 것을 쉽게 할 수 있음을 말한다. 옛 주는 틀렸다.(易制度, 言其宮室朴略, 所以制度易爲也. 舊注非.)

20 橘洲(귤주) – 귤자주橘子洲. 현재 장사시 상강에 있는 사주이다. 膏腴(고유) – 기름지다.

《독두심해》 귤주는 장사현 남서쪽 강 가운데에 있다. 물이 크게 불면 사주沙洲가 모두 잠기고 이 귤주만 남는다.(橘洲在長沙縣西南江中, 大水洲渚皆沒, 此洲獨存.)

21 潭府(담부) – 담주의 관부官府.

《두시상주》에 인용된 《당서唐書》 담주 장사군은 강남서도에 속하며 중도독부이다.(潭州長沙郡, 屬江南西道, 爲中都督府.)

22 太守庭(태수정) – 태수의 관청을 뜻한다. 不喧呼(불훤호) – 떠들지 않다. 송사로 시끄럽지 않다는 뜻이다.

[潭府 2구]

《독두심해》에 인용된 《구당서》 대력 4년 2월 호남관찰사 위지진을 담주자사로 삼았다. 이로 인해 호남군을 담주로 옮겼다.(大曆四年二月, 以湖南觀察使韋之晉爲潭州刺史, 因是徙湖南軍於潭.)

#《두시상주》: 이 단락은 그곳 산천과 풍속의 아름다움을 적었다. 신선의 세계는 멀어서 찾기 어려우니 이 땅이 가까워 갈 수 있음만 못하다. 이 지역은 집 짓기가 편하고 밭은 비옥하고 생산은 풍부하며 민중은 순박하고 송사가 간단하니 바로 이곳이 방장산과 현포인 것이다.(此記其山川風俗之美. 仙界遠而難求, 不若此地之近而可卽, 其間構廬便易, 田産肥饒, 民淳事簡, 卽此是方丈玄圃矣.)

23 衰世(쇠세) – 난세. 晦迹(회적) – 자취를 감추다.

《두시경전》 옛사람 중 세속을 피한 자를 말한다.(謂古人之避世者.)

24 樂國(낙국) – 낙원. 여기서는 담주를 말한다. 微軀(미구) – 미천한 몸.

25 依止(의지) – 의지하여 머물다. 老宿(노숙) – 나이 많고 덕망이 있는 사람. 여기서는 노승을 뜻한다.

26 焉足圖(언족도) – 어찌 도모할 만하겠는가? 추구할 게 못 된다는 뜻이다.

27 謝客(사객) – 사영운謝靈運을 가리키는 말이다. '謝'가 '野'로 된 판본이 있지만 잘못된 것이다. 尋幽慣(심유관) – 유심幽深한 곳을 찾는 데 익숙하다.

《두시상주》《이원》에 "당초 전당의 두명사가 어떤 사람이 그의 집에 들어오는 꿈을 꾸었는데, 이날 밤 사영운이 회계에서 태어났다. 열흘쯤 뒤에 사현이 사망하였다. 그 집안에서는 자손을 얻기가 어려웠기에 사영운을 두명사에게 보내어 기르게 하여, 열다섯 살에 비로소 도성으로 돌아왔다. 그래서 이름을 객아라고 불렀다"라고 하였다. 종영의《시품》에 "사객은 원가 연간의 웅걸이다"라고 하였다.《송서》에 "사영운이 영가태수가 되었는데, 성품이 산수를 좋아하여 일찍이 남산에서 나무를 베어 길을 내서 곧바로 임해까지 이르렀다"라고 하였다.(異苑, 初, 錢塘杜明師, 夢有人入其館, 是夕靈運生於會稽, 旬日而謝玄亡, 其家以子孫難得, 送靈運於杜治養之, 十五方還都, 故名客兒. 鍾嶸詩品, 謝客爲元嘉之雄. 宋書, 靈運爲永嘉太守, 性好山水, 嘗於南山伐木開徑, 直至臨海.)

28 細學(세학) – 자세히 배우다. 세심하게 잘 배우는 것을 뜻한다. 何顒(하옹) – '何'는 '周'의 오자이다. 주옹周顒은 남조南朝의 제齊나라 사람. 불교를 좋아하였고, 처자식이 있었음에도 산속에서 홀로 살았다. 免興孤(면흥고) – 흥이 적막함을 면하다. '흥을 저버리는 일을 면하다'라고 풀이할 수도 있다.

《구가집주두시》조차공 주 '하옹'은《후한서·당고전》에 나오는데, 의기를 중시하는 절의節義가 높은 선비이다. 이 시구와 연관되지 않기에 어떤 이는 "응당 '주옹'이어야 하니 잘못 전해진 것이다"라고 하였다.(何顒, 在後漢黨錮傳, 乃急義名節之士, 與今詩句不相干. 或

曰應是周顒, 而所傳之誤.)

《두공부시집집주》 ('何' 자는) 당연히 '周' 자여야 한다.(當作周.)

《독두심해》 주옹은 불교를 좋아하였다.(周顒好佛.)

《두공부초당시전》 '고'는 '저버리다'의 뜻이다.(孤, 乃孤負也.)

[久爲 2구] 두보 자신을 사영운과 주옹에 견주어 산수 속에 살면서 불교에 귀의하겠다는 뜻을 표출하였다.

29 一重一掩(일중일엄) – 한 번 겹치고 한 번 가리다. 여러 산이 겹겹으로 펼쳐져 있음을 말한다. 吾肺腑(오폐부) – 나의 폐부.

30 山鳥山花(산조산화) – '仙鳥仙花'로 된 판본도 있다. 共(공) – '吾'로 된 판본도 있다. 友于(우우) – 형제를 뜻한다.

《서경·군진君陳》 효도하고 형제에게 우애하다.(惟孝友于兄弟.)

31 宋公(송공) – 당나라 시인인 송지문宋之問. 원주에 "송지문이다(之問也)"라고 하였다. 放逐(방축) – 쫓겨나다. 유배가다. 題壁(제벽) – 벽에 쓰다.

《두시상주》《신당서·송지문전》에 의하면 예종이 즉위하여 조칙으로 그를 흠주에 유배 보냈다. 흠주는 영남도에 속하니, 송지문이 가는 길에 장사를 지나게 되어 시를 절집 벽에 썼을 것이다. 양신楊愼이 "송지문의 시는 지금 이미 실전하였다"라고 하였다.(宋之問傳, 睿宗立, 詔流欽州. 欽州屬嶺南. 之問道經長沙, 故有詩題寺壁. 楊升菴云, 宋詩今已失傳.)

《독두심해》 생각건대, 송지문은 필시 가는 길에 장사를 지나다가 이곳에 시를 남겼을 것이다.(按, 宋必道經長沙, 留題於此.)

32 物色(물색) – 경색. 풍경. 分留(분류) – 나누어 남겨두다. 待(대) – '與'로 된 판본도 있다. 老夫(노부) – 두보 자신을 말한다.

#《두시상주》: 마지막 단락은 여기서 집을 짓고 삶을 기르겠다는 것이다. '회적'은 옛사람을 생각한 것이다. '낙국'은 장사를 가리킨다. '노숙'은

절의 스님 중 나이 많은 사람이다. 사영운은 산에서 노닐었고 주옹은 불교를 좋아하였다. 그래서 나란히 들어 자신을 그들에게 견주었다. '일중일엄'은 산의 형세가 조밀하고 중첩되었음을 말한다. '폐부'는 관계가 긴밀함을 비유한다. '우우'는 친애함을 말한다. '물색분류' 구는 시를 읊어 선현을 뒤따를 것임을 말한다.(末欲卜居養生於此也. 晦迹, 思古人. 樂國, 指長沙. 老宿, 寺僧之高年者. 靈運遊山, 周顒好佛, 故並擧以自方. 一重一掩, 言山形稠疊. 肺腑, 比其關切. 友于, 言其親愛. 物色分留, 謂題詠以踵前賢.)

##《두억》: 이 시는 칠언배율이다. 단숨에 써내려가 진주가 쟁반 위에서 구르는 듯하다. 읽은 이들이 이 점을 알지 못하고 분류하는 자들이 배율에 넣지 않았으니 무엇 때문인가?(此, 七言排律, 一氣抒寫, 如珠走盤. 閱者不知, 而類編者不入排律, 何耶.)

《독두심해》: 《두억》은 이 시가 배율의 자연스러우면서 정묘한 형태라고 하였다. 내가 살펴보건대 시제를 '행'이라고 하여 본래 가행체에 속하지만 또한 요체의 장편 배율로 볼 수도 있다. 앞의 12구는 두 절의 빼어난 면을 적었다. 가운데 4구는 위 단락에서 아래 단락으로 넘어가면서 연결하는 부분이다. 뒤의 16구는 풍토의 아름다움을 두루 서술하면서 이곳에 집을 짓고 노년을 마치려고 하는 생각을 적은 것이다. 이런저런 이야기를 명쾌하게 연이어 써내려간 것이 물을 쏟아부어 이룬 듯하다. 시의 경지가 늙어갈수록 더욱 숙련되었으니 단지 하나의 연속된 내용으로 읽어가도 된다. '옥천'은 두 절에서 아주 멀다. 그런데도 '옥천'을 거론한 것은 총림 사찰의 성대함이 옥천 이남에서는 오직 이 두 절만이 더불어 필적할 만하다는 사실을 보여주려는 것이다. 수련은 대체로 절 이름을 나누어 제시하였다. 아래 2구는 두 절이 연이어 있으면서 높고 넓음을 총괄하여 제시하였다. '오월' 이하 8구는 모두 그 빼어난 면을 합쳐서 묘사하였다. '불골'은 아마도 절 안에 보관한 것이리라. '조향로' 구는 화로를 둘러싸며 범패 음악을 연주한다는 뜻이다. 중간

4구는 방장산과 현포는 찾기 어려우니 이 두 절이 갈 수 있음만 못함을 말한다. 아울러 봄 경치를 다룬 한 연을 곁들여 넣었다. 이 단락은 위 단락을 맺으면서 아래 단락의 시상을 일으키는 곳이다. '반백'과 '주모'는 뒤 단락의 시상을 제기하는 말이다. 은거하는 것을 배울 수 있고 기름진 밭은 경작할 만하다. 풍속은 순후하고 송사는 간명하다. 그야말로 옛사람의 은거를 마땅히 배워야 할 것이니, 이곳이 실로 낙원이어서이다. 이 6구는 위의 '모가주'의 뜻을 보충한다. '의지' 6구는 도에 대한 재미를 가까이하고 세속에 대한 재미가 담박해짐을 말한다. 당시 그윽한 데를 찾아 흥을 부치려고 하였는데, 바위와 골짜 그리고 동물과 식물의 정취가 내 천성과 맞는 것을 마침 또 얻게 되었다. 이 부분은 집을 지은 뒤에 얻게 될 즐거운 경지를 또 시원하게 그려내었다. '분류'는 송공이 이곳의 풍경을 남겨두어 내가 다시 시를 짓기를 기다렸다는 것이다. 다시 짓는다는 것이 바로 이 시를 가리키는 것은 아니고, 후일 이곳에 은거하여 반드시 하나하나 시를 짓겠다는 것을 말한다.(杜臆云, 此排律化境. 愚按, 詩題曰行, 本屬歌體. 然亦可作拗體長排也. 前十二句, 誌二寺之勝. 中四句, 爲上下過接. 後十六句, 歷述風土之美, 而思結廬終老焉. 洋洋灑灑, 如翻水成. 詩境愈老愈熟, 只作一片讀也可. 玉泉去二寺殊遠. 擧玉泉者, 見叢林之盛, 自玉泉以南, 惟此二寺足與相敵也. 首聯, 蓋分提寺名. 下二, 總提二寺之連亘高廣. 五月以下八句, 皆合寫其勝. 佛骨, 疑寺中所貯. 朝香爐, 繞爐而擧梵樂也. 中四云方丈玄圃之難求, 不若二寺之可卽. 更帶挿春景一筆. 此束上起下處也. 斑白誅茅, 後段提筆. 隱居可學, 肥田可耕. 以俗則淳, 以訟則簡. 正宜效昔人之晦迹者, 此中洵樂國也. 此六句, 足上茅可誅意. 依止六句, 言道味親而世味淡. 時欲探幽寄興, 而巖壑動植之趣, 又適得吾性之所近. 此又暢寫誅茅後之樂境也. 分留, 謂宋公留賸此物色, 待我重題也. 重題非卽指本篇. 謂後日棲隱於此, 必將逐一題詠耳.)

(**이영주**)

88. 奉送韋中丞之晉赴湖南

중승 위지진이 호남으로 가는 것을 받들어 전송하다

寵渥徵黃漸[1] 權宜借寇頻[2] 湖南安背水[3] 峽內憶行春[4]
王室仍多故[5] 蒼生倚大臣[6] 還將徐孺榻[7] 處處待高人[8]

천자의 은총으로 황패를 곧 불러들일 상황인데
임시방편으로 구순을 빌려주는 일이 잦습니다.
호남은 물 등진 곳을 편안히 여길 터
협내에서는 봄에 다니시던 것 기억합니다.
왕실에 여전히 변고가 많아
창생이 큰 신하를 의지하고 있으니,
또 서유자의 걸상을 가지고
곳곳에서 현인을 접대하시겠지요.

이 시는 호남으로 부임해 가는 위지진을 전송하며 지은 것으로 앞부분은 위지진을 칭송하였고 뒷부분은 왕실에 변고가 많아 위지진의 책임이 막중함을 말하면서 동한의 진번陳蕃처럼 현인을 예우하라고 면려하였다.

저작 시기에 대하여는 제가의 설이 분분하다. 황학은 대력 2년 위지진이 형주衡州자사가 되었을 때 기주에서 그를 전송한 것으로 보았고, 구조오는 대력 4년 2월 형주자사 위지진이 담주자사로 부임하면서 호남군을 담주로 옮겼을 때 형주에서 이 시를 부쳐 전송한 것으로 보았다. 포기룡은 대력 4년 이전, 위지진이 촉에서 형주衡州

로 갈 때 전송한 시로 보았다. 시제에 '호남으로 간다'라고 하였으니 호남 이외의 지역에서 호남으로 옮길 때 지은 것이 분명하다. 위지진이 형주자사가 되기 이전에 촉에서 벼슬을 한 것을 고려하면 촉에서 호남의 형주자사로 부임할 때 전송한 시로 보는 것이 타당하므로 포기룡의 설을 따른다.

중승은 한대 어사대부 아래의 관직으로 궁전 내에 거하였기 때문에 붙여진 이름이다. 동한 이후에 어사대부를 두지 않았을 때는 중승으로 어사대 장관을 삼았다. 당대에는 다시 어사대부를 두었으나 왕왕 자리를 비워두고 중승으로 그 직을 대행하게 하였다.

《보주두시》 《구당서》에 대력 4년 2월 호남도단련관찰사 위지진을 담주자사로 삼았다고 하였으니 이 시는 위지진이 형주자사가 된 것을 전송하여 지은 것이다. 시에서 "협내에서는 봄에 다니시던 것 기억합니다"라고 하였는데 위지진이 일찍이 협내에서 자사를 하였기 때문에 그렇게 말한 것이다. 뒤에 대부에 오르고 담주에서 세상을 떠났기 때문에 〈곡위대부지진哭韋大夫之晉〉 시가 있는 것이다. 이 시에서 또 "왕실에 여전히 변고가 많다"라고 한 것은 바로 토번이 대력 2년 또 쳐들어와 약탈하자 경사가 계엄한 것을 가리킨다. 시는 아마도 그해에 지어졌을 것이다.(舊史, 大曆四年二月, 以湖南都團練觀察使韋之晉爲潭州刺史, 則此詩送韋爲衡州刺史而作也. 詩云, 峽內憶行春, 韋嘗在峽內作守, 故云. 後進大夫, 卒於潭州, 故有哭韋大夫詩. 此詩又云, 王室仍多故, 乃指吐蕃大曆二年又入寇, 京師戒嚴. 詩蓋作於其年.)

《두공부시집집주》 살펴보건대 《구당서》에 대력 4년 2월 호남도단련관찰사 형주자사 위지진을 담주자사로 삼았고 이로 인하여 호남군을 담주로 옮겼다고 하였다. 이 시는 위지진이 형주로 가는 것을 전송하여 지은 것이다.(按, 舊書, 大曆四年二月, 以湖南都團練觀察使衡州刺史韋之晉爲潭州刺史, 因是, 徙湖南軍於潭州. 此詩是送韋之衡州而作.)

《두시상주》 황학의 주에 의하면《구당서》에 대력 4년 2월 호남도 단련관찰사 형주자사 위지진을 담주자사로 삼았고 이로 인하여 호남군을 담주로 옮겼다고 하였다. 이 시는 마땅히 형주에서 위지진에게 부쳐 전송한 것이다.(鶴注, 舊史, 大曆四年二月, 以湖南都團練觀察使衡州刺史韋之晉爲潭州刺史, 因是徙湖南軍於潭州. 此當是在衡州寄送韋者.)

《독두심해》 옛 주석에서는 모두《구당서》의 대력 4년 2월 호남도 단련 형주자사 이지진을 담주자사로 삼았다는 한 조문을 인용하여 이 시를 담주와 형주 사이에 거할 때의 시로 편재하였다. 구조오는 형주에서 부쳐 전송한 것이라고 하였으니 위지진이 담주로 가는 것을 전송한 것이라고 여긴 것이다. 두 사람과 두 장소가 똑같이 호남에 있었으니 시제에서 '호남에 가다'라고 범연히 말할 수는 없다. 주학령은 위지진이 형주로 가는 것을 전송하여 지은 것이라고 하였으니 위지진이 형주로 간 것은 확실히 대력 4년 이전에 해당한다. 호남에서 위지진을 곡한 시(〈곡위대부지진哭韋大夫之晉〉)의 "물소를 촉군에서 아낀다"라는 구를 고찰해보면 위지진은 앞서 촉 지역에서 벼슬을 하였음을 알 수 있다. 이 시는 대체로 위지진이 촉에서 형주로 옮겨가는 것을 전송하는 시로, 역시 협내에서 지은 것이다. 이와 같아야 시의 뜻이 비로소 명확해진다.(舊注俱引舊書大曆四年二月, 以湖南都團練衡州刺史韋之晉爲潭州刺史一條, 以此詩編居潭衡間. 仇謂是在衡寄送者, 則認爲送韋之潭也. 兩人兩地, 同在湖南, 題不得泛云赴湖南. 朱氏謂送韋之衡而作, 則是韋之之衡, 固在大曆四年之前矣. 攷湖南哭韋詩, 犀牛蜀郡憐, 乃知韋先官川峽之間, 此蓋送韋由川遷衡詩, 亦是峽內作也. 如此, 詩意始明.)

주 석

1 寵渥(총악) – 황제의 총애와 은택. 徵黃(징황) – 황패黃霸를 부르다. 여기서 황패는 위지진을 비유한다. 漸(점) – 점차. 조짐. 점차 그런 조짐이 있음을 뜻하는 말이다.

《두시상주》 전한 황패가 영천태수가 되자 호구가 해마다 늘어났고 정치상의 업적이 천하제일이었으므로 불러서 경조윤을 맡게 하였다.(前漢黃霸爲潁川太守, 戶口歲增, 治行爲天下第一, 徵守京兆尹.)

2 權宜(권의) – 임시적인 편의. 임시방편. 借寇(차구) – 구순寇恂을 빌려주다. 여기서 구순은 위지진을 비유한다. 위지진이 협내에서 형주자사로 옮기게 된 것을 말한다. 頻(빈) – 빈번하다. 잦다.

《두시상주》 후한 구순이 영천태수가 되자 도적이 잠잠해졌고, 또 여남태수로 배수되자 영천의 도적들이 다시 무리지어 일어났다. 구순이 황제를 따라 영천에 이르니 백성들이 길을 막고 말하기를 "폐하로부터 구순 태수를 다시 1년 빌리기를 원합니다"라고 하였다.(後漢寇恂爲潁川太守, 盜平, 又拜汝南太守. 潁川寇賊復羣起, 恂從帝至潁川, 百姓遮道曰, 願從陛下復借寇君一年.)

3 安背水(안배수) – 물 등진 곳을 편안히 여기다. 물 등진 곳에서 편안하다, 물 등진 곳을 편안케 하다로 풀이할 수도 있다. 형주의 북쪽에 동정호가 있었으므로 '배수'라고 한 것이다. 이와 달리 '배수'는 배수진을 의미하는 것으로 볼 수도 있다. 포기룡은 '배수'를 물 등진 곳이라는 뜻과 배수진이라는 뜻을 모두 내포한 쌍관의 의미로 보았다.

《두시상주》에 인용된 노원창盧元昌 주 호남의 형세는 물을 등지고 있고 땅이 험하고 요족과 접하고 있어 중승이 아니면 그곳을 안돈할 수가 없었다.(湖南形勢背水, 地險接獠, 非中丞不能安之.)

《독두심해》 물 등진 곳을 편안케 할 것이라는 것은 호남이 동정호를 등지고 치소를 삼고 있었고, 위지진에게는 또 군대를 거느리고 도적을 제어해야 하는 책임이 있었기 때문에 이 ('배수') 두 자를 차용한 것이다.(安背水者, 湖南背湖爲治, 而韋又有領軍制寇之責, 故借用此二字.)

4 峽內(협내) – 촉 지역을 가리킨다. 憶行春(억행춘) – 봄에 다니던 것을 기억하다. '행춘'은 관리가 봄에 관할 지역을 순시하는 것을 말한다. 이 구는 촉 지역 사람들이 위지진이 봄에 순시하며 선정을 베풀던 모습을 여전히 기억하고 있다는 말이다.

《두시상주》에 인용된 황학黃鶴 주 위지진이 일찍이 협내에서 태수를 지냈다.(韋嘗峽內作守.)

《후한서·정홍전鄭弘傳》"太守第五倫行春"의 이현李賢 주 태수는 늘 봄에 그가 맡은 현을 다니며 사람들에게 농사와 뽕나무 재배를 권하였고 결핍된 것을 구제하였다.(太守常以春行所主縣, 勸人農桑, 振救乏絶.)

[湖南 2구]

《두공부시집집주》 동정호가 형주의 북쪽에 자리하고 있어서 '배수'라고 말한 것이다. 옛 주석에서 한신의 배수진을 인용한 것은 옳지 않다. 《후한서》에 의하면 사이오가 거록태수가 되어 봄에 다닐 때 누추한 수레를 탔고 관리 두 명만 따르게 했다고 한다. 위지진이 필시 일찍이 협중에서 태수를 지낸 적이 있었기 때문에 '억행춘'이라고 말한 것이다. 아마도 협에서 호남으로 옮긴 것일 것이다.(洞庭湖枕衡州之北, 故曰背水. 舊注引韓信背水陣, 非是. 後漢書, 謝夷吾爲鉅鹿太守, 行春乘柴車, 從兩吏. 韋必嘗於峽中作守, 故曰憶行春. 蓋自峽而遷湖南也.)

5 多故(다고) – 변고가 많다. '故'는 '難'으로 된 판본도 있다.

《두시상주》 '다고'는 토번을 가리켜 말한 것이다.(多故, 指吐蕃言.)

6 蒼生(창생) – 백성.

7 將(장) – 취하다. 가지다. 徐孺榻(서유탑) – 서유자徐孺子의 걸상. 후한 서치徐穉는 자가 유자孺子였다. 태수 진번陳蕃은 서치를 특별히 대우하여 그가 오면 걸상을 내오고 그가 떠나면 걸상을 걸어두어 다른 사람이 쓰지 못하게 하였다고 한다. '榻'은 '子'로 된 판본도 있다.

《보주두시》에 인용된 왕수王洙 주 진번은 서치를 위해 걸상을 내놓았다.(陳蕃爲徐稚下榻.)

8 高人(고인) – 뛰어난 인재. 현인.

[還將 2구]

《두보전집교주》 이는 서유자를 고결한 선비에 비유하고 위중승을 진번에 비유하여 그가 현인을 예우하고 선비에게 몸을 낮출 것을 바란 것이다.(此以徐孺子喩高潔之士, 而以韋中丞比陳蕃, 望其禮賢下士.)

#《두시상주》: 위 4구는 위지진을 전송하는 말이고, 아래 4구는 위지진을 면려하는 뜻이다. '징황점'은 점점 조정안으로 부르게 될 것이라는 말이다. '차구빈'은 빈번히 형주와 담주의 자사로 삼았다는 말이다. 호남 사람이 물을 등진 곳에서 편안하리라는 것은 그의 새로운 정사를 바라는 것이다. 협내에서는 아직도 봄에 다니던 것을 기억한다는 것은 바로 그가 남긴 은택을 생각하는 것이다. 어려움이 많은 때에 사람들이 대신에 의지하고 있으니 바로 걸상을 설치하고 현자를 구하여 치안의 계책을 도모해야만 할 것이다.(上四送韋之詞, 下四勉韋之意. 徵黃漸, 漸將內召也. 借寇頻, 頻刺衡潭也. 湖南安於背水, 是望其新政. 峽內猶憶行春, 乃思其遺澤. 多難之際, 人倚大臣, 正當設榻求賢, 以圖治安之計.)

《독두심해》: 이는 전송하면서 그를 면려한 것으로 또한 겸하여 협곡을 나가려는 뜻을 담아내었다. 첫 2구는 한 번 일으키고 한 번 떨어뜨린 것으로, 점차 조정 안으로 불러들일 것인데 임시방편으로 다시 군의 자사로 삼은 것이라는 말이다. 물 등진 곳을 편안케 할 것이라는 것은 호남이 동정호를 등지고 치소를 삼고 있었고, 위지진에게는 또 군대를 거느리고 도적을 제어해야 하는 책임이 있었기 때문에 이 ('배수') 두 자를 차용한 것이다. 봄에 다니던 것을 기억한다는 것은 협 지역에서의 정치의 공효功效를 기억하여 그의 새로운 정치가 옛 업적을 빛낼 수 있기를 바란 것이다. 여전히 변고가 많으니 군대와 식량을 공급해야 한다. 큰 신하에게 의지하고 있으니 백성의 곤궁함을 마땅히 구휼해야 한다. 결련은 그가 널리 사람들을 찾아다니며 자문을 구하기를 힘쓰라는 것인데 남쪽으로 내려가려는 본심이 또한 거기에 드러나 있다.(此送而勉之, 亦兼寓出峽之意. 首二, 一起一落, 言漸將內召矣, 權復刺郡也. 安背水者, 湖南背湖爲治, 而韋又有領軍制寇之責, 故借用此二字. 憶行春, 記取峽中治效, 望其新政有光舊績也. 仍多故, 則兵食須供. 倚大臣, 則民窮宜卹. 結聯, 勗其延訪諮諏, 而南下之本心亦見焉.)

(이석형)

시구 찾아보기

ㄱ

歌哭俱在曉 584
謌謳互激越 540
賈傅才未有 650
可使營吾居 596
賈生骨已朽 667
家人鑽火用青楓 641
佳處領其要 596
覺君衣裳單 446
刻泥爲之最易得 466
刻剝及錐刀 563
各藉穎脫手 540
干戈未揖讓 584
干戈塞未開 217
干戈送老儒 321
奸雄多是非 694
艱危袞職陪 217
艱危氣益增 476
艱危作遠客 614
艮岑青輝慘么麽 119
干請傷直性 614
葛巾欹側未回船 98
曷以贊我皇 734
渴日絶壁出 734
葛洪及許靖 709
感君意氣無所惜 338
敢望宮恩玉井冰 147
減米散同舟 569
敢違漁父問 491
甘作老人星 48
鑒徹勞懸鏡 251
甲卒身雖貴 2
江溪共石根 429
江國踰千里 476
江泥輕燕斜 667
江邊地有主 686
江山日寂寥 504
江星別霧船 191
彊神非復皀雕前 390
江深劉備城 385
江雨銘旌濕 308
江月辭風纜 191
降集翻翔鳳 251
江天足芰荷 94
江浦向來澄 188
江風借夕涼 176
姜被就離居 251
江漢哭君時 316
江漢風流萬古情 202
江海由來合 370
江縣紅梅已放春 417
江湖深更白 48
江湖遠適無前期 437
江湖天濶足風濤 727
江湖涕泫然 295
江湖春欲暮 63

江湖墮淸月 400
江淮略孟諸 251
皆登屈宋才 217
開帆駕洪濤 563
客間頭最白 71
客居逢自出 141
客愁殊未已 191
客愁連蟋蟀 364
客子入門月皎皎 290
客亭鞍馬絶 295
客行歲晩晩相催 442
更深不假燭 195
更欲投何處 321
更討衡陽董鍊師 119
去國哀王粲 423
去年米貴闕軍食 466
擧動見老醜 540
巨海能無釣 152
乾坤霾漲海 1
乾坤水上萍 458
乾坤日夜浮 486
巾拂香餘搗藥塵 119
激揚音韻徹 79
牽迫限脩途 736
肩輿羽翮低 152
牽纏加老病 710
見花辭漲海 104
結纜排魚網 199
結舌防讒柄 217
結託老人星 709
兼盡賓主歡 446
卿家兄弟功名震 128
輕輕花絮飛 63
經過憶鄭驛 321
卿到朝廷說老翁 128
經綸功不朽 251
驚帆何惜片時程 729
經術竟相傳 71
鯨魚跋浪滄溟開 110
卿月昇金掌 79
罄折辭主人 563
稽留篙師怒 709
雞鳴問前館 332
雞鳴還曙色 191
洎吾隘世網 734
階除灰死燒丹火 119
繫舟盤藤輪 606
桂楫帶酣歌 94
高歌卿相宅 344
篙工密逞巧 540
故舊獨依然 344
故國耿難忘 176
高唐莫再經 48
孤燈急管復風湍 453
古來經濟才 540
古來事反覆 344
高馬達官厭酒肉 466
高文擲綵箋 141
高帆終日征 584
高飛燕雀賀新成 202
孤城麥秀邊 40
姑蘇落海邊 71
告訴皇華使 344
顧於韓蔡內 344
高臥豈泥蟠 395
高臥負微軀 1
古往今來皆涕淚 380
苦搖求食尾 217
固應賢愚異 344
故人知善誘 540
孤舟亂春華 540
孤舟泛日斜 536
孤舟似昨日 584
孤槎自客星 523
高枕翻星月 152
高賢迫形勢 694
顧侯運鑪錘 344
哭君餘白頭 308
曲留明怨惜 1
汨沒聽洪鑪 1
空靈霞石峻 596
恭聞魏夫人 734
公時呵猰貐 251
恭惟漢網疏 251
空牆碧水春 530
空翠撲肌膚 1
公侯終必復 71
公侯草間啼 694
過去杳難攀 674
過逢類楚狂 176
過雁歸鴉錯迴首 390
掛帆早發劉郎浦 442
愧匪挺生材 217
愧似相如爲大夫 209
皦皦幽曠心 710
喬口橘洲風浪促 729
蛟螭深作橫 217
郊扉俗遠長幽寂 98
蛟鼉好爲祟 344

交態遭輕薄 370
舊德朝中屬望勞 726
久拚野鶴如雙鬢 67
鉤深法更祕 344
久爲謝客尋幽慣 746
鷗鳥牽絲颺 1
九鑽巴噀火 217
驅馳四海內 540
丘壑曾忘返 1
鉤簾獨未眠 195
鈎陳摧徼道 251
君看鄭谷去夤緣 98
群公紛戮力 217
君不見東吳顧文學 338
君不見西漢杜陵老 338
羣仙夾翱翔 736
君王按湛盧 2
君恩北望心 500
郡邑地卑饒霧雨 727
君知天地干戈滿 453
窮途多俊異 576
窮冬急風水 446
宮簾翡翠虛 251
窮老驅馳併 614
窮迫挫曩懷 540
拳拳期勿替 569
拳拳異平素 710
勸勉防縱恣 344
權宜借寇頻 764
闕月殊未生 576
歸來覲命駕 734
歸路非關北 152
貴人豈不仁 563
歸魂素滻偏 295
橘洲田土仍膏腴 746
克家何妙年 71
今年米賤太傷農 466
金牓雙迴三足烏 746
今辭楚塞隅 1
今上岳陽樓 486
今夕亂離啼 152
錦席淹留還出浦 98
今宵南極外 48
今晨非盛怒 678
今夜文星動 63
金節羽衣飄婀娜 119
琴烏曲怨憤 217
今朝雲細薄 199
金刹青楓外 195
金波耿玉繩 188
今則奚奔命 614
今幸樂國養微軀 746
今許鉛鐵和青銅 466
豈暇相扶持 694
氣待北風蘇 678
攲倒衰年廢 58
羈旅知交態 423
羈離暫愉悅 624
麒麟圖畫鴻雁行 128
奇峰硉兀火雲升 147
攲斜激浪輸 1
幾時懷抱寬 446
氣若酣杯酒 540
豈惟高衛霍 251
饑藉家家米 217
氣衝看劍匣 176
攲側風帆滿 509
饑寒迫向隅 321
氣候何迴互 606
緊腦雄姿迷所向 390

ㄴ

亂世少恩惠 576
難招楚客魂 429
南國調寒杵 364
南國晝多霧 332
南歸自廣州 104
南紀赴恩私 79
南紀連銅柱 411
南渡桂水闕舟楫 290
南斗避文星 458
南浮早鼓瀟湘柁 119
南嶽配朱鳥 736
南岳自兹近 590
南爲祝融客 709
南適小長安 446
濫竊商歌聽 321
南征問懸榻 321
南征爲客久 251
南征且未迴 656
納納乾坤大 663
奈何黠吏徒 563
年過半百不稱意 290
年年霜露隔 104
念我能書數字至 380
念爾此時有一擲 390
老年常道路 40

魯鈍仍多病 152
努力輸肝膽 251
老病南征日 500
老病有孤舟 486
老夫今始知 88
老夫纜亦解 446
勞心依憩息 1
老翁須地主 364
鷺浴自晴川 191
老向巴人裏 1
農器尙牢固 606
濃淡樹榮枯 1
樓孤屬晩晴 491
泥筍苞初荻 1

ㄷ

多憂汙桃源 710
但驚飛熠燿 251
單父長多暇 141
丹心老未折 152
端憂問彼蒼 176
但遇新少年 540
短日行梅嶺 312
斷腸分手各風煙 380
湛露卽歌詩 79
潭府邑中甚淳古 748
當念著皀帽 446
大水淼茫炎海接 147
棹經垂猿把 624
圖南未可料 476
道路時通塞 504
道林林壑爭盤紆 746
濤翻黑蛟躍 614
棹拂荷珠碎却圓 98
徒然咨嗟撫遺跡 119
桃源人家易制度 746
毒瘴未足憂 596
銅梁阻一辭 316
東方明星亦不遲 437
東逝想乘桴 321
同泣舜蒼梧 2
同人惜解攜 152
洞庭猶在目 519
童稚頻書札 152
童稚日餬口 540
得喪初難識 217
得失瞬息間 569
得志行所爲 694
得盡所歷妙 596
登橋柱必題 152

ㄹ

羅浮展衰步 710
落落展淸眺 596
落日對春華 667
落日初霞閃餘映 119
落霞沈綠綺 1
嬾計卻區區 1
狼頭如跋胡 1
朗詠劃昭蘇 1
浪足浮紗帽 686
兩宮棄紫微 694
驪龍濯錦紆 1
麗藻初逢休上人 417
旅櫬網蟲懸 295
連檣並米船 199
連枝不日並 251
蓮花交響共命鳥 746
烈士惡苟得 344
令弟雄軍佐 53
路難思共濟 569
盧老獨啓靑銅鎖 119
路危行木杪 332
鹿角眞走險 1
遼海尙塡淤 251
樓上炎天冰雪生 202
樓船過洞庭 458
流年壯士悲 370
留滯才難盡 476
留歡卜夜閒 400
凌寒往往須 678
理亂豈恒數 606
離惜醉中眠 141
羸瘠且如何 710
羸骸將何適 540
履險顏益厚 540
鄰雞野哭如昨日 437
鄰舟一聽多感傷 453

ㅁ

莫怪啼痕數 509
莫道新知要 656
漠漠舊京遠 667

幕府盛才賢　40
莫使棟梁摧　217
莫傜射雁鳴桑弓　466
萬古一死生　710
萬古一長嗟　536
萬國城頭吹畫角　466
萬國盡窮途　321
萬里狎樵漁　251
萬里魚龍伏　678
萬里鞦韆習俗同　641
晩泊登汀樹　530
萬象皆春氣　523
萬姓悲赤子　694
晩歲何功使願果　119
晩洲適知名　624
茫茫天造間　606
望帝傳應實　217
每夜江邊宿衰柳　390
勉強親杖屨　709
名家信有之　79
名高前後事　650
冥冥九疑葬　540
冥心若死灰　217
明日看雲還杖藜　290
鳴螿隨泛梗　321
鳴笛竟霑裳　176
酩酊任扶還　400
溟漲鯨波動　321
名賢隱鍛鑪　509
暮年且喜經行近　746
暮年飄泊恨　152
旄頭初俶擾　2
暮返空村號　563
暮顏靦青鏡　614
暮齒依蒲柳　540
目斷更雲沙　536
沐浴休玉堂　736
木雜古今樹　606
蒙恩早厠儒　1
夢盡失歡娛　1
夢魂歸未得　504
杳冥藤上下　1
眇眇獨開襟　590
渺渺臥荊衡　406
無令霜雪殘　446
無勞問轉蓬　58
無補聖明朝　663
舞雪渡江湖　480
墨客興無違　63
聞見同一聲　584
聞見事略同　563
聞道今春雁　104
聞道和親入　251
文物陪巡狩　251
文章敢自誣　1
文學與我遊　344
文翰飛省寺　344
物理直難齊　152
物微限通塞　590
物色分留待老夫　746
物色生態能幾時　437
未暇杖崇岡　734
未見有知音　500
薇蕨餓首陽　614
未及貞觀時　694
未達善一身　694
微冥水驛孤　509
未辭炎瘴毒　709
未必免崎嶇　2
微馨借渚蘋　530

ㅂ

薄衣臨積水　58
樸直乞江湖　1
潘陸應同調　79
磐石圭多翦　217
盤飧詎糝藜　152
髮短不勝篦　152
跋涉體何如　251
發揮王子表　317
邦家用祀典　734
邦危壞法則　709
邦以民爲本　344
方丈涉海費時節　746
傍此烟霞茅可誅　746
拜跪題封賀端午　128
百年歌自苦　500
百年同棄物　321
百年從萬事　176
白頭供宴語　370
白頭授簡焉能賦　209
白頭厭伴漁人宿　442
百慮視安危　569
白髮甘凋喪　251
白蘋愁殺白頭翁　641
白首不相棄　344
白魚困密網　590

白屋花開裏 40
白日已偏照 596
百丈牽江色 536
魄奪鍼灸屢 709
煩促瘴豈侵 614
伐叛已三朝 504
泛愛容霜鬢 400
帆影駐江邊 141
凡才汚省郎 53
碧節吐寒蒲 509
碧藻非不茂 584
碧窗宿霧濛濛濕 202
辯眼工小字 344
變化有鵾鵬 476
別我舟檝去 446
別燕起秋菰 321
病渴身何去 509
病渴汚官位 344
病鶻孤飛俗眼醜 390
兵戈隴右瘡 176
兵戈滿邊徼 596
復魄昭丘遠 295
僕夫問盥櫛 614
伏枕因超忽 217
本朝再樹立 694
峰峰次低昂 734
奉使失張騫 295
逢迎遠復迷 152
鳧看令宰仙 141
不堪垂老鬢 135
不敢恨危途 678
不見江湖行路難 453
不見定王城舊處 632
不過五湖秋 104
不愧史臣詞 317
湓口師仍會 251
富貴功名焉足圖 746
不記改蟾蜍 251
不但習池歸酩酊 98
浮名尋已已 1
浮名安在哉 217
不返靑絲鞚 364
不復謁承明 406
不是尙書期不顧 147
不夜楚帆落 674
不用楚辭招 504
浮雲亦有梯 152
斧鉞下靑冥 458
不有平川決 1
不知道里寒 446
不必伊周地 217
北歸秦川多鼓鼙 290
北城擊柝復欲罷 437
北辰徵事業 79
北風隨爽氣 458
北風天正寒 332
分明曩賢計 569
分日侍諸王 344
奔泉濺水珠 1
不道棟梁材 686
不才甘朽質 395
崩騰戎馬際 344
崩迫關其情 584
朋酒日歡會 88
朋知限流寓 709
祕訣隱文須內敎 119
飛櫓本無蒂 569
飛騰戰伐名 385
飛來雙白鶴 674
鄙夫亦放蕩 576
費日苦輕齎 152
飛鳥數求食 584
賓客減應劉 308
鬢毛垂領白 58
冰雪曜天衢 1
憑將百錢卜 411
憑軒涕泗流 486

人

史閣行人在 295
捨棹宿誰門 429
紗帽隨鷗鳥 48
寺門高開洞庭野 746
斯文亦吾病 614
斯文憂患餘 576
四序本平分 606
使臣精所擇 344
沙茸出小蒲 1
謝爾從者勞 563
斯人不重見 312
士子甘旨闕 446
思霑道暍黃梅雨 147
死地脫斯須 1
社稷纏妖氣 321
使塵來驛道 176
沙村白雪仍含凍 417
詞翰升堂爲君掃 338

數見銘鐘鼎 217
數問舟航留製作 417
數語皷紗帽 141
山鬼迷春竹 536
山鬼吹燈滅 332
山東殘逆氣 606
山林託疲茶 2
山城近百層 476
山陰夜雪興難乘 147
山鳥山花共友于 746
散風如飛霜 734
三更鳥獸呼 678
三步回頭五步坐 119
三伏炎蒸定有無 209
三人竝入直 344
三尺獻龍泉 71
三蟄楚祠雷 217
三嘆問府主 734
相見橫涕泗 344
上官督有司 694
傷弓鳥雀飢 370
相對酒開顏 400
喪亂紛嗷嗷 563
湘流東逝深 590
尙書勳業超千古 128
傷時哭賈生 423
湘娥倚暮花 536
常如中風走 540
霜蹄去不疑 79
賞從頻峨冕 251
相知成白首 295
常餐占野蔬 251
常曝報恩鰓 217
霜黃碧梧白鶴棲 290
爽攜卑濕地 678
塞曲三更欻悲壯 453
塞雁一行鳴 411
索錢多門戶 563
牲璧忍衰俗 734
生涯臨臬兀 1
曙角凌雲亂 53
西江接錦城 411
西江浸日車 364
西京復陷沒 694
西得諸侯棹錦水 110
西北樓成雄楚都 209
徐飛錫杖出風塵 417
書史全傾撓 1
書生道固殊 2
棲屑無所施 694
逝水竟同年 295
庶與達者論 540
暑雨留蒸濕 176
書齋聞爾爲 88
棲託難高臥 321
西候別君初 251
石間采蕨女 563
席掛風不正 614
夕得花石戍 606
昔聞洞庭水 486
昔承推獎分 217
昔人戒垂堂 614
昔在開元中 344
昔遭衰世皆晦迹 746
石苔凌几杖 1
先踏罏峰置蘭若 417
仙賞心違淚交墮 119
先王實罪己 694
先帝弓劍遠 406
善知應觸類 540
先拔古畫圖 2
設法害生成 584
雪岸叢梅發 491
聖慮窅徘徊 217
聲拔洞庭湖 678
城上擊柝復烏啼 290
星霜玄鳥變 217
城烏啼眇眇 195
聖遠益愁慕 710
城日避烏檣 176
聖者骨已朽 540
聖朝光御極 509
星辰北斗深 135
聖哲垂象繫 576
星拆台衡地 71
聖賢兩寂寞 590
世亂敢求安 332
世亂跼文場 176
歲滿歸鳧舃 251
世事各艱難 395
細細酌流霞 364
歲云暮矣多北風 466
歲月不我與 694
細學何顒免興孤 746
勢愜宗蕭相 251
小江還積浪 152
昭君宅有無 1
小吏最相輕 423
素聞趙公節 446

少逢舊親友　540
瀟湘洞庭白雪中　466
少小愛文詞　370
蕭疎外聲利　344
小臣餘此生　406
素業行已矣　217
巢燕得泥忙　53
昭王問不廻　217
逍遙公後世多賢　380
蕭條猶在否　540
邵平元入漢　509
疏翮稀毛不可狀　390
粟馬資歷聘　614
孫吳亦異時　79
宋公放逐曾題壁　746
送爾維舟惜此筵　380
松竹遠微靑　48
松風磵水聲合時　119
松花酒熟旁看醉　726
灑落君臣契　385
瑣細隘俗務　710
衰年正苦病侵凌　147
衰年側耳情所嚮　453
衰迷賢與愚　1
衰白遠來過　94
衰颯近中堂　53
衰顔聊自哂　423
衰容問僕夫　678
誰家搗練風凄凄　290
水耕先浸草　674
誰能叩君門　606
垂老見飄零　458
垂旒資穆穆　217
垂名報國餘　251
修文將管輅　295
修文地下深　312
誰慼强幽棲　152
樹蜜早蜂亂　667
誰分哭窮途　1
秀色固異狀　624
水生春纜沒　656
水宿伴鳧鷺　152
水宿仍餘照　523
誰是靑雲器　344
水烟通徑草　370
繡羽銜花他自得　632
殊恩在直廬　251
隨意簪葛巾　614
愁絶付摧枯　678
愁徵處處杯　217
首唱却鯨魚　251
愁痛正爲玆　694
隨波無限月　523
首夏何須氣鬱蒸　147
水花分塹弱　53
肅肅湘妃廟　530
宿槳依農事　519
宿鳥行猶去　656
肅宗昔在靈武城　128
倏忽東西無不可　119
焂忽向二紀　694
鶉首麗泥塗　2
巡狩何寂寥　736
順從衆多意　344
膝有無聲琴　590
升堂子賤琴　135
僧寶人人滄海珠　746
詩家秀句傳　295
詩家筆勢君不嫌　338
是物關兵氣　104
時訪武陵溪　152
柴扉雖蕪沒　606
侍臣雙宋玉　251
視我揚馬間　344
視汝如莠蒿　563
時憂卞泣誅　321
時危兵革黃塵裏　380
時危話顚躋　344
是以數子至　344
是日霜風凍七澤　338
屍塡太行道　251
時節空復度　710
詩接謝宣城　491
時淸疑武略　176
豺虎亂雄猜　217
豺虎正縱橫　423
食德見從事　71
辛勤不見華蓋君　119
神其思降祥　734
身病戎馬後　540
神仙中人不易得　338
身世白駒催　217
新詩海內流傳遍　727
神女峰娟妙　1
身在度鳥上　624
身迴宿雲端　332
失聲濺血非其心　390
實藉君平賣卜錢　632
十年嬰藥餌　251

十年蹴踘將雛遠　641
十日北風風未迴　442
雙楓舊已摧　686

ㅇ

我甘多病老　344
我能拔爾抑塞磊落之奇才　110
兒童相識盡　308
雅量涵高遠　370
我衰太平時　540
我行匪利涉　563
我行何到此　152
渥洼汗血種　88
鄂渚分雲樹　509
惡灘寧變色　1
安得不皓首　540
岸上空村盡豺虎　442
顏色少稱遂　344
岸疏開闢水　606
顏氏之子才孤標　338
雁兒爭水馬　1
岸轉異江湖　509
眼中之人吾老矣　110
岸風翻夕浪　476
岸花飛送客　650
闇闍書籍滿　63
仰慚林花盛　614
愛客尚書重　141
哀箏猶憑几　176
夜看酆城氣　694
野曠呂蒙營　385
夜久燭花偏　141
野鷺宿娟娟　195
夜聞鸞築滄江上　453
野水春來更接連　98
野樹侵江闊　663
夜醉長沙酒　650
野圃泉自注　606
藥裹關心詩總廢　730
弱纜且長堤　152
藥餌扶吾隨所之　437
壤童犂雨雪　509
揚子淹投閣　251
漾舟清光旁　736
揚鑣隨日馭　217
於今向南斗　540
魚饑費香餌　344
語默可端倪　152
漁父天寒網罟凍　466
漁屋架泥塗　509
御札早流傳　344
漁奪成逋逃　563
憶昔北尋小有洞　119
焉得所歷住　710
焉知衆壑趨　1
淹留見俗情　423
嚴城疊鼓鼙　152
餘光隱更漏　188
餘力浮於海　176
余病汝知之　370
餘波期救涸　152
汝休枉殺南飛鴻　466
逆浪開帆難　446
逆旅招要近　395
歷歷竟誰種　191
驛邊沙舊白　523
亦上赤霄行　406
逆節同所歸　694
逆行雜林藪　540
逆行値吉日　710
逆行波浪慳　674
逆胡冥寞隨烟燼　128
緣空一鏡升　188
燕舞翠帷塵　530
烟雨封巫峽　251
燕子逐檣烏　1
染淚在叢筠　530
灩澦險相迫　1
炎天竟淺泥　152
榮枯劃易該　217
映物連珠斷　188
穎脫撫錐囊　176
永懷丹鳳城　406
禮加徐孺子　491
曳裾終日盛文儒　209
豫章翻風白日動　110
烏几伴棲遲　370
烏臺俯麟閣　135
吾徒自漂泊　395
吾得終疏放　624
烏蠻落照銜赤壁　338
午辭空靈岑　606
五雲高太甲　2
五月寒風冷佛骨　746
吾儕醉不歸　63
吳楚東南坼　486

吳楚守王度 606
吾賢富才術 79
玉府標孤映 79
玉樽移晩興 94
玉泉之南麓山殊 746
瓮餘不盡酒 590
擁滯僮僕慵 709
臥病江湖春復生 729
臥疾淹爲客 1
王門高德業 40
王孫若個邊 295
王孫丈人行 458
王室仍多故 762
往往殺長吏 344
往日用錢捉私鑄 466
往者胡星孛 251
王春度玉墀 79
妖孼關東臭 176
欲挂留徐劍 295
欲向何門趿珠履 110
雨急靑楓暮 504
雨露洗春蕪 1
右臂偏枯半耳聾 641
雨洗平沙淨 321
雨臥驛樓邊 199
宇宙此生浮 308
郵籤報水程 519
雨稀雲葉斷 141
雲帆楓樹林 500
雲山兼五嶺 663
雲山湧坐隅 678
雲深黑水遙 504
沄沄逆素浪 596
雲月遞微明 519
鬱悒二悲魂 540
熊掛玄蛇吼 540
熊羆欲蟄龍蛇深 390
雄鎭荊州繼吾祖 128
遠開山嶽散江湖 209
願聞鋒鏑鑄 217
遠作辛苦行 344
月朗自明船 195
爲覓酒家壚 480
爲別幾凄然 141
危沙折花當 624
危檣逐夜烏 509
衛侯不易得 370
有求常百慮 614
有求彼樂土 446
猶想映貂金 312
有時五峰氣 734
揄揚非造次 344
有虞今則亡 734
悠悠伏枕左書空 641
悠悠何處圓 191
悠悠回赤壁 509
維舟倚前浦 385
維舟日日孤 480
猶迴憶戴船 295
有喜留攀桂 58
六月曠搏扶 2
六時天樂朝香爐 746
戎馬關山北 486
戎馬今何地 400
隱居欲就廬山遠 417
隱几看帆席 678
隱類鑿顔坏 217
恩澤各不二 344
陰陰桃李蹊 152
陰風過嶺梅 217
應經帝子渚 2
應訝耽湖橘 251
意遣樂還笑 1
衣食相拘閡 709
疑誤此二柄 614
嶷嶷瑚璉器 152
倚著如秦贅 176
依止老宿亦未晩 746
已結門閭望 446
而多楓樹林 590
耳聾須畫字 152
伊呂終難降 2
羸老反惆悵 624
二儀淸濁還高下 209
以玆朋故多 614
易下楊朱淚 429
異縣驚虛往 152
人來故北征 519
人生貴是男 694
因聲置驛外 480
人烟復此亭 523
人人傷白首 656
人情老易悲 79
日給在軍儲 694
一紀出西蜀 540
一論朋友難 344
日短江湖白髮前 380
一代風流盡 312
一毛生鳳穴 71

日沒衆星嘒 576
日月籠中鳥 458
一爲歌行歌主客 338
一柱全應近 48
一重一掩吾肺腑 746
日出野船開 656
日出黃霧映 614
任受衆人咍 217
入邑豺狼鬪 370
入舟翻不樂 1
仍看蜀道行 411

ㅈ

子干東諸侯 344
紫蓋獨不朝 734
自驚衰謝力 686
自古江湖客 217
自古求忠孝 79
自古幽人泣 370
自公多暇延參佐 202
紫極出入黃金印 128
自得隋珠覺夜明 730
玆理庶可廣 569
紫微臨大角 251
子負憂世志 344
自傷甘賤役 152
自吟詩送老 400
自合受馳驚 709
自喜遂生理 563
昨夜月淸圓 199
殘年傍水國 667
殘孽駐艱虞 509
殘月壞金樞 1
殘樽下馬復同傾 67
潛魚不銜鉤 709
潛魚何獨驚 584
暫借上天廻 686
長開篋笥擬心神 417
裝囊半壓濡 1
將老逢艱危 694
將老失知音 312
丈夫死百役 563
丈夫重天機 694
漳濱與蒿里 295
長嘯一含情 385
將詩不必萬人傳 380
長安若個伴 312
檣燕語留人 650
檣烏相背發 411
牆宇日猶微 63
仗鉞褰帷瞻具美 202
杖策古樵路 606
杖策門闌邃 152
長夏白頭吟 135
張翰後歸吳 509
長懷賈傅井依然 632
在德非馨香 734
才微歲晩尙虛名 729
裁縫雲霧成御衣 128
材非一范睢 251
才士得神秀 88
再宿煩舟子 678
才淑隨廝養 509
才盡傷形骸 344
爭權將帥誅 2
爭長嶫相望 734
褚公書絶倫 650
低頭下邑地 540
赤壁浮春暮 71
積雪飛霜此夜寒 453
籍甚衆多推 79
寂寥相呴沫 321
適遠更霑襟 500
赤雀翻然至 217
寂寂繫舟雙下淚 641
的的近南溟 523
翟表郎官瑞 141
殿脚插入赤沙湖 746
前聞辯陶牧 1
轉盼拂宜都 1
殿瓦鴛鴦坼 251
前王作網罟 584
餞爾白頭日 406
展轉屢鳴雞 152
展轉仲宣哀 217
戰策兩穰苴 251
絶島容煙霧 1
折檻出雲臺 217
亭古帶蒹葭 364
正爲群虎守 540
鄭莊賓客地 94
廷爭酬造化 1
井竈任塵埃 709
庭鶴舞摧頹 217
正解柴桑纜 411
濟江元自闊 40
帝子留遺恨 509

弟子誰依白茅屋 119
曹公屈壯圖 509
朝來新火起新烟 632
早泊雲物晦 674
朝士兼戎服 2
早宿賓從勞 576
早霞隨類影 429
早行篙師怠 614
拙計泥銅柱 709
終當掛帆席 709
宗臣忌諱災 217
終焉托長嘯 596
鐘鼎山林各天性 632
從此更南征 491
佐佑卿相乾坤平 128
罪戾寬猶活 217
酒酣耳熱忘頭白 338
朱栱浮雲細細輕 202
朱樓白水邊 195
走鹿無反顧 709
蛛絲罥鬢長 176
舟雪灑寒燈 476
朱崖雲日高 563
廚人語夜闌 332
舟子廢寢食 563
舟中無日不沙塵 442
舟楫眇然自此去 437
舟楫無根蒂 344
舟楫復江湖 321
舟楫不敢繫 576
舟航煩數具 709
酒香傾坐側 141
舟虛小洞房 176
鬻市輸官曹 563
俊傑思自致 344
樽當霞綺輕初散 98
俊才早在蒼鷹上 390
樽前江漢闊 79
中間屈賈輩 540
中郞石經後 344
衆力亦不細 569
仲宣樓頭春色深 110
中原未解兵 624
重此憶吹噓 251
仲春江山麗 576
贈粟囷應指 152
曾是接應徐 251
曾爲人所憐 71
贈子猛虎行 344
之官宅相賢 141
至今夢想仍猶左 119
只同燕石能星隕 729
地靈步步雪山草 746
遲暮敢失墜 344
遲暮宮臣忝 217
祇應學水仙 199
遲日復山川 40
地蒸南風盛 606
遲遲歸路賒 667
遲遲戀屈宋 406
地闊平沙岸 176
指揮猛將收咸京 128
進德知歷試 344
晉史坼中台 217
秦城樓閣烟花裏 641
眞宜法斗魁 217
津亭北望孤 1
秩禮自百王 734
質樸謝軒墀 370
疾風颯颯昏亭午 442
斟酌旅情孤 321
執熱沈沈在 678

ㅊ

此曲哀怨何時終 466
此道未磷緇 79
遮莫鄰雞下五更 67
此輩杼柚茅茨空 466
此別間黃泉 295
此生遭聖代 1
此身飄泊苦西東 641
嗟余竟轗軻 695
次第尋書札 317
且知寬病肺 678
差池分組冕 217
蹉跎陶唐人 540
蹉跎病江漢 406
蹉跎病于斯 694
蹉跎長泛鷁 152
且脫劍佩休徘徊 110
窄轉深啼狖 1
參錯雲石稠 624
讒毁竟自取 540
滄浪深可逾 1
槍櫐失儲胥 251
蒼茫泛愛前 40
蒼茫步兵哭 217

悵望蒼梧暮 710
漲沙霾草樹 480
蒼生起謝安 395
蒼生倚大臣 762
蒼梧恨不盡 530
蒼蒼衆色晩 540
采薇青雲端 446
綵服暮春宜 88
處處待高人 764
處處接金杯 656
悽惻近長沙 667
滌除貪破浪 678
千里侵江樹 709
天馬長鳴待駕馭 338
天上麒麟兒 88
千崖無人萬壑靜 119
天意高難問 79
天意難告訴 709
賤子欲適從 614
天地西江遠 135
天地一丘墟 251
天河元自白 188
天寒沙水淸 406
天寒鶬鴰呼 480
天銜闊岸紆 321
輟棹靑楓浦 686
疊浪月光芒 176
疊壁排霜劍 1
淸襟照等夷 370
靑山落日江湖白 128
靑瑣陪雙入 316
靑兕黃熊啼向我 119
靑眼高歌望吾子 110
請哀瘡痍深 344
靑雲亦卷舒 251
靑草續爲名 519
淸秋落日已側身 390
靑春猶無私 596
涕泗不能收 308
棣華晴雨好 88
楚女腰肢亦可憐 632
初宵鼓大鑪 678
樵蘇封葬地 295
招尋令節同 58
楚岸朔風疾 480
楚人重魚不重鳥 466
草草頻年歲 576
寵渥徵黃漸 762
叢花笑不來 656
推轂幾年惟鎭靜 209
秋來把雁書 251
秋露接園葵 370
追攀絶衆狙 251
秋山眼冷魂未歸 119
秋色凋春草 295
鄒生惜曳裾 251
秋水漫湘竹 217
追隨二十載 344
秋鷹整翮當雲霄 338
惆悵此離筵 71
祝網但恢恢 217
祝融五峰尊 734
春鷗懶避船 40
春泥百草生 491
春生南國瘴 678
春生力更無 509
春城帶雨長 53
春水滿南國 563
春水春來洞庭闊 641
春岸桃花水 500
春熱西日暮 606
春日兼蒙暄暖扶 746
春日繁魚鳥 94
春日漲雲岑 590
春蒲長雪消 663
春火更燒山 674
春興不知凡幾首 726
出郊載酸鼻 344
出門轉眄已陳迹 437
出塵皆野鶴 2
蟲書玉佩蘚 530
翠蓋蒙塵飛 694
吹面受和風 58
吹帽時時落 480
翠牙穿裛蔣 509
驟雨淸秋夜 188
醉酒揚雄宅 135
側聞夜來寇 614
惻隱仁者心 590
惻隱誅求情 344
蹭蹬多拙爲 540
齒髮已自料 695
致遠宜恐泥 569
恥爲達人誚 596
親朋無一字 486
親賢病拮据 251

ㅌ

他夕始相鮮 191
他鄕意緖寬 395
濁醪粗飯任吾年 632
呑聲混瑕垢 540
脫粟朝未餐 446
探腸有禍胎 217
塔劫宮牆壯麗敵 746
湯池雖險固 251
太守庭內不喧呼 746
澤國雖勤雨 152
頹倚睡未醒 614
偸生唯一老 504
偸生長避地 500
投壺散帙有餘淸 202
特戒風飈駛 344

ㅍ

擺落跋涉懼 709
擺浪散帙妨 624
罷人不在村 606
坡陀風濤壯 624
擺闔盤渦沸 1
八分蓋憔悴 344
八座幾時除 251
霸業尋常體 217
鞭撻日月久 540
便道却長驅 678
扁舟繫此亭 48
扁舟空老去 663
扁舟任往來 217
平生感意氣 370
萍漂忍流涕 53
肺肝若稍愈 406
飄零已是滄浪客 128
飄泊南庭老 199
漂泊問君平 411
飄蕭將素髮 1
飄然去此都 321
飄然斑白身奚適 748
飄颻桂水遊 709
飄蕩兵甲際 446
飄風過無時 576
飄風爭所操 563
楓栝隱奔峭 596
風浪與雲平 385
風濤暮不穩 429
風濤颯颯寒山陰 390
風濤上春沙 709
風雷纏地脈 1
風壤帶三苗 663
風雨嗟何及 295
風雲若有期 370
風蝶勤依槳 40
風塵逢我地 316
風塵相澒洞 251
風餐江柳下 199
風號聞虎豹 152
疲茶苟懷策 694
避雪到羅浮 104
避世常此路 709
皮須截錦苔 686
避風湘渚間 674
筆力破餘地 344
必脫黃金轡 344

ㅎ

呀坑瞥眼過 569
河洛化爲血 694
下令減征賦 606
何事獨罕有 540
下水不勞牽 40
何時免客愁 104
河陽實少年 141
翰林名有素 63
寒冰爭倚薄 519
寒山落桂林 312
寒水各依痕 429
漢陽頗寧靜 446
漢庭和異域 217
漢主山河錦繡中 641
漢主追韓信 395
韓蔡同贔屭 344
寒天催日短 385
韓彭不易呼 2
割慈忍愛還租庸 466
函關憤已擄 251
合沓起蒿萊 217
海內文章伯 94
解纜獨長吁 1
行邁越瀟湘 734
行邁有期程 584
行色兼多病 40
行雲星隱見 176

幸有舟楫遲 596
行舟却向西 152
行行郡國遙 663
幸喜囊中淨 614
向卿將命寸心赤 128
向公泣血灑行殿 128
向來雲濤盤 569
嚮來披述作 251
向晚霾殘日 678
鄉園獨在山 400
嚮者留遺恨 596
嚮者玉珂人 344
香廚松道清涼俱 746
虛燒夜燭花 364
虛隨亂浴鳧 1
虛霑周擧爲寒食 632
縣郭南畿好 1
賢非夢傅野 217
峴首試考槃 446
賢愚誠等差 710
玄宗妙其書 344
懸圃尋河知有無 746
玄圃滄洲莽空闊 119
血走浚儀渠 251
峽內憶行春 764
螢鑒緣帷徹 176
荊門留美化 251
衡山引舳艫 509
衡陽雁影徂 321
衡陽紙價頓能高 727
形容勞宇宙 370
形骸元土木 321
湖南安背水 762
湖南清絶地 536
胡童結束還難有 632
虎狼窺中原 709
狐狸何足道 423
湖邊意緒多 94
湖色春光淨客船 632
皓首江湖客 195
呼兒檢贈詩 317
好惡不合長相蒙 466
湖雁雙雙起 519
湖外草新青 523
湖月林風相與清 67
胡爲困衣食 344
胡爲足名數 709
胡雛逼神器 694
浩蕩報恩珠 321
浩蕩長安醉 344
湖風井徑秋 308
浩浩略蒼梧 509
湖闊兼雲霧 491
魂斷航舸失 406
鴻洞半炎方 734
紅顏騎竹我無緣 632
洪波忽爭道 509
洪河怒濤過輕舸 119
驊騮入窮巷 344
花時甘縕袍 563
花葉惟天意 429
花蕊亞枝紅 58
花枝照眼句還成 729
和風引桂楫 590
還對欲分襟 135
還將徐孺榻 764
環洲納曉晡 1
還瞻魏太子 308
況兼水賊繁 344
皇極正乘輿 251
況乃露華凝 188
黃龍詎假媒 217
黃帽青鞋歸去來 442
荒蕪已荷鋤 251
況聞處處鬻男女 466
黃鸝在樹顚 540
黃鳥喧嘉音 590
廻塘澹暮色 576
回道過津口 590
迴帆覬賞延 596
回首蛟龍池 695
迴首黎元病 2
回首一傷神 650
迴斡明受授 540
曉行湘水春 650
後生血氣豪 540
喉舌罷朝天 295
後會且深期 79
勳庸思樹立 152
薰風行應律 79
歘吸領地靈 736
休煩獨起予 251
休爲貧士歎 217
凶門轂少推 217
興來猶杖屨 536
興饒行處樂 141
喜近天皇寺 2
嵍岸清湘石 540

An Annotated Translations of Du Fu's Poems from His Jingxiang Period 1

Yeongju Lee, et al.

This collection is the twelfth volume of annotated translations published by the Du Fu reading group in the Korean Du Fu Society.

In the early spring of AD 768, Du Fu finally left Kuizhou (夔州) and passed through the Three Gorges (三峽). He traveled down the Yangtze River (長江) and stayed in Jiangling (江陵, Jingzhou荊州). In AD 769, he wandered along the Xiang River (湘水), passing through places such as Tanzhou (潭州). In AD 770, the rebellion led by Zang Jie (臧玠) broke out. That autumn, he attempted to return to his northern hometown, but his plan was unsuccessful, and he passed away. This collection focuses on the later years of Du Fu's life, referred to as the "Jingxiang Period (荊湘時期)", during which he composed poetry while wandering through the Jingzhou and Xiang River regions from AD 768 to 770. Despite the hardships of his final years, Du Fu's passion for poetry remained undiminished. The poetry of Du Fu, which reached its peak maturity and transformation during the Kuizhou Period (夔州時期), burned with a final brilliant flame during the Jingxiang Period.

This book includes 88 titles and 93 poems from the first half of the Jingxiang Period, covering the spring of AD 768 to the summer of AD 769. These poems reflect the diverse landscapes Du Fu observed, the experiences he endured, and the emotions he felt while wandering aimlessly aboard a boat in his later years, burdened by illness. Many of the poems are lengthy, complex, and challenging to date precisely. Among them is the widely celebrated 〈Climbing Yueyang Tower (登岳陽樓)〉, written during this period.

The poems from this period include many travel poems written during his time drifting on a boat. The first of these is 〈In the Spring of the Third Year of Dali, I Set Sail from Baidi Castle and Left Qutang Gorge. After Staying in Kuizhou for a Long Time, I Drifted by Boat Toward Jiangling and Composed a Poem in Forty Rhymes (大曆三年春白帝城放船出瞿唐峽久居夔府將適江陵漂泊有詩凡四十韻)〉. Afterward, Du Fu was unable to stay in one place for long, continuously wandering. At each significant destination or point of departure, he left behind a poem. These works not only capture the unique features and scenery of the locations but also vividly reflect the poet's personal feelings and impressions.

Many of Du Fu's poems from this time express his nostalgia, longing for friends, and lamentations about the state of the world. Examples include 〈Song of Recalling the Past (憶昔行)〉 and 〈Thirty Verses of Thoughts Written in Autumn in Jingnan (秋日荊南述懷三十韻)〉, which provide a window into his inner turmoil and the socio-political despair of his era. During this period, Du Fu also composed various forms of poems, including dedication poems, friendship poems, and descriptive poems about objects or nature. Examples of such works include 〈Staying by the Water and Presenting My Thoughts to the Noble Lords (水宿遣興奉呈羣公)〉, 〈Returning Wild Geese (歸雁)〉, and 〈Stars and Moon by the River, Two Poems (江邊星月二首)〉.

역해자 소개(가나다순)

강 민 호

서울대학교 중어중문학과 졸업
서울대학교 대학원 졸업(문학박사)
서울대학교 중어중문학과 부교수

저서 및 역서: 『두보 배율 연구』(서울대학교출판문화원), 『두보 고체시 명편』(서울대학교출판문화원, 공저), 『두보 근체시 명편』(서울대학교출판문화원, 공저), 『풀어쓴 대학한문(초급편)』(서울대학교출판문화원, 공저), 『유장경 시선』(지식을만드는지식, 역서), 『두보 기주시기시 역해 1, 2, 3, 4』(서울대학교출판문화원, 공저), 『두보 초기시 역해 1, 2』(서울대학교출판문화원, 공저), 『중국 고전시의 해학과 웃음』(역락)

김 성 곤

서울대학교 중어중문학과 졸업
서울대학교 대학원 졸업(문학박사)
한국방송통신대학교 중어중문학과 교수

저서 및 역서: 『두보 초기시 역해 1, 2』(서울대학교출판문화원, 공저), 『두보 위관시기시 역해』(서울대학교출판문화원, 공저), 『두보 진주동곡시기시 역해』(서울대학교출판문화원, 공저), 『두보 성도시기시 역해』(서울대학교출판문화원, 공저), 『두보 재주낭주시기시 역해』(서울대학교출판문화원, 공저), 『두보 2차 성도시기시 역해』(서울대학교출판문화원, 공저), 『두보 기주시기시 역해 1, 2, 3, 4』(서울대학교출판문화원, 공저), 『두보 고체시 명편』(서울대학교출판문화원, 공저), 『두보 근체시 명편』(서울대학교출판문화원, 공저), 『사불휴 – 두보의 삶과 문학』(서울대학교출판문화원, 공저), 『중국역대시가강독』(한국방송통신대학교출판부, 공저), 『김성곤의 한시산책』(에피스테메), 『김성곤의 중국한시기행 1, 2』(김영사), 『리더의 옥편』(김영사)

김 준 연

서울대학교 중어중문학과 졸업
서울대학교 대학원 졸업(문학박사)
고려대학교 중어중문학과 교수

저서 및 역서: 『당대 칠언율시 연구』(역락), 『두보 기주시기시 역해 1, 2, 3, 4』(서울대학교출판문화원, 공저), 『두보 고체시 명편』(서울대학교출판문화원, 공저), 『두보 근체시 명편』(서울대학교출판문화원, 공저), 『100개의 키워드로 읽는 당시』(학민사), 『고금횡단 한자여행』(학민사), 『사불휴 – 두보의 삶과 문학』(서울대학교출판문화원, 공저), 『중국, 당시의 나라』(궁리), 『당나라 뒷골목을 읊다』(글항아리, 공역), 『이의산 시집(상·중·하)』(학고방, 공역), 『세상을 움직이는 네 글자』(궁리), 『문화를 잇다 중국을 짓다』(뿌리와이파리, 공저), 『시인, 사랑을 노래하다』(고려대학교출판문화원, 공저)

박 홍 준

서울대학교 중어중문학과 졸업
중국 화동사범대학 대학원 졸업(문학박사)
성신여자대학교 중국어문·문화학과 교수

저서 및 역서: 『두보 초기시 역해 2』(서울대학교출판문화원, 공저), 『두보 위관시기시 역해』(서울대학교출판문화원, 공저), 『두보 진주동곡시기시 역해』(서울대학교출판문화원, 공저), 『두보 성도시기시 역해』(서울대학교출판문화원, 공저), 『두보 재주낭주시기시 역해』(서울대학교출판문화원, 공저), 『두보 2차 성도시기시 역해』(서울대학교출판문화원, 공저), 『두보 기주시기시 역해 1, 2, 3, 4』(서울대학교출판문화원, 공저), 『두보 고체시 명편』(서울대학교출판문화원, 공저), 『두보 근체시 명편』(서울대학교출판문화원, 공저), 『유영 사선』(지식을만드는지식), 『동양고전극의 미학과 이론』(박이정, 공저)

이 석 형

서울대학교 중어중문학과 졸업
서울대학교 대학원 졸업(문학박사)
중앙대학교 아시아문화학부 중국어문학전공 교수

저서 및 역서: 『두보 초기시 역해 1, 2』(서울대학교출판문화원, 공저), 『두보

위관시기시역해』(서울대학교출판문화원, 공저), 『두보 진주동곡시기시 역해』(서울대학교출판문화원, 공저), 『두보 성도시기시 역해』(서울대학교출판문화원, 공저), 『두보 재주낭주시기시 역해(서울대학교출판문화원, 공저), 『두보 2차 성도시기시 역해』(서울대학교출판문화원, 공저), 『두보 기주시기시 역해 1, 2, 3, 4』(서울대학교출판문화원, 공저), 『두보 고체시 명편』(서울대학교출판문화원, 공저), 『두보 근체시 명편』(서울대학교출판문화원, 공저), 『유종원집 1, 2, 3, 4』(소명출판사, 공역)

이 영 주

서울대학교 중어중문학과 졸업
서울대학교 대학원 졸업(문학박사)
서울대학교 중어중문학과 명예교수

저서 및 역서: 『한자자의론』(서울대학교출판부), 『두보 초기시 역해 1, 2』(서울대학교출판문화원, 공저), 『두보 위관시기시 역해』(서울대학교출판문화원, 공저), 『두보 진주동곡시기시 역해』(서울대학교출판문화원, 공저), 『두보 성도시기시 역해』(서울대학교출판문화원, 공저), 『두보 재주낭주시기시 역해』(서울대학교출판문화원, 공저), 『두보 2차 성도시기시 역해』(서울대학교 출판문화원, 공저), 『두보 기주시기시 역해 1, 2, 3, 4』(서울대학교출판문화원, 공저), 『두보 고체시 명편』(서울대학교출판문화원, 공저), 『두보 근체시 명편』(서울대학교출판문화원, 공저), 『한문독해법』(명문당, 공저), 『한국시화에 보이는 두시』(서울대학교출판부), 『사불휴 – 두보의 삶과 문학』(서울대학교출판문화원, 공저), 『이태백 시집(7권)』(학고방, 공저), 『완역 한유시전집(상 · 하)』(역락, 공저), 『두시의 장법과 격률』(명문당), 『유원총보역주 6, 7, 8, 9, 10, 11, 12』(서울대학교출판문화원, 공역)

이 창 숙

서울대학교 중어중문학과 졸업
서울대학교 대학원 졸업(문학박사)
서울대학교 중어중문학과 교수

저서 및 역서: 『중국공연예술』(한국방송통신대학교출판문화원, 공저), 『중국고대음악사 – 상고시대부터 송대까지』(솔), 『영원한 대자연인 이백』(이끌리오, 공역), 『두보 진주동곡시기시 역해』(서울대학교출판문화원, 공저),

『두보성도시기시 역해』(서울대학교출판문화원, 공저), 『두보 재주낭주시기시 역해』(서울대학교출판문화원, 공저), 『두보 2차 성도시기시 역해』(서울대학교출판문화원, 공저), 『두보 기주시기시 역해 1, 2, 3, 4』(서울대학교출판문화원, 공저), 『두보 고체시 명편』(서울대학교출판문화원, 공저), 『두보 근체시 명편』(서울대학교출판문화원, 공저), 『사불휴 – 두보의 삶과 문학』(서울대학교출판문화원, 공저), 『중국고대음악사고(하)』(소명출판, 역서), 『북상기』(민음사, 공역), 『모란정』(소명출판, 공역), 『열하기유– 조선학자의 눈에 비친 열하와 북경』(아카넷, 역서), 『중국 현대 오페라의 문화적 정체성』(모노폴리, 공저)

임 도 현

서울대학교 금속공학과 졸업
영남대학교 중어중문학과 졸업
서울대학교 대학원 졸업(문학박사)
영남대학교 인문과학연구소 연구교수

저서 및 역서: 『쫓겨난 신선 이백의 눈물』(서울대학교출판문화원), 『두보 초기시 역해 1, 2』(서울대학교출판문화원, 공저), 『두보 기주시기시 역해 1, 2, 3, 4』(서울대학교출판문화원, 공저), 『이태백 시집(7권)』(학고방, 공저), 『완역 한유시전집(상, 하)』(역락, 공저), 『시의 신선 이백 글을 짓다 – 이태백문집』(박문사, 공저), 『유원총보역주 7, 8, 9, 10, 11, 12』(서울대학교출판문화원, 공역), 『협주명현십초시』(학고방, 공저), 『사령운 사혜련 시』(학고방, 공저), 『진자앙시』(학고방, 공저), 『악부시집 – 청상곡사 1, 2』(학고방, 공저), 『한유시선』(학고방), 『하늘이 내린 내 재주 반드시 쓰일 것이니– 이백의 시와 해설』(학고방), 『건재 한시집 – 오리는 잘못이 없다』(학고방), 『시의 성인 두보 글을 짓다 – 두보문집』(박문사), 『당시 삼백수 1, 2』(문학과지성사), 『악부시집 고취곡사』(학고방, 공역)

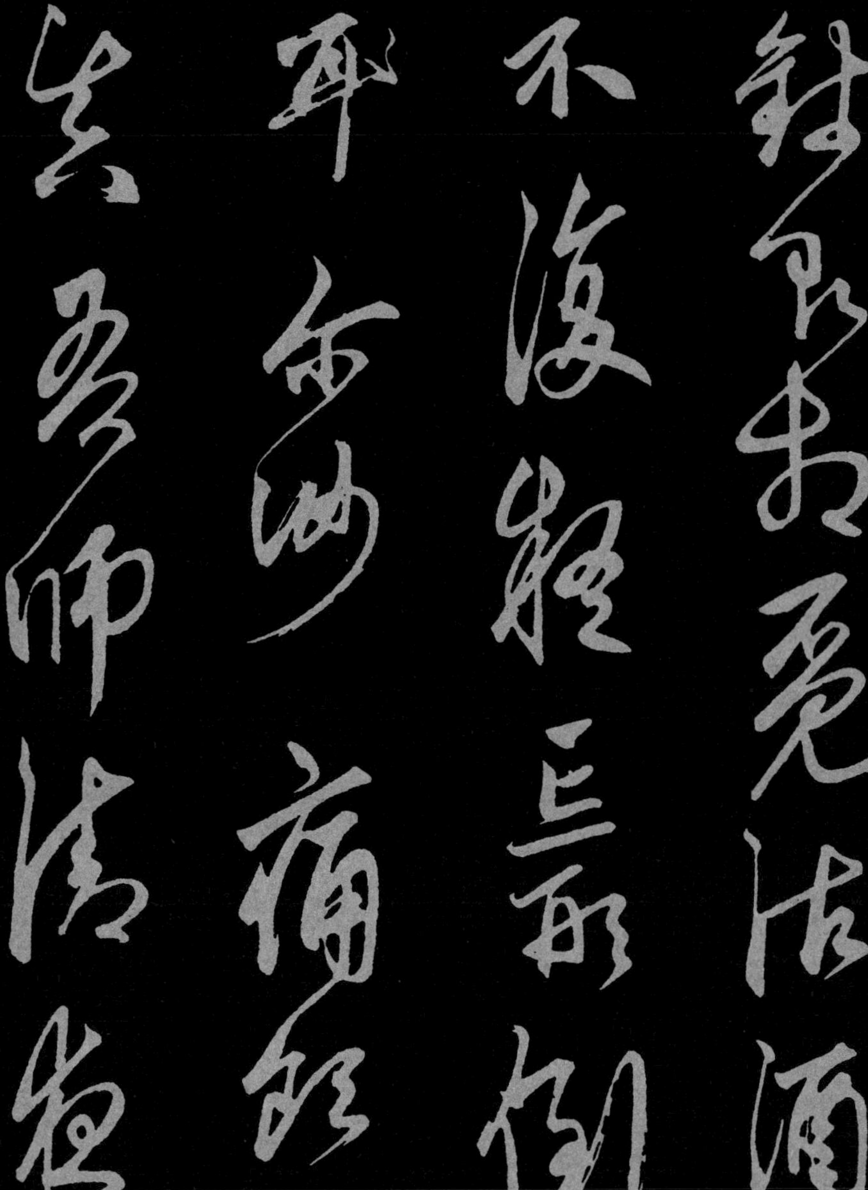